Friedbert Holz

Der Bildungsauftrag von Musikschulen

FORUM MUSIKPÄDAGOGIK
Band 140

Augsburger Schriften
herausgegeben von Rudolf-Dieter Kraemer

Friedbert Holz

Der Bildungsauftrag von Musikschulen

Eine ideen- und institutionengeschichtliche Untersuchung am Beispiel Stuttgart

Wißner
Musikbuch

Um den Lesefluss nicht zu beeinträchtigen, wird im Text mitunter nur die männliche Form genannt, stets aber die weibliche Form gleichermaßen mitgemeint.

Bibliografische Information der Deutschen Nationalbibliothek: Die Deutsche Nationalbibliothek verzeichnet diese Publikation in der Deutschen Nationalbibliografie; detaillierte bibliografische Daten sind im Internet über http://dnb.dnb.de abrufbar.

Projektleitung und Satz: Stefan Schmid
Covergestaltung: Lisa Schwenk

© Coverfoto: Di Studio, 2018,
Benutzung unter Lizenz von Shutterstock.com

Druck: Totem.com.pl, Inowrocław, Polen

ISBN 978-3-95786-115-3
ISSN 0946-543X (Forum Musikpädagogik)

© Wißner-Verlag, Augsburg 2018 | www.wissner-musikbuch.de

Inhaltsverzeichnis

Vorbemerkung

Diese Arbeit ist in den Jahren 2011 bis 2017 neben meiner beruflichen Tätigkeit als stellvertretender Musikschulleiter entstanden und an der Philosophisch-Sozialwissenschaftlichen Fakultät der Universität Augsburg als Dissertation angenommen worden.

Mein besonderer Dank gilt Herrn Prof. Dr. Martin D. Loritz für die umsichtige Betreuung des Forschungsvorhabens. Aufgrund seiner praktischen Erfahrungen und Kenntnisse zum Musikschulwesen ist er für mich ein idealer Ansprechpartner in allen fachlichen Fragen gewesen. Zugleich bin ich ihm dankbar für die Freiräume, die er mir in der Forschung gewährt hat. Herrn Prof. Dr. Johannes Hoyer danke ich in seiner Funktion als Zweitprüfer für die anregenden Gespräche am Rande und manch wertvollen Literaturhinweis.

Zu großem Dank verpflichtet bin ich dem Direktor der Stuttgarter Musikschule, Landesvorsitzenden und stellvertretendem Bundesvorsitzenden des Verbandes deutscher Musikschulen, Herrn Friedrich-Koh Dolge. Erst mit seinem Einverständnis konnte ich nicht öffentliche Informationen zur Stuttgarter Musikschule für meine Arbeit verwenden.

Innenansichten in den deutschen Musikschulverband gewährte mir die Teilnahme am 52. Lehrgang „Führung und Leitung einer Musikschule" im Jahr 2015 unter Leitung von Prof. Dr. Ulrich Mahlert, Dr. Gerd Eicker und Dr. Winfried Richter. Der Austausch mit Kollegen wirkte sich anregend aus und ich habe einen Eindruck von dem besonderen Engagement erhalten, das hinter der Verbandsarbeit steht.

Schließlich habe ich auch im persönlichen Umfeld die Unterstützung erfahren, ohne welche eine nebenberufliche Promotion kaum möglich wäre. Meiner Frau gilt daher mein ganz persönlicher Dank.

Erst im Laufe der Arbeit ist mir bewusst geworden, wie eng mein eigener Werdegang überhaupt mit der Institution Musikschule verbunden ist. Einen Großteil meiner Lebenszeit habe ich an Musikschulen verbracht, angefangen vom Besuch der Musikalischen Früherziehung um das Jahr 1970 herum – an einer städtischen Musikschule, die wenige Jahre zuvor erst gegründet worden war. Aus der anfänglichen Beschäftigung mit Musik erwuchs zunächst Interesse, später eine Leidenschaft, die schließlich zum Beruf geführt hat. Zu verdanken habe ich dies meinen Eltern, die – selbst noch in Zeiten des Krieges aufgewachsen – ihren Kindern ermöglichten, wozu sie in ihrer eigenen Jugendzeit nicht die Gelegenheit erhalten hatten.

So wird denn diese Arbeit für mich mit prägenden Eindrücken und Erinnerungen verbunden bleiben und ich hoffe, einiges von dem, was mir durch andere zuteil geworden ist, in meiner eigenen pädagogischen Tätigkeit weitergeben zu können.

Stuttgart, im Juli 2018
Friedbert Holz

Einleitung

Reinhart von Gutzeit, Ehrenvorsitzender des Verbandes deutscher Musikschulen (= VdM), eröffnete im Oktober 2000 sein Grundsatzreferat auf dem Musikschultag des Verbandes Bayerischer Sing- und Musikschulen mit folgender Fragestellung:

> „Solange ich mit Musikschulen zu tun habe, beobachte ich den Versuch und beteilige mich daran, die Musikschulen in der Gesellschaft klarer zu positionieren. Wo gehören sie hin? Schule? Jugend? Kultur? Erziehung? Bildung? Freizeitmarkt? Geht es um die Sache selbst – um die Musik und die musikalischen Fertigkeiten? Oder geht es um ‚Transfer‘ – die berühmten ‚Schlüsselqualifikationen‘? Geht es darum, dass die Musik klüger macht (??), konzentrierter, leistungsorientierter und sozialer? Oder geht es – wie die Rheinländer sagen – einfach um den ‚Spass an der Freud‘? Von allem etwas? Aber was steht dann im Vordergrund, was macht das Profil und das Wesen der Musikschulen aus?"[1]

Mit der Frage nach Profil und Wesen der Musikschulen unterstellt Gutzeit quasi indirekt, dass es einen maßgeblichen inhaltlichen Kern der Musikschularbeit geben müsse, der von bleibender Gültigkeit sei. Tatsächlich ist häufig Verunsicherung in Musikschulkollegien zu spüren, wenn es um Fragen der Standortbestimmung der eigenen Einrichtung geht. Dies gilt umso mehr, da sich die Koordinaten der Musikschularbeit seit der Jahrtausendwende verschoben haben. Musikschullehrkräfte zeigen sich mitunter irritiert, angesichts eines Berufsbildes, das in Zeiten der Inklusion im Wandel begriffen ist und ein weites Aufgabenspektrum aufweist, von der Erteilung eines Einzel-, Partner-, Gruppen- und Klassenunterrichts bis hin zur Arbeit mit ganz verschiedenen Zielgruppen. Hinzu kommen Veränderungen im Umfeld der Musikschulen. Die Ganztagsbeschulung lässt Kindern und Jugendlichen nur noch sehr eingeschränkt Zeit für außerschulische Aktivitäten. Das aktive Musizieren tritt in Konkurrenz zu anderen Freizeitbeschäftigungen. Die Erwartungen von Schülern und Eltern an den Musikschulunterricht entwickeln sich heterogener, nicht zuletzt, weil man Unterrichtsentgelte bzw. -gebühren bezahlt und insofern *auch* eine den eigenen Bedürfnissen angepasste Dienstleistung erwartet. Gleichzeitig sind die – Musikschulen zur Verfügung stehenden – finanziellen Ressourcen offenbar begrenzt, zu erkennen daran, dass Festanstellungen zugunsten freier Mitarbeiterverhältnisse eingespart werden. Schon ist von Gewerkschaftsseite die Frage gestellt worden: „Hat der Bildungsauftrag öffentlicher Musikschulen überhaupt noch Gültigkeit?"[2]

Hinweise auf einen maßgeblichen inhaltlichen Kern der Musikschularbeit gibt hingegen das „Leitbild der öffentlichen Musikschulen im VdM" aus dem Jahr 2015. Es bekennt sich ausdrücklich zur musikalischen Bildung „im Kontext einer ganzheitlichen Bildung des Menschen und damit als Teil der Allgemeinbildung" – mit folgendem Zusatz: „Geleitet von einem humanistischen Menschenbild …".[3] Doch was genau ver-

---

1   Gutzeit (2000).
2   Bossen (2014:42).
3   VdM (2015c).

birgt sich hinter diesem Zusatz? Mit dem Grundsatzprogramm „Musikalische Bildung in Deutschland. Ermöglichen – Gewährleisten – Sichern!", verabschiedet im April 2016 in Oldenburg, hat der VdM noch einmal konkretisiert, welche Werte und Ziele er der inhaltlichen Ausrichtung der 930 öffentlichen VdM-Mitgliedsschulen zugrunde legen möchte, aber auch, welche Erwartungen er damit verknüpft.[4] Um die Relevanz eines allgemeinen Bildungsauftrages öffentlicher Musikschulen zu belegen, bedarf es freilich neben einer inhaltlichen Klärung auch seiner historischen Herleitung und Begründung.

Die nachfolgende Arbeit versteht sich als Beitrag zur Diskussion um den Bildungsauftrag der Institution Musikschule. Untersucht werden die Wirkungen humanistischer Bildungstheorien auf die Musikschulentwicklung im 19. Jahrhundert sowie in der Gegenwart am Beispiel der Stuttgarter Musikschule und ihrer Vorläufer-Institute.

Die zentralen Forschungsfragen lauten:

1. Was verbindet den Bildungsauftrag öffentlicher Musikschulen mit humanistischen Bildungstheorien, historisch gesehen und aus heutiger Sicht?
2. Wie haben sich im 19. Jahrhundert Theorie und Praxis einer institutionalisierten Musikerziehung an den Vorläufer-Instituten der Stuttgarter Musikschule unter dem Einfluss humanistischer Bildungsideen entwickelt?
3. Auf welche Entwicklungsperspektiven der Musikschularbeit verweist heute das Beispiel der Stuttgarter Musikschule bzw. welcher Rahmenbedingungen bedarf es, damit Musikschulen nach dem Vorbild der Stuttgarter Musikschule einen historisch gewachsenen, öffentlichen Bildungsauftrag wahrnehmen und erfüllen können?

Die Untersuchung geht von der Annahme aus, dass sich der Bildungsauftrag öffentlicher Musikschulen maßgeblich auf humanistische Bildungsideen zurückführen lässt, die in der allgemeinen Bildungstheorie Wilhelm von Humboldts und in der Theorie einer ästhetischen Erziehung Friedrich Schillers ihren Ausgangspunkt genommen haben. Am Beispiel der Stuttgarter Musikschule und ihrer Entwicklungsgeschichte soll die orientierende Funktion humanistischer Bildungsideen für die Musikschularbeit diskutiert werden. Dies betrifft insbesondere die Zielsetzung der Musikschularbeit, ihre musikpädagogische Ausgestaltung nach Unterrichtsinhalten, -methoden und -formen sowie Fragen der Musikschulorganisation, sowohl auf Ebene der einzelnen Musikschuleinrichtung als auch bezogen auf das Musikschulwesen insgesamt. Aus der Gegenüberstellung der gegenwärtigen Musikschulentwicklung mit der des 19. Jahrhunderts sollen Erkenntnisse darüber gewonnen werden, inwiefern sich der Bildungsauftrag öffentlicher Musikschulen im Sinne einer historisch begründeten Synthese quantitativ erweitert und qualitativ ausdifferenziert hat. Die Erfolge der Stuttgarter Musikschule verweisen sowohl auf organisatorische Anforderungen an die Musikschularbeit als auch auf notwendige Voraussetzungen im Bereich der Musikschulförderung.

Bislang liegen kaum Gesamtdarstellungen zur historischen Entwicklung des Musikschulwesens vor, am wenigsten solche, die bis auf das 19. Jahrhundert zurück-

---

4   Vgl. VdM (2016b). In das Grundsatzprogramm ist abermals das Leitbild der Musikschulen im VdM integriert. Es ist um Überschriften und den Hinweis auf Musikschulveranstaltungen geringfügig erweitert worden.

führen. Georg Sowa hat die „Anfänge institutioneller Musikerziehung in Deutschland (1800–1843)" thematisiert,[5] Oliver Scheytt „Die Musikschule" unter dem Aspekt eines kommunalen Kulturverwaltungsrechtes vorgestellt,[6] Martin D. Loritz die Musikschulgeschichte aus dem Blickwinkel einer Professionalisierung des Musikschullehrerberufes betrachtet.[7] Von der musikpädagogischen Forschung kaum berücksichtigt worden ist Ina Loehners vergleichende Darstellung der Konservatorien in Leipzig, München, Würzburg, Stuttgart und Berlin in „Die Musik als human-erziehliches Bildungsmittel" aus dem Jahr 1886.[8] Selbiges trifft auf Arnold Scherings umfassenden Aufsatz „Das öffentliche Musikbildungswesen in Deutschland bis zur Gründung des Leipziger Konservatoriums" zu, publiziert 1918 in einer Festschrift zum 75-jährigen Jubiläum des Leipziger Konservatoriums.[9]

Relativ gut dokumentiert ist hingegen die Geschichte der Stuttgarter Musikschule bzw. des Konservatoriums Stuttgart. Zu erwähnen ist eine 2007 erschienene Broschüre zum 150-jährigen Jubiläum der Einrichtung, verfasst von der Historikerin Caroline Gritschke.[10] Einzelne Aspekte der historischen Entwicklung der Stuttgarter Musikschule behandelt ein Sammelband, herausgegeben von Joachim Kremer und Dörthe Schmidt: „Zwischen bürgerlicher Kultur und Akademie. Zur Professionalisierung der Musikausbildung in Stuttgart seit 1857".[11] Georg Sowa hat die Vorläufer-Institute der Stuttgarter Musikschule – das Musikinstitut an der „Hohen Carlsschule", das Musikinstitut am Stuttgarter Waisenhaus sowie Kastners Plan einer Kunstanstalt – vorgestellt.[12] Detaillierter noch ist Josef Wagner auf das Waisenhaus-Institut in seiner historischen Untersuchung zum Stuttgarter Hoftheater eingegangen.[13] Bemerkenswert allerdings: Eine zwischen 1827 und 1857 bestehende Musikschule in Stuttgart nach dem Vorbild der Logier-Akademien findet sich in keiner der oben genannten Darstellungen berücksichtigt, obgleich es sich bei deren Gründer Franz Stöpel und späterem Leiter Gustav Schilling (ab 1830) um namhafte Musikpädagogen ihrer Zeit handelte. Stöpels „Neues System der Harmonie-Lehre und des Unterrichtes im Pianoforte-Spiel"[14] sowie Schillings „Musikalische Didaktik oder die Kunst des Unterrichts in der Musik"[15] sind als Zeitdokumente für die musikpädagogische Geschichtsschreibung von bleibendem Wert. Mit den Bildungskooperationen der heutigen Stuttgarter Musikschule befasst sich demgegenüber die Dissertation „Musikschulen in Kooperation mit allgemeinbildenden Schulen" des stellvertretenden Leiters der Stuttgarter Musikschule, Andreas Jäger, aus dem Jahr 2012.[16]

---

5   Sowa (1973).
6   Scheytt (1989).
7   Loritz (1998).
8   Loehner (1886).
9   Schering (1918).
10   Gritschke (2007).
11   Kremer / Schmidt (2007).
12   Vgl. Sowa (1973).
13   Vgl. Wagner, J. (2006).
14   Stöpel (1825).
15   Schilling (1851).
16   Jäger (2012).

Die Bedeutung humanistischer Bildungstheorie für die Musikpädagogik wird aktuell kontrovers diskutiert. Dies betrifft allerdings schwerpunktmäßig den Musikunterricht an allgemeinbildenden Schulen, weniger den Musikschulunterricht. Zwei Beispiele seien angeführt. Kai Martin möchte mit seiner Dissertation „Ästhetische Erfahrung und die Bestimmung des Menschen. Über Kants, Schillers und Humboldts Theorien ästhetischer Bildung und ihre Relevanz für die Musikpädagogik" im Sinne der Theoriebildung einen Beitrag zur „Neubestimmung des Begriffs *musikalischer* Bildung" leisten.[17] Kants „Kritik der Urteilskraft" nimmt bei Martin breiten Raum ein, die Abhandlungen zur ästhetischen Bildung bei Kant machen bereits den halben Umfang seiner Arbeit aus. Auf eine Darstellung von Kants Positionen zur Ästhetik wird hingegen in der vorliegenden Untersuchung gänzlich verzichtet. Zwar trifft es zu, dass die Verknüpfung von Ästhetik und Ethik bei Schiller ohne Kant gar nicht denkbar wäre, doch erst Schiller spricht explizit von der Aufgabe einer ästhetischen Erziehung des Menschen. Eine kontroverse Position zu Martin vertritt Norbert Schläbitz mit seinem neuesten Buch „Als Musik und Kunst dem Bildungstraum(a) erlagen".[18]

> „Ist Humboldts Bildungsideal heute noch relevant? ‚Nein', argumentiert Norbert Schläbitz. Den Humboldt'schen Bildungshumanismus versteht er nämlich als wirkmächtige Ideologie ohne Realitätsbezug, die zu Ignoranz, Arroganz und Ausgrenzung führt. […] Schläbitz plädiert für ein transhumanistisches Bildungskonzept, das die Relevanz der Künste für die Persönlichkeitsbildung infrage stellt und den Blick lieber auf das Neue und Fremde richtet."[19]

Archivmaterialien zur Geschichte der Stuttgarter Musikschule bzw. zur Geschichte der Vorläufer-Institute der Stuttgarter Musikschule finden sich im Hauptstaatsarchiv Stuttgart, Staatsarchiv Ludwigsburg, Stadtarchiv Stuttgart. An weiteren Quellen wurden verschiedene Jahrgänge der „Allgemeine[n] Musikalischen[n] Zeitung" (= AMZ), der „Neue[n] Zeitschrift für Musik" (= NZfM), des „Königlich-Württembergische[n] Regierungsblattes" und der Adressbücher der Stadt Stuttgart verwendet – ferner Jahresberichte, Programme und Statuten, Schulordnungen sowie Verfassungen des Konservatoriums Stuttgart.

In entsprechender Form konnten Jahresberichte, Schulordnung, Broschüren, Flyer, Informationen auf der Homepage und teilweise auch interne Dokumente der heutigen Stuttgarter Musikschule herangezogen werden. Als wichtige Quelle diente die seit 1998 zweimal jährlich erscheinende Musikschulzeitung „Intonation", welche systematisch ausgewertet wurde. Der persönliche Kontakt zu einzelnen Kollegen der Stuttgarter Musikschule, bis hin zum Direktor der Einrichtung, begleitete den Arbeitsprozess.

Die Untersuchung folgt einem historisch-systematischen Ansatz. Zur Bedeutung einer historischen Musikpädagogik äußert sich Rudolf-Dieter Kraemer:

> „Für die angemessene Beurteilung der gegenwärtigen Lage stellt eine historische Betrachtung Erkenntnisse über Ursprung, Kontinuität und Wandel musikpädagogischer Ideen,

---

17 Vgl. Martin (2008:16).
18 Schläbitz (2016).
19 http://www.v-r.de/de/als_musik_und_kunst_dem_bildungstraum_a_erlagen/t-1/1086539/ [27.6.2016].

Inhalte und Situationen zur Verfügung; durch den Vergleich mit ähnlichen Problemen in der Vergangenheit werden modellhaft Einsichten vermittelt und historische Alternativen in der gegenwärtigen Diskussion ins Spiel gebracht, die für die Zukunftsbewältigung von Bedeutung sein können."[20]

Mit Blick auf eine ideengeschichtliche Darstellung ergänzt Kraemer, dass gerade Bildungsideen, Erziehungsziele und erzieherisches Handeln gedeutet werden müssten, da sie eingebettet wären in ein bestimmtes Selbst- und Weltverständnis. „Es gilt, Zusammenhänge zwischen Gegenwart und Vergangenheit im Blick auf die Zukunft herzustellen."[21]

Besonderheit der folgenden Untersuchung ist, dass sie ideengeschichtliche und institutionengeschichtliche Forschung mit der Darstellung am Modell einer einzelnen Musikschuleinrichtung zu vereinen versucht.

Ideengeschichtlich orientiert sich die Arbeit an einem Forschungsansatz, den Franzjörg Baumgart in seinem Studienbuch „Erziehungs- und Bildungstheorien" beschrieben hat. Unter dem Begriff Bildungstheorien fasst Baumgart Versuche zusammen, „die Zielperspektiven und Voraussetzungen gelingender Erziehungs- und Bildungsprozesse systematisch zu entwickeln".[22] Nach Baumgart erfordert das Verständnis von Bildungstheorien als zeit- und interessensgebundenen, stets parteilichen Antworten auf die jeweiligen historischen Problemlagen der Zeit, in der sie entstehen, einen historisch-systematischen Forschungsansatz, der pädagogisches Denken nicht nur ideengeschichtlich, sondern auch sozialgeschichtlich rekonstruiert.

> „Es geht dann um eine sozialgeschichtliche Analyse des Zusammenhangs von gesellschaftlichen Entwicklungstrends und daraus resultierenden Problemlagen auf der einen und der damit korrespondierenden pädagogischen Theoriebildung und ihren praktischen Implikationen auf der anderen Seite."[23]

So betont Baumgart, dass die aktuellen Auseinandersetzungen um die Aufgaben von Erziehung und Bildung immer wieder im Rückgriff auf die Tradition, auf klassische Bildungstheorien geführt würden. Dies geschehe aber häufig unreflektiert, „ohne den historischen Ort und die zeittypischen ‚Blindflecken' der jeweiligen Theorietraditionen mitzubedenken".[24]

> „Eine reflektierte Aneignung dieser Tradition bedeutet demgegenüber, sich die jeweiligen historischen Voraussetzungen genauso wie die gesellschaftlichen Implikationen und Folgen dieser konkurrierenden pädagogischen Theoriebestände bewußt zu machen, um dann zu fragen, welche Annahmen und Aussagen der Tradition unter gewandelten historisch-gesellschaftlichen Bedingungen, im Blick auf unsere gegenwärtige Situation und unser zukünftiges pädagogisches Handeln noch zustimmungsfähig sein könnten."[25]

---

20   Kraemer (2007:48).
21   Kraemer (2007:332).
22   Baumgart (2007:11).
23   Baumgart (2007:12).
24   Baumgart (2007:13).
25   Baumgart (2007:14).

In ähnlicher Weise wäre im Folgenden zu hinterfragen, inwieweit die Musikschulpädagogik auf einem reflektierten Umgang mit Traditionen beruht, welche Perspektiven sie darauf aufbauend angesichts eines im Wandel begriffenen gesellschaftlichen Umfeldes anbieten kann (und konnte) bzw. welche Implikationen sich daraus für den Bildungsauftrag öffentlicher Musikschulen ergeben.

Eine *institutionengeschichtliche* Darstellung des Musikschulwesens ist mit besonderen Problemen verbunden. Der Forschungsansatz der Arbeit unterstellt, dass die Geschichte des öffentlichen Musikschulwesens in Deutschland nicht erst mit der Gründung des VdM im Jahr 1952, nicht mit der Institutionalisierung der Volks- und Jugendmusikschule in der Weimarer Republik, sondern mit der Formierung einer bürgerlichen Gesellschaft Anfang des 19. Jahrhunderts beginnt. Indes kann für das 19. Jahrhundert von einem einheitlichen öffentlichen Musikschulwesen noch keine Rede sein. Erst allmählich kristallisierten sich verschiedene Musikschultypen heraus, wurde zunehmend zwischen musikalischer Laienausbildung und Berufsausbildung differenziert. Unter dem Begriff „öffentliche Musikschule" ist im 19. Jahrhundert insofern noch anderes vorzustellen als in der heutigen Zeit. Spezifische Musikinstitute zur Ausbildung von Laien- oder / und Berufsmusikern, die im Folgenden unter dem Begriff einer institutionalisierten Musikerziehung subsumiert werden, hatten Öffentlichkeitscharakter, wenn sie jedermann Zutritt gewährten, gegebenenfalls nach Entrichtung eines Entgelts oder auch nach Bestehen einer Eignungsprüfung.[26] In der Gegenwart verpflichten sich *öffentliche* Musikschulen durch ihre Zugehörigkeit zum VdM einem einheitlichen Konzept, das in eigenen Richtlinien des Verbandes beschrieben wird: Kriterium für die Mitgliedschaft ist u.a. die öffentliche Trägerschaft der Einrichtung, in der Regel durch eine Kommune bzw. die maßgebliche Mitverantwortung einer Kommune im Falle einer als gemeinnützig anerkannten privatrechtlichen Einrichtung.[27] Dies soll die Erfüllung eines öffentlichen, gemeinwohlorientierten Bildungsauftrags gewährleisten und ist als ein Abgrenzungskriterium gegenüber privatwirtschaftlichen Musikschulen zu werten, welche aus ihrem Selbstverständnis heraus in der Regel ein Geschäftsinteresse verfolgen, das durchaus im Spannungsverhältnis zu inhaltlichen Zielsetzungen der verschiedensten Art stehen kann. Aufgrund eines solchen potentiellen Zielkonfliktes wird die folgende Untersuchung in Hinblick auf die Gegenwart lediglich die öffentlichen Musikschulen im VdM einbeziehen. Allerdings unterscheiden sich auch im Bereich des öffentlichen Musikschulwesens die rechtlichen Rahmensetzungen der Musikschulförderung in den einzelnen Bundesländern teilweise erheblich, so dass einer direkten Vergleichbarkeit wiederum Grenzen gesetzt sind. Eine vergleichende Gesamtdarstellung zur institutionellen Entwicklung des Musikschulwesens im 19. Jahrhundert sowie in der Gegenwart erscheint daher nur über einen themenspezifischen Zugang sinnvoll.

Für die Untersuchung der Wirkungen humanistischer Bildungstheorien auf die Musikschulentwicklung im 19. Jahrhundert und in der Gegenwart wird ganz bewusst die *Darstellung am Modell einer einzelnen Musikschuleinrichtung* gewählt. Diese Ver-

---

26   Vgl. Loritz (1998:11); Sowa (1973:11).
27   VdM (2011).

15

fahrensweise eröffnet die Möglichkeit einer vertiefenden praxisbezogenen Darstellung, geht aber mit der Einschränkung einher, dass die Untersuchungsergebnisse einer gewissen Transferleistung bedürfen, um sie auf andere Musikschulen übertragen zu können. Ausschlaggebend für die Wahl der Stuttgarter Musikschule und ihrer Vorläufer-Institute als Beispiel sind vor allem zwei Gründe. Erstens existierten in Stuttgart fast über den gesamten Zeitraum des 19. Jahrhunderts musikalische Ausbildungsinstitute, deren Entwicklung repräsentativ für die Musikschulentwicklung im deutschsprachigen Raum steht. Zweitens formuliert die Stuttgarter Musikschule in ihrem aktuellen Leitbild einen humanistisch geprägten Bildungsanspruch, an dem sie sich messen lassen will: Die Musikschule möchte über die Beschäftigung mit Musik „die ganzheitliche Entwicklung der Persönlichkeit" ihrer Schüler fördern und „einen Beitrag für ein lebenswertes Miteinander in einer Gesellschaft, die mehr denn je hohe Anforderungen an den Einzelnen stellt", leisten.[28] Es wird in Kauf genommen, dass über das Beispiel der Stuttgarter Musikschule und ihrer Vorläufer-Institute die deutschlandweite Musikschulentwicklung nicht in der Breite vollständig abgebildet werden kann, sondern nur unter Berücksichtigung der spezifischen Situation einer Musikschule in der Landeshauptstadt Baden-Württembergs.

Einer Erläuterung bedarf schließlich der zeitliche Rahmen der Untersuchung. Der Bildungsauftrag von Musikschulen wird vom Anfangspunkt und vom gegenwärtigen Stand seiner Entwicklung aus betrachtet, um so den Transformationsprozess auszuloten, den der Bildungsbegriff in der Musikschulpraxis erfahren hat. Die Anfänge einer institutionalisierten Musikerziehung fallen in Deutschland um 1800 mit einem gesellschaftlichen Umbruch zusammen, dem Übergang von der ständischen zur bürgerlichen Gesellschaft (siehe unten). „Das Interesse für bildungstheoretische Überlegungen ergab sich für viele Zeitgenossen vor allem durch ein Gefühl der Orientierungslosigkeit, das im Gefolge des Zerfalls der bisher gültigen Gesellschaftsordnung aufkam."[29] Das Leitbild der Stuttgarter Musikschule stellt mit Blick auf die heutige Situation fest: „Soziale, kulturelle und wirtschaftliche Veränderungen erfordern, dass jeder Einzelne sein Leben selbst in die Hand nimmt." Die Musikschule möchte einen Beitrag für ein „lebenswertes Miteinander in einer Gesellschaft [leisten], die mehr denn je hohe Anforderungen an den Einzelnen stellt".[30] Angesprochen ist damit nichts weniger als eine Rückbesinnung oder auch Neuorientierung auf Bildung und Erziehung in Zeiten von gesellschaftlichen Herausforderungen wie Pluralisierung, Globalisierung, Migration und Digitalisierung. Eine gewisse Analogie zu der Konstellation um 1800 ist unverkennbar.

Die Untersuchung konzentriert sich im historischen Teil darauf, die Wirkungen humanistischer Bildungstheorien auf die Musikschulentwicklung *zeitnah* im 19. Jahrhundert zu beschreiben, wobei aus Gründen der Ursache-Wirkung-Relation der Betrachtungszeitraum auf das endende 18. Jahrhundert und beginnende 20. Jahrhundert ausgedehnt wird. Die Entwicklung des Musikschulwesens im 20. Jahrhundert wird nur insoweit skizziert, wie dies für das Verständnis der heutigen Situation unerlässlich

---

28   Stuttgarter Musikschule (2012).
29   Martin (2008:17); vgl. Kap. 1 der vorliegenden Untersuchung.
30   Stuttgarter Musikschule (2012).

erscheint. Ohne Zweifel geht das heutige Musikschulkonzept wesentlich auf die Einflüsse von Jugendmusikbewegung und Reformpädagogik zurück. Doch solche Einflüsse betreffen eher die Musikschulpraxis selbst als deren bildungstheoretische Begründung. Während sich das neuhumanistische Bildungskonzept im frühen 19. Jahrhundert den Weg von der Theorie zur Praxis bahnte, ist für das Ende des 19. Jahrhunderts bereits der gegenteilige Effekt zu beobachten: Jugendbewegung und Reformpädagogik sind „Bewegungen", die ihre treibende Kraft aus einem gesellschaftskritischen Reflex heraus entwickelt haben, dem Unbehagen an einer in bürgerlichen Konventionen erstarrenden Kultur und Bildung, „d.h. Praxis, Tat, Ausbreitung standen im Vordergrund, bisweilen sogar missionarisch, erst später setzen Bemühungen um Analyse, Systematik und Resümee ein [...]".[31] Es ist bezeichnend, dass Fritz Jöde – Initiator der ersten Volks- und Jugendmusikschulen in den 1920er-Jahren – trotz aller pädagogischen Verdienste größte Mühe hatte, sein Ideal eines „neuen Menschen" oder auch sein Verständnis von „Ganzheitlichkeit" zu klären. Man möchte hier tatsächlich von einem zeittypischen „Blindflecken" humanistischer Bildungstradition sprechen: Begriffe werden entlehnt, aber nicht mehr präzise gefasst. Schließlich sollten sich die ideologische Vereinnahmung und der politische Missbrauch humanistischer Bildungsideen durch den Nationalsozialismus über das Ende des zweiten Weltkrieges hinaus als verhängnisvoll erweisen. Der Bruch in der Musikschulentwicklung war unwiederbringlich und erzwang eine Neukonzeption des Musikschulwesens. Allein schon dieser Sachverhalt würde eine gesonderte Untersuchung der Musikschulentwicklung des 20. Jahrhunderts nahelegen. Indes stellt das Jahr 1945 nicht die einzige Bruchstelle in der Musikschulentwicklung des 20. Jahrhunderts dar. Die deutsche Wiedervereinigung lässt das Musikschulwesen in der DDR aus heutiger Sicht als einen Sonderweg in der Musikschulentwicklung erscheinen. Auch in diesem Fall steht eine historische Aufarbeitung noch aus.

Die Arbeit gliedert sich in zwei Teile, einen historischen (Kapitel 1–3) und einen auf die gegenwärtige Entwicklung bezogenen (Kapitel 4–6). Die Verbindung eines ideengeschichtlichen und institutionengeschichtlichen Forschungsansatzes am Modell einer einzelnen Musikschule spiegelt sich in der symmetrischen Anlage beider Teile wider. Kapitel 1 und 4 bilden den kulturgeschichtlichen bzw. theoriebildenden Hintergrund ab, vor dem in Kapitel 2 und 5 die institutionelle Entwicklung der Musikschule am Beispiel Stuttgart dargestellt wird. Kapitel 3 und 6 dienen der Synthese.

Kapitel 1 schildert die wachsende Bedeutung von Bildung in einer Gesellschaft, die sich zu Beginn des 19. Jahrhunderts angesichts politischer Umbrüche und der aufkommenden Industrialisierung neu orientiert. „Der einzelne Mensch sollte nicht mehr, wie in der Ständegesellschaft, heteronom bestimmt werden, sondern seine Bestimmung aus sich selbst heraus entwickeln."[32] Als Begründer eines so verstandenen neuzeitlichen Bildungsbegriffes gilt Wilhelm von Humboldt. Für die Untersuchung der Wirkungen humanistischer Bildungstheorien auf die Musikschulentwicklung wird vor allem auch deshalb auf Humboldts Bildungstheorie zurückgegriffen, weil Humboldt selbst nicht nur theoriebildend wirkte, sondern zugleich Reformen des öffentlichen Bildungswesens ini-

---

31   Gudjons (2012:102).
32   Martin (2008:18).

tierte. Diese Konstellation erlaubt Rückschlüsse darüber, wie konsequent Humboldts Bildungskonzept praktisch umgesetzt wurde und inwieweit in der bürgerlichen Gesellschaft von Bildung eher integrative oder selektive Wirkung ausging. Dargestellt wird die wachsende Bedeutung von musikalischer Bildung, verstanden als Teil einer ästhetischen Bildung. Als richtungsweisend zeigen sich in dieser Hinsicht die Briefe „Über die ästhetische Erziehung des Menschen" von Friedrich Schiller. Sie spannen einen Bogen von der ästhetischen Erfahrung zum weiten Begriff der Lebenskunst. Ihre Rezeption beeinflusste indirekt die Musikanschauung in musikästhetischer Hinsicht sowie unter soziologischen Aspekten. Mit dem Aufkommen eines bürgerlichen Musiklebens entstand in Stuttgart ebenso wie an anderen Orten ein Bedarf nach musikalischen Ausbildungsstätten.

Kapitel 2 beschreibt die Entwicklung der institutionalisierten Musikerziehung an spezifischen Musikinstituten im 19. Jahrhundert in Abgrenzung zur bisherigen Situation der Berufsausbildung für ausübende Musiker, zum Gesangunterricht an allgemeinbildenden Schulen sowie gegenüber der Privatmusikerziehung. Erste Realisierungsversuche einer institutionalisierten Musikerziehung in Stuttgart …

- Unterabteilung Tonkunst an der „Hohen Carlsschule" (1770–1794)
- Karl Kastners Plan zur Errichtung einer Kunstanstalt (1812)
- Musikinstitut im Waisenhaus (1811–1818)
- Musikschule nach dem Vorbild der Logier-Akademien (1827– ca. 1857) unter Leitung von Franz Stöpel (bis 1830) und Gustav Schilling (bis ca. 1857)
- Stuttgarter Musikschule / Konservatorium Stuttgart (1857–1921)

… werden gemäß ihrer Zielsetzung und Umsetzung vorgestellt und der allgemeinen Musikschulentwicklung im deutschsprachigen Raum zugeordnet. Der spezifische Bedarf, dem solche Realisierungsversuche entsprachen, soll ersichtlich werden.

Kapitel 3 diskutiert die Entwicklung einer institutionalisierten Musikerziehung im Kontext humanistischer Bildung. Ausgehend von Arnold Scherings Unterscheidung einer akademisch-fachmäßigen Richtung und einer humanistischen Richtung in der Musikpädagogik wird die Frage erörtert, ob in der ersten Hälfte des 19. Jahrhunderts überhaupt ein autonomer musikalischer Bildungsbegriff bestand. Anknüpfungspunkte an die Bildungstheorien Humboldts und Schillers ergeben sich in dem Buch „Die Musik des 19. Jahrhunderts und ihre Pflege. Methode der Musik" (1855) des Berliner Universitätsprofessors Adolph Bernhard Marx,[33] später auch in den Schriften der Musikpädagogin und Musikschulbegründerin Lina Ramann.[34] Von Interesse sind die Folgerungen, welche beide Autoren aus dem Zusammenhang von Kunstentwicklung, Volksbildung und Persönlichkeitsentfaltung für die institutionelle Musikerziehung ableiten, sowie die Korrelationen, die sich zu der tatsächlichen Praxis eines musikalischen Unterrichts ergeben. Die Entwicklung der musikpädagogischen Arbeit an den Stuttgarter Musikinstituten wird daraufhin untersucht, in welchem Verhältnis sie zu Bildungsaufgaben und Trägerstrukturen der Einrichtungen stand. Am Ende des 19. Jahrhunderts steht

---

33 Marx (1855).
34 Ramann (1868); Ramann (1873).

Ina Loehners Forderung nach einem „maßgebenden Concentrationspunkt musikpädagogischen Wirkens unter Staatsschutz".[35]

Kapitel 4 befasst sich mit dem kritischen Potential humanistischer Bildungsideen für die gegenwärtige Musikschularbeit. Welche Aspekte eines humanistischen Bildungsgedankens sind als zeitgebunden anzusehen, welche sind nach wie vor aktuell? Die Bildungstheorien Humboldts und Schillers werden partiell einer vertiefenden Betrachtung unterzogen: so etwa das Verhältnis von Bildung und personaler Identität in Humboldts „Theorie der Bildung",[36] die Begriffskonstellationen „Freiheit und Gebundenheit" sowie „Ganzheit und Mannigfaltigkeit", das kulturanthropologische Verständnis von Kunst bei Schiller, das Humboldtsche Bildungsideal „vor dem Hintergrund eines neoliberalen Gesellschaftssystems" (Bernhard Heinzlmaier),[37] schließlich das Verhältnis von Kunst und Moralität in Schillers Briefen über die ästhetische Erziehung des Menschen.[38] In einem nächsten Schritt geht die Untersuchung der Frage nach, was die Bildungstheorien Humboldts und Schillers heute in theoriebildender Hinsicht mit musikalischer Bildung an Musikschulen verbindet. Humboldts Sprachtheorie wird als Schlüssel zur musikalischen Bildung gedeutet, (musikalisches) Spiel nach Jeremy Rifkin[39] als Grundlage einer Lebenskunst verstanden und es werden Bezüge des musikalischen Lernens zu Schillers Begriff der „aktiven Bestimmbarkeit" hergestellt. Aufgrund des Humboldtschen Bildungsbegriffes und verschiedener Dimensionen ästhetischer Bildung und Erziehung[40] erwachsen konkrete Anforderungen an die Musikschularbeit.

Kapitel 5 beschreibt den Weg der Stuttgarter Musikschule durch das 20. Jahrhundert zu einer öffentlichen kommunalen Bildungseinrichtung. Die Stellung der Musikschule im Bildungswesen wird erörtert und eine Übersicht über das Musikschulangebot gegeben. Die Unterpunkte des Leitbildes der Stuttgarter Musikschule – *Die Musikschule eine Bildungseinrichtung der Landeshauptstadt / Musikalische Kompetenzen vermitteln / Musik entdecken – Musik erleben / Musik und Schlüsselkompetenzen / Entwicklung und Partnerschaft / Gesellschaft und Öffentlichkeit* – enthalten Zielvorstellungen, die sich in der Musikschulpraxis auf ihre konkrete Umsetzung hin überprüfen lassen.[41] Es soll veranschaulicht werden, wie sich die Musikschulpädagogik gegenüber dem 19. Jahrhundert weiterentwickelt hat. Neue Aufgaben sind im Bereich der Bildungspartnerschaften, Musikvermittlung und Organisationsentwicklung entstanden.

Kapitel 6 fragt, ob der humanistische Bildungsgedanke uneingelöstes Versprechen oder ideales Fundament der Musikschularbeit ist. Kontroverse Positionen zur Bedeutung eines humanistischen Erbes (Karl-Heinrich Ehrenforth[42], Norbert Schläbitz[43])

---

35   Loehner (1886:31).
36   Humboldt (1793?).
37   Vgl. Heinzlmaier (2013a).
38   Schiller (1795).
39   Vgl. Rifkin (2002).
40   Vgl. Dietrich / Krinninger / Schubert (2012:28ff.).
41   Stuttgarter Musikschule (2012).
42   Ehrenforth (2016).
43   Schläbitz (2016).

werden einander gegenübergestellt. Reinhart von Gutzeit[44] und Andreas Doerne[45] fordern unter dem Aspekt der Nachhaltigkeit von Bildungsprozessen dazu auf, Musikschule neu zu denken. Ein mehrdimensionaler Bildungsauftrag von Musikschulen ergibt sich aus dem Selbstverständnis der Musikschule als „inklusive" Bildungseinrichtung. Am Beispiel der Stuttgarter Musikschule und ihrer Vorläufer-Institute soll veranschaulicht werden, mit welchen Chancen und Risiken der Inklusionsprozess an Musikschulen verbunden ist. Peter Röbke unterscheidet entsprechend drei grundlegende Arbeitsfelder der Musikschule, in denen sich die Spezifika einer Musikschulpädagogik zwischen Kontinuität und Wandel aufzeigen lassen. Dabei erfahren auch aktuelle Ergebnisse der JeKi-Forschung[46] sowie der Jugendforschung des Heidelberger SINUS-Instituts[47] Berücksichtigung. Abschließend erfolgt ein Ausblick zu den bildungspolitischen Perspektiven der Musikschularbeit. Es geht um die wechselseitigen Erwartungen von Musikschulen und Politik. Mit der Musikschulförderung in Sachsen-Anhalt wird ein Modell von Landesförderung vorgestellt, welches sich in Zukunft als richtungsweisend herausstellen könnte.

Wenngleich die vorliegende Arbeit nicht Antwort auf die Frage geben kann, in welche Richtung sich die Entwicklung des Musikschulwesens zukünftig bewegen wird, so versucht sie doch einen Beitrag zu leisten, das Verständnis für die gesellschaftliche Relevanz und die damit einhergehenden Entwicklungsperspektiven der Bildungsarbeit öffentlicher Musikschulen in Deutschland zu vertiefen. Dies geschieht in dreierlei Hinsicht. *Erstens* wird der musikalische Bildungsbegriff für Musikschulen inhaltlich bestimmt, entgegen der Tendenz, ihn in politischen Diskussionen interessensgelenkt zu verwenden. Nur indem die Wurzeln des musikalischen Bildungsbegriffes sowie seine Bezüge zur allgemeinen Bildungstheorie mit bedacht werden, ist es möglich, ein musikalisches Bildungsangebot pädagogisch sinnvoll zu strukturieren. Eine Herausforderung besteht darin, geeignete Indikatoren für das Gelingen von Bildungsprozessen in der Musikschulpraxis zu entwickeln. *Zweitens* wird die Entwicklung des Bildungsauftrages von Musikschulen in historischer Perspektive als Ausdifferenzierungsprozess beschrieben. Die Einschätzung, inwieweit sich Bildungsideen zu verschiedenen Zeiten in der Musikschulpraxis vor dem Hintergrund konkreter Gesellschaftssysteme bewährt haben, ist mit Blick auf die Zukunft von fundamentaler Bedeutung für eine mögliche Anpassung des Bildungsauftrages an sich wandelnde Rahmenbedingungen. *Drittens* kann die Darstellung am Modell der Stuttgarter Musikschule als Orientierungsmaßstab dienen. Zu fragen ist: Wie wird der Anspruch auf musikalische Bildung praktisch umgesetzt? Inwiefern gelingt dies gut oder schlecht? Solche Überlegungen werden immer in die Frage einmünden, welcher Voraussetzungen es eigentlich bedarf, damit Musikschulen einen historisch gewachsenen Bildungsauftrag möglichst *gut* erfüllen können.

---

44   Gutzeit (2011).
45   Doerne (2011).
46   Kranefeld (2016).
47   Calmbach / Borgstedt / Borchard / Thomas / Flaig (2016).

Teil I

19. Jahrhundert

1. Bürgerliches Musikleben

1.1 Historische Skizze: Württemberg und Stuttgart

Die napoleonischen Kriege hatten Anfang des 19. Jahrhunderts zu territorialen Umverteilungen geführt, aufgrund derer das Herzogtum Württemberg an politischer Bedeutung gewann. Es verdoppelte sich nach Flächenumfang und Einwohnerzahl. 1803 wurde es zum Kurfürstentum, 1806 zum Königreich erhoben.[1] Die württembergische Residenzstadt Stuttgart zählte zu Beginn des 19. Jahrhunderts, im Jahr 1802, gerade einmal 21.545 Einwohner.[2] Während sich die Bevölkerungszahl Stuttgarts bis 1820 annähernd konstant hielt, stieg sie bis 1834 auf rund 38.000 an, erreichte 1846 die 50.000er-Marke, um 1871 schließlich die 90.000er-Marke zu überschreiten. Bis zur Mitte des 19. Jahrhunderts blieb Stuttgart jedoch ein kleinstädtisch geprägtes Gemeinwesen. Das Stadtbild zeigte noch Spuren eines mittelalterlichen Stadtzuschnitts.[3] Alte Giebelhäuser mischten sich mit neueren, klassizistischen Bauten. Erster Arbeitgeber vor Ort war der Hof. Es dominierten Gewerbe, Handel und Landwirtschaft.

König Wilhelm I. von Württemberg mag während seiner langen Regentschaft (1816–1864) in seinem politischen Denken einem aufgeklärten Absolutismus treu geblieben sein.[4] Dennoch öffnete er sich gegenüber einem bürgerlichen Liberalismus. Hiervon zeugte der Verfassungsvertrag von 1819 als Grundlage einer kommunalen Selbstverwaltung. Auch setzte Wilhelm I. ein vergleichsweise „modernes" Zweikammernparlament ein: Der mit beschränkten Rechten ausgestattete Landtag bestand aus einer „Kammer der Standesherren" (Erste Kammer) und einer zweiten „Kammer der Abgeordneten", wodurch liberale Tendenzen sowohl gelenkt als auch eingedämmt werden konnten.[5] Lange Zeit hatte Württemberg als wirtschaftlich rückständig gegolten. In Verbindung mit der einsetzenden Industrialisierung führten Überbevölkerungskrisen, Missernten und Hungersnöte auf dem Lande noch in der ersten Hälfte des 19. Jahrhunderts zu zunehmender Massenverelendung in den Städten.[6] Wilhelm I. versuchte

---

1   Sauer (1988:14).

2   Sauer (1988:16).

3   Vgl. Nägele (1993:101).

4   Vgl. Sauer (1988:22ff.).

5   Vgl. Mann (2006:96f.).

6   Der Brockhaus von 1846 beschreibt das Phänomen des Pauperismus drastisch: „Der Pauperismus ist dort vorhanden, wo eine zahlreiche Volksklasse sich durch die angestrengteste Arbeit höchstens das notdürftigste Auskommen verdienen kann, auch dessen nicht sicher ist, in der Regel schon von Geburt an und auf Lebenszeit solcher Lage geopfert ist, keine Aussichten der Änderung hat, darüber immer tiefer in Stumpfsinn und Rohheit versinkt, den Seuchen, der Branntweinpest und viehischen Lastern aller Art, den Armen-, Arbeits- und Zuchthäusern fortwährend eine immer steigende Zahl von Rekruten liefert und dabei immer noch sich in reißender Schnelligkeit ergänzt und vermehrt." Zit. nach Boelcke (1989:155f.).

dem mit landwirtschaftlichen Reformen zu begegnen. Die industrielle Entwicklung setzte aufgrund mangelnder Rohstoffe und ungünstiger Verkehrswege erst spät ein.

> „Zu Beginn der industriellen Entwicklung Stuttgarts in der ersten Hälfte des vorigen Jahrhunderts standen die Herstellung von Musikinstrumenten, die Textilindustrie, die chemische und pharmazeutische Industrie, die Kunstschreinerei und die Schmuckwarenindustrie im Vordergrund. 1832 gab es in Stuttgart, dem Flecken Berg und Cannstatt 25 Fabriken mit etwa 1060 Arbeitern. Das Rückrat des Stuttgarter Gewerbes bildete aber nach wie vor das Handwerk: 2179 Meister und 2479 Gesellen arbeiteten in zahlreichen Handwerksbetrieben. Schwerpunkte lagen auf der Metallverarbeitung, der Herstellung von Messern und der Buchbinderei sowie auf dem Konditoreigewerbe, das seine Erzeugnisse zum Teil sogar außerhalb Württembergs absetzte. Charakteristisch für die Stuttgarter wie für die württembergische Industrie überhaupt war ihr langsames Herauswachsen aus zunächst eher klein- und mittelbetrieblichen Strukturen."[7]

Mitte des 19. Jahrhunderts gewann der Industrialisierungsprozess in Württemberg an Dynamik:

> „Dem Spinnereiboom mit dem Siegeszug des mechanischen Webstuhls folgte der Eisenbahnboom. Beides waren die Führungsbranchen der ersten technisch-industriellen Revolution und die Antriebskräfte der Take-off-Phase der Industrialisierung in den 1860er-Jahren. Mit der steigenden Zahl an Dampfmaschinen war die Energieerzeugung unabhängig von der Wasserkraft möglich geworden. In den 1880er-Jahren folgte die Elektrifizierung. […] Die Elektrifizierung beschleunigte die Entwicklung zu einer anhaltenden hochkonjunkturellen Phase. Aus Handwerksbetrieben und Werkstätten wurden Industrieunternehmen, aus dem Heimgewerbe heraus entwickelten sich hoch spezialisierte Branchen […] In einer zweiten industriellen Revolution wurden dann der Maschinen- und Automobilbau, Chemie und Elektrotechnik die Leitsektoren."[8]

Der Eisenbahnanschluss (1846) sowie die Einrichtung einer Zentralstelle für Handel und Gewerbe (1848) bildeten wichtige Stationen auf dem Weg Stuttgarts zu einer wirtschaftlichen Metropole:

> „Im Dezember 1861 verzeichneten die Fabrik-, Handwerker- und Handelstabellen 173 Fabriken, 1840 Handwerksmeister und 857 Handelsfirmen. Die Zahl der Beschäftigten im Handwerk, in Fabriken und in Heimarbeit belief sich im Jahre 1851 auf 11 620. Zehn Jahre darauf, 1861, waren in den verschiedenen Wirtschaftsbereichen 14 175 Personen tätig; dies entsprach 23 Prozent der damaligen Einwohnerzahl."[9]

Die Nachfolger von Wilhelm I., König Karl (Regierungszeit 1864–1891) sowie König Wilhelm II. (Regierungszeit 1891–1918), gerieten indes unter den Einfluss preußischer Machtpolitik.

---

7 Sauer (1988:21).
8 Weber / Wehling (2007:74f.).
9 Sauer (1988:21).

„Das Deutsche Reich, 1871 auf den Schlachtfeldern Frankreichs gegründet, war ein Bündnis der deutschen Fürsten, gestützt auf die preußischen Waffen, legitimiert durch den Jubel des nationalgesinnten deutschen Bürgertums, das 1848 vergeblich versucht hatte, den deutschen Nationalstaat auf der Grundlage von Volkssouveränität und Menschenrechten zu begründen, und das jetzt den Traum vom Staat aller Deutschen durch Bismarcks Machtpolitik verwirklicht sah."[10]

Auch wenn Württemberg nunmehr an politischer Autonomie verlor, profitierte es wirtschaftlich von dem neu entstandenen einheitlichen Binnenmarkt und Währungsraum. Bernhard Mann hat in seiner „Kleine[n] Geschichte des Königreichs Württemberg" angemerkt, dass unter „den seit der ersten Jahrhunderthälfte sehr veränderten Umständen […] das Spiel ‚Konstitutionelle Monarchie' keine wirklichen ‚Selbstherrscher' mehr" vertrug.[11] König Karl von Württemberg behielt es sich zwar noch vor, Minister zu ernennen oder zu entlassen, überließ das Regieren aber ansonsten denselben. Auch sein Nachfolger Wilhelm II. verlegte sich ab 1891 mehr und mehr auf das Repräsentieren, nicht ohne als Förderer von Kultur, Schulwesen und Wissenschaft öffentlichkeitswirksam in Erscheinung zu treten.[12] „In Württemberg bestimmten jetzt wie im Reich die ‚Fundamentalpolitisierung' und der ‚politische Massenmarkt' das politische Spiel."[13]

„Die Industrialisierung, die fortschreitende Säkularisierung der Gesellschaft, Vernunft und Fortschrittsglaube, der Nationalismus als sinn- und gemeinschaftsstiftende Idee, der Aufbruch in Kunst, Literatur und Architektur (Jugendstil), nicht zuletzt der unaufhaltsame Prozess der Demokratisierung veränderten gesellschaftliches und individuelles Leben tief greifend. […] Gesellschaft, das war die ‚Masse', an die appelliert wurde, die zum zentralen Faktor der Politik wurde und die ihre Interessen auch gegen ‚den Staat' vertrat. Das kennzeichnete den ‚populistischen Wandel' der Politik, die Fundamentalpolitisierung der deutschen Gesellschaft und den Durchbruch des ‚politischen Massenmarktes'. In einem Prozess der Selbstorganisation entstanden soziale Großgruppen (Milieus), die sich mehr oder weniger stark voneinander abschotteten. Konfession, soziale Lage, regionale Traditionen und kulturelle Orientierung waren dabei die Schlüsselfaktoren. Eine wichtige Rolle spielten Vereine und Verbände, die den vorpolitischen Raum strukturierten: Gewerkschaften, Arbeitervereine, kirchliche Vereine und andere."[14]

Das Bevölkerungswachstum Stuttgarts wies ausgangs des 19. Jahrhunderts enorme Zuwachsraten aus. Zwischen 1871 und 1910 verdreifachte sich die Einwohnerzahl von 91.623 auf 286.218! Verantwortlich hierfür waren Zuwanderung, aber auch Eingemeindungen. Insbesondere Handwerksgehilfen und kleinbäuerliche Familien zog es in die Stadt.[15] Längst wies die Erwerbsstruktur in Stuttgart den industriellen Wandel aus. 1882 waren nur noch 4,7% der Erwerbstätigen in Forst- und Landwirtschaft

---

10   Schulze (2009:108).

11   Mann (2006:210).

12   Vgl. Sauer (1988:60–62).

13   Mann (2006:218).

14   Weber / Wehling (2007:77).

15   Vgl. Sauer (1988:31f.).

tätig, aber 45,8 % im Industrie- und Bauwesen; 22,8 % im Handel und Verkehr sowie immerhin 13,7 % im öffentlichen Dienst und in freien Berufen.[16]

> „1895 war Stuttgart der wirtschaftliche Mittelpunkt Württembergs. 7,42 Prozent der Einwohner und 7,47 Prozent der Erwerbstätigen des Landes lebten hier. Der Anteil der Landeshauptstadt an den in der Landwirtschaft tätigen Erwerbspersonen in Württemberg betrug lediglich 0,44 Prozent. Dagegen hatten 11,28 Prozent aller in der Industrie und 23,22 Prozent aller im Handel des Landes Beschäftigten ihren Wohnsitz in Stuttgart."[17]

Mit der steigenden Bevölkerungszahl ging die bauliche Ausdehnung der Stadt einher. Es entstanden neue Stadtviertel, Straßen und Plätze. „Charakteristisch für Stuttgart waren in der zweiten Hälfte des 19. Jahrhunderts Ketten isoliert stehender drei- bis viergeschossiger Mietshäuser, und dazwischen standen andere Haustypen, so vor allem repräsentative Villen des Großbürgertums."[18] Mit der Erschließung der Höhenlagen rings um die Stadt manifestierten sich soziale Unterschiede auch hinsichtlich der topographischen Lage der Baugrundstücke.

> „1900 wohnten in der Landeshauptstadt 83,4 Prozent der Einwohner zur Miete; zehn Jahre später waren es 82,3 Prozent. Die Wohndichte stieg steil an: Kamen 1855 in Stuttgart noch 975 Menschen auf einen Quadratkilometer, so waren es 1871 bereits 1710, 1900 dann 3362 und 1910 sogar 4390."[19]

Parallel zur Stadtentwicklung wurde in Stuttgart das Verwaltungswesen ausgebaut, eine umfassendere städtische Infrastruktur bereitgestellt, Armen- und Gesundheitsfürsorge geleistet. Die Kommunalpolitik versuchte sich zunehmend am Gemeinwohl breiter Bevölkerungsschichten zu orientieren. Es resultierte die „Allzuständigkeit" der Kommunen für alle Aufgabenbereiche, welche sich der Staat nicht ausdrücklich vorbehielt oder den Städten untersagte.

> „Die ‚Urbanisierung' stellte die kommunale Selbstverwaltung vor immense Herausforderungen. Die Kommunen übernahmen, um diese Herausforderungen zu bewältigen, seit den 1870er und 80er Jahren eine Fülle neuer Aufgaben. Die Erweiterung der Stadt wurde durch Bauordnungen, Fluchtlinien- und Bebauungspläne reguliert. Es wurden Wasser- und Abwasserkanalisationen angelegt. Ein funktionierendes Nahverkehrssystem wurde für die urbanen Ballungsräume zunehmend wichtig. Es mussten neue Schulen gebaut und ausgestattet werden. Die Städte waren verpflichtet, notfalls für den Lebensunterhalt bedürftiger Einwohner aufzukommen. Dazu kamen freiwillig übernommene Aufgaben, etwa im Bereich Kultur und Bildung: städtische Theater, Museen, Orchester, Konzerthallen, Bibliotheken."[20]

---

16   Sauer (1988:137).
17   Sauer (1988:138f.).
18   Sauer (1988:41).
19   Sauer (1988:44).
20   Schäfer (2009:140).

Mit Beginn des 20. Jahrhunderts führte die Verfassungsreform des Jahres 1906 zur Weiterentwicklung des Zweikammernparlaments. Die 1. Kammer der „Standesherren" wurde „berufsständisch"[21] modernisiert, die 2. Kammer der Abgeordneten mit mehr Rechten ausgestattet und zu einer echten „Volkskammer" umgewandelt, deren Mitglieder zu 25 Prozent nach Verhältniswahlrecht gewählt wurden.[22] Trotzdem waren bei den Landtagswahlen im Jahr 1912 gerade einmal 20% der Bevölkerung Württembergs stimmberechtigt, „und von dieser Minderzahl machte lediglich ein Anteil von 70% vom Wahlrecht Gebrauch".[23] Von einer politischen Teilhabe breiter Bevölkerungsschichten konnte also noch längst keine Rede sein. Auch in der Kommunalpolitik trat der Antagonismus zwischen bürokratischer Obrigkeit und bürgerschaftlichem Engagement hervor – vergleichbar den Verhältnissen auf Landesebene. Dem Zweikammernparlament im Landtag entsprach in der Stuttgarter Stadtpolitik die Gremienarbeit durch Gemeinderat und Bürgerausschuss. Noch 1891 hatte der Landtagsabgeordnete Friedrich Payer mit Blick auf die Stuttgarter Verhältnisse beklagt, dass auf dem Rathaus seit langem eine pietistisch-konservative Mehrheit herrsche, die sich regierungstreu und national gebärde, aber stark überaltert sei; ihr stünde eine kleine demokratisch-großdeutsche Minderheit gegenüber. Die Mitglieder der Mehrheit seien vom Ehrgeiz besessen, immer wieder gewählt zu werden und sich so auf Lebenszeit im Amt zu behaupten.[24] Derweil sollte die sozialdemokratische Bewegung, welche der preußische Obrigkeitsstaat lange Zeit aufgrund mutmaßlich umstürzlerischer Tendenzen zu unterdrücken versucht hatte,[25] auch in Stuttgart immer stärkeren Zulauf erhalten. Sie festigte ihren Ruf als Partei der „kleinen Leute". „Im Jahr 1900 zählte der *Sozialdemokratische Verein Stuttgart* 1408 Mitglieder; außer den sonstigen Mitgliedern gehörten ihm 30 Prozent der Stuttgarter Gewerkschafter an. Bis 1912 war die Zahl der Vereinsmitglieder auf 9157 (unter ihnen 712 Frauen) angewachsen."[26] Im konjunkturellen Auf und Ab der Wirtschaft entwickelte sich die Gesellschaft offensichtlich heterogener. Die Parteienvielfalt korrespondierte mit unterschiedlichen Interessenslagen: „Dabei wurde die Moderne von den Menschen zwiespältig wahrgenommen – sie brachte Gewinner hervor und hinterließ Verlierer, vermeintliche und tatsächliche."[27] Zwischenzeitlich hatte Stuttgart seine Position als geistiges, politisches und wirtschaftliches Zentrum Württembergs festigen können. Es entstanden repräsentative Bauwerke: 1905 ein neues Rathaus; zwischen 1900 und 1914 ein neues Hoftheater sowie das Kunstgebäude; 1914 begann Paul Bonatz mit dem Bau des neuen Hauptbahnhofs. Die Hochphase der Industrialisierung führte zu einer Konzentration an Wirtschaftsunternehmen. 1914 existierten in Stuttgart bereits mehrere Firmen mit jeweils mehr als 1000 Beschäftigten[28]:

---

21 Mann (2007:98).

22 Weber / Wehling (2007:79).

23 Boelcke (1989:190).

24 Vgl. Sauer (1988:125).

25 Zur Bedeutung des Sozialistengesetzes (1878–1890) unter Bismarck und seinen Auswirkungen in Stuttgart vgl. Sauer (1988:80ff.).

26 Sauer (1988:99).

27 Weber / Wehling (2007:77).

28 Sauer (1988:143).

- Robert Bosch, Elektromotorische Fabrik *(4200 Beschäftigte)*
- Daimler-Motorengesellschaft in Untertürkheim *(3000 Beschäftigte)*
- Cannstatter Dampfbackofenfabrik von Werner und Pfleiderer *(1000 Beschäftigte)*
- Wilhelm Bleyle, Fabrik gestrickter Kleider *(1400 Beschäftigte)*
- W. Benger Söhne, Trikotagenfabrik *(1500 Beschäftigte)*
- Trikotfabriken in Vaihingen einschließlich Filialen und Heimarbeiter *(3000 Beschäftigte)*
- J. Sigle & Co, Schuhfabrik, Kornwestheim *(1000 Beschäftigte)*
- Waldorf-Astoria Company, Zigarettenfabrik *(1000 Beschäftigte)*
- Schuhfabrik Haueisen & Co *(1000 Beschäftigte)*
- Union, Deutsche Verlagsgesellschaft *(1000 Beschäftigte)*
- Allgemeiner Deutscher Versicherungsverein *(1850 Beschäftigte)*

Schließlich brachte der 1. Weltkrieg die Vorentscheidung im Konflikt zwischen monarchischen und demokratischen Kräften. Am 30. November 1918 verzichtete Wilhelm II. auf den Thron und nahm den Titel eines „Herzogs von Württemberg" an. „Die Geschichte des Königreichs Württemberg war zu Ende, die des ‚Volksstaats' Württemberg begann."[29]

1.2 Die bürgerliche Gesellschaft formiert sich

Im späten 18. Jahrhundert bzw. frühen 19. Jahrhundert vollzog sich der Übergang von einer ständischen zu einer staatsbürgerlichen Gesellschaft.[30] Sozialer Status definierte sich in der Gesellschaft – und hier insbesondere in der städtischen Gesellschaft – immer weniger über das Privileg der Geburt als vielmehr über Profession und Leistung. Adel und Kirche mussten um ihre Vorrangstellung kämpfen, während sich als Folgeerscheinung von Industrialisierung und Aufklärung eine neue gesellschaftliche Elite der „Besitzenden und Gebildeten"[31] ausprägte. Dass sich in Württemberg ein solcher Prozess schrittweise und in aller Macht erst in der zweiten Hälfte des 19. Jahrhunderts vollzog, lag sowohl in der hier verzögert einsetzenden Industrialisierung als auch in der auf Ausgleich der Kräfte gerichteten politischen Grundordnung des Königreichs begründet (s.o.). Zugleich bildete die bürgerliche Gesellschaft des 19. Jahrhunderts keineswegs eine klassenlose Gesellschaft. „Zur Schicht der ‚Gebildeten', die im Stuttgarter Kulturleben und auch in der Stadt- und Landespolitik die tragende Rolle spielten, zählten, Adel und Bürgertum entstammend, Akademiker (anfangs oft noch Zöglinge der Hohen Carlsschule), Hofbeamte, Offiziere, Künstler, Abgeordnete des Landtags und Stadtrats, Verleger, Buchhändler und andere Geschäftsleute, Literaten, Journalisten und Mitglieder der alteingesessenen Honoratiorenfamilien."[32] Ein Mittelstand, dem am ehesten klei-

---

29   Mann (2006:257).
30   Vgl. im Folgenden: Nipperdey (1998a:255–271).
31   Schäfer (2009:78).
32   Mack, Ch. (1997:5).

ne Geschäftsleute, Handwerker und Bauern zuzurechnen waren, hatte sich in Württemberg bis 1850 noch nicht eindeutig herauskristallisiert. „Im Kontrast zur industriewirtschaftlichen Dynamik, mit der sich eine neue soziale Macht den Weg bahnte, lebte die städtische Mittelschicht noch in der überlieferten Enge der sich auflösenden Zunftwirtschaft, innerhalb beengter Märkte, von denen man dennoch ‚Nahrungssicherung' erwartete. Eine sog. städtische Mittelschicht, die sich eindeutig nach sozialen und wirtschaftlichen Kriterien von Ober- und Unterschicht abgrenzen ließe, ist kaum fixierbar."[33] Angehörige der Unterschichten (Gesellen, Gewerbsgehilfen, Dienstboten, Fabrikarbeiter, Tagelöhner u.a.) litten als mittellos geltend unter sozialer und rechtlicher Deklassierung. Ihnen oblagen mitunter Heiratsbeschränkungen, es wurde zwischen einem Gemeindebürgerrecht und einem Gemeindebeisitzrecht differenziert. Uneheliche Geburten, Kinderarbeit in Fabriken und eine hohe Kindersterblichkeit verschärften das Elend der Armen. Noch 1867 sollten 18% der Gesamtbevölkerung Württembergs ohne Gemeindebürgerrecht als „Ortsfremde" quasi am Rande der bürgerlichen Gesellschaft leben.[34] In den Städten kulminierten die sozialen Missstände. Die Stuttgarter Verhältnisse wurden in der Phase einer frühen Industrialisierung, Mitte des Jahrhunderts, von einer auffälligen Diskrepanz zwischen relativem Wohlstand und absoluter Armut bestimmt. Allein 22,8% des württembergischen Kapitalsteueraufkommens konzentrierte sich 1866/67 auf Stuttgart, aber noch im Krisenjahr 1854 erhielten 20,7% der Stuttgarter Bevölkerung Armenunterstützung.[35]

In der zweiten Hälfte des 19. Jahrhunderts brachte die fortschreitende Industrialisierung mehr Bewegung in das gesellschaftliche Schichtengefüge.[36] „Insbesondere ist im Aufstieg eines zahlenmäßig bedeutenden Anteils von Beziehern unselbständiger Einkommen in die mittlere und untere Mittelschicht, die hauptsächlich von Handwerkern, Kleinhändlern und Mittelbauern, von bürgerlicher Selbständigkeit repräsentiert wurde, ein herausragendes Phänomen der bürgerlichen Industriegesellschaft innewohnenden Mobilität zu erblicken. [...] Neben dem alten Mittelstand kam ein ‚neuer Mittelstand' auf."[37] Auch, wenn nach wie vor annähernd 75% der Gesamtbevölkerung Württembergs aufgrund ihrer Einkommensverhältnisse der Unterschicht zuzurechnen

---

33 Boelcke (1989:131f.).
34 Vgl. Boelcke (1989:135,139ff.).
35 Vgl. Boelcke (1989:153).
   Zu trauriger Berühmtheit gelangten die Armen-Suppen in den Suppenanstalten der Stadt: „Der englische Graf von Rumford (1753–1814), seit 1784 in hohen bayerischen Diensten, war der Erfinder der sog. Rumford-Suppe (‚Rumfutsch-Suppe'), eines wässerigen Aufgusses, aus jeweils einigen Pfund Gerste, Erbsen, Brot, viel Kartoffeln, etwas Salz und Suppenkraut, 4 Pfd. Fleisch, einer großen Menge Wasser, und das alles für 100 Personen. In der verabreichten Kost spiegelten sich die Wirtschaftsepochen eines Volkes, in den dünnen Wassersuppen der öffentlichen Armenküchen der quälende Hunger Tausender während der Notzeiten der Frühindustrialisierung" (Boelcke 1989:153).
36 Boelcke hat im Folgenden die Klassenzugehörigkeit der Einkommensteuerpflichtigen in Württemberg für das Jahr 1910 anhand der zu versteuernden Jahreseinkommen vorgenommen.
   Unterschicht = bis 1699 Mark Jahreseinkommen = Steuerzahleranteil von 74,67%
   Mittelschicht = 1700–5999 Mark Jahreseinkommen = Steuerzahleranteil von 23,15%
   Oberschicht = ab 6000 Mark Jahreseinkommen = Steuerzahleranteil von 2,18%
   Vgl. Boelcke (1989:275ff.).
37 Boelcke (1989:277f.).

war[38]: „Lohnarbeit' – von Arbeitern, kleineren Angestellten und Beamten – stieg zur weitaus wichtigsten Einkommensquelle der Gesellschaft auf, hatte sich seit der Mitte des 19. Jahrhunderts in allen Bereichen der Wirtschaft, Verwaltung und insgesamt in der Gesellschaft vielfältig vermehrt."[39] Im Jahr 1910 waren ca. 60% der Steuerpflichtigen Arbeiter, Angestellte und Beamte. Ihr Arbeitseinkommen machte immerhin 42,7% der für die Steuer ermittelten Reinertragssumme aus.

Im Sozial-, Kultur- und Geistesleben übernahmen Assoziationen die Aufgabe der *Vergesellschaftung* verschiedener sozialer Gruppierungen. Neben den zahlreichen Gründungen von Organisationen zu wohltätigen Zwecken entwickelte sich auch in Stuttgart ein reges Vereinsleben, in dem sich ein städtisches Bürgertum neu formierte. Bereits 1807 schlossen sich Literaten, Gelehrte, Künstler, Kaufleute, höhere Beamte und Offiziere in der *Museums-Gesellschaft* zur Pflege gehobener Unterhaltung und zur Weiterbildung auf literarischem und künstlerischem Gebiet zusammen. 1823 folgte in ähnlicher Funktion die *Bürgergesellschaft*. Großer Beliebtheit erfreuten sich Vereine zum Zwecke des Gesangs, der Musik, der Kunst, der Heimatgeschichte oder des Sports, z.B. der *Stuttgarter Liederkranz*, 1824 gegründet, der *Württembergische Kunstverein* (1827), der *Literarische Verein* (1839), der *Württembergische Altertumsverein* sowie der *Männerturnverein* (1843), der *Verein für klassische Kirchenmusik* (1844), der *Verein für christliche Kunst in der evangelischen Kirche* (1857), der *Orchesterverein* (1857) oder der *Stuttgarter Verschönerungsverein* (1861).[40]

> „Die Vereine haben zunächst erhebliche Bedeutung für die neue soziale Gliederung, Differenzierung und Integration der Gesellschaft gehabt. […] Man kann, man soll ihnen zugehören ohne Rücksicht auf Geburt und Stand, allein auf Grund von Bildung und Leistung; […] sie fordern, daß auch der Adel sich auf den Boden der bürgerlichen Werte – Bildung und Humanität – stellt, in die prinzipiell bürgerlichen Vereine eintritt. […] die Vereine sind eines der entscheidenden Medien, in denen sich das neue Bürgertum aus Bürgerlichen und altständischen Bürgern, aus den verschiedenen Berufen, der Bildung und der Wirtschaft, den Beamten und den freien Berufen allmählich als ein Ganzes, aus einem abstrakten Begriff zur konkreten Wirklichkeit gemeinsamer Lebensformen konstituiert. […] Neben die antiaristokratische und die gemeinbürgerlich egalitäre Tendenz tritt freilich dann eine elitäre Tendenz: die ständische Differenzierung wird durch die Bildungsdifferenzierung abgelöst […]."[41]

Im Verlauf des 19. Jahrhunderts dehnte sich das Vereinswesen auf immer breitere Bevölkerungsschichten aus. Zwischen 1871 und 1884 gründeten sich in Stuttgart u.a. folgende Vereine neu:

---

38   Boelckes Zahlen werden durch Nipperdey (1998b:288) annähernd bestätigt. Nipperdey rechnet in Preußen zwar für das Jahr 1912 weit über 90% der Einkommensbezieher den unteren Einkommensstufen zu, geht dabei aber auch von deutlich höheren Einkommensgrenzen aus, d.h. die unteren Einkommensstufen reichen bei ihm bis zu einem Jahreseinkommen von 3000 Mark. Zu beachten sind jedenfalls regionale Unterschiede.

39   Boelcke (1989:278).

40   Vgl. Sauer (1988:30).

41   Nipperdey (1998a:268).

Tonkünstlerverein (1874), Neuer Singverein (1874), Neuer Musikverein (1884), Musik-kranz (1884), Männergesangsverein Stuttgart (1883), Stuttgarter Zitherbund (1883), Sänger-club Heslach (1876), Schwäbischer Frauenverein (1873), Verein zur Beschäftigung alter kränklicher Frauen (1872), Verein für Ferienkolonien armer kränklicher Schulkinder in Stuttgart (1879), Verein für Kinderfreunde in Stuttgart (1877), Verein zur Unterstützung armer Kranker in Krankenanstalten (1874), Augenheilanstalt für Unbemittelte in Stuttgart (1874), Stuttgarter Kranken- und Beerdigungsverein (1883), Montagsgesellllschaft (1875), Freitagsgesellschaft (1882), Familienverein (1874), Allgemeiner Taubstummenverein (1881), Norddeutscher Klub (1873), Verein zur Verbreitung christlicher Zeitschriften (1879), Sonntags-Schutzverein (1884), Verein der Vogelfreunde (1871), Württemberger Philate-listenverein Stuttgart (1882), Schachklub Stuttgart (1879), Skatklub Stuttgart (1883), Süd-deutscher Vegetarierverein (1877), Verein zur Förderung der Kunst in Stuttgart (1882).[42]

1906 waren in Stuttgart schließlich 1300 Vereine registriert. In dieser späten Hochpha-se reflektierte das Vereinswesen eine immer differenziertere Formierung der bürgerlichen Gesellschaft. Während manche Bürger in politisch und religiös motivierten Vereinen zunehmend Zerfallserscheinungen einer bürgerlichen Gesellschaft nach partikularen Zwecken erkennen mochten, sahen andere „divergierende Interessen und weltanschau-liche Gegensätze durch kulturelle Gemeinschaftsprojekte versöhnt. Stadttheater, histo-rische Museen, Zoologische Gärten und Bürgerparks, die auf der Basis von Aktienver-einigungen entstanden, bildeten die kulturelle Infrastruktur der Städte. Das bürgerliche Vereinsprinzip und die bürgerliche Stiftung bewährten sich als genuin bürgerliche In-strumente gemeinschaftlichen Handelns."[43]

Eine insgesamt zunehmende soziale Mobilität und ein hohes bürgerschaftliches Engagement änderten indes wenig an bestehenden Ungleichgewichten in der Gesell-schaft. Michael Schäfer hat in seiner „Geschichte des Bürgertums" die Frage aufgewor-fen, inwiefern es dem deutschen Bürgertum des späten 19. Jahrhunderts überhaupt gelungen sei, eigene Grundprinzipien zu verwirklichen. Seit der Reichsgründungszeit schienen einerseits wesentliche Voraussetzungen einer funktionierenden sozialen Ord-nung erfüllt zu sein:

- „ein Rechtsstaat, der dem Einzelnen grundlegende Freiheitsrechte einräumte und ihm weitgehende Rechtssicherheit garantierte;
- ein Wirtschaftssystem, das auf freiem Eigentum, Gewerbefreiheit, Konkurrenz und Marktregulierung basierte;
- formale Gleichheit vor dem Gesetz und die Suspendierung ständischer Vorrechte und Unterschiede bis auf eher unbedeutende Reste;
- ein Regierungssystem, das auf einer Gewaltenteilung basierte und damit die Macht des Monarchen zumindest beschränkte."[44]

---

42   Vgl. Sauer (1988:349f.).
43   Schulz (2005:13f.).
44   Schäfer (2009:168).

Andererseits war die *tatsächliche* soziale Ordnung der wilhelminischen Gesellschaft noch sehr weit von Idealvorstellungen einer chancengleichen, sozial egalitären Gesellschaft entfernt. Dafür gab es *äußere* Gründe. Die Auswirkungen der Industrialisierung und das drastische Bevölkerungswachstum in den Städten führten zu sozialen Verwerfungen. Gleichwohl verstrickte sich eine bürgerliche Gesellschaft auch in inneren Widersprüchen, indem sie an autoritären Strukturen festhielt. Den bürgerlichen Eliten ging es nicht zuletzt um die Sicherung eigener Privilegien, notfalls auch auf Kosten von schwächer gestellten Mitgliedern der Gesellschaft. Eine Demokratisierung der Gesellschaft ging weder in öffentlichen noch in privaten Lebensbereichen weit genug, um breiten Bevölkerungsschichten Aufstiegsperspektiven zu eröffnen. Ein Blick auf die Lebensbedingungen von Arbeiterschaft, Frauen, Kindern und Jugendlichen verdeutlicht dies.

Schon *per definitionem* schränkte sich der Kreis der „Bürger" im Kaiserreich ein. Wer über kein Bürgerrecht oder zumindest kein regelmäßiges Einkommen verfügte, stand gesellschaftlich im Abseits (s.o.). Viele Arbeiter erfüllten solche Kriterien einer Bürgerlichkeit nicht. Zwischen 1872 und 1911 wanderten 131.741 Württemberger nach Übersee aus.[45] Ausschlaggebend dürfte vor allem existentielle Not gewesen sein. Der ortsübliche Tagelohn betrug 1884 in Stuttgart 2 Mark und stieg bis 1909 auf 3,50 Mark an.[46] In Fabriken belief sich bis 1870 die regelmäßige tägliche Arbeitszeit auf 11 bis 12 Stunden; die Schichtarbeit betrug bis zu 24 Stunden täglich; Fabrikarbeit an Sonn- und Feiertagen war keineswegs ungewöhnlich. Die ab 1870 in der Industrie eingeführte Beschränkung der Netto-Arbeitszeit auf täglich 10 Stunden blieb bis zum 1. Weltkrieg umstritten und wurde nicht überall gleichermaßen eingehalten.[47] Derweil reichte der Arbeitslohn zumeist nur für das Lebensnotwendigste. Paul Sauer hat der Stuttgarter Stadtchronik für das Jahr 1898 eine Aufstellung von Lebensmittelpreisen entnommen, um eine Vorstellung der damaligen Relation von Preisen und Löhnen zu vermitteln:

> „Ein Pfund Ochsenfleisch kostete in der Markthalle 74 Pfennig, ein Pfund Rindfleisch 60 bis 65 Pfennig, ein Pfund Kalbfleisch 70 bis 77 Pfennig, ein Pfund Schweinefleisch 70 bis 80 Pfennig und ein Zentner Kartoffeln zwischen 4,16 und 4,94 Mark."[48]

Der Stuttgarter Gewerkschaftsführer Theodor Leipart veröffentlichte 1900 einen „Beitrag zur Beurtheilung der Lage der Arbeiter in Stuttgart". Leiparts Auswertungen „nach statistischen Erhebungen im Auftrage der Vereinigten Gewerkschaften"[49] geben Einblick in die armseligen Lebensverhältnisse der Stuttgarter Arbeiterschaft um die Jahrhundertwende. Den durchschnittlichen Wochenverdienst eines männlichen Arbeiters bezifferte

---

45 Vgl. Boelcke (1989:176).

46 Vgl. Boelcke (1989:244).

47 Vgl. Boelcke (1989:237ff.).

48 Sauer (1988:210) zitiert hier aus *Chronik der Stadt Stuttgart (1898)*, S. 56.

49 Dem vorausgegangen waren Erhebungen unter den in Stuttgart beschäftigten 19.605 Arbeitern und 8781 Arbeiterinnen in den Jahren 1897/1898. 7615 Fragebögen kamen ausgefüllt zurück, davon stammten 1086 von Frauen. Vgl. auch Sauer (1988:210ff.).

Leipart 1897/98 mit 22,22 Mark.[50] Das Lebensalter der Stuttgarter Arbeiter betrug 1897/98 im Durchschnitt 30,9 Jahre.[51] Von 6494 Arbeitern waren nur wenig mehr als die Hälfte verheiratet (52,9 %). Ausschlaggebend hierfür dürften vor allem die ungünstigen Berufs- und Einkommensverhältnisse gewesen sein, die eine Familiengründung erschwerten. Bei mehr als einem Drittel der verheirateten Arbeiter waren auch die Frauen erwerbstätig.[52] Leipart merkt hierzu an, dass das „leibliche und geistige Wohl der Kinder" unter der Erwerbstätigkeit der Frauen zwar leide, „der harte, entbehrungsreiche Kampf um die Existenz" allerdings keine andere Wahl lasse. Für die Wohnungsmiete hatte ein verheirateter Arbeiter im Jahr durchschnittlich 299 Mark aufzuwenden.[53] Das waren rund 25 % des Arbeiterhaushalts. Verbreitet war die Untermiete einzelner Wohnräume. Die Wohnverhältnisse müssen mitunter katastrophal gewesen sein. Entsprechend hat dies Otto Borst in seiner Geschichte der Stadt Stuttgart geschildert:

> „Hier ist vor allem von ‚Wohnungsfürsorge' die Rede, die natürlich die Lösung der Arbeiterwohnungsfrage mit einschließt. Kann in den alten Stadtvierteln der Stuttgarter Innenstadt den Arbeitern Wohnraum gegeben werden? Nach einer Enquete der neunziger Jahre bestanden von 1331 untersuchten Wohnungen im Stuttgarter Altstadtbezirk 795 aus einem Zimmer, von denen 738 keine eigne Küche hatten. In den 795 Wohnungen wohnten 2113 Personen, also durchschnittlich drei, oft auch vier und fünf Personen in einem Zimmer. Die 1331 Familien hatten für 5048 Köpfe nur 3317 Betten, erwachsene Kinder teilten häufig miteinander das Lager, ohne Ansehen des Geschlechts oder auch mit den Eltern."[54]

Das Durchschnittsalter der Arbeiter*innen* lag bei 25,2 Jahren. Nur ein Drittel von ihnen war verheiratet. Arbeiterinnen wurden gegenüber ihren männlichen Kollegen in mancherlei Hinsicht benachteiligt. Ihr Geld verdienten sie zu 55,3 % im Tagelohn, zu 42,5 % im Akkord sowie zu 2,2 % im Wechsel von Tagelohn und Akkord. Der durchschnittliche Wochenlohn belief sich auf nur 9,57 Mark und lag damit um genau 43 % unter dem der Männer, wenn man die unterschiedlichen Wochenarbeitszeiten berücksichtigt.[55]

Nicht nur Arbeiterinnen, sondern auch „bürgerliche" Frauen waren von gesellschaftlichen Restriktionen betroffen. Zwar eröffneten sich Ende des 19. Jahrhunderts Frauen aus bürgerlichem Milieu neue Berufs- und Tätigkeitsfelder, z.B. im Schuldienst, der Sozialarbeit, der Krankenpflege oder auch in Verwaltungen und Behörden,[56] doch blieben den Frauen

> „[...] grundlegende Bürgerrechte vorenthalten: sie konnten weder wählen noch Mitglied politischer Organisationen werden. Jedes weibliche Engagement in Politik oder Kultur, je-

---

50 Leipart (1900:62).

51 Vgl. Leipart (1900:70). Sauer zitiert hier fälschlicherweise eine Zahl von 36,9 statt 36,8 Jahren.

52 Leipart (1900:76f.).

53 Leipart (1900:80).

54 Borst (1973:312) bezieht sich hier auf einen Bericht, den der „Verein für das Wohl der arbeitenden Klassen" mit Unterstützung der Stadt erstellt hatte. Vgl. auch Sauer (1988:214f.). Der Bericht betrifft offensichtlich die Zustände an der Wende der 80er- zu den 90er-Jahren.

55 Vgl. Leipart (1900:90–98).

56 Schäfer (2009:119).

des Begehren nach einem anderen als dem privat-familial-häuslichen Status, gar nach öffentlichem Einfluß, verletzte erst einmal die herrschende Konvention. Faktisch blieb im deutschen Kaiserreich trotz beeindruckender Beispiele gelebter Emanzipation das Frauenleitbild durch Ehe und Mutterschaft definiert, zumal selbst engagierte Verfechterinnen der sog. Frauenfrage daran nicht rüttelten. Die wachsende Frauenerwerbsarbeit wurde von der bürgerlichen und von der proletarischen Frauenbewegung zwar unterstützt, aber der proletarischen ging im Zweifelsfall Sozialismus vor Feminismus – sie kapitulierte faktisch vor der weiblichen Doppelbelastung im Haushalt und Erwerb –, und der bürgerlichen galt die Berufstätigkeit der Frau nur so lange als Weg der Emanzipation aus Unbildung und Abhängigkeit sowie als Beweis erweiterter Lebensbestimmungen, bis die Frau verheiratet war und in der Mutterschaft ihren ‚eigentlichen‘ Lebenssinn schließlich doch noch erreichte."[57]

Die Lebenswelten bürgerlicher und proletarischer Familien unterschieden sich grundlegend voneinander.[58] Kinder aus einem wohlhabenden Elternhaus verbrachten in der Regel eine behütete Kindheit und Jugend. Mädchen wurden auf ihre spätere Rolle als Ehefrau, Mutter und Hausfrau vorbereitet, Jungen auf eine berufliche Laufbahn. Kinder aus armen Familien blieben sich hingegen zumeist selbst überlassen, sozialisierten sich auf der Straße und mussten zum Lebensunterhalt der Familie beitragen. Mitunter waren die Bedingungen von Kindheit und Jugend unter solchen Umständen erschreckend. Die Kinderarbeit in Manufakturen, Fabriken, Handel und Gewerbe oder in Heimarbeit gehört sicherlich „zu den finstersten Kapiteln der Sozialgeschichte der Kindheit und der Gesellschaftsgeschichte des Kapitalismus im Deutschland des 19. Jahrhunderts."[59] „Mindestens um 20% der Kinder bis 14 Jahren [in Württemberg] waren zu Beginn des 20. Jahrhunderts neben ihren schulischen Pflichten erwerbstätig."[60]

„Von über 1400 Schulkindern aus Stuttgart und aus mehreren Vororten, die 1909/10 amtsärztlich untersucht wurden, waren 11,8 Prozent der Stuttgarter und 10,7 Prozent der Vorortkinder ‚gering genährt‘, 11,5 beziehungsweise 9,4 Prozent waren ‚gering genährt mit Anämie‘. Ausgeprägte Rachitis wurde bei 5,2 Prozent der Stuttgarter und 10,7 Prozent der Vorortkinder festgestellt; Wirbelsäulenverkrümmungen fanden sich bei 10,1 beziehungsweise 5,1 Prozent, Lungenleiden bei 8,1 beziehungsweise 2,9 Prozent. An Tuberkulose aller Organe litten 51 Kinder. Weit verbreitet waren unter den Kindern Hautkrankheiten, Ungeziefer, Drüsenentzündungen, Ohrenleiden, Herzleiden und Eiweißmangel."[61]

---

57   Berg / Herrmann (1991:8f.).
58   Vgl. Herrmann (1987); Berg (1991).
59   Herrmann (1987:61).
60   Boelcke (1989:261).
61   Sauer (1988:216).

1.3 Bildung als gesellschaftstreibende Kraft

1.3.1 Zur Entwicklung des Bildungsbegriffs

Das Wort *Bildung* leitet sich von dem spätalthochdeutschen Wort *bildunga* (mittelhochdeutsch: *bildunge*) ab.[62] Seine etymologische Bedeutung verweist auf „Bild", „Abbild", „Ebenbild" (imago), auch „Nachbildung", „Nachahmung" (imitatio). „Wichtiger und von größter Bedeutung ist ‚Bildung' in der Bedeutung von ‚Gestalt' (forma) und vor allem ‚Gestaltung' (formatio) gewesen, die letztere in der doppelten Richtung, die durch die Verben ‚bilden' und ‚sich bilden' angezeigt ist: Hervorbringung oder Formgebung durch äußere Einwirkung und Entstehung und Entwicklung in der Ausrichtung an Beispielen."[63] Hohen Stellenwert genoss der Begriff *Bildung* bei den deutschen Mystikern des späten Mittelalters. „Weil der Mensch zum oder als ‚Bild' Gottes geschaffen wurde, und vor allem, weil er in ein solches ‚Bild' verwandelt werden soll, strebt der Mystiker zu dem religiösen Urzustand der Gottesebenbildlichkeit zurück."[64] Damit erfuhr der Bildungsbegriff eine ethische Aufladung, die bis heute nachwirkt. Noch im 18. Jahrhundert wurde das Wort Bildung in Hinblick auf die äußere Gestalt des Menschen verwendet. Seit der Mitte des 18. Jahrhunderts meinte es in zunehmendem Maße die innere Gestaltung des Menschen. Ausbildung der Verstandeskräfte und Erziehung zur Sittlichkeit („Veredelung des Gemüts"), auch im Sinne einer „Nationalerziehung", galten den Aufklärern als Verweise auf die inneren Werte des Menschen. „Unter Bildsamkeit wird nun eine solche Entwicklung menschlicher Kräfte verstanden, die auf eine Erziehung und Bildung des Menschen zum Bürger ausgerichtet ist."[65] Nicht ganz geklärt bleibt demnach, was Bildung überhaupt von Erziehung unterscheidet:

> „Generell dürfte sich sagen lassen, daß ‚Erziehung' stärker aktiven Akzent behält: sie ist ein zweckgerichtetes Tun an anderen und für sie; ‚Bildung' dagegen wird meist als Inhalt und Ergebnis von Erziehung verstanden – *Die Erziehung soll den Menschen zum Menschen auf eine menschliche (d.h. seiner Natur angemessene) Weise bilden* – als etwas, das nicht allein durch Erziehung bewirkt werden kann, sondern Selbständigkeit verlangt und als Sich-Entwickeln geschieht."[66]

Eine neue Tiefendimension des Bildungsbegriffes als Bezeichnung für den inneren Entwicklungsprozess des Menschen ist schließlich bei Johann Gottfried Herder (1744–1803) erreicht. In seinem Buch „Auch eine Philosophie der Bildung zur Geschichte der Menschheit" (1774) schreibt Herder:

> „Ist die Menschliche Natur keine im Guten selbständige Gottheit: sie muß alles lernen, durch Fortgänge gebildet werden, im allmählichen Kampf immer weiter schreiten; natür-

---

62 Vgl. im Folgenden: Vierhaus (1972).
63 Vierhaus (1972:509).
64 Rauhut (1965:19).
65 Benner / Brüggen (2004:190).
66 Vierhaus (1972:511).

lich wird sie also von den Seiten am meisten oder allein gebildet, wo sie dergleichen Anlässe zur Tugend, zum Kampf, zum Fortgange hat – in gewissem Betracht ist also jede Menschliche Vollkommenheit National, Säkular und am genauesten betrachtet, Individuell. Man bildet nichts aus, als wozu Zeit, Klima, Bedürfnis, Welt, Schicksal Anlaß gibt."[67]

Bildung geht im Herderschen Sinne weit über Erziehung und Lehre hinaus. Auch wird der Mensch nicht nur in seiner individuellen Prägung und Entwicklung, sondern in seiner ganzen Sozietät begriffen. Mehr noch: für Herder ist Bildung „in der zurückliegenden Geschichte und Kultur der Menschheit in gewissem Sinne bereits Wirklichkeit geworden"[68]. Die Bildsamkeit des Menschen wird aus der Menschheitsgeschichte ableitbar. Die Auseinandersetzung mit der Geschichte des Menschen schafft die Grundlage für dessen weitere Bildung.

„In dieser Begriffskonstellation, die bei Herder erreicht und für Klassik, Romantik, Idealismus und Neuhumanismus kennzeichnend ist, erfuhr der Bildungsbegriff in Deutschland eine gewaltige Erweiterung, die ihn in die Nähe der Begriffe ‚Geist‘, ‚Kultur‘, ‚Humanität‘ rückte und damit die Bedeutungsebene von ‚Aufklärung‘, ‚Erziehung‘, ‚Fortschritt‘ überholte. Bei Herder war ‚Bildung‘ der zentrale Begriff sowohl für Zweck und Intention derjenigen, die an der Verbesserung der Menschen arbeiten, als auch für den Vorgang der körperlichen, seelischen und geistigen Entwicklung. […] Das geistig-sittliche Werden des einzelnen wie der geschichtliche Gang der Menschheit waren Bildung […]."[69]

Damit waren an der Schwelle zum 19. Jahrhundert die Weichen für einen Bildungsbegriff gestellt, der für das politische, gesellschaftliche und kulturelle Leben an Relevanz gewinnen konnte.

1.3.2 Bildung in öffentlichen Lebensbereichen

Zunächst: Ein bürgerliches Bildungsstreben dokumentierte sich in vielen Bereichen des öffentlichen Lebens, nicht nur in Vereinsgründungen (s.o.). In Stuttgart verdoppelte sich die Zahl der Buchhandlungen zwischen 1831 und 1844 von 17 auf 36.[70] Der renommierte Verlag Cotta in Stuttgart ließ die Stadt zu einem literarischen Zentrum werden.[71] Ein freizügigerer Umgang mit der Pressezensur begünstigte in Württemberg das Aufkommen von Zeitschriften und politischen Tageszeitungen. Ende des Jahrhunderts, im Jahr 1895, sollten in Stuttgart bereits 150 Buch-, Kunst- und Musikalienhandlungen, 52 Buchdruckereien, 195 polygraphische Betriebe und 99 Buchbindereien existieren.[72] Der Besuch von Schauspiel, Oper oder Konzert wurde zu einer bürgerlichen Angelegenheit (siehe unten). Dem Bau des Museums der bildenden Künste in den

---

67 Johann Gottfried Herder (1774): Auch eine Philosophie der Geschichte zur Bildung der Menschheit. In: Sämtliche Werke, Bd. 5 (1891), S. 539. Zit. nach Vierhaus (1972:516).
68 Benner / Brüggen (2004:193).
69 Vierhaus (1972:515f.).
70 Schulze (2009:82).
71 Vgl. Sauer (1988:28ff.).
72 Sauer (1988:305).

Jahren 1838–1843, der heutigen Stuttgarter Staatsgalerie, entsprach ein wachsendes historisches Interesse an Kunst und Kultur. 1863/64 wurde die Liederhalle fertiggestellt. 1886 folgte der Neubau der „Königlichen Öffentlichen Bibliothek". Legendär waren die Schillerfeste als Beispiel einer „bürgerlich-vereinsgebundenen, völkischen Gesellschaftskultur"[73], die mit der Errichtung des Schillerdenkmales im Jahr 1839 ihren Anfang genommen hatten. Noch 1905 beging man den 100. Geburtstag von Friedrich Schiller mit einem mehrtägigen Festprogramm, das viele Tausende auf die Straßen lockte.[74] Mit der Reichsgründung erlangte Stuttgart außerdem den Status einer bedeutenden Messestadt. Hochschulwesen und Wissenschaft erfuhren einen Aufschwung. Mit dem Polytechnikum konnte die Stadt eine renommierte technische Hochschule vorweisen. Im künstlerischen Sektor gab es neben der Akademie der bildenden Künste noch eine Kunstgewerbeschule, eine Baugewerkeschule und nicht zuletzt das Konservatorium für Musik, von dem an späterer Stelle die Rede sein soll.[75]

1.3.3 Das allgemeinbildende Schulwesen unter dem Einfluss der Reformen Wilhelm von Humboldts

Überhaupt wurde der Ausbau des Schul- und Bildungswesens zur öffentlichen Aufgabe: „Im 19. Jahrhundert ist Deutschland zu einem Land der Schulen geworden. Die allgemeine Schulpflicht wird – neben der Wehrpflicht und der Steuerpflicht – zu einer der Grundpflichten des modernen Bürgers. Es ist der Staat, der diese Pflicht setzt und die Schulen organisiert [...]."[76] Damit gingen Bemühungen einher, den Analphabetismus in Teilen der Bevölkerung zu überwinden sowie die Bildungschancen für breitere Bevölkerungsschichten zu verbessern. Die Schule „formt die Gesellschaft nach Berufsstruktur und Schichtung".[77] Vorbild für die Entwicklung des Schul- und Bildungswesens in ganz Deutschland wurden die Reformen in Preußen, für die sich der 1809 als Direktor der Sektion für Kultus und öffentlichen Unterricht im Ministerium des Inneren eingesetzte Wilhelm von Humboldt (1767–1835) verantwortlich zeichnete. Humboldts Bildungsplan stand im Zeichen des Neuhumanismus und sah eine Stufenfolge von Elementarbildung, Schulunterricht und Universitätsstudium vor. Bildung bedeutete für Humboldt „die allseitige und harmonische Entfaltung der individuellen Anlagen – von innen heraus und durch Aneignung der Welt – zu einem Ganzen und Eigentümlichen, der Persönlichkeit"[78]. Humboldts Verständnis von Bildung knüpfte scheinbar nahtlos an den Bildungsbegriff Herders an und ging doch weit über diesen hinaus, indem er Bildung vorzugsweise als *Selbst*bildung begriff.

> „Der Kernpunkt der Humboldtschen Gedankenführungen kreist um den Primat des Individuums oder der individuellen Selbstgestaltung. Danach lebt der einzelne Mensch in der

---

73   Borst (1973:226f.).
74   Sauer (1988:295).
75   Vgl. Sauer (1988:309–318).
76   Nipperdey (1998a:451).
77   Nipperdey (1998a:451).
78   Nipperdey (1998a:58).

Mannigfaltigkeit von kulturellen und sozialen Beziehungen; er ist in eine Fülle von Beziehungen hineingestellt; in denen er entscheiden muß; dabei bildet er eine Kraft in sich aus, die nicht nur formal begriffen werden kann, sondern die sich – vom Kontext her gesehen – auch inhaltlich und moralisch ausgestaltet und äußert. […] Das Individuum bedarf also der Welt, um der Entfaltung seiner Kräfte willen, und die Welt bedarf des Individuums und seines Handelns, um überhaupt kulturelle und gesellschaftliche Welt zu sein. Diese Dialektik ist von grundlegender Bedeutung."[79]

In dem Volk sah Humboldt „eine Gemeinschaft selbstverantwortlicher, am Staatsleben teilnehmender Glieder".[80] Von der griechischen Antike, mit der Humboldt Werte wie *reine Menschlichkeit*, *Universalität der Bildung*, *Ebenmaß* und *Ganzheit* assoziierte, leitete er die Idee einer Nationalhumanität ab. Humboldts Bildungstheorie, die im Folgenden detaillierter besprochen werden soll, verweist noch heute auf relevante Problemstellungen von Bildung, beispielsweise das der gesellschaftlichen Teilhabe. Humboldt selbst hatte in seinem frühen Essay „Ideen zu einem Versuch die Gränzen der Wirksamkeit des Staates zu bestimmen" (1792) gefordert, der gebildete Mensch müsse in den Staat treten, und die Verfassung des Staates sich gleichsam an ihm prüfen, nur so sei wahre Verbesserung der Verfassung durch die Nation zu erhoffen. Keineswegs dürfe der Mensch dem Bürger geopfert werden. Daher habe die freie Bildung einer auf bürgerliche Verhältnisse gerichteten Bildung voranzugehen.[81] Das heißt, Bildung ist zuerst autonom, stellt einen Selbstzweck dar, und dient erst an zweiter Stelle einer beruflichen Bildung. Offensichtlich ging es also Humboldt mit seinen Bildungsreformen um eine Reformierung des Staates von *innen*. Durch die verbesserte Bildung des Einzelnen sollte sich auch die politische Grundordnung des Staates weiterentwickeln. Erst hiervon ausgehend erschließt sich des Autors Begeisterung für die griechische Antike:

> „In der Projektion der Neuhumanisten leuchtet Griechenland als der historische Ort geglückter ‚Bildung' auf. Die Griechen gelten als Verkörperung ‚wahren Menschentums'. Die Polis erscheint als der Ort, wo der freie Mann nicht Mittel zum Zweck, nicht Knecht der Arbeit ist, wo er sich, befreit von höfischer Etikette und gesellschaftlicher Konvention, entfalten kann. Im Wunschbild der Neuhumanisten erscheint Griechenland als Ort der Schönheit, Tapferkeit und Weisheit."[82]

Im Humboldtschen Bildungsprozess übernahm die Hinwendung zur griechischen Antike eine paradigmatische Funktion. „Nicht die historische Wirklichkeit, sondern die Art, wie der griechische Mensch dem modernen erscheint, sind das ausschlaggebend Fruchtbare."[83] Aus heutiger Sicht ließe sich trefflich darüber streiten, inwieweit man auch von einer kompensatorischen Funktion reden könnte. Das Ideal einer auf dem Griechentum basierenden Nationalhumanität wäre dann an die Stelle des deutschen

---

79   Kron (1996:71).
80   Reble (1987:187ff.); vgl. im Folgenden: Reble (1987:185–189) sowie Sowa (1973:30).
81   Humboldt (1792:106).
82   Bollenbeck (1994:152).
83   Benner (1995:171).

Obrigkeitsstaates getreten, welcher den Bürgern nur eingeschränkte Möglichkeiten der gesellschaftlichen Teilhabe ließ. „Politisch stand die Mehrheit der den deutschen Neuhumanismus tragenden Philologen und Altertumswissenschaftler ‚auf dem Boden der Monarchie' und verstand ‚Freiheit' besonders als ‚geistige Freiheit' der Forschung und Lehre."[84] Manfred Landfester hat auf diesen inneren Widerspruch auch bei Wilhelm von Humboldt hingewiesen. Freiheit sollte nach Humboldt der „moderne, monarchistische Staat" garantieren. „Nicht die Humanisten waren Republikaner, sondern die Welt, die sie vermittelten, war vorzugsweise republikanisch organisiert."[85] Humboldts Bildungspolitik hatte zweifellos ihre Verdienste, indem sie jedem Individuum ein Recht auf Persönlichkeitsentfaltung und umfassende Bildung zusprach. Demgegenüber steht jedoch der Befund, dass das „kritische politische Potential" des Humboldtschen Bildungs- und Humanitätsgedankens bereits in der ersten Hälfte des 19. Jahrhunderts weitgehend preisgegeben wurde.[86] Humboldts These, nach der es einem Tischler ebenso nützen könne, Griechisch zu erlernen, wie dem Gelehrten zu tischlern, musste ihre Schranken in der sozialen Wirklichkeit des 19. Jahrhunderts finden. Nur wenige erhielten überhaupt die Chance, Griechisch zu lernen. Und die meisten erstrebten dies auch gar nicht. „Für die Werktätigen an den Fließbändern des Frühindustrialismus geriet die Bildungsidee des Neuhumanismus in den Geruch des Elitären. Wie sollte man in der Fabrik dem Satz Humboldts glauben, wonach es *der wahre Zweck des Menschen* [sei], *die höchste und proportionierlichste Bildung seiner Kräfte zu einem Ganzen* anzustreben"[87], wo es doch dem Arbeiter zunächst nur um Broterwerb zwecks Existenzsicherung ging. Ebenso wenig dürften die „Gebildeten und Besitzenden", welche sich als gesellschaftliche Elite begriffen, überhaupt eine Neigung verspürt haben, ihre Tische selbst herzustellen. Schließlich drängt sich die Frage auf, inwieweit das institutionalisierte Bildungswesen des 19. Jahrhunderts überhaupt der geeignete Ort war, um Humboldts Visionen einer Bildung, die auf der freien Selbstentfaltung des Subjekts beruhte, zu verwirklichen. Jörg Ruhloff hat hierzu treffend angemerkt: „Die ‚systematischen Probleme einer Massenbildung unter Wahrung und Entfaltung der Individualität aller' bleiben ungelöst."[88]

Vorbild für eine Elementarbildung an Volksschulen wurde unter dem Einfluss Humboldts die Erziehungslehre Johann Heinrich Pestalozzis (1746–1827). Friedrich Paulsen hat in seiner Schrift „Das deutsche Bildungswesen in seiner geschichtlichen Entwicklung" (1906) deren Zielsetzung wie folgt beschrieben:

> „Das Ziel: Emporbildung jedes Menschenkindes zu einer freien, geistig und sittlich selbstständigen Persönlichkeit; […] Der Weg zum Ziel: Erziehung zur Freiheit geschieht durch Übung im selbstständigen Gebrauch der Kräfte; die Aufgabe des Erziehers ist: die vorhandenen Kräfte wecken und hervorlocken und ihnen Gelegenheit zu angemessener Betätigung geben. Das alte Verfahren, dem passiven Zögling durch Zwang und Drang, durch Auswen-

---

84   Ruhloff (2004:450).
85   Landfester (1988:82).
86   Ruhloff (2004:451).
87   Ehrenforth (2010:320).
88   Ruhloff (2004:450).

diglernen und Verhören geistige Inhalte beizubringen, führt nimmermehr zu wirklicher Bildung; geistige Kräfte, Kräfte des Sehens, Urteilens, Denkens können nur durch spontane Betätigung zur Entwicklung gebracht werden. Und dasselbe gilt von den sittlichen Kräften: die Aufgabe ist auch hier, das sittliche Urteil und den sittlichen Willen von innen heraus zur sittlichen Bildung zu führen, zum freien Wollen des Guten und Rechten."[89]

Der Ansatz von Pestalozzis Erziehungslehre ist nichts weniger als ganzheitlich zu nennen, beruhend auf der Ausbildung des „Kopfes" (intellektuelle Bildung), des „Herzens" (sittliche Bildung) und der „Hand" (Körperkultur, Handfertigkeit usw.).[90] Bemerkenswert erscheint die Hinwendung zu den sozial Schwächeren, ausgehend von Pestalozzis Erfahrungen mit der Armenerziehung. Progressiv wirken die Lernprinzipien der Anschaulichkeit und Selbsttätigkeit. Ein Fundament für die Volkserziehung bestand für Pestalozzi zudem in der Singerziehung. Eberhard Preußner, als Musikpädagoge in der ersten Hälfte des 20. Jahrhunderts der Jugendmusikbewegung nahestehend, hat dies später in seinem Buch „Die bürgerliche Musikkultur" (1935) folgendermaßen begründet:

„Da Pestalozzi die Berufsbildung der Menschenbildung unterordnet, da er Gemüts- und Herzensbildung der Bildung des Intellekts gleichstellt, wird offenbar, daß der Musik im Reiche dieser Kultur eine bevorzugte Rolle zukommt. Die Musik als Besinnung in den stillen Stunden häuslichen Glücks, die Musik als sozial-bindende Kraft, als freie Äußerung des Brudersinns, der den wahren Bürger auszeichnet, Musik, vor der Arm und Reich gleich sind, eine solche Pflege der Musik gehört zur Volksbildung im Sinne Pestalozzis."[91]

Allerdings klafften Abgründe zwischen Anspruch und Wirklichkeit der Volksschulbildung, wie ein Blick auf die Rahmenbedingungen derselben offenbart.

In Württemberg waren seit der napoleonischen Zeit zahlreiche neue Volksschulen entstanden. Bereits 1816 existierten rund 2180 Einrichtungen im Lande. Das Württembergische Jahrbuch von 1819 (S. 59) rühmte die führende Rolle des Landes in der Grundschulausbildung: „Wo ist das Land, in welchem der Volksunterricht eine höhere Stufe erreicht hätte, als in Württemberg?"[92] Bei allen Fortschritten relativiert sich eine solch euphorische Einschätzung aus der historischen Distanz. Zwar nahm die Einflussnahme des Staates zu, etwa durch neue Unterrichtsgesetze im Jahr 1836. Der Lehrplan wurde erweitert, die Lehrerbildung verbessert und der Schulzwang verschärft. Doch das Schulgeld wurde erst ausgangs des Jahrhunderts abgeschafft, die Ortsschulaufsicht über die konfessionellen Volksschulen durch den zuständigen Pfarrer sogar erst im Jahr 1909 aufgehoben.[93] Auch aus Stuttgart sind zu Anfang des 19. Jahrhunderts noch bedrückende Verhältnisse überliefert, in denen Lehrer, deren Verdienst oft dem von Tagelöhnern gleichkam, sich in überfüllten Klassen mühten, vor Erschöpfung kollabierende Kinder zu disziplinieren.[94] Noch 1885/86 entfielen in Württemberg durchschnittlich

---

89   Paulsen (1966:149f.).
90   Vgl. auch Reble (1987:212–222).
91   Preußner (1950:98).
92   Zit. nach Boelcke (1989:45).
93   Vgl. Sauer (1988:334ff.).
94   Vgl. Sauer (1995:296f.).

auf eine Volksschullehrerstelle 73 Kinder, 1894/95 waren es 64. Selbst Klassenstärken von mehr als 100 Kindern bildeten nicht die Ausnahme.[95] Unter solchen Bedingungen musste sich die Vermittlung des Lernstoffes auf Elementares beschränken: Lesen, Schreiben, Memorieren und Rechnen. „„Memoriert', auswendig gelernt wurden Bibel und Gesangbuchverse und der Katechismus; als Lese- und Realienbuch diente die Bibel.„[96] Der Abbau des Analphabetismus erzielte zwar in den Städten schnellere Fortschritte als auf dem Lande, endgültig überwunden wurde er aber erst in der zweiten Hälfte des 19. Jahrhunderts. Endlich folgte 1906 eine Überarbeitung des Landeslehrplans. Dieser umfasste nunmehr: Religions- und Sittenlehre, deutsche Sprache mit Lesen und Schreiben, Rechnen und Raumlehre, Geschichte, Erd- und Naturkunde sowie Singen und weibliche Handarbeit. Die Klassengröße wurde auf 60 Schüler beschränkt.[97] Wenig später verloren auch die Klagen der Lehrer hinsichtlich ihrer Vergütung an Wirkung: Seit 1912 fanden beamtengesetzliche Regelungen Anwendung für den Lehrerstand. Trotz aller offensichtlichen Mängel der Volksschulbildung muss die Breitenwirkung der Volksschule als Regelschule für 7- bis 14-jährige Kinder anerkannt werden. Ende des 19. Jahrhunderts besuchten rund 300.000 Schüler jährlich die württembergischen Volksschulen, darunter 95% aller (späteren) Schulabgänger.[98]

Die Bestimmung des Gymnasiums lag für Wilhelm von Humboldt in der Vorbereitung auf ein wissenschaftliches Studium. „Die auf Vernunft gegründete allgemeine Bildung suchte Humboldt auf den Grundfesten der alten Sprachen, von Geschichte und Mathematik zu errichten. Musikalische Erziehung dagegen sollte einer einheitlichen ,Gemüthsbildung' dienen und ganz im Sinne Pestalozzis zur sittlichen und religiösen Veredelung des Menschen beitragen. So lag es nicht fern, die Musik kraft ihrer emotionalen Wirkung auch für die Nationalbildung zu instrumentalisieren."[99] Ein gedanklicher Ansatz, der sich im 20. Jahrhundert noch als folgenreich für die Musikerziehung erweisen sollte. Im höheren und mittleren Schulwesen führten derweil während des gesamten 19. Jahrhunderts verschiedene Schultypen eine Koexistenz. In Württemberg gab es 1864 insgesamt 159 höhere Schulen, davon 4 evangelisch-theologische Seminare, 7 Gymnasien, 4 Lyceen, 73 Lateinschulen, 9 Realschulen, 62 niedere Real- bzw. Bürgerschulen mit summarisch 9026 Schülern. 1910 waren es 191 höhere Schulen, davon 4 evangelisch-theologische Seminare, 14 Gymnasien, 5 Lyceen, 53 Lateinschulen, 5 Realgymnasien, 8 Reallyceen, 12 Oberrealschulen, 21 Realschulen und 69 niedere Real- bzw. Bürgerschulen mit summarisch 25.942 Schülern.[100] Es fällt auf, dass die „klassischen" Lateinschulen, über weite Strecken des 19. Jahrhunderts noch stark repräsentiert, ausgangs des Jahrhunderts zugunsten verschiedener Realschultypen, einschließlich des Realgymnasiums, an Bedeutung verloren.

---

95   Boelcke (1998:208).
96   Mann (2006:115).
97   Vgl. Sauer (1988:336).
98   Boelcke (1989:208f.).
99   Gruhn (2003:41).
100 Vgl. Müller / Zymek (1987:101ff.).

„Der eigentliche Typus des Gymnasiums war das neuhumanistische Gymnasium, das auf Latein- und Griechischunterricht aufbaute. Es sollte die Schule der gelehrten Berufe und der höheren Beamten sein. Es geriet nun unter einen zunehmenden Druck anderer gesellschaftlich konkurrierender Schulideen. Das war der ‚Schulkrieg‘, der die letzten Jahrzehnte des 19. Jahrhunderts erfüllte. Neben die Idee der klassischen Bildung, die beanspruchte, die einzig wahre allgemein menschliche höhere Bildung zu sein, trat die Idee einer modernen, einer realistischen Bildung, lebensnäher und vielleicht gar mehr der Praxis verbunden. Das entsprach zunächst einem wirtschaftlichen, technischen, bürgerlichen Interesse."[101]

Die steigende Zahl an Schülern, denen eine höhere Schulbildung zuteilwurde, relativiert sich etwas, wenn man sie im Verhältnis zu der Gesamtzahl der Volksschüler sieht. Deutschlandweit schlossen im Jahr 1905 nur etwa 1% ihrer entsprechenden Altersgruppe die Schullaufbahn mit dem Abitur ab. „Die Zahl der Abiturienten an württembergischen Gymnasien betrug 1873: 133; 1882: 335; 1911: 721 […]."[102] Ausschlaggebend hierfür waren nicht allein hohe Leistungsanforderungen. „Alle Gymnasien verlangten Schulgeld, unterschiedlich hoch und meist nicht viel – in Preußen um 1880 48 Mark p.a. im Durchschnitt, in Baden für 9 Jahre 1874 476 Mark, 1905 972 Mark […] –, aber doch spürbar […]."[103] Die Möglichkeiten einer höheren Schulbildung waren in Stuttgart ohne Zweifel gegeben. Ihr Ausbau sollte aber wiederum erst in der zweiten Hälfte des 19. Jahrhunderts analog zur wirtschaftlichen Entwicklung der Stadt einen kräftigen Schub erhalten. Bis Mitte des 19. Jahrhunderts besaß Stuttgart ein einziges Gymnasium mit rund 500 Schülern.[104] Infolge stark wachsender Schülerzahlen sollte sich 1872 ein neu gegründetes Realgymnasium[105] separieren. 1882 entstand ein zweites humanistisches Gymnasium *(Karlsgymnasium)*. Progressiv war Stuttgart im Bereich der Mädchenbildung. Während der Besuch höherer Schulen über weite Strecken des 19. Jahrhunderts allein den Jungen vorbehalten blieb, existierten seit 1818 in Stuttgart mit dem Katharinenstift sowie seit 1873 mit dem Olgastift höhere Bildungseinrichtungen speziell für Mädchen.[106]

Humboldts Reformen begründeten eine spezifisch deutsche Auslegung des Bildungsbegriffs, welche für das gesamte 19. Jahrhundert prägend werden sollte und die immer auch in Zusammenhang mit politischen wie gesellschaftlichen Besonderheiten in der historischen Entwicklung Deutschlands zu sehen ist.[107] Der Neuhumanismus korrespondierte mit zentralen bürgerlichen Wertvorstellungen. Eine akademisch humanistische Bildung, welche von dem Besuch des Gymnasiums bis zum Studium an der Universität reichte, galt fortan als unabdingbar, um bestimmte berufliche Positionen

---

101 Nipperdey (1998b:548f.).

102 Boelcke (1989:211).

103 Nipperdey (1998b:548).

104 Vgl. Sauer (1988:321).

105 Das Realgymnasium war aus den so genannten „Barbaren"-Klassen des bestehenden Gymnasiums entstanden. In ihnen entfiel der Griechischunterricht zugunsten einer stärker mathematisch-naturwissenschaftlichen Orientierung. Vgl. Sauer (1988:324ff.).

106 Vgl. Sauer (1988:328ff.).

107 Vgl. zu dieser Problematik: Bollenbeck (1994).

erlangen zu können. Der Begriff Bildungsbürgertum lässt sich im 19. Jahrhundert so gesehen als Sammelbegriff für verschiedene Erwerbsklassen verstehen, z. B. staatliche oder kommunale Verwaltungsbeamte, oft ebenso verbeamtete Schul- und Hochschullehrer, Geistliche im Kirchendienst, Berufsgruppen wie Mediziner, Juristen, Ingenieure oder Architekten.[108]

> „In diesem Sinne zählten zum Bildungsbürgertum des 19. Jahrhunderts vor allem die Absolventen des klassischen Gymnasiums. Dieses Bildungsbürgertum gründete zunächst einmal in einer spezifischen Sozialisation, wobei nicht allein das Gymnasium sondern auch das Elternhaus eine tragende Rolle spielte. In der aktiven Beschäftigung mit den alten Sprachen, der Geschichte, der Literatur, der bildenden Kunst und der klassischen Musik sollte sich eine gebildete Persönlichkeit formen. Es entwickelte sich im 19. Jahrhundert ein verbindlicher Bildungskanon, der dem einzelnen vorgab, was er wissen musste, um sich am Diskurs der Gebildeten zu beteiligen. Mehr noch, Bildung als lebenslanger Prozess begründete einen Lebensstil und eine Weltanschauung."[109]

Indes sollte sich der Begriff des Bildungsbürgertums erst um 1900 im Sprachgebrauch durchsetzen.[110] Bei der Etablierung des Bildungsbürgertums als klassenspezifische Erscheinung handelte es sich also um den Endpunkt einer Entwicklung, die zu Beginn des 19. Jahrhunderts eingesetzt und sich in der zweiten Hälfte des Jahrhunderts manifestiert hatte. Neben Akademikern zählten auch Wirtschaftsbürger (z. B. gewerbliche Unternehmer, Großkaufleute, Bankiers), ebenso adlige und nicht adlige Grundbesitzer oder Rentiers zu den „gebildeten Ständen".[111] Es ist dann allerdings davon auszugehen, dass das humanistisch ausgerichtete Weltbild des Bildungsbürgers in seinem „Kulturwillen" mit einem eher zweckmäßigen, am materiellen Nutzen orientierten Weltbild des Wirtschaftsbürgers in Konkurrenz treten konnte. Im gehobenen Bürgertum des 19. Jahrhunderts gingen Bildung und Besitz eine Symbiose ein, um dessen Repräsentanten eine gesellschaftliche Vorrangstellung zu ermöglichen, auch wenn sich die Grenzziehungen nunmehr durchlässiger gestalteten und ein sozialer Aufstieg des mittleren oder kleinen Bürgertums durchaus möglich erschien.[112] Aber eine akademische Bildung oder ein bürgerlicher Lebensstil blieben eben vorerst noch an die Erfüllung bestimmter materieller Voraussetzungen gebunden.

1.3.4 Bildung in der Familie

Neben Schule und Universität sollte sich die Familie als Keimzelle bürgerlichen Bildungsstrebens erweisen. „Bürgerliche Tugenden wie Selbständigkeit im Denken und Handeln, strenge Pflichterfüllung, moralische Disziplin und sparsame Lebensführung

---

108 Vgl. Schäfer (2009:92ff.).
109 Schäfer (2009:104).
110 Vgl. Schulz (2005:21).
111 Vgl. Schäfer (2009:93).
112 Beispielsweise strebten im Deutschen Reich häufig Söhne von Angehörigen der unteren Mittelschicht ein akademisches Lehramtsstudium an. Vgl. Jungmann (2008:112ff.).

als Leitlinien der Selbsterziehung wurden zuerst in der Familie vermittelt.“[113] Das Ideal der Ehepartnerschaft unterlag in der ersten Hälfte des 19. Jahrhunderts einem Wandel, Erziehungsfragen gewannen nicht zuletzt infolge sinkender Kindersterblichkeit an Gewicht.[114] Bereits der viel beachtete Erziehungsroman „Emile ou de l'éducation“ des französischen Philosophen Jean Jacques Rousseau (1712–1778) hatte für Diskussionen um eine den natürlichen Anlagen des Kindes entsprechende Erziehung gesorgt.[115] In dem Maße, wie das private Leben zum Rückzugsraum der Familie wurde, besannen sich Eltern idealerweise auf ihre Zuständigkeit für Erziehung und Bildung ihrer Kinder.

> „Gefährtenehe und Zuwendung zu den Kindern, Privatisierung nach außen und Verstärkung der familialen Intensität spiegeln sich in der Familienkultur des Biedermeier: […] dem gemeinsamen Musizieren, Wandern, Spielen, dem Mitleben und -fühlen […] Nach 1850 freilich ändert sich das: […] die familiäre Geselligkeit wird durch stärker konventionelle und formale, repräsentierende Geselligkeit zurückgedrängt.“[116]

Im weiteren Verlauf des 19. Jahrhunderts entwickelte sich die bürgerliche Gesellschaft mehr und mehr zum „Ort gegenseitiger sozialer Kontrolle“. Familien achteten darauf, ihren Kindern bestimmte Umgangs- und Benimmregeln beizubringen, um gesellschaftlich mithalten zu können.[117] „Der regelmäßige Besuch von Theateraufführungen, Kunstausstellungen oder Konzerten gehörte zu den obligatorischen Bildungspflichten […]. Hier wurde man von seinesgleichen gesehen und demonstrierte Kulturverstand und Kulturbeflissenheit.“[118] Bildung wurde zu einer gesellschaftreibenden Kraft, von der sowohl integrative als auch selektive Wirkung ausging.

1.4 Hinwendung zur Musik

1.4.1 Musik in der bürgerlichen Gesellschaft

Eine bürgerliche Bildungsbeflissenheit drohte zwar in gesellschaftlicher Konvention zu erstarren: „Die klavierspielende oder singende ‚höhere Tochter‘ ist ein Produkt dieser Mode; Musik wird in den Dienst gesellschaftlicher Eitelkeit oder der Eheanbahnung etc. gestellt und pervertiert – darüber hat schon E. Th. A. Hoffmann geklagt.“[119] Dennoch wurde Musik in bürgerlichen Kreisen keineswegs nur als gesellschaftliches Statussymbol rezipiert, sondern sie blieb Gegenstand unmittelbarer Identifikation und persönlicher Hingabe. „Gerade die klassische Musik galt dem deutschen Bürgertum als höchste, oder wenn man so will, ‚tiefste‘ der Künste.“[120] Indem Musik einer bürgerli-

---

113 Schulz (2005:8).
114 Vgl. Schulz (2005:5ff.); Nipperdey (1998a:114ff.).
115 Vgl. Böhm (2010:67–74) sowie Reble (1987:145–153).
116 Nipperdey (1998a:122).
117 Vgl. Schäfer (2009:124).
118 Schäfer (2009:121).
119 Nipperdey (1998a:535f.).
120 Schäfer (2009:121).

chen Öffentlichkeit zugänglich wurde, nahm sie „teil an dem neu in Gang gesetzten Prozeß der Auseinandersetzung von Individuum und Welt"[121].

Das Konzertwesen wurde im 19. Jahrhundert bürgerlich.[122] Es entwickelte sich von einer vorwiegend höfischen bzw. kirchlichen zu einer allgemein bürgerlichen Angelegenheit, getragen von Vereinen und Gesellschaften.[123] Die Erhebung von Eintrittsgeldern, der Druck schriftlicher Programme, Subskription und Abonnement waren die Insignien solcher Veranstaltungen, die erst sporadisch, später regelmäßig unter Mitwirkung von Liebhabern, später Berufsmusikern bzw. -orchestern stattfanden. Seit den 40er-Jahren verdrängten öffentliche Konzerte mit Eintrittskarten zunehmend Konzerte im privaten Rahmen. In der so genannten Epoche des Biedermeier zwischen Wiener Kongress und der Revolution 1848/49 kann eine erste Blütezeit bürgerlicher Kultur gesehen werden, weitgehend frei von kriegerischen Auseinandersetzungen:

> „Keine Epoche war musikalischer; der ‚Freischütz' wurde unter lebhaftem öffentlichem Interesse in Berlin als deutsche Nationaloper uraufgeführt, und ähnlich populär wie Carl Maria v. Weber waren Opernkomponisten wie Conradin Kreutzer oder Albert Lortzing, aber auch Ludwig van Beethoven, Franz Schubert oder Felix Mendelssohn-Bartholdy, die vor allem wegen ihrer Kammermusik Erfolg hatten – typisch für die Zeit war die Hinwendung zur Hausmusik, zu Klavier und Streichquartett und zum Lied."[124]

Es entstand ein öffentlicher Musikjournalismus. Die *Allgemeine Musikalische Zeitung* (= AMZ) und später die *Neue Zeitschrift für Musik* (= NZfM) berichteten regelmäßig aus allen Zentren des deutschen Musiklebens. Bei Beethovens Beerdigung 1827 in Wien folgten 10.000 bis 20.000 Menschen dem Trauerzug.[125]

Hochgeschätzt wurde das eigene Musizieren. Keimzelle für die aktive Beschäftigung mit Musik bildete die Familiensphäre: „Bürger pflegten in den eigenen vier Wänden die Hausmusik und bei geselligen Anlässen gaben Mitglieder der Gastgeberfamilie ihre Gesangs-, Klavier- oder Geigenkünste zum Besten. Der Klavierunterricht wurde für Bürgertöchter zur Pflicht, auch wenn nicht alle von ihnen musikalisch waren."[126] Joachim Kremer hat auf den zwischen 1830 und 1904 in Stuttgart bestehenden Musikalien-Leihhandel von Gustav Adolf Zumsteeg aufmerksam gemacht. Einer Anzeige im *Handbuch für die Königliche Haupt- und Residenzstadt Stuttgart* zufolge, konnte Zumsteeg allein im Jahr 1855 über 20.000 Musikalien verleihen, mehr als in anderen Städten mittlerer Größe.[127] Dies lässt auf eine verbreitete musikalische „Kenntnissteigerung" schließen,

---

121 Nipperdey (1998a:533). Vgl. insbesondere auch Carl Dahlhaus' Darstellung einer bürgerlichen Musikkultur in der Einleitung zu «Die Musik des 19. Jahrhunderts», Dahlhaus (1980 :34–42).

122 Vgl. Nipperdey (1998a:533f.).

123 Nipperdey zählt folgende Gründungen auf: Leipziger ‚Gewandhaus' 1781, die Museumsgesellschaft in Frankfurt 1808, die Musikalische Akademie in München 1811, die Gesellschaft der Musikfreunde in Wien 1812, die Philharmonische Gesellschaft in Berlin 1826, in Hamburg 1828, die Kölner Konzertgesellschaft 1827.

124 Schulze (2009:80).

125 Vgl. Lockwood (2009:393).

126 Schäfer (2009:121f.).

127 Kremer (2007:186) nennt folgende Quelle einschließlich der Vergleichszahlen: Widmaier, Tobias (1998): *Der deutsche Musikalienhandel*, S. 116, Saarbrücken. Ebd. Vgl. S. 170: Leipzig 1830 (über 14.000), Nürnberg 1842 (20.422), Hamburg 1847 (Cranz: weit über 40.000), Berlin 1861 (Bote & Bock: über 40.000), Würzburg 1853

die zumindest gegen Ende des 19. Jahrhunderts „bis tief hinunter ins soziale Schichtgefüge" gereicht haben muss.[128] In ökonomischer Hinsicht hinterließ eine solche Entwicklung Spuren. Ein steigender Notendruck und -absatz sowie der Vertrieb vierhändiger Klavierauszüge von Orchesterwerken, Opern und Oratorien sind als sichere Indizien für „diese Laienkultur und ihren spezifischen Kunsternst"[129] zu werten. Stuttgart bildete im 19. Jahrhundert ein Zentrum des Klavierbaus. Bereits 1809 war die Klavierbauwerkstatt Dieudonné & Schiedmayer eines der führenden Wirtschaftsunternehmen der Stadt: „Doch nicht nur der wachsende Bedarf an Instrumenten aus dem Stuttgarter Bildungsbürgertum und die Qualität der Schiedmayer-Instrumente verhalfen der Firma zum Erfolg, sondern auch die wirtschaftspolitische Situation in Baden-Württemberg: Der Klavierbau als wichtiger Wirtschaftszweig wurde zur württembergischen ‚Landesindustrie' erhoben [...]."[130] 1861 existierten in Württemberg bereits 46 Pianoforte-Fabriken, die jährlich 1000 Harmonien und ca. 2500 bis 2700 Klaviere herstellten.[131]

Eng verbunden mit dem Aufschwung einer bürgerlichen Musikkultur im 19. Jahrhundert ist der Begriff des Dilettanten. Kochs *Musikalisches Lexikon* definierte 1802 den Dilettanten als „eine Person, die eine Singstimme oder ein Instrument zu ihrem Vergnügen ausübt, ohne die Musik zu ihrer Hauptbeschäftigung zu machen oder sich durch dieselbe Unterhalt zu verschaffen".[132] Der Begriff des Dilettanten ist ursprünglich keineswegs dem heutigen Verständnis folgend mit dem negativen Beigeschmack eines „amateurhaften Unvermögens" zu assoziieren, sondern verweist eher auf eine zweckfreie Kennerschaft in musischen Fragen, auf ein Privileg des gehobenen Bürgertums, das sich im bürgerlichen Salon manifestierte:

> „Hier erkennt man noch den Zusammenhang von Muße (scholé) und Kunst, die der pflegen konnte, dessen Zeit nicht mit körperlicher Arbeit zum Broterwerb ausgefüllt war, der sich durch Kunst und Literatur über die Notwendigkeiten und Nöte des Alltags erheben konnte. Kunst und Musik werden so zu Bildungsmitteln eines harmonischen Gemüts und zu Elementen der Verschönerung des alltäglichen Lebens."[133]

(38.515) und Flensburg 1853 (3.317). Zu Zumsteeg vgl. die Anzeige in: *Handbuch für die Königliche Haupt- und Residenzstadt Stuttgart 1855,* Anhang: Adreß-Buch für Empfehlungen, S. 20.

128 Blum (1975:259) hat in seiner Untersuchung zur historischen Entwicklung des Musiklebens der Stadt Bremen anhand der quantitativen nachweisbaren Aktivitäten von Musikleihbibliotheken und Musikalienhändlern diese Entwicklung bestätigt gefunden. In ähnlicher Weise hat übrigens auch Nipperdey (1998a:216,539) darauf verwiesen, dass Schillers Dichtungen im 19. Jahrhundert enorme Popularität genossen. Schillers Werke waren selbst Handwerkern bekannt. Legendär wurden die sogenannten Schillerfeiern. Das erste Stuttgarter Schillerfest initiierte übrigens 1825 bezeichnenderweise der neu gegründete Stuttgarter Liederkranz (s. u.).

129 Nipperdey (1998a:536).

130 Stangl (2007:20).

131 Borst (1973:278).

132 Kochs *Musikalisches Lexikon* (1802), S. 431. Zit. nach Gruhn (2003:102).

133 Gruhn (2003:102).

1.4.2 Kultur als Medium von Bildung

Mit dem Einzug der Musik in öffentliche wie private Lebensbereiche änderten sich auch
die Kunstanschauung im Allgemeinen, und die Musikanschauung im Besonderen. Kultur – und hier speziell auch Musik – ist im 19. Jahrhundert zu einem bevorzugten Medium von Bildung geworden. Franz Rauhut hat 1965 in einem Essay die Herkunft
der Wörter bzw. Begriffe „Kultur", „Zivilisation" und „Bildung" einander gegenübergestellt. Ähnlich schillernd wie die Entwicklungsgeschichte des Bildungsbegriffs stellt
sich demzufolge diejenige des Kulturbegriffes dar. Das lateinischen Wort *cultura* leitete sich ursprünglich aus dem Ackerbau ab. Cicero übertrug es, indem er die Kultivierung von Böden und Pflanzen mit der erzieherischen Aufgabe verglich, die „rohe" Seelenlandschaft Heranwachsender zu kultivieren (*cultura animi* → „Pflege des Geistes").[134]
In Deutschland verwendete der Jurist Samuel Baron von Pufendorf (1632–1694) das
Wort *cultura* in mehreren in lateinischer Sprache verfassten Schriften über das Wesen
der Kultur als Bezeichnung für „alles, was nicht von der Natur gegeben, sondern vom
Menschen, und zwar vom einzelnen und von der Gesamtheit, durch eigenes Bemühen hinzugefügt ist".[135] Damit entsprach Pufendorfs Kulturbegriff dem, was in Frankreich seit dem 18. Jahrhundert unter dem Begriff *civilisation* zusammengefasst werden sollte. Johann Gottfried Herder griff daran anschließend auf einen weit gefassten
Kulturbegriff zurück, welcher die Kultur*en* unterschiedlicher Völker mit einschloss.
Rauhut weist zudem darauf hin, dass Herder in seinen „Ideen zur Philosophie der Geschichte der Menschheit" (1784–1792) das deutsche Wort *Cultur* in enger Verwandtschaft, aber keineswegs trennscharf zu den Begriffen „Bildung" und „Humanität" verwendet habe:

> „Das Wort *Cultur* ist bei ihm nicht immer klar. In seinem geschichtsphilosophischen Werk
> sieht er (1.) den Menschen in einem natürlich-geschichtlichen Zusammenhang mit dem
> All und mit Gott, und (2.) eine große natürlich-sittliche Aufgabe des Menschen, die er
> mit den Worten *Cultur, Humanität, Bildung, Aufklärung, Vernunft, Freiheit, Fortschritt und
> Erziehung* bezeichnet [...] Das Wort *Cultur* findet man [...] mit der ursprünglichen Bedeutung ‚Ackerbau', dann mit der übertragenen Bedeutung Bildung (= ‚Veredelung des
> Geistes'), schließlich (wenn auch schwer von dem zweiten Begriff zu unterscheiden) mit
> ungefähr dem, was wir [oft umgangssprachlich] unter ‚Kultur' verstehen"[136] – nämlich Ausdrucksformen von Bildender und Darstellender Kunst, Musik, Literatur, Architektur usw.

Kultur ist in Georg Bollenbecks Worten im Herderschen Denken „Bestandteil einer
‚Bildungsgeschichte der Humanität'", sie ist also bereits normativ mit hohen ethischen
Erwartungen verknüpft.[137] Mit wachsender Bedeutung des Bildungsbegriffes griffen
nun u.a. auch Friedrich Schiller und Wilhelm von Humboldt immer häufiger auf den

---

134   Vgl. Rittelmeyer (2012a:21).
135   Nach Rauhut (1965:13).
136   Rauhut (1965:16).
137   Bollenbeck (1994:125).

Kulturbegriff zurück.[138] Nach Bollenbeck gebrauchte Schiller den Ausdruck Kultur in einem „dreifachen Sinne, nämlich im Sinne von Zivilisation, von individueller Bildung und von Medien der Bildung".[139] Schließlich erscheint bei Wilhelm von Humboldt endgültig ein Kulturbegriff, der die Errungenschaften von Kunst und Wissenschaft meint, gegenüber dem Begriff der Zivilisation abgegrenzt, selbst wenn Humboldts eigentliches Thema die individuelle Selbstbildung bleibt.[140] Hatte Humboldt, so Bollenbeck, anfangs die Begriffe „Cultur" und „Civilisation" noch parallel gebraucht, differenzierte er zu Beginn der 1830er-Jahre bereits deutlich:

> „Die Civilisation ist die Vermenschlichung der Völker in ihren äußeren Einrichtungen und Gebräuchen und der darauf Bezug habenden inneren Gesinnung. Die Cultur fügt dieser Veredlung des gesellschaftlichen Zustandes Wissenschaft und Kunst hinzu. Wenn wir aber in unserer Sprache Bildung sagen, so meinen wir damit etwas zugleich Höheres und mehr Innerliches, nämlich die Sinnesart, die sich aus der Erkenntnis und dem Gefühle des gesamten geistigen und sittlichen Strebens harmonisch auf die Empfindung und den Charakter ergießt."[141]

„Wissenschaft und Kunst" werden für Humboldt also zum Distinktionsmerkmal von Kultur und Zivilisation. Kultur wird als Mittel der Selbstvervollkommnung gesehen. Sie bildet das Bindeglied, mittels dem sich das Individuum über seinen gesellschaftlichen Zustand erheben kann. „Der Leitidee der zweckfreien und harmonischen individuellen Bildung wird ‚Kultur' als Medium zugeordnet; das begründet den Vorrang der Objektivationen des menschlichen Geistes, der Philosophie, Kunst und Sprache!"[142] Max Fuchs sieht in Anlehnung an Georg Bollenbeck hier Anzeichen für „die durchaus verhängnisvolle Entwicklung" des 19. Jahrhunderts, „in der der (scheinbar oberflächlichen) westlichen Zivilisation die (tiefgründige) deutsche Kultur entgegen gestellt wird".[143] Zwingend erscheint eine solche Entwicklung gleichwohl nicht. Während kulturelle Bildung im 19. Jahrhundert „die ganzheitliche Formung des Menschen durch die Künste"[144] beanspruchte, in ihren Wirkungszuschreibungen aber auf die Verinnerlichung von autoritativen Werten und gesellschaftlichen Normierungen des Bürgers hinauslief,[145] meint Kulturelle Bildung als neu etablierter Begriff im heutigen Verständnis grundsätzlicheres. „Kultureller Bildung liegt ein Pluralitätsverständnis zugrunde, das den ästhetischen Phänomenen von Künsten, Kulturen, Sinneswahrnehmungen, Symbolwelten und Medien mit historischen wie je sich wandelnden aktuellen Phänomenen

---

138 Vgl. Fuchs (2012a:64).
139 Bollenbeck (2007:85).
140 Vgl. Bollenbeck (1994:145).
141 Zit. nach Bollenbeck (1994:145).
   Bollenbeck nennt folgende Quelle: W. v. Humboldt: *Über die Verschiedenheit des menschlichen Sprachbaus und ihren Einfluß auf die geistige Entwicklung des Menschengeschlechts,* in: *Schriften,* Bd. 7, hg. v. A. Leitzmann, Berlin 1907, S. 30.
142 Bollenbeck (1994:148).
143 Fuchs (2012a:64).
144 Höppner (2012:546).
145 Vgl. die unter Kapitel 1.3 dargestellte Formierung des Bildungsbürgertums, in deren Folge als gebildet galt, wer sich einen als verbindlich erachteten Bildungskanon erst angeeignet hatte bzw. eine darauf aufbauende kulturelle Praxis pflegte, z. B. Hausmusik oder Konzertbesuche.

und Erfahrungs- bzw. Wirkungsformen gerecht zu werden versucht."[146] Es geht dann also um kulturelle Erscheinungen in ihrer ganzen Vielfalt, um das „gesamte Feld der Schnittmengen von Kultur und Bildung"[147]. Aus etymologischer Sicht ist in diesem Zusammenhang hervorzuheben, dass sich das Wort Kunst als Bezugspunkt von Kultureller Bildung von *können* ableitet. Kunst bezieht sich ursprünglich keineswegs ausschließlich auf eine künstlerische Betätigung, sondern bezeichnet „im weitesten Sinn jede auf Wissen und Übung gegründete Tätigkeit".[148] Während mit Kunst „heute in der Regel ein Erfahrungs- und Handlungssystem gemeint ist, das mit der Schönheit, mit dem Bereich des Ästhetischen und mit Vorstellungen genialischer Schöpferkraft verbunden ist", geht „Kunst" begriffsgeschichtlich auf die griechischen „technai" zurück. „Damit sind handwerkliche und intellektuelle Fertigkeiten benannt, die lebensnotwendig sind und deren Begriff – techné – sich immer mehr verallgemeinert."[149] Für Johannes Bilstein legitimiert sich der Kunstbegriff in gegenwärtigen Diskursen vor allem in zweierlei Hinsicht: „Zum einen stehen die Künste in den sich säkularisierenden und modernisierenden Gesellschaften zunehmend für Erneuerung und Innovation. [...] Zum anderen aber bleibt der Anspruch auf Können und Fertigkeit, den auch in unserer Zeit die Künste immer noch zu erfüllen haben."[150]

1.4.3 Der Kunstbegriff in Friedrich Schillers Briefen „Über die ästhetische Erziehung des Menschen"

Nun war Humboldt bekanntlich eher der Wissenschaft als der Kunst zugetan. Gerade die Kunst aber ist es, welcher die bürgerliche Gesellschaft des 19. Jahrhunderts im Zuge der Säkularisierung eine quasi religiöse Funktion zugesprochen hat:

> „Der subjektiven Kunstfrömmigkeit entspricht das emphatische Verständnis der Kunst als eines diese Welt transzendierenden Seins, als eines Stücks Transzendenz; Kunst ist ein Organ und ein Ausdruck des Unendlichen und Göttlichen, des Absoluten, der Tiefe und des Geheimnisses von Ich und Universum, und sie ist selbst überirdisch, göttlich, ideal, vollkommen, stellt eine höhere Sphäre dar. In ihr reicht der Mensch, sich vollendend, ins Ewige und hat Ewigkeit, in ihr ist, neben der Philosophie und der Wissenschaft und neben der Religion, und vielleicht auch über diese hinaus, eigentliche Wahrheit."[151]

Friedrich Schillers Briefe „Über die ästhetische Erziehung des Menschen" (1795) vermochten der Entwicklung eines transzendenten Kunstbegriffes den ideellen Rahmen zu geben. Der durch Schiller maßgeblich mitgeprägte Begriff einer ästhetischen Bildung enthält nach Michael Parmentier „die moderne Antwort auf die alte Frage nach der Wirkung, die das Schöne im Allgemeinen und die Kunst im Besonderen auf den

---

146 Bockhorst / Reinwand / Zacharias (2012:22).
147 Bockhorst / Reinwand / Zacharias (2012:22).
148 Brockhaus (2006), 21., völlig neu bearbeitete Auflage, Mannheim.
149 Bilstein (2012:47).
150 Bilstein (2012:51).
151 Nipperdey (1998a:540).

Menschen ausüben".[152] Dabei knüpfte Schiller in seinen ästhetischen Überlegungen an Immanuel Kants „Kritik der Urteilskraft" an. „Kant hatte das Schöne als ‚Symbol des Sittlich-Guten' definiert und durch diesen Verweis einen Übergang von der Ästhetik zur Ethik ermöglicht."[153] Schiller versucht in seinen Briefen den Weg des Menschen vom rein physischen hin zum moralischen Wesen zu beschreiben, welcher über die Erfahrung der Schönheit der Kunst führen soll. In einer humanistischen Tradition stehend, sah Schiller in der Kunst ein Mittel, den Menschen zu veredeln.

> „Es gehört also zu den wichtigsten Aufgaben der Kultur, den Menschen auch schon in seinem bloß physischen Leben der Form zu unterwerfen, und ihn, so weit das Reich der Schönheit nur immer reichen kann, ästhetisch zu machen, weil nur aus dem ästhetischen, nicht aber aus dem physischen Zustande der moralische sich entwickeln kann."[154] *(23. Brief)*

Damit ist gemeint, dass der Mensch nicht allein aus Neigung *oder* Einsicht heraus zu moralischem Handeln befähigt ist, sondern nur, indem Neigung *und* Einsicht zusammenfallen (siehe unten). Auffällig ist zunächst, dass Schiller den Terminus *ästhetische Erziehung* mehr oder weniger in direkter Nähe zu dem von Humboldt entwickelten Bildungsbegriff verwendet:

> „Der Endzweck einer ästhetischen Erziehung war, wie Schiller es formulierte, ‚das Ganze unserer sinnlichen und geistigen Kräfte in möglichster Harmonie auszubilden', zum Wohle des einzelnen im Dienste der kulturellen Höherentwicklung der Gattung."[155]

In dem 4. Brief schreibt Schiller:

> „Jeder individuelle Mensch [...] trägt, der Anlage und Bestimmung nach, einen reinen idealischen Menschen in sich, mit dessen unveränderlicher Einheit in all seinen Abwechselungen übereinzustimmen, die große Aufgabe seines Daseyns ist."[156]

Durch die „ästhetische Kultur" soll dem Menschen die Freiheit zurückgegeben werden, „zu seyn, was er sein soll [...]".[157] Ähnlich wie Humboldt wollte allerdings Schiller die ästhetische Erziehung trotz ihres auf die persönlich-individuelle Entfaltung gerichteten ideellen Kerns im konkreten Bezug zur gesellschaftlichen Gegenwart verstanden wissen. Insofern sind die Briefe keineswegs unpolitisch, sondern als Reaktion auf einen als krisenhaft erkannten Zustand der Gesellschaft zu verstehen:

> „Alle Verbesserung im politischen soll von der Veredlung des Charakters ausgehen – aber wie kann sich unter den Einflüssen einer barbarischen Staatsverfassung der Charakter veredeln?"[158] *(9. Brief)*

---

152 Parmentier (2004:12).
153 Schneider (2010:57).
154 Schiller (1795:92).
155 Schulz (1996:43); Schulz zitiert hier Schillers 20. Brief (Fußnote).
156 Schiller (1795:15).
157 Schiller (1795:83f.).
158 Schiller (1795:33).

Schiller antwortet mit dem Autonomieanspruch der Kunst:

> „Von allem, was positiv ist und was menschliche Conventionen einführten, ist die Kunst, wie die Wissenschaft losgesprochen, und beyde erfreuen sich einer absoluten Immunität von der Willkühr der Menschen. Der politische Gesetzgeber kann ihr Gebiet sperren, aber darinn herrschen kann er nicht. Er kann den Wahrheitsfreund ächten, aber die Wahrheit besteht; er kann den Künstler erniedrigen, aber die Kunst kann er nicht verfälschen."[159] *(9. Brief)*

Auf dem Wege zur individuellen Veredlung des menschlichen Charakters, geht Schiller in seinen Briefen von einer doppelten Natur des Menschen aus, die durch einen sinnlich empfangenden „Stofftrieb" und einen rational steuernden „Formtrieb" bestimmt ist. Während der Stofftrieb so viel wie möglich sinnliche Eindrücke aufnehmen möchte, geht es dem Formtrieb um die Einheitlichkeit der Gestalt zwecks Wahrung personaler Identität. „Durch den empfangenden Stofftrieb wird mir eine *Welt*, durch den gestaltenden Formtrieb wird es *meine* Welt."[160] In der Kunst können beide Triebe, Sinnlichkeit und Verstand, übereinstimmend zur vollen Entfaltung gebracht werden. Hieraus resultiert ein dritter Trieb: der ästhetische Trieb oder Spieltrieb. Was Kunst und (ästhetisches) Spiel miteinander verbindet, ist in Schillers Worten die „lebendige Gestalt", in der sinnliches Erleben und gestaltendes Formen eine Einheit bilden *(vgl. 15. Brief)*. „Die Kunst wird so, indem sie dem Menschen den Zustand seiner Vollendung vor Augen führt, zu einem ,Symbol seiner ausgeführten Bestimmung' [*14. Brief*], das heißt, sie zeigt ihm unmittelbar, was er werden könnte, wenn es nur gelänge, jenes Verhältnis auf Dauer zu stellen."[161] In Schillers 23. Brief heißt es:

> „Der Uebergang von dem leidenden Zustande des Empfindens zu dem thätigen des Denkens und Wollens geschieht also nicht anders, als durch einen mittleren Zustand ästhetischer Freyheit [...] Mit einem anderen Wort: es giebt keinen anderen Weg, den sinnlichen Mensch vernünftig zu machen, als daß man denselben zuvor ästhetisch macht."[162]

Das Erleben von Kunst soll den Menschen veredeln, indem es dessen sinnliche Triebe nicht aufhebt, wohl aber sublimiert. Erst im Spiel erscheint das menschliche Leben „von den Fesseln jedes Zweckes, jeder Pflicht, jeder Sorge frey". Nur da ist der Mensch „ganz Mensch, wo er spielt".[163]

> „In einem wahrhaft schönen Kunstwerk soll der Inhalt nichts, die Form aber alles thun [...] Darinn also besteht das eigentliche Kunstgeheimniß des Meisters, daß er den Stoff durch die Form vertilgt [...]."[164] *(22. Brief)*

---

159 Schiller (1795:34).
160 Hauskeller (2013:41).
161 Hauskeller (2013:42).
162 Schiller (1795:90).
163 Schiller (1795:62f.).
164 Schiller (1795:88).

Schönheit ist für Schiller „das Produkt der Zusammenstimmung zwischen dem Geist und den Sinnen".[165] Sie spricht „zu allen Vermögen des Menschen zugleich" und resultiert allein aus dem „freyen Lauf der Einbildungskraft":

> „Die Schönheit, die wir suchen, liegt bereits hinter uns, und wir haben sie übersprungen, indem wir von dem bloßen Leben unmittelbar zu der reinen Gestalt, und zu dem reinen Objekt übergiengen. […] Die Schönheit ist allerdings das Werk der freyen Betrachtung, und wir treten mit ihr in die Welt der Ideen – aber was wohl zu bemerken ist, ohne darum die sinnliche Welt zu verlassen, wie bei Erkenntniß der Wahrheit geschieht."[166] *(25. Brief)*

Erst in dem ästhetischen Zustand erfährt der Mensch „eine vollständige Anschauung seiner Menschheit"[167] *(14. Brief)*, auch wenn dies immer nur annähernd möglich ist, da der Mensch in der Beschäftigung mit der Kunst „nie [ganz] aus der Abhängigkeit der Kräfte treten" kann und bis zu einem gewissen Grade „einer besonderen Stimmung […] mit einer eigenthümlichen [persönlichen] Richtung" überlassen bleibt *(22. Brief)*.[168] Der ästhetische Zustand ermöglicht es aber zumindest, in eine „Welt des Scheins, in dem wesenlosen Reich der Einbildungskraft" einzutreten, entbunden von den Bedürfnissen der Realität *(26. Brief)*. Allerdings: „[…] solange die Noth gebiet, und das Bedürfniß drängt, ist die Einbildungskraft mit strengen Fesseln an das Wirkliche gebunden; erst wenn das Bedürfniß gestillt ist, entwickelt sie ihr ungebundenes Vermögen."[169]

Wie steht es nun aber um die Realisierbarkeit einer „Welt des Scheins"? Ist Letztere überhaupt erstrebenswert? Droht sie nicht, die Kunst zum Selbstzweck werden zu lassen? Schiller warnt ausdrücklich davor, den „Weg zum Ideale einschlagen" zu wollen, „um sich den Weg zur Wirklichkeit zu ersparen"[170] *(27. Brief)*. Er bezweifelt, dass der „ästhetische Schein" als spezifische, dem Kunstwerk eigene Erscheinungsform im Gegensatz zum „falschen Schein" *allgemein* werden könne, da der ästhetische Schein in sich selbst idealen Charakter trage. Zugleich erkennt er die Gefahr, Kunst zu manipulativen Zielen zu missbrauchen.

> „Er [der ästhetische Schein] wird nicht allgemein werden, so lange der Mensch noch ungebildet genug ist, um einen Mißbrauch davon machen zu können; und würde er allgemein, so könnte dieß nur durch eine Kultur bewirkt werden, die zugleich jeden Mißbrauch unmöglich machte. Dem selbstständigen Schein nachzustreben erfordert mehr Abstraktionsvermögen, mehr Freyheit des Herzens, mehr Energie des Willens, als der Mensch nöthig hat, um sich auf die Realität einzuschränken, und er muß diese schon hinter sich haben, wenn er bey jenem anlangen will."[171] *(27. Brief)*

Am Schluss von Schillers Betrachtungen steht der utopische Entwurf eines „ästhetischen Staats", in dem es nicht der Rechte und Pflichten bedarf, wo „Freyheit zu geben durch

---

165 Schiller (1796:487).
166 Schiller (1795:104).
167 Schiller (1795:56).
168 Schiller (1795:87).
169 Schiller (1795:108,110).
170 Schiller (1795:114).
171 Schiller (1795:114).

Freyheit [...] das Grundgesetz dieses Reichs" bildet, wo sich der „Willen des Ganzen durch die Natur des Individuums" vollzieht, und wo sich das „Ideal der Gleichheit" erfüllt.[172]

> „Das Schöne allein genießen wir als Individuum und als Gattung zugleich, d.h. als Repräsentanten der Gattung. [...] Die Schönheit allein beglückt alle Welt, und jedes Wesen vergisst seiner Schranken, so lang es ihren Zauber erfährt."[173]

1.4.4 Musikästhetische Positionen

Der von Schiller hervorgehobene Antagonismus von Verstand und Gefühl, welcher sich in der Sphäre der Kunst versöhnt, findet sich in der Musikanschauung des 19. Jahrhunderts auf vielschichtige Art und Weise reflektiert. Dass der Schillersche Spieltrieb mit der Musikausübung untrennbar verbunden ist, liegt zunächst schon in der Tätigkeit des Musizierens begründet. Doch wurde der Spielbegriff bald auch zum Gegenstand musiktheoretischer Erörterung. Hans Georg Nägeli stellte 1826 in seinen „Vorlesungen über Musik mit Berücksichtigung der Dilettanten" die These auf, „Spiel" sei das Wesen der Musik:

> „Weil Spiel ihr [der Musik] eigenthümliches Wesen ist, so spielt sie alles, was im Gemüthe haftet, wovon es augenblicklich afficirt ist, weg. Und indem sie es wegspielt, spielt sie sich ins Gemüth hinein. Ein durchaus und durchein spielendes Wesen ist sie, weiter nichts. Sie hat auch keinen Inhalt, wie man sonst meinte, und was man ihr auch andichten wollte. Sie hat nur Formen, geregelte Zusammenverbindung von Tönen und Tonreihen zu einem Ganzen."[174]

Ganz im Gegensatz zu einer solchen formalästhetischen Position, die Musik primär nicht vom Inhalt, sondern als „geregelte Zusammenverbindung von Tönen und Tonreihen" begreifen wollte, stand die in den Schriften des 19. Jahrhunderts überwiegende gefühlsästhetische Auffassung, dass „in der Musik das Innere des Menschen, seine Gefühle und seelischen Regungen zu unmittelbarem Ausdruck" gelangten.[175] Entsprechend erklärte sich auch eine Präferenz für den Gesang und die menschliche Stimme. Gustav

---

172 Schiller (1795:120ff.).
173 Schiller (1795:121f.).
174 Nägeli (1826:32).
175 Vgl. Nolte (1982:55f.); Dahlhaus (1980:9–21).
    Eduard Hanslick beklagt in einer Anmerkung zum ersten Kapitel seiner Schrift „Vom Musikalisch-Schönen" (1854), dass gefühlsästhetische Positionen „Ausdruck einer allgemein gewordenen traditionellen Denkweise" geworden seien. Er fährt fort: „Nur um einen Einblick in die ausgebreitete Herrschaft dieser Grundsätze zu gewähren, mögen einige Zitate älterer und neuerer Musikschriftsteller hier Platz finden:
    [J.] **Mattheson:** ‚Wir müssen bei jeder Melodie uns eine Gemüthsbewegung (wo nicht mehr als Eine) zum Hauptzweck setzen.' (Vollkomm. Capellmeister S. 143.) [...]
    C. F. Michaelis: ‚Musik ist die Kunst des Ausdrucks von Empfindungen durch Modulation der Töne. Sie ist die Sprache der Affecte' etc. (‚Ueber den Geist der Tonkunst', 2. Versuch. 1800 S. 29.) [...]
    [J. G.] **Sulzer:** ‚Musik ist die Kunst, durch Töne unsere Leidenschaften auszudrücken, wie in der Sprache durch Worte.' (Theorie der schönen Künste.)", vgl. Hanslick (1854:10–12).

53

Schilling, zeitweilig als Leiter einer musikalischen Lehranstalt in Stuttgart tätig, schreibt in seiner „Allgemeinen Volksmusiklehre":

> „[…] die Stimme, das uns angeborne, unser eigenstes Instrument, ist das lebendigste sympathetischeste Instrument und unmittelbarste Organ unserer Seele. Was sich nur regt im Innersten des Menschen, was er fühlt, lebt, denkt, das verkörpert, verlautbart sich in seiner Stimme. Im Gesange vermählen sich jene beiden schönsten, bildendsten, geistigsten Künste, Poesie und Musik, zu gemeinschaftlicher, nun aber auch um so wunderbarerer Wirkung. […] Singend steht der Mensch in seinem ganzen leiblichen und geistigen Seyn da, Körper und Geist bewegen sich da in wunderbar ergreifender Harmonie zu stets veredelnder Richtung."[176]

Die von Schilling beschworene Verbindung von Musik und Poesie im Gesang ist in weitgehender Kongruenz mit der aufkommenden romantischen Epoche zu sehen, welche Friedrich Paulsen noch im 20. Jahrhundert folgendermaßen charakterisieren sollte:

> „Die Romantik ist antiintellektualistisch, eine Neigung zum Irrationalen ist ihr wesentlich. Der Überschätzung des Verstandes tritt sie mit der Hochschätzung der irrationalen Seite des Seelenlebens, des Gefühls und der Phantasie, entgegen. Nicht im reflektierten Bewußtsein, sondern in den Tiefen des Gemüts liegen die schöpferischen Lebenskräfte. Damit hängt zusammen die Liebe und das Verständnis, welche die Romantik dem Volkstümlichen, allen von der Aufklärung verachteten ursprünglichen Schöpfungen des Volksgeistes entgegenbringt. Ebenso die Liebe und das Verständnis für das von der Aufklärung verachtete Mittelalter: in Wahrheit ein Zeitalter frischen, ursprünglichen, poetischen, seelenvollen, volkstümlichen Lebens; seine Religion eine lebendige Welt für die Phantasie und den Glauben; sein Staat und Recht eine Fülle konkret-persönlicher Verhältnisse, nicht ein Abstraktum von allgemeinen Begriffen."[177]

Ludwig Tieck erblickte in der Musik „das letzte Geheimnis des Glaubens, die Mystik, die durchaus geoffenbarte Religion". Nach Arthur Schopenhauer offenbarte die Musik im Gegensatz zu anderen Künsten das „Wesen der Welt".[178]

Ab Mitte des 19. Jahrhunderts wurde mehr und mehr über das rechte Verhältnis zwischen Form und Inhalt in der Musik diskutiert. Mit den sich unterschiedlich legitimierenden Strömungen in der Musik ging nun ein stärker historisierendes Musikverständnis einher. Was Nägeli einst noch etwas ungelenk formuliert hatte, wusste Eduard Hanslick, ab 1861 Professor für Musiklehre, Musikgeschichte und -ästhetik an der Universität Wien, präziser in Begriffe zu fassen. In seiner 1854 erschienenen Schrift „Vom Musikalisch-Schönen" versuchte Hanslick die Frage nach der Schönheit der Musik mit musikimmanenten Mitteln zu beantworten. Hanslick verwies darauf, dass eine durch die Form realisierte musikalische Idee bereits an sich Schönheit verkörpere und insofern nicht als „Mittel oder Material der Darstellung von Gefühlen und Gedanken" anzusehen sei. „*Tönend bewegte Formen* sind einzig und allein Inhalt und Gegenstand der

---

176 Schilling (1852:4).
177 Paulsen (1966:104f.).
178 Vgl. Nolte (1982:147–149).

Musik."[179] Aus der Absage an eine reine Gefühlsästhetik folgt bei Hanslick in Anlehnung an Nägeli die Hochschätzung eines mehr analytischen Musikverständnisses.

> „Das Componieren ist ein Arbeiten des Geistes in geistfähigem Material. […] Nicht der Vorsatz, eine bestimmte Leidenschaft musikalisch zu schildern, sondern die Erfindung einer bestimmten Melodie ist der springende Punkt, aus welchem jedes weitere Schaffen des Componisten seinen Ausgang nimmt."[180]

Hanslick konstruierte hier einen Gegensatz zwischen Inhalt und Wirkung von Musik, der ihn in Opposition zur neudeutschen Schule um Franz Liszt und Richard Wagner bringen sollte. Vereinfacht gesagt: Hanslick berief sich auf die klassische Formenwelt und deren Exponenten Johannes Brahms, Liszt / Wagner bedeuteten für ihn romantische Programmatik in Verbindung mit einer freieren Formgebung. Lina Ramann, als Liszt-Biographin und Musikpädagogin der neudeutschen Schule nahestehend, sah Form und Inhalt von Musik aufs engste aufeinander bezogen. Obgleich der Inhalt die Form bestimme, so ließe er sich doch erst durch Letztere erfassen. Der Inhalt gelange durch die Form zur Aussprache und sei daher durch diese zu erschließen. Mit der Wandlung des Inhalts der Musik im Laufe ihrer Geschichte wandle sich zwangsläufig auch die Form.[181] Adolph Bernhard Marx, seit 1830 Professor für Musik an der Universität Berlin, hielt es schließlich für unvereinbar mit dem Wesen der Kunst, Inhalt und Form, Geist und Material, losgelöst voneinander zu betrachten. Die Kunst sei „Geistkörperlichkeit, Geist und Körper in Zweieinigkeit". Wer in Form und Mitteln Änderungen erkenne, müsse sie auch im Geist als vorhanden eingestehen.[182]

Im Verlauf des 19. Jahrhunderts kam es somit zu einer Verschränkung zwischen eher formalästhetischen Positionen der Klassik und gefühlsästhetischen Positionen der Romantik. Adolph Bernhard Marx z.B. legte seiner „Allgemeinen Musiklehre" 1839 ein stark idealisierendes Musikverständnis zugrunde.

> „Wunderwirkung der Tonkunst! Alle Herzen zu öffnen! selbst denen Antheil und Beisteuer abzugewinnen, die bei mangelhafter Bildung und Organisation an ihren Entzückungen nicht Theil nehmen, die den Ihrigen das Opfer bringen und dann scheu, unbegabt zur Seite treten!
>
> Wodurch vermochte die Tonkunst solches? und wie vergilt sie uns Liebe und Opfer?
>
> Sie vermochte es, sie ist mächtig im Menschen, weil sie ihn in allen seinen Fibern, sinnlich und geistig, den ganzen Körper und die ganze Seele, Empfindung und Gedanken erfasst. Die rohste Natur fühlt sich erschüttert von ihrem Vollklang, geschmeichelt von ihrer Süsse. Schon ihre sinnliche Wirkung ist unwiderstehlich, zauberhaft; denn der bloss sinnlich Ergriffne ahnt schon, dass diese Bebungen seiner Nerven in die geheime Tiefe der Seele hinein reichen, dass dieser Körperreiz geheiligt und gefeiet ist durch Berührung mit dem Grund unsers Daseins. Wer nun erst die zartesten, mächtigsten, geheimsten Empfindungen seiner Seele von ihr hervorgelockt, nach Gefallen gelenkt, die unbewussten Tiefen des Gemüths

---

179   Hanslick (1854:32).
180   Hanslick (1854:35f.).
181   Ramann (1868:53f.).
182   Marx (1855:197).

von ihrem Dämmerschein angeleuchtet, zu traumhaften Bewusstsein erwachend an sich erlebt hat, – wer in diesem Wogenspiel der Seele Ahnungen, Anschauungen, tiefste Ideen sich als lenkende Geister aufrichten sieht: wer weiss, dass unser Dasein unvollkommen wäre, wo nicht die Welt der Töne es ergänzte: der begreift, dass die flüchtige Sinnenfreude am Tonspiel uns bloss heranlockt, um unser Empfinden zarter, regsamer zu beseelen, um den innersten Grund des Gemüths zu sittigen und zu befruchten, unsern Geist den höchsten Ahnungen, einer neuen unabsehbaren Ideenwelt, einer neuen Anschauung des Daseins zu eröffnen.

Das ist die alldurchdringende, überall hin reichende Macht der Töne, und das: ein erhöhtes beseligteres Dasein, – ist die Verheissung dieser Kunst, der wir, wissend oder ahnend, so viel von uns vom Unsrigen gläubig dahingeben.

Aber ihre Natur ist, wie die des Menschen, eine zwiefältige, dem Sinnlichen – der Materie, und dem Seelischen – dem Geiste, gleich angehörig. Ihr Walten vermag uns aus dem Rohen, Spröden und Unfruchtbaren zu menschlicherm, empfänglicherm, beseelterm Dasein zu erheben, unser Empfinden zu sänftigen und zu sittigen, unser Ahnen zu wecken, und zu den Ideen höchster reinster Menschheit, an das Weben des Göttlichen in und über der Natur emporzuflügeln, und in dieser innersten Erhebung mit der wahren Thatkraft zu allem Guten, mit Liebe zu erfüllen. Aber dieses selbige Walten der Töne und Klänge vermag auch den nur verhüllt in ihm wesenden Geist in den verführerischen Wogen erregter Sinnlichkeit zu begraben, edleres Empfinden und jede haltende Kraft aus der Seele zu spülen, und uns der Gedankenlosigkeit, der Haltungslosigkeit des Gemüths, dem faden, alles Edlere auflösenden und zersetzenden Sinnenkitzel dahinzuwerfen; in deren Gefolge treten die seltsamen Zwillinge Uebersättigung und Unersättlichkeit auf, und die entsetzliche Antheillosigkeit.

Wie vergilt die gefährliche, geliebte Kunst unsre Liebe und Gaben? – In ihr ist Alles rein und edel und gut. Es ist die Schuld unserer Schwäche, wenn ihr Geschenk Gift wird, wenn wir an der Schwelle zu ihrem Heiligthume matt dahin gesunken liegen bleiben [...]."[183]

Wortreich tritt bei Marx die quasi religiöse Verehrung, ja, Überhöhung der Musik zutage, der Glaube an ihre Allmacht über den Menschen, die über alles Irdische hinausweist, die den Menschen sittlich erhöht und dem menschlichen Geist eine „unabsehbare Ideenwelt" sowie eine „neue Anschauung des Daseins" eröffnet. Unmittelbar scheint diese Position dem romantischen Zeitalter geschuldet zu sein, welches der Musik eine metaphysische Dimension zuerkannte. Zugleich verweist Marx jedoch auf eine doppelte Natur der Musik, die durch Sinnlichkeit und Geistigkeit bestimmt sei. Indem er vor einem Zuviel an Sinnlichkeit, „den verführerischen Wogen erregter Sinnlichkeit" warnt, greift Marx unverkennbar auf ästhetische Ideale der Klassik zurück. Auch Schiller hatte in seinen Briefen gefordert, dass in einem schönen Kunstwerk der Stoff durch die Form zu tilgen sei (s.o.). Erst hiernach verspricht nach Marx die Musik „uns aus dem Rohen, Spröden und Unfruchtbaren zu menschlicherm, empfänglicherm, beseelterm Dasein zu erheben, unser Empfinden zu sänftigen und zu sittigen, unser Ahnen zu wecken, und zu den Ideen höchster reinster Menschheit, an das Weben des Göttlichen

---

183   Marx (1857:357f.).

in und über der Natur emporzuflügeln, und in dieser innersten Erhebung mit der wahren Thatkraft zu allem Guten, mit Liebe zu erfüllen". Unabdingbar bleibt für Marx der Musikgenuss dem Gebildeten vorbehalten („[...] die bei mangelhafter Bildung und Organisation an ihren Entzückungen nicht Theil nehmen, die den Ihrigen das Opfer bringen und dann scheu, unbegabt zur Seite treten!").

1.4.5 Soziologische Aspekte

Mahnungen vor einer zersetzenden Kraft der Sinnlichkeit in der Musik sind in der musikpädagogischen Literatur des 19. Jahrhunderts immer wieder anzutreffen. Sigmund Lebert, Begründer der Stuttgarter Musikschule, warnte z.B. 1858 in seiner Klavierschule vor dem „vorübergehenden Klingklang" und den Gauklersprüngen „der nur mit Aeusserlichkeiten prunkenden sogenannten Virtuosität". Eine bildende Kraft wollte er nur solchen Werken zugestehen, die einen „gediegenen Inhalt" mit „vollendeter Form" umschlössen:

> „So wenig Romane dazu geeignet sind, das zu leisten, was durch Schiller, Goethe u.s.w. für den Geist gewonnen wird, ebenso wenig taugen im Vergleich zu Mozart, Beethoven u.s.w. die flüchtigen Produkte des Tages für Nahrung und Pflege der jugendlichen Seele. Ja noch mehr: Wie frühzeitiges Romanlesen den Geist verweichlicht und für ernstes Streben untauglich macht, ebenso trägt weichliche und frivole Musik nicht nur zu seiner Wart' und Pflege nichts bei, sondern sie ist ein feines Gift, das eben wegen seiner Feinheit oft übersehen wird, das aber sicher wirkt, da es die empfindlichste Stelle seines Opfers, die Phantasie anfrisst."[184]

Nicht nur aus fachlicher, sondern auch aus soziologischer Sicht lassen die Beweggründe solcher Mahnungen aufhorchen. In der „Allgemeine[n] Musiklehre" von Marx heißt es:

> „[...] und es wiederholt sich das mehrmals schon gesehne Schauspiel, dass in solchen Momenten, wo die Spannung des deutschen Geistes und Karakters in den Massen des Volks und den unmittelbar an ihr Gemüth Redenden nachlässt, das Ausland, besonders die Frivolität und der fixfertige Prosaismus der Franzosen und die entnervende Sinnlichkeit Italiens, das Scepter stehlen. Es ist dann, besonders in Bezug auf Musik, die Oper, wo das schlechte Ausländische seine leichtesten und sichersten Siege erficht [...] Die zum Unterhaltungsstoff niedergezogne Musik wird überall mit herumgeschleppt [...] Wir haben allzuviel Musik und deshalb allzuwenig wahre Musikfreude. Wir nehmen mit Zerstreuung und Unterhaltung fürlieb, wo wir ihr Sammlung und Erhebung zu danken haben könnten. [...] Die Folgen werden von Jahr zu Jahr sichtbarer: Mechanisierung, Materialisierung – oder auch Ueberfeinerung der Kunst, und Uebersättigung der Hörer."[185]

Charakteristische Elemente einer bürgerlichen Musikanschauung scheinen hier Eingang in die Argumentation von Marx gefunden zu haben. Ein unverhohlen zur Schau ge-

---

184   Lebert / Stark (1858:2).
185   Marx (1857:359–361).

tragener Nationalismus schließt den Glauben an die Vorrangigkeit deutscher Musik mit ein. Indem Musik einer breiteren Bevölkerungsschicht zugänglich wurde, entstand neben der Kunstmusik ein Markt für eine trivialere, unterhaltende Musik. Beides führte zu Abgrenzungsbewegungen.

Thomas Nipperdey hat zu Recht auf das eigentümliche Verhältnis der Deutschen zu *ihrer* Musik im 19. Jahrhundert und teils im 20. Jahrhundert hingewiesen. Sicher gab es Anlass, auf eine deutsche Musikkultur stolz zu sein. Hermann Kretzschmar hat dem Anfang des 20. Jahrhunderts Ausdruck verliehen.

> „Da gehört denn ohne Zweifel das 19. Jahrhundert in der Komposition zu unseren großen Zeiten. Die Namen Beethoven, C. M. von Weber, Schubert, Mendelssohn, Schumann, Wagner, Liszt und Brahms umfassen eine Summe von Begabung und erworbner Meisterschaft, der in derselben Zeit das Ausland nicht nahe kommt. Durch zahlreiche Kleinmeister verstärkt, beweist diese Reihe, daß das starke musikalische Feuer, das sich an Renaissance und Reformation einst entzündet hat, im deutschen Volk, als die Gründung des neuen Reichs nahte und vollzogen wurde, noch nicht erloschen war. Erst im neunzehnten Jahrhundert haben einzelne Felder der Komposition: Sinfonie, Lied, Musikdrama, die höchste Ernte ergeben. Der Niedergang, den Kirchenmusik und Oratorium erlitten, wurde durch die Wiederbelebung alter Meister, die eine der folgenreichsten Leistungen in der Musik des neunzehnten Jahrhunderts ist, mehr als ausgeglichen."[186]

Eine nationale Schule wie in Tschechien oder Ungarn, die im Zeichen eines nationalen Aufbruchs gestanden hätte, hat es in Deutschland indes nicht gegeben.

> „Aber Komponisten – bis zu Strauss und besonders Schönberg – wie Hörer waren doch davon überzeugt, daß die deutsche Musik (etwa gegenüber der italienischen Oper) der idealnormative Kern der Musik überhaupt war und man in dieser Tradition weiterzuarbeiten hatte. Ja, deutsche Musik galt für viele als Ausdruck deutschen Wesens; Wagners Musikdrama, die Erfüllung der Kunst, sollte auch das nationale Drama – der germanischen Mytologie – sein. Angesichts der Selbstgewißheit der Identität von absoluter und deutscher Musik gab es freilich auch keine Versuche – wie dann bei Debussy –, eine eigene nationale Musiksprache zu entwickeln."[187]

Sehr wohl bildete sich also in der Musik die „Idee des Nationalen" heraus. Die Ursachen hierfür sind in dem Zusammentreffen mehrerer Faktoren zu suchen. Auf politischer Ebene wirkte der mühsame Weg zur nationalen Einheit nach, welche man immer auch von äußeren Feinden bedroht sah. Gesellschaftlich hatte sich längst ein bürgerlicher Wertekanon etablieren können, der die nationale Gesinnung als Tugend mit einschloss. Mit der Formierung einer bürgerlichen Gesellschaft erlangte die Kunst die Bedeutung eines Bildungsguts. Es entstand ein Markt für Musik, der öffentliche sowie private Lebensbereiche des Bürgers erfasste. Ein emphatischer Kunstbegriff erklärte die Musik zu etwas über der Wirklichkeit Stehendem. Musik, Theater oder Literatur wurden zunehmend im Sinne einer nationalen Identitätssuche interpretiert.

---

186   Kretzschmar (1903:3f.).
187   Nipperdey (1998b:746f.).

„Endlich verflocht sich auch die nationale Idee, die wesentlich im Bildungsbürgertum propagiert wurde, mit der musikalischen Wirklichkeit und den ästhetischen Denkprozessen. Die Betonung der Bedeutung des deutschen Liedes als nationalem Gut führte nicht nur zur Sammlung von ‚Volksliedern‘, sondern gab auch den Anstoß für eine unübersehbare Fülle von Liedkompositionen jeder Art. Dem gemeinsamen Singen wurde nun eine national-identitätsstiftende Funktion zugeschrieben. Das Chorwesen mit seinen großen Musikfest-Veranstaltungen, die Männergesangsvereine und die singenden Turnvereine sollten der Stärkung des nationalen Zusammengehörigkeitsgefühls dienen. […] die zum Genie erklärten Komponisten stilisierte man zur Personifikation edler Charaktereigenschaften und in nationaler Transformation zum Symbol deutscher Tugenden und deutschen ‚Wesens‘.“[188]

Der Marxsche Vorwurf, dass die Musik demgegenüber zum „Unterhaltungsstoff niedergezogen“ würde, ist als Reaktion auf eine Entwicklung zu verstehen, die bereits zur Jahrhundertmitte längst nicht mehr aufzuhalten war:

„Die Musik verkaufte sich als Ware, ein Vorgang, der die Produzenten – Komponisten, Virtuosen und Verlage – zu immer stärkerer Produktion anregte. Die Komponisten verfassten mehr und mehr Kompositionen, gleichzeitig stieg überhaupt die Zahl derer, die sich ans Komponieren wagten, die Vortragenden versuchten, als Virtuosen mit ihrem musikalisch-spieltechnischen Können zu brillieren, die Aufmerksamkeit des Publikums zu erlangen und die Konkurrenten auszustechen, auch ihre Anzahl stieg ständig, und endlich verlangten die Verlage nach immer neuen Kompositionen, mit denen sie ihren Käuferkreis bewerben und erweitern konnten. Es lag im Fortgang der wirtschaftlichen Entwicklung, dass bei der Fülle der Produktion dem einzelnen Komponisten eine nur relativ flüchtige Aufmerksamkeit gewidmet werden konnte, ein Stück konnte schnell seine Attraktivität verlieren, befand es sich doch in Konkurrenz zum je Neuen, von dem es ersetzt werden konnte.“[189]
„Die hohe Musik stellt Anspruch auf Bedeutung, aber der einfache und unmittelbare Ausdruck, ‚sinnige Simplizität‘, wird ihr zunehmend unmöglich, und ‚unterhaltend‘ will sie nicht mehr sein; in diese Doppellücke einer zugleich demokratisierten und esoterisch immer anspruchsvolleren Musikkultur stößt die neue Unterhaltungsmusik hinein, mit Ton und Gestus des Anspruchs.“[190]

Zwei Pole glaubte Marx im Kunstleben des Volkes zu erkennen: „ihr [der Kunst] Beruf für die ideale Erhebung und Durchgeistigung des Volks – und ihr Umschlag in das idealentleerte geist- und karakterentnervende materiale Gespiel.“[191] Einerseits befände sich eine institutionelle Musikerziehung im Aufbau; Singakademien, Instrumentalvereine und Musikgesellschaften seien im Wachsen begriffen; Kunstwerke aller Zeiten seien so verfügbar wie niemals zuvor.[192] Andererseits drohe die Musik Opfer von Materialisierung und Mechanisierung zu werden.

---

188   Jungmann (2008:111).
189   Jungmann (2008:31f.).
190   Nipperdey (1998b:744).
191   Marx (1855:214).
192   Marx (1857:357).

„In solchem Moment' erscheint sie selber [die Kunst] erschöpft, und ist es; sie verlor mit der Lebensnahrung – mit der Möglichkeit schöpferischer Begeisterung den idealen Gehalt."[193]

Die Diskrepanz zwischen dem Kunstideal und seiner praktischen Umsetzung wollte Marx mittels der Kunstlehre überbrücken.[194] Karl Heinrich Ehrenforth hat allerdings zu Recht die Frage aufgeworfen, inwieweit sich Marx' Vorstellungen von einer besseren musikalischen Volksbildung allein auf bürgerliche Schichten beschränkten.[195] Denn gewiss war das Musikverständnis von Marx ein elitäres. Wahrer Musikgenuss blieb dem Gebildeten vorbehalten. Musik hatte nicht der „Zerstreuung und Unterhaltung", sondern der „Sammlung und Erhebung" zu dienen (s.o.). Ein solcher Anspruch musste in Hinblick auf die Gesamtheit des Volkes nicht minder utopisch erscheinen als Friedrich Schillers Vision eines „ästhetischen Staats".

Marx bemühte sich, Abgrenzungskriterien zwischen einer schlechten und einer guten Musikkultur aufzustellen. Kompositorische Arbeiten, „die urkundlich nicht aus künstlerischem Antrieb" hervorgegangen seien, lehnte er ab. Bearbeitungen über „Motive" fremder Komponisten (z.B. Opern-Potpourris) und Salonmusik fielen für ihn zweifellos unter diese Kategorie; ebenso Etüden, die künstlerischen Anspruch nur vortäuschten.[196]

„In einem strausssschen Walzer im schwäbischen herzigen Lied' in der Menuett die Haydn einem Ochsenhändler zur Hochzeit schrieb, ist mehr Lebensluft und Gesundheit als in jenen Gewächsen blasirter und ausgehöhlter Zustände, wo Anmaassung aller Art die innre Unbefriedigung verdecken und überwinden soll, aber nur unheilbarer macht."[197]

Deutlich wird an dieser Stelle, dass Marx den Begriff Unterhaltungsmusik missverständlich verwendete. Eigentlich richtete sich seine Kritik nicht primär gegen das Unterhaltende, sondern gegen das Unechte in dem, was er Unterhaltungsmusik nannte. Dem „wahren" Gefühl in der Kunstmusik entsprach demzufolge in der Trivialmusik[198] das „falsche" Gefühl mit Neigung zur Sentimentalität oder zum Kitsch, der kompositorischen Originalität und Komplexität ihr anspruchsloses Plagiat.

Man hätte einer „Überflutung mit seichter Salonmusik, gefälligen Virtuosenstücken und trivialer Gebrauchsmusik" unter Umständen positive Aspekte abgewinnen können (… was Marx nicht tat), denn sie war eben *auch* „Mittel zur Verbreitung einer Musikkultur […], in der musikalische Unterhaltung nicht nur passiv genossen, sondern – und sei es im abgesunkenen Schlager und Salonstück – […] praktisch ausgeführt wurde".[199] Sie ermöglichte vielen „kleinen Leuten", ansatzweise an einem musikalischen Bildungs-

---

193   Marx (1855:213f.).
194   Vgl. Kapitel 3.2.
195   Vgl. Ehrenforth (2010:389).
196   Marx (1855:226ff.).
197   Marx (1855:227).
198   Carl Dahlhaus (1967:7) verwendet den Begriff der Trivialmusik in Abgrenzung zu dem der Unterhaltungsmusik, da er bereits ein ästhetisches Urteil beinhaltet.
199   Gruhn (2003:142)

prozess teilzuhaben, selbst wenn derselbe oftmals außerhalb jeder fachlichen Kontrolle lag.

> „Die Ausübung eines Musikinstrumentes sollte mit technisch leicht Spielbarem vielen ermöglicht werden, aber auch der Rezeptionsvorgang musste einer breiteren Gesellschaftsschicht als ein positives Hörerlebnis zugänglich werden. Und leicht zugänglich war die im Wesentlichen homophon angelegte Satzstruktur mit Oberstimmenmelodie und einfacher unterlegter Harmonik, mit Melodien, die sich dem Strophenlied annäherten, mit einem insgesamt einfachen Harmonieaufbau und nur wenigen Durchführungstechniken."[200]

Marx wollte sich damit nicht begnügen. Bewusst nahm er die Position des Kunsterziehers ein. Und als solchem war es ihm keineswegs gleichgültig, an welcher Musik sich das Volk bildete.

Diskussionen über den Bildungseffekt oder auch die Vordergründigkeit bestimmter musikalischer Stilrichtungen werden unter geänderten Vorzeichen bis in die heutige Zeit geführt.[201] Carl Dahlhaus schreibt über das berühmt berüchtigte Klavierstück „Gebet einer Jungfrau" von Thekla Badarczewska in seinen „Studien zur Trivialmusik des 19. Jahrhunderts":[202]

> „Der Oktavgang, mit dem Thekla Badarczewskas Jungfrau sich zum Gebet anschickt, wäre nichts als ein ‚Leerlauf', wenn nicht die schleifenden Vorschläge, das hinschmelzende Arpeggio, die spannende Pause und das aprupte Sforzato, das in der Fermate nachzittert, den gleichen ‚Zug zum Höheren' verrieten wie der Titel.
>
> Die Requisiten, die einen Schein von ‚Bedeutung' suggerieren sollen, lassen aber die Dürftigkeit nur um so peinlicher hervortreten. Indem das Simple sich maskiert und ebenso angestrengt wie vergeblich über sich hinausstrebt, verfällt es der Trivialität. Die pathetischen Akzente unterstreichen die Schäbigkeit, die sie verkleiden sollen.

---

200 Jungmann (2008:63).

201 So äußerte sich unlängst der Pianist Martin Stadtfeld gegenüber dem Konzert- und Opernmagazin „concerti" (April 2014, S. 11–13, Hamburg) dahingehend, dass er große Teile der aktuellen Popmusik schier unerträglich finde. Der überwiegende Teil der Popularmusik sei bis auf wenige Ausnahmen eine gecastete Musik, eine Industriemusik, die auf primitivste Art und Weise darauf abziele, den Massengeschmack zu treffen. Sicherlich gehe es letztlich darum, was Musik dem Einzelnen vermittle. Andererseits erachte er die im Spätwerk Mozarts oder Beethovens enthaltenen Momente einer persönlichen Entäußerung, das Ringen um Ideen in der Auseinandersetzung mit der musikalischen Form für einzigartig. Hier zeige sich der wahre Anspruch des Individuums auf Selbstverwirklichung und Würde. Stadtfelds Position hat aus der persönlichen Sichtweise des Interpreten absolut ihre Berechtigung.
Was Stadtfeld verschweigt, ist, dass sich der klassische Musikbetrieb inzwischen der Vermarktungsstrategien der Popularmusik bedient. Es wird versucht, ein relativ eng umgrenztes Repertoire an klassischen Meisterwerken über das medial inszenierte Image des Interpreten immer wieder neu zu vermitteln. Das Image Stadtfelds als das eines gefeierten Bach-Interpreten in der Nachfolge Glenn Goulds wird unterstützt durch gestylte Fotoreportagen und immer aufwendiger digitalisierte Tonträgerproduktionen, die trotz ihrer Suggestion von Natürlichkeit in ihrer Künstlichkeit eben auch ein industrielles Produkt darstellen. Wer sich heute in ein Konzert Martin Stadtfelds begibt, dürfte, ungeachtet von der gezeigten Qualität, insofern gewisse Schwierigkeiten haben, dem Gehörten gänzlich unbefangen gegenüberzutreten. Dies zeigt zumindest, dass der Umgang mit klassischen Meisterwerken aus der historischen Distanz viel an Unmittelbarkeit verloren hat bzw. zu verlieren droht. Stadtfeld beklagt in letzter Konsequenz die Auswirkungen einer Entwicklung, der er sich selbst nicht ganz entziehen kann oder entziehen mag.

202 Vgl. auch Eberhard (2012): La Prière d'une vierge. Facetten des ambivalenten Umgangs mit populärer Klavierliteratur im 19. und 20. Jahrhundert.

Trivialmusik ist ein Serienprodukt. Um den bequemen Genuß nicht zu stören, darf sie aus den Grenzen des Gewohnten nicht herausfallen. Zugleich aber ist sie zur Auffälligkeit gezwungen, um sich abzuheben und im Gedächtnis zu haften. Ihr ästhetisches Ideal ist erreicht, wenn es gelingt, Verschlissenes reizvoll erscheinen zu lassen."[203]

Hinter solchen oder ähnlichen Aussagen hat Irmgard Jungmann in ihrer „Sozialgeschichte der klassischen Musik" (2008) eine „bildungsbürgerliche Bewertungstradition" geargwöhnt, welche Trivialmusik von vornherein als minderwertig abqualifiziere.[204] Natürlich lässt es sich gar nicht ausschließen, dass in Dahlhaus' Urteil über Badarczewskas „Gebet einer Jungfrau" eine bildungsbürgerliche Sozialisation eingeflossen ist. Allerdings erscheint das von Dahlhaus mit Mitteln der musikalischen Analyse begründete *subjektive* Werturteil darüber, was Schönheit oder Kitsch sei, als solches vollkommen legitim. Es ist letztlich Ausdruck eines kritischen Bewusstseins gegenüber einer medialen und kommerziellen Funktionalisierung von Musik. Eine ganz andere Frage ist, ob Dahlhaus' Urteil in seiner Rigidität und seinem Absolutheitsanspruch heute noch von vielen Menschen geteilt würde. Gleichwohl: Eine bildungsbürgerliche Musikpräferenz vermag nicht allein den besonderen Rang zu erklären, den einzelne Komponisten des 19. Jahrhunderts in der Geschichtsschreibung der Musik eingenommen haben. Beethovens Klavierstück „Für Elise" stellte und stellt immer noch ein Lieblingsstück ganzer Generationen von Klavierschülern dar. Das Salonstück „Gebet einer Jungfrau" wurde im 19. Jahrhundert viel gespielt. Heute kennen es manche Klavierspieler noch des Titels wegen. Nur die wenigsten wissen wie es klingt. Kaum jemand weiß, wer es komponiert hat.

1.5 Musikleben in Stuttgart

Bereits in der zweiten Hälfte des 18. Jahrhunderts hatte die Instrumentalmusik Eingang in Stuttgarter Bürgerhäuser gefunden. Aus den 80er-Jahren sind erste Liebhaberkonzerte überliefert, die in Privat- und Gasthäusern veranstaltet wurden.[205] Im Jahr 1797 zeigte sich Goethe in Stuttgart von der weit verbreiteten „Liebe zur Musik" beeindruckt. Unter den Privatleuten habe sich viel Liebe zur Musik erhalten, und es sei manche Familie, die sich im Stillen mit Gesang und Klavier sehr gut unterhalte. Hingegen hatte der Berliner Buchhändler Nicolai noch 1781 den Stuttgarter Frauen bezeugt, dass sie sich zwar zahlreich mit Gesang und Klavierspiel beschäftigten, in beiden Disziplinen aber über keine besonderen Fähigkeiten verfügten.[206] Zwischen 1780 und 1820 existierten in Stuttgart regelmäßige Zusammenkünfte von Musikliebhabern, die als gesellige Abendunterhaltung mit Musik zu bewerten sind.[207] Dargeboten wurden Kunst- und Volkslieder so-

---

203 Dahlhaus (1967:25f.).
204 Jungmann (2008:68).
205 Vgl. Pfaff (1846:153ff.).
206 Vgl. Sauer (1995:342).
207 Vgl. Hipp (2001:19ff.).

wie Kammermusik. Auch wenn Hofmusiker bei solchen Anlässen mitwirkten, richteten sich solche Veranstaltungen doch vorrangig an geschlossene gesellschaftliche Zirkel, wodurch ihnen bestenfalls ein halböffentlicher Charakter zukam. Ein bürgerliches Konzertwesen hatte sich bis dahin nur sehr begrenzt etablieren können. Zu dominant dürfte der Einfluss des hiesigen Hoftheaters gewesen sein, dessen Hofkapelle Felix Mendelssohn bei einem Besuch 1832 als „vortreffliches Orchester" loben sollte.[208] Immerhin standen die Aufführungen des Stuttgarter Hoftheaters bereits seit 1777 einem bürgerlichen Publikum offen. Freilich geschah dies nicht ohne Eigennutz des Hofes, denn die gleichzeitig eingeführten Eintrittsgelder sowie Erlöse aus Abonnements konnten als Finanzierungsquelle des Hoftheaters herangezogen werden.[209] Die Annäherung von Adel und Bürgertum im Publikum verlief derweil keineswegs reibungslos. 1808 erließ König Friedrich I. einen Erlass, nach dem Polizeikommissare sowie Militärwachen Schauspielvorstellungen beizuwohnen hatten. Hintergrund: Der auf höfische Repräsentanz bedachte Regent zeigte sich irritiert angesichts eines kommerziellen Publikums, das es sich erlaubte, ohne sein Einvernehmen Beifalls- oder gar Missfallsbekundungen zu äußern.[210] Auch der Arzt Georg Cleß will in seinen Erinnerungen aus dem Jahr 1815 folgende Beobachtung gemacht haben: Obwohl sogar „musikalische Vereine von Dilettanten" existierten, falle doch auf, „dass das Publikum im Allgemeinen nicht ganze Abende blos mit Musik unterhalten seyn will. Daher gedeihen auch die Conzerte hier nicht."[211] Eine Wende sollte erst die Einführung regelmäßiger Abonnementkonzerte durch den Kapellmeister der Hofkapelle, Johann Nepomuk Hummel im Jahr 1818 bringen.

> „Dies sind also die ersten öffentlichen Konzerte in Stuttgart gegen Entgelt, die nicht aus einem bestimmten Anlass oder zugunsten einer Einzelperson stattfinden. Wegen des Strebens nach Gewinn, richten sich diese Konzerte nicht nur an Kenner, sondern an alle Bürger. Trotzdem hat man den Anspruch, ihnen die ‚klassische Musik' nahe zu bringen und will sie von den ‚Unterhaltungskonzerten' der Liebhabervereinigungen absetzen."[212]

An diesem Punkt hatte sich ein bürgerliches Konzertwesen in Stuttgart etablieren können. Die Initiative ging zwar immer noch vom Hoftheater aus, doch wurde von nun an zwischen Abonnement-, Hof- und Sonderkonzerten, in der Regel unter Mitwirkung der Hofkapelle, unterschieden. Abonnementkonzerte zielten auf ein bürgerliches Publikum; Hofkonzerte kamen aufgrund königlicher Anordnung zustande und unterlagen in der Programmgestaltung königlichen Vorgaben; Sonderkonzerte fanden aus besonderem Anlass statt, etwa wenn namhafte Solisten in Stuttgart gastierten oder auch zu Benefizzwecken.[213] 1823 trat der 12-jährige Franz Liszt in Stuttgart auf, 1829 Nicolò

---

208 Zit. nach Nägele (2000:234).

209 Vgl. Sauer (1995:334). Sauer nennt seinerseits folgende Quelle: Krauß, Rudolf (1908): Das Stuttgarter Hoftheater von den ältesten Zeiten bis zur Gegenwart, S. 82, Stuttgart.

210 Vgl. Nägele (2000:112f.).

211 Cleß, Georg (1815): Versuch einer medizinischen Topographie der Königlichen Haupt- und Residenzstadt Stuttgart, S. 44, Stuttgart. Zit. nach Gritschke (2007:6).

212 Hipp (2001:22f.).

213 Vgl. Hipp (2001:27).

Paganini, 1833 Henri Vieuxtemps, 1834 Clara Wieck, 1842 Hector Berlioz, 1849 die Sängerin Jenny Lind.[214]

Parallel hierzu traten mit dem verstärkten Aufkommen des Vereinswesens Dilettanten auch außerhalb privater Geselligkeiten öffentlich in Erscheinung. Erwähnenswert sind zunächst musikalische Tanzunterhaltungen verschiedener Vereine und Gesellschaften, z. B. im Saal der Bürgergesellschaft oder des Hotels Marquardt, zu denen gegen geringes Entgelt jedermann Zutritt hatte. Dazu kam 1823 die Gründung eines Kirchen-Gesang-Vereins.

> „Eifer und Liebe für die Musik, vornämlich den Gesang, sind es, welche sich seit einigen Jahrzehnden in Stuttgart immer mehr verbreitet und Gelegenheit zur Bildung mehrer Vereine gegeben haben, deren Zusammenwirken neuerer Zeit auch die Aufführung größerer Tonstücke, wie Oratorien von Händel, Bach u.s.w. möglich gemacht hat. Der älteste dieser Vereine ist der Kirchen-Gesang-Verein, der seinen Ursprung dem jetzigen Stiftsorganisten Konrad Kocher, einem um den Gesang überhaupt sehr verdienten Manne, verdankt. […] 1823 wurde durch eine Rede des Rektors Zoller der Verein eröffnet, welcher im März 1824 auch eine Gesangschule gründete. […] Seine Zusammenkünfte hält er im neuen Schulhause in der Eberhardstraße und Jedermann hat dabei freien Zutritt.“[215]

Das Gegenstück zum Kirchen-Gesang-Verein bildete der 1824 gegründete Stuttgarter Liederkranz[216], der sich dem mehrstimmigen weltlichen Gesang widmete. Schon bald nach seiner Gründung gehörten ihm mehr als 150 Mitglieder an. Das Repertoire umfasste u. a. Volkslieder und Kompositionen von Emilie Zumsteeg[217]. „Kulturelle Höhepunkte im Jahresablauf waren für die Stuttgarter Bürgerschaft das Schillerfest, das Stiftungsfest und das Neujahrsfest des Liederkranzes.“[218]

Die Dilettanten in den Stuttgarter Gesangsvereinen übernahmen nunmehr jene Funktion, welche bis dahin den Musikliebhabern des 18. Jahrhunderts in privaten Kreisen vorbehalten gewesen war. Breitere Bevölkerungsschichten erhielten über das Singen im Gesangsverein Zugang zum aktiven Musizieren. Die *Neue Zeitschrift für Musik* kommentierte diese Entwicklung:

> „Es ist gewiß erfreulich, wenn so nicht blos Gebildetere, sondern auch Leute aus den niederen Ständen auf die Ausbildung ihres musikalischen Talents Zeit und Fleiß verwenden, wenn auch das gemeine Volk sich über seinen Naturgesang erhebt und denselben zu einem schönen mehrstimmigen Gesange zu veredeln sucht.“[219]

Das Laienmusizieren suchte sich quasi den Weg an die Öffentlichkeit.

---

214 Vgl. Rapp (1992:109ff.).
215 Pfaff (1846:173).
216 Vgl. Sauer (1993:158f.).
217 Emilie Zumsteeg – Tochter des Komponisten Johann Rudolf Zumsteeg – wirkte als Komponistin, Musiklehrerin, Chorleiterin, Pianistin und Musikschriftstellerin zeitlebens in Stuttgart.
218 Sauer (1993:159).
219 NZfM (1842:186), Anonymus: „Schwäbische Musikzustände“.

„Nach 1834 wirken die Laien, damit gemeint sind vor allem die Gesangsvereine, bei Aufführungen des Hofes mit, hauptsächlich bei kirchlicher Musik. Der Verein für klassische Kirchenmusik führt zusätzlich zum Hof Oratorien auf. Nach 1874 geht dies ganz an die Vereine über, während das Hoforchester dies für mehr als zehn Jahre einstellt. Die Instrumentalmusik wird jedoch lange Zeit ausschließlich vom Hoforchester bestritten."[220]

Daneben erreichten auch Darbietungen in gesellschaftlichen Zirkeln und Privathäusern eine neue Qualität. Die *Allgemeine Musikalische Zeitung* berichtete 1826 von einer Aufführung des Händelschen Messias in einem Privathaus, dargeboten von einem 40 Personen zählenden Chor, am Klavier begleitet von Emilie Zumsteeg.[221] Aufschlussreich für Programmgestaltung und Anspruch solcher Zusammenkünfte ist auch folgende Besprechung an selber Stelle:

„Unter die Eingangserwähnten musikalischen Privatzirkel ist ein Verein von angestellten Künstlern und von Liebhabern zu rechnen, die sich alle vierzehn Tage bey Hrn. Hofrath A...é versammeln. Letzterer ist Verehrer alles Schönen, zieht aber gern ältere, mit Unrecht vergessene Musikwerke ans Licht. So giebt es denn hier oft alte, köstliche Singsachen zu hören. Ein junger Schunke, Virtuos auf dem Fortepiano, trägt zuweilen unter anderem auch eine Sebastian Bach'sche Sonate vor, wobey neben dem augenblicklichen wohlthätigen Eindruck auch Vergleichung und Urtheil gestärkt werden. Eine zusammen geübte Quartettmusik, hauptsächlich an Haydn und Mozart sich haltend, dient dem Ganzen zur soliden Unterlage."[222]

Obwohl auch das instrumentale Musizieren aus allen bürgerlichen Schichten mehr und mehr Zuspruch erfuhr, bemängelte Karl Pfaff 1846 in seiner „Geschichte der Stadt Stuttgart" doch eine diesbezügliche „Zerstückelung der Kräfte":

„Im Dezember 1825 wurde von kunstgeübten Sängern des Theaters und der Hofkapelle und von Dilettanten die Liedertafel gestiftet, welche eine mehr künstlerische musikalische Unterhaltung im Privatkreise zum Zweck hat. Aus ihr ging 1843 die ‚Concordia' hervor, welche 80 Mitglieder zählt, aus Mitgliedern der Hoftheaters und der Hofkapelle, aus Musiklehrern und Bürgern besteht und wöchentlich einmal, am Donnerstag Abends, klassische Instrumentalmusiken in passender Abwechslung mit Gesangsvorträgen ausführt, Winters auch theatralische, musikalische und Tanzunterhaltungen gibt, wozu Freunde und Bekannte eingeladen werden. [...]
Ein Verein, welcher ebenfalls Vokal- und Instrumentalmusik verbindet, ist die zum Theil aus früheren Mitgliedern des Liederkranzes gebildete Janitscharia, welche, seit vier Jahren bestehend, schon eine sehr bedeutende Anzahl von Mitgliedern zählt, denn die Gattung Musik, mit welcher sie sich, wie schon ihr Name beweist, vorzugsweise beschäftigt, ist ganz geeignet, das größere Publikum herbeizuführen, um so mehr, da die Gesellschaft während der kurzen Zeit ihres Bestehens sehr bedeutende Fortschritte gemacht hat und sie auch öffentliche Produktionen zu wohlthätigen Zwecken gibt und für anderweitige Unterhal-

---

220   Hipp (2001:25).
221   AMZ (1826:144).
222   AMZ (1826:150).

tung durch Bälle, Schlittenfahrten, Landpartien u.s.w. sorgt. Aehnliche Zwecke verfolgt auch die später entstandene Gesellschaft Harmonie, die ebenfalls tüchtige Fortschritte in der Musik gemacht hat.

Ein erfreuliches Zeichen des immer stärker erwachenden Sinnes für Musik sind diese Gesellschaften gewiß, wenn man auch wünschen möchte, daß sie ihre Kräfte nicht so sehr zerstückelten. Es ist jedoch ganz natürlich, daß, wenn die Zahl der Theilnehmer aus allen Ständen sich so bedeutend vergrößert, nothwendig auch mehrere Gesellschaften entstehen müssen; mögen sie nur nie vergessen, daß allein Verbesserung und Veredelung des Volksgesanges der ursprüngliche Zweck solcher Gesellschaften war, mögen sie Namen führen, welche sie wollen, und daß, wo es gilt, gemeinschaftlich für den guten Zweck zu wirken, kleinliche Rücksichten verschwinden müssen.“[223]

Was Pfaff mit „Zerstückelung der Kräfte" gemeint haben könnte, illustrierte die Berichterstattung der *Allgemeinen Musikalischen Zeitung*. Die Liedertafel drohe ihren Zweck aus den Augen zu verlieren. An ihren Treffen würden bevorzugt erholungssuchende „trinkende" Opernmitglieder teilnehmen.[224]

Trotz aller Fortschritte seit den 1820er-Jahren wurde das Musikleben der Stadt bis zur Mitte des 19. Jahrhunderts noch als rückständig wahrgenommen. Die *Neue Zeitschrift für Musik* kritisierte im Jahr 1842 unter der Überschrift „Schwäbische Musikzustände" die Programmgestaltung der Hofkapelle.[225] Es würden zu viele Instrumentalkonzerte minderer Qualität sowie immer dieselben, bekannten Opernarien ausgewählt, um den Solisten die Möglichkeit zum Brillieren zu geben. Dagegen gebe es nur [!] einmal im Monat eine Beethoven- oder Mozartsinfonie, aber kaum Haydn, Quartette oder Quintette für Streichinstrumente oder Klaviertrios zu hören. Wichtig sei es, den Geschmack des Publikums durch die Programmwahl zu bilden.

> „Vor nicht viel mehr als 10 Jahren war es noch zu sehen, wie in den Stuttgarter Abonnementsconcerten, sobald eine Beethoven'sche Symphonie die zweite Abtheilung bildete, der Saal sich zur Hälfte leerte; jetzt hört man eine solche wenigstens an, ja man hört sie zum Theil gern und strebt sie zu verstehen."[226]

Zugleich räumt der Autor des Artikels ein, „Daß auch bei uns die Musik aller Orten von Dilettanten fleißig betrieben wird", beklagt aber dennoch, „dass nicht, wie in anderen Städten, ein großer Verein zur öffentlichen Aufführung von Oratorien und anderen Werken der Art besteht […]". Zwar gebe es Gesangsvereine, „dagegen sind Vereine für Instrumentalmusik eine Seltenheit, weil nur wenige Dilettanten sich mit Orchesterinstrumenten abgeben […]". Und zu einseitig schien das Musikleben auf die Hofmusik ausgerichtet zu sein:

> „Stuttgart ist nichts weniger als arm an Tonmitteln. Die K. Hofkapelle mit ihrem Dirigenten ist als ausgezeichnet bekannt, sie zählt manchen weitberühmten Namen unter ihren

---

223 Pfaff (1845:176f.).
224 AMZ (1837:639).
225 Vgl. NZfM (1842:185ff).
226 NZfM (1842:188).

Mitgliedern [...]. Aber trotz dem geschieht von dieser Seite wenig genug für die Hebung der Tonkunst."[227]

In dieser Kritik keimt indes der Vorsatz, die Kräfte für eine „Hebung der Tonkunst" zu bündeln.

> „Eben diese geringe Ausbildung der Instrumentalmusik aber ist eine Hauptschwäche des schwäbischen Musiklebens überhaupt. [...] Es sollten überall, wo sich einiger Erfolg voraussehen ließe [...] Instrumentalvereine gegründet werden, wie es die Gesangvereine schon gibt."[228]

Erkannt wird die Bedeutung des Laienmusizierens für die Verbreitung der klassischen Tonkunst überhaupt:

> „es läßt sich auch nicht leugnen, daß der Dilettantismus etwas Nothwendiges ist, und zwar nicht nur ein nothwendiges Uebel, sondern gewissemaßen ein wirklich unentbehrliches Gut. Es kann in der Welt nicht lauter Künstler geben, die Künstler brauchen ein Publicum, dieses Publicum muß in gewissem Grade musikalisch gebildet sein, es muß daher Dilettant werden; Kunstleistungen größerer Massen sind ja ohnedies gar nicht ausführbar ohne Dilettanten – und es giebt auch tüchtige Dilettanten, oft solider gebildet und die Kunst heiliger achtend, als mancher sogenannte Künstler!"[229]

Der nicht namentlich genannte Verfasser des Artikels sieht sehr wohl die Notwendigkeit, das Niveau des Laienmusizierens insgesamt zu heben. „Ja gewiß, die Hebung des Dilettantismus kann, [...] wenn die Steigerung nicht blos eine quantitative, sondern zugleich eine qualitative ist, nur höchst erfreuliche Folgen haben, sie wird ein starkes Mittel sein gegen das Herabsinken und Gemeinwerden der Tonkunst." Gerade die letzte, von einem emphatischen Musikverständnis getragene Aussage bezeugt wiederum ein ausgesprochen bürgerliches Selbstverständnis des Autors, indem sie in den Appell mündet: „es ist zu wünschen und zu hoffen, dass hierzu jeder, der dazu berufen ist, mit Wort und That sein Scherflein beitragen werde."

Und tatsächlich sollten den Worten schon bald Taten folgen. 1857 gründeten sich zeitnah der Stuttgarter Orchesterverein und die Stuttgarter Musikschule. Der Orchesterverein konstituierte sich auf Initiative des Musikalienhändlers Rudolf Zumsteg sowie des späteren Musikdirektors Johann Zundel. Zwanzig Musikliebhaber fanden im Stuttgarter Café Krauß zueinander.[230] Der Kombination von Orchester- und Vereinsgründung entsprach eine doppelte Zielsetzung: Den praktizierenden Musikliebhabern ging es vorrangig darum, „gute Instrumentalkompositionen, namentlich älterer Meister" einzustudieren und aufzuführen. Daneben wollte man einen Treffpunkt für Gleichgesinnte schaffen. Neben den öffentlichen Konzerten wurden sogenannte „Unterhaltungen" abgehalten, in deren Rahmen Humoriges und Unterhaltsames, nicht selten

---

227   NZfM (1842:187).
228   NZfM (1842:189).
229   NZfM (1842:185).
230   Vgl. Orchesterverein Stuttgart (2007); Orchesterverein Stuttgart (1957).

selbst verfasst, sowie Kammermusik vorgetragen wurden. „Alle zehn Dirigenten, die dem Orchester bis Ende des 19. Jh. vorstanden, waren im Stuttgarter Musikleben als Musikdirektoren, Professoren des Konservatoriums, oder leitende Musiker des Hoftheaters tätig."[231] Unübersehbar waren von Beginn an die Querverbindungen zur Stuttgarter Musikschule (bzw. dem späteren Stuttgarter Konservatorium), welche nur einen Monat nach dem Orchesterverein gegründet worden war. Deren Direktor Immanuel Faißt leitete als Musikdirektor den Orchesterverein in den Jahren 1858–61.[232]

> „Begünstigt durch die genannten personellen Verflechtungen pflegte der Verein eine rege Zusammenarbeit mit anderen Institutionen des Stuttgarter Musiklebens. Mit Gesangsvereinen erarbeitete man Chorwerke, die Professoren des Konservatoriums […] traten als Solisten auf, das Hoforchester und die Militärkapelle stellten Aushilfen zur Verfügung, und von der königlichen Oper kamen zahlreiche Gesangssolisten […]."[233]

Ab 1875 erhielt der Orchesterverein einen staatlichen Zuschuss. Die aktiven Mitglieder des Orchestervereins zählten in der Hauptsache zum Bürgertum[234]:

> „Von den 56 Spielern des Jahres 1907 stellten die Kaufleute mit 15 Personen die stärkste Gruppe. Es folgten die Juristen mit 5, die Beamten, die Selbständigen und Musiker mit je 4 und die Ärzte mit 3 Vertretern; der Rest hatte die unterschiedlichsten Berufe. 6 Mitglieder waren Schüler oder Studenten, mindestens 3 – dem Namen nach zu urteilen – Juden. Frauen gab es unter den aktiven Mitgliedern damals nur wenige. Sie waren mit 4 Personen, allesamt ‚Fräuleins‘, präsent […]."[235]

Noch heute entstammen die Mitglieder des Orchestervereins in der Überzahl akademischen Berufen.[236]

Schließlich und endlich stellte die zweite Hälfte des 19. Jahrhunderts auch in Stuttgart eine Epoche „gewaltiger Kunstleistungen"[237] dar. 1875 wurde der große Festsaal der Liederhalle in Gegenwart von 4000 Personen eingeweiht. 1881 spielte Johannes Brahms sein Klavierkonzert in B-Dur, begleitet von der Hofkapelle. 1890 dirigierte Edvard Grieg sein eigenes Klavierkonzert. 1912 folgte die Uraufführung der Oper „Ariadne auf Naxos" von Richard Strauss unter der Stabführung des Komponisten, inszeniert von Max Reinhardt.[238] Handelte es sich somit bei der zweiten Hälfte des 19. und dem frühen 20. Jahrhundert um eine Hoch-Zeit klassischer Musikkultur? In gewisser Weise wäre dem zuzustimmen. Musik stellte kein Privileg mehr von Adel und Kirche dar. Sie wurde von bürgerlichen Schichten für sich entdeckt und ihr erwuchs bis in das Kleinbürgertum hinein eine Art ideelle Leitfunktion. Musik hatte Einzug in den Lebensbereich breiter Bevölkerungsschichten erhalten – und sei es auch nur durch das Singen in Schulen

---

231 Orchesterverein Stuttgart (2007:14).
232 Orchesterverein Stuttgart (1957:19f.).
233 Orchesterverein Stuttgart (2007:17f.).
234 Vgl. hierzu insbesondere: Orchester-Verein Stuttgart (1888–90).
235 Orchesterverein Stuttgart (2007:16).
236 Orchesterverein Stuttgart (2007:83f.).
237 Gruhn (2003:141).
238 Vgl. Rapp (1992:61,75f.,112f.).

oder Vereinen. Dennoch blieben die musikalischen Bildungschancen ebenso wie die Bildungschancen überhaupt in der Gesellschaft des 19. Jahrhunderts sehr ungleich verteilt. Die Chance, durch das Erlernen eines Instrumentes ein tieferes Verständnis für klassische Musik zu entwickeln, erhielten nur wenige.

2. Begründung einer institutionalisierten Musikerziehung

2.1 *Status quo* der musikalischen Bildung

2.1.1 Die Berufsausbildung ausübender Musiker zu Beginn des 19. Jahrhunderts

Eine hohe Wertschätzung des musikalischen Dilettanten entsprang in der ersten Hälfte des 19. Jahrhunderts nicht zuletzt der begrenzten Professionalisierung des Musikerberufes sowie der mangelnden musikalischen Bildungsmöglichkeiten überhaupt. Als Folge der Säkularisierung und mit Aufhebung vieler weltlicher Fürstentümer hatte sich die existenzielle Situation professioneller Musiker deutlich verschlechtert.[1] Die Musiker der Stuttgarter Hofkapelle mussten zwar nicht aufgrund von politischen Umwälzungen um ihren Arbeitsplatz bangen, standen aber in der Hierarchie der Theaterangestellten an unterster Stelle.[2] Viele von ihnen sahen sich gezwungen, ihr bescheidenes Gehalt durch Unterrichtstätigkeit oder bei Auftritten außerhalb der Dienstpflichten aufzubessern. Ein Erlass aus dem Jahr 1815 stellte daher ausdrücklich Auftritte gegen Bezahlung an öffentlichen Orten, z. B. Wirtshäusern, unter Strafe, weil solche mit der Würde eines Hofmusikers nicht vereinbar wären.[3] Noch 1826 beklagte Hofkapellmeister Peter Lindpaintner in einem Brief die mangelnde soziale Absicherung der Stuttgarter Orchestermusiker.

> „In der Regel wird kein Mitglied lebenslänglich angestellt. Man hat zwar noch kein Beispiel einer Entlassung, es sey denn durch grobe Excesse. Doch sollte heute der Hof unglücklich seyn, oder Ersparungen machen wollen, so ist er an nichts gebunden, und die Mehrzahl der Mitglieder de facto entlassbar. Da nun bei solch schwankenden Verhältnissen kein ausgezeichnetes Talent sich zum Engagement finden möchte, schließt man mit einzelnen Contracte auf Lebenszeit ab, worin je nach Umständen alle Pensionsverhältnisse, auch die Pensionen der Frauen nach dem Tode ihrer Männer besonders stipuliert sind. Wo dieß nicht vorhergegangen ist, bleibt alles der Gnade des Königs anheim gestellt."[4]

Erst ab 1829 sollte eine Pensionsanstalt die Fürsorge für alle Hinterbliebenen von Mitgliedern der Stuttgarter Hofkapelle regeln.[5]

Josef Wagner ist es in seiner Untersuchung zur Anstellungspraxis im württembergischen Hoforchester gelungen, die Ausbildungswege der Orchestermusiker für die Jah-

---

1   Vgl. Sowa (1973:17–22).
2   Vgl. zur Anstellungspraxis im württembergischen Hoforchester ausführlich: Wagner, J. (2006).
3   Nägele (2000:121f.).
4   Nägele (2000:235f.).
5   Nägele (2000:238f.).

re 1816–1891 anhand von Personalakten zu rekonstruieren. Demnach speiste sich der Personalbestand des Orchesters vor allem aus drei Quellen. 18 Musiker wurden an dem 1811 gegründeten Prager Konservatorium ausgebildet, das europaweit einen hervorragenden Ruf besaß;[6] 24 wurden privat oder von Verwandten, hauptsächlich dem Vater unterrichtet; 19 entstammten Stuttgarter Musikausbildungsinstituten, von denen im Folgenden noch die Rede sein wird.[7] Hinzu kamen sonstige Ausbildungsstätten, Stadtpfeifereien, Klosterschule und Militär. Darüber hinaus konnte sich in den Jahren 1828 bis 1874 ein Zöglingswesen an der Stuttgarter Hofkapelle etablieren.

> „Der Zweck der Mitwirkung von unbesoldeten oder gering entlohnten Musikern lag einerseits in der Einübung von Orchesterpraxis und -routine, war also als eine letzte Ausbildungsstufe zu sehen, andererseits in den Einsparungsmöglichkeiten des Kapellhaushalts [...]. Auch für die Verantwortlichen des Hoftheaters hatte das Musikzöglingswesen Sinn: Neben finanziellen Aspekten erleichterte es Neubesetzungen von Stellen, die sich durch plötzlichen Tod eines Kapellmitglieds ergaben. Die Zöglinge hatten bei allen Diensten der Hofkapelle unentgeltlich mitzuwirken – bevorzugt wurden sie in der für Hofmusiker unbeliebten Zwischenaktmusik in Schauspielen eingesetzt – und konnten ‚für den Fall der Tüchtigkeit überhaupt, und der Zufriedenheit mit ihren Dienstleistungen insbesondere‘ bei Besetzung von Planstellen gegenüber anderen Bewerbern bevorzugt berücksichtigt werden."[8]

Die Ausbildungssituation der ausübenden professionellen Musiker zu Beginn des 19. Jahrhunderts ist bestenfalls qualitativ uneinheitlich zu nennen.[9] Ausbildungsstätten, die wie das Prager Konservatorium einem gewissen Qualitätsanspruch standhielten, blieben die Ausnahme oder sollten erst noch entstehen. Ansonsten wurden instrumentale Fähigkeiten überwiegend privat weitergegeben, eher im Sinne einer handwerklichen Fertigkeit als auf Basis eines breiten musikalischen Verständnisses. Eine öffentliche Kontrollinstanz existierte nicht. Während die *Allgemeine musikalische Zeitung* die württembergische Hofkapelle Stuttgart zu den vorzüglichsten deutschen Orchestern zählte[10], muss die Situation andernorts weit schlimmer gewesen sein, so dass man in vielen Orchestern auf die Mitwirkung von Dilettanten angewiesen war. Vorübergehend sollte diese Entwicklung einen gegenseitigen Lernprozess zwischen Berufsmusikern und Dilettanten begünstigen. „In der späteren Entwicklung konnte der Laie nicht mehr

---

6   Carl Maria von Weber lobte 1817 die dortigen Unterrichtsmethoden: „Das System, nach welchem hier Jünglinge zu Künstlern gebildet werden, beruht auf einer wohlberechneten Stufenfolge vom Leichteren zum Schwereren und auf der ungetrennten Verbindung der theoretischen Kenntnisse mit den praktischen Fähigkeiten" (zit. nach Wagner, J. 2006:149).

7   Zu beachten ist allerdings, dass Wagner nur bei 79 von 235 nachweisbaren Mitgliedern der Hofkapelle Angaben zum beruflichen Werdegang in den Personalakten vorfand. Indes sind die in Prag ausgebildeten Musiker vollständig erfasst worden, so dass die genannten Zahlen nicht anteilsmäßig miteinander vergleichbar sind, d.h.: 18 von 235 Musikern wurden in Prag ausgebildet, aber 24 von 79 privat und 19 von 79 an Stuttgarter Musikinstituten. Demnach wäre davon auszugehen, dass konkret jeweils rund 60 von 235 Musikern privat bzw. an Stuttgarter Musikinstituten in benanntem Zeitraum ausgebildet wurden. Vgl. Wagner, J. (2006:143–147).

8   Wagner, J. (2006:170f.).

9   Die musikalische Ausbildung von Lehrern an allgemeinbildenden Schulen, speziell in Bayern, hat Martin Fogt (2010) ausführlich dargestellt.

10   AMZ (1806:347).

Schritt halten, entweder zog er sich in die Reihen der Hörer zurück oder er schloss sich Dilettantenvereinen an."[11]

2.1.2 Singunterricht an allgemeinbildenden Schulen

Die Möglichkeiten einer institutionellen musikalischen Laienbildung blieben eingangs des 19. Jahrhunderts unterentwickelt. Von dem allgemeinen Schulwesen waren in dieser Hinsicht keine Wunder zu erwarten. Nach Wilfried Gruhn beschränkte sich Musikunterricht in der Schule im 19. Jahrhundert auf Unterricht im Singen:

> „Der Unterricht in Musik und Gesang oder Singen bestand darin, die Schüler in den Singklassen zu unterweisen, aus denen dann der Schul- und Kirchenchor hervorging, ‚welcher beim Gottesdienste die Gesänge zur Liturgie und bei Schulfestlichkeiten und Abendunterhaltungen die Gesangspartien' ausführte. Die enge Anbindung der Musikerziehung in der Schule an die Kirche war von Zelter und Humboldt ganz bewußt aus pragmatischen und ideologischen Gründen in die Wege geleitet worden. Denn Musik sollte in erster Linie der Veredelung des Menschen, seiner sittlichen Stärkung und religiösen Erbauung dienen."[12]

Eckhard Nolte hat der „Akzentuierung des Erzieherischen" im schulischen Gesangunterricht des 19. Jahrhunderts eine politische, pädagogische und musikästhetische Dimension zugesprochen.[13] Politisch sollte der Singunterricht in den Dienst der nationalen Identitätsfindung gestellt werden. In der Pädagogik fanden die Ideen Pestalozzis Eingang in die Volksschulbildung. Das Singen gewann ebendort an Reputation, während der Einfluss des Neuhumanismus auf den Gesangunterricht an höheren Schulen „vergleichsweise gering" und „erst gegen Ende des 19. Jahrhunderts stärker in Erscheinung" trat. „In Korrespondenz hierzu verbleibt der gymnasiale Gesangunterricht, der zwar 1813 für die unteren Klassen obligatorisch wird, jedoch lediglich als ‚technisches' Fach gilt, weithin in einer Randstellung."[14] Somit ist kritisch zu hinterfragen, inwieweit musikästhetische Anschauungen …

> „Neben gefühlsästhetischen Theoremen sind es ferner Ideen der Aufklärung und der Romantik sowie formalästhetische Theoreme Nägelis, Hanslicks und Herbarts, die ebenfalls – wenn auch mit geringerer Breitenwirkung – zur Begründung der Leistungsfähigkeit des Gesanges als schulisches Erziehungsmittel herangezogen werden."[15]

… für den schulischen Gesangunterricht überhaupt praxisrelevant werden konnten. Durch die enge Anbindung an Gottesdienst und Schulfestivitäten kam dem Singunterricht zunächst einmal eine eher zweckgebundene Funktion zu. Im Ergebnis ging es also nicht primär um die Vermittlung von Musikverständnis, nicht um Musik als eigenständige Kunstform, sondern um die Verfolgung allgemeiner Erziehungsziele *durch*

---

11   Sowa (1973:22).
12   Gruhn (2003:51).
13   Nolte (1986:80).
14   Nolte (1986:83).
15   Nolte (1986:84).

Musik. Zwar hebt Michael Roske hervor, dass in Einzelfällen eine Unterweisung im Instrumentalspiel an „Stätten allgemeiner Bildung und Erziehung" schon im 16. und 17. Jahrhundert nachweisbar sei. Allerdings kommt auch er zu dem Schluss: „An der Schwelle zum 19. Jahrhundert war im fachlichen Bewußtsein bereits die populäre Gleichsetzung von Schulmusik mit *Singen* etabliert."[16] Ausnahmen scheint es gegeben zu haben. Arnold Schering wusste 1918 zu berichten, dass einzelne Gymnasien auch nach 1800 Instrumentalmusik gefördert hätten:

> „Hervorragendes in dieser Beziehung leistete noch immer das Zittauer Gymnasium [...]. Spohr erzählt von großen Schüleraufführungen des Braunschweiger Gymnasiums um 1795 mit Symphonien, Konzerten und Kantaten unter Mitwirkung herzoglicher Hofmusiker. Rudolfstädter Gymnasiasten helfen 1809 und 1810 bei Haydnschen Oratorien mit. In Berlin tritt das Gymnasium zum Grauen Kloster [...] in seine berühmten Jahre, und was selbst Provinzstädte von der Größe Weilburgs im Nassauischen für die musikalische Ausbildung ihrer Schüler taten, mögen einige Sätze aus dem Gymnasialprogramm von 1833 dartun: ,Zu musikalischen Übungen steht jedem Schüler, der die nötigen Vorkenntnisse besitzt und sonst persönliches Vertrauen sich erworben hat, der Gebrauch des großen Konzertflügels der Anstalt, auch ohne Gegenwart des Lehrers offen. Andere gemeinschaftliche Übungen, Proben zu den Konzerten und dergleichen werden von dem Gesangslehrer des Gymnasiums unentgeltlich in dem Versammlungssaale geleitet. Zur Erlernung des Klaviers und anderer Instrumente (Flöte, Violine, Guitarre, Klarinette) ist im Orte vielfache Gelegenheit. Erworbene Fähigkeiten zu zeigen, geben die Konzerte schickliche Veranlassung.'"[17]

Auch sind regionale Besonderheiten zu beachten. In Bayern sahen die Schulordnungen z.B. für das höhere Schulwesen neben dem Singunterricht auch Instrumentalunterricht vor – beides allerdings nicht im Sinne eines Pflichtfaches. Entsprechend divergent gestalteten sich organisatorische Rahmenbedingungen und damit einhergehende Qualitätsansprüche an den einzelnen Einrichtungen.[18]

An Volksschulen diente vor allem die 1810 veröffentlichte Gesangslehre nach Pestalozzischen Grundsätzen von Michael Traugott Pfeiffer (1771–1849) und Hans Georg Nägeli (1773–1836) als Vorbild für den Singunterricht. Die der Gesangslehre zugrunde liegende Methodik, welche sich auf Pestalozzis Verfahren der Elementarisierung berief, war jedoch keinesfalls unumstritten. Nach Georg Sowa sah der Lehrgang vor, im zehnten Lebensjahr anzusetzen, bei einer planmäßigen Unterweisung von drei bis fünf Jahren:

> „Die Unterweisung setzte mit Rhythmik ein. Der Schüler soll die verschiedenen Zeitwerte der Töne bzw. der Noten erfahren und sie reproduzieren können. Im Bereich der Melodik werden Tonabstände systematisch eingeübt. Am Ende soll der Schüler die schwierigsten Intervalle, sei es nach akustischer oder optischer Vorlage, perfekt in den Kehlgriff bekommen. Danach folgt die Dynamik, abgestuft nach pp. P, mf, f, ff.

---

16   Roske (1993:163).
17   Schering (1918:63f.).
18   Vgl. Hofmann (1995:20ff.). Zur „Schulwirklichkeit" des Singunterrichts an bayerischen Volksschulen: Vgl. Fogt (2010).

Auf der nächsthöheren Stufe werden Rhythmen melodisiert und Melodien rhythmisiert. Desgleichen werden kleine Tonreihen (Tetrachorde) dynamisiert. Alles das lediglich auf Vokale. Es folgt die Verbindung der drei Elemente untereinander. ‚Vereinigung' wird erstrebt von Rhythmus, Melodie und Dynamik.

Auf der nächsthöheren Stufe vollzieht sich die Verbindung des Tones mit dem Wort. Zunächst werden nur Silben gesungen und dann Worte. Das erste lautet bezeichnenderweise ‚schaue'. Schließlich – als eine wieder darüberliegende Stufe – die ‚elementarische Verbindung' der ‚Tonkunst mit der Wortkunst'. Dem Schüler werden als Kostprobe kleine, bescheidene Liedzeilen angeboten. Krönung ist dann die ‚Elementaranleitung zur Ausübung musikalischer Kunstwerke'. Jetzt erst, mit 13 bis 15 Jahren, darf der Schüler – erstmals ! – ein vollständiges, einstimmiges Lied singen."[19]

Der Ausbildungsgang trennt sich in eine Phase der „Beschulung" und eine erst daran anschließende Phase der „Befruchtung".

„Endzweck ist jetzt Bildung der humanitären Kräfte. Beschulung ist Anbahnung, muß oft und oft geübt werden, damit die Ausführung der Kunstwerke so wenig als möglich ‚durch Stockung und Störung' gehemmt wird. Auch können Befruchtungsstoffe niemals in die Beschulung aufgenommen werden. Deshalb muß das Kunstschöne dem Schüler solange vorenthalten werden, bis er alle Exerzitien der Beschulung hinter sich gebracht hat."[20]

Zum praktischen Gebrauch eignete sich die Gesangslehre Pfeiffer / Nägeli nur bedingt. Ein isoliertes Einüben einzelner musikalischer Parameter anhand eines mehr oder minder abstrakten Tonmaterials mochte Lehrern unter dem Aspekt allmählicher Progression zwar methodisch interessant erscheinen, führte aber *per se* nicht zum musikalischen Erlebnis hin, dem Liedgesang.[21] „Anstatt Lust verspürt der Schüler während der Übungen Unlust, sie sind ihm langweilig, trocken."[22] Dennoch glaubte Eberhard Preußner noch 1959, in Pestalozzi den Begründer einer neuzeitlichen Musikerziehung zu erkennen. „Wo immer man sich auf dem Felde neuzeitlicher Musikerziehung umschaut, in der Rhythmik, in der schöpferischen Selbstbetätigung, in der harmonischen Bildung aller Kräfte, in der Entfaltung der natürlichen Keime, überall ist Pestalozzi der eigentliche Schöpfer und Anreger." Der auf Pestalozzi beruhenden Gesangslehre hielt Preußner zugute, dass sie Rhythmik und Gehörbildung „betont und dominierend" im Sinne einer Elementarerziehung pflege. „Dieser Weg ist unermüdlich weiter verfolgt worden, bis hin zur Rhythmik von Jaques-Dalcroze und schließlich bis zu Carl Orffs ‚Schulwerk'."[23] Fraglich erscheint allerdings, ob sich solche Entwicklungslinien in der Elementarerziehung allein an der Gesangslehre Pfeiffer / Nägeli festmachen lassen. Sointu Scharenberg etwa vermag in anderen schulpädagogischen Konzeptionen des 19. Jahrhunderts gleichfalls Elemente eines „bildnerischen" Musikunterrichts zu entdecken, der „Hörerziehung,

---

19   Sowa (1974:112).
20   Sowa (1974:113).
21   Vgl. hierzu ausführlich auch: Gruhn (2003:53–66); Ehrenforth (2010:323–343).
22   Sowa (1974:114).
23   Preußner (1974:68).

Musizieren (in Form von Singen oder Instrumentalspiel), Nachvollzug kompositorischer Prozesse und ästhetische Bildung miteinander verknüpft."[24] Für den Elementarunterricht an Volksmusikschulen führt sie als Beispiel Eduard Horstig[25] an:

> „Eduard Horstig beschreibt 1798 in der *AmZ* [Allgemeine musikalische Zeitung] wie er selbst diese neue Art des handelnden Lernens in der Elementarschule praktiziert: Seine Schüler beginnen mit dem Singen nach Gehör, es folgen ‚praktische Versuche im Singen', dafür lässt Horstig schon die ganz Kleinen Lieder variieren und regt sie damit zum Erfinden von Melodien an. Manche der Älteren lernen danach das, was sie singen können, auf einem Instrument nachzuspielen. Erst darauf folgen ‚Elemente der Musik und Harmonielehre': ‚Diese praktischen und theoretischen Anweisungen werden allen Elementarschülern gegeben, dagegen wird die Teilnahme am eigentlichen Unterricht im Singen den Begabten und Willigen freigestellt. Die Schüler gelangen bis zum Blattsingen, zum musikalischen Vortrag und zur Geschmacksbildung'."[26]

Horstigs Vorgehensweise ging zunächst vom musikalischen Erleben aus, von der inneren Klangvorstellung, und erst später zur praktischen und theoretischen Unterweisung über. Damit entsprachen Horstigs Lehrmethoden möglicherweise eher den Pestalozzischen Grundsätzen der Anschaulichkeit und Selbsttätigkeit im Lernen als die Gesangslehre Pfeiffer / Nägeli. Horstig befand sich aber paradoxerweise trotzdem in Opposition zu der von der Anhängerschaft Pestalozzis favorisierten Elementarmethode, die das Singen von Liedern zunächst weitgehend unterdrückte. „Es erstaunt daher nicht, daß Horstigs progressive Ansichten nicht von den Schulmeistern aufgegriffen wurden, sondern – wenn überhaupt – die Bildungseinrichtungen im außerschulischen Bereich beeinflußten."[27] Immerhin konnte nunmehr ein breiterer Diskurs über die Wahl der richtigen Methoden in der Gesangsbildung befördert werden. „So wurde in Fachzeitschriften wie Hientzsch *Eutonia* oder Henschels *Euterpe*, in zahllosen Publikationen und Gesangschulen darüber gestritten, ob mit Liedern oder mit isolierten musikalischen Elementen, ob mit dem Singen nach Gehör oder nach Noten begonnen werden solle, ob dabei eher Ziffern oder Silben nützlich seien und wie die Cursus der elementarisierten Inhalte anzuordnen seien, ob sie aufeinander folgen müßten oder miteinander verknüpft werden könnten."[28] Dies änderte freilich nichts an der Tatsache, dass der Singunterricht an Volksschulen oft der mangelnden Vorbildung der Lehrer sowie widrigen Unterrichtsverhältnissen insgesamt zum Opfer fiel.[29]

Für ihre Darstellung des Musikunterrichtes an „höheren" Schulen hat Scharenberg das Beispiel des im Jahr 1818 gegründeten Königin-Katharina-Stiftes in Stuttgart

---

24 Scharenberg (2007:219) nennt an dieser Stelle Eduard Horstig, Johann Gottfried Hientzsch, Lina Raman und führt entsprechende Quellenbelege auf.

25 Während Scharenberg die in der *Allgemeinen musikalischen Zeitung* erschienenen „Vorschläge zu besseren Einrichtung von Singschulen" AMZ (1799:166ff., 185ff.,197ff., 214ff., 218ff.) Eduard Horstig zuschreibt, geben Gruhn (2003:95) und Sowa (1973:55ff.) dessen Vater, den Theologen, Musikschriftsteller und Pädagogen Karl Gottlob Horstig (1763–1835) als Verfasser der Artikel an.

26 Scharenberg (2007:217f.).

27 Gruhn (2003:95).

28 Gruhn (2003:52).

29 Vgl. Gruhn (2003:26ff.,45–50).

gewählt. Bei dem Königin-Katharina-Stift handelte es sich um eine der wenigen öffentlichen Bildungsanstalten im 19. Jahrhundert, welche Mädchen die Möglichkeit einer höheren Bildung zuteilwerden ließ. Die Absolventinnen, die in der Regel dem gehobenen Bürgertum entstammten, wurden unter anderem im Tanzen, Zeichnen und Singen unterrichtet. Immerhin konnte sich ein künstlerischer Fachunterricht so weit etablieren, dass ab 1894 der allgemeine Nachmittagsunterricht mit dem Ziel reduziert wurde, den Schülerinnen privaten Musikunterricht zu ermöglichen.[30] Obwohl bereits Mitte des Jahrhunderts mit Immanuel Faisst, Direktor des Vereins für klassische Kirchenmusik und späterer Leiter des Stuttgarter Konservatoriums, eine bedeutende Persönlichkeit des öffentlichen Lebens für den Unterricht im Singen gewonnen werden konnte, stand das Fach Singen dennoch in der Fächerhierarchie relativ weit unten. Faisst sah sich noch im Jahr 1881 dazu genötigt, sich gegen den Vorwurf zu verteidigen, dass Notenlernen diene im Hinblick auf das Singen einer musikalischen Wissenschaftlichkeit, die im Schulunterricht nicht angebracht sei.[31] Er forderte hingegen, der Unterricht solle selbst an Volksschulen sinngemäß für die Weiterbildung der späteren „Gesangespflege überhaupt im kirchlichen und Volksleben"[32] Sorge tragen. Die Beziehung zwischen Notenschrift und Tongedächtnis sei eine wechselseitige auch in dem Sinn,

> „daß die Erinnerung an die Tonfolge und den Rhythmus wesentlich unterstützt wird durch die gleichzeitige Erinnerung an deren Bezeichnung in der Notenschrift; die Vorstellung des Notenbildes weckt und schärft die Vorstellung des Tonbilds; das Gedächtniß für die angeschauten Notenfiguren kommt dem Gedächtniß für die damit verbundenen Tonfiguren bedeutend zu Hilfe – das weiß jeder Musiktreibende, der sich ab und zu mit Reproduction aus dem Kopfe beschäftigt."[33]

Bis zum Ende des 19. Jahrhunderts dürfte sich vermutlich wenig an den Zuständen geändert haben, welche der Oberschulrat Fr. H. Chr. Schwarz aus Baden schon in den 30er-Jahren anlässlich eines offiziellen Berichtes beklagt hatte:

„Referent (Oberschulrat Fr. H. Chr. Schwarz in Baden) ist mit mehreren Hundert Schulen sehr genau bekannt, und darunter sind nur etwa ein Dutzend, in welchen ihn der Gesangunterricht befriedigte; in dem größeren Theile ist er sogar recht schlecht bestellt. In den meisten Schulen wissen die Kinder keine Kirchen-Melodie nach Noten oder nach Ziffern zu lesen; was sie können, haben sie mechanisch auswendig gelernt; schreien oft dabei, daß einem Hören und Sehen vergeht; verzerren die Gesichter auf eine empörende Weise und vermögen noch nicht einmal von den ersten Anfangsgründen des Gesanges Rechenschaft zu geben. – In den allermeisten Gymnasien in Süd-Deutschland ist der Gesang noch in einem hohen Grade schlecht besorgt, die allermeisten Schüler sind nicht im Stande auch nur einen Ton ordentlich zu singen, und man entschuldigt dieses mit dem nichtigen Grunde, sie hätten keine Stimme und kei-

---

30   Scharenberg (2007:227).
31   Faisst (1881:5).
32   Faisst (1881:75).
33   Faisst (1881:69).

ne Anlage zur Musik, da es doch keinem einzigen gesund organisirten Menschen ganz daran fehlt und nur die Entwicklung und Ausbildung derselben nicht statt fand."[34]

Die allgemeinbildenden Schulen verschlossen sich durch das einseitige Festhalten am Singunterricht in nicht unerheblichem Maße dem künstlerischen Geschehen der damaligen Zeit. Die epochale Wirkung einer bürgerlichen Musikkultur im 19. Jahrhundert beruhte ja doch auf der sich herausbildenden Autonomie der Instrumentalmusik, die sich von kirchlichen Einflüssen und dem Primat des Singens allmählich emanzipierte. Dem Bedarf nach Instrumentalausbildung und vertiefender musikalischer Bildung entsprachen nicht die allgemeinbildenden Schulen, sondern Privatmusikerzieher sowie neu entstehende musikalische Bildungsinstitute im außerschulischen Bereich.

2.1.3 Privatmusikerziehung

Der instrumentale bzw. vokale Privatunterricht profitierte zunächst ganz unmittelbar von einer zunehmenden „Verbürgerlichung der Musikkultur", von welcher „wichtige Impulse für den pädagogischen Umgang mit Musik"[35] ausgingen. Über die organisatorischen Strukturen des Privatunterrichts wusste Adolph Bernhard Marx 1832 in seinem „Plan zur vollständigen Organisation des Musikwesens im preußischen Staat"[36] zu berichten, dass Privatschüler im Durchschnitt drei Jahre Unterricht nehmen würden, zwei Stunden wöchentlich. Die Gesamtkosten der Ausbildung beliefen sich auf etwa 200 Taler in Berlin (= 5,5 Taler monatlich) bzw. 100 Taler in der Provinz (= 2,25 Taler monatlich).[37] Aussagen zu dem damaligen Geldwert dieser Beträge sind aufgrund verschiedener Währungsräume, regionaler Besonderheiten usw. keinesfalls einfach. Es existieren Berechnungen, die um 1850 den Wochenlohn eines Baumwoll- und Leinenwebers auf 2 Taler und 3 Silbergroschen sowie die wöchentlichen Lebenshaltungskosten eines 5-Personenhaushalts auf 3,5 Taler beziffern.[38] Belastbarer sind folgende Zahlen: An den akademischen Kircheninstituten in Preußen (siehe unten) zahlte die preußische Regierung den Lehrkräften zwischen 200 und 400 Talern Jahresgehalt.[39] Angesichts solcher Relationen hat Michael Roske nicht zu Unrecht von einer „sozialen Privilegfunktion" des privaten Musikunterrichtes gesprochen, der zumal aus der Perspektive niedrigerer Schichten den Anschein eines gesellschaftlichen Statussymbols er-

---

34   Zit. nach Scharenberg (2007:231); Scharenberg nennt folgenden Quellenbeleg: *Freimüthige Jahrbücher 6* (1826), H. 1, S. 113, zit. nach Max Schipke: *Der deutsche Schulgesang von Johann Adam Hiller bis zu den Falkschen Allgemeinen Bestimmungen* (1775–1875). *Ein Beitrag zur Geschichte der Gesangpädagogik*, Berlin 1913, S. 223 und 232.

35   Roske (1993:172).

36   Sowa (1973:74ff.) merkt zur Quellenlage an: „Niedergelegt ist der Plan von Marx in einem handschriftlichen Schreiben vom 5. Juni 1832, gerichtet an das Preußische Staatsministerium des Geistlichen, der Unterrichts- und Medizinangelegenheiten, dessen Leiter damals Altenstein war. Deutsches Zentralarchiv, Hist. Abt. II Merseburg, Ministerium des Innern, Rep. 76, V e, Sekt. 2, Tit. IX, betr. Die Gesang- und Musikübungen, desgleichen den Gesang- und Musikunterricht … bei der Universität zu Berlin 1821–1833, Bl. 111–145."

37   Vgl. Sowa (1973:75ff.).

38   „Geldwert und Kaufkraft ab 1803".
       In: http://wiki-de.genealogy.net/Geld_und_Kaufkraft_ab_1803 [6.8.2012].

39   Vgl. Sowa (1973:205f.,226). Selbst Zelter verdiente als ordentlicher Professor und Direktor des Akademischen Kirchenmusikinstituts in Berlin nicht mehr als 400 Reichstaler jährlich (Sowa 1973:120).

halten musste.[40] Noch zu Beginn des 20. Jahrhunderts gestand Hermann Kretzschmar dem Privatunterricht zwar große Bedeutung als Bindeglied zwischen einem Musikunterricht an Volkschulen und dem an Konservatorien zu, bedauerte aber zugleich, dass er oftmals den „bemittelten Klassen" vorbehalten bliebe.[41] Georg Sowa geht von einer jährlichen Quote an Privatschülern in Deutschland aus, die schon um das Jahr 1820 bei vielen Tausend gelegen haben mag, um danach rapide anzusteigen.[42] Die Auswertung von Adressbüchern verschiedener Städte belegt, dass sich die Zahl der Privatmusiklehrer im Laufe des 19. Jahrhunderts vervielfachte.[43] In Stuttgart verzeichnete das Adressbuch des Jahres 1829 acht Musiklehrer, davon gaben fünf als Unterrichtsfach das Instrument Klavier an. 1871 fanden sich 28 Einträge von Musiklehrern. Nicht alle machten Angaben zum Instrument. Es entfielen auf Klavier acht Nennungen (Zither: 3, Gitarre: 1). 1885 stieg die Zahl auf 56 Musiklehrer (Klavier: 17, Gesang: 6), 1900 sogar auf 100 an (Klavier: 12, Gesang: 10, Zither: 6, Violine: 2, Klavierkorrepetition: 1).[44] Deutlich wird, dass das private Unterrichtsangebot in Stuttgart erst ausgangs des Jahrhunderts parallel zum Bevölkerungswachstum seine größten Steigerungsquoten erreichte. Offenkundig ist die Dominanz des Klavierunterrichts. Auch andernorts dominierten die Fächer Klavier, Gesang, Gitarre und Violine das private Unterrichtsangebot, also Instrumente, die vor allem in der Hausmusik Verwendung fanden.[45] Orchesterrelevante Instrumente waren hingegen bestenfalls als Randerscheinung vertreten. Von der Präferenz für Klavierspiel und Gesang in den Stuttgarter Wohnstuben um 1800 hatten bereits Goethe und Nicolai übereinstimmend berichtet (s.o.). In Gesangsvereinen und Chorvereinigungen suchte der Laiengesang den Weg an die Öffentlichkeit (s.o.). Und Stuttgart war ein Zentrum der Klavierindustrie. Ende des Jahrhunderts, im Jahr 1895, sollte der Klavier-, Orgel- und Harmoniumbau in Stuttgart mehr als 1.000 Beschäftigte zählen.[46] Nach Michael Roske ließe sich eine Geschichte des Instrumentalunterrichts im 19. Jahrhunderts ohne weiteres als Geschichte des Klavierunterrichts schreiben.[47] Anhand des verstärkten Einzuges des Klaviers in deutsche Wohnstuben – Andreas Schulz hat, stellvertretend für viele ande-

---

40   Roske (1985a:161).

41   Kretzschmar (1903:38).

42   Sowa (1973:224f.).

43   Vgl. Sowa (1973:224); Roske (1993:172ff.); Kedalny-Mohr (1977:50). In Magdeburg stieg die Zahl der registrierten Privatmusiklehrer von 4 im Jahr 1817 auf 90 im Jahr 1900 an. In Hamburg-Altona gab es im Jahr 1821 18 private Musiklehrer, aber 1848 bereits 39. Im Münchner Adressbuch von 1883 sind gar 267 private Musiklehrer verzeichnet.

44   Vgl. Wegweiser für die königliche erste Haupt- und Residenzstadt Stuttgart und ihrer nächsten ausgezeichnetsten Umgebungen 1829 (S. 271); Adreß und Geschäfts-Handbuch der königlichen Haupt- und Residenzstadt Stuttgart für das Jahr 1871 (2. Teil: S. 297).
      für das Jahr 1885 (2. Teil: S. 354f.).
      für das Jahr 1900 (2. Teil: S. 539f.).

45   Vgl. Roske (1985a:74–80); Kedalny-Mohr (1977:50). Von den 39 privaten Musiklehrern, die 1848 in Hamburg-Altona tätig waren, unterrichteten 23 Klavier, 12 Gesang, 8 Violine, 7 Gitarre, Mehrfachangebote eingerechnet. In München ergab sich 1883 ein ganz ähnliches Bild. 83 Privatmusiklehrer erteilten Klavierunterricht, 36 Gesangsunterricht, 26 gaben Zitherstunden. Nicht berücksichtigt sind in den Münchner Zahlen 30 Mehrfachangebote zu verschiedenen Instrumenten.

46   Stangl (2007:20).

47   Roske (1993:178).

re, in diesem Zusammenhang das Klavier als Möbelstück zur Standardeinrichtung einer Wohnung um 1900 erklärt, welches Bildung und Wohlstand symbolisiere[48] – ließ sich spätestens ausgangs des 19. Jahrhunderts ein Phänomen beobachten, das Martin D. Loritz „als Adaption herrschaftlicher Lebensformen durch das Kleinbürgertum"[49] bezeichnet hat. Oscar Bie schreibt 1898 in „Das Klavier und seine Meister":

> „Das Klavier ist ein Lebensfaktor geworden. Diejenigen, die das Klavier nicht spielen, stehen heute ausserhalb einer großen Gemeinschaft, die dies Hausmittel der Musik kultiviert. In klavierlosen Wohnungen scheint eine fremde Atmosphäre zu sein."[50]

Zwar konnte sich in der ersten Hälfte des 19. Jahrhunderts ein Großteil der Bevölkerung keinen privaten Musikunterricht leisten, doch bahnte sich eine wachsende Popularisierung des Klavierspiels zumindest in größeren Städten vorzeitig an. Die Klavierpädagogin Fanny Schindelmeisser, Erfinderin der „stummen Klaviatur"[51] und Begründerin einer Klavierschule in Berlin (1836), wandte sich in den 1830er-Jahren an die preußische Regierung mit der Bitte, ihrer Lehrmethode Zugang zu den öffentlichen Schulen zu verschaffen. Sie argumentierte, dass das Klavier mittlerweile in fast jedem Haushalt anzutreffen und sogar in den Stuben des Handwerkers zu finden sei. Insbesondere eigne sich das Klavier als Volksinstrument, indem es das Vom-Blatt-Singen ebenso fördere wie das Erlernen der Elementar- und Harmonielehre. Schindelmeissers Ausführungen mögen übertrieben sein. Schließlich darf man ihr ein unternehmerisches Interesse unterstellen, das darin bestand, möglichst viele ihrer stummen Klaviaturen abzusetzen. Insofern sollte ihre Formulierung „fast in jedem Haushalt sei ein Klavier anzutreffen" besser um das Attribut „fast in jedem *bürgerlichen* Haushalt" ergänzt werden. Das zuständige Ministerium nahm Schindelmeissers Antrag immerhin so ernst, dass eine genauere Prüfung ihrer Methode veranlasst und ihr eine Staatsrente mit der Auflage gewährt wurde, minder bemittelte Schüler zu unterrichten.[52] Tatsächlich zahlten Schüler an Schindelmeissers Klavierschule mit 2 Talern monatlich fortan weniger als die Hälfte des üblichen Honorarsatzes für Privatunterricht.[53] Auch Ernst Henschel merkte 1841 in der von ihm herausgegebenen Zeitschrift *Euterpe* nicht ohne Ironie an, dass sich Klaviere und Flügel inzwischen wie „Semmel beim Bäcker" verkauften und es keine Erziehung ohne das Klavier gäbe. „Wer singt, lernt das Klavier zur Begleitung, denn die Gitarre tuts nicht mehr, wer nicht singt, lernt desto eifriger Klavier, eben weil er nicht singt."[54] Gesangs- und Klavierunterricht wurden von vielen Musikdidaktikern des 19. Jahrhunderts als besonders geeignet angesehen, um musikalische Bildung zu vermitteln. Entsprechend heißt

---

48 Schulz (2005:20).

49 Loritz (1998:96).

50 Bie (1898:271).

51 Sowa schreibt hierzu (1973:174): „Auf einer etwa 120 cm mal 60 cm großen Leinwand war eine Klaviatur gezeichnet, auf der, zur jeweiligen Taste dazugehörig, auch die jeweiligen Notennamen zu lesen waren. Unterhalb der Klaviatur waren zwei Liniensysteme mit den entsprechenden Noten, oberhalb Notenwerte, Taktarten, Pausen usw. eingezeichnet. Außerdem befand sich eine Zeichnung für Haltung der Hände und Finger. Der Einfluß Logiers ist erkennbar, Schindelmeisser entwickelte aber eine neue Idee."

52 Vgl. Sowa (1973:174ff.,210).

53 Vgl. Sowa (1973:226).

54 Ekkard Hentschel: *Euterpe* 1841, S. 113f., zit. nach Sowa (1973:225).

es in den 1826 publizierten *Vorlesungen über Musik mit Berücksichtigung der Dilettanten* von Hans Georg Nägeli:

> „Wir wollen, daß das Kind Musik lerne. Wir müssen ihm auch die musikalische Bildung in ihrer natürlichen Vollständigkeit zu Theil werden lassen. Demnach soll dasselbe ebensowohl spielen, als auch singen lernen. Nun ist die erste Frage, was für ein Instrument soll es lernen? Darf man ihm etwa, wie man ihm später sogar häufig die Berufswahl überlässt, die Wahl des Instrumentes freystellen? – Diese Frage beantworte ich scheinbar einseitig: *Es müssen Alle Klavier lernen.*"[55]

Sicherlich ging vom Klavierspiel eine besondere Bildungsfunktion aus. „Die meisten der im 19. Jahrhundert aufgeführten Orchester- und Chorwerke oder Opern waren in Klavierarrangements zu zwei oder vier Händen verfügbar. Jeder, der einmal in der Jugend Klavier gelernt hatte, war in der Lage, sich ein auf dem Programmzettel erstmals auftauchendes, neues Werk vor dem Konzertbesuch bzw. hinterher in einer Klavierfassung zu vergegenwärtigen, gleichsam als Vorbereitung für das Hören und ein besseres Werkverständnis."[56]

Das Berufsbild des privaten Musiklehrers begann sich ansatzweise zu Beginn des 19. Jahrhunderts gegenüber der Tätigkeit eines ausübenden Musikers bzw. Künstlers zu emanzipieren.[57] Es konnte deswegen aber noch lange nicht als einheitlich oder klar konturiert gelten. Schulmeister, Kantoren, Organisten, Berufsmusiker und Dilettanten, Kapellmitglieder, Stadtpfeifer, umherziehende Virtuosen, Musikanten oder Spielleute zählten zu dem Personenkreis, der gegen Geld, Brot oder Almosen seine Lehrtätigkeit anbot. Als problematisch erwies sich insbesondere das Fehlen staatlicher Schutzvorschriften und geregelter Ausbildungsgänge, „die einen minimalen Qualitätsstandard des Unterrichts garantiert hätten".[58] Dies galt umso mehr, nachdem 1810/11 in Preußen die Gewerbefreiheit eingeführt worden war. Infolgedessen kam es zu einer quantitativen Ausweitung, nicht aber qualitativen Verbesserung des Angebotes an privatem Musikunterricht. Um die Jahrhundertmitte wurden dann Stimmen laut, die vor der Entstehung eines Musikproletariats warnten.[59] 1853 wählte die *Neue Zeitschrift für Musik* gar den Ausdruck „ekles Musikgethier", um die Qualität einer wachsenden Schar von Privatmusiklehrern zu kennzeichnen.[60] Offensichtlich wurde „das Überhandnehmen inkompetenten Klavierunterrichts".[61] Hierauf basierten die „zahllosen Karikaturen und Satiren über verknöcherte Klaviermamsellen, verhinderte Virtuosen und arme Schlucker unter den Instrumentallehrern", die „das Klischee einer latenten, bis heute noch keineswegs überwundenen Deprofessionalisierungstendenz dieses Berufsfeldes"[62] bedienten. Allerdings gewann parallel hierzu die Professionalisierung des Instrumentalunter-

---

55   Nägeli (1826:245).
56   Roske (1993:179).
57   Vgl. Loritz (1998:96ff.).
58   Loritz (1998:96).
59   Vgl. Sowa (1973:227ff.).
60   NZfM (1853:13).
61   Blum (1975:258ff.).
62   Roske (1993:174).

richts auf dem freien Markt an Eigendynamik. Ausübende Musiker wurden nicht mehr zwangsläufig als die besseren Lehrer angesehen. Es entwickelte sich allmählich ein Bewusstsein für pädagogisch fundiertes Lehren als erstrebenswertes Kennzeichen des Instrumentallehrers im Gegensatz zum planlosen Unterrichten mancher Virtuosen oder wenig ausgebildeter, selbst ernannter Lehrer.[63] Bereits im ersten Jahrzehnt des 19. Jahrhunderts wurden zahlreiche Klavierschulen publiziert und die *Allgemeine musikalische Zeitung* diskutierte methodische Fragen eines kindgerechten Anfängerunterrichts auf dem Klavier.[64] Spätestens gegen Mitte des Jahrhunderts wurden Stimmen lauter, die eine weitergehende Professionalisierung des Instrumentallehrerberufes forderten. Adolph Bernhard Marx listete 1841 in seiner „Allgemeinen Musiklehre" einen ganzen Katalog von Eigenschaften einer Instrumentallehrerbildung auf, die er durch staatliche Institutionen vermittelt wissen wollte. Neben der elementaren und technischen Bildung auf dem Instrument zählte er auch Literaturkenntnis, Einsicht in die Kompositionslehre, Musikwissenschaft, Kunstgeschichte und ein hohes Maß an allgemeiner Bildung dazu. Hinzutreten sollten „Menschenkenntnis und Geschick, auf Menschen zu wirken", „Liebe zum Geschäft des Unterrichtens" sowie Einfühlungsvermögen gegenüber den natürlichen Anlagen des Schülers.[65] Doch erst 1879 sollte mit dem *Königlichen Dresdner Konservatorium* ein Musiklehrerseminar eröffnen, „an welchem das Fach Musikpädagogik unterrichtet wurde und die Studenten Lehrproben abhalten mußten".[66] Dem vorangegangen waren mehr oder weniger private Initiativen. In vielen Großstädten organisierten sich private Musiklehrer in Berufsverbänden, um Unterrichtsmodalitäten und Honorarfragen zu regeln, so z. B. auch der Tonkünstlerverein in Stuttgart (1874).[67] Marx hatte seine Hoffnungen in einem „Plan zu einer vollständigen Organisation des Musikwesens" (1832) bereits frühzeitig auf den preußischen Staat und auf eine stärker universitär geprägte Berufsausbildung von Musikern und Privatmusiklehrern gesetzt, wenngleich er die fachliche Autonomie des Privatlehrers zu erhalten gedachte.

> „Aufmerksamkeit schenkte er den Privatmusiklehrern. Sie könnten einen wertvollen Beitrag zur Volksbildung leisten, wenn sie freiwillig an den geplanten Konservatorien studierten, um ein möglichst hohes künstlerisches Niveau zu erreichen. Später in ihrer Berufspraxis müßten sie sich kontrollieren und beaufsichtigen lassen. Marx sah für ein erfolgreiches Studium ein Diplom bzw. besondere Titel vor, wie beispielsweise ‚königlicher' oder ‚öffentlicher' Musiklehrer."[68]

Marx formulierte seine Ideen abermals 1848 in seiner „Denkschrift über die Organisation des Musikwesens im preußischen Staate" leicht modifiziert. Hier schlug er ergänzend vor, dass examinierten Privatmusiklehrern „unter der Kontrolle des Konservatoriums" Schüler zu „billigem Honorar" vermittelt werden könnten. „Auf diese Weise ist

---

63   Vgl. Loritz (1998:98).

64   Vgl. Sowa (1973:40ff.).

65   Marx, Adolph Bernhard (1841): Allgemeine Musiklehre. Ein Hülfsbuch für Lehrer und Lernende in jedem Zweige musikalischer Unterweisung (Erstauflage 1939), S. 373–381, Leipzig. Abdruck in: Roske (1985a:368–373).

66   Loritz (1998:22).

67   Tonkünstlerverband Baden-Württemberg e. V. (1999:30ff.).

68   Sowa (1973:75).

es den Privaten möglich gemacht, zuverlässige Lehrer zu finden, gute Lehrer aber erhalten durch Prüfung und Empfehlung Autorität und Unterstützung gegen die oft irrigen Begehren des Publikums, in Ermangelung deren selbst bessere Lehrer um des Erwerbs willen ihre richtigere Ueberzeugung vielfältig opfern müssen."[69] Noch einen Schritt weiter sollte die Musikpädagogin Lina Ramann gehen. Ramann hatte 1858 in Glückstadt und 1866 in Nürnberg private Musikschulen gegründet, die sich unter anderem auch der beruflichen Ausbildung von Klavierlehrerinnen widmeten.[70] Ramann sah in der Einrichtung von Musikschulen den einzigen Weg, den widrigen, sozialen Rahmenbedingungen eines Privatunterrichts zu begegnen, und rief 1869 Musikerzieher zum Zusammenschluss auf.[71] Den Einzel- und Hausunterricht bezeichnete Ramann als „Krebsschäden der musikalischen Bildung und Unterrichtszustände". Musiklehrer sollten sich in ihrer „speciellen Künstler- und Lehrbegabung ergänzen, sich verbinden und Musikschulen errichten". Hierdurch könnten äußere Fragen geordnet bzw. Lehrgänge entwickelt werden, die „den Kunst- und Erziehungsanforderungen" gleichermaßen entsprächen. Ein von qualifizierten Musiklehrern erteilter Gemeinschaftsunterricht hätte den Vorzug, Nachfragern bei bezahlbaren Honoraren eine verlässliche Unterrichtsqualität zu bieten. Originell, wenn auch nicht in jeder Beziehung stichhaltig, ist Ramanns Begründung für die hinlängliche Qualität eines Gemeinschaftsunterrichts: „Denn da der gemeinschaftliche Unterricht keine geringen Forderungen an die Bildung und Thatkraft des Musiklehrers stellt, so fällt von Seiten der wissenschaftlich und praktisch durchbildeten Künstler der Einwand, dass der Unterricht nicht befriedige, weg."[72] Offensichtlich zog Ramann einen planvoll erteilten Gemeinschaftsunterricht einem unsystematisch gegebenen Einzelunterricht vor.

2.2 Erste Realisierungsversuche einer institutionalisierten Musikerziehung in Stuttgart

2.2.1 Hohe Carlsschule

Die Gründung der ersten namhaften Ausbildungsstätte für Musik in Stuttgart, eine der ältesten ihrer Art in Deutschland, ging auf die Initiative Herzog Carl Eugens von Württemberg (1728–1793) zurück. Carl Eugen, selbst noch am preußischen Hofe Friedrichs des Großen erzogen, war ein Regent absolutistischer Prägung. Die *Hohe Carlsschule* (1770–1794) entwickelte sich unter den Bedingungen des *ancien regime* „als herzogliche Stiftung von einem Militärwaisenhaus auf der Solitude (1770) über eine Militärpflanzschule (1771) und Militärakademie (1773) mit dann auch juristischer (1774) und medizinischer Fakultät (1775) zur zwischenzeitlich nach Stuttgart verlegten All-

69   Marx, Adolph Bernhard (1848): Denkschrift über die Organisation des Musikwesens im peußischen Staate. In: Neue Berliner Zeitung 1848, Nr. 32 und 33, Abschnitt VIII „Privatunterricht und Privatinstitute", S. 254. Abdruck in: Roske (1985:374–376).

70   Vgl. Roske (1993:181).

71   Vgl. Ramann (1873:122–132).

72   Ramann (1873:132).

gemeinen Hochschule [...] (1781), an der auch Philosophie und Bildende Kunst, Tanz und Musik unterrichtet wurde".[73] Über 1400 Schüler haben die Hohe Carlsschule besucht.[74]

> „Von kaum zu überschätzender geistiger und kultureller Bedeutung für die Stadt wurde die 1775 von Herzog Carl Eugen, wenige Jahre nach ihrer Gründung von der Solitude hierher verlegte Militärakademie, die Hohe Carlsschule. Diese den Geist der Aufklärung atmende, neue Wege auf dem Feld akademischer Bildung eingehende wissenschaftliche Lehranstalt brachte eine große Zahl von Persönlichkeiten hervor, die auf den verschiedensten Lebensgebieten Bewundernswertes leisteten. Zu ihren Absolventen zählten, um nur wenige Namen zu nennen, der Dichter Friedrich Schiller, die Naturwissenschaftler Georges Cuvier und Carl Friedrich Kielmeyer, der Bildhauer Johann Heinrich Dannecker, der Kupferstecher Johann Gotthard Müller, der Baumeister Nikolaus Friedrich Thouret, die Maler Friedrich Hetsch, Gottlieb Schick und Johann Baptist Seele und der Musiker Johann Rudolf Zumsteeg. Noch bedeutender aber war, daß die Hohe Carlsschule wesentlich dazu beitrug, das allzu beengte Korsett strenger protestantischer Kirchlichkeit zu sprengen, Stuttgart dem Geist der Aufklärung zu öffnen, in den gebildeten Kreisen die Freude und das Interesse an der bildenden Kunst, der Literatur, der Musik und der Philosophie zu wecken."[75]

In der Unterabteilung Tonkunst wurden zunächst italienische Lehrkräfte mit der professionellen Ausbildung von angehenden Dirigenten, Komponisten, Orchestermusikern und Tänzern betraut. Bereits 1782 erfasste man an gleicher Stelle 27 „Hof-Musici", die an der Einrichtung kostenlosen Unterricht genossen hatten und die nun ihrerseits zum Unterrichten verpflichtet wurden. Zu ihnen gehörte u.a. der Lieder- und Balladenkomponist Johann Rudolph Zumsteeg (1760–1802), welcher ab 1791 in Personalunion das Amt eines Musikinstitutsdirektors, eines Leiters der deutschen Musik am Hoftheater, sowie im Folgejahr auch das Amt des königlichen Konzert- und Hofkapellmeisters bekleiden sollte. Unterrichtet wurden alle orchesterrelevanten Fächer, Musiktheorie, Harmonielehre und Komposition. Offensichtlich waren also die Anbindungen an die württembergische Hofmusik.

Herzog Carl Eugen nahm maßgeblichen Anteil an der konzeptionellen Weiterentwicklung der Hohen Carlsschule. Überliefert sind seine Unterrichtsbesuche. Auch verfolgte er sehr genau die durch Rousseau aufgeworfenen Bildungsdiskussionen seiner Zeit. Bisweilen schien allerdings das absolutistische Selbstverständnis des Monarchen mit dessen Aufgeklärtheit in Bildungsfragen auf befremdliche Art und Weise zu kontrastieren:

> „Trotz aller Vorzüge darf nicht übersehen werden, daß die Ausbildung einem strengen militärischen Reglement unterworfen war (vgl. Briefe Schillers von 1773–1780)[76], weil die

---

73 Schipperges (2007:85).
74 Vgl. im Folgenden: Sowa (1973:126–128); Schipperges (2007:85ff.). Weitere Quellen: Wagner, Heinrich (1856/57): Geschichte der Hohen Carls-Schule, 2 Bände, Würzburg. Klaiber, Julius (1873): Der Unterricht in der ehemaligen Hohen Karlsschule in Stuttgart. In: Programm des Königlichen Realgymnasiums in Stuttgart zum Schlusse des Schuljahres 1872–73, S. 1ff., Stuttgart. Sauer (1995:307ff.).
75 Sauer (1993:154f.).
76 Der 14-jährige Friedrich Schiller war 1773 an der Hohen Carlsschule aufgenommen worden.

Anstalt der Erziehung zum gehorsamen Staatsdiener und Offizier diente. Züchtigung war an der Tagesordnung, und das Leben der Zöglinge war mit zusätzlich harter Arbeit alles andere als rosig. Nur in Ausnahmefällen durften sie ihren Beruf selbst wählen. […] Mehrere hatten zuerst den Beruf des Stukkateurs erlernt. Später wurden sie auf Befehl zu Musikern umgeschult, so daß die meisten ihr Ziel nicht erreichten, und, nachdem die Schule 1894 geschlossen wurde, brotlos dastanden."[77]

Nach dem Tode Carl Eugens wurde die Hohe Carlsschule 1794 aufgelöst. Ludwig Eugen, Bruder und Nachfolger des Herzogs, zeigte kein Interesse mehr an der Einrichtung. Die *Allgemeine Musikalische Zeitung* beklagte in einem Artikel nochmals deren Niedergang. Erwähnung fanden sowohl die Blütezeit des Musikinstituts, bei der „Aus allen Gefilden Italiens […] die Musensöhne herbey" strömten als auch die Ursachen für dessen Untergang: „Man wollte sie [die Anstalt] nur soweit bringen, dass, solange der Schopfer dieses Werks den Genuss davon haben konnte, derselbe befriedigt werden möchte."[78] Im Ergebnis sah der Korrespondent der AMZ das Scheitern der Hohen Carlsschule in mangelnder Selbstlosigkeit der württembergischen Regenten begründet. Eine gemeinwohlorientierte Förderung der Künste war von den Herzögen den Eigeninteressen des Hofes untergeordnet worden. Dennoch sollte die Hohe Carlsschule nicht ohne Wirkung bleiben, was die Entstehung einer musikinteressierten bürgerlichen Öffentlichkeit in Stuttgart betraf. „Nach der Aufstellung Wagners sind mehr als 50 Orchestermusiker, Dirigenten und Komponisten aus der Hohen Karlsschule hervorgegangen. Die Zahl derjenigen, die nicht Berufsmusiker wurden, sondern das Fach Musik als Ergänzungsfach belegten, lag um das vielfache höher."[79] Eine akademische, auch musikalisch gebildete bürgerliche Oberschicht hatte sich am Horizont herauskristallisiert. Das Fundament für die Entstehung eines bürgerlichen Musiklebens in Stuttgart war unwiederbringlich gelegt.

2.2.2 Der Plan Karl Kastners zur Errichtung einer allgemeinen Kunstanstalt

Um 1800 gab es so gut wie keine institutionellen musikalischen Bildungsmöglichkeiten in Deutschland. Allerdings berichtete häufig die *Allgemeine Musikalische Zeitung* über ebensolche Planungen. Von einem neuen bürgerlichen Selbstbewusstsein zeugte unter anderem der Plan Karl Kastners zur Errichtung einer allgemeinen Kunstanstalt in Stuttgart.[80] Karl Kastner, seinerzeit Physik- und Chemieprofessor in Heidelberg, wandte sich in einem Schreiben vom 10. Februar 1812 an die württembergische Regierung mit dem Vorschlag, eine Ausbildungsstätte in Stuttgart zu errichten, die sich der Malerei, Skulptur, Architektur und Musik widmen sollte. Als Standort hatte Kastner Stuttgart auserkoren, weil es „eine der schönsten Städte Deutschlands, der Sammelpunkt von Gönnern, Freunden und Meistern der Kunst" wäre. Kastners bürgerlich humanistische Ge-

---

77   Sowa (1973:127f.).
78   AMZ 1803, S. 103, zit. nach Sowa (1973:128).
79   Sowa (1973:127).
80   Hauptstaatsarchiv Stuttgart: Kabinettsakten III, E 5, Bü 7; vgl. im Folgenden Sowa (1973:68).

sinnung erwies sich in dem Vorsatz, die Kunstanstalt solle als Stätte „höherer Bildung und menschlicher schöner Veredelung des Volkes" dienen. Dabei scheute er auch vor *außermusikalischen* Begründungsmustern nicht zurück, indem er der Regierung in Aussicht stellte, dass durch eine allgemeine Kunstanstalt des Volkes „regbarer Sinn für industriöse Werkthätigkeit erhöht und veredelt" werde. „Geschmack und gereinigter Frohsinn" unterdrückten „niedere und rohe Lust".

Irritierend an Kastners Plänen ist deren mangelnde konkrete Ausgestaltung. Georg Sowa hat dies damit zu erklären versucht, dass es Kastner offenbar genügt habe, sich überhaupt bei der Regierung Gehör zu verschaffen. Auf inhaltlicher Ebene schlug Kastner lediglich einen semesterweise zu erteilenden Unterricht vor, der für alle Schüler die Verpflichtung zum Singen, Zeichnen und Malen einschloss und der zudem die Möglichkeit königlicher Prämierungen vorsah. Letzter Punkt sowie die Forderung nach hinlänglich besoldeten Lehrkräften können eindeutig als Hinweise auf den Öffentlichkeitscharakter der geplanten Kunstanstalt verstanden werden. Allerdings verfolgte die württembergische Regierung zeitgleich längst ein anderes Vorhaben. Damit wurden Kastners Pläne vorzeitig *ad acta* gelegt.

Kastners Vorhaben stand in einer Reihe von weiteren Konzepten, die anfangs des 19. Jahrhunderts zu einer institutionellen Musikerziehung existierten.[81] Gemeinsam war den Konzepten, dass sie von einem zu behebenden Notstand ausgingen. Das Niveau der ausübenden Musiker sollte gehoben werden. Hiervon erhoffte man sich eine verbesserte musikalische Volksbildung insgesamt. Sehr unterschiedlich fielen die Konzepte aus, weil sie jeweils auf die regionalen Verhältnisse vor Ort reagierten und den jeweiligen beruflichen Hintergrund ihrer Autoren spiegelten. Der Gesangspädagoge Horstig plädierte in seinem Plan zur „Singschule" (1798) für eine verbesserte Gesangsbildung, Adolph Bernhard Marx in seinem „Plan zu einer vollständigen Organisation des Musikwesens im preußischen Staat" (1832) für wissenschaftlich orientierte Bildungsanstalten, der Musikliebhaber Dr. J. A. G. Steuber plante ein „Institut für ästhetische Bildung des Komponisten" (1810), der Philologe Dr. Eduard Krüger ein „Musikkonservatorium für das Königreich Hannover" (1841), der Sozialwissenschaftler Theodor Hagen schließlich favorisierte „Musikinstitute in Fabriken und auf dem Lande" (1846). Weitgehende inhaltliche Übereinstimmung bestand darin, dass die Qualität der musikalischen Lehre insgesamt verbessert werden sollte. Musikalische Bildung wurde nicht mehr auf die Vermittlung instrumentaler Fähigkeiten reduziert, sondern als Basis einer allgemeinen ästhetischen Bildung gesehen. Ernst Wagner plante daher ein Musikinstitut als Bestandteil einer Bildungsstätte für alle schönen Künste (1806), Eduard Kastner eben eine „Allgemeine Kunstanstalt für Stuttgart". Es entwickelte sich ein Bewusstsein für die Notwendigkeit einer verbesserten Elementarbildung. Horstig wollte eine verbesserte Volksbildung auf Grundlage der Gesangsbildung erreichen; Christian Urban, Musikdirektor und Stadtrat in Elbing, stellte in seinem Vorhaben einer „Normal-Musikschule" (1823) stärker die musiktheoretische Elementarbildung in den Vordergrund. Die Konzepte folgten zwar überwiegend dem Prinzip einer Leistungsauslese, dennoch

---

81 Vgl. im Folgenden Sowa (1973:55–87), dessen Verdienst es ist, entsprechende Planungen zusammengestellt und ausgewertet zu haben.

sollte dies „ohne Rücksicht auf Stand und Herkommen, auf soziales Ansehen und ökonomische Verhältnisse"[82] der Schüler geschehen. Musikalische Bildung wurde als nationale Aufgabe gesehen. Dies galt insbesondere im zentralistischen Preußen. Hier sollte die Musikerziehung „von oben" reformiert werden, der Ruf nach staatlicher Unterstützung ertönte. In der *Allgemeinen Musikalischen Zeitung* war schon im Jahr 1810 unter dem Pseudonym „D.K." ein Plan zur Errichtung eines flächendeckenden Netzes von musikalischen Ausbildungsinstituten in Deutschland erschienen, der nach Art und Umfang weit über Kastners Vorhaben hinausging.[83] „D.K." begründete seine Forderung nach Musikinstituten mit der Feststellung, dass für keinen Teil der menschlichen Kunst in Deutschland schlechter gesorgt würde als für die Musik.[84] Leitende Idee müsste es hingegen sein, musikalische Kunst zu erhalten und zu fördern. „D.K." hielt in diesem Sinne die „Pestalozzisch-Pfeifersche Unternehmung" einer Gesangsbildung zwar für lobenswert, aber nicht ausreichend. Vielmehr müsse es das Ziel sein, „eine Anstalt zu errichten, die das Ganze der musikalischen Kunst, d.h. Vocal und Instrumentalmusik, und zwar ihrem theoretischen und practischen Theile nach, umfasst und dieselbe von den ersten Anfängen bis zur höchsten Stufe der Vollendung führt".[85] „D.K." legte im Gegensatz zu Kastner einen stufenweisen Bildungsplan in drei Altersstufen vom 5. bis zum 16. Lebensjahr vor, der detaillierte Angaben zu Lerninhalten, Stundenplänen und Lehrerbedarf machte.[86] Die schulische Ausbildung sollte auf ein wissenschaftlich-praktisches Universitätsstudium vorbereiten. Wenn für Preußen eine Universität mit einer Fakultät der bildenden Künste (Musik, Malerei, Bildhauerei, Baukunst) in Berlin angesiedelt würde, könnten in acht Städten (Berlin, Breslau, Glogau, Brandenburg, Frankfurt a.O., Stettin [Danzig], Elbing, Königsberg) vorbereitende Schulen eingerichtet werden.[87] „D.K." ging sogar so weit, konkrete Angaben zum Finanzierungsbedarf zu machen. Unverkennbar knüpfte er mit seinem Bildungsplan an ein humanistisches Erziehungsideal an, indem er sich von der Realisierung seines Vorhabens die „herrlichsten Folgen" versprach: „So würden Geschmack und edle Sitte durch die Kunst, welche in der Geschichte der Menschheit jetzt den Culminationspunct ausmacht, wir meinen die Musik, allgemein gebildet und zur Reife gebracht werden."[88] Zunächst fühlt man sich an Kastner erinnert („Geschmack und edle Sitte durch Kunst"). Während der Naturwissenschaftler Kastner aber meinte, dem württembergischen König seinen Plan über die „Umwegrentabilität" der Erhöhung einer *industriösen Werktätigkeit* der Untertanen glaubhaft machen zu müssen, trat „D.K." gegenüber den Regenten in deutschen Landen vergleichsweise unverfroren auf. Er maßte sich an festzustellen, dass die Geschichte der Menschheit ihren Kulminationspunkt in der Musik erreiche. Nach Arnold Schering beweist der kühne Entwurf von „D.K.", „wie stark Wilhelm v. Humboldt die Geister aufgerührt hatte und wie viel man von der eben gegründeten

---

82   Sowa (1973:85).
83   AMZ (1810:1021ff.).
84   AMZ (1810:1021).
85   AMZ (1810:1023).
86   AMZ (1810:1023ff.).
87   AMZ (1810:1026).
88   AMZ (1810:1027).

Berliner Universität auch für die Kunst erhoffte".[89] Tatsächlich aber sollte die preußische Regierung vorerst andere Wege gehen (siehe unten). Und in Württemberg war es erst recht nicht vorstellbar, dass bürgerliche Kräfte die Kulturpolitik so weitgehend mitbestimmen wollten. Insofern eilte „D.K." seiner Zeit voraus. Die zeitbedingten Verhältnisse forderten im Übrigen ihren Tribut: Zwischen 1800 und 1843 sind deutschlandweit etwa 70 öffentliche bzw. halböffentliche Musikinstitute gegründet worden. Mehr als die Hälfte der Institute ist schon nach wenigen Jahren eingegangen.[90]

2.2.3 Das Musikinstitut im Waisenhaus

Unter Friedrich I., seit 1797 Herzog und seit 1806 König von Württemberg, kam es zu einem „geistigen Neuaufbau"[91] im Lande. Pläne für eine neue musikalische Ausbildungsinitiative bestanden seit 1805. Der württembergische Hoftheaterdirektor Karl Freiherr von Wächter konnte sich dabei an realen Vorbildern orientieren. Dank der Berichterstattung der *Allgemeinen Musikalischen Zeitung* verbreiteten sich in Deutschland Nachrichten über ausländische Musikinstitute.

In Italien existierten schon im 16. Jahrhundert sogenannte Konservatorien (lat. conservare = bewahren, verwahren)[92]. Diese Einrichtungen gingen ursprünglich aus geistlich geführten Waisenhäusern hervor, an denen Findel- und Waisenkinder bei entsprechender Begabung Vokal- und Instrumentalunterricht erhielten. Konservatorien wurden als eigenständige Abteilungen den oft internatsmäßig geführten Kloster-, Kathedral- und Domschulen angegliedert, verselbstständigten sich aber mit der Zeit. Berühmtheit erlangte das 1537 gegründete *Conservatorio Santa Maria di Loreto* in Neapel, an dem Domenico Cimarosa und Alessandro Scarlatti lehrten. Vorbildfunktion hatten die altitalienischen Musikkonservatorien für eine deutsche Öffentlichkeit, weil sie eine gezielte musikalische Berufsausbildung mit dem karitativen Gedanken verbanden.

> „Das alte Konservatorium war dreierlei: Internat und insofern Lebensform, Ort der Durchsetzung approbierter Normen des Betragens sowie künstlerische Ausbildungsstätte. Der musikalische Unterricht war hervorgehoben und doch zugleich eingefügt in ein Programm allgemeiner Schulbildung; die Zöglinge lernten lesen, schreiben und rechnen; sie wurden in Sprachen unterwiesen, in Religion und in den Anfangsgründen der Wissenschaften zu jener Zeit. Zentral für die Institution war aber das Zusammentreten von Musik und sozialer Funktion: Ein der Zahl nach signifikanter Teil der minderjährigen Stadtbevölkerung, der mangels elterlicher Aufsicht in der Gesellschaft auffällig, störend auffällig hätte werden können, wurde durch Kunst einer sinnvollen Beschäftigung und wohl auch einer in der Regel sanften, im Ausnahmefall unsanften Disziplinierung zugeführt. Er wurde, im wörtlichen wie übertragenen Sinne, harmonisiert."[93]

---

89   Schering (1918:68).
90   Zahlen nach Sowa (1973:224).
91   Vgl. Schipperges (2007:86).
92   Vgl. Dorschel (2010:89f.); Loritz (1998:11f.); Sowa (1973:47–49).
93   Dorschel (2010:90).

Der engere Kontakt Friedrichs I. zu Frankreich hatte auch zu einer stärkeren Verbreitung der Volkbildungsideen Rousseaus in Württemberg geführt. Solche erfuhren unter anderem in der Waisenhauserziehung Berücksichtigung. „Für die Umsetzung neuer pädagogischer Ideen fand man Waisenhäuser ideal, da die Kinder nicht durch das Elternhaus vorgeprägt waren, sondern gleichsam ein unbeschriebenes Blatt darstellten und ausschließlich und allein von Anbeginn der Erziehung an durch die jeweils Verantwortlichen in ihrem Sinne ausgebildet werden konnten."[94] Deutlich wird dies anhand der neuen Waisenhausordnung, die am 1. Juli 1811 für die Einrichtungen in Ludwigsburg und Stuttgart erlassen wurde. Sie stand unter dem innovativen Vorsatz, Waisenkinder nunmehr entsprechend ihrer individuellen Anlagen fördern zu wollen. Zugleich wurde die Etablierung einer musikalischen Ausbildungsstätte am Waisenhaus in Stuttgart bereits angekündigt. Unter § 6 der Waisenhausordnung heißt es:

> „Die Kinder sollen nicht, wie bisher in der Regel geschehen ist, blos für Handwerker und häusliche Dienste erzogen werden, sondern eine solche Bildung und Bestimmung erhalten, welche ihre[r] Fähigkeiten, Neigungen und Leibesbeschaffenheit angemessen ist. [...] Mit dem Ludwigsburger Waisenhaus wird eine Militär- und Zeichnungs-Schule verbunden [...] Dieses Institut behält auch ausschließlich die Knaben, welche für die königl. Porzellan-Fabrik, oder für den Militär-Dienst bestimmt werden können; von denjenigen Kindern hingegen, welche in das Stuttgarter Waisenhaus übergeben werden, sind diejenigen, welche für die Musik ein Talent haben, auszusuchen, und für die Königl. Hofkapelle nachzuziehen."[95]

Von reiner Selbstlosigkeit zeugten die Bestimmungen der Waisenhausordnung nicht. Im Gegenzug zu der unentgeltlichen Ausbildung[96] hatten die Absolventen des Musikinstituts im Stuttgarter Waisenhaus nach Abschluss ihrer Ausbildung acht Jahre in württembergischen Diensten zu bleiben.[97] Investitionen in die Ausbildung der Waisenhauszöglinge sollten sich also möglichst rentieren. Immerhin war vorgesehen, die Selektion geeigneter Waisenhauszöglinge aufgrund ihrer natürlichen Begabung zu betreiben. Das fehlgeschlagene Experiment Carl Eugens, Stuckateure zu Musikern umzulernen, war wohl in Erinnerung geblieben.

Das Stuttgarter Waisenhaus stand im Regelfall Waisenkindern im Alter zwischen 7 und 14 Jahren offen.[98] Der Unterricht gliederte sich nach § 44 der Waisenhausordnung in eine allgemeine Elementarunterweisung und eine Spezialausbildung besonderer Talente. Der grundlegende Elementarunterricht für alle Zöglinge zielte gemäß § 45 darauf, die „Geisteskräfte der Kinder zu entwickeln, und jedem verborgen liegendem Talente Gelegenheit zu geben, sich zu äussern".[99] Er umfasste Religion und Moral, Verstandes- und Gedächtnisübungen, Lesen, Rechnen, Schreiben, Zeichnen, Musik, und „besonders Singen". Offensichtlich sind die Anlehnungen an die Lehre Pestalozzis. Die *Allgemeine Musikalische Zeitung* berichtete, dass Pestalozzis Gesangslehre am Stutt-

---

94 Wagner, J. (2006:155f.).
95 Reyscher (1839:262ff.).
96 Vgl. § 9 Waisenhausordnung, siehe Reyscher (1839:263).
97 Krauß (1908:134).
98 Vgl. § 3, 10 Waisenhausordnung, siehe Reyscher (1839:262,264).
99 Reyscher (1839:274).

garter Waisenhaus sehr erfolgreich unterrichtet würde.[100] Umso mehr muss überraschen, dass Pestalozzis Methoden an öffentlichen Instituten per königlichem Dekret vom 1. Februar 1812 an eigentlich unerwünscht waren. Josef Wagner führt in einer Fußnote als möglichen Erklärungsgrund hierfür an, dass König Friedrich I. in Kriegszeiten eher auf gehorsame Untertanen als auf pädagogische Reformprozesse setzte.[101] Der Musikunterricht am Waisenhaus sollte für entsprechend begabte Zöglinge auch Instrumentalunterricht einschließen, allerdings außerhalb der regulären Schulstunden.[102]

Zwecks einer solchen spezifischen Musikausbildung wurde im Dezember 1811 ein musikalisches Lehrinstitut am Waisenhaus per Gesetz separiert. Das Württembergische Regierungsblatt vom Januar 1812 publizierte erste Details zur Organisation des Musikinstituts.[103] Finanziert werden sollte die Einrichtung zu Teilen aus der königlichen Privatkasse sowie aus der Theaterkasse. Die Zahl der Zöglinge beiderlei Geschlechts – ‚ohne Unterschied der Konfession‘ – wurde auf 60 angesetzt. In einer gesonderten Aufnahmeprüfung hatten „Kunstverständige" geeignete Zöglinge nach ihren musikalischen Anlagen auszuwählen. Die Oberaufsicht oblag Generalleutnant Graf von Dillen, „unter welchem ein Comité, das aus dem Kapellmeister Danzi, dem Instrumental-Direktor v. Hampel, und dem Hofsänger Krebs besteht, das Ganze dirigieren, den Unterricht ordnen, und von Zeit zu Zeit Prüfungen vornehmen wird". 14 Musiklehrer erteilten Unterricht für alle relevanten Orchesterinstrumente. Als weitere Unterrichtsfächer wurden Italienisch, Französisch, Deutsch, Akustik, Ästhetik und Komposition bestimmt. Die Ausbildungsdauer sollte vier Jahre betragen. Aufgrund von jährlichen Prüfungen waren acht Preise zu vergeben. Den „vorzüglichsten dieser Zöglinge" wurde eine Anstellung in der königlichen Hofkapelle in Aussicht gestellt, die „minder sich auszeichnenden" konnten „nach dem Grade ihrer Brauchbarkeit eine zweckmäßige Versorgung erhalten".

Am 12. Januar 1812 eröffnete das Musikinstitut im Waisenhaus.[104] Die Ausbildung war über einen Zeitraum von vier Jahren in drei Parallelklassen angesetzt: (1) Mädchen, (2) Sänger, (3) Instrumentalisten. Der Einstieg in die musikalische Ausbildung erfolgte mit einer sehr hohen Wochenstundenzahl (Sänger, Instrumentalisten: 42 Stunden; Mädchen: 36 Stunden) zuzüglich Deklamations- und Tanzstunden.[105] In den allgemeinbildenden Fächern wurden im ersten Ausbildungsjahr 18 Wochenstunden (Sänger, Instrumentalisten) bzw. 24 Wochenstunden (Mädchen) erteilt. Insgesamt erhielten die Zöglinge somit 60 Stunden wöchentlichen Unterricht. In den folgenden Ausbildungsjahren reduzierte sich der Anteil der Wochenstunden, welcher der musikalischen Ausbildung vorbehalten war, sukzessive zugunsten der allgemeinbildenden Fächer. Diese Verfahrensweise verdeutlicht insbesondere den hohen Stellenwert, der einer musi-

---

100   AMZ (1812:335ff.).

101   Vgl. Wagner, J. (2006:158).

102   Vgl. § 48 Waisenhausordnung, siehe Reyscher (1839:275).

103   Königlich-Württembergisches Staats- und Regierungs-Blatt, Nr. 2, 11. Januar 1812, S. 11: „Die Errichtung eines musikalischen Lehr-Instituts am Stuttgarter Waisenhaus betreffend".

104   Die Darstellung folgt Josef Wagners Untersuchung (2006:153–169, 301–317). Wagner hat in Ergänzung zu Sowa zahlreiche Dokumente zu dem Musikinstitut im Waisenhaus Stuttgart, vorzugsweise aus dem Bestand des Staatsarchives Ludwigsburg, neu berücksichtigt.

105   Wagner, J. (2006:160f.).

kalischen Grundbildung der Zöglinge beigemessen wurde. Grundsätzlich bot sich auch Nichtwaisen, also beispielsweise Kindern aus kleinbürgerlichen Verhältnissen, die Möglichkeit, am Musikunterricht teilzunehmen.[106] „Aus einer Liste des Jahres 1813 geht hervor, daß von insgesamt 63 Zöglingen des gesamten Musikinstituts 11 nicht im Waisenhaus verpflegt wurden, somit externe Schüler waren, die ‚nur die Lehrstunden besuchten‘.“[107] Alle Instrumentalisten erhielten im ersten Unterrichtsjahr Violinunterricht. Die Lehrer rekrutierten sich aus Mitgliedern der Hofkapelle. Dahinter standen praktische Erwägungen. Bereits zum Herbst 1812 wurden die Instrumentalschüler den einzelnen Instrumentalfächern nach Maßgabe einer vollständigen Orchesterbesetzung zugeteilt. Und hier fanden sich Violinisten natürlich stark repräsentiert.[108]

> „Die musikalische Ausbildung der Zöglinge umfaßte folgende Fächer: ‚Anfangsgründe überhaupt‘ (= Elementarunterricht), Einführung in Generalbaß (Lehrer: Johann Nepomuk Schelble), Gesangsunterricht (Musikdirektor und Konzertmeister Wilhelm Sutor), Kompositionslehre (derselbe), Klavierstunden, ‚weil alle, die sich dem Singen oder der Composition widmen, dieses Instrument lernen müssen, und zudem noch der Unterricht auf der Orgel damit verbunden seyn muß‘, Geigenunterricht (Johann Georg Kaufmann u. Franz Malté), ‚weil dies Instrument das nothwendigste in einem Orchester ist, auch von den meisten Blasinstrumentisten erlernt wird‘ sowie Unterricht in den jeweils zugeordneten Orchesterinstrumenten (Violoncello, Kontrabaß, Flöte, Oboe, Klarinette, Fagott und Horn). Die Besoldungsausgaben betrugen – inklusive Französisch- und Italienisch-Lehrern – 2.275 Gulden. Die Lehrer sowie Lehrmethoden wurden von den Inspektoren bestimmt.“[109]

Nicht überliefert ist, inwieweit der Instrumentalunterricht als Einzel- oder Gruppenunterricht erteilt wurde. An Unterrichtsmaterialien fanden insbesondere die Methodikhandbücher des Pariser Konservatoriums Verwendung.[110]

Das 1784 in Paris gegründete *Conservatoire National de Musique* genoss in Deutschland einen hervorragenden Ruf, was die Qualität seiner beruflichen Ausbildung betraf. Gründe hierfür sind neben der staatlichen Unterstützung auch in seiner zentralistischen Funktion innerhalb Frankreichs zu suchen.

> „Es war zunächst Singschule *(Ecole Royale de Chant et de Déclamation)* zur Ausbildung des Opernsängernachwuchses. 1793 wurde es zum *Institut National de Musique* erweitert, an dem auch Instrumentalunterricht erteilt wurde. Seit 1795 hieß es *Conservatoire*, und als staatliches Institut mit den besten Musikern Frankreichs diente es den staatlichen Musikbedürfnissen, einschließlich denen der französischen Heere. Direktoren waren so berühmte Musiker wie etwa Luigi Cherubini und Gabriel Fauré.“[111]

---

106 Vgl. § 56 Waisenhausordnung; Reyscher (1839:277).
107 Wagner, J. (2006:161).
108 Wagner, J. (2006:161f.).
109 Wagner, J. (2006:162f.).
110 Wagner, J. (2006:163).
111 Loritz (1998:12).

Den Eleven wurden unentgeltlich Instrumente sowie eine umfassende Bibliothek bereitgestellt.[112] Eingefordert wurden Gegenleistungen: Dreimal wöchentlich fanden Übungskonzerte statt, vierteljährlich Prüfungskonzerte und halbjährlich Prüfungen.[113] Als nicht geeignet eingestufte Schüler mussten das Musikinstitut verlassen.[114]

Schließlich wurde das Musikinstitut im Waisenhaus sechs Jahre nach seiner Einrichtung per königliches Dekret vom 27. Dezember 1817 wieder geschlossen.[115] Die Gründe hierfür mögen mannigfaltig gewesen sein. Wiederum fiel die Schließung eines musikalischen Ausbildungsinstitutes in Stuttgart mit dem Ableben eines württembergischen Regenten zusammen – König Friedrich I. verstarb am 30. Oktober 1816. Sein Nachfolger, Wilhelm I., unternahm Einsparungen. Die Hungerjahre 1816/17 ließen ihn offenbar neue Prioritäten setzen. Als Folge der napoleonischen Kriege drängten viele mittellos gewordene Kinder in die Waisenhäuser. Vor diesem Hintergrund fiel es der kirchlichen Aufsicht über die Waisenhäuser leicht, eine Abwicklung ungeliebter Spezialinstitute zu begründen.

> „Die Kirchenämter sahen in den zusätzlichen – mit den Waisenhäusern verbundenen – Einrichtungen einen für die anständige Waisenerziehung in ihren Augen verderblichen, abträglichen Einfluß, so daß es nur gerechtfertigt erscheine, den Raum, den diese Institute beanspruchten, dem vermehrten Bedarf zur Verfügung zu stellen. Besonders zuwider war ihnen das Stuttgarter Musikinstitut, das durch den Kontakt seiner Zöglinge zum Theater die Waisen in moralischer Hinsicht gefährde. Der Umgang mit Künstlern und Schauspielern sei einer Erziehung zur Demut, dem ideellen Zweck der Waisenhäuser, abträglich. Zudem seien die meisten Musikinstitutszöglinge über das Alter, an dem eine Waisenhauserziehung ende, schon weit hinaus, zum Teil schon 20 Jahre alt und keine ‚Kinder der Armuth' mehr."[116]

Das Musikinstitut im Waisenhaus Stuttgart schloss am 23. April 1818. Von den anfangs 32 ausgebildeten Instrumentalisten wurden sieben in die Hofkapelle übernommen, andere vermittelte man als Musiker zum Militär oder an Stadtpfeifereien. Wiederum andere begannen eine Handwerkslehre. Aus einem Bericht des Innenministeriums vom 8. Januar 1818 ging hervor, dass aufgewendete Kosten und das Resultat der Arbeit des Musikinstituts in einem Missverhältnis gesehen wurden.[117] Natürlich hatte bis zum Schluss ein niemals gelöster Konflikt zwischen künstlerischen und karitativen Zielen in der musikalischen Ausbildung am Waisenhaus bestanden. Auch wenn dem Musikinstitut bürgerliche Kreise zugesprochen hatten, war es doch in erster Linie für allein rund 500 Waisenhauszöglinge in Stuttgart ohne jegliche musikalische Vorkenntnisse konzipiert worden. Von dem musikalischen Ertrag dieses Experiments durfte man insofern sicherlich keine Wunder erwarten.

---

112 Wagner, J. (2006:164).
113 Wagner, J. (2006:165).
114 Wagner, J. (2006:166).
115 Vgl. Wagner, J. (2006:166ff.).
116 Wagner, J. (2006:167f.).
117 Vgl. Wagner, J. (2006:168).

2.2.4 Eine Musikschulgründung nach dem System Logier

Im 19. Jahrhundert erfolgten Gründungen musikalischer Ausbildungsinstitute häufig aufgrund der privaten Initiative von Einzelpersonen. Infolge der Einführung der Gewerbefreiheit in Preußen bot sich jedermann die Möglichkeit, ein Musikinstitut zu gründen. „Kennzeichen eines institutionellen Unterrichts war, daß die Schüler außer ihrem Einzelunterricht auch Gemeinschaftsunterricht erhielten, zweitrangig war, ob nur ein oder mehrere Lehrer an der Ausbildungsstätte unterrichteten."[118] Gründungen von Musikinstituten waren nicht nur pädagogisch motiviert. Sie versprachen dem Gründer ein finanzielles Auskommen, eine bessere Wahrnehmung in der Öffentlichkeit, mehr Sozialprestige und verbesserte Arbeitsbedingungen, indem der Schüler zum Lehrer kam und nicht umgekehrt. Auch in Stuttgart existierten Musikschulen dieses Typs. Insbesondere in der zweiten Hälfte des 19. Jahrhunderts sollten sie zunehmend Verbreitung finden.

Das „Adreß und Geschäfts-Handbuch der königlichen Haupt- und Residenzstadt Stuttgart für das Jahr 1885" (S. 354f.) verzeichnete beispielsweise fünf entsprechende Einrichtungen: eine Gymnasial-Orchesterschule, eine Neue Musikschule (Gesang), eine Musikschule ohne weitere Bezeichnung, ein Klavierunterrichtsinstitut sowie eine Klavier- und Orgelschule.

Bereits im zweiten Quartal des 19. Jahrhunderts hatte es in Stuttgart eine private Musikschule gegeben, deren Eigenart weit über die Stuttgarter Verhältnisse hinauswies. 1827 berichtete die *Allgemeine Musikalische Zeitung* von der Gründung einer Unterrichtsanstalt durch Franz Stöpel (1794–1836) in Stuttgart, an der „das Pianofortespiel, mit Harmonielehre verbunden, nach der von Logier erfundenen Methode unterrichtet" werde.[119] Offensichtlich erfuhr die Schule regen Zuspruch aus der Stuttgarter Bevölkerung. Wenig später erwähnte die AMZ bereits lobend eine Abendveranstaltung, bei der u.a. 20 Schüler, offenbar im Alter zwischen 6 und 12 Jahren, nach fünfmonatigem Unterricht Mozarts Ouvertüre zu der „Entführung aus dem Serail", zu vier Händen, auf Klavieren im Ensemble vortrugen.[120] Dass die Wirkung eines solchen Vortrages schon aufgrund der spektakulären Besetzung zumindest Staunen hervorrief, liegt nahe.

> „Das Zusammenspiel war so präcis, und der Eindruck der Tothalität so wohlthuend, dass das Publikum seine volle Zufriedenheit zu erkennen gab."[121]

Stöpel war in Fachkreisen kein Unbekannter.[122] Als Sohn eines Schullehrers und Kantors entstammte er einfachen Verhältnissen. Nachdem er selbst die Tätigkeit eines Schullehrers nach nur kurzer Zeit wieder aufgegeben hatte, unterrichtete er als Hauslehrer. Währenddessen vertiefte er seine Fertigkeiten im Klavier- und Violinspiel. Schließlich fühlte er sich dazu berufen, in Berlin Vorträge über Musik zu halten. Offenbar erzielte

---

118   Loritz (1998:18).
119   AMZ (1827:186).
120   AMZ (1827:470).
121   AMZ (1827:470).
122   Vgl. Eitner (1893).

Stöpel damit eine gewisse Wirkung, denn die preußische Regierung sandte ihn Anfang der 1820er-Jahre mit dem Auftrag nach London, über die Lehrmethoden Johann Bernhard Logiers (1777–1846) zu berichten. Logier gehörte zu den schillerndsten Figuren unter den Musikinstitutsgründern in der ersten Hälfte des 19. Jahrhunderts. Er stellte den frühen Prototyp eines erfolgreichen Franchise-Unternehmers dar. Seine Akademien, die nach dem sogenannten „Logier-System" unterrichteten, verbreiteten sich rasant. „In England wurden innerhalb kurzer Zeit fünfzehn gezählt, in Irland vier, in Schottland zwei, in Deutschland mehr als dreißig. Weitere entstanden in Frankreich, in Spanien und sogar in Amerika und Indien."[123] Logier, in Kassel geboren, kann gewiss nicht als außergewöhnlicher Musiker bezeichnet werden. Er brachte es lediglich zum Militärmusiker in England. Allerdings besaß er pädagogisches Geschick, indem er seine Lehrmethoden äußerst erfolgreich zu rationalisieren verstand. Arnold Schering hat ihn als einen rührigen, intelligenten, praktisch veranlagten Kopf charakterisiert, „der mit scharfem Blicke die Schwächen seiner Zeit für sich auszunutzen verstand; weder ein Reformgenie, für das er anfangs gehalten wurde, noch ein ganz Unbedeutender; einer, dem man Unrecht täte, wollte man hinter der Beschränktheit seiner Ansichten und der mit anglikanischer Geschäftstüchtigkeit unternommenen Propaganda für sich selbst gänzlichen Mangel an Idealismus erkennen".[124] Logiers Methode ist bis in die heutige Zeit mehrfach dargestellt worden.[125] Sie versuchte, Gruppenunterricht am Klavier mit einer umfassenden musikalischen Bildung der Schüler zu verbinden. Die Nachfolger bzw. Schüler Logiers – unter ihnen Franz Stöpel – haben sein Unterrichtsprinzip weitestgehend übernommen. Zur besseren Fingerführung und Handhaltung setzte Logier im Anfängerunterricht eine neuartige mechanische Apparatur ein, den sogenannten Chiroplasten. Das Notenlernen sollte über spezielle Notentafeln erleichtert werden, die oberhalb der Tasten angebracht wurden. Logier selbst hat den Unterrichtsbetrieb in seinen Akademien in dem Buch „Anweisung zum Clavierspiel und der musikalischen Composition […] ein Handbuch für Lehrer und Ältern" (Berlin 1829) beschrieben.[126] Danach wurden die Schüler in Klassen zu acht Teilnehmern eingeteilt. Jede Klasse erhielt wöchentlich zwei Doppelstunden Unterricht. Die erste war für Einzelunterricht sowie die gemeinschaftliche Unterweisung in Harmonielehre vorgesehen, die zweite für instrumentalen Gruppenunterricht.[127]

> „[…] beim Gruppenunterricht saßen alle Schüler der Klasse an ihren Klavieren im Halbkreis, und der Lehrer stand auf einem Podest und dirigierte. Zur Erarbeitung eines Stückes wurde folgende Methode angewendet: ein Schüler spielte das Stück allein, während die anderen die Noten mitlasen und laut den Takt mitzählten. Danach spielte ein zweiter Schüler mit, bei der nächsten Wiederholung der dritte usw., bis alle zusammenspielten.

---

123   Sowa (1973:151).
124   Schering (1918:71).
125   Die Darstellung folgt Sowa (1973:151ff.) und Loritz (1998:11ff.).
126   Vgl. Sowa (1973:157ff.).
127   Vgl. Loritz (1998:15).

Am Ende jeder Doppelstunde wurden Hausaufgaben aufgegeben. Die Schüler mußten theoretische und praktische Lektionen zu Hause erledigen."[128]

Logiers Unterrichtskonzept erwies sich schnell als erfolgreich und wurde u. a. von Louis Spohr und Carl Loewe gelobt. Louis Spohr war begeistert davon, dass Logiers Eleven schon nach wenigen Monaten kleine vierstimmige Sätze einschließlich einfacher Modulationen eigenständig verfassen konnten.[129] Die anregende Arbeitsatmosphäre in der Gruppe („Nun war aber alles voller Leben und Thätigkeit"[130]) beeindruckte ihn nicht minder. Der Lernstoff wurde an der Tafel erarbeitet, die Kinder saßen am Klavier und spielten, was verlangt wurde. „Die Möglichkeit, theoretische Kenntnisse mit dem Gespielten und Gehörten sofort zu verbinden und Erkenntnisse unmittelbar anzuwenden, war auf eine geradezu ideale Weise gegeben. Allmählich entwickelte sich daraus ein intensiver Arbeitsunterricht, indem ein Kind nach dem anderen an die Tafel kam, Aufgaben loste, Aufgaben für andere wiederum stellte, frag[t]e und korrigierte."[131] Franz Stöpel sollte sich 1825 in der Vorrede seines Unterrichtswerkes „Neues System der Harmonie-Lehre und des Unterrichtes im Pianoforte-Spiel" an seine Begegnung mit Logier erinnern:

> „Vom königlichen Ministerio des Kultus zu Berlin dazu beauftragt und unterstützt, trat ich daher im April 1821 eine Reise nach London zu Herrn *Logier* an, genoss, während beinahe 3 Monaten, dessen mündlichen Unterricht – und errichtete seit dem October 1821 in Berlin und anderen Orten, mit dem glücklichsten Erfolge musikalische Lehr-Anstalten, wie das durch Berichte in der musikalischen Zeitung, von London und Berlin etc. aus, hinlänglich bekannt ist."[132]

Nicht nur, dass Stöpel nach seiner Rückkehr in Berlin und anderen Orten sogleich Musikschulen nach Logiers Vorbild gründete, in besagter Vorrede behauptete er sogar, durch Logiers Methoden lediglich seine *eigenen* Ideen bestätigt gefunden zu haben.[133] Überhaupt sei er, Stöpel, der festen Überzeugung, durch *seine „Lehre* und *Lehrweise* einen bedeutenden Fortschritt in der Kultur [zu] begründen". Allzu offensichtlich hatte Stöpel indessen Logiers Methoden als die seinen ausgegeben. Ein Blick in Stöpels Unterrichtswerk zeigt, dass er dabei nach bewährtem Muster vorging. Wo von einem (verbesserten) Chiroplasten gesprochen wird, Übungsstücke geringfügig variiert übernommen werden, ist doch von dem eigentlichen Urheber keine Rede mehr. Logiers Lehrwerk baute sich im Bereich *Musiktheorie* in folgender Schrittfolge auf: (1) Notennamen; (2) Durtonleiter; (3) Dreiklangsbildungen; (4) Kadenzen; (5) Modulationen; (6) Molltonarten; (7) Nonakkorde; (8) Figurationen; (9) Motivbildungen; (10) rhyth-

---

128   Loritz (1998:16).
129   Vgl. AMZ (1820:526ff.).
130   AMZ (1820:527).
131   Sowa (1973:158).
132   Stöpel (1825:4).
133   Stöpel (1825:2).

mische Variationen; (11) Kompositionsvorschläge; (12) Analysen.[134] Franz Stöpels „Neues System der Harmonie-Lehre …" wich davon kaum ab und gliederte sich in der musiktheoretischen Darstellung wie folgt: (1) „Musik, Ton und Tonzeichen"; (2) „Von
den Tonleitern und Klanggeschlechtern"; (3) „Von den Dreyklängen"; (4) „Feststellung einiger Grundbegriffe und der gebräuchlichsten Tonarten"; (5) „Vom Grundbasse. Es wird gelehrt wie Dreyklänge […] zu Harmonien […] zu verbinden sind";
(6) „Vom Harmoniren. Zum Grundbasse, der immer nur Grund eines Dreyklangs seyn
kann, die Mittelstimmen zu finden"; (7) „Entwicklung der Normal-, Ton-, und Ton-
arten-Leiter"[135]. Die *Allgemeine Musikalische Zeitung* durchschaute sehr wohl, was eine von Stöpel ausgehende Kritik an Logiers musiktheoretischer Darstellung eigentlich
bezwecken sollte: Stöpel ging es darum, seine Anleihen an Logiers Unterrichtsmethodik weniger offensichtlich erscheinen zu lassen. In einer vergleichenden Untersuchung
der Unterrichtswerke von Logier und Stöpel urteilte die AMZ entsprechend: „Wenn
nun wirklich St. [Stöpel] sich hin und wieder bestimmter ausdrückt, als sein Vorgänger,
so ist doch die Methode L's [Logiers] Eigenthum. Hätte aber der Nachfolger gar nichts
berichtigt: so wäre ja sein Nachfolgen nicht der Erwähnung werth."[136] Es kann kaum
verwundern, dass es zwischen Logier und Stöpel zum Zerwürfnis kam, sobald Logier
1822 einer Einladung nach Berlin folgte und von den Umtrieben Stöpels erfuhr. Während Logier zwischen 1822 und 1826 im Auftrag der preußischen Regierung in der
Ausbildung zukünftiger Lehrer an öffentlichen Schulen wirkte, verschwand Stöpel aus
Berlin, um mit „nicht immer […] ehrlichen Mitteln, anderwärts Musik-, d.h. Klavierschulen à la Logier zu gründen".[137] In verschiedenen Städten – so auch in Stuttgart – eröffnete Stöpel Musikschulen, konnte aber nirgends Fuß fassen.[138] Sein Biograph bezeichnete ihn als „Musiker von zweifelhaftem Rufe"[139], Sowa als „charakterlich zwar
nicht aufrichtigen, dafür aber in Unterrichtsfragen stark engagierten jungen Mann".[140]
Gustav Schilling machte 1838 in seinem Universallexikon der Tonkunst nicht näher
konkretisierte Andeutungen über einen moralisch fragwürdigen Lebenswandel Stöpels
und führte selbigen als Grund für dessen häufige Ortswechsel an.[141]

   Bereits 1830 hatte die AMZ vermeldet, dass Stöpel nach Paris weitergezogen sei
und die Musikschule in Stuttgart eben demselben Herrn Schilling (1803–1881) über-
geben habe.[142] Noch in stärkerem Maße als Stöpel sollte indes Gustav Schilling zu
zweifelhaftem Ruhm gelangen.[143] Die Angaben darüber, wie lange Schilling die Musikschule in Stuttgart leitete, weichen voneinander ab. Schillings Universallexikon ver-

---

134 Zusammenfassung nach Sowa (1973:156). Sowa teilt zur Quelle an selbiger Stelle mit: „Ein Kompendium seiner
     Theorie enthält das im Verlag seines Bruders, Wilhelm Logier, erscheinende Buch ‚System der Musikwissenschaft
     und des musikalischen Unterrichts' (Anleitung zum Pianofortespiel. Aus dem Englischen übersetzt.), Berlin o. J."
135 AMZ (1828:644ff.).
136 AMZ (1828:852).
137 Schering (1918:72).
138 Sowa (1973:159).
139 Eitner (1893).
140 Sowa (1973:154).
141 Schilling (1838:512f.).
142 AMZ (1830:541).
143 Vgl. Eitner (1890).

merkt, dass er selbst 1830 aufgrund seiner Verehelichung nach Stuttgart gekommen sei und im selben Jahr das Stöpelsche Institut übernommen habe. Derselben Quelle zufolge gab Schilling aber bereits im Jahr 1836 die Leitung der Musikschule wieder ab.

> „Von Geschäften überhäuft, war Sch. 1836 genöthigt, die Leitung seines musikalischen Instituts in Stuttgart aufzugeben, und von hier an konnte er sich nun mit mehr Freiheit seinen wissenschaftlichen Beschäftigungen widmen."[144]

Ganz anders hat sich Schilling 1851 in seiner „Musikalische[n] Didaktik" geäußert:

> „In meiner Anstalt wird gegenwärtig, weil ich seit einigen Jahren körperlich leidend bin und keine zu anhaltenden Anstrengungen mehr ertragen kann, hauptsächlich nur Klavier- und Singunterricht ertheilt […] nunmehr seit bereits zwanzig Jahren, welche hindurch ich der Anstalt mit kurzer Unterbrechung vorstehe […]."[145]

Tatsächlich scheint Schilling die Musikschule bis zu seiner überstürzten Abreise aus Stuttgart im Jahr 1857 geleitet zu haben, wenn auch mit Unterbrechung. Unter Berücksichtigung des persönlichen Lebenswandels Schillings liegt es nahe, weniger Arbeitsüberlastung oder gesundheitliche Gründe als vielmehr wirtschaftliche Schwierigkeiten für die zeitweilige Gefährdung seines Musikschulprojektes geltend zu machen (siehe unten). Schilling hat in seiner „Musikalische[n] Didaktik" immer wieder Einblicke in den Unterrichtsalltag an seiner Musikschule gewährt. Die beispielhaften Schilderungen von Unterrichtssituationen zeugen dabei nicht zuletzt von der Selbstgefälligkeit des Autors. Zwischen den Zeilen erfährt man allerdings auch Wissenswertes über die Rahmenbedingungen seiner Musikschularbeit. Zeitweilig besuchten etwa 90 Schülerinnen und Schüler die Anstalt, darunter Kinder, Jugendliche und Erwachsene. Beschäftigt wurden auch Hilfslehrer.[146] Zwar existierten Statuten, welche u.a. auch die Honorarfragen regelten. Letztere handhabe Schilling nach eigenem Bekunden jedoch sehr flexibel. Die Schüler bezahlten mal ein höheres, mal ein niedrigeres Entgelt, je nach den finanziellen Möglichkeiten der Elternhäuser.[147] Schilling empfahl das Alter von sieben bis acht Jahren für den Beginn einer musikalischen Ausbildung von Kindern. In diesem Alter wüssten Kinder so weit ihre verstandesmäßigen Kräfte zu nützen, dass sie lesen, schreiben und rechnen könnten.[148] Er setzte ferner die Dauer eines musikalischen Elemtarunterrichts für die meisten seiner Schüler an der Lehranstalt auf drei, allerhöchstens vier Jahre an. Daran schloss der höhere, künstlerische Unterricht an. Dieser umfasste zusätzlich die Unterweisung in Komposition sowie geschichtliche und ästhetische Vorträge. Nach sechs Jahren war die Ausbildung für die Mehrzahl der Schüler abgeschlossen und sie konnten „getrost der eigenen weiteren Forthülfe überlassen werden".[149] Nach eigener Aussage verband Schilling mit Logier vor allem der Vorsatz, die jeweiligen Vorteile des Einzel- und gemeinschaftlichen Unterrichts miteinander zu verbinden. Ob-

---

144 Schilling (1842:380).
145 Schilling (1851:537).
146 Schilling (1851:182).
147 Schilling (1851:649).
148 Schilling (1851:45).
149 Schilling (1851:46).

wohl er Logier zugestand, als Erster den Beweis für die Zweckmäßigkeit dieses Unterfangens erbracht zu haben, distanzierte er sich doch auch von dessen Methoden:

> „Gleichwohl litt das System [Logiers] wie jeder Anfang in großen Dingen, noch an bedeutenden Mängeln, und bestanden diese vorzugsweise darin, daß das System weder den unveräußerlichen […] Rechten des Einzelunterrichts, noch den Rechten des eigentlichen Erziehungsprinzips […] die volle Rechnung trug.“[150]

Bemerkenswert an dieser Aussage ist, dass Schilling den gemeinschaftlichen Unterricht in Abgrenzung zum Einzelunterricht mit dem „eigentlichen Erziehungsprinzip" verband. Er differenzierte demnach zwischen fachlichen und erzieherischen Aspekten des Unterrichts. Ansonsten beanspruchte Schilling für sich, das Logiersche System vervollkommnet zu haben, den Erfordernissen des Gemeinschafts- *und* Einzelunterrichts gleichermaßen gerecht geworden zu sein. Worauf der Vorrang seiner Methode beruhte, konkretisierte er allerdings nicht. Zumindest scheint Schilling die Methoden Logiers mit einer gewissen Flexibilität gehandhabt zu haben. Dies betraf zunächst die Unterrichtsformen. In seiner *Didaktik* erwähnt er den Klavierunterricht einer Klasse von sechs Knaben bzw. einer Gruppe von fünf zwölf- bis dreizehnjährigen Mädchen.[151] Während der praktische Unterricht in den unteren (vermutlich größeren) Klassen von Hilfslehrern übernommen wurde, unterrichtete Schilling z.B. die elfjährige Tochter eines königlichen Hofbeamten von Beginn an gesondert, um die seiner Meinung nach verkannte Begabung des Mädchens so erst zur vollen Entfaltung zu bringen.[152] Außerdem weiß er an anderer Stelle zu berichten:

> „Ich hatte einst eine Klasse, in welcher lauter achtzehn- und zwanzigjährige Gräfinnen und Barone, etwa zwölf zusammen, Unterricht in der Harmonie erhielten […].“[153]

Einerseits beteuert Schilling, dass ihm alles Maschinenhafte in der Kunst widernatürlich erscheine:

> „[…] gleichwohl kann man in meiner Anstalt sowohl den Kalkbrennerschen Handleiter als den Logierschen Chiroplasten sehen: ich wende sie an als Erleichterungsmittel und Präservativmittel bei Anfängern, und entferne sie, sobald es weder der Erleichterung noch der Sorge um unheilbare Krankheiten bedarf.“[154]

Andererseits erschließen sich nicht wirklich grundlegende Unterschiede zum Lehrsystem Logiers, wenn er den Erfolg seiner Lehrmethode gleichfalls damit begründet, dass …

> „ich auch beim bloßen Elementar-Unterrichte vom ersten Anfange an und in allen Beziehungen die Theorie mit der Praxis Hand in Hand gehen lasse, so weit, daß die Schüler – um nur eine von jenen Beziehungen namhaft zu machen – z.B. beim Klavierspiel, indem ihnen die Applicatur gezeigt wird, zugleich die prinzipiellen Regeln dieser erfahren,

---

150   Schilling (1851:56).
151   Schilling (1851:143,169).
152   Schilling (1851:12f.).
153   Schilling (1851:134).
154   Schilling (1851:257).

um danach selbst bestimmen zu können, welche, und wie sie die Finger bei diesen oder jenen Sätzen zu nehmen haben, sondern daß sie sofort auch sogar verstehen lernen, was sie spielen, bis zur Harmonie herauf.

Ja, man frage die Kinder, die kaum zwei Jahre meine Anstalt besuchen, ob sie nicht auch schon die Accorde, die Harmonie kennen, die sie da zu greifen oder zu denen sie zu singen oder zu spielen haben. Sie können noch mehr: man gebe ihnen eine beliebige Melodie, und binnen wenigen Minuten wird man dieselbe von ihnen auf zwei, drei verschiedene Weise in Harmonie gebracht wieder erhalten. Daß die Praxis und was damit in Verbindung steht, selbst wieder dadurch wesentlich gefördert wird, wer wäre, der das bezweifeln möchte?"[155]

Finanzielle Unregelmäßigkeiten führten schließlich das Ende der musikalischen Lehranstalt Gustav Schillings herbei. Die genauen Hintergründe bleiben unklar. „Wir kennen sein [Schillings] Privatleben zu wenig, um die Ursache zu wissen, die ihn nach und nach in eine enorme Schuldenlast brachte."[156] In den Worten von Schillings Biograph stellt sich der Sachverhalt folgendermaßen dar:

„Die Musikschule giebt er ab, da Wechselschulden machen und baar Geld borgen weniger Mühe verursachen und ein schöneres Stück Geld einbringen. Dabei entwickelt er andererseits wieder einen so staunenswerthen Fleiß im Bücherschreiben, daß man ihm zugestehen möchte, er habe sich redlich bemüht, mit Ehren durch die Welt zu kommen, denn er giebt in der Zeit von 1839–1850 nicht weniger als 21 umfangreiche Werke über Musik heraus, von denen der größte Theil 350–800 Druckseiten umfaßt, ungerechnet die 5 Jahrgänge der ‚Jahrbücher des deutschen Nationalvereins für Musik und ihre Wissenschaft‘, die in Karlsruhe von 1839–1843 erschienen und in der ein großer Teil von ihm selbst geschrieben ist."[157]

Inzwischen war Gustav Schilling zu einem überaus populären Musikschriftsteller seiner Zeit avanciert. Viele seiner Schriften erlebten mehrfache Auflagen. Schilling rühmte sich seiner Doktorwürden, führte den Titel eines Hofrats und wurde mit einer Medaille für seine Verdienste um Kunst und Wissenschaft vom preußischen König ausgezeichnet. Das Urteil der Nachwelt fiel demgegenüber weniger gnädig aus. So schreibt Karl Heinrich Ehrenforth in einem lexikalischen Beitrag zu Gustav Schilling im MGG (= Die Musik in Geschichte und Gegenwart):

„Im übrigen aber zeichnet sich Schillings Musikschriftstellerei (sein Hauptinteresse galt dem „ästh. T." der Musik) durch wenig Sachkenntnis, vielschreiberische Oberflächlichkeit, Verwässerung von Angelesenem, Hohlheit und Gespreiztheit aus. Vielfach entstanden seine Schriften als Umarbeitung eigener, aber auch als Plagiate fremder Werke, so daß ihn die NZM [= NZfM] aufs Korn nahm und Verleger ihn anklagten. Schumann, persönlich

---

155   Schilling (1851:46f.).
156   Eitner (1890).
157   Eitner (1890).

angegriffen, unterließ nicht, das ‚marktschreierische Treiben dieses Pfuschers aufzudecken‘ und den ‚dünkelhaften und unwissenden Plagiator‘ zu entlarven.“[158]

In einem neueren Beitrag zum MGG aus dem Jahre 2005 hat dem Daniel Balestrini allerdings widersprochen. Vielmehr stehe die wissenschaftliche Beschäftigung mit dem Werk Gustav Schillings erst am Anfang.[159] Nach Ansicht von Sigrid Abel-Struth ist in der Schilling-Rezeption „von einer im einzelnen noch abzuklärenden Vermischung von Urteilen, Vorurteilen und demgemäßer Verwischung eventueller tatsächlicher historischer Bedeutung auszugehen“.[160]

In der Tat hat es Gustav Schilling seinen Kritikern allzu leicht gemacht. Es gibt Passagen in den Schriften Schillings, deren inhaltliches (und sprachliches) Niveau geradezu erschreckend dürftig ist. Über die Bedeutung des häuslichen Übens schreibt er in seiner *Didaktik*:

> „Ich wiederhole: nicht auf das viele, sondern auf das rechte Ueben kommt es an, und dieses besteht darin, einmal daß überhaupt Etwas gethan, Etwas gemacht wird, einerlei noch ob gut oder schlecht; dann daß es immer besser gemacht und endlich drittens, daß es zuletzt ganz gut gemacht wird.“[161]

Dennoch ist Schilling ein (fehlgeleitetes) Talent nicht abzusprechen. Gerade seine „Musikalische Didaktik oder die Kunst des Unterrichts in der Musik“ (1851) vermag noch heute als wichtige Quelle zum Stand der Musikpädagogik im 19. Jahrhundert zu interessieren. Sie enthält allen Vorbehalten zum Trotz originelle, um nicht zu sagen originale Gedankengänge.[162]

Endlich ergriff Schilling im Jahr 1857 zum Erstaunen der Stuttgarter Gesellschaft die Flucht. Die „Augsburger Allgemeine Zeitung“ vermeldete am 24. Januar 1857:

> „Stuttgart, 20. Januar. Einen Gegenstand vielfältigen Gespräches bildet das plötzliche Verschwinden des seit einer Reihe von Jahren hier als Vorstand einer musikalischen Lehranstalt ansässig gewesenen und auch als musikalischer Schriftsteller bekannten Hofraths Gustav Schilling, der mit Hinterlassung einer bedeutenden Schuldenmasse das Weite suchte. Man spricht indeß nicht nur von großen Schulden, sondern auch von argem Wechselschwindel, dessen er sich schuldig gemacht haben soll, daher die Sache bei Gericht anhängig ist.“[163]

… sowie am 29. Januar 1857:

> „Die Flucht des Hofraths Schilling bildet noch immer einen Gegenstand des Tagesgesprächs; es scheint sich aus den Anmeldungen bei Gericht ergeben zu haben, daß derselbe das Geschäft des Wechselreitens mit Fälschungen schon seit etwa 10 bis 12 Jahren als einen Hauptgegenstand seines Einkommens betrieben hat, woher die große Summe der Schul-

---

158   Ehrenforth (1963:1720f.).
159   Balestrini (2005).
160   Abel-Struth (1986:20f.).
161   Schilling (1851:594).
162   Vgl. Kapitel 3.3.2.
163   Zit. nach Eitner (1890).

den und Fälschungen kommt. Indem die ersteren über 100 000 Gulden und die letzteren an 70 000 Gulden betragen sollen. Uebrigens ist die Nachricht hier eingegangen, daß S. sich in Liverpool nach Nordamerika kurz vorher eingeschifft hatte, ehe die telegraphischen Depeschen mit dem Begehren seiner Auslieferung dort eingetroffen waren."[164]

Angekommen in New York, wollte Schilling nach Berichten der *Neuen Zeitschrift für Musik* abermals ein Konservatorium gründen.[165] Einem Auslieferungsprozess auf Betreiben des Königshauses Württemberg entzog er sich 1859 durch Flucht aus dem Hausarrest. Dann verlieren sich seine Spuren. 1880 verstarb Gustav Schilling auf der Farm seines Sohnes in Nebraska.[166]

2.2.5 Stuttgarter Musikschule / Konservatorium Stuttgart

Mit der Verbürgerlichung der Gesellschaft ging in ganz Deutschland ein steigender Bedarf an musikalischen Ausbildungsstätten einher. „In der zweiten Hälfte des 19. Jahrhunderts kam es zu einer Welle von Neugründungen musikalischer Bildungseinrichtungen. Die hauptsächlich der musikalischen Laienbildung dienenden *Musikschulen* blieben überwiegend in privater Trägerschaft; die als *Konservatorium* bezeichneten Institute zur Ausbildung von Berufsmusikern gingen, wenn nicht direkt von staatlichen Stellen gegründet und getragen, nach einiger Zeit von privater in öffentliche Trägerschaft über."[167] Als vorbildlich für eine Ausbildung angehender Berufsmusiker wurde deutschlandweit vor allem das Konservatorium in Leipzig angesehen, welches 1843 aufgrund einer persönlichen Stiftung und des persönlichen Engagements Felix Mendelssohn-Bartholdys gegründet worden war. „Mit der starken Betonung der wissenschaftlich-theoretischen Disziplinen, die ein deutliches Gegengewicht zu dem aufkommenden Virtuosentum setzten, gewann das Leipziger Konservatorium als erste Musikhochschule in Deutschland sein Profil."[168]

> „Nach dem Leipziger Vorbild erfolgten 1850 Konservatoriumsgründungen in Berlin (Stern) und Köln (F. Hiller). Die Akademie für Tonkunst Darmstadt wurde 1851 gegründet, das Straßburger Konservatorium 1855 (beide von Gründung an städtisch), das Königliche Konservatorium Dresden […] 1856, das Augsburger Konservatorium 1873 (seit 1924 städtisch). Die Berliner Hochschule (erster Direktor Joseph Joachim), wurde 1869 ins Leben gerufen; 1878 folgte das Dr. Hochsche Konservatorium in Frankfurt am Main. Das 1804 gegründete Akademische Musikinstitut Fröhlichs wurde 1875 zum Konservatorium Würzburg; die 1883 gegründete Städtische Musikschule Nürnberg wurde 1917 zum Konservatorium erhoben."[169]

---

164   Zit. nach Eitner (1890).
165   NZfM Nr.46 (1857:218).
166   Vgl. Balestrini (2005).
167   Loritz (1998:23).
168   Gruhn (2003:99).
169   Loritz (1998:23).

Nach Wilfried Gruhn existierten Ende des 19. Jahrhunderts bereits ca. 230 Konservatorien und Musikschulen in Deutschland.[170]

Bislang hatte es in Stuttgart noch kein Musikinstitut gegeben, das auf der Basis eines breiten Konsenses in der bürgerlichen Gesellschaft entstanden wäre. Dieser Schritt vollzog sich erst mit der Gründung der Stuttgarter Musikschule am 15. April 1857. Die Initiative zur Errichtung der Stuttgarter Musikschule ging von dem Pianisten und Klavierlehrer Sigmund Lebert (1821–1884) aus.[171] Lebert war es gelungen, ein Netzwerk herzustellen, das bürgerliche und fachliche Kräfte in dem gemeinsamen Anliegen einer Musikschulgründung einte. Für die Unterstützung seines Vorhabens hatte er die Kunstliebhaber / Mäzene Dr. Wilhelm Brachmann und Eduard Laiblin gewinnen können. Beide fungierten als Vorstände der neuen Anstalt. Der Gründung selbst ging eine Vorankündigung im Februar desselben Jahres voraus, welche von 22 namhaften Persönlichkeiten des öffentlichen Stuttgarter Lebens unterzeichnet wurde. Selbige bildeten fortan das *Ehrencomité* der Musikschule:

> Freiherr v. Cotta-Cottendorf / Stadtrat Denninger / Graf v. Dillen (Königlicher Kammerherr) / Dr. jur. Elben / Prof. Erhard / Oberhofprediger Prälat Dr. v. Grüneisen / Prof. Dr. Gugler / Stadtschultheiss v. Gutbrod / Professor Hänel / Oberst v. Hardegg / Hofrat v. Kaulla / v. Kieser (Rektor der Königlichen Realanstalt) / Präsident Staatsrat v. Köstlin / Ministerialsekretär Köstlin / Hofkapellmeister Kücken / Prof. Dr. v. Knurr (Vorstand der Königlichen polytechnischen Schule) / Oberstudienrat Dr. v. Roth (Rektor des Königlichen Gymnasiums) / J. L. Schiedmayer (Pianofortefabrikant) / Obertribunalprokurator Seeger / Direktor Strebel (Vorstand des Privatgymnasiums) / Rittmeister Freiherr Wilhelm v. Wimpffen, / Wolff (Rektor des Königlichen Katharinenstiftes).[172]

Dem Lehrkörper gehörten an: Sigmund Lebert; sein Bruder Jakob Levi (Violinist der Hofkapelle); Ludwig Stark (Mitherausgeber der Lebertschen Klavierschule); Immanuel Faisst (Kirchenmusiker, Leiter des Vereins für klassische Kirchenmusik); Ludwig Speidel (Dirigent des Liederkranzes); Hof- und Kammersänger Johann Baptist Pischek; die Hofkapellenmitglieder Franz Broch, Franz Debuysère, Eduard Keller (Violoncello und Violine); sowie Ludwig Gantter (als Professor des Polytechnikums für die Unterrichtsfächer Ästhetik und Musikgeschichte vorgesehen).[173] Während dem Ehrencomité vor allem solche Personen zuzurechnen waren, denen es kraft ihrer Ämter bzw. Funktionen angelegen sein konnte, sich für die künftige Entwicklung der Musikschule einzusetzen, war die Musikschule über ihre Lehrkräfte mit den wichtigsten Musikinstitutionen der Stadt verbunden. Im März 1857 konstituierte sich zudem der Stuttgarter Orchesterverein, ebenfalls aus einer bürgerlichen Initiative erwachsen.[174] Zwischen beiden Einrichtungen sollte es fortan zu Kooperationen kommen. Die Musikschule sorgte für Orchesternachwuchs; sie stellte Solisten sowie künstlerische Leiter des Orchestervereins.

---

170   Gruhn (2003:143).
171   Vgl. im Folgenden: Konservatorium Stuttgart (1882), Eisenmann (1907), Keller (1957), Gritschke (2007).
172   Eisenmann (1907:6f.).
173   Eisenmann (1907:7ff.).
174   Vgl. Kapitel 1.5.

Der erste Prospekt der Stuttgarter Musikschule – aus Anlass ihrer Gründung erschienen – machte bereits detaillierte Angaben zur Zweckbestimmung der Einrichtung.

„Der Zweck dieser Anstalt,' so heisst es in dem erwähnten Prospekt, ,ist ein doppelter: sie soll nicht bloss dem angehenden Musiker von Fach Gelegenheit bieten, sich in dem betreffenden Zweigen seiner Kunst zum Künstler auszubilden, sondern sie soll auch zur allgemeinen Gründung eines gediegenen musikalischen Geschmackes und Verständnisses, zur Hebung der Tonkunst in all ihren Gebieten den Weg bahnen. Dies sucht sie zu erreichen durch gründlichen, methodischen Unterricht in der Vokal- und Instrumentalmusik, durch Heranbildung von Chören für die Kirche und für Gesangsvereine, durch populäre Vorträge über Harmonielehre und die musikalischen Kunstformen (in Verbindung mit Analyse klassischer Werke), über allgemeine und spezielle Ästhetik und über die Geschichte der Musik; ferner dadurch, dass den Schülern der Anstalt Gelegenheit geboten werden soll, sich im Zusammenspiel mit anderen Instrumenten zu üben, damit sie in die Meisterwerke, die in Form von Sonate, Trio, Quartett, Quintett usw. vorhanden sind, nach und nach eingeweiht werden.
Die Anstalt wird dafür Sorge tragen, dass der Unterricht im Einzelnen wie im Gesamten durchaus vollständig ist, und das kein anderweitiger Privatunterricht mehr nötig seyn wird, sowie dass in der Instrumentalmusik nie mehr als drei auf gleicher Stufe stehende Schüler gemeinschaftlichen Unterricht haben; endlich dass der Elementar-Gesangsunterricht, als wichtigstes Glied der allgemeinen musikalischen Erziehung, die Grundlage des gesamten Unterrichtes bildet.
Dabei wird diese Anstalt auf keinen einseitigen oder ausschließlichen Prinzipien fussen, wird sich nicht pedantisch auf abgeschlossene Kunstformen beschränken, so vollendet und erhaben diese auch dastehen mögen, sondern wird der historischen Entwicklung folgend, die klassische Musik als Ausgangspunkt nehmen; aber durch Hereinziehung des vielen Vortrefflichen, das die Neuzeit hervorgebracht hat, jede Einseitigkeit vermeiden, auch nie die Zukunft ausser Acht lassen, für deren gesundes, ungehemmtes Gedeihen sie ja sorgen will, und die nur durch eine naturgemäss fortschreitende, allseitige Entwicklung zum Nutzen und Frommen der Kunst vorbereitet werden kann'."[175]

Die genannten Ziele der Stuttgarter Musikschule sind als überaus ambitioniert zu bezeichnen. Die Fachausbildung zum Musiker sollte auf der Förderung eines allgemeinen Verständnisses für Musik in der Bevölkerung aufbauen – dies im Dienste der „Hebung der Tonkunst" unter Berücksichtigung neuzeitlicher Entwicklungen. Ein „methodisch gründlicher" Unterricht berücksichtigte von Beginn an Hauptfächer (Sologesang, Klavier, Orgel, Violine, Violoncello) sowie Neben- bzw. Ergänzungsfächer (Elementar- und Chorgesang, Tonsatzlehre, Ästhetik, Musikgeschichte, Italienisch). Die Zweckbestimmung der Stuttgarter Musikschule antizipierte darüber hinaus schon charakteristische Strukturmerkmale einer heutigen Musikschularbeit. Die vorgesehenen Unterrichtsformen reichten über Klassen-, Gruppen-, Partner- bis hin zum Einzelunterricht. Das Zusammenspiel in Ensembles war als integrativer Teil der Lehre fest eingeplant; das örtliche Musikleben wollte man bereichern, indem man Kir-

---

175   Eisenmann (1907:5f.).

chenchören und Gesangsvereinen zuarbeitete sowie Volksbildung durch musikwissen-schaftliche Vorträge betrieb. Überhaupt erhob die Musikschule den Anspruch, sich durch Qualität und Vollständigkeit der Lehre von einem privaten Unterrichtsangebot abzuheben. Einem „einseitigen oder ausschließlichen Prinzipien" folgenden Unterricht erteilte man eine klare Absage. Noch war die Erinnerung an das Scheitern der Musik-schulen von Franz Stöpel und Gustav Schilling in Stuttgart frisch.

Immanuel Faisst (1823–1894), ab 1859 Leiter der Stuttgarter Musikschule, hat in einer Rede zur zehnjährigen Stiftungsfeier des Konservatoriums vom 11. April 1867 – die Musikschule war 1865 aus „Konzession gegen den anderwärts allgemei-nen Gebrauch"[176] in Konservatorium umbenannt worden – auf eine strukturbildende Besonderheit der Stuttgarter Musikschule hingewiesen:

> „Dem bezeichneten Zwecke gemäß zerfiel die Musikschule von Beginn an in zwei Abthei-lungen, eine Künstlerschule und eine Dilettantenschule. Diese seitdem beibehaltene Ver-einigung der beiden verschiedenen Gattungen von Schulen – welche sich jedoch nicht sowohl durch die Art und Weise des Unterrichts, als vielmehr durch ihre äusseren Ein-richtungen von einander unterscheiden, überhaupt aber nicht principiell von einander ge-trennt sind – bildet eine Haupteigenthümlichkeit unserer Anstalt gegenüber von andern Musikschulen oder Conservatorien, welche von Niemand gering geschätzt werden wird, der sich nicht der Einsicht verschliesst, von wie hohem Werthe für die Wirksamkeit und Fortentwicklung der Tonkunst es ist, dass auch die Dilettanten, also das Volk im grossen Ganzen, mehr und mehr einer gründlichen, gediegenen musikalischen Bildung theilhaf-tig werde."[177]

Die organisatorische Zweiteilung der Musikschule in eine Künstler- und eine Dilettan-tenschule findet sich in den 1875 erstmals in Schriftform veröffentlichten „Programm und Statuten" des Konservatoriums dokumentiert. § 1 weist einmal mehr auf den über-geordneten Zweck der Anstalt, aber auch auf unterschiedliche Zielgruppen hin:

> „Das Conservatorium […] bezweckt, eine gediegene musikalische Bildung, die auf dem Stu-dium der klassischen Meister fusst, aber auch das Gute aus der modernen Literatur sich zu eigen macht, zu begründen und zu verbreiten. Die Anstalt sucht dies zu erreichen durch gründlichen Unterricht sowohl von Solchen, welche sich der Musik als Künstler und Leh-rer widmen wollen, als auch von Dilettanten, welchen es um eine kunstgerechte musika-lische Ausbildung zu thun ist."

Die „Art und Weise des Unterrichts" sollte sich für die Absolventen der Künstler- und Dilettantenschule nicht grundsätzlich voneinander unterscheiden. Der Anspruch an die Ausbildung der Dilettanten war also keineswegs ein geringfügiger. Es ging um nichts weniger als ihre *kunstgerechte* musikalische Ausbildung. Bemerkenswert für die damalige Zeit erscheint ferner, dass sich das professionelle Studium nicht nur auf die Fachausbil-dung zum Musiker beschränkte, sondern den Lehrberuf mit einschloss. In der Tat se-hen die Statuten des Jahres 1875 unter § 3 einen besonderen Lehrkurs für Studenten

---

176 Eisenmann (1907:20).
177 Faisst (1867:4).

des Sologesangs vor. Außerdem sollte Klavierstudierenden, welche „sich zu Klavierlehrern ausbilden wollen", die Möglichkeit geboten werden, sich „so viel als thunlich [...] unter Aufsicht eines Lehrers im Unterrichtgeben selbst zu üben". 1872 wurden erstmals Elementarklassen für Klavierspiel eingerichtet:

> „Die Leitung der neuen Elementarklasse unterstand Professor L. Rein, unter seiner Aufsicht geschah von seiten der dazu befähigten Schüler und Schülerinnen die direkte Unterweisung der jungen Elementarschüler der Dilettantenklassen [...]."[178] „Ähnliches geschah in anderen Fächern, in der Harmonielehre, im Orgelfach und im Elementargesang, wo gleichfalls vorgerückte und zum Lehrberuf befähigte Schüler zuerst provisorisch, sodann definitiv der Zahl der Lehrer eingereiht wurden."[179]

Für Schüler der Künstler- und Dilettantenschule galten von Anfang an unterschiedliche Unterrichtsbestimmungen.[180] Während die Auswahl von Studierenden der Künstlerschule nach Eignung erfolgte, wurden bei den Musikliebhabern keine speziellen Vorkenntnisse vorausgesetzt. Den Anordnungen der Lehrer war Folge zu leisten (§ 8). Man ordnete die Laienschüler in den Fächern Klavier, Violine und Violoncello gemäß ihrem Spielniveau einer Elementar-, Mittel- oder Oberstufe zu. Studierende der Künstlerschule erwarben ein Unterrichtspaket zum jährlichen Festpreis. Es beinhaltete den Hauptfachunterricht nebst Tonsatz, gegebenenfalls noch ein Zweitfach, sowie – gemeinsam mit den Dilettanten – Elementar- und Chorgesang. Weitere Unterrichtsfächer, z.B. Ensemblespiel, Orgelkunde, Geschichte der Musik, Deklamation, Ästhetik und Literaturgeschichte traten je nach Lehrplan verpflichtend hinzu. Schüler der Dilettantenschule stellten sich hingegen die Unterrichtsfächer nach Wahl selbst zusammen. Die jeweils fälligen Unterrichtsentgelte wurden summiert und vierteljährlich abgerechnet. Den Instrumental- bzw. Sologesangsunterricht erhielten Dilettanten in der Regel in Gruppen von zwei bis drei Schülern zweimal wöchentlich. Diese Regelung gestattete es, zwischen Einzel-, Partner- und Gruppenunterricht zu variieren, – „als sich diess mit dem individuellen Bedürfnis jedes einzelnen verträgt" (§ 7). Die Honorare für den Instrumentalunterricht stiegen in der Dilettantenabteilung mit dem Ausbildungsniveau der Schüler an. Fortgeschrittene zahlten mehr. Entscheidend blieb insofern, ob jemand der Elementar-, Mittel- oder Oberstufe zugerechnet wurde. Anfänger verpflichtete man, unentgeltlich an einer dritten gemeinsamen Wochenstunde teilzunehmen, die in Ton- und Taktlehre einführte. Elementar- sowie Chorgesang waren gesondert zu vergüten. Fortgeschrittenen Laien stand grundsätzlich die Möglichkeit zum Ensemblespiel offen. Sie konnten zudem gegen Aufpreis Kurse in Tonsatzlehre, Musikgeschichte oder Ästhetik / Kunst- und Literaturgeschichte belegen. Erwähnt sei, dass der Tonsatzunterricht für Dilettanten zusammen mit den weiblichen Zöglingen der Künstlerschule erteilt wurde. Frauen wurden somit gegenüber ihren männlichen Kollegen in der Künstlerschule benachteiligt. Sie erhielten auch nur ein Drittel der für die Männer vorge-

---

178   Eisenmann (1907:26).
179   Eisenmann (1907:17).
180   Vgl. „Programm und Statuten des Conservatoriums für Musik in Stuttgart" (1875), § 3 („Die Künstlerschule") und § 4 („Die Dilettantenschule").

sehen Stunden im Tonsatz. Die Eleven sowohl der Künstler- als auch der Dilettantenschule nahmen an wöchentlichen Vortragsübungen und Aufführungen sowie an jährlichen Prüfungsvorspielen teil. Am Ende eines jeden Schulsemesters wurde den Schülern ein Zeugnis über „Betragen, Fleiss und Fortschritte" (§ 7) ausgestellt. Abgangszeugnisse blieben den Absolventen der Künstlerschule vorbehalten.

Um einen Eindruck über die Kostenbelastung der Dilettantenschüler zu geben, sei an dieser Stelle ein fiktives Beispiel angeführt. Ein Laie zahlte im Jahr 1898 gemäß den Statuten des Konservatorium (1898, § 4) für einen wöchentlich zwei Drittelstunden umfassenden Klavierunterricht (= 40 min.) in der Mittelklasse 18 Mark vierteljährlich. In der Oberklasse wären bereits für wöchentlich zwei halbstündige Einheiten Klavierunterricht (= 60 min.) 45 Mark fällig geworden. Offensichtlich war man zwischenzeitlich dazu übergegangen, Schülern der Mittel- und Oberklasse den Klavierunterricht bevorzugt einzeln zu erteilen. Es ist davon auszugehen, dass Schüler neben dem Hauptfachunterricht noch Ergänzungskurse belegten, denn der Singunterricht an allgemeinbildenden Schulen vermochte kaum für eine relevante musikalische Vorbildung zu sorgen (s.o.). Unterstellt man nun, dass selbiger Klavierschüler wöchentlich noch eine Stunde Tonsatzlehre (6 Mark vierteljährlich) sowie zwei Stunden Chorgesang (4 Mark vierteljährlich) belegt hätte, ergäbe sich ein Gesamtbetrag von 28 Mark (Mittelstufe) bzw. 55 Mark (Oberstufe) für einen dreimonatigen Unterricht. Hinzu kamen die Aufwendungen für Musikalien, Instrument usw. Nach den Erhebungen des Stuttgarter Gewerkschaftsführers Theodor Leipart betrug der wöchentliche Durchschnittsverdienst eines männlichen Arbeiters 1897/98 in Stuttgart 22,22 Mark (vgl. Kapitel 1.2).[181] Daran gemessen müssen die Kosten der Konservatoriumsausbildung für Laien als durchaus erheblich angesehen werden. Tatsächlich waren im Schuljahr 1897/98 352 Dilettantenschüler am Konservatorium eingeschrieben.[182] Angesichts von rund 176.705 Einwohnern[183] im Stuttgart des Jahres 1900 mag diese Zahl gering erscheinen, sofern man die Schülerzahlen heutiger Musikschulen als Vergleichsmaßstab heranzieht. Zu berücksichtigen ist aber: Klassische Musik zu hören oder zu spielen – und nur solche wurde am Konservatorium unterrichtet – blieb bis dahin weitgehend das Distinktionsmerkmal einer sich als gebildet verstehenden Bürgerschicht. Noch war ein Großteil der Gesellschaft aber den unteren Einkommensschichten zuzurechnen. Es stellt sich zudem die Frage, inwieweit ein durchschnittlicher Arbeitnehmer angesichts langer Wochenarbeitszeiten und beengter Wohnverhältnisse überhaupt mit klassischer Musik hätte in Berührung kommen *können*. Diskutiert werden sollten solche Fragen durchaus – vorwiegend in der ersten Hälfte des 20. Jahrhunderts. Allerdings erst vor dem Hintergrund der Beobachtung, dass die bürgerliche Kultur und die Arbeiterkultur sich einander entfremdet hatten.

Während die Unterrichtssystematik des Konservatoriums in den jeweils gültigen Statuten der Jahre 1875, 1882, 1887, 1895, 1898 und 1902 in Grundzügen erhalten

---

181 Vgl. Kapitel 1.2. Es ist bei dem Betrag von 22.22 Mark allerdings von einem Brutto-Betrag auszugehen, der für die reine Arbeitsleistung vergütet wurde.

182 Eisenmann (1907:60).

183 Vgl. Sauer (1988:31).

blieb, kam es in der Zwischenzeit doch zu Erweiterungen des Fächerangebots.[184] Seit den 1870er-Jahren bestanden Überlegungen, eine Orchesterschule am Konservatorium zu errichten. Im Streicherbereich versuchte man, durch die Einrichtung von Quartett-stunden einen Grundstein zu legen. „Auch wurden im Jahr 1880 für die wichtigsten Instrumente, die im Konservatorium noch nicht vertreten waren, […] Mitglieder der Königl. Hofkapelle als Lehrer gewonnen: Kammervirtuos K. Krüger für Flöte, Kammer-virtuos Ferling für Oboe, Hofmusikus Meyer für Klarinette, Kammermusikus Karl Herr-mann für Fagott, Hofmusikus Spohr für Horn, Hofmusikus Schoch für Kontrabass […].“[185] Die Statuten des Jahres 1882 (§ 3) weisen die Instrumente Flöte, Oboe, Kla-rinette, Fagott, Horn, Kontrabass und Harfe als Angebote in der Künstlerschule aus. Ab 1887 wurden dieselben Instrumente für fortgeschrittene Laien auch in der Dilet-tantenschule ausgeschrieben (Statuten 1887, § 4). In die Statuten des Jahres 1898 (§ 3) fand das Fach Trompete Eingang; insbesondere aber die Erweiterung des inzwischen Koniglichen Konservatoriums um eine Theaterschule (Opern- und Schauspielschule). Alexander Eisenmann (1875–1964), Absolvent des Konservatoriums Stuttgart und selbst als Lehrer (Violine, Klavier) ebendort tätig, hat in der von ihm verfassten Fest-schrift zum 50-jährigen Bestehen des Stuttgarter Konservatoriums dennoch auf die Notwendigkeit von inhaltlichen Reformen des Unterrichtsangebots in den Jahren 1897–1907 hingewiesen:

> „Als notwendig ergab sich vor allem ein stärkeres Gewichtlegen auf die allgemein musika-lische Ausbildung der Zöglinge. Die bisherige Methode war vor allem darauf bedacht ge-wesen, technische Werte zu erzeugen und die Spieler in ihrem Spezialfach möglichst gründ-lich auszubilden, wobei es im Geiste der älteren Schule lag (wie es auch gar nicht anders sein konnte), dass dabei eine etwas einseitige Richtung innegehalten wurde. Jetzt, wo die Anforderungen an den Orchestermusiker, den Musiklehrer und selbst an den ausübenden Virtuosen immer grössere wurden, geschah nur etwas Selbstverständliches, wenn die Schu-le, der die Vorbildung der jüngeren Musikgeneration anvertraut war, alles tat, um ihren Zöglingen eine Ausbildung mit auf den Weg geben zu können, mit welcher sie ausgerüstet sie mutig in die Welt hinausgehen konnten.
> Die Schule sollte nicht nur gewandte, tüchtige, hervorragende Spieler entlassen, sondern aus ihr heraus sollten dem freien Lehrerstand die jungen, intelligent gebildeten Kräfte zuge-führt werden, deren er in der jetzigen Zeit so dringend bedarf.“[186]

Eisenmanns vorsichtige, dem Charakter einer Festschrift geschuldete Formulierungen dürfen nicht darüber hinwegtäuschen, dass er der bisherigen Bildungsarbeit des Konser-vatoriums ein nur begrenzt positives Zeugnis ausstellt. Das ursprünglich intendierte Bildungsziel einer umfassenden *allgemeinen* musikalischen Bildung der Zöglinge sah er im Jahr 1907 jedenfalls als nicht in vollem Umfang erreicht an. Die Berechtigung ei-ner solchen Einschätzung erschließt sich teils aus dem Blick auf die bisherige Entwick-lung des Konservatoriums. Gestartet war die Stuttgarter Musikschule im Jahr 1857 mit

---

184 Vgl. auch Wiegandt (2007).
185 Konservatorium Stuttgart (1882:6).
186 Eisenmann (1907:37f.).

60 Schülern, (15 Kunstschülern und 45 Dilettanten). Die Schülerzahlen nahmen einen raschen Aufschwung. Sie betrugen in den Schuljahren 1858/59: 120, 1859/60: 270, 1863/64: 493 und 1877/78: 828. Das anteilsmäßige Verhältnis zwischen Schülern der Künstlerschule und der Dilettantenschule sollte bis zur Jahrhundertwende relativ konstant bleiben. Erst Anfang des 20. Jahrhunderts stieg der Anteil der Schüler mit professionellem Anspruch dauerhaft auf ein Drittel an. Überraschenderweise sank aber von 1878 bis Mitte der 1880er-Jahre die absolute Schülerzahl drastisch, um sich schließlich bei rund 500 einzupendeln.[187] Die Festschrift zum 25-jährigen Jubiläum des Konservatoriums (1882) nennt organisatorische Gründe für diese Entwicklung:

> „Wir streben […] nicht etwa nach weiterer Vermehrung der Schülerzahl. Denn diese hat am Ende der siebziger Jahre einen Grad erreicht, über den sie im Interesse der Anstalt selbst kaum hinausgehen dürfte. Im Jahr 1878, welches bis jetzt die höchste Zahl aufzuweisen hat, zählte das Konservatorium 676 Zöglinge, darunter 222 berufsmässige Schüler und Schülerinnen. Auch nach weiterem Bekanntwerden im Ausland brauchen wir kaum zu streben. Denn unter jenen 222 Kunstzöglingen waren beispielsweise 166 Nicht-Württemberger, und unter den mehr als 5000 Zöglingen, welche schon in der Anstalt unterrichtet worden sind, befinden sich – um nur das Bedeutendste anzuführen – 540 aus England und den zum britischen Reich gehörigen Ländern aller Erdtheile, ferner 436 Amerikaner, hauptsächlich aus den Vereinigten Staaten, 302 aus der Schweiz und 95 aus Russland. Auf Stuttgart und das übrige Württemberg mögen etwas über 3000 Schüler kommen."[188]

Eine Absage an den weiteren Ausbau des Konservatoriums erklärte aber noch nicht den Schülerrückgang an sich. Eisenmann führte 25 Jahre später als Grund eine „strengere Sichtung der zum Neueintritt sich meldenden Schüler"[189] an. Die wahren Ursachen dürften indes in dem Zusammentreffen verschiedener Faktoren liegen.

> „Neben der stärker werdenden Konkurrenz durch Privatlehrer und andere Musikinstitute – zum Teil mit am Konservatorium ausgebildeten Musikpädagogen – führte die Konservatoriumsleitung auch soziale Gründe ins Feld und nahm damit auf die von den Zeitgenossen als ‚Große Depression' empfundene Deflation nach dem industriellen Gründerboom Bezug: Die Eltern müssten für das Nötigste sorgen und seien kaum mehr finanziell in der Lage, ihrem Nachwuchs Musikunterricht zu ermöglichen."[190]

Ein Weiteres kam hinzu. Das Konservatorium hatte mit dem Tod seines Begründers Sigmund Lebert (gest. 1884) eine wichtige Identifikationsfigur verloren. Leberts Klaviermethodik hatte über seine 1858 in Zusammenarbeit mit Ludwig Stark publizierte Klavierschule internationale Reputation gewonnen. Unter dem Einfluss Leberts war es 1859 gelungen, den renommierten Klaviervirtuosen und Liszt-Schüler Dionys Pruckner an das Stuttgarter Konservatorium zu verpflichten. Die Schülerzuwächse der ersten 20 Jahre gingen somit ganz wesentlich auf die steigende Nachfrage nach Klavier-

---

187 Vgl. Eisenmann (1907:60).
188 Konservatorium Stuttgart (1882:6f.). Verwirrenderweise nennt die Festschrift für 1878 Schülerzahlen, die Eisenmann (1907:60) später auf das Schuljahr 1876/77 datiert hat.
189 Eisenmann (1907:30).
190 Vgl. Gritschke (2007:17). Gritschke verweist auf die Jahresberichte des Konservatoriums ab 1887 fortfolgend.

unterricht zurück. Dennoch gab es Ende des 19. Jahrhunderts auch Kritik an der Klavierausbildung in Stuttgart. Die *Große praktisch-theoretische Klavierschule von Lebert und Stark* verlor an Ansehen – „zufolge der Pedanterie ihrer Abfassung' […] wie Riemann in seinem Musiklexikon urteilt".[191] Der Vorwurf der Pedanterie bezog sich wohl nicht zuletzt auf das Festhalten an einer einseitigen Spielmethode, bei „welcher der Arm ‚immer vollkommen ruhig' bleiben" sollte.[192]

Indirekt verwies der hohe Stellenwert der Klavierausbildung auf ein grundlegendes Problem des Stuttgarter Konservatoriums: die Verteilung der Fächerbelegungen blieb Zeit seines Bestehens unausgewogen. Bereits Immanuel Faisst hatte anlässlich seiner Rede zum zehnjährigen Bestehen des Konservatoriums erwähnt, dass 80 Prozent aller Schüler das Fach Klavier belegten.[193] Die der Festschrift 1882 beigefügte Auflistung der Lehrkräfte nach Unterrichtsfächern spricht für sich: 1882 wurden für Klavier 29 Lehrkräfte angeführt, gefolgt von Gesang (4) und Violine (3).[194] Allen Bemühungen zum Trotz konnte die Dominanz des Klavierunterrichts auch in den ersten beiden Jahrzehnten des 20. Jahrhunderts nicht durchbrochen werden.

> „Das Staatsarchiv Ludwigsburg verwahrt eine handschriftlich geführte Liste sämtlicher am Konservatorium aufgenommener Schülerinnen und Schüler (1899 bis 1920). Die Durchsicht der chronologisch fortgeschrittenen Einträge ergibt zunächst das erwartete Ergebnis: In der Spalte, welche die Hauptfächer verzeichnet, bestätigt sich die Dominanz des Klaviers, gefolgt von der Violine. Alle weiteren Instrumente tauchen nur vereinzelt auf."[195]

Immerhin kam es mit Beginn des 20. Jahrhunderts zu inhaltlichen Reformen des Unterrichtsangebots. Schwerpunktmäßig dienten sie der Vertiefung von Lerninhalten sowie einer verbesserten Leistungskontrolle. An erster Stelle war die Künstlerschule betroffen. Der musiktheoretische Unterricht erfuhr eine Ausdifferenzierung. Die Statuten des Jahres 1902 (§ 3) nennen neben Musiktheorie (Harmonielehre, Kontrapunkt und Fuge, Formenlehre, Komposition, Instrumentation) auch „Partiturspiel und Übung im Dirigieren" sowie Blattspiel als obligate Fächer; daneben Musikdiktat „für alle die Zöglinge, die den grundlegenden Chorgesangsunterricht aus irgendwelchen Gründen nicht besuchen konnten […]".[196] Das Ensembleangebot sah neben „Klavier mit Streichinstrumenten" und „Streichquartett" auch „Orchesterspiel" vor. Es ist nicht mehr nur allgemeinverbindlich von Prüfungen und Prüfungskonzerten die Rede, sondern § 7 (e) bestimmte ausdrücklich, dass am Ende des Schuljahres sämtliche Schüler der Dilettanten- und Künstlerabteilung in Gegenwart des gesamten Lehrerkollegiums zu prüfen seien. Die Elementarklassen im Fach Klavier wurden einer Inspektoratsstelle unterstellt, Elementarklassen für Violine eingerichtet.[197] Der Schritt „hin zu einer vollwer-

---

191 Keller (1957:12).
192 Jütte / Pasdzierny (2007:122).
193 Faisst (1867).
194 Konservatorium Stuttgart (1882:9f.).
195 Wiegandt (2007:176).
196 Eisenmann (1907:40).
197 Vgl. Eisenmann (1907:41).

tigen instrumentalpädagogischen Fachausbildung"[198] vollzog sich 1907 mit der Etablierung eines einjährigen Ausbildungskurses für Klavierlehrer. Das Klavierlehrerseminar umfasste neben den Übungen in den Elementarklassen Vorlesungen über Ästhetik und Methodik des Klavierspiels bzw. Klavierunterrichts. Es konnte mit einem Diplom abgeschlossen werden. Die sowohl schriftlichen als auch mündlichen Prüfungsteile bezogen sich auf Praxis und Theorie des Klavierunterrichtes. Von den ersten 29 Diplomabschlüssen stammten allein 28 von Frauen.[199]

> Ohnehin lag der Anteil von weiblichen Studierenden in der Künstlerschule „durchweg bei deutlich über 50%, nicht selten sogar bei über 60%", in der Dilettantenschule eher „noch höher"[200]. Die Tätigkeit einer Klavierlehrerin stellte eine der wenigen Möglichkeiten für Frauen dar, sich beruflich entfalten zu können. Einige der Absolventinnen wurden als Hilfslehrerinnen weiter beschäftigt.[201] Die Mehrzahl der am Konservatorium beschäftigten Dozenten blieb allerdings männlich.

Später wurde die Möglichkeit eines Lehrdiploms auf andere Instrumente ausgedehnt.[202] Der Pianist Max Pauer (1866–1945), 1897 als Nachfolger von Dionys Pruckner auf eine Professur an das Stuttgarter Konservatorium berufen, veranlasste 1904 eine Neuauflage der Klavierschule von Lebert und Stark mit dem Ziel, einer pädagogischen Neuorientierung unter Berücksichtigung der aktuellen didaktischen Entwicklungen Rechnung zu tragen.[203]

Die eingeleiteten Strukturreformen erwiesen sich als erfolgreich. Max Pauer, 1908 zum Direktor des Konservatoriums berufen, berichtet in dem Jahresbericht 1908/1909:

> „Für den Unterricht in den neueingeführten Kursen für rhythmische Gymnastik, nach der Methode Jacques Dalcroze, ist Frl. M. Steinwender aus Graz (bisher in Genf) gewonnen worden. Das Königl. Konservatorium wird, wenn nicht das erste, so doch unter den ersten Instituten sein, an welchen dieser ganz ungewöhnlich bedeutende Unterrichtszweig als teilweise obligatorisch in den Lehrplan aufgenommen wird. Die ausserordentlich rege Beteiligung an diesen Kursen (im ersten Semester des Bestehens über 100 Schüler), für welche ein besonderer Anbau erstellt worden ist, beweist am besten das Interesse und die Wertschätzung, welche der genial ausgedachten Methode des Herrn Jacques-Dalcroze auch hier entgegengebracht wird."[204]

Von der Orchesterschule gab es alsbald Erfreuliches zu berichten. Erstmals gelang es, ein Schülerorchester zu etablieren:

> „Die im Herbst 1909 ins Leben gerufene Orchesterschule hat sich erfreulicherweise in ganz kurzer Zeit zu einem nutzbringenden Faktor entwickelt. Das Schülerorchester bestand

---

198 Vgl. Bäuerle-Uhlig (2007:282f.).
199 Vgl. Bäuerle-Uhlig (2007:283).
200 Grotjahn (2007:153f.).
201 Vgl. Eisenmann (1907:40f.).
202 Vgl. § 6 der Schulordnung von 1910: „Nach entsprechenden Bestimmungen können auch die Schüler anderer Fächer durch Ablegung einer Prüfung ein Lehr-Diplom erwerben."
203 Gritschke (2007:24).
204 Königl. Konservatorium für Musik Stuttgart: 52. Jahresbericht, 1908/1909, S. 6.

während des vergangenen Schuljahres aus 42 ständigen Mitgliedern, so das es selten notwendig wurde, Verstärkungen heranzuziehen und der orchestrale Teil der Prüfungsaufführungen von denselben unter Leitung des Direktors in durchaus anerkennender Weise durchgeführt werden konnte."[205]

Die Schülerzahlen überschritten im Schuljahr 1909/1910 seit langer Zeit erstmals wieder die 700er-Marke:

„Die Schülerzahl betrug im Schuljahre 1909/1910: **709**. – Hinsichtlich ihrer Nationalität gehörten an: Württemberg 611, aus dem übrigen Deutschen Reich 41, Schweiz 17, England 15, Russland 7, Nordamerika 4, Österreich und Rumänien je 3, Frankreich 2, Italien, Niederlande, Niederl.-Indien, Südamerika, Zentralamerika, Südafrika je 1."[206]

Allen Reformbemühungen zum Trotz herrschte dennoch weiterhin im Konservatorium ein konservativer Geist vor. Nach Hermann Keller (1885–1967), dem späteren Direktor der Stuttgarter Musikhochschule, fand die Musik Anton Bruckners oder Hugo Wolfs kaum Beachtung, Richard Strauss galt als „ultramodern"; es wurde überwiegend das klassische und romantische Repertoire gepflegt. Das Konservatorium vermittelte „nur ein ziemlich begrenztes musikalisches Weltbild". Ausflüge in die Moderne blieben „der privaten Initiative jedes Einzelnen überlassen".[207] Der ursprüngliche Anspruch, neuzeitliche Entwicklungen in der Musik in der Lehre zu berücksichtigen, war zu Beginn des 20. Jahrhunderts im wahrsten Sinne des Wortes einem *Konservatismus* gewichen. Und nach wie vor dominierte *Klavier* das Angebot an Instrumentalunterricht. Im Sommersemester 1911 gab es 99 Belegungen für Elementarunterricht am Klavier, 349 Belegungen für Klavierspiel, 18 für Orgel, 80 für Sologesang, 19 für elementares Violinspiel, 53 für Violine (Bratsche), 11 für Violoncello. Alle anderen Orchesterinstrumente waren nur einfach, doppelt bis maximal dreifach belegt.[208]

Max Pauer hatte als Direktor zudem umfassende Veränderungen für die Musikliebhaber in der Dilettantenabteilung veranlasst. Zur Zweckbestimmung des Konservatoriums heißt es in der Schulordnung von 1910[209] lediglich noch:

„Das Königl. Konservatorium für Musik in Stuttgart verfolgt nach § 1 seiner Satzung den Zweck, als Stätte einer veredelten Musikpflege seinen Schülern eine gründliche musikalische Ausbildung zuteil werden zu lassen."

Von einer Künstler- und einer Dilettantenschule ist der Bezeichnung nach unter § 2 keine Rede mehr:

„Die Anstalt besteht aus 2 Abteilungen:
Die <u>Abteilung A</u> umfasst die gesamte berufsmässige musikalische Ausbildung.
Die <u>Abteilung B</u> bietet in den Elementarklassen die grundlegenden musikalischen Vor-

---

205   Königl. Konservatorium für Musik Stuttgart: 53. Jahresbericht, 1909/1910, S. 6.
206   Königl. Konservatorium für Musik Stuttgart: 53. Jahresbericht, 1909/1910, S. 44.
207   Keller (1957:19).
208   Königl. Konservatorium für Musik Stuttgart: 54. Jahresbericht, 1910/1911, S. 25.
209   Hauptstaatsarchiv Stuttgart, E 14 Bü 1666.

kenntnisse und weiterhin den Unterricht in einzelnen Fächern; sie dient auch als Vorbereitungsschule für Abteilung A."

Während Immanuel Faisst 1867 noch von der Vereinigung zweier verschiedener „Gattungen von Schulen – welche sich jedoch nicht sowohl durch die Art und Weise des Unterrichts, als vielmehr durch ihre äusseren Einrichtungen von einander unterscheiden, überhaupt aber nicht principiell von einander getrennt sind –" gesprochen hatte, resultiert aus der Schulordnung von 1910 eine Priorisierung der berufsmäßigen Ausbildung. Zwar ist auf dem Papier gemäß § 10 die Angebotspalette nun auch für Laienschüler erweitert worden:

„Die Abteilung B umfasst folgende Fächer:
1. musikalischen Elementarunterricht mit den ersten Übungen am Klavier
2. Chorgesang
3. Musikdiktat
4. Rhythmische Gymnastik nach der Methode Jacques-Dalcroze
5. Sologesang
6. Klavier (Mittel- & Oberstufen)
7. Orgel
8. Violine (Vor-Mittel- & Oberklassen)
9. Violoncell[o]
10. Tonsatzlehre
11. Instrumentation
12. Partiturspiel
13. Prima vista Lesen und Spielen am Klavier
14. Kunst- & Literaturgeschichte & Ästhetik
15. Deklamation"

Es wurden aber im Gegensatz zu den Statuten von 1902 (§ 6: […] *Die Aufnahme in die Dilettantenklasse unterliegt in Hinblick auf die Begabung keinerlei Beschränkung*) erstmals Mindestanforderungen an „ein gewisses Mass musikalischer Begabung" (§ 11) gestellt; die Abteilung B sollte nicht zuletzt als Vorschule für Abteilung A dienen. In diesem Sinne konnten fortgeschrittene Laien in der Abteilung A zwar hospitieren (§ 11). Eine unbeschränkte Teilnahme von Laienschülern an Ergänzungs- bzw. Theoriefächern scheint es aber *de facto* nicht mehr gegeben zu haben. Entsprechend verzeichnen die oben erwähnten Jahresberichte des Konservatoriums nur relativ wenige Belegungen für Fächer wie Musikdiktat, Musikgeschichte usw. in der Abteilung B und nur noch vereinzelte Hospitationen von Laien in der Abteilung A. Allein das Fach Rhythmische Gymnastik bildete eine Ausnahme. Es wurde gemäß Unterrichtsstatistik überwiegend von Schülern der Abteilung B besucht.[210]

Die Ausbildungsreformen bringen zum Ausdruck, dass Max Pauer die Zweigleisigkeit der Konservatoriumsausbildung mehr und mehr als überholt ansah. Der Maßstab für die musikalische Bildung der Schüler ließ sich für Pauer allein an den „ho-

---

210   Königl. Konservatorium für Musik Stuttgart: 54. Jahresbericht, 1910/1911, S. 24.

hen Idealen der Kunst" festmachen. Zwar sprach er sich nicht gegen die musikalische Unterweisung *begabter* Laien aus, doch verband er mit dem Begriff Dilettantismus nunmehr eindeutig negative Assoziationen wie Oberflächlichkeit und Geistlosigkeit:

> „Seit seinem Bestehen hat sich das Konservatorium die Aufgabe gestellt, neben der Ausbildung von Berufsmusikern auch denjenigen begabten Laien Unterweisung zu gewähren, denen es darum zu tun ist, sich Verständnis für die hohen Ideale der Kunst anzueignen. In dieser Aufgabe, dessen dringendes Bedürfnis von uns ausdrücklich anerkannt wird und welche nach Möglichkeit zu erfüllen uns eine wahre Freude sein soll, liegt aber auch die Notwendigkeit, sich schroff zu wenden gegen denjenigen Dilettantismus, welcher in seiner Oberflächlichkeit, in seiner Neigung, ein seichtes Vergnügen ohne irgendwelche geistige Betätigung und Verständnis in der Musik zu finden, jede Kunst erniedrigt. Möge es uns jederzeit vergönnt sein, unsere sämtlichen Schüler einzuführen in diejenige wohltätige Strenge und Disziplin, welche allein hinaufführen zu dem Geist der Beherrschung und der Freiheit, zur Erkenntnis, dass nur derjenige würdig ist, der Kunst zu dienen oder der Kunst sich zu nähern, der in Bescheidenheit und Dankbarkeit, in harter Arbeit das ihm von der Natur verliehene Talent verwertet."[211]

Indem Pauer das Niveau der Laienbildung in Frage stellte, rückte er mehr und mehr von dem Ansatz eines einheitlichen Unterrichtsprinzips für Laien und professionelle Schüler ab. Konservatorien sollten sich vorzugsweise der beruflichen Ausbildung widmen. Diese Position trat später in den Lebenserinnerungen von Max Pauer noch deutlicher hervor. In der Dilettantenbildung an Konservatorien sah Pauer eine Schwächung der Qualität der Lehre, die aus finanziellen Erwägungen heraus in Kauf genommen worden war.

> „Man wende nicht ein, daß Konservatorien in der Lage waren Pionierarbeit zu leisten. Sie waren in der Regel weder Fisch noch Fleisch – entbehrten der erforderlichen Gründlichkeit; größtenteils zugeschnitten auf Schüler, die das Musizieren als Nebenbeschäftigung betrachteten, mussten sie die Kosten ihrer ‚Kunstabteilung' durch die Einnahmen der Dilettantenschule decken. Kein Wunder, das ‚Konservatorisch gebildet' eine zweifelhafte Empfehlung war."[212]

Konsequent betrieb Pauer die Abspaltung der professionellen Bildung von der Laienbildung. Pauer wollte das Konservatorium in eine staatliche Hochschule umwandeln lassen. Mit dem 18.5. 1921 war ein wichtiges Teilziel auf diesem Weg erreicht. In einem Festakt wurde aus dem Konservatorium die „Württembergische Hochschule für Musik".

> „Die Folge war die Entlassung der Lehrer, die bislang in der Dilettantenklasse unterrichtet hatten, und das Absinken der Schülerzahl auf gut 300, die sich zum Berufsmusiker ausbilden lassen wollten. Die Laienbildung wurde vom *Neuen Konservatorium für Musik* über-

---

211   Königl. Konservatorium für Musik Stuttgart: 54. Jahresbericht 1910/1911, S. 7.

212   Max Pauer (1942): Unser seltsames Ich. Lebensschau eines Künstlers, S. 93, Stuttgart. Zit. nach Landesarchiv Baden-Württemberg (2007:13).

nommen, das vom *Verein zur Förderung der Volksbildung* getragen wurde und sich unter der Leitung von Karl Adler zu einem erfolgreichen Unternehmen entwickelte."[213]

Für die neu eingerichtete „Württembergische Hochschule für Musik" bestanden allerdings nach wie vor Hemmnisse finanzieller Art: „Pauers Traum einer Verstaatlichung der Institution wurde erst während des Nationalsozialismus im Rahmen der ‚Gleichschaltungspolitik' umgesetzt, bis dahin hatte sich die Hochschule als privater Verein mit staatlichen Zuschüssen zufrieden zu geben."[214]

Vor dem Hintergrund dieser Entwicklung verdient die Organisationsform der Stuttgarter Musikschule / des Konservatoriums Stuttgart eine gesonderte Betrachtung. Die Gründung der Stuttgarter Musikschule ging auf eine private Initiative zurück. Sigmund Lebert war umsichtig genug gewesen, sich des Rückhalts für seine Unternehmung in gehobenen bürgerlichen Kreisen der Stuttgarter Gesellschaft zu vergewissern. Dabei ging er geschickt vor, indem er bürgerliche Kräfte von Beginn an in die Aufbauorganisation der Musikschule einzubinden verstand. Die Kaufleute Dr. W. Brachmann sowie Eduard Laiblin stellten 1857 nicht nur Geldmittel zur Verfügung, sondern amtierten zugleich als Vorstände der neuen Einrichtung. In dieser Funktion widmeten sie sich der Kassenführung und den Verwaltungsgeschäften, bevor sie sich innerhalb der nächsten Jahre wieder zurückzogen.[215] Bis dahin regelte ein Lehrerausschuss die Kommunikation nach innen sowie gegenüber den Schülern bzw. deren Eltern.[216] Immanuel Faisst übernahm 1859 als Direktor die Leitung der Musikschule für die Dauer von 35 Jahren. Ab 1869 wurde ihm Prof. Ferdinand Scholl in Verwaltungsfragen zur Seite gestellt. Die zunächst angemieteten Räume in dem Stockwerk eines Hauses in der Stuttgarter Innenstadt erwiesen sich rasch als zu klein für die gerade in den ersten Jahren stark wachsende Musikschule.[217] Oberstaatsanwalt von Köstlin, Mitglied des *Ehrencomité*, kaufte 1860 ein größeres Gebäude für die Musikschule „und auf seine Veranlassung übernahm dann eine Anzahl von Gönnern und Gönnerinnen […] dieses Anwesen in gemeinschaftlichen Besitz, um es nach Herstellung der nöthigen baulichen Veränderungen für die Zwecke der Musikschule mietweise einzuräumen".[218] Im Gegenzug stand den Mitgliedern des *Ehrencomité* zwar keine aktive Beteiligung an den operativen Geschäften der Musikschule zu, ansonsten wurden sie jedoch angehört. In den Statuten des Jahres 1875 heißt es unter § 5 entsprechend:

> „Eine Anzahl von Musikfreunden, welche sich bereit erklärt haben, das Gedeihen der Anstalt wohlwollend zu fördern, bilden das Ehrencomité. Die Mitglieder desselben haben das Recht, den musikalischen Aufführungen und den Prüfungen anzuwohnen, und erfahren für etwaige Wünsche und Rathschläge, welche sie zum Besten der Anstalt vorbringen, dankbare Berücksichtigung."

---

213 Landesarchiv Baden-Württemberg (2007:13).
214 Gritschke (2007:28).
215 Konservatorium Stuttgart (1882:2).
216 Vgl. Schipperges (2007:91).
217 Eisenmann (1907:14).
218 Konservatorium Stuttgart (1882:2).

Eine tragende Funktion in Hinblick auf die Leitungsaufgaben übernahm seit den 1860er-Jahren der so genannte Lehrerkonvent. Ihm gehörten die wichtigsten Lehrer des Konservatoriums an. Der Konvent selbst entschied über Zusammensetzung und Anzahl seiner Mitglieder. „Der Lehrerkonvent beschäftigte sich mit organisatorischen und musikpädagogischen Fragen, diskutierte Erweiterungen und Vertiefungen der Ausbildungsgänge [...]."[219] Eine Mitgliedschaft war mit Rechten und Pflichten verbunden. Zunächst einmal kam es einem Privileg gleich, dem Lehrerkonvent anzugehören, da es sich unter dem Vorsitz von Immanuel Faisst um das zentrale Leitungsgremium des Konservatoriums handelte. Seine Mitglieder trugen aber auch ein unternehmerisches Risiko für die Einrichtung. Mehrere Konventsmitglieder waren Anteilseigner an dem neuen Unterrichtsgebäude geworden. Die Erlöse aus Unterrichtsgebühren hatten schon sehr bald nicht mehr zur Finanzierung der Musikschule gereicht:

> „Ab 1860 wurde der Betrieb der Musikschule auch mit staatlichen Mitteln unterstützt; König Wilhelm I. bewilligte einen jährlichen Zuschuss von 800 Gulden, der 1872 verdoppelt wurde. Ab 1871 erhielt das Konservatorium, so die Bezeichnung ab 1865, auch noch einen Beitrag der Stadt Stuttgart und ab 1874 weitere Mittel aus der königlichen Kabinettskasse. Das königliche Wohlwollen kam auch in der Übernahme des Ehrenprotektorats des Konservatoriums durch König Karl zum zehnjährigen Bestehen des Instituts zum Ausdruck; 1891 wurde das Ehrenprotektorat durch seinen Nachfolger König Wilhelm II. erneuert. Ab 1896 durfte sich das Konservatorium *Königliches Konservatorium für Musik* nennen."[220]

Hinzu traten königliche Stiftungen. König Karl bedachte das Konservatorium mit Teilen seiner musikalischen Bibliothek. Seine Gattin, Königin Olga, hinterließ ein Stiftungskapital von 30.000 Mark zur Förderung ausgewählter Schüler.[221] „Zweimal im Jahr, zum Geburtstag des Königs und der Königin, gab man mit schöner regelmäßiger Dankbarkeit öffentliche und öffentlich dokumentierte Konzerte und Schülervorträge, ein Zeichen der Verehrung für die hohen Förderer der Kunst und Kunstbildungsarbeit. Ein großes Festkonzert wurde zum 25jährigen Regierungsjubiläum von König Karl (1989) angesetzt [...]."[222] Von Interesse sind die Begründungen für eine öffentliche Förderung des Konservatoriums. Eine staatliche Unterstützung wurde mit dem Hinweis geltend gemacht, dass die Einrichtung mit der verbesserten Volksbildung dank der Lehrerausbildung einen wichtigen Staatszweck erfülle.

> „1860 trug das Kultusministerium dem König Brachmanns Anliegen [auf finanzielle Unterstützung der Musikschule] befürwortend vor. Dabei wurde betont, dass Dilettanten tiefer und besser, als dies gewöhnlich geschehe, in die Tonkunst eingeführt werden sollten. Auch die berufliche Ausbildung diene im Bereich der Lehre wiederum der Volksbildung. [...]

219 Vgl. Gritschke (2007:15) unter Verweis auf Faisst (1867:9) sowie § 5 der Statuten des Jahres 1875.
220 Landesarchiv Baden-Württemberg (2007:12). Nach Gritschke (2007:14) konnten durch die Unterstützungssumme von 800 Gulden anfänglich zwei Drittel des Defizits in der Jahresbilanz der Schule ausgeglichen werden. Ein entsprechender Hinweis findet sich im Hauptstaatsarchiv Stuttgart, Kabinettsakten E 14, Bü 1568.
221 Eisenmann (1907:33f.).
222 Schipperges (2007:94f.).

115

Mit der Hebung der musikalischen Lehrerausbildung durch einen Jahreskurs würde die Musikschule gar einen wichtigen Staatszweck erfüllen."[223]

Die Stadt Stuttgart ersuchte man um Unterstützung, weil derselben durch die Anstalt unleugbare Vorteile „namentlich durch den vermehrten Fremdenzuzug erwuchsen".[224] Man dachte also an den hohen Anteil von Studierenden aus dem Ausland (s.o.). Der Beitrag aus der königlichen Kabinettskasse wurde mit dem Verweis auf eine notwendige Neuorganisation der Gesangsklasse erwirkt.[225]

Aufgrund der Todesfälle von Faisst (1894) und Scholl (1895) mussten die Verwaltungsstrukturen des Konservatoriums Ende des 19. Jahrhunderts neu geordnet werden.[226] Der seit 1861 amtierende Violinprofessor Edmund Singer übernahm die künstlerischen Leitungsaufgaben an der Seite von Ludwig Hils, Professor an der Stuttgarter Realanstalt, als administrativem Vorstand. Nachdem Hils wenige Jahre später das Konservatorium verließ und Singer altersbedingt verzichtete – zugleich wurde er zum Ehrenvorstand ernannt – einigte man sich auf einen alleinigen künstlerischen Leiter der Einrichtung: der Orgelvirtuose Samuel de Lange (1840–1911), 1893 in das Konservatorium eingetreten, übte dieses Amt in den Jahren 1900 bis 1907 aus, bevor ihm in gleicher Funktion sein Stellvertreter Max Pauer folgte. Bereits seit Ende der 1880er-Jahre hatte der Verwaltungsrat als Ausschuss des Lehrerkonvents eine immer stärkere Bedeutung auf der Leitungsebene des Konservatoriums gewonnen, da ihm die Finanzverwaltung sowie Vermögenshaftung oblag.[227] Endlich änderte das Konservatorium seine Organisationsform und vollzog folgerichtig den Schritt zur eigenständigen juristischen Person. Mit der Bewilligung des Königs gründete sich im Dezember 1895 ein Verein gleichen Namens: „Konservatorium für Musik in Stuttgart".[228] Die Statuten des Jahres 1898 zeigen endgültig das verschobene Machtverhältnis – vom Lehrerkonvent hin zum Verwaltungsrat.

> „§ 5 Leitung und Verwaltung
>
> Die Leitung und Verwaltung der Anstalt liegt in den Händen des Verwaltungsrats, der einschliesslich des von ihm gewählten Vorstandes [der Schulleitung] aus mindestens sechs Mitgliedern besteht.
>
> Der Verwaltungsrat wählt ferner aus seiner Mitte jedes Jahr einen Vizevorstand […] und ein drittes Ausschussmitglied sowie dessen Ersatzmann. Die Verwaltung der Anstalt geschieht gemäss der durch Allerhöchste Entschliessung vom 16. Dez. 1895 genehmigten Verfassung, auf Grund deren dem Kgl. Konservatorium die juristische Persönlichkeit verliehen worden ist.
>
> Dem Verwaltungsrat steht beratend zur Seite der Lehrerkonvent, in den auf Vorschlag des Verwaltungsrats Mitglieder des Lehrerkollegiums aufgenommen werden können. Der

---

223 Vgl. Gritschke (2007:14).
224 Konservatorium Stuttgart (1882:4).
225 Konservtorium Stuttgart (1882:4).
226 Vgl. Schipperges (2007:93f.).
227 Vgl. Gritschke (2007:16).
228 Vgl. Verfassung des Konservatoriums für Musik 1896, Stuttgart.

Lehrerkonvent hat bei schultechnischen Fragen, wie Neuanstellung von Lehrern, Änderung des Lehrplans, Feststellung der Ferien, schwierigeren Disziplinarfällen, seine gutächtliche Äusserung zu abzugeben. Die Entscheidung bleibt dem Verwaltungsrat vorbehalten."

Anfang des 20. Jahrhunderts entstand dank steigender Schülerzahlen ein neuer Raumbedarf des Konservatoriums.[229] Mit dem Zweck, ein neues Unterrichtsgebäude finanzieren zu können, gründete sich Ende des Jahres 1905 der „Verein zur Förderung des Königlichen Konservatoriums für Musik". Aus Anlass der 50-Jahr-Feier des Konservatoriums legte der Förderverein 1907 einen Baufonds auf. Zeitgleich erging ein Spendenaufruf. Da sowohl das bisherige Unterrichtsgebäude als auch die Finanzverwaltung des Konservatoriums mittlerweile an den Förderverein übergegangen war – ihm gehörten die ursprünglichen Darlehensgeber für das Gebäude an – fusionierten schließlich zum Januar 1909 Konservatorium und Förderverein zu einem neu eingetragenen Verein „Königliches Konservatorium für Musik in Stuttgart e. V."

„Die organisatorische Struktur wurde erneut zweigeteilt. Die Verwaltung des Konservatoriums legte man in die Hände eines Kuratoriums, die künstlerische Leitung in diejenigen des Direktors und des Senats. Diesem Kuratorium gehörte rund ein Dutzend Herren mit unterschiedlicher Funktion innerhalb der Stuttgarter Gesellschaft an. 1909, bei Gründung des neuen Vereins, waren dies Kommerzienrat und Konsul Karl von Doertenbach (Dörtenbach) als erster Vorsitzender und Schiedermayer als zweiter Vorsitzender, dazu vier weitere Herren als Schatzmeister und Schriftführer, sodann Max Pauer als Konservatoriumsdirektor, Staatsrat von Buhl als Vertreter des Finanzausschusses der ersten Württembergischen Kammer, Oberbürgermeister Heinrich von Gauß sowie der königliche Kabinettschef Freiherr Julius von Soden und zwei Herren Ersatzmänner. Dem Senat unter Vorsitz von Direktor Pauer gehörten sechs Professoren an."[230]

Im Jahr 1910 gelang es schließlich, die Villa Schönlein am Urbansplatz als neues Konservatoriumsgebäude zu erwerben. Die Stadt hatte sich bereit erklärt, das alte Konservatoriumsgebäude aufzukaufen. Zusammen mit einem weiteren städtischen Zuschuss und den Geldern aus dem Baufonds konnte die Kaufsumme nunmehr aufgebracht werden.

Anhand der institutionellen Entwicklung des Stuttgarter Konservatoriums lässt sich der Weg von einer Privatschule für eine begrenzte Teilöffentlichkeit zu einer überregional bekannten öffentlichen Bildungseinrichtung nachzeichnen. Die Schülerzahlen hatten sich vervielfacht, das Fächerangebot war erweitert worden und die Leitungsstrukturen waren komplexer geworden. Auf den Öffentlichkeitscharakter der Einrichtung verwies nicht zuletzt das Attribut „Königlich". „Noch immer freilich mochte man sich in Württemberg nicht entschließen, die Musik (ähnlich Landwirtschaft oder Tierarzneikunde) zur Staatsaufgabe zu erklären [...]."[231]

---

229   Vgl. Gritschke (2007:25f.).
230   Schipperges (2007:96).
231   Schipperges (2007:95).

3. Institutionalisierte Musikerziehung im Kontext humanistischer Bildung

3.1 Zwei Richtungen der Musikpädagogik

3.1.1 Musikpädagogik im 19. Jahrhundert

Der Begriff Musikpädagogik lässt sich in seiner Komplexität und seinen vielschichtigen Bezügen zu verwandten wissenschaftlichen Disziplinen kaum definitorisch klar ein- bzw. abgrenzen. Rudolf-Dieter Kraemer subsumiert unter ihm im weitesten Sinne Aneignungs- und Vermittlungsprozesse zwischen Mensch(en) und Musik(en), die für Erziehung, Bildung, Lehren, Lernen und Unterricht bedeutsam sind. Unter Aneignung versteht Kraemer den Prozess der Verinnerlichung von Kenntnissen, Fähigkeiten, Einstellungen; unter Vermittlung die Weitergabe von Wissen, Fähigkeiten, Fertigkeiten, Einstellungen und Haltungen durch erfahrene Personen.[1] Sigrid Abel-Struth hat es für das 19. Jahrhundert als charakteristisch angesehen, „daß von den Bezeichnungen Musikpädagogik, Musikerziehung und Musikunterricht lediglich die letzte eine wesentliche Rolle spielt[e]".[2] Ausgehend von einer Untersuchung der „führenden" Musiklexika des 19. Jahrhunderts kommt Abel-Struth zu dem Schluss, dass „im fachsprachlichen Gebrauch des 19. Jahrhunderts […] die Dominanz der Praxis und ihrer Probleme konsequent zu einer Dominanz der Bezeichnungen Musikunterricht und Didaktik führte, *Musikpädagogik* als Oberbegriff nur wenig, doch dann gemäß dem Wortsinn im Zusammenhang von Reflexionen über die Musik in der Erziehung verwendet wurde […]".[3] Nach Wilfried Gruhn ist „die Verknüpfung von Kunst und Pädagogik" ein Thema, „das im 19. Jahrhundert nur vereinzelt anklang".[4] Erst allmählich entwickelte sich die Musikpädagogik zu einer eigenen Wissenschaftsdisziplin. Vor allem die Schriften von Adolph Bernhard Marx und Lina Ramann leisteten in dieser Hinsicht wichtige Beiträge für den außerschulischen Bereich. Dass in der Musikpädagogik zugleich wissenschaftliche Standards nicht immer ausreichend Beachtung fanden, mag die eher fragwürdige Karriere eines Gustav Schilling belegen.

Arnold Schering hat bereits im Jahr 1918 von zwei unterschiedlichen Richtungen in der Musikpädagogik des 19. Jahrhunderts gesprochen. Eine „humanistische" fasste demnach musikalische Bildung als Teil der allgemein menschlichen Bildung auf; eine „akademisch-fachmäßige" zielte „auf Heranziehung tüchtiger Musiker um der Musik selbst willen".[5] Es entbehrt nicht einer gewissen Paradoxie, dass sich die „akademisch-

---

1 Kraemer (2007:42).
2 Abel-Struth (1970:11).
3 Abel-Struth (1970:16).
4 Gruhn (2003:144).
5 Vgl. Schering (1918:62ff.).

fachmäßige" Richtung zwar stets auf humanistische Grundsätze berief, ansonsten aber fachspezifische Aspekte übergewichtete. Die Hinwendung zu humanistischen Bildungsidealen gab an fachspezifischen Musikinstituten durchaus Raum zu Spekulationen. Franz Stöpel beispielsweise, welcher seiner Nachwelt als Begründer einer Stuttgarter Logier-Akademie nicht eben als charakterfest in Erinnerung bleiben sollte, empfahl der Lehrperson in seinem Unterrichtswerk „Neues System der Harmonie-Lehre und des Unterrichtes im Pianoforte-Spiel" folgende Anrede an die Schüler:

> „Der Zweck eures Hierseyns ist, ihr sollt Musik lernen, eine himmlische Kunst, die jeder gute Mensch liebt, dem die Natur ein gesundes Ohr und ein fühlend (fühlendes) Herz nicht versagte."[6]

… was den Reszensenten der *Allgemeinen Musikalischen Zeitung* prompt zu der scharfzüngigen Replik ermunterte: „Nun gibt es aber auch Böse, die Frau Musica lieben und hin und wieder auch Gute, die sie nicht lieben: dennoch mögen wir die kurze Anrede für nicht ganz nutzlos erklären, um der Schwachen willen."[7] Ebenso verstand sich das Konservatorium Stuttgart als „Stätte einer veredelten Musikpflege"[8]. Im Vordergrund stand die kunstgerechte Ausbildung von angehenden Berufsmusikern wie von Laien. Nicht ganz geklärt blieb die Frage nach den Bildungseffekten, welche eine Ausrichtung an den „hohen Idealen der Kunst" (Max Pauer) überhaupt versprach.

Auf der anderen Seite steht die Kritik von Lina Ramann am Musikunterricht im neuhumanistisch geprägten allgemeinen Bildungswesen. „Was in der Volksschule im musikalischen Unterricht geschah, hielt sie schlicht für unpädagogisch, weil der Unterricht dort weder ein künstlerisches Bewußtsein noch ein musikalisches Verständnis befördere; ‚er steht in keinem Verhältnis zur pädagogischen und in keinem zur künstlerischen Idee […] und zeigt sich somit nach seinen verschiedenen Richtungen hin die Pädagogik und die Kunst negirend.'"[9]

3.1.2 Die akademisch-fachmäßige Richtung

Im Verlauf des 19. Jahrhunderts ließen konsequenterweise „offensichtliche Nachteile des privaten Einzelunterrichts wie die Beschränkung auf ein bestimmtes Instrument [gemeint ist das Klavier] bzw. auf Gesang, die spezifische Fachausbildung technisch-artistischer Fähigkeiten ohne den Hintergrund einer breiten musikalischen Bildung sowie die Tatsache, daß der in Privaträumen erteilte Unterricht außerhalb jeglicher fachlicher Kontrolle lag, […] den Ruf nach Musikinstituten immer lauter werden".[10] Der Öffentlichkeits- und Gemeinschaftscharakter eines institutionellen Unterrichts ließ sowohl eine umfassendere allgemeine musikalische Bildung als auch darauf aufbauend eine verbesserte Begabtenfindung und -förderung erhoffen.

---

6   Stöpel (1825:14).
7   AMZ (1828:642).
8   Vgl. Schulordnung des Königlichen Konservatoriums Stuttgart aus dem Jahr 1910.
9   Gruhn (2003:144) zitiert Ramann (1868:35).
10   Loritz (1998:14).

Fachspezifische Musikinstitute und -schulen wurden seit Beginn des Jahrhunderts „in vielen Städten geplant oder errichtet und teils von gemeinnützigen Musikgesellschaften unterhalten, teils von Regierungsinstanzen gefördert und teils als Privatschulen mit Öffentlichkeitscharakter geführt".[11] Häufig kam es zu **Institutsgründungen aufgrund der privaten Initiative von Einzelpersonen.** In der Nachfolge Logiers entstanden zahlreiche, mehr oder weniger erfolgreiche Privatmusikschulen, die sich zumeist an dem Vorbild Logiers orientierten, aber längst nicht die Breitenwirkung der Logier-Akademien erreichten.[12] Hierzu zählte unter anderem die von Franz Stöpel und Gustav Schilling geführte Musikschule in Stuttgart. **Vereine / Gesellschaften als Träger von Instituten** verfügten dank der Beiträge bzw. Spenden ihrer Mitglieder / Gesellschafter über tragfähigere finanzielle Strukturen, um eine institutionelle Musikerziehung von Kindern, Jugendlichen, mitunter auch Erwachsenen zu gewährleisten. Sie sollten große Bedeutung für die Etablierung eines Musikschulwesens erlangen, weil sie (1) auf den gesellschaftlichen Bedarf an Nachwuchskräften für das *öffentliche* Musikleben reagierten; (2) durch ihr Fächerangebot entscheidend zur Ausdifferenzierung eines institutionellen musikpädagogischen Angebots beitrugen. Beispiele solcher Einrichtungen waren die 1807 gegründete Ripien-Schule an der Singakademie Berlin, das Musikkonservatorium in Köln (1811), die Musikschulen der Musikvereine in Passau (1812), Halberstadt (1831) und Halle (1834).[13]

> Eine geradezu typische Ausgangslage für die Gründung eines solchen Instituts bestand in Berlin. An der Singakademie wurde eine Orchesterschule für fortgeschrittene Spieler eingerichtet, damit Carl Friedrich Zelter für die Aufführung großer Chorwerke geeignete Instrumentalisten zur Verfügung standen. In Köln ergriff der Bürgermeister hingegen aufgrund einer Petition angesehener Musikliebhaber unter den Bürgern die Initiative zur Errichtung eines Musikkonservatoriums, das eng mit dem örtlichen Waisenhaus verbunden war, um so dem städtischen Musikleben neuen Auftrieb zu geben. Ebenso wollte man in Passau vermeiden, dass das lokale Musikleben in der Bedeutungslosigkeit versank und gründete eine Musikschule mit dem Ziel, die Aufführung großer Meisterwerke der Kirchenmusik zu ermöglichen. In dem Aufruf zur Vereinsbildung in Halberstadt hieß es lapidar: „In Norddeutschland gibt es keine ,höheren Musikschulen‘, da die öffentliche Behörde hilflos gegenüber Fragen der Musikerziehung steht."[14]

Die Abgrenzung zwischen reinen Vereinsmusikschulen und **staatlich oder kommunal getragenen bzw. geförderten Einrichtungen** verlief nicht immer ganz trennscharf. In Böhmen und Österreich gründeten sich 1810 das Musikkonservatorium in Prag, das

---

11   Gruhn (2003:95f.).

12   Sowa (1973:163–199) nennt u. a.: die „Normal-Musikschule" Urbans in Berlin (1825); das Musikinstitut von Proksch in Reichenberg und Prag (1826ff.); das Musikinstitut Jülichs in Hamburg (1827); die Musikschule Hennemanns in Bamberg (um 1830); die Musikschule Schneiders in Dessau (1829); die Klavierschule Schindelmeissers in Berlin (1836); das Musikinstitut Kinderfreunds in Prag (1838); die Kompositionsschule Lobes in Weimar (1840); die Musikschule Saliskos in Plattling (um 1843).

13   Vgl. Sowa (1973:92–103).

14   Sowa (1973:100).

Musikkonservatorium in Wien (1817), die Musikschulen in Graz (1817), Innsbruck (1819), Linz (1823), Klagenfurt (1828) und das Mozarteum in Salzburg (1841).[15]

> Die Einrichtungen erfolgten nach ähnlichem, bewährtem Muster: „Aufruf an die ortsansässigen Musikliebhaber – Gründung des Musikvereins oder der Musikgesellschaft – regsame Konzerttätigkeit – Gewinnung zahlungsfreudiger Ehrenmitglieder – Einrichtung einer Gesangschule – Einrichtung von Instrumentalklassen."[16]

Eine Sonderstellung nahmen die Konservatorien in Prag und Wien ein. Hier waren die Initiativen zur Gründung vom Adel ausgegangen. Die Verbindungen zum kaiserlichen Hof bewirkten, dass fortan alle Musikschulen in Böhmen und Österreich staatlich unterstützt wurden. Somit erhielten sie – zumindest indirekt – den Charakter öffentlicher Staatsanstalten. Noch in anderer Hinsicht hoben sich die Konservatorien in Prag und Wien ab. Sie dienten in erster Linie der Ausbildung von Berufsmusikern.

> Als annähernd erfolgreich sollte sich in dieser Hinsicht nur das deutlich später entstandene Salzburger Mozarteum erweisen. Zu europaweitem Ruhm gelangte insbesondere das Prager Konservatorium. Sein Unterrichtsangebot erschien außerordentlich weitgefasst und schloss Unterweisungen in deutscher Sprache, Religion und mehreren anderen Wissenschaftsdisziplinen mit ein.

In der zweiten Hälfte des 19. Jahrhunderts resultierte aus den zahlreichen Neugründungen von Musikinstituten mehr und mehr eine organisatorische Zweiteilung zwischen Musikschulen, die der Laienbildung dienten, und Konservatorien, die schwerpunktmäßig Berufsmusiker ausbildeten, mitunter aber auch fortgeschrittene Laien nach fachlich höheren Standards unterrichteten.[17] Nicht selten gingen Konservatorien aus Musikschulgründungen hervor. Das Konservatorium Stuttgart ist ein Beispiel für diese Entwicklung. Ebenfalls typisch ist, dass die Stuttgarter Einrichtung, nachdem sie in den Rang eines Konservatoriums erhoben worden war, sich einer (steigenden) öffentlichen Anerkennung und Förderung erfreuen durfte. Dagegen existierten in ganz Deutschland nur wenige Musikschulen, die der Laienbildung dienten und zugleich von jeweiligen Landes- oder Stadtregierungen gefördert oder sogar getragen wurden. Die meisten dieser öffentlich unterstützten Musikschulen standen in enger Verbindung zu Einrichtungen des allgemeinen Bildungswesens.[18]

> Eines der ältesten Beispiele ist die Bürgermusikschule Aschaffenburg (1810), die in den allgemeinen Schulbetrieb einbezogen wurde. Aus einem *Collegium musicum* an der Universität Würzburg (1804) ging ein von Universitätsdirektor Josef Fröhlich (1780–1862) geleitetes Musikinstitut hervor, aus welchem schließlich 1875 das Konservatorium Würzburg entstand. Joseph Andreas Anschütz (1772–1855), Richter von Beruf, gelang es für sein

---

15   Vgl. Sowa (1973:103–115).
16   Sowa (1973:107).
17   Vgl. Abel-Struth (2005:493).
18   Vgl. Loritz (1998:23).

1804/05 in Koblenz gegründetes Musikinstitut offensichtlich so erfolgreich Lobbyarbeit zu betreiben, dass er seinem Institut eine staatliche Unterstützung sichern konnte.[19]

Auch die Musikinstitute an der „Hohen Carlsschule" und dem „Stuttgarter Waisenhaus" fallen unter diese Kategorie, selbst wenn sie nicht vorrangig einer musikalischen Laienbildung dienten.

3.1.3 Die humanistische Richtung

Die humanistische Richtung in der Musikpädagogik sah Arnold Schering vor allem im allgemeinen Bildungswesen und hier ganz besonders im Schulgesang repräsentiert. Dem neuhumanistischen Bildungsideal folgend, erkannte man zuerst in Preußen die Notwendigkeit, „musikalische Bildung nicht mehr dem Einzelnen und dem Ungefähr zu überlassen, sondern für eine geregelte nationale Musikerziehung als Teil der sittlichen Erziehung Sorge zu tragen. [...] Der Nachdruck lag auf den Worten ‚national' und ‚sittlich'".[20]

> „Inzwischen hatte Berlin die Führung in musikpädagogischen Dingen übernommen. Alles was in Zukunft hier und in Preußen überhaupt an Ersprießlichem zustande kam, führt zuletzt auf die Schulreform des Jahres 1808 unter Wilhelm v. Humboldt zurück. Unter seinem Vorsitz war im Ministerium des Innern eine Sektion für den Kultus und öffentlichen Unterricht entstanden, innerhalb deren 1809 der Beschluß gefaßt wurde, die Akademie der Künste durch Aufnahme der noch abseits stehenden Tonkunst zu erweitern. Humboldt betonte den lebendigen Einfluss der Musik auf Charakter und Bildung einer Nation und wünschte eine oberste Musikbehörde, von der nach und nach eine Verbesserung der Musikzustände ausgehen sollte und der die Aufsicht, Prüfung und Bildung der im Dienste des Staats und der Gemeinden anzustellenden Musiker (Kantoren, Organisten usw.) obliege. [...] Eine solche Behörde entsteht und wird der Leitung Zelters anvertraut, dem damit die Oberaufsicht über das gesamte preußische Bildungswesen zufällt."[21]

Wilhelm von Humboldt begründete seine Eingabe an den preußischen König mit dem Hinweis darauf, „dass der Einfluss zu wenig benützt würde, welchen die Musik auf den Charakter und die Bildung einer Nation ausüben" könne; sowie damit, dass die Musik mehr als alle anderen Künste „auf die Gemüther selbst der niedern Volksklassen einzuwirken fähig" sei, „weil sie einen wesentlichen Theil des öffentlichen Gottes-Dienstes" ausmache.[22] Die Frage, wieso Humboldt hier die Angelegenheit einer öffentlichen Musikförderung auf „die Wirksamkeit der Musik auf den öffentlichen Gottesdienst und die National-Bildung"[23], gerade auch für die „niedern Volksklassen", eingeengt hat, lässt

---

19   Vgl. Sowa (1973:126–144).
20   Schering (1918:62).
21   Schering (1918:70).
22   Humboldt (1809:38).
23   Humboldt (1809:38).

sich unterschiedlich beantworten. Strategische Gründe mögen hierfür ebenso ausschlaggebend gewesen sein

> „[…] ein Plädoyer für Belange der reinen Kunst wäre von Regierung und König sicherlich abschlägig beurteilt worden.“[24]

… wie ein mutmaßlich „beschränktes Musikverständnis“ Humboldts. Jedenfalls ist Jürgen Vogt Recht zu geben, wenn er darauf hinweist, dass Humboldts musikalischer Bildungsbegriff hier weit hinter dem allgemeinen Bildungsbegriff zurückblieb, welchen er bereits Jahre zuvor in seiner allgemeinen Bildungstheorie „weitaus individualistischer konzipiert“ hatte.[25] Nichts lag Humboldt offenbar ferner als die Idee einer musikalischen Bildung um ihrer selbst willen. Der Gesangunterricht an allgemeinbildenden Schulen sollte einer Erziehung *durch* Musik, nicht aber einer Erziehung *zur* Musik dienen. Musikalische Bildung als Selbstbildung des Individuums spielte demnach höchstens in privaten Lebensbereichen eine Rolle.

In zeitlicher sowie inhaltlicher Nähe zu Humboldts Bildungstheorie stand Schillers Konzept der ästhetischen Erziehung. *Kunst* eignete sich nach Schiller insbesondere deswegen als Medium von Bildung, weil sie – „prinzipiell frei von Staat und Gesellschaft“ – dem Menschen „ein Beispiel für die Selbstbestimmung durch die Form, also für die Freiheit“ gab.[26] Dies war für das endende 18. Jahrhundert eine überaus avancierte Kunstanschauung. Das Prinzip der Kunstautonomie sollte erst ca. 150 Jahre später in Deutschland im Grundgesetz festgeschrieben werden. Art. 5 Abs. 3 besagt: „Kunst und Wissenschaft, Forschung und Lehre sind frei.“ Demgegenüber muss Schillers eigenes Musikverständnis als weit weniger ambitioniert bezeichnet werden. Nur an einer Stelle der philosophischen Abhandlung „Über die ästhetische Erziehung …“ hat sich Schiller explizit zur Musik als Kunstgattung geäußert.

> „Wir verlassen eine schöne Musik mit reger Empfindung, […] wer uns aber unmittelbar nach einem hohen musikalischen Genuß zu abgezogenem Denken einladen […] wollte, der würde seine Zeit nicht gut wählen. Die Ursache ist, weil auch die geistreichste Musik durch ihre Materie noch immer in einer größern Affinität zu den Sinnen steht, als die wahre ästhetische Freyheit duldet […] Die Musik in ihrer höchsten Veredlung muß Gestalt werden, und mit der ruhigen Macht der Antike auf uns wirken […].“[27] *(22. Brief)*

Im Zeitalter der sich herausbildenden Autonomie der Instrumentalmusik bekannte sich Schiller zum Musikideal der Antike. Wo sich die Romantiker mittels der Musik im Zauberreich der Fantasie wähnten, fühlte sich Schiller im „abgezogenen Denken“ beeinträchtigt. Schiller wollte eine „moralische Höherentwicklung […] auf der Kunsterfahrung aufbauen, und das zu einer Zeit da das Kunstwerk bereits weitgehend autonom geworden war, sich also gar nicht mehr vorschreiben ließ, wozu es nützen sollte“.[28]

---

24   Loritz (1998:20).
25   Vogt (2012:7).
26   Lüth (1997:125).
27   Schiller (1795:87f.).
28   Dietrich / Krinniger / Schubert (2012:35).

Somit stand den bedeutenden humanistischen Bildungstheorien Humboldts und Schillers am Anfang des 19. Jahrhunderts kein gleichberechtigt autonomer, musikalischer Bildungsbegriff gegenüber. „Für die Musikpädagogik des späten 18. und des 19. Jahrhunderts ist musikalische Bildung kein unverzichtbarer Grundbegriff […] musikalische Bildung bleibt Bildung durch Musik, die substantiell auf Erziehung (und Unterricht) angewiesen ist."[29]

3.2 Von der humanistischen zur musikalischen Bildung – Adolph Bernhard Marx und seine Kunstlehre

3.2.1 Marx' Beitrag zur Entwicklung eines neuzeitlichen musikalischen Bildungsbegriffes

Man kann sich dem musikalischen Bildungsbegriff sowohl aufgrund von musikbezogenen als auch pädagogischen Überlegungen nähern. „Aussagen über ‚musikalische Bildung' legen fest, welchen Beitrag der Umgang mit Musik zur Entfaltung der Persönlichkeit und für die gesellschaftliche Entwicklung leisten soll."[30] Einer der Ersten, der die Bedeutung der humanistischen Bildungstheorie für die Entwicklung einer „systematische[n], allgemeine[n] musikalische[n] Unterrichtslehre"[31] im außerschulischen Bereich erfasste, war der Berliner Universitätsprofessor Adolph Bernhard Marx. Besonders sein Buch „Die Musik des neunzehnten Jahrhunderts und ihre Pflege: Methode der Musik" aus dem Jahr 1855 ist in diesem Zusammenhang zu erwähnen. Marx hatte seine „Methode der Musik" „im Sinne eines über Jahrzehnte gereiften Abschlusses seiner systematischen und grundsätzlichen Besinnung auf das Wesen musikalischer Lehre überhaupt konzipiert".[32]

> „Was die Kunst ihrem Wesen nach dem Menschen überhaupt ist, was sie in der Gegenwart ihm sein und bieten, was sie für die Zukunft verheissen und fordern mag, – was Zweck und Ziel der Kunsterziehung für Volk und Künstler sein kann, wer zunächst zu ihr berufen ist, und wie weit ein Jeder, – welches der Umkreis, welches die verschiednen Richtungen und Aufgaben der Kunsterziehung, welche Hülfen und Hülfstudien sich anschliessen, – wer und welcher Art die Lehrer und ihre Mittel, – welche Kräfte vorhanden und auszubilden sind im Schüler, – welche Formen und Wege der Lehre sich im Allgemeinen und für die besondern Zweige und Zwecke darbieten das Alles muss zur Verständigung kommen; diese Aufgabe stellt sich für das vorliegende Werk."[33]

Das Buch vereint musikästhetische, musikpädagogische und bildungstheoretische Reflexionen. Marx stellte Fragen der gegenwärtigen Musikkultur in den Kontext einer

---

29   Vogt (2012:6).
30   Kraemer (2007:85).
31   Roske (1985b:209).
32   Zit. Roske (1985b:210) unter folgender Quellenangabe: Marx, A.B.: Erinnerungen. Aus meinem Leben, 2 Bde., Berlin 1865, Bd. II, S. 246.
33   Marx (1855:19).

„politisch und pädagogisch ergiebige[n] Kritik der Zeit"[34] und versuchte hieraus Konsequenzen für die musikalische Lehre abzuleiten. Mit diesem Ansatz verfolgte Marx in seiner Zeit ein durchaus einmaliges Unterfangen. Auf das eigentliche Verdienst des Buches hat Franz Liszt in einer Rezension hingewiesen: „Marx sei es gelungen, *die Stellung aufzukündigen, welche man ihr* [sc. der Musik] *außerhalb aller sozialen Interessen der Menschheit angewiesen.*"[35] Karl Heinrich Ehrenforth hat Marx' „Methode der Musik" ein noch heute eindrucksvolles Buch genannt, welches „wesentliche Leitlinien späterer musikpädagogischer Forschung und Lehre" vorweggenommen habe.[36]

Anknüpfungspunkte an die klassischen Bildungstheorien Schillers und Humboldts ergeben sich aus dem Insistieren auf dem Kunstcharakter der Musik, der für jede musikalische Unterweisung als maßgeblich angenommen wird, sowie aufgrund des Zusammendenkens von Kunstentwicklung, Volksbildung, Persönlichkeitsentfaltung und musikalischer Lehre. Nach Michael Roske lässt sich Marx' „Methode der Musik" in sechs Komplexe unterteilen.

1. „Die Anschauung vom Wesen und Zustand der Kunst im Volk (Ableitung der Zielsicherheit pädagogischen Handelns durch ,Einsicht'),
2. die anthropologische Ortsbestimmung der Kunst im Leben des Menschen (Richtung und Sinn der ,Musikbildung' für alle),
3. die Eigenständigkeit der Kunstlehre im Verhältnis Mensch – Musik (Lehre muß zerlegen, systematisieren, was eigentlich eine organische Einheit bildet),
4. die psychologische Seite vom Lernen und Lehren (,Anlagen', ,Geschicklichkeit', Altersdifferenzierung, Stufenlehre),
5. die Bildungsziele (Wecken des künstlerischen ,Bewußtseins', innere Bildung),
6. der Lehrer, die Lehrverfahren, die Lehrinstitutionen."[37]

Im Folgenden sollen Marx' Ableitungen zu den Aufgaben musikalischer Bildung in dreierlei Hinsicht dargestellt werden: bezogen auf (1) ihre gesellschaftliche und persönlichkeitsbildende Funktion; (2) die Eigenarten und Voraussetzungen musikalischer Lehre; (3) die Besonderheit einer institutionellen Musikerziehung. Zu berücksichtigen ist, dass Marx die Begriffe Kunstbildung / musikalische Bildung sowie Kunstlehre / musikalische Lehre teilweise synonym verwendet, da er Musik als Teil einer „All-Kunst" versteht (siehe unten).

---

34   Ehrenforth (2010:387).
35   Zit. nach Ehrenforth (2010:391) unter folgender Quellenangabe: Liszt, Franz, 1882: *Marx und sein Buch: Die Musik des neunzehnten Jahrhunderts und ihre Pflege* (1855). Gesammelte Schriften, hrsg. von Lina Ramann, Bd. V, Leipzig.
36   Ehrenforth (2010:387–388).
37   Roske (1985b:212).

3.2.2 Musikalische Bildung in ihrer gesellschaftlichen und persönlichkeitsbildenden Dimension

„Über uns allen steht in ewigem Rechte [...] der Genius des Volkes und der Kunst, in deren Dienst wir uns geben."[38] Mit diesem Satz aus dem Eingangskapitel der „Methode der Musik" gibt Adolph Bernhard Marx sein Leitbild von musikalischer Bildung zu erkennen. Musikalische Bildung legitimiert sich durch die Erfordernisse der Kunst. Die Kunstentwicklung aber steht in einem symbiotischen Zusammenhang zum Volksleben. Dies zeigt schon die Rolle des Künstlers:

> „Der Künstler hat Naturell Verhältnisse Bildung aus dem Volke und seinem Zustand empfangen, die Kunstlehre hat ihn gefördert in der Entfaltung seiner Gaben zum ächten Können. Was er dann aus schöpferischer Glut geboren, was er als Frucht treuer Arbeit darbietet, kehrt in den Lebens- und Bildungsschatz des Volkes zurück, aus denen er es zunächst empfangen, wo der Kunstlehrer indess frischere Empfänglichkeit bereitet hat."[39]

Erahnbar wird hier quasi im Nebensatz die komplexe Bedeutung dessen, was Marx als Kunstlehre bezeichnet. Sie soll nicht nur dem Fortschritt in der Kunst dienen, sondern zugleich die evolutionäre Höherentwicklung des Einzelnen wie des Volkes tragen. Parallelen zu Schillers Theorie einer ästhetischen Bildung sind in diesem Punkt unverkennbar. Kunst versteht Marx als „ein Theil von der Lebenssumme des Volks"[40]; das Musikleben der Gegenwart als „geschichtlich Gewordenes und in die Zukunft Wirkendes".[41] Einerseits verspreche die Kunst geistige Erneuerung im Volk, denn das Volk gewänne die „entscheidenden Anschauungen und Gedanken" aus der Kunst. Religion und Wissenschaft träten ursprünglich in Einheit mit der Kunst auf. Die Geschichte kenne kein Volk, das ohne Kunst ein menschenwürdiges Dasein geführt hätte. Andererseits bleibe die Kunst an das Leben des Volkes, an sein „geist-leiblich Dasein" gewiesen.[42] Den Zustand des Kunstlebens in der Gegenwart befindet Marx kritisch:

> „Das ist der Anblick, den im Grossen und Ganzen die Gegenwart unserer Kunst bietet: beispiellose Verbreitung – schrankenlose Mitbethätigung im Volke – Rücktritt des Geistigen Karaktervollen und Wahren vor dem Sinnlichen Hohlen und Erheuchelten – Häufung materieller Mittel und aufopfernde Hingebung an das Aeusserliche und Eitle neben Unentschiedenheit und Feigheit für den wahrhaften idealen Fortschritt – grosser Besitz unermüdliche Arbeit, ohne den Muth Beides für ein hohes klar erkanntes Ziel daranzusetzen."[43]

Diese Kritik erscheint nicht untypisch für ihre Zeit. Auch Lina Ramann wollte einen Bruch zwischen Kunstentwicklung und Volksbildung konstatieren.

---

38   Marx (1855:7).
39   Marx (1855:9f.).
40   Marx (1855:208).
41   Roske (1985b:211).
42   Marx (1855:213).
43   Marx (1855:139).

„Die musikalische Volksbildung, – womit ich das große Publicum meine – hängt noch an den rohen sinnlichen Formen: und was die Kunst Großes und Ewiges erzeugt, steht ihr ferne. Der Zusammenhang mit der Kunst ist ein äußerer, und die Wirkung der letzteren auf das Volk weder ergreifend noch tiefgehend."[44]

Marx' und Ramanns Kunstverständnis nimmt seinen Ausgangspunkt in der geistigen Sphäre des Ideals, weniger in der Vielfalt kultureller Erscheinungsformen. Kritisch wäre anzumerken, dass der von beiden konstatierte Bruch zwischen Kunstentwicklung und Volksbildung trotz aller Bemühungen um die musikalische Lehre seither nicht in dem Maße verheilt ist, wie es sich Marx und Ramann wohl erhofft haben. Schon im 19. Jahrhundert ließen sich die Menschen nur begrenzt belehren, auf welche Art sie Musik nutzen sollten. Dass sie sich weiterhin durch Musik manipulieren ließen, zeigte das 20. Jahrhundert. Mit dem 21. Jahrhundert haben schließlich die Mediatisierung und Kommerzialisierung von Musik, aber auch die Pluralität an musikalischen Ausdrucksformen ein Ausmaß erreicht, das noch im 19. Jahrhundert unvorstellbar erschien.

Dennoch gibt Marx' Skeptizismus vor, nicht einer kulturpessimistischen Haltung zu entspringen. Ähnlich wie Ramann sieht Marx es als folgerichtig an, dass sich an jede Epoche schöpferischer Genialität eine Periode der Verbreitung anschließe. Neue Ideen müssten die Geister gewinnen und erfüllen. Man dürfe „einerseits die Mängel und Verirrungen der Gegenwart nicht verhehlen, andrerseits aber nicht verkennen, dass dieselben auch früher sich fühlbar gemacht und dass jetzt wie früher neben ihnen des Guten und Hoffnungreichen viel sich gezeigt" habe.[45] Die Frage nach dem Standpunkt und Fortschritt der Kunst ist für Marx an die Frage des Standpunkts und der Fortschrittsfähigkeit des Volkes gebunden.[46] „Zustand und Fortschritt der Kunst beruhn zuletzt auf der Bildung für sie."[47]

Das Wesen der Kunst liegt für Marx in der …

„Schöpfung, Gestaltung des Idealen, also Fortschritt über das Daseiende hinaus zu dem noch Unerschaffnen hin."[48]

Schöpfer der Kunst ist der menschliche Geist …

„Die Zukunft der Kunst ruht in der Zukunft, die der Geist sich schaffen wird."[49]

Das Mysterium der Kunst beruht …

„aber in diesem Ineinsgehen des Geistigen und Körperlichen, des Innen und Aussen, in diesem Sinnwerden des Geists und Geistwerden des Sinns, – aus welchen Wechselbeziehungen jene Energie, die wir schöpferische Liebe nennen mussten, sich erzeugt."[50]

---

44   Ramann (1868:71) will dem über eine künstlerische, ästhetische Volkserziehung begegnen (siehe ebd.).
45   Marx (1855:140).
46   Marx (1855:182).
47   Marx (1855:241).
48   Marx (1855:149).
49   Marx (1855:201).

Die Musik ist …

> „einerseits Bestandtheil jener All-Kunst, in der der künstlerische Mensch das Ideal in unzertheilter Fülle seines Daseins schaut und in dieser Fülle darzustellen, zu schaffen sich gedrungen fühlt.
>
> Andrerseits ist sie diese besondre Kunst, der das hörbarwerdende Dasein als besondre Seite des Lebens Gegenstand, und seine Darstellung, wieder für das Ohr, Aufgabe geworden ist."[51]

Die Musik unterscheidet sich von anderen Künsten …

> indem sie „dem Leben der Wirklichkeit entfernter und insofern der Idealität genäherter, andrerseits […] tiefer in das Sinnliche getaucht, weniger von ihm loszulösen. […] sie ist auf ihrer Höhe die exklusivste der Künste, weil sie da besondre und tiefe Einbildung fordert – und wiederum diese Hineinbildung leicht in Blasirtheit oder Pedantismus und Phantasterei umschlägt."[52]

In den musikpädagogischen Anschauungen von Marx durchdringen sich persönliches Musikverständnis mit pädagogischem Erfahrungsdenken und philosophischen Begründungsmustern.[53] Erst aus dem nachahmenden Lernen, der Selbst- und Fremdbeobachtung, dem eigenen Nachdenken, der Prüfung und Aneignung fremder Gedanken sei ein „Lehrgebäude" entstanden, „zu dessen Vollendung Naturtriebe, Kunsterfahrung und Wissenschaft von Tausenden, die Thätigkeit von Jahrhunderten in Wort und Schrift und Beispiel zusammenwirken".[54] Mit der ästhethischen Theorie Schillers verbindet Marx neben dem Bekenntnis zum volkserzieherischen Aspekt der Kunst jedenfalls das Denken in Antagonismen. Was er über die Einheit von Sinnlichkeit und Geistigkeit in der Kunst zu sagen weiß, kann als spätere Lesart vom Schillerschen Stoff- und Formtrieb, die sich im Spieltrieb versöhnen, verstanden werden, selbst wenn die Bezüge zur Ästhetik von Georg Wilhelm Friedrich Hegel – bis in den Wortlaut – noch viel offensichtlicher sind.[55]

---

50   Marx (1855:60).
51   Marx (1855:54).
52   Marx (1855:214ff.).
53   Vgl. auch Eicke (1966) und Edler (1967).
54   Marx (1855:243).
55   Jungmanns (2008:55) nachfolgende, stark komprimierte Beschreibung der Ästhetik Hegels verdeutlicht dies: „So ging auch Georg Wilhelm Friedrich Hegel (Vorlesungen über Ästhetik ab 1818) von der Existenz einer höheren Idee in der Kunst aus und entwickelte den bekannten Satz vom Schönen ,als das sinnliche Scheinen der Idee'. Das Kunstwerk erfasste er in der dialektischen Spannung von Sinnlichkeit und Geist.
      ,Das Kunstwerk bietet sich also allerdings für das sinnliche Auffassen dar. Es ist für die sinnliche Empfindung, äußerliche und innerliche, für die sinnliche Anschauung und Vorstellung hingestellt […] Dessen ohngeachtet ist aber das Kunstwerk nicht für die sinnliche Auffassung, als sinnlicher Gegenstand, sondern seine Stellung ist von der Art, daß es als Sinnliches zugleich wesentlich für den Geist ist, der Geist davon affiziert werden und irgendeine Befriedigung darin finden soll […] das Kunstwerk steht in der Mitte der unmittelbaren Sinnlichkeit und dem ideellen Gedanken […] In dieser Weise ist das Sinnliche in der Kunst vergeistigt, da das Geistige in ihr als versinnlicht erscheint.'
      Grundlage des Hegel'schen Ansatzes war auch hier die Polarisierung des Menschen und der Welt in die zwei Antipoden von Sinnlichkeit und Geist, Naturgebundenheit und Idee. Nur die Auflösung dieser Spannung führe zum wahren Menschsein. Die Kunst nun habe die Möglichkeit, mit ihrem Geist-Anteil die nötige Überbrückung zwischen den Polen zu leisten. Der Gegensatz von sinnenhafter Erscheinung des Kunstwerks und seiner sinn-

Das „Sinnvermögen" hat für Marx die Funktion, die Welt zu durchforschen und „Beziehungen zwischen ihr und mir" zu entdecken.[56] Der Geist vermag es, verschiedene Kräfte zur Einheit zu führen: „Gefühl, dämmerndes und klares Bewusstsein, lichtes Schauen und Erkenntnis, Phantasie – und Denkkraft."[57] Es ist die Kunst, in der Sinn und Geist zur Einheit finden.[58] Die Kunst wiederum verwirklicht sich in der Persönlichkeit des Menschen. „Bildung für Kunst und das Streben nach ihr das wir Lernen und Lehren nennen, sie sind mit der Kunst selber in das Dasein getreten, sind Nothwendigkeit und Bedürfniss im Leben der Kunst und des Menschen."[59] *Bildung* heißt für Marx zunächst nichts anderes als *Bewusstwerden*[60] …

> „Das ganze Leben vielmehr, vom ersten sinnlichen Eindruck an, ist ein stetes in die Weite und Tiefe, aus Nacht und Dämmerung zur Klarheit erwachsendes Bewusstwerden."[61]

… im Sinne von Selbstbestimmung und Selbsttätigkeit.

> „Der Sinn das Sinnen die Besinnung sagen mir, was ist oder sein könnte und sollte; die Kraft ist gewärtig des Willens, der in dem Bewusstsein von ihr seine Stütze findet; die That bewährt und verwirklicht was ich gewollt."[62]

Schon die Natur des Menschen sei auf Bewusstheit und Erkenntnis, auf Drang nach Selbstbestimmung und Freiheit angelegt. Erst im späteren Leben stünden dem Zerstreuung und Trägheit entgegen. Daher gelte es, den Künstler wie den Menschen „von unten herauf" und „von innen heraus" zu bilden.[63] „Bewusstheit, wachsende und tieferdringende Erkenntnis" sei das Bildungsziel für *alle* Strebende, auch im Bereich der Kunst.[64]

> „Vernimm! Fühle! Erkenne! Begreife! das ist die naturgemässe Stufenfolge für jeden Werdenden, wie wir sie für die Kunst selber erkannt haben.
> Ich füge das letzte Wort hinzu: Beherrsche und schaffe! Kunst auf dem Gipfel ihres Daseins ist That."[65]

In der Kunst lernen die Menschen …

---

lichen Erfahrung einerseits und der *geistigen* Befriedigung am Kunstwerk andererseits wurde von Hegel zu einer Synthese zusammengeführt und in idealisierender Weise als kathartisches Erleben herausgestellt: ‚Die Kunst durch ihre Darstellungen befreit innerhalb der sinnlichen Sphäre zugleich von der Macht der Sinnlichkeit', daher sei es ihr ‚substantieller Zweck', ‚die Wildheit der Begierden zu mildern […] die Triebe, Neigungen und Leidenschaften zu bändigen und zu bilden.'"
Jungmann nennt für ihre Zitate folgende Quellenbelege: Hegel, Georg Wilhelm Friedrich (1976): Ästhetik, hrsg. von Friedrich Bassenge, Bd. I, S. 45ff., 55ff., Berlin.
56   Marx (1855:36).
57   Marx (1855:266).
58   Marx (1855:248).
59   Marx (1855:243).
60   Marx (1855:430).
61   Marx (1855:430f.).
62   Marx (1855:37).
63   Marx (1855:432f.).
64   Marx (1855:442f.).
65   Marx (1855:267).

> „die Dinge frei von der Angst selbstischen Bedürfnisses wie von der rein persönlichen Vorliebe, gereinigt von den verhüllenden und entstellenden Zufälligkeiten, – lernen bei subjektivster Betheiligung objektiv die Gestalt der Dinge fassen und ideale Bedeutung erkennen."[66]

Bewusstsein und Erkenntnis bleiben zunächst auf ihren Bildungsgegenstand bezogen. Indem die Musik im Vergleich zu anderen Künsten stärker sinnlich wirke,[67] seien es zweierlei Kräfte, die in ihr so unmittelbar wie in keiner anderen Kunstform aufeinander träfen: die Kraft der Idealität, über alles Endliche und Persönliche hinausweisend und von dessen Beschränkung freimachend, sowie

> „die vollste Erregung und Betheiligung der Persönlichkeit, da die Kunst den ganzen Menschen fordert und hinnimmt.
> Dem wahren Künstler geht die eigene Person auf in seiner Idee, dem irrenden taucht die Idee unter in seinen persönlichen Neigungen. Dies gilt vom ausführenden wie vom schaffenden Künstler, es gilt selbst für den ohne Selbstbethätigung blos empfangenden Kunstfreund.
> Dieser Widerstreit beider Kräfte tritt nun in keiner Kunst so stark hervor als in der Musik. Der Ausführende setzt mehr oder weniger seine volle Persönlichkeit an die Ausführung, – und ob er dabei zu jener Höhe gehoben wird oder sich erheben kann, in der das Persönliche geläutert aufgeht in das Ideale, das hängt vom Gehalt des Werks ab und von der Fähigkeit des Ausführenden, die Sprache der Töne zu verstehen und den Gedanken oder Gefühlgang des Werkes zu fassen."[68]

3.2.3 Folgerungen für die musikalische Lehre

Aus der sinnlichen Wirkung der Musik schließt Marx, dass die musikalische Lehre gemäß den allgemeinen Bildungszielen umso entschiedener auf Bewusstheit und Erkenntnis des Schülers einwirken müsse. Allerdings gelte es, auf äußere sowie kunstimmanente Faktoren Rücksicht zu nehmen.

> „Nun beginnt nicht blos der Musikunterricht in der Regel in früherer Zeit, bevor Verstand und Bildung für gründlich Urtheil Kraft gewonnen; es liegt auch im Wesen der Kunst selber, dass sie sich zuerst und zunächst an den Sinn, dann an das Gefühl wendet, ehe sie Gegenstand hellern Bewusstseins wird."[69]

„Künstlerische Bildung, und zunächst Bildung für das dem Schüler nach Wahl und Befähigung beschiedne Fach", nicht „Gelehrtenbildung, und ebensowenig handwerkliche Abrichtung"[70], wird somit Aufgabe der musikalischen Lehre.

---

66 Marx (1855:212).
67 Marx (1855:263).
68 Marx (1855:238f.).
69 Marx (1855:505).
70 Marx (1855:518f.).

„Nicht im halb-bewusstlosen Thun, nicht im dunkeln Gefühl, nicht im todten ‚Auswendig-lernen' darf sie den Schüler lassen. Nicht darf sie sich feig und bequem auf das Lotterbett der Autorität strecken, ihre Lehren als unverbrüchlich ihr Beispiel als unantastbar die ihr genehme Art des Anschauens und Empfindens als Norm für Andre und Alle dem Schüler auferlegen. Sie muss ihn zum eignen Bewusstwerden und damit zu selbstständigem Ge-fühl und Schauen wecken, muss selber ihn zur Prüfung ihrer Lehren und Beispiele anregen und damit zum Selbstdenken, zur Freiheit des Geistes erheben. Denn der Schüler soll nicht Sclav und nicht Kopie des Lehrers werden, sondern ein eigner freier und damit eigen-thümlicher Mensch. Dies ist überall die Aufgabe, nirgends aber mehr als in der Kunst, in der zuletzt die Persönlichkeit das Bestimmende, der höchste Werth der Leistungen von Frei-heit und Eigenthümlichkeit der Persönlichkeit des Künstlers abhängt. Ein unfreier Karak-ter kann auch in der Kunst nur Lakai sein; er kann eine goldverkleidete Livree tragen, kann Hofpianist und alles Mögliche werden, nur nicht Künstler und der Kunst geistig froh.“[71]

Eine solche Auffassung von musikalischer Lehre erscheint für die Mitte des 19. Jahr-hunderts geradezu revolutionär. Sie knüpft an das Humboldtsche Bildungsideal der Selbsttätigkeit und Persönlichkeitsentfaltung an. Einer Vermittlung instrumentaler Fer-tigkeiten wird hier ebenso wenig Priorität eingeräumt wie einer bloßen musikalischen Wissensvermittlung. Vielmehr soll die musikalische Lehre eigenständiger Teil einer ganzheitlichen Bildung sein; sie soll „den ganzen Menschen fassen und erziehn […] zu dem Standpunkte, der für künstlerisches Leben und Wirken genügend ist“.[72]

„Das ist Sinn und Wesen der Erziehung zur Kunst. Nur desshalb mag man sie nicht Er-ziehung sondern Kunstlehre heissen, weil ihre Aufgabe nur eine Seite der menschlichen Entwickelung ist, während der Name Erziehung die allgemeinmenschliche Entwickelung bezeichnet, von der alle besondern Lehr- und Bildungszweige nur Theile sind.“[73]

Zugleich zeigt sich hier für Marx die Besonderheit musikalischer Lehre. Während alle anderen Lehren sich einer beschränkten Aufgabe zuwendeten, die auf Erlangung spe-zifischer Kenntnisse und Fertigkeiten zielte, sei der Mensch „in der Einheit all seiner Vermögen […] das Subjekt der Kunst“.[74]

Von zentraler Bedeutung für das Marxsche Verständnis von musikalischer Lehre ist seine Definition des Begriffes *Methode*. „Methode ist die Kunst, dem Gegenstand der Lehre beizukommen, ihn für den Schüler zugänglich und fasslich zu machen.“[75] Marx befürwortet einerseits die Pluralität unterschiedlicher musikalischer Lehrmetho-den im Sinne unterschiedlicher Lehrverfahren.

„So hat man in der Ausübung der Musik bald rein-technische Abrichtung, bald Entwicke-lung technischer oder sonst äusserlicher Regeln versucht, und Aehnliches auch im Felde der Komposition unternommen. Jede solche Methode kann Gutes und Förderndes haben,

---

71   Marx (1855:266f.).
72   Marx (1855:248).
73   Marx (1855:250).
74   Marx (1855:247f.).
75   Marx (1855:485).

soweit sie sich nämlich an diese oder jene Seite der Kunst anlehnt. Dies ist wahrheitgemäss sowohl technischer Abrichtung als auch abstraktverständiger Unterweisung (z. B. dem Generalbass und der alten Kontrapunktlehre) zuzugestehen, da die Kunst ihre technische und ihre rein – verständige Seite hat.“[76]

Andererseits existiert für Marx im übergeordneten Sinne letzlich nur eine einzige wahrhaft zufriedenstellende Methode:

> „[…] die das Wesen ihres Gegenstands (der Kunst) zur Grundlage hat, und sich von hieraus folgerecht auferbaut, überall auf dem wahren und vollständigen Begriff der Sache und auf wahrer Erkenntnis der Menschennatur beruhend. Wenn jene folgerechte Entwickelung allein System genannt werden kann, so giebt es unter allen möglichen Methoden nur jene eine systematische.“[77]

Es bleibt Aufgabe des Lehrenden, ausgehend von einer an den Erfordernissen der Kunst angelehnten musikpädagogischen Systematik die methodische Vorgehensweise dem Lernenden individuell anzupassen. Michael Roske hat von Marx' Fähigkeit zur „musikpädagogischen Unterscheidung“ gesprochen, die das lernende Subjekt selbst betreffe.[78] In der Tat unterscheidet Marx das Lehrverfahren nach zwei Seiten hin. Einerseits sei es unabdingbar, an künstlerischen Grundsätzen festzuhalten, andererseits solle eben die Vermittlung solcher Grundsätze der Persönlichkeit des Lernenden angepasst werden …

> „da in der Kunst die Individualität des Ausübenden zu ihrem höchsten Rechte kommt also von Anfang an erhalten und gekräftigt werden muss. Denn über alle ideale Bestimmung, über allen objektiven Inhalt der Kunst und die Vernunftgesetze hinaus die sie regieren, ist es doch zuletzt die Person des Künstlers nach ihrer Eigenthümlichkeit, durch die das Kunstwerk geschaffen oder dargestellt, durch die es wirklich, kraft deren es auch empfunden wird. Ich kann nur komponiren und darstellen was in mir ist, kann nur empfinden wozu und in welcher Weise mir Empfänglichkeit inwohnt. Was daran gefördert werden soll, muss durch Förderung meiner Persönlichkeit von innen heraus, also durch Eingehn in dieselbe geschehn.“[79]

Marx differenziert Musik nach ihrer Bildungsqualität. Er zieht aus der bildungsfördernden Perspektive das gemeinsame Musizieren der Musikausübung des Einzelnen vor. Ausgehend von dem Verständnis des Menschen als Gemeinschaftswesen[80] erscheint ihm die Pflege gemeinsam auszuübender Musik „ungleich wichtiger für Volksgesittung und Beglückung des Menschen von innen heraus“ als die „Einzelmusik“[81]. Obwohl in der Sololiteratur großartigste Kompositionen existierten, die Einzelmusik zugleich „Vertraute […] und Stimme des einsamen Herzens“ sei, gleiche die „Gesammtmusik“

---

76   Marx (1855:486).
77   Marx (1855:486f.).
78   Roske (1985b:211).
79   Marx (1855:487f.).
80   Vgl. Marx (1855:210).
81   Marx (1855:240).

doch dem „Heroldruf an das Volk" und stelle die „Ausströmung der Stimmung und Gesinnung Aller" dar.

> „Hier, wo neben mir in gleicher Bedeutsamkeit Andre wirken, kann edler Wetteifer sich entzünden, Eitelkeit und Eigennutz weit schwerer Zugang und Erfolg haben. Hier eint alle Einzeln ein einiger Zweck, erwacht und stärkt sich das Gefühl der Gemeinsamkeit und Zusammengehörigkeit, das in Verbrüderung und Volksliebe seinen Gipfel findet."[82]

Die Frage nach der Musik, an der sich Bildung vollzieht, ist für Marx maßgeblich. Nur der Kunstmusik schreibt er überhaupt eine bildende Funktion zu.[83] Von dem „Hang der Musik nach Gefühlsdunkel, Unbestimmtheit und Traumhaftigkeit"[84] könnten prinzipiell auch „bedenkliche Wirkungen"[85] ausgehen, so dass Musik nicht umstandslos höhere Intelligenz und sittliche Kraft zu fördern verspreche.[86]

> „Um der guten Musik wollen wir die bessere vorziehen. Nur das Gute fördert in künstlerischer Hinsicht wie sittlicher Hinsicht Gutes. Schlechtes erzieht Schlechtes."[87]
>
> „Das Schlechte stützt sich auf Unbildung, wendet sich an Schwäche und Verderbtheit in uns und nährt Beides, wie umgekehrt Gutes das Gute in uns zeitigt und befestigt."[88]

Solche Vorbehalte gegen die Bildungsqualität bestimmter musikalischer Ausdrucksformen führen zu musikalischen Werturteilen, die heutzutage in ihrer Eigentümlichkeit und ethischen Aufladung befremden müssen, selbst wo sie unter Berücksichtigung des historischen und gesellschaftlichen Kontextes nachvollziehbar erscheinen. In der Musik von Händel, Gluck und Haydn will Marx „sprechendste Vorbilder von Geradheit Aufrichtigkeit und Gesundheit" erkennen – noch vor den „ebenbürtigen oder überlegnen Bach Mozart und Beethoven". Demgegenüber bemängelt er an manchen Werken Mendelssohns, dass sie sich trotz allem Talents des Komponisten „kourmacherischer oft weiblicher Sentimentalität" hingeben würden, oder auch „jenem auf den populärwirkenden Choraltypus gestützten – Sehnen mehr als Empfinden quietistischer Andacht (besonders in einem Theil seiner Lieder ohne Worte und mit Worten, und vielen Oratoriensätzen)".[89]

> „Jemehr Anlass zu all diesen Verweichlichungen ohnehin in der Natur der Musik liegt, um so mehr ist darüber zu wachen, dass sie nicht noch durch überwiegende Beschäftigung mit Werken jener Richtung verbreitet und herrschend werden."[90]

Auffallend ist, dass Marx vom Charakter eines Musikstückes unmittelbar auf dessen bildende Wirkung schließt. Hier zeigen sich nun die Grenzen von Marx' musikali-

---

82   Marx (1855:239).
83   Vgl. Kapitel 1.4.4.
84   Marx (1855:266).
85   Marx (1855:264).
86   Marx (1855:263).
87   Marx (1855:221).
88   Marx (1855:223f.).
89   Marx (1855:265).
90   Marx (1855:264).

schem Bildungsbegriff. Marx geht von einer „idealen Bestimmung", einem „objektiven Inhalt" der Kunst" aus (s.o.). Nur stellt sich dasselbe Problem wie schon bei Schillers Konzept der ästhetischen Erziehung. Objektiv messbar ist weder der künstlerische Gehalt noch die sittliche Wirkung eines Musikstückes. Zwar liegt es in der Natur von musikalischer Bildung, dass sie auf die Entwicklung einer ästhetischen Urteilsfähigkeit Einfluss nimmt. Solche würde neben Einsicht und Erkenntnis aber auch unterschiedliche musikalische Erfahrungshorizonte des lernenden Subjekts voraussetzen. Musikalische Bildungsprozesse lassen sich überhaupt nur sinnvoll beschreiben, indem der Bildungsgegenstand (z.B. ein im Unterricht behandeltes Musikstück) in Interdependenz zu den Voraussetzungen des Lernenden (Alter, Entwicklungsstand, Anlagen, Sozialisation), den zugrunde gelegten Lernzielen sowie den zur Anwendung kommenden Lehrmethoden gesehen wird. Marx wirft im Übrigen selbst die Frage auf, wer eigentlich darüber zu entscheiden habe, was gute, was schlechte Musik sei. In seiner Antwort beruft er sich auf die Gesetze der Vernunft, wohlwissend, dass es zwar möglich ist, Kriterien für gute oder schlechte Musik zu benennen, dass aber deren Beurteilung subjektiv bleiben muss.

> „Ich wenigstens erkenne wo mein ganzes Selbst, Empfinden und Erkenntniss, mitzusprechen hat schlechthin keine Autorität an als die von der Gottheit eingesetzte Vernunft, – und in der Kunst, wo die feinsten Saiten der Persönlichkeit berührt werden und bei dem redlichsten Streben nach allseitiger Gerechtigkeit im Urtheil unbewusst mitklingen, am allerwenigsten."[91]

Das Aufeinandertreffen von Kunst und Pädagogik birgt Konfliktpotential. Künstlerische und pädagogische Zielsetzungen können miteinander konkurrieren, lassen sich unterschiedlich gewichten. Sie gegeneinander abzuwägen und auszubalancieren bleibt bis heute Aufgabe der Musikpädagogik. Der Lehrer wird versuchen, dem Schüler einen Begriff der eigenen künstlerischen Wertvorstellungen zu vermitteln und soll ihm doch Raum lassen, eine eigenständige Persönlichkeit zu entwickeln. Marx selbst tendiert sehr stark zu einem normativen Kunstverständnis, welches im Wesentlichen auf der Präferenz für ein eng umgrenztes klassisches Repertoire beruht („Um der guten Musik wollen wir die bessere vorziehen"). Zwar reflektiert er die „Zweiseitigkeit des Lehrverfahrens, das Festhalten bestimmter Grundsätze […] und Anschmiegen an jede Persönlichkeit"[92] überaus bewusst. In letzter Konsequenz beharrt er jedoch darauf, sein Handeln als Pädagoge allein in den Dienst der (hohen) Kunst zu stellen. Marx steht der Autorität des Lehrers kritisch gegenüber …

> „Autorität setzt den Geist ausser Thätigkeit, raubt dem Gehorchenden Selbstständigkeit und Eigenthümlichkeit, tödtet im Schüler den künftigen Künstler oder reizt den energischen Jünger zu heimlichem Widerstreben, wo er so gern hätte sich gewinnen lassen, wenn man sich freimüthig an seinen beurteilenden Geist gewendet hätte. So erzieht man Diener- und Handwerkseelen; der Künstler muss zur Unabhängigkeit und Selbstständigkeit, zu Frei-

---

91   Marx (1855:225).
92   Marx (1855:487).

muth und Selbstbestimmung bei der That erzogen werden. Passiv hinnehmende, mit Allem zufriedene Schüler geben wie schwächliche Muttersöhnchen keine Hoffnung."[93]

... und setzt doch wenigstens das temporäre Vertrauen des Schülers in die fachliche Autorität des Lehrers, beruhend auf dessen „Befähigung und Durchbildung"[94] voraus.[95] Er verwahrt sich gegen jede Form der musikalischen Zensur. Aber er sieht den Lehrer doch in der Pflicht, „sich und die Seinen in der Wahl dessen was frommt zu berathen":

> „Ich würde selbst (meine Schüler wissen das) unangemessen finden, was mir in irgend einer Hinsicht bedenklich scheint dem Jünger [= dem Schüler] schlechthin zu versagen, damit nicht das Recht der Selbstbestimmung und freie Neigung verletzt und gerade für das Versagte aufgereizt würde. Nur aufzuklären über Alles und gewinnen für das Bessere oder zeitweis Gemässere ist Recht und Pflicht."[96]

Marx' Einstellung gegenüber dem Autoritätsbegriff bleibt also nicht frei von Widersprüchen. Überhaupt sind autoritäre Denkmuster in der musikpädagogischen Literatur des 19. Jahrhunderts keine Seltenheit. Der Leipziger Musikpädagoge Friedrich Wilhelm Lindner[97] äußerte sich zur Bedeutung der Gesangsbildung folgendermaßen: „[...] man lehre das Ohr hören, dann horchen, und zuletzt wird das Gehorchen, der Gehorsam, welcher Gott und dem Gewissen gebührt, nicht schwer werden".[98] Selbst Lina Ramann, die sich in ihrem musikpädagogischen Denken häufig als ausgesprochen progressiv erweist, spricht in ihren Schriften davon, dass „Zucht" – sie versteht darunter Lob, Tadel und Strafe als „geistige Heilmittel der Jugend"[99] – zur Bildung sittlichen Gefühls führe:

> „Die Grundlage und Hauptstütze der sittlichen Zucht ist die Pflichttreue. Der Schüler muss darum zur *Pflichterfüllung* unter allen Umständen gewöhnt und angehalten werden. Sie tritt in der Schule zunächst auf in dem Verhältniss des Schülers zur Schule, zum Lehrer und zu seinen Mitschülern, als auch zu seinen Arbeiten, und gipfelt in *Ordnung* und *Gehorsam*, in *Fleiss*, *Ausdauer* und *Gewissenhaftigkeit*, sowie in der Ueberwindung willkürlicher und selbstischer Geltendmachung. Die Unterlage dieser Tugenden muss die *sittliche Wahrheit*, d. i. die Uebereinstimmung der Form mit der Gesinnung, sein."[100]

Die Verwendung von Begriffen wie sittliche Zucht, Pflichterfüllung, Ordnung und Gehorsam in Verbindung mit sittlicher Wahrheit als Übereinstimmung von Form und Gesinnung irritiert heutzutage – ja, sie muss in Deutschland geradezu historisch bedingt negative Assoziationen hervorrufen. Unbestreitbar setzen allerdings musikalische Fort-

---

93   Marx (1855:429).
94   Marx (1855:226).
95   Vgl. Marx (1855:225).
96   Marx (1855:265f.).
97   Lindners Methoden des Gesangsunterrichts müssen ansonsten eher progressiv gewesen sein. Sowa hat sie in seiner Untersuchung kurz vorgestellt – vgl. Sowa (1973:39).
98   AMZ (1811:4).
99   Ramann (1873:55).
100   Ramann (1873:49).

schritte immer auch ein gewisses Maß an Fleiß, Ausdauer und Gewissenhaftigkeit voraus. Pflichtbewusstsein und Autorität sind nicht *per se* als positive oder negative Erscheinungen anzusehen. Es besteht ein Unterschied, inwieweit Pflichttreue äußerlich veranlasst oder innerlich motiviert ist. Ebenso kann die Anerkennung von Autorität aufgezwungen werden oder aus innerer Einsicht erfolgen. Marx möchte als Lehrer dem Schüler in der Redlichkeit seines künstlerischen Bemühens Vorbild sein ...

> „Nicht die Wahrheit [...] in deren Besitz irgendein Mensch ist oder zu sein vermeint, sondern die aufrichtige Mühe die er angewandt hat hinter die Wahrheit zu kommen, macht den Werth des Menschen. Denn nicht durch den Besitz sondern durch die Nachforschung der Wahrheit erweitern sich seine Kräfte, worin allein seine immer wachsende Vollkommenheit besteht. [...]
>
> Wenn Gott in seiner Rechten alle Wahrheit, und in seiner Linken den einzigen immer regen Trieb nach Wahrheit, obschon mit dem Zusatze mich ewig zu irren, verschlossen hielte und spräche zu mir: Wähle! – ich fiele ihm mit Demuth in seine Linke und sagte: Vater, gieb! Die reine Wahrheit ist ja doch für Dich allein!"[101]

... und sieht Bildung insofern als etwas nicht Abgeschlossenes an:

> „Niemand lernt aus. Wir Lehrer und Künstler allesammt sind Schüler, und bleiben es. Unsrer Aufgabe gegenüber ‚soll niemand Meister heissen'."[102]

Über musikalische Anlagen verfügen nach Marx fast alle Menschen. Musikalische Anlagen könnten sich jedoch verschieden ausprägen und in mannigfaltigen Abstufungen vorhanden sein.[103] Jede musikalische Anlage sei so weit der Ausbildung wert, als das aufrichtige Interesse des Lernenden an der Kunst dies rechtfertige.[104] Bemerkenswert für seine Zeit ist, dass Marx auf die Bedeutung einer frühkindlichen Bildung hinweist, die schon vor der Zeit der eigentlichen musikalischen Lehre beginne.

> „Das einfache Lied der Mutter, vielleicht vom Kinde mitgesungen, ist der natürlichste und oft befruchtendste Unterricht; der Marsch, den der Knabe an der Hand des Vaters nach einfachster Melodie oder blossem Trommelrhythmus in der Stube herum macht, rüttelt mehr Lust und Taktsinn auf, als mancher halbjährige Unterricht."[105]

Zu früh würde mit dem einsetzenden Instrumentalunterricht der natürliche Spieltrieb des Kindes unterdrückt ...

> „Dagegen möchten wir für alle Kinder die Freiheit erbitten, bisweilen auf dem Klavier nach ihrer Art herumzuspielen, zu suchen, selbst herumzutosen, so weit es ohne Beschädigung des Instruments angeht."[106]

---

101 Marx (1855:206) beruft sich darauf, Lessing zu zitieren.
102 Marx (1855:548).
103 Marx (1857:377).
104 Marx (1857:369f.).
105 Marx (1857:379).
106 Marx (1857:379).

Die Frage nach dem passenden Alter für den Unterrichtsbeginn versucht Marx „auf Grund der Erfahrungen, die die Psychologie uns wissenschaftlich überliefert" zu beantworten.[107] Er nennt „Sinnenthum Phantasie Verstand Vernunft oder Idealfähigkeit" als seelische Entwicklungsstufen des Heranwachsenden. Bis zum siebten Lebensjahr bliebe das Kind noch der sinnlichen Erfahrungswelt verhaftet: „In Anschauung und Wollen ist Phantasie die lose willkuhrliche vergessliche unzuverlassige Lenkerin." Erst daran anschließend bildeten sich bis zum vierzehnten Lebensjahr die Verstandeskräfte aus: „Zusammenhängend nicht blos als kreatürlich Fortbestehn sondern nach Bewustheit und Selbstbestimmung." Schließlich steigere sich mit der Geschlechtsreife die geistige Reife, vermöge „das Idealleben sich zu entfalten".

> „Hiernach würde, von allen sonstigen Rücksichten […] abgesehn, der Anfang des Musikunterrichts im Allgemeinen nicht vor zurückgelegtem siebenten Jahre, nicht gern vor zurückgelegtem zehnten […] statthaben dürfen. Dagegen würde verspäteter Beginn (erheblich später als das vierzehnte Jahr […] mit der Mühseligkeit zu kämpfen haben, die technische Uebung Verstandes- und Gedächtnisswerk […] einem daran wie an den ersten mehr spielenden und spieligen Genüssen nicht mehr Befriedigung findenden Gemüth auferlegen."[108]

Das Kind könne sich noch ausschließlich an Klang und Tonspiel ergötzen, sich an der Handhabung des Instruments wie des eigenen Körpers gewöhnen. Der reifere Knabe fasse den Verstand der Sache, greife aber „heftig und rücksichtslos in der Einseitigkeit des Verstandes an", neige also zur Übertreibung. Erst später erwache „in der Gestalt von Empfindung und Schwärmerei Bewusstsein für das Innerliche und Feinere, erst zuletzt Ahnung und Anschaun der Idee".[109] Als erstes Lehrfach für jeden Musikausübenden bezeichnet Marx den Gesang.

> „Da wird der Mensch von innen heraus musikerweckt; da ist er selber Organ seiner Musik und braucht ausser sich weder eines Instruments noch musikfremder Technik; da kann selbst mit geringem Mittel schon Annehmbares ja Ergreifendes geleistet werden."[110]

Dem Instrumentalfach der Wahl solle jedenfalls das Klavierspiel zur Seite gestellt werden. Klavierspiel sei außerdem die fast unerlässliche Voraussetzung für den Kompositionsunterricht, der Einsicht in das Wesen der Kunst gewähre. Letzterer bilde wiederum die Grundlage für das wissenschaftliche Studium von Kunstgeschichte und Kunstphilosophie.[111]

Der zeitliche Aufwand, den Marx für eine adäquate musikalische Ausbildung als sinnvoll erachtet, ist nach heutigen Maßstäben beträchtlich.

> „Im Allgemeinen kann man annehmen, dass jeder Unterrichtszweig Anfangs drei, dann (nach etwa einem Jahre) zwei wöchentliche Lehrstunden, zuletzt (wenn der Schüler schon

---

107 Vgl. Marx (1855:312ff.).
108 Marx (1855:314).
109 Marx (1855:315).
110 Marx (1855:525).
111 Marx (1855:527).

sichergestellt ist und an die grossen Aufgaben kommt), nur eine fordert, bei zwei (höchstens drei) Stunden täglicher Uebung."[112]

Ramanns Empfehlungen weichen nur wenig ab. Kinder bis zum Alter von acht Jahren sollten täglich zwischen einer halben und ganzen Stunde üben, bei zwei- bis dreimaligem wöchentlichem Unterricht. Ab dem neunten Lebensjahr wäre die tägliche Übezeit auf bis zu zwei Stunden zu steigern.[113]

Keinesfalls selbstverständlich ist, dass Marx für die musikalische Bildung des weiblichen Geschlechts Partei ergreift. Nicht eindeutig geht daraus hervor, inwieweit er sich von gängigen gesellschaftlichen Konventionen und Rollenbildern wirklich freimachen will, wenn er feststellt, dass die „natürliche und gesellschaftliche Bestimmung" der Frau sich vielfach hemmend auf ihre freie geistige Entwicklung auswirke.

> „Jeder hat den unberechenbaren Einfluss der Gattin auf das Hausleben, der Mutter auf Gemüth und Bildung ihrer Kinder vor Augen. Entweder müssen wir auf das Alles verzichten, Alles zufälligem Gelingen und der unabgewehrten Verderbniss überlassen, oder wir müssen das Recht der Frauen auf unbeschränkte Bildung erkennen und unsre Pflicht auch gegen sie vollständig erfüllen. Ueberlassen wir sie bildungslos und unaufgeklärten und ungefesteten Geistes ihrem leicht-erregbaren leicht-aufwallenden sinnlichen Naturell, ihrer von ungeläuterten Gefühl bald da bald dorthin verlockten Neigung oder Abneigung: so fällt nicht auf sie, auf uns die Schuld ihrer Mangelhaftigkeit und nachtheiligen Einflüsse."[114]

Die Macht gesellschaftlicher Normen gegenüber persönlichen Einstellungen und Überzeugungen muss in der zweiten Hälfte des 19. Jahrhunderts sehr ausgeprägt gewesen sein. Beispielsweise ist die Biographie Lina Ramanns außergewöhnlich für eine Frau ihrer Zeit. Die Tätigkeit als Musikpädagogin, Liszt-Biographin, Musikschulgründerin sowie ein zwischenzeitlicher USA-Aufenthalt zeugen von dem selbstbestimmten Leben einer „starken" Frau. Entgegen diesem Befund enthalten ihre Schriften jedoch Sätze wie folgende:

> „Betrachtet man Mann und Frau nach ihrer äusseren Gestalt, sowie nach ihrer geistigen Organisation, so findet sich überall Gegensätzliches vor. Ihre körperlichen und geistigen Eigenschaften, Anlagen und Richtungen sind verschieden und einander meistens entgegengesetzt. Die ganze Erscheinung des Mannes weist darauf hin, dass er mehr auf Selbstständigkeit angelegt ist, während hingegen die der Frau mehr auf Anschmiegsamkeit hindeutet. Beim Mann ist das Selbsthandelnde, das Aktive überwiegend, bei der Frau das Anempfindende, Passive. Der Mann ist gebend, die Frau ist empfangend."[115]

Mit der Forderung, Mädchen und Jungen nach dem 10. Lebensjahr nach Geschlechtern getrennt zu unterrichten, entsprach Ramann der damaligen gesellschaftlichen Konvention und gängigen pädagogischen Praxis.

---

112   Marx (1855:528).
113   Ramann (1868:122).
114   Marx (1855:237).
115   Vgl. Ramann (1873:94f.).

Marx differenziert die Zielsetzungen musikalischer Bildung in Abhängigkeit von drei Klassen „Strebender" bzw. Lernender: [Musik-] (1) Aufnehmende, (2) Ausführende, (3) Gestaltende. Die Bildungsideale für diese drei Klassen bauen aufeinander auf, sie steigern sich in ihren jeweiligen Ansprüchen vom bewussten Musikhören hin zum gestaltenden Musizieren / Komponieren. Aufnehmende, die am Musikleben teilhaben [sollten], aber selbst nicht aktiv musizieren, sind empfänglicher für Musik zu machen:

> „Empfänglichkeit und Neigung werden hier wie überall vorausgesetzt und sind zu steigern, der Sinn ist anzuregen und zu verfeinern. Was sinnlich erfahren was gefühlt worden, kann nur bewahrt und für Fortbildung in Kunst und Leben fruchtbar gemacht werden, indem es sich in die Sphäre lichtern Bewusstseins erhebt. Das träumerische ‚Weiss nicht wie mir geschieht', es hat seine Zeit unbedingter Nothwendigkeit, es ist gleich dem mütterlichen Schooss', in dem die junge Seele warm gehegt und geborgen dem Tag' und seinem Bilderglanz und Thatendrang entgegenschlummert.
>
> Aber das Auge muss sich öffnen, damit es schauen und fassen könne, der Geist muss zu vollem Erwachen, zum Bewusstsein seiner selbst sich erheben. Ich habe gehört, ich habe gefühlt! nun werd' ich inne was mir geschehen und geworden, ich vermag es mir zu deuten und zu bezeichnen! zuletzt erkenn' ich es seinem Wesen nach; und damit erst hab' ich es ganz durchlebt, ganz mir angeeignet; Sinn Gefühl Gedanke sind um einen Lebensmoment reicher geworden."[116]

Eine solche Art der musikalischen Bildung sollte nach Marx möglichst vielen Menschen zugutekommen. „Sie führt den merkenden Geist zunächst auf Festhalten des Erfahrnen in der Erinnerung, dann auf Vergleiche der aufgefassten Einzelheiten nach Aehnlichkeiten und Unterschieden, endlich auf den Zusammenhang aller."[117] Musikalische Bildung zielt somit auf Wahrnehmungs- und Urteilsfähigkeit – nicht nur in musikalischen Fragen, sondern darüber hinausweisend in erweiterten Bildungskontexten. Sie umfasst mehr als abstraktes Denken, indem sie das sinnliche Erleben mit einschließt. „Nur der hat die Kunst wahrhaft in sich empfangen, dem sie Bestandtheil seines Lebens geworden ist."[118] Es geht also um ein „erweiterte[s] Verständnis vom Wesen der Kunst" bzw. um die „Kunde von ihren Lebensmomenten". Ein bloßes Wissen um Musik würde für Marx indes noch mit einer gewissen „Kunstferne" behaftet bleiben.[119] Erst der Darstellende, also der Musikausübende, habe die Chance, am Kunsterlebnis unmittelbar teilzuhaben. Hier gewännen fachspezifische Aspekte der musikalischen Bildung an Bedeutung: Fähigkeiten und Fertigkeiten seien analog zu einem tieferen Verständnis von Musik auszubilden.[120] Da Marx musikalische Bildung als Teil allgemeiner Bildung begreift, geht es ihm bei der Entwicklung von Anlagen zunächst keineswegs nur um musikalische Anlagen. Ein ganzes Kapitel hat Marx in seiner „Methode der Musik" der Entwicklung geistiger Anlagen gewidmet. *Neigung, Tatkraft, Intellekt, Vor-*

---

116   Marx (1855:489f.).
117   Marx (1855:490).
118   Marx (1855:492).
119   Marx (1855:256).
120   Vgl. Marx (451ff., 492ff.).

stellungsvermögen, Erinnerungsvermögen des Lernenden werden hier in Relevanz zur musikalischen Ausbildung gesetzt. Die Förderung der musikalischen Anlagen bezieht Marx auf „Vorstellungs- und Darstellungsfähigkeit für Tonverhältnisse [...] was gewöhnlich unter dem ‚Ausdrucke‘ Gehör zusammengefasst wird", auf Rhythmusgefühl und Klangsinn.[121] Den Begriff „Geschicklichkeit" versteht Marx vorzugsweise als Ausdruck für tatsächliche Befähigung.[122] Als solcher verweist er „u.a. auf die motorische, technische, aber auch physiologische Seite des Instrumentalunterrichts".[123] Die technische Ausbildung am Instrument bzw. im Gesang wird als Mittel zum Zweck künstlerischer Gestaltung gesehen. Technische und künstlerische Fähigkeiten sollen sich wechselseitig entwickeln helfen:

> „Wir dürfen also mit Recht fordern, dass die technischen Uebungen sobald als möglich zu künstlerischen überleiten und von da an (also von den ersten Lehrstunden an) in steter Abwechselung und Wechselwirkung mit ihnen bleiben, so dass kein Tag und keine Lehrstunde ohne Antheil bleibe an der Kunstübung – dies im Gegensatze zur technischen Vorbereitung gesprochen – und ohne thatsächliche Hinführung auf die Kunst als Zweck jeder Lehre und Uebung. Es ist ein der wichtigsten Aufgaben der Lehre, für jede Stufe technischer Entwickelung die angemessne Reihe künstlerischer Aufgaben bereit zu halten."[124]

Übergeordnetes Ziel bleibt die Eigenständigkeit im künstlerischen Vortrag.

> „Nicht dass ein Tonstück erschalle, dass das erschallende wirke gefühlt verstanden werde, darauf kommt es an. Nicht dass ich die vorgeschriebnen Tonreihen abspiele, sondern dass ich fühle und wisse was der Komponist mit ihnen beabsichtigt und dass ich dieser Absicht – dem geistigen Inhalt‘ entsprechend darstelle, das ist des Ausführenden Aufgabe. Diese Auffassung des künstlerischen Inhalts heisst, auf Darstellung und Darstellungsfähigkeit angewendet, ‚Vortrag‘ und ‚Vortraglehre‘."[125]

Indes verkörpert nicht primär der *nach*schöpferisch Tätige das musikalische Bildungsideal von Marx, sondern der *eigen*schöpferisch Tätige, der Gestaltende, Kunstschaffende, mit anderen Worten – der Komponist.

> „Kompositionslehre Kunstwissenschaft Kunstgeschichte werden hier die nächsten Gehülfen der Ausübung – allgemeiner Bildung zu geschweigen. Von ihnen nimmt die Kompositionslehre am Wesen der Kunst den nächsten Antheil, sie führt unmittelbar zum Gestalten zu künstlerischer Bethätigung, und öffnet damit den Blick in den Bau des Kunstwerks selber."[126]

---

121   Marx (1855:324).
122   Marx (1855:376).
123   Roske (1985b:215).
124   Marx (1855:394f.).
125   Marx (1855:451f.).
126   Marx (1855:258).

In der Summe soll die musikalische Lehre nach Marx nachstehenden Grundsätzen folgen, die für *alle* Lernenden gleichermaßen gelten:

> „Erstens muss in Jedem dessen Bildung uns obliegt Neigung zur Kunst und zum erwählten Fache, Frische des Gemüths und Thatkraft, und Eigenthümlichkeit der Person erhalten und erhöht werden. […] Und zweitens muss, weil der Künstler vom Menschen nicht zu trennen ist, die allgemeine sittliche und geistige Bildung der künstlerischen als feste Grundlage dienen, und der Bestimmung des Zöglings entsprechen. […] Endlich drittens muss jeder Bildungskreis so weit gezogen werden, dass er den Fortschritt oder Uebergang in einen andern möglich lässt und erleichtert, und dass er den äussern Verhältnissen (selbst des nöthigen Erwerbs) Rechnung trägt."[127]

Letzter Punkt schließt ein, dass Lernende nicht nur zur Selbsttätigkeit angeregt,

> „Ich lobe mir die Lehre, die ‚sich überflüssig macht' die sobald wie möglich des Schülers Selbstkraft weckt […]."[128]

… sondern ausübende Musiker auch ihrerseits zum Lehren befähigt werden sollen.

3.2.4 Vorzüge der institutionellen Musikerziehung

Welches ist nun aber der passende Ort für einen solchermaßen „bildenden" Musikunterricht? Nach Marx scheiden die allgemeinbildenden Schulen für die Erteilung eines kunstgerechten Musikunterrichts aus. Der „Schulgesang in Volks- und höhern Schulen nebst all' den flüchtigen Veranstaltungen zur oberflächlichen Betheiligung an gemeinsamer Musikausübung" tauge nicht zur Kunstlehre. Zwar nähere die Schule die Kunst dem Menschen, mache sie [die Kunst] volkstümlich, gesellschaftlichen Zwecken dienstbar, dem Volks- und Kirchengesang erreichbar. Dennoch sei für die Schule Volksbildung Zweck, die Kunst sei nur eins ihrer Mittel, „und zwar keins der nächsten und wichtigsten". Die Kunstlehre habe nicht den Zweck, die Kunst dem Menschen hernieder zu bringen, sondern den Menschen zur Kunst emporzuheben.[129]

> „Was wir über Kunstpflege und Kunstlehre zu sagen finden, ist ein für sich abgeschieden von der allgemeinen Schule Bestehndes."[130]

Eine abweichende Position vertritt hingegen Lina Ramann. Für Ramann besteht ein enger Zusammenhang zwischen der Bildungsarbeit von Volks- und Musikschulen:

> „Die Musikschule hat der allgemeinen Erziehung gegenüber die Aufgabe, die Instrumentalmusik zu vertreten, und, da die Volksschule nur die Vocalmusik in den Bereich ihrer Thätigkeit ziehen kann, diese zu ergänzen."[131]

---

127 Marx (1855:496f.).
128 Marx (1855:550).
129 Marx (1855:558).
130 Marx (1855:559).
131 Ramann (1868:116).

Ramann forderte daher, dass Volksschulen dem Verständnis der Instrumentalmusik mehr vorzuarbeiten hätten. Zwar würden es Zeit- und Kostenaufwand verbieten, Instrumentalspiel an allgemeinbildenden Schulen zu unterrichten …

> „Es ließe sich aber dadurch Etwas thun, daß die Instrumentalmusik als Gelegenheitsunterricht – nämlich als einer, der kein fest bestimmter und regelmäßiger ist, sondern durch besondere Veranlassung, z. B. durch Schul-, Jahres- oder Kirchenfestlichkeiten, oder durch Besprechung einer Form, oder Erwähnung eines Meisters veranlaßt ist – in Form des Hörens dem Gesangunterricht beigeordnet würde. Es könnte das um so leichter ausgeführt werden, als in Schulen zur Begleitung und Leitung der Schullieder größtentheils Claviere sind. Die zum Vortrag zu wählenden Tonstücke müßten dann in Stimmung und Form den jeweiligen Gesangstücken und Entwickelungstufen entsprechend sein."[132]

Eine musikalische Gefühlsvertiefung ließe sich nur dort erreichen, wo selbst musiziert werde. „Der Accent liegt da selbstverständlich auf dem Wie."[133]

Durchaus einer Erwägung wert erscheint Marx die musikalische Selbstbildung.

> „Man darf sogar in der verdoppelten Anstrengung die Selbstunterricht nöthig macht Prüfung der Lust und Willenskraft und Steigerung der Energie erblicken. Aber eben sowenig darf man den ungleich grössern Zeitaufwand, die Ermüdung und Entmuthigung vielfachen Irrens und Umhersuchens und die Zweifelhaftigkeit des Sebsturteils und endlichen Erfolgs unerwogen lassen."[134]

So empfiehlt sich denn für Marx der unter Aufsicht eines Lehrers stehende Fachunterricht nicht zuletzt deswegen, weil er Mühseligkeit und Zweifel des Selbstunterrichts zu umgehen vermag.

Es bleiben zwei Unterrichtsformen, die Marx als für musikalische Lehrveranstaltungen geeignet ansieht: der Einzelunterricht sowie der Gemeinschaftsunterricht. Der Einzelunterricht habe den unermesslichen Vorteil, „dass nicht blos Zeit und Kraft des Lehrers ungetheilt dem einen Schüler zustatten" komme, „sondern dass der Lehrer sein ganzes Verfahren der Persönlichkeit dieses einen Schülers anpassen" könne.[135] Diesen zuletzt genannten Vorteil hält Marx für sehr gravierend, „weil in der Kunst Persönlichkeit und Eigenthümlichkeit entscheidend sind, und um so entscheidender, je höher man steigt".[136] Dem Partnerunterricht attestiert er wenigstens noch, dass selbiger „an den Vortheilen des Einzelunterrichts einigermaassen [!] Theil" habe.[137]

Aus dem Bedürfnis nach gemeinschaftlicher Unterweisung seien schließlich Musikschulen erwachsen. An äußeren Faktoren für die Einrichtung solcher Musikinstitute nennt Marx den Bedarf nach professioneller musikalischer Bildung sowie das Bedürfnis im Volke nach bezahlbarem und qualitativ verlässlichem Musikunterricht.

---

132 Ramann (1868:110).
133 Ramann (1868:26).
134 Marx (1855:559).
135 Marx (1855:559).
136 Marx (1855:560).
137 Marx (1855:560).

> „Auf der einen Seite bedürfen bisweilen Staat und Kirche der Auferziehung von Musi-
> kern für ihre Zwecke; so ist das pariser Konservatorium entstanden. Auf der andern Seite
> begehren Viele aus dem Volke Musikbildung, ohne für Privatunterricht bei guten Leh-
> rern Mittel und für die ihnen zugänglichen Lehrer rechtes Vertrauen zu haben; so sind
> die Konservatorien in Prag und Wien, Leipzig Köln und Berlin entstanden."[138]

Es sprächen aber vor allem auch inhaltliche Gründe für die Förderung gemeinschaftlichen Unterrichts an Musikschulen. Chor-, Orchester- und Ensembleunterricht seien
als wesentlich für eine musikalische Unterweisung anzusehen, indem eigene Qualitäten
gegenüber einem Einzelunterricht gefordert würden. Gewisse Fähigkeiten könnten selbst
beim sorgsamsten Einzelunterricht nicht so gut ausgebildet werden wie im Gemeinschaftsunterricht …

> „und das sind gerade die zuerst erforderlichen: Takt und Gehör. Der Einzelne wird durch
> augenblickliche Stimmungen oder Unsicherheiten zum Zögern oder Eilen, zum Zutief-
> singen oder Hinauftreiben der Töne bewogen. In der Masse gleicht sich fast von selber
> Eins am Andern aus; und da in der Mehrzahl stets das Natürliche Richtige vorherrscht,
> so werden die Abweichungen von der Masse des Richtigen verschlungen und endlich instink-
> tiv in den Irrenden vertilgt.
> Besonders der Rhythmus gewinnt erst in Massenwirkung die rechte Kraft der Betonung und
> zeigt erst da recht deutlich und kenntlich seine ordnende Gewalt. Auch die rhythmische
> Uebung kann (wie bereits früher angedeutet) erst hier reich und belebend geordnet und
> gegliedert werden. Wenn von einer Schaar von Schülern einer den Takt laut zählt, ein
> Zweiter die Direktionsbewegungen macht, ein Dritter am Piano oder sonstigem Haupt-
> instrument die Takttheile zu hören giebt (vorausgesetzt dass der Inhalt der Komposition
> es gestattet) die Uebrigen vollständig ausführen, figurirt (bald einfacher bald bunter) be-
> gleiten, und was sich sonst der Art anordnen lässt: so ergiebt das so mannigfalt anre-
> gende Uebung und Befestigung, wie der Einzelunterricht gar nicht zu bieten vermag."[139]

Den eigentlichen Vorteil einer musikalischen Bildung an Musikschulen bzw. Konservatorien erkennt Marx gleichwohl „in der Vielseitigkeit und Vollständigkeit der Bildung
[…] in der Einheit und Einmüthigkeit des Verfahrens nach allen Seiten hin".[140]

> „Was man gewöhnlich ‚Fachbildung' nennt, […] kann im Kunstgebiete durchaus nicht
> genügen. Mit allen äusserlichen Kenntnissen und Geschicklichkeiten zum Klavier- und
> Orgelspiel ist man kein guter Klavierspieler und Organist, wenn man nicht volle und
> sichre Verständniss der Kunstwerke mit denen man wirken will besitzt. […] Ein Orchester
> von blossen Technikern wirkt handwerkmässig; der Zutritt von Virtuosen steigert, wenn
> sie redlich für die Sache nicht für persönliche Eitelkeit wirken, das Ganze zur Feinheit

---

138   Marx (1855:561).
139   Marx (1855:561f.).
140   Marx (1855:562).

und Lebendigkeit; das Mitwirken von Kompositionsverständigen (ich meine künstlerisch sich vollkommen Bildenden) erhebt die Leistungen zu wahrhaft künstlerischer Bedeutung."[141]

Eine vielseitige und vollständige Ausbildung beinhalte demnach auch die Unterweisung in theoretischen Fächern, z. B. Musikgeschichte und Musiktheorie.[142] Ein letzter Vorteil, den die Konservatorien nach Marx „durch ihren umfassenden Bildungskreis gewähren, ist die Möglichkeit zur Lehrerbildung, und zur Anlernung der Kunst des Lehrens".[143] Dies alles lasse in der Summe die fachliche Aufsicht eines Leiters bzw. eines Leitungsgremiums erforderlich erscheinen. Dessen Aufgabe sei es, darüber zu wachen, dass den künstlerischen Ansprüchen im Unterricht sowie bezüglich des Fächerangebots Genüge getan werde; dass der Leiter / das Leitungsgremium „in jedem Lehrzweige der des Einzelunterrichts vorzüglich bedarf wohl unterscheide, was an und mit Vielen geleistet werden kann und wo man auf den Einzelnen eingehn muss".[144]

Ähnlich wie für Schiller die ästhetische Erziehung in sich idealen Charakter trägt, zeigt sich auch Marx davon überzeugt, dass letztlich nur eine gesellschaftliche Minderheit jemals zu wahrem Musikgenuss befähigt sein werde.

„Ueberhaupt muss mehr als jede andre Kunst die unsre auf ihrer Höhe exklusiv bleiben; sie kann mit ihren tiefsten Werken nicht volksthümlich werden, weil sie eine Sprache redet die nicht die gewöhnliche, und die weit über die sogenannte angeborne Musik und natürliche Verständniss hinausreicht."[145]

Mit Blick auf die Kompositionen Beethovens meint er:

„Abgesehn von der Fremdheit der Sprache sind diese mystisch im Innern webenden Vorstellungen nicht ‚demokratisch', denn sie gehören nicht dem naturwüchsig sich selber ausbildenden Menschenthum an. Sie sind aber auch eben sowenig ‚aristokratisch', denn sie stehn noch unendlich weiter ab von den Konvenienzen und der exklusiven Leerheit der ‚Gesellschaft'. Sie sind nur den Innerlich-Lebenden und zu ihnen Empor- und Herangebildeten, jenen dichterisch-prophetisch Träumenden zugänglich […] Die Musik ist volksthümlich und demokratisch, wo sie die Volksstimme ist oder thatsächlichen Boden betritt. Wer der Musik in ihren höheren Regionen theilhaftig werden soll, der muss dazu auferzogen werden."[146]

Folglich ist für Marx nicht entscheidend, dass möglichst viele Musik ausüben, sondern Vorrang hat die Verbreitung „echten" Kunstverständnisses. Man darf, ja, man muss geradezu diese Position aus heutiger Sicht kritisch hinterfragen. Marx formulierte musikalische Bildungsideale in verschiedenen Abstufungen, deren Umsetzbarkeit ihn dann in der Breite scheinbar nur peripher interessierte. Einerseits forderte Marx, dass möglichst viele Menschen die Chance erhalten sollten, sich musikalisch zu bilden, um all-

---

141   Marx (1855:562f.).
142   Vgl. Marx (1855:564f.).
143   Marx (1855:563).
144   Marx (1855:564).
145   Marx (1855:531f.).
146   Marx (1855:532).

gemeine geistige Anlagen wie *Neigung, Tatkraft, Intellekt, Vorstellungsvermögen* und *Erinnerungsvermögen* zu entwickeln. Andererseits gab er sich scheinbar damit zufrieden, wenn dies später nur einem Kreis an „Erwählten" tatsächlich auch gelang. Die Bedeutung einer späteren Schulmusik ahnte Marx nicht voraus. Zu bedenken ist allerdings auch: In der zweiten Hälfte des 19. Jahrhunderts bestand offensichtlich noch ein gesellschaftlicher Konsens darüber, dass umfassende Bildung zwangsläufig mit einem gehobenen sozialen Status einherzugehen habe. So ist es jedenfalls zu deuten, dass Gustav Schilling in seiner „Musikalische[n] Didaktik" (1851) zwischen einem musikalischen Volksunterricht unterscheidet, „wie er Allen, selbst den Lehrlingen aus den ärmeren und ärmsten Volksklassen zu Theil werden muß", und einem durchbildenden Unterricht, „wie er Schülern, die den gebildeteren Ständen [!] angehören oder doch denselben dereinst angehören sollen und werden, ertheilt werden muß".[147]

3.2.5 Zur Kooperation von Musik und Pädagogik (Sigrid Abel-Struth)

Sigrid Abel-Struth ist in ihren „Materialien zur Entwicklung der Musikpädagogik als Wissenschaft" der Frage nachgegangen, inwiefern es in der Theoriebildung der musikpädagogischen Literatur des 19. Jahrhunderts zur „Kooperation" von Musikunterricht und Erziehungswissenschaft gekommen sei.[148] Marx wollte musikalische Bildung als Teil einer allgemeinen Bildung verstanden wissen. Indem er den Anspruch musikalischer Bildung weitestgehend am Kunstwerk zu orientieren versuchte, bestand er aber zugleich auf der Eigenständigkeit der musikalischen Lehre. Die Folge war, dass Marx die Trennung einer humanistischen Musikpädagogik an allgemeinbildenden Schulen von einer akademischen-fachgemäßen Musikpädagogik an speziellen musikalischen Bildungsinstituten, wie sie später Arnold Schering als charakteristisch für die Musikpädagogik des 19. Jahrhunderts ansehen sollte, letztlich befürwortete. Seine Bemühungen um eine universitäre Berufsausbildung von Musikern und Privatmusiklehrern weisen ebenfalls in diese Richtung. Die in der zweiten Hälfte des 19. Jahrhunderts entstehenden Konservatorien kamen in ihrer Aufgabenstellung seinen Vorstellungen von musikalischer Bildung am nächsten. In eine andere Richtung gingen die Bestrebungen von Lina Ramann. Sie trat mit Nachdruck für einen gemeinschaftlichen Musikunterricht ein, der an Musikschulen nach „allgemein-pädagogischen Grundsätzen" zu erteilen wäre. In ihrer „Allgemeine[n] musikalische[n] Erzieh- und Unterrichtslehre der Jugend" – man beachte die Reihenfolge der Titelworte – heißt es:

> „Sie [die Zeit] verlangt, dass die Tonkunst thatsächlich hineintrete in die allgemeinen Bildungsmächte, dass sie Erziehungsmittel im allgemeinen, nicht im specifisch-musikalischen Sinn für die Jugend werde. Der Ausgangspunkt der praktischen Unterrichtsmethode, welche diesen Gedanken zur Richtschnur nimmt, ist der gemeinschaftliche Mu-

---

147 Schilling (1851:35).
148 Vgl. Abel-Struth (1970:85ff.).

sikunterricht. […] Musikschulen sollten allerorts errichtet werden, nämlich Musikschulen nach allgemein-pädagogischen Grundsätzen."[149]

Ramann postulierte Lehrpläne, welche Prinzipien folgten, „nach welchen die allgemeinen Lehrpläne seitens des Staates formirt und normirt werden: gegenüber dem Lehrstoff, begrenzt je nach seinen Zielen als Fach- oder als allgemeines Bildungs- bzw. Erziehungsobjekt einerseits, und andererseits nach seinem elementaren, weniger oder mehr entwickelten Gehalt, der in bestimmten Zeitabschnitten zu verarbeiten ist, – gegenüber dem Lernenden, bestimmt nach dem Durchschnittsmaass der Begabung und der Altersstufen, d.h. der Aufnahms- und Verarbeitungsfähigkeit".[150] Mit solchen Forderungen eilte Ramann ihrer Zeit weit voraus. Die Aufgabe, fachspezifische und allgemeine Bildungsziele eines Musikunterrichtes gesondert zu definieren, die sich zudem altersabhängig am durchschnittlich begabten Schüler [!] orientieren sollten, berührt schließlich Diskussionen, die auch heute noch um die Bildungsaufgaben von Musikschulen geführt werden. Ramann wollte Musikschulen vorzugsweise als Einrichtungen der Laienbildung in Nähe und Kooperation zum allgemeinbildenden Schulwesen etabliert wissen.

Es gingen also unterschiedliche Impulse von Marx und Ramann für die Entwicklung der institutionellen Musikerziehung im außerschulischen Bereich aus.[151] Man kann dies bildungstheoretisch begründen. Die heutige Bildungstheorie differenziert zwischen materialer und formaler Bildung.[152] Materiale Bildung bezieht sich auf den Bildungsgegenstand, formale (funktionale oder methodische) Bildung auf das zu bildende bzw. sich bildende Subjekt. Beide Aspekte finden im musikpädagogischen Denken von Marx und Ramann Berücksichtigung, wenn auch in unterschiedlicher Gewichtung. Marx war der materiale Aspekt von Bildung ein zentrales Anliegen. Er dachte musikalische Bildung in künstlerischen Kategorien. Zwar definierte Marx aufeinander aufbauend Bildungsideale für Musikhörende, -ausführende, -schaffende und verlangte, die Lehre der Individualität des Schülers anzupassen. Der Erfolg eines musikalischen Bildungsprozesses bemaß sich für ihn jedoch allein am Grad der *künstlerischen* Zielerreichung. Zwischen der Unterweisung des Dilettanten und des Künstlers wollte er folglich nur den den Unterschied akzeptieren,

> „dass jener früher; an einer ihm beliebigen Stelle des Fortschreitens aufgiebt, weil seine Kraft zunächst eine andre Aufgabe hat, dass er auch bis zu diesem Stillstande nicht seine Kraft der Musik zuwenden, mithin nicht so rasch vordringen kann, während der künftige Künstler sein ganzes Vermögen diesem Berufe zunächst hingiebt und so weit fortschreitet, als Anlage und Verhältnisse irgend gestatten."[153]

---

149   Ramann (1873:120).

150   Ramann, Lina (1885): Grundzüge eines neuen Studienwerks (Auszüge). In: Der Klavierlehrer 8 (1885), S. 171–173. Abdruck in: Roske (1985a:411).

151   Vgl. auch Roske (1986).

152   Vgl. Kraemer (2007:85).

153   Marx (1857:388f.).

Auch für Ramann war materiale Bildung bedeutend. Ausgehend von Volks- und Kinderliedern, Tänzen, Märschen und einfachen Charakterstücken wollte sie die Schüler sukzessive an das klassische, künstlerisch anspruchsvolle Repertoire heranführen.[154] Sie gab sich von der sittlichen Kraft der Kunstmusik ebenso überzeugt wie Marx und lehnte infolgedessen z.B. Badarczewskas Salonstück „Gebet einer Jungfrau" als „Heuchelei und Frivolität" ab.[155] Dennoch gewichtete Ramann Aspekte einer formalen Bildung in Bezug auf die Entwicklung und Entfaltung individuellen Vermögens anders als Marx. Der Erfolg musikalischer Bildungsprozesse bemaß sich bei ihr stärker am Grad der *pädagogischen*, allgemein erziehlichen Zielerreichung als am Grad der künstlerischen. Dies wird deutlich, wenn Ramann fordert, dass die Tonkunst zum „Erziehungsmittel im allgemeinen, nicht im specifisch-musikalischen Sinn" werden solle (s.o.). Entsprechend unterteilte sie ihre „Allgemeine Erzieh- und Unterrichtslehre"[156] in eine *Bildung des Verstandes, Bildung des Gemüthes, Bildung des Willens, Einheitsbildung der verschiedenen Geisteskräfte*. Diesen allgemeinen Bildungskategorien werden erst in einem zweiten Schritt die Ausbildung am Instrument, die ergänzende Unterweisung in Harmonie- und Formenlehre, die Gliederung des Lehrmaterials nach den verschiedenen Alters- und Entwicklungsstufen sowie Gehör- und Schreibübungen als Mittel der Selbsttätigkeit zugeordnet: „Das Ziel der Erziehung – die harmonische Ausbildung des ganzen Menschen – sowie die gegenseitige Einwirkung und Bestimmung der Geistesvermögen unter sich, schreiben der Thätigkeit der Einzelkräfte Maaß und Begrenzung vor."[157] Überhaupt begann für Ramann die eigentliche künstlerische Fachbildung erst ab dem 14. Lebensjahr. Den vorhergehenden musikalischen Elementarunterricht (ab dem 7. Lebensjahr), der als instrumentaler Gruppenunterricht erteilt werden könne, nannte Ramann einen vorbereitenden, allgemein musikalischen Unterricht.[158] Und genau diesen künstlerisch-pädagogischen Elementarunterricht hielt sie für den schwierigsten, da er kindgerecht zu erteilen sei.[159] Während Marx im instrumentalen Bereich den vermeintlich persönlichkeitsbildenden Einzelunterricht aus künstlerischen Erwägungen heraus bevorzugte, sah Ramann im Gemeinschaftsunterricht ein ganz grundlegendes pädagogisches Qualitätsmerkmal von Musikschularbeit. Für Ramann wurzelte der Schulunterricht überhaupt erst in der Idee der Gemeinschaft.[160] „Gemeinschaft' bedeutet für Ramann nicht Ziel, sondern anthropologische Prämisse für jegliche musikalische Unterrichtsveranstaltung."[161]

> „Der Mensch fängt erst da an für sich Etwas zu sein, wo er mit Anderen und für Andere in Gemeinschaft tritt."[162]

---

154   Vgl. Ramann (1868:45ff.).
155   Ramann (1868:47).
156   Ramann (1873).
157   Ramann, zit. nach Loehner (1886:23).
158   Ramann (1868:122).
159   Ramann (1868:119).
160   Ramann (1868:39).
161   Roske (1985a:239).
162   Ramann (1868:40).

Ramann hat in der zweiten Ausgabe ihrer „Allgemeine[n] musikalische[n] Erzieh- und Unterrichtslehre" (1873) ihre Vorstellungen eines gemeinschaftlichen Klavierunterrichtes wiedergegeben.[163]

> Die allererste Elementarstufe (bis spätestens zum 10. Lebensjahr) entwickle sich am raschesten, wenn die Klasse aus acht bis zwölf Kindern bestehe. Anschließend empfehle es sich, Vierergruppen an zwei Klavieren zu unterrichten. In den Vierergruppen verwenden alle Schüler das gleiche Spielmaterial und spielen in der Regel unisono – beim einhändigen Spiel oktaviert, ansonsten zwei Schüler jeweils an einem Klavier. Die Schüler, welche nicht am Instrument beschäftigt sind, sollen korrigierend in das Unterrichtsgeschehen eingreifen oder auch zusätzliche Aufgabenstellungen erhalten (Harmoniewechsel angeben, Takt schlagen etc.). Der Lehrer habe stets darauf zu achten, dass dem Schwächeren nachgeholfen werde, z.B. durch entsprechende Vereinfachungen in der Aufgabenstellung, ohne dass gleichzeitig die anderen in ihren Fortschritten aufgehalten würden. Sobald die technischen Grundlagen gewonnen sind, spielen die Schüler einzeln, „damit die Besonderheit des Anschlags, des Ausdrucks, als auch die grössere Fingerfertigkeit des Einzelnen sich entwickeln und zur Geltung kommen können". Während bei der technischen Grundlegung die Verstandes- und Willenskräfte gefordert seien, träten jetzt die Empfindung sowie das persönlich-ästhetische Spiel in den Vordergrund. Das aktive Zuhören der anderen Kinder solle das musikalische Verständnis zur Reife bringen. Ramann verweist in diesem Zusammenhang auf die Bedeutung eines ästhetischen Hörens. Letzteres richte sich auf die „geistige Reproduktion durch Empfinden und Vorstellen".[164]

Die Frage, inwieweit ein solchermaßen erteilter Gemeinschaftsunterricht den Vorteil des Einzelunterrichts, der nach Marx ja darin bestünde, dass sich der Lehrer dem Schüler „ungeteilt" zuwendete (s.o.), zu kompensieren vermöge, soll an dieser Stelle nicht diskutiert werden. Ohne Zweifel sind die Kriterien für einen gelingenden Gruppenunterricht allerdings eher pädagogischer als künstlerischer Natur. Entsprechend setzte Ramann unter dem Aspekt einer formalen Bildung andere Schwerpunkte als Marx. Deutlich trat dies zuletzt auch in der Haltung gegenüber der Privatmusikerziehung zutage. Während Marx die Rahmenbedingungen eines Privatunterrichtes durch eine bessere Lehrerbildung verbessern wollte,[165] lehnte Ramann aufgrund des Gemeinschaftsgedankens die Erteilung eines musikalischen Privatunterrichts kategorisch ab:

> „Individuelle Erziehung durch Privatunterricht ist eine Idee, die jedes realen Untergrundes entbehrt. […] Der Privatunterricht entspricht nicht mehr den Anforderungen unserer Zeit; er ist nicht nur widernatürlich und unzeitgemäß, sondern auch ein unfruchtbares Ding, das nur Halbheiten und Einseitigkeiten hervorbringen kann."[166]

---

163   Ramann (1873:120f.).
164   Ramann (1873:30).
165   Vgl. Kapitel 2.1.3.
166   Ramann (1868:42).

Zwar gestand Ramann ein, dass Privatunterricht in früheren Zeiten „eine mit der Musik-entwicklung im Zusammenhang stehende Nothwendigkeit war".[167] Er mache aber nur dort noch ausnahmsweise Sinn, wo es z.B. um einseitige künstlerische Zwecke oder um große Besonderheiten der Anlagen gehe. Auch könnten äußere Umstände ihn erfor-dern, wenn etwa Erwachsene durch häusliche oder berufliche Pflichten am Besuch ei-ner Musikschule gehindert würden.

Eine strikte Hinwendung zu allgemeinen Erziehungsgrundsätzen, wie Ramann sie forderte, birgt ansatzweise die Gefahr einer gewissen „Kunstferne". Abel-Struth hat kritisch angemerkt, dass das „Bestreben der Einpassung musikalischer Aspekte" in die Erziehungslehre bei Ramann bisweilen bemüht wirke.[168] Auf der anderen Seite droht die Fixierung auf das künstlerische Element bei Marx den pädagogischen Wirkungs-kreis des Musikunterrichts von vornherein einzuschränken. Die Beobachtung der Ko-operation von Musik und Pädagogik ist nach Abel-Struth insofern bis in die heutige Zeit eine offene wissenschaftliche Aufgabe geblieben.

> „Bei aller zunehmenden Anerkennung der bildenden Kräfte, die von den – künstlerischen – Sachen selbst ausgehen, und der, in Parallele dazu, notwendigen Eigenständigkeit von Musik-Didaktik, wird immer innerhalb der Relationen von Menschen und Musik auch ein Problemfeld bestehen, das pädagogischer und zum Teil didaktischer Art ist."[169]

3.3 Die Entwicklung der Musikpädagogik an den Stuttgarter Musikinstituten in Abhängigkeit von Bildungsaufgaben und Trägerschaft derselben

Sigrid Abel-Struths Befund, dass in der Fachliteratur des 19. Jahrhunderts die konkreten Problemstellungen musikalischer Unterrichtspraxis die eigentliche Beschäftigung mit musikalischer Bildung in den Hintergrund gedrängt hätten (s.o.), muss irritieren, weil Musik *de facto* in der bürgerlichen Gesellschaft des 19. Jahrhunderts zum Bildungs-gut geworden ist. Er könnte insofern als Hinweis auf eine Differenz zwischen dem Anspruch musikalischer Bildung und der tatsächlichen Praxis eines musikalischen Unter-richts im 19. Jahrhundert gedeutet werden. In Hinblick auf die Stuttgarter Musikinsti-tute stellt sich die Frage, in welchem Verhältnis die Praxis einer institutionellen Musik-erziehung zu den Bildungsaufgaben und Trägerstrukturen der Einrichtungen stand.

3.3.1 Im Widerschein absolutistischer Herrschaftsform

An der Hohen Carlsschule vertrugen sich pädagogisch-künstlerische Zielsetzungen nur schwerlich mit dem militärischen Geist, der dort vorherrschte. Zwar sind die erzieherischen und bildungspolitischen Ambitionen von Herzog Carl Eugen überlie-

---

167 Ramann (1868:42f.).
168 Vgl. Abel-Struth (1970:88).
169 Abel-Struth (1970:98).

fert.[170] Auch stand die Musikausbildung an der „Hohen Carlsschule" im Kontext einer universalen wissenschaftlichen Bildung. Der Unterricht an der Unterabteilung Tonkunst diente dennoch vorrangig der fachspezifischen Ausbildung angehender Berufsmusiker zu ausschließlich höfischen Zwecken. Herzog Carl Eugen hatte italienische Musiker und Hofmusiker als Lehrkräfte an die Unterabteilung Tonkunst verpflichtet, um ein professionelles Ausbildungsniveau zu gewährleisten. Allein von dem Renommee der Lehrkräfte als *Musiker* versprach sich der Regent die bestmögliche Unterrichtsqualität. Der gescheiterte Versuch, Stuckateure auf herzoglichem Geheiß zu Berufsmusikern umzuschulen, zeugt indes nicht nur von dem autoritären Habitus Carl Eugens, sondern lässt auf sein beschränktes Verständnis für das Wesen musikalischer Begabung sowie für die Eigenart musikalischer Lehre schließen. Dass über die „Hohe Carlsschule" erstmals auch eine bürgerliche Oberschicht mit musikalischer Bildung in Berührung kam, blieb immerhin ein positiv zu erwähnender Nebeneffekt.

Das Musikinstitut am Waisenhaus hingegen orientierte sich an neuzeitlichen pädagogischen Konzepten der Waisenhauspädagogik und verfolgte neben künstlerischen auch karitative Ziele. Leider standen einer umfassenden Zielerreichung komplizierte Trägerstrukturen der Einrichtung entgegen. Finanziert wurde das Musikinstitut aus dem königlichen Privatvermögen sowie der staatlichen Theaterkasse. Die Oberaufsicht oblag einem Generalleutnant, dem ein musikalisches Komitee unterstellt war. Das gesamte Waisenhaus unterlag schließlich kirchlicher Aufsicht. Interessenskonflikte resultierten fast zwangsläufig. Ebenso wie der Hof als Geldgeber mit dem Waisenhausinstitut eigene Interessen verfolgte, agierten kirchliche Aufsicht und künstlerische Leitung weitgehend losgelöst voneinander. Dies ist umso bedauerlicher, da sich der Musikunterricht am Waisenhaus an den progressivsten Lehrmethoden der Zeit orientierte. Der Gesangsunterricht ging dem eigentlichen Instrumental- bzw. Hauptfachunterricht voraus. Gerade weil der künstlerische Aspekt des Singens an allgemeinbildenden Schulen eklatant vernachlässigt wurde, konnte ihm hier eine umso größere Bedeutung erwachsen. Gesangsbildung diente am Waisenhausinstitut der Vermittlung einer musikalischen Elementarlehre. Auf diesem Weg erfolgte der anwendungsorientierte Einstieg in das Hören; die Schulung der Klangvorstellung; die Notenlehre; in das Erfassen von Takt und Rhythmus; in Intervalle, Skalen und (gebrochene) Dreiklänge; in Melodienlehre und Improvisation; schließlich in Formenlehre und mehrstimmiges Singen bis hin zur stilistischen Gestaltung.[171] In einem Bericht der *Allgemeinen Musikalischen Zeitung* wurde der Lehrer für Elementar-Kenntnisse, Hofsänger Schelble, lobend hervorgehoben:

> „Sein Geschäft ist, recht eigentlich beym Anfang anzufangen […] er lehrt Taktverhältnisse, Noten, Notensysteme, Accorde, ihre Verwandschaften und Verbindungen, einfachen Contrapunkt, doppelten Contrapunkt, Imitation, Canon, Fuge etc., kurz alles, was in der Musik blos wissenschaftlich ist."[172]

---

170 Vgl. Kapitel 2.2.1.
171 Zu neuen Methoden in der Gehör-, Gesangs- und Instrumentalbildung um 1800 vgl. auch Sowa (1973:35–42).
172 AMZ (1812:335).

Schelble erteilte seinen Unterricht „nach Pestalozzischen und eigenen (nicht Nägeli'schen) Grundsätzen". Der Autor des Artikels fährt fort, dass innerhalb eines Zeitraumes von drei Monaten die meisten von Schelbles Zöglingen Melodien erfinden und selbige in C-Dur bis zu dreistimmig notieren konnten. Im Gegensatz zu veralteten Lehrmethoden verharrte Schelble nicht bei einem bloß verstandesmäßigen Lernen, sondern versuchte zugleich die musikalische Intuition seiner Schüler zu erwecken und in die Unterrichtsgestaltung mit einzubeziehen.

> „Er fängt, sobald die Schüler nur einige Noten treffen können, mit den leichtesten und fasslichsten Melodien an, um, wie er sagt, gleich anfangs die musikalische *Seele* zu treffen, und sie mit ins Interesse zu ziehen. Alle Aufgaben, wenn sie auch noch so richtig geschrieben sind, verwirft er, wo blos der Verstand Antheil hat, und wo die Melodien aus Zufall, oder aus Berechnung, weil diese oder jene Note oder Figur sich leichter accompagniren lässt etc. entstanden sind; und erst dann, wenn man ihm eine Melodie bringt, sey sie noch so klein und unbedeutend, wo er aber überzeugt ist, dass das Gemüth bey der Erfindung mitgewirkt hat, erklärt er den Schüler für fähig; erklärt, von nun an sey er ein Jünger der Kunst."[173]

Weniger ganzheitlich, aber doch in systematischer Form wurde der instrumentale Hauptfachunterricht am Waisenhausinstitut abgehalten. Er verwendete die Methodikhandbücher des Pariser Konservatoriums. Deren Idee „realisierte sich durch eine saubere Trennung von technischen und künstlerischen Grundlagen. Fast alle Pariser Methoden waren nach demselben Schema aufgebaut: kurze Geschichte des Instruments, Klangbildung, Übungen und Tonleitern (langsame, dann schnelle), progressive Duett-Sonaten."[174] Trotz aller Bemühungen blieb das musikalische Waisenhausprojekt Stuttgart in letzter Konsequenz Experiment. Die Entscheidung, vorrangig Waisenhauszöglinge musikalisch auszubilden, hatte sich unter der Vorgabe, ausgehend vom Bedarf des Hoforchesters die Berufsausbildung zum Musiker zu priorisieren, als nur begrenzt zielführend erwiesen. Waisenkinder mochten in der geistigen Entwicklung besonders formbar erscheinen, eigneten sich darum aber nicht mehr für eine musikalische Ausbildung als Kinder aus bürgerlichen Verhältnissen.

Dass die Rolle des Staates in der frühen Phase der Etablierung einer institutionalisierten Musikerziehung differenziert und kritisch zu sehen ist, zeigten folglich schon die ersten beiden *öffentlich* getragenen Realisierungsversuche von Musikinstituten in Stuttgart. Die Musikinstitute an der Hohen Carlsschule sowie am Waisenhaus scheiterten beide daran, dass sie „lediglich auf fürstlichen Befehl ins Leben gerufen, keinen Widerhall in der Bevölkerung fanden".[175] Nach Thomas Schipperges hemmte und hinderte diesen Widerhall die absolutistische Herrschaftsform.[176] Abhängig von den jeweiligen Herrschaftsinteressen, dienten beide Institute vorrangig der Heranziehung

---

173   AMZ (1812:336).
174   Vgl. Wagner, J. (2006:163).
175   Keller (1957:10).
176   Schipperges (2007:88).

von qualifiziertem Nachwuchs für das Hoftheater bei geringem finanziellem Aufwand. Sie blieben überhaupt nur einer kleinen Teilöffentlichkeit zugänglich.

> „Als Friedrich I. 1816 starb, galten die Interessen des neuen Königs Wilhelm I. mehr der Sicherung der Staatsfinanzen sowie der Landwirtschaft und dem Weinbau als den Künsten und der Musik. In der Tat war Württemberg zu dieser Zeit ein eher armes Land mit hoher Bevölkerungsdichte. Hungersnöte nach Mißernten der Jahre 1816 und 1817 machten eine Verbesserung von Landbau und Viehzucht dringend notwendig. Der Schließung des Musikinstituts am *Waisenhaus* 1818 unter Wilhelms Spardiktat auf der einen Seite steht so als Neugründung des gleichen Jahres die *Landwirtschaftliche Unterrichts-, Versuchs- und Musteranstalt* in Hohenheim gegenüber, aus der später die Universität Hohenheim hervorging. An der Tübinger Universität wurde 1817 eine staatswirtschaftliche Fakultät neu begründet. Und auch die Einrichtung einer *Tierarzneischule* 1821 in Stuttgart als dritte württembergische Hochschule folgte ganz dieser realpraktischen Orientierung des Königs."[177]

Auch der zwischenzeitlich einzige von bürgerlicher Seite angeregte Versuch, eine öffentlich getragene musikalische Ausbildungsstätte in Stuttgart zu errichten – Kastners Plan einer Allgemeinen Kunstanstalt –, war wenig erfolgversprechend. Kastner lebte nicht in Stuttgart und mochte insofern nur über begrenzten Rückhalt am Stuttgarter Hof verfügen. Sein Vorschlag kam viele Jahre zu früh. Erst 1819 endete mit der Einsetzung eines Zweikammernparlaments in politischer Hinsicht die Phase des Absolutismus.[178] Zugleich begann ein bürgerliches Musikleben sich von den Interessen des Hofes zu emanzipieren.

3.3.2 Von pädagogischen Ambitionen und Musikschulen als Geschäftsmodell

In die Phase des gesellschaftlichen Aufbruchs, gekennzeichnet durch das erwachende Selbstbewusstsein des Bürgertums, fiel der plötzliche Erfolg und abrupte Niedergang der Musikschulen nach dem System Johann Bernhard Logiers, in dessen Folge auch die musikalischen Lehranstalten Stöpels und Schillings in Stuttgart entstehen sollten. „Jedenfalls stand das dritte Jahrzehnt [des 19. Jahrhunderts] völlig, das vierte noch zum größten Teile unter dem Eindruck von seinen [Logiers] Reformen." Sein System wurde vorübergehend mit dem „Siegel preußischer Staatsgunst" zu einer „Art musikpädagogischem ‚Nationalsystem' (Schilling)" erhoben.[179] Arnold Schering glaubte die Grundlage für eine solche musikpädagogische Erfolgsgeschichte im Musikleben der Zeit zu erkennen: in der platten Bewunderung eines virtuosen Spielmechanismus sowie der verkehrten Ansicht „von der Möglichkeit eines allgemeinen Wunderkindertums".[180] Adolph Bernhard Marx hatte bereits Mitte des 19. Jahrhunderts angemerkt:

---

177   Schipperges (2007:87).
178   Vgl. Kapitel 1.1.
179   Schering (1918:73).
180   Schering (1918:71).

„Ich will bei dieser Gelegenheit darauf aufmerksam machen, wie bedenklich es ist, auf blossen äussern Erfolg hin eine Sache zu beurtheilen und sich für oder gegen sie zu bestimmen. Die logiersche Lehrmethode trat vor einigen Jahrzehnten mit Erfolgen auf, die selbst Musikern von Bedeutung (z. B. Spohr) staunenswerth schienen. Dass eine Schaar von Kindern zur Tafel eilte, und ohne merkbare Anweisung oder Verabredung gegebne Melodien gleichzeitig mit richtiger stückweis' von Verschiednen gleichzeitig notirter und wohl zu einander passender Harmonie versah, schien ein Wunder; dass die Noten nicht besonders gelernt und doch allgemach eingeprägt wurden, fand man höchst erwünscht. Dass aber das innere Leben der Kunst und die musikalische Erweckung des Zöglings, sogar Verstand und Gedächtniss versäumt wurden, blieb unbemerkt und machte sich erst später fühlbar. Dann wurde die Lehrmethode zurückgeschoben, dabei aber das eminente Talent und Verdienst des Urhebers (dem ungeachtet jenes Grundmangels der erste bedeutende Fortschritt über die alte Lehrweise hinaus gelungen war) aus den Augen gelassen."[181]

Logier hatte frühzeitig erkannt, dass „vor allem Töchter aus gehobenen Bürgerschichten aus Ermangelung anderer Bildungschancen verstärkt musikalischer Bildung zustrebten".[182] Der Gruppenunterricht erlaubte es ihm, mit seinen Honorarsätzen deutlich unter denen für privaten Einzelunterricht zu bleiben und dennoch einen höheren Profit zu erzielen. Hinzu kam ein raffiniertes System der Schülerwerbung durch Schüler: je größer die Gruppen wurden, umso geringer fiel das Unterrichtsentgelt für den einzelnen Schüler aus. „Damit wurde ein weiteres Kennzeichen institutionalisierter Musikerziehung sichtbar: Kindern aus sozial schwächeren Schichten das Erlernen eines Instruments zu ermöglichen."[183] Demgegenüber vermochten Logiers Unterrichtsmethoden zwar, eine möglichst große Schülerzahl in kürzester Zeit musikalisch relativ umfassend zu bilden. Sie mussten jedoch auf Dauer an qualitative Grenzen stoßen, da sie der Individualität des einzelnen Schülers nur sehr begrenzt Rechnung trugen. Ein weiteres Problem: Logier hatte gegen eine einmalige Gebühr Lizenzen zur Errichtung von Akademien vergeben, aber fortan keine fachliche Kontrolle mehr über die sich in ganz Europa ausbreitenden Logier-Akademien ausgeübt, so dass einheitliche Qualitätsstandards in der Ausbildung dauerhaft nicht gewährleistet werden konnten. Befürwortete Logier in seinem Lehrwerk Gruppenstärken von acht Schülern, durften es bei Stöpel schon bis zu 20 Schüler in einer Gruppe sein.[184] Die Beispiele der Musikschulunternehmungen Franz Stöpels und Gustav Schillings in Stuttgart zeigen ohnehin, dass es den Institutsgründungen einzelner Personen nicht selten an Integrität mangelte. Bisweilen ordnete sich das Streben nach musikpädagogischer Qualität dem Profitstreben unter. Noch fehlte mitunter der Respekt gegenüber dem (geistigen) Eigentum anderer. Schering hat kritisiert, dass Logier nichts zum „Verständnis unserer großen klassischen Meister" beigetragen habe.[185] „Daß er mitgewirkt an der grenzenlosen Verflachung des Geschmacks

---

181   Marx (1855:303f.).
182   Gruhn (2003:94).
183   Loritz (1998:17).
184   Stöpel (1825:7).
185   Schering (1918:72f.).

der dreißiger bis fünfziger Jahre, merkte man erst, als es zu spät war." Gleichwohl muss auch Schering einräumen, dass Logier den Sinn für das Methodische schärfte, indem er für „die Verbindung praktischer und theoretischer Kenntnisse auch schon auf der Elementarstufe eintrat". Bis zur Mitte des Jahrhunderts geriet Logiers Name fast schon wieder in Vergessenheit.

Ausgerechnet jener Gustav Schilling, der mehr als zwei Jahrzehnte eine musikalische Lehranstalt in Stuttgart leitete und – in dubiose finanzielle Machenschaften verwickelt – 1857 mit seiner Flucht aus Stuttgart für einen gesellschaftlichen Skandal sorgte, sollte sich zur Zeit der Jahrhundertmitte Verdienste um die Entwicklung der Musikpädagogik erwerben. Darauf hat Abel-Struth hingewiesen.[186] Schilling rühmte sich, als einer der Ersten den „Versuch einer ausschließlich musikalischen Pädagogik" unternommen zu haben – ausgehend von den Resultaten „einer mehr als dreißigjährigen eigenen fleißigen Lehrarbeit, Lehrerfahrung und Lehrforschung"[187]. Entsprechend proklamierte Schilling die „Gründung einer ganz neuen Wissenschaft"[188]. Seine „Musikalische Didaktik oder die Kunst des Unterrichts in der Musik" (1851) unterteilte er in einen ersten allgemeinen Teil, „enthaltend die Theorie des Unterrichts in der Musik oder eigentliche musikalische Didaktik" sowie einen zweiten speziellen Teil, „enthaltend die Praxis des musikalischen Unterrichts oder eigentliche musikalische Methodologie".

> „In der Didaktik wird ‚vom Unterrichte in der Musik überhaupt' gesprochen (dabei werden z. B. Begriff und Zweck des musikalischen Unterrichts und die Notwendigkeit einer Theorie des musikalischen Unterrichts abgehandelt), dann von den Gegenständen des musikalischen Unterrichts und seiner ‚Beschaffenheit' (Lehrstoffe, Lehrarten, Formen des Unterrichtes). Die ‚Methodologie' bringt nach einem einleitenden Kapitel über die ‚Erweckung des Interesses und die Liebe zum Musiklernen durch den Unterricht' eine Erörterung des Unterrichts in den mechanischen Fertigkeiten, des Unterrichts in den Gegenständen der allgemeinen Musiklehre, der Instrumenten- und Stimmkunde usw., wobei immer mehr auf die allgemeine Regel als auf das unterrichtspraktische Detail gezielt wird."[189]

Schilling verfolgte mit seiner *Didaktik* einen pragmatischeren Ansatz als z. B. A. B. Marx. Er fasste Musik als Bildungsmittel auf, „Geist und Gemüt zu entfalten"[190]. Ihm „drängt sich […] die Ueberzeugung auf, daß, wie es keine, wenigstens keine gute Erziehung ohne Unterricht geben kann, so auch kein guter Unterricht sich denken läßt, der nicht zugleich Erziehung wäre".[191]

> „Die Musik ist eine Sprache wie jede andere des nur bestimmter bezeichnenden Wortes, die Sprache der Seele, den Menschen verliehen, sein Innerstes zu offenbaren und sich seines vordem erschauten seligen Eden auch in diesem Leben noch bewußt zu werden. […]

---

186 Vgl. Abel-Struth (1970:14f., 50ff.).
187 Schilling (1851:VIII).
188 Schilling (1851:30).
189 Abel-Struth (1970:51).
190 Schilling (1851:2).
191 Schilling (1851:21).

> Wir lehren das Volk denken, lesen, schreiben, rechnen u. u., suchen seinen Geist, seinen Verstand zu bilden: lehren wir es auch recht empfinden, suchen wir auch sein Gefühl, seine Seele zu bilden, und wir werden, aber auch nur erst dann, ganze Menschen erziehen."[192]

Gegenstand der musikalischen Bildung ist für Schilling das Verständnis für die musikalische Sprache sowie die Sprachfähigkeit und -fertigkeit in der Musik.

> „Alles Singen und Spielen kann also nur Mittel, nicht Zweck seyn: der Zweck ist die Musik. Demnach kann sich ‚musikalisch bilden' auch nicht etwa blos so viel heißen, als: sich im Spiele, in der Behandlung dieses oder jenes Instruments oder im Gesange, in der Fertigkeit zu singen, zu vervollkommnen, sondern es muß so viel heißen, als sich im Reden und Verstehen der musikalischen Sprache und ihrer verschiedenen Weisen überhaupt fertiger, gewandter zu machen, zu vervollkommnen."[193]

Schilling leitet die Notwendigkeit einer musikalischen Didaktik aus der Mangelhaftigkeit eines gegenwärtigen Unterrichtens ab. Jeder Mensch verfüge über musikalische Anlagen, die es nur entsprechend zu fördern gelte, um einen positiven Bildungseffekt zu erzielen.

> „Die Musik ist nicht durch, nicht von, sondern in und mit dem Menschen entstanden, ist verwachsen mit seinem ganzen lebendigen Dasein, seinem Ich, wie ein unveräußerliches Erbtheil der Natur […] Gott legte in uns den Trieb, durch Musik, durch Töne unser Innerstes zu offenbaren, nun so gab er uns sicher auch die Anlage, das Vermögen dazu, und fassen wir dabei die Musik auch nur in ihrem allerersten, elementarischen, natürlichen Zustande auf, wo sie noch keineswegs als Kunst begriffen werden kann, so wird es doch nur auf eine gehörige Pflege, Leitung, Entwickelung, Ausbildung jenes Vermögens, jener Naturanlage ankommen […]."

Wo dies misslinge, sei die Schuld in einem mangelnden oder mit Mängeln behafteten Unterricht zu suchen …

> „Allerdings wie bei dem einen Menschen jener Trieb eine größere Regsamkeit, Kräftigkeit und Heftigkeit haben kann und wirklich auch hat, als bei dem andern, so hat natürlich auch dies Vermögen, dies Talent bei dem einen Menschen mehr Kraft, Energie, Lebendigkeit als bei dem andern und wird und muß bei Jenem daher seine Entwickelung, Ausbildung weit schneller von Statten gehen und zu einer ungleich reicheren Vollendung führen als bei Diesem; aber ohne alles Talent zur Musik – behaupte ich noch einmal – ist kein Mensch, kann kein Mensch sein, und wenn bei Jemand der Musikunterricht nicht wenigstens so viele und so gute Früchte trägt, daß von daher ein wohlthätiger wesentlicher Einfluss auf seine Bildung überhaupt erwartet werden darf, so trägt nichts Anderes als der Unterricht selbst die Schuld, indem derselbe das in jenem Schüler schlummernde musikalische Talent entweder gar nicht oder doch nicht rechtzeitig zu wecken, oder indem er nicht verstand,

---

192   Schilling (1852:VIII).
193   Schilling (1852:42).

Diesem jene besondere Richtung abzulauschen, in welcher es seinem Naturell gemäß sich fruchtbar und am fruchtbarsten zu entwickeln im Stande gewesen […].“[194]

Eine Aufgabe bestand für Schilling darin, den Musikunterricht unterschiedlichen Voraussetzungen und Bedürfnissen der Schüler anzupassen.

> „In Betracht dieses, des Subjects nämlich, kann der Unterricht sein entweder ein Unterricht blos für Anfänger, also Elementarunterricht, oder ein Unterricht für Geübte, also ein höherer wirklich künstlerischer oder kunstwissenschaftlicher, oder auch ein bloßer Volksunterricht. d. h. ein Unterricht, wie er Allen, selbst den Lehrlingen aus den ärmeren und ärmsten Volksklassen zu Theil werden muß, oder endlich ein durchbildenderer, ein Unterricht, wie er Schülern, die den gebildeteren Ständen angehören oder doch denselben dereinst angehören sollen und werden, ertheilt werden muß.“[195]

Dies mag einer der Gründe gewesen sein, weshalb er an der Gesangsbildung festhielt, obwohl ansonsten der Klavier- und Theorieunterricht im Mittelpunkt der künstlerischen Bildung an seiner Lehranstalt stand. In der „Allgemeine[n] Volksmusiklehre“ (1852), die gemäß ihrem Titel die „didaktische Darstellung, alles dessen, was der Unterricht in sämtlichen Schulen, von den Gymnasien und höheren Töchterschulen an bis herab zur geringsten Dorfschule, sowie in den verschiedenen dilettantischen Vereinen, als Liedertafeln, Liederkränzen, Harmonien etc. etc. zur Erreichung seines eigentlichen Bildungszwecks nothwendig zu lehren hat“ umfasst, schreibt Schilling:

> „Ich habe eine musikalische Lehranstalt und mein Unterricht in derselben ist natürlich ein ganz anderer, kunstgemäßerer, als hier in's Auge zu fassen, aber ich habe gefunden, daß durch die Art und Weise, wie ich den derselben ertheile, meine Schüler auch stets veranlaßt wurden, den bloßen Singunterricht, den sie in ihrer öffentlichen Schule erhielten, mit ganz anderen Augen zu betrachten, als sie vordem thun mochten. Nicht blos einmal ist mir vorgekommen, daß junge Mädchen und Knaben mir offen gestanden, daß, wenn sie nicht noch andern Musikunterricht bekommen hätten, ihnen jener in der Schule eigentlich gar nichts nützen würde, außer daß sie dadurch gelernt, auch in der Kirche mitzusingen, denn von den Volksliedern und übrigen Sachen, welche sie noch singen lernten, Gebrauch zu machen, würden sie in ihrem Leben wenig Gelegenheit haben; nunmehr übrigens lernten sie auch alles das weit leichter und mit weit mehr Interesse, weil sie doch nun auch verständen, was da eigentlich getrieben wird.“[196]

Die Schülerorientierung reichte bei Schilling so weit, dass er, weniger rigide als A. B. Marx, auch vermeintlich minderwertigere Kompositionen, z. B. Opernbearbeitungen, in den Unterricht miteinbezog, wo es ihm pädagogisch vertretbar erschien und der Schüler dies ausdrücklich erwünschte.

> „Ach Sonaten! – hört man tausendmal für einmal sagen von den Schülern – aus Opern möchte ich gern Etwas spielen, da ist meine Freundin, mein Freund so und so, die spielen

---

194 Schilling (1851:40).
195 Schilling (1851:35).
196 Schilling (1852:38).

so hübsche Sachen aus diesen und jenen Opern, und ich muß immer an Sonaten, Etüden mich abquälen.'

Nun merken wir, daß unserer gut gemeinten und gut angelegten Vorstellungen kein williges Gehör finden, so geben wir nach; es giebt ja dergleichen Arrangements u. genug, wodurch der eben vorliegende Zweck des Unterrichts nicht minder erreicht werden kann, und die Zeit der Erstarkung bleibt nicht aus, kommt gewiß, wo wir wieder kräftigere Speisen unseren Schülern vorsetzen dürfen."[197]

Ein entscheidender Vorteil der Musikschularbeit liegt nach Schilling in der Möglichkeit, die jeweiligen Vorzüge verschiedener Unterrichtsformen miteinander zu kombinieren.[198] Während der Einzelunterricht unter künstlerischen Gesichtspunkten dem individuellen „Talent-Entwicklungsprozess" sowie der individuellen „Kunstanschauungsweise" des Schülers in besonderer Weise gerecht werde, erscheine ihm der Gemeinschaftsunterricht pädagogisch wertvoller:

„[…] schon oft kam vor, daß Eltern aus diesen oder jenen Gründen ihre Kinder aus meiner Anstalt nahmen und sie fortan zu Hause einzeln unterrichten ließen, aber was war die Folge? Nicht lange, so hatten die Kinder alle Lust an dem Unterrichte verloren, weil er ihnen zu „langweilig" vorkam, ihnen eine Qual wurde, und doch brauchten die Kinder zu Hause nur eine Stunde vor dem Instrumente oder an dem Tische zu sitzen, während sie in meiner Anstalt jedesmal zwei Stunden nacheinander Unterricht erhielten; eben so oft brachten nach kaum einem halben Jahre dieselben Eltern ihre Kinder wieder.

Ueber die bedeutende Wirksamkeit der Förderungsmittel des Wetteifers, [des gleichaltrigen] Vorbilds, und der größeren Planmäßigkeit, die allein der gemeinschaftliche Unterricht darbietet, kein Wort mehr. Die Vielseitigkeit der Aussicht aber, welche diese Unterrichtsweise und nur sie zugleich dem musikalischen Seelenauge des Schülers öffnet: welch gewichtigen Hebel muß darin die Gesammtbildung desselben überhaupt finden?! –

Hier, aber auch nur hier, in einer förmlichen Musikschule, nicht beim Einzelunterrichte, steht der Schüler mitten in einem musikalischen Leben, Alles um ihn ist Musik oder hat doch Bezug darauf; was er sieht, was er hört, ist oder betrifft Musik, – muß da nicht seine Bildung weit schneller von Statten gehen und zu einem weit vollkommeneren, höheren, umfassenderen Ziele führen?!"[199]

Ist es nun Gustav Schilling gelungen, seine Ideen einer institutionalisierten Musikerziehung an seiner Lehranstalt auf mustergültige Art und Weise zu verwirklichen? Schilling selbst glaubte, den „Sieg" auf dem Weg gefunden zu haben, „auf dem sich dieses große Ziel der vollständigen Vereinigung der Vortheile sowohl des Einzel- als des gemeinschaftlichen Unterrichts sicher erreichen"[200] ließe. Zweifel erscheinen angebracht. Sowohl Franz Stöpel als auch später Gustav Schilling hatten Verbesserungen der Lehrmethode Logiers versprochen. Signifikante Änderungen des Lehrverfahrens sind jedoch

---

197 Schilling (1851:172).
198 Vgl. Schilling (1851:50–57).
199 Schilling (1851:53f.).
200 Schilling (1851:57).

weder in Stöpels Unterrichtswerk erkennbar, noch aus den Bezug nehmenden Textstellen der Schriften Schillings eindeutig ableitbar.[201] Der Einsatz des Chiroplasten war schon im Anfangsunterricht bei Logier nach rein mechanischem Prinzip erfolgt. Stöpel und Schilling mochten sich hiervon nicht endgültig lösen. Nicht minder schematisch muss im Grunde genommen das Klavier-Ensemblespiel in Großgruppen verlaufen sein. Die Möglichkeiten, auf individuelle Bedürfnisse des Schülers einzugehen, blieben begrenzt. Franz Stöpel forderte in seinem Unterrichtswerk – vergleichbar Schilling –, dass der Klavierunterricht „harmonische Bildung der [dem Menschen] innewohnenden Kräfte"[202] sein sollte. Er genügte diesem Anspruch gewiss in Hinblick auf die Einbeziehung musiktheoretischer Lerninhalte: Ansonsten folgten Notenlese-, Zähl- sowie Anschlagsübungen jedoch im Stöpelschen Unterricht einem rein schematischen Ablauf. „Strenger Takt und Sicherheit" als „erste Bedingungen der Ausführung" sowie „sicherste Gewandtheit im Notenlesen" nahmen so allemal mehr Raum ein als die Suche nach einer individuellen, nachschöpferischen Klanggestaltung.[203] Gustav Schilling hat eine solche Einseitigkeit des Lehrverfahrens in Hinblick auf die Person Logiers nachträglich noch zu rechtfertigen versucht. Dabei argumentiert er überaus geschickt:

> „Einige wandten ein, was gegen alle Methoden eingewendet werden kann, daß nämlich das Genie durch solche Methoden nicht hervorgebracht werden könne, oder daß sie nur Mechanismus erzeuge. Hat indessen eine solche Methode nur den Vortheil, daß sie den Mechanismus in der Kunst erleichtert, und wird sie mit Geist gehandhabt, so kann sie – denn in jeder Kunst giebt es einen Mechanismus, den der Geist beherrschen muß, wenn er sich leicht und klar aussprechen soll – gewiß auch die schöpferische Thätigkeit des Tonkünstlers unterstützen und befördern und zur gründlichen Ausbildung des Musiktreibenden beitragen."[204]

Allerdings tangiert Schilling hier eine Problematik, die später der Methodologie seiner eigenen *Didaktik* gleichsam zum Vorwurf gemacht werden sollte. Nach Abel-Struth wird die Unterrichtsgestaltung in Schillings *Didaktik* bezogen auf die Vermittlung von Fertigkeiten, von Musiklehre, Instrumenten- und Stimmkunde erörtert, – das eigentlich verbindende Element tritt aber in den Hintergrund der Darstellung. Abel-Struth merkt dazu an, dass Schilling zwar stets die sittliche Kraft des Musikunterrichts, dessen erzieherische Besonderheit hervorgehoben habe. Noch wären die Bezeichnungen aber vom Gegenstand aus, nämlich dem Unterricht und der Lehre des Unterrichtens, nicht von einer inhaltlichen Zielvorstellung aus gewählt.[205] Schilling scheint sich immerhin dieses Problems bewusst gewesen zu sein. Er spricht in der *Didaktik* einerseits von der Fragestellung, wie die verschiedenen Unterrichtsgegenstände im Unterricht zu vermitteln seien, um ihre Aufgabe erfüllen, ihren Zweck erreichen zu können, und räumt andererseits doch ein, dass aus der Beantwortung dieser Frage sich erst noch

---

201   Vgl. Kapitel 2.2.4.
202   Stöpel (1825:2).
203   Vgl. Stöpel (1825:5f.).
204   Schilling (1841:437).
205   Abel-Struth (1970:15).

eine „umfassende, wirklich musikalische Methodologie" herausgestalten müsse, so „wie wir noch keine besitzen".[206] Marx' „Methode der Musik", die ansatzweise den Versuch unternahm, sich einer solchen Aufgabe zu stellen, sollte erst einige Jahre später erscheinen. Schilling versuchte das Unterfangen einer „musikalischen Methodologie" zu umgehen, indem er sich in dem ersten Kapitel des zweiten Teils seiner *Didaktik* mit der „Erweckung des Interesses" zum Unterricht und der „Liebe zum Musiklernen durch den Unterricht" beschäftigte.[207] Die Beschreibung seiner Vorgehensweise beim Anfängerunterricht am Klavier zeichnet ein Bild von Schillings Fähigkeiten als Lehrer, das facettenreich und doch auch qualitativ uneinheitlich ausfällt. Zunächst wählt Schilling die direkte Ansprache:

> „Also Clavierspielen, liebes Kind! willst du lernen; gut! […] Daß man Manches und Mancherlei lernen und können muß, um dieses Spiel treiben und sich daran vergnügen zu können, ist wahr; aber hast du nicht schreiben und lesen gelernt? Und wie schwer kam dir das Anfangs vor. Mehr Mühe macht auch das Clavierspielen nicht, wenn Du nur immer befolgst, was der Lehrer sagt."

Es folgt nun eine mehr oder weniger umständliche Erklärung des Klavieres und seines Mechanismus durch den Lehrer.

> „Das Kind schlägt Tasten an. Ich sage ihm, wie es die Hand und Finger dabei halten muß. Es kommen Töne zum Vorschein. Man sehe es nur an: es freut sich, es kann schon Etwas oder meint doch, schon Etwas zu können. ‚Du hast bemerkt, daß bei jeder anderen Taste, die angeschlagen wird, auch ein anderer Ton erscheint […] So wie du nur mit Hülfe vieler verschiedener Laute und Buchstaben sprechen und schreiben kannst, so muß man, um wirklich Musik machen zu können, auch eine Menge verschiedener Töne haben. […] Nun sieh, so werden dir die Töne auch erst recht gefallen, wenn man mehrere zusammenstellt und zwar in einer Ordnung, die auf das Ohr dieselbe Wirkung macht, wie hübsch gewählte Farben auf das Auge.' Jetzt lasse ich das Kind die Hände auf das Klavier setzen, zeige ihm eine kleine melodisch geordnete Reihe von Tönen, lasse es dieselben nachspielen. Das klingt so zu sagen schon stückartig in seinem Ohre. […] Das zu lernen ist ihm auch ganz leicht geworden. Vergnügt verläßt es die erste Lection."[208]

Auf den ersten Eindruck hin wirkt Schillings Vorgehensweise unspektakulär. Sicher – die einzelnen Lernschritte verweisen aufeinander. Die Lehrperson ist um Anschaulichkeit bemüht. Die Erklärungen tendieren aber zur Weitschweifigkeit. Der Tonfall schwankt zwischen Ermutigung und Belehrung („[…] wenn du nur immer befolgst, was der Lehrer sagt"). Das Kind wiederum scheint mehr aufgefordert zu reagieren als zu agieren. An späterer Stelle relativiert sich jedoch dieser Eindruck. Schillings Versuch, die sinnliche Aufmerksamkeit des Kindes zu wecken, zeugt nun von methodischem Geschick und psychologischem Feingefühl. Zunächst verwickelt er das Kind in ein dialogisches Geschehen. Das Kind lernt hörend, Tonhöhen, Tonabstände sowie Tondauern zu unter-

---

206   Schilling (1851:158).
207   Schilling (1851:157).
208   Schilling (1851:162ff.).

scheiden und spielend das Gehörte nachzuahmen.[209] Ausgehend von dem Anschlag eines einzelnen Tones schreitet das Kind fort, dessen Klangeigenschaften genauer zu beschreiben.

> „Von den beiden zuerst der Beurtheilung ausgesetzten Tönen klang der eine Anfangs blos schöner als der andere; aus dem Schönen entstand das helle, klare, Angenehme; ich fahre fort, Töne anzugeben, und das Kind ist bereits so weit gelangt; die Wirkung der verschiedenen Intervalle zu beurtheilen. Es kennt noch keine Note, keinen Ton, sondern hört blos, und was hat es durch dieses bloße Hören schon gelernt!? […] Scheinbar Nichts und doch unendlich Viel haben sie [die Kinder] bereits gelernt. Nicht blos den Verstand, alle ihre geistigen Kräfte habe ich geübt, und lediglich auf dem Wege sinnlicher Anschauung."[210]

Spätestens hier tritt der erzieherische Ansatz Schillings deutlich hervor. Der Schüler wird zum Lernen motiviert, zur Selbsttätigkeit veranlasst. Der Lernstoff wird ihm auf eine ebenso didaktisch durchdachte wie kindgerechte Art und Weise vermittelt. Das Erlernte weist über musikalische Fertigkeiten hinaus und stellt die sinnliche Wahrnehmungsfähigkeit des Kindes in den Vordergrund. Die Frage, inwieweit der Klavierunterricht an Schillings Lehranstalt *tatsächlich* in der oben beschriebenen Form erteilt wurde bzw. überhaupt erteilt werden konnte, lässt sich heute nicht mehr beantworten. Die Organisationsform des elementaren Klavierunterrichtes in großen Gruppen, die zudem in der Regel von Hilfslehrern unterrichtet wurden, hätte eigentlich wenig Raum für einen solchermaßen individualisierten Unterricht gelassen. Nach Abel-Struth besteht Schillings Verdienst vor allem darin, den Schritt von der Praxis zur Theoriebildung des musikalischen Unterrichts vollzogen zu haben. „Sein Ansatz hat in Terminologie und System seinen Ursprung in der Allgemeinen Didaktik und ist im Ergebnis ein fachdidaktischer Ansatz im engsten Sinne, begrenzt auf die konkrete Unterrichtsproblematik."[211]

In einem handschriftlichen Entwurf zu einer Zeitungsanzeige kündigte Gustav Schilling im August 1852 an, seiner Lehranstalt eine „Bildungsanstalt für künftige Musiklehrer" – „vielleicht als erster Anfang eines dereinstigen förmlichen Musiklehrer-Seminars" – anzugliedern.[212] Schilling berichtet in dem Inserat, dass er aufgrund des Erfolges seiner *Musikalischen Didaktik* Anfragen von angehenden Künstlern aus Österreich erhalten habe, die sich unter seiner Anleitung zu Musiklehrern ausbilden lassen wollten. Einen dieser Anträge habe er nun angenommen. Der Unterricht beginne im September 1852. Weitere Interessenten könnten noch hinzutreten. Was aus diesem Plan geworden ist, bleibt, wie so vieles im Leben Schillings, unbekannt. Der Hoffnung auf ein „förmliches Musiklehrerseminar" stand jedenfalls die Verwicklung Schillings in finanzielle Betrügereien entgegen, womit einmal mehr die Problematik von privatwirtschaftlichen Musikschulunternehmungen in Hinblick auf die Wahrnehmung öffentlicher Bildungsaufgaben untermauert war.

---

209   Schilling (1851:185ff.).
210   Schilling (1851:188f.).
211   Abel-Struth (1970:52).
212   Stadtarchiv Stuttgart, Autograph A 3010. Gustav Schilling (1852): Ankündigung einer Bildungsanstalt für künftige Musiklehrer (Entwurf zu einer Zeitungsanzeige).

3.3.3 Dilettanten und Kunstschüler gehen getrennte Wege – Kritik der Konservatoriumsbildung

Der Versuch, Laien und angehende Berufsmusiker an der Stuttgarter Musikschule bzw. dem Konservatorium Stuttgart gemeinsam auszubilden, musste spätestens mit dem Jahr 1921 als gescheitert angesehen werden. Aus musikpädagogischer Sicht interessieren die Gründe für ein solches Scheitern.

Schon der Gründungsprospekt der Stuttgarter Musikschule hatte die doppelte Zielsetzung der Musikschularbeit betont. Nicht nur eine möglichst professionelle künstlerische Bildung, sondern die allgemeine Entwicklung eines „gediegenen musikalischen Geschmackes und Verständnisses" wurde angestrebt. Beides sollte „zur Hebung der Tonkunst in all ihren Gebieten den Weg" bahnen – einerseits durch die Vollständigkeit des Unterrichts, andererseits durch die Erteilung eines besonders gründlichen und methodischen Unterrichts.[213] Ähnlich wie Adolph Bernhard Marx in seiner Kunstlehre den (potentiellen) Schüler zur Kunst emporbilden wollte, nach Maßstäben, die der Kunst genügten (s.o.), legte der Prospekt der Stuttgarter Musikschule von Beginn an fest, dass sich der zukünftige Erfolg der Musikschularbeit an künstlerischen Maßstäben werde messen lassen müssen. Inwieweit gelang dies nun in der Musikschulpraxis? Wurde die versprochene Vollständigkeit und Qualität der Lehre in einem Maße erreicht, das den Bedürfnissen von Laien und angehenden Berufsmusikern gleichermaßen gerecht wurde?

Die Schülerschaft von Künstler- und Dilettantenschule mischte sich am Konservatorium Stuttgart vor allem im Elementar- und Chorgesang sowie in musiktheoretischen Fächern.[214] Geradezu konstitutive Bedeutung für den ursprünglichen Bildungsauftrag der Musikschule / des Konservatoriums erlangte der elementare Gesangsunterricht. Der Gründungsprospekt der Stuttgarter Musikschule hebt hervor, dass er „als wichtigstes Glied der allgemeinen musikalischen Erziehung" die „Grundlage des gesamten Unterrichts" bilde.[215] Immanuel Faisst, der die Musikschule bzw. das spätere Konservatorium 35 Jahre lang leiten und das Profil der Institution neben Sigmund Lebert maßgeblich mitprägen sollte, verfasste in Zusammenarbeit mit Ludwig Stark unter Mitwirkung von Sigmund Lebert eine „Elementar- und Chorgesang-Schule für höhere Lehranstalten sowie für Gesang- und Musik-Institute" (mehrere Bände, Stuttgart 1880–1883), die nicht nur am Konservatorium, sondern auch an Stuttgarter Gymnasien Verwendung fand. „Sie sollte den Worten Faissts und Starks zu Folge ‚die Befähigung zu nützlicher Mitwirkung in Singchören' ermöglichen und zugleich der Ausbildung von Gesangslehrer[n] dienen."[216]

Überhaupt verkörperte die Person Immanuel Faissts wie keine zweite die „inhaltliche […] und institutionelle […] Nähe zwischen Konservatorium, Kirchen- und Schulmusik".[217] Faisst leitete nicht nur das Konservatorium, sondern er war zugleich

---

213   Vgl. Kapitel 2.2.5.
214   Schmidt (2007:366).
215   Vgl. Eisenmann (1907:5f.).
216   Kremer (2007:212).
217   Kremer (2007:203).

Mitbegründer des schwäbischen Sängerbundes, Dirigent des Stuttgarter Liederkranzes (1848–1857), des Stuttgarter Orchestervereins (1858–1860/61), Organist und Chorleiter an der Stiftskirche Stuttgart, Leiter des örtlichen „Verein[s] für klassische Kirchenmusik" (bis 1891), Gesangslehrer am Katharinenstift und Mitglied der Prüfungskommission für evangelische Volksschullehrer (seit 1855) ebendort.[218] Infolgedessen bestanden auf allen Ebenen des städtischen Musiklebens enge Verflechtungen des Konservatoriums zum Laienmusizieren. In den ersten Jahren der Stuttgarter Musikschule erhielten Schüler, die im Chor der Stuttgarter Stiftskirche mitsangen, unentgeltlichen Elementargesangsunterricht.[219] Auch im Orchesterverein wirkten zeitweilig Schüler des Konservatoriums mit.[220] In der Summe schien es also durchaus gerechtfertigt, wenn der seinerzeitige Staatsrat des Ministeriums für Kirchen- und Schulwesen Gustav Rümelin im Februar 1860 einen Antrag an den württembergischen König auf staatliche Unterstützung der Stuttgarter Musikschule mit dem Hinweis begründete, die Musikschule erfülle Aufgaben einer allgemeinen Volksbildung:

> „Ist die Kunst überhaupt von Bedeutung für die allgemeine Volksbildung, so gilt dies insbesondere für die Musik, welche […] von allen Künsten sich der größten Ausbreitung erfreut und von jung und alt, arm und reich gerne ausgeübt wird. Eine Anstalt, welche der Pflege dieser Kunst gewidmet ist, verfolgt somit wesentlich Zwecke der allgemeinen Volksbildung […]."[221]

Nach Rümelin empfahl es sich, diesem Zweck von öffentlichem Interesse in zweierlei Hinsicht zu entsprechen. „Zum einen durch eine allgemeine Musikschule, die sogenannte Dilettantenschule, die ‚jeden aus dem Volke, welcher Lust, Geschick und die Mittel zur Erlernung dieser Kunst in Unterricht nimmt', zum anderen in der Ausbildung von Berufsmusikern, die dann ‚ihre musikalischen Kenntnisse und Fertigkeiten […] in weiteren Kreisen anzuwenden oder auf andere zu übertragen' in der Lage sein sollen."[222] Demnach folgte das „bürgerliche" Konzept der Stuttgarter Musikschule von Beginn an einem „egalitären Erziehungsziel, das sich nicht auf die ‚höheren Stände' beschränkte, sondern potentiell ‚jeden aus dem Volke' ansprechen" sollte – und das selbst „auf der Ebene der sogenannten Künstlerschule, die so doch auch eher für breite *Bildung* denn für eine spezialisierte berufsspezifische Ausbildung stand", versuchte, eine allzu frühe Spezialisierung zu vermeiden.[223] Alexander Eisenmann hat als musikpädagogische Konsequenz hieraus in seiner Festschrift zur Feier des 50-jährigen Bestehens des Konservatoriums abgeleitet:

---

218 Vgl. Fischer (1904).

219 Kremer (2007:203).

220 Dies geschah nicht immer nur zur Freude der Lehrer, wie Alexander Eisenmann in seinen Lebenserinnerungen mit Blick auf Edmund Singer, seinen renommierten Lehrer für das Fach Violine, schreibt (vgl. Stadtarchiv Stuttgart, Nachlass Eisenmann, 2015 / 22).

221 Zit. nach Schmidt (2007:363). Schmidt nennt folgenden Quellenbeleg: Anbringung des Ministeriums des Kirchen- und Schulwesens betreffend der Bewilligung einer Staatsunterstützung an der hiesigen Musikschule. Hauptstaatsarchiv Stuttgart, Kabinettsakten: E 14, Bü 1568.

222 Schmidt (2007:363).

223 Schmidt (2007:363).

„Vielmehr wurde von Anfang darauf Gewicht gelegt, auch der Gruppe der Dilettanten, in der man die eigentliche Vertretung weiterer Volksklassen zu sehen hatte, den gleich gründlichen und gediegenen Unterricht zukommen zu lassen, wie er der kleineren Gruppe von Schülern zuteil wurde, die sich der der Musik als ihrem Brotstudium ergeben wollten. Der wirkliche Unterschied konnte und darf auch zu allen Zeiten nur darin bestehen, dass der angehende junge Künstler, der seine ganze Zeit auf das Studium zu verlegen hat, verschiedene Fächer zugleich belegen kann, um möglichst vielseitig sich auszubilden, und dass er, durch ein genügendes Mass natürlicher Begabung dazu in den Stand gesetzt, in den einzelnen Fächern weiter gelangt als der nur zu seinem Vergnügen der Musik sich widmende Liebhaber. Dementsprechend war der Unterricht in gewissen Fächern, namentlich den theoretischen, anfänglich für Kunst- und Dilettantenschüler gemeinsam, erst später, wo sich aus verschiedenen Gründen eine schärfere Betonung der Trennung ergab, ein geteilter.“[224]

Von dem Grundsatz eines „gleich gründlichen und gediegenen" Unterrichts, der den Kunstschülern und Dilettanten in manchen Bereichen anfangs sogar gemeinsam erteilt wurde, rückte man mit den strukturellen Reformen am Stuttgarter Konservatorium Anfang des 20. Jahrhunderts allerdings ab. Solche Reformen deuten vielmehr eine Prioritätenverschiebung an, hin zur fachlich-akademischen, beruflichen Bildung. Ganz unverblümt sprach dies Kommerzienrat und Konsul Karl von Doertenbach, erster Vorsitzender des Kuratoriums des Konservatoriums, 1910 in einem Schreiben mit der Bitte um finanzielle Unterstützung gegenüber dem zuständigen Minister von Fleischhauer an:

„Eine Frage wurde indes besonders herausgehoben: die Auswahl der Schüler für die Dilettantenschule. Die Schule, so Doertenbach, wolle hier strenger auswählen und künftig keine Anstalt mehr sein zur Ausbildung derjenigen, die Musik als Liebhaberei betrieben. Der damit einhergehende Verzicht auf Einnahmen aus Unterrichtsgeldern diene über eine Steigerung ihres Ansehens dem Wohle der Schule.“[225]

Gemäß den Statuten des Konservatoriums aus dem Jahr 1902 durften dem Verwaltungsrat des Konservatoriums nunmehr nur noch Professoren der Künstlerschule angehören (§5).

Während man das Angebot an musiktheoretischen Fächern sowie Ensemblefächern in der Künstlerschule erweitert hatte, mussten sich die musizierenden Laien, abgesondert von den Kunstschülern, fortan mit Lektionen in Harmonielehre, Musikgeschichte und Ästhetik begnügen. Von einem gemeinsamen Unterricht mit den Kunstschülern in Elementar- und Chorgesang war nun nicht mehr die Rede. Zu internen Vortragsabenden der Künstlerschule hatten nur noch Lehrer und Kunstschüler Zutritt. Die Ausdifferenzierung des musiktheoretischen Angebots führte überdies dazu, dass das bei den Laien populäre Singen im musikalischen Elementarunterricht an Dominanz verlor. Nun-

---

224   Eisenmann (1907:12).
225   Schipperges (2007:97) unter folgendem Quellenverweis: Brief vom 25.1.1910, Staatsarchiv Ludwigsburg EL 218 I Bü 1.

mehr konnte in der Künstlerschule *Musikdiktat* anstelle von *Chorgesang* belegt werden. Neu angeboten wurde hingegen das Fach Rhythmische Gymnastik für Kinder und Erwachsene. Die aufeinander aufbauenden Jahreskurse dienten folgenden Lernzielen:

> „A. Musikpädagogische Vorbereitung für das Studium der Musik in Bezug auf das Gehör für Klang und Rhythmus.
> B. Die Entwicklung der rhythmischen und tonalen Fähigkeiten als Spezialstudium für Gesangs- und Instrumentalschüler.
> C. Das musikalisch-plastische Studium."[226]

Ab 1912/13 umfasste das Fach „Rhythmische Gymnastik" explizit auch „Gehörbildung". Die Lerninhalte waren:

> „**I. Taktbildung:** Taktieren und Gehen nach der Musik im 2/4-, 3/4-, 4/4-, 5/4-Takt. Ausführung eines Rhythmus in Schritten von längerer und kürzerer Dauer mit gleichzeitigem Taktschlagen durch die Arme. Ausführung des Rhythmus durch die Arme mit begleitendem regelmäßigem Schreiten. Gleichzeitiges Klatschen und Gehen kontrastierender Rhythmen. Veränderung eines Rhythmus durch Verkürzung der Noten. Schreiten von Triolen mit gleichzeitigem Klatschen von Duolen. Studium der Synkopen. Marschübungen unter der Direktion einer Schülerin. Ausfüllen von Notenwerten durch Noten kürzerer Dauer.
> **II. Gehörbildung:** Studium der Tonleitern und der Akkorde. Notenlesen. Treffübungen. Nachsingen. Prima vista singen. Aufschreiben von Melodien. Improvisieren leichter Melodien."[227]

Die Frage, inwieweit der Unterricht in der Dilettantenschule dem Anspruch genügte, kunstgerecht zu sein und zugleich den Bedürfnissen musizierender Laien zu folgen, lässt sich kontrovers diskutieren. Dies verdeutlicht ein Blick in die Schulwerke, welche am Konservatorium bevorzugt Verwendung fanden. Faissts Elementar- und Chorgesangschule stellte einen hohen Anspruch an die zugrunde gelegte Methodik:

> „[...] indem diess der sicherste Weg ist, die Musik so recht innerlich in sich aufzunehmen und lebendig in sich wirken zu lassen, das Gehör zu bilden, [...] sowie das Vermögen der innerlichen Vorstellung der Töne nach ihrem Verhältniss untereinander und zu ihrer Benennung und schriftlichen Bezeichnung zu wecken und zu schärfen (wie wichtig namentlich für alle Musiklehrer und gar Dirigenten!), ferner das rhythmische Gefühl zu jener Genauigkeit und Schärfe zu entwickeln und an jene präcise und decidirte Ausprägung zu gewöhnen, die beim Einzel-Musikunterricht so leicht nothleidet, [...] endlich das gesamte Tonwesen und Tonleben sich im Innersten des Herzens zu eigen zu machen und zu lebendiger, durchdringender Empfindung zu bringen, die dann auch der Wiedergabe des zu behandelnden musikalischen Stoffes den rechten durchgeistigten Ausdruck verleiht.
> Und zu solchem Gebrauch für Musiklernende auf irgend welchem Gebiete dürfte sich unser Buch besonders geeignet erweisen, da es wohl mehr als andere Werke dieses Fachs auf

---

226 Königl. Konservatorium für Musik Stuttgart: 54. Jahresbericht, 1910/1911, S. 14.
227 Königl. Konservatorium für Musik Stuttgart: 56. Jahresbericht, 1912/1913, S. 8.

das allgemein Musikalische Bezug nimmt und bei den Schülern das geistige Verständnis der Tongebilde anzuregen strebt."[228]

Wer nun aber aufgrund des zuletzt Gesagten eine entscheidende Weiterentwicklung gegenüber der Gesangslehre Pfeiffer / Nägeli vermutete, dürfte angesichts des nachfolgenden Überblicks, den die Autoren über den Aufbau des Lehrgangs geben, ernüchtert sein:

„Der erste Cursus nun, den wir zunächst veröffentlichen, lehrt die Noten im Violinschlüssel, entwickelt die Organe allmählich nach unten bis zum kleinen b, nach oben bis es (dem Klange nach), behandelt die Aussprache der verschiedenen Laute, sowie von mannigfaltigen Wörtern und Wörter-Zusammenstellungen, desgleichen auch von zusammenhängenden Gesangstexten, bringt von der Rhythmik die Taktarten […] zur Uebung und schreitet darin bis zur Eintheilung in Sechzehntel […] nebst gleichwerthigen Pausen und Punkten, aber noch ohne Synkopen, fort, er macht mit den Tonarten C, G und F dur in leitereigenen Tonfolgen, sowie in Ausweichungen von C nach G, von F nach C dur und umgekehrt bekannt und lehrt darin nach und nach Sekunden, Terzen, Quarten, ferner die Tonfolgen aus dem Dreiklang der Tonika, der Ober- und Unterdominante, sowie aus dem Hauptseptimenaccord (und zwar alle diese accordmässigen Tonfolgen auch in Sprüngen, die über die Quarte hinausgehen) treffen und erklärt in seinem späteren Verlaufe die kleineren Kunstformen, wie sie in den betreffenden Uebungsbeispielen und in sonstigen für diese Unterrichtsstufe geeignetem Singstoff vorkommen.

Der zweite Cursus wird, zuerst noch innerhalb der gleichen Tonarten, im zweistimmigen Gesang üben und den Stimmumfang dem entsprechend allmählich etwas weiter ausdehnen, nach und nach aber auch in alle übrigen Durtonleitern einführen und sämtliche im Kreise einer Durtonart, sowie einer diatonischen Verbindung derselben mit den nächstverwandten Durtonarten liegenden Tonverhältnisse treffen lehren, daneben zugleich den rhythmischen Gesichtskreis durch die Bekanntschaft mit neuen Figuren (u. a. Synkopen) und neuen Taktarten erweitern, in der Ausführung polyphoner Sätze, unter Erklärung von deren Gestaltung, üben und die Nüancirungen der Tonstärke nebst andern Momenten eines charaktergemässen Vortrags zur Geltung bringen. Die Molltonarten und ihre Verbindung mit Durtonarten, die Chromatik und Enharmonik, sowie ungewöhnlichere und schwierigere rhythmische Bildungen, nebst Anderem, was schon einen höheren Grad von Reife voraussetzt, bleiben einer späteren Stufe vorbehalten.

Möge nun unsrer neuen Gesangschule eine reiche und gesegnete Wirksamkeit beschieden sein zu immer weiterer Verbreitung wahrer Kunstpflege!"[229]

Man mag einen solchen Lehrgang gründlich oder erschöpfend nennen – dem Umfang nach zu urteilen trifft beides zu. Aus der inhaltlichen Strukturierung allein erschließt sich kaum, inwieweit es der Gesangschule gelingen sollte, über eine reine Ausbildung von Fertigkeiten hinaus zu „wahrer Kunstpflege" hinzuführen. Formulierungen wie „unter Erklärung von deren Gestaltung" oder „Nüancirungen der Tonstärke nebst anderen

---

228   Faisst / Stark (1880:XIV).
229   Faisst / Stark (1880:XIVf.).

Momenten eines charktergemässen Vortrags" bleiben eigenartig leblos, wirken fast wie einer Gebrauchsanweisung entnommen. Vorausgesetzt werden bei den Musiklernenden folglich weniger Kreativität als Duldsamkeit und Disziplinierung. Einer ähnlichen Tendenz folgt ein weiteres Unterrichtswerk, das am Konservatorium Stuttgart standardmäßig verwendet wurde. Die *Große praktisch-theoretische Klavierschule von Lebert und Stark*,[230] welche zahlreiche Auflagen im In- und Ausland erlebte, enthält neben einer aus heutiger Sicht geradezu erdrückenden Zahl von Übungen und Etüden eine Auswahl an Vortragsstücken, dazu noch eine Einführung in die allgemeine Harmonie- und Formenlehre. Bezeichnend für Leberts Methodik erscheinen einige Ratschläge, die der Autor in der Einleitung zu seiner Klavierschule dem Klavierliebhaber zur „Privatübung" erteilt:

„Jedes Musikstück übe man langsam und zuerst durchaus mit Kraft ein, beobachte bloss die Hauptrhythmen, das *legato* und *staccato* in ihren verschiedenen Formen, und erst wenn das Stück in vorgeschriebenem Tempo vollkommen fehlerfrei geht, trage man den Vortragszeichen auch Rechnung. Durch ein Studium dieser Art wird man ein sicheres Spiel erzielen. Wie viel man täglich üben soll, lässt sich natürlich nur im Allgemeinen angeben [...] Doch möchten wir dem Dilettanten mit Einschluss der Unterrichtsstunde täglich zwei Stunden rathen, die er auf folgende Weise benutzen möge: $^1/_2$ Stunde rein technische Uebungen, 1 Stunde zum Einstudiren neuer Stücke und $^1/_2$ Stunde zum Repetiren schon gelernter Musikstücke. Um nicht zu ermüden, vertheile er die beiden Stunden auf Vor- und Nachmittag.

Für den, der sich dem Fache widmet, sind 4–5 Stunden nothwendig, die er aber ebenfalls in kleinen Abschnitten auf Vor- und Nachmittag vertheilen mag. Von dieser Zeit soll 1 Stunde auf rein technische Übungen aus unserer Schule fallen, 1–1$^1/_2$ Stunde auf Etuden, 1–1$^1/_2$ Stunde zur Erlernung neuer Musikstücke und 1 Stunde zur Repetition schon erlernter Piecen oder auch zum Durchlesen neuer Musik als Leseübung verwendet werden.

Mehr zu üben halten wir nicht für gut, weil es auf den Geist wie Körper nur abstumpfend wirken kann, und wer mit dieser Zeit, vernünftig zugebracht, seinen Zweck nicht erreicht, der hat keinen Beruf für die Sache und thut gut, etwas Anderes zu treiben."[231]

Die obige Textpassage lässt nachvollziehbar erscheinen, wieso der Klavierschule von Lebert und Stark im Nachhinein der Vorwurf einer gewissen Pedanterie in der Abfassung gemacht werden sollte. Auffällig ist an den Übeempfehlungen der Klavierschule, dass Anforderungen der technischen Ausführung weitgehend isoliert von Fragen der musikalischen Gestaltung behandelt werden. Mehr noch: Erst, wenn eine ausreichende technische Sicherheit erlangt sei, sollen überhaupt Vortragzeichen Beachtung finden. Lebert und Stark blenden dabei aus, dass technische und gestalterische Problemstellungen einander bedingen. Mitunter gingen die Lehrkräfte des Konservatoriums wohl auch nicht allzu feinfühlig bei der Vermittlung der Lehre von Lebert und Stark vor. Was Alexander Eisenmann in der Festschrift zum 50-jährigen Bestehen des Konservatoriums

---

230 Von Ludwig Stark, der ebenfalls an der Stuttgarter Musikschule unterrichtete, stammten mehrheitlich die Übungen.

231 Lebert / Stark (1858:6).

noch konziliant als „etwas einseitige Richtung im Geiste der älteren Methode", die vorzugsweise „technische Werte erzeugte", umschrieb[232], hat er später in seinen persönlichen Erinnerungen kritischer dargestellt:

> „Da war der Klavierdrillmeister Schneider, eigentlich Fagottist in der Hofkapelle, aber von Lebert ausgewählt, der Masse an Dilettanten, die sich damals ins Konservatorium drängten, durch geistlosen Fingerdrill die Freude an der Musik gründlich zu verderben. Eine Lektion bei ihm war das Ödeste, was sich denken lässt. ‚Finger stehen lassen, Finger hoch halten, kolossal hochhalten‘, das war der Extrakt seiner pädagogischen Weisheit."[233]

Auch an der Person Sigmund Leberts mögen sich Vorbehalte entzündet haben. Der mit Lebert befreundete Immanuel Faisst hat ihn in seinem Nachruf als eine in eine unnahbare, professorale Aura von „Strenge und Schärfe" gehüllte Persönlichkeit beschrieben, die gelegentlich zur „Selbstüberhebung" geneigt habe und deren „Energie in Schroffheit" übergehen konnte.[234]

> „Der Stuttgarter Geiger und spätere Dozent am Stuttgarter Konservtorium, Alexander Eisenmann, erinnert sich in seinen unveröffentlichten Memoiren an einen Skandal, der ‚gewaltige Aufregung‘ im Konservatorium stiftete und ein bezeichnendes Bild dafür bietet, welchen Widerspruch Leberts legitimer, wenn auch mitunter überzogener Anspruch auf Respekt erfuhr: ‚Die Treppe [des Konservatoriums] herab kommt der gestrenge Herr Professor Sigmund Lebert, die Treppe herauf, ihm entgegen der Schüler Marcel Herwegh, des Freiheitsdichters Sohn, aus dem später ein beachtenswerter Violinvirtuose geworden ist. Herwegh will ruhig an Lebert vorübergehen, wird aber, da er zu grüssen unterlassen hat, von Lebert angehalten und zur Rede gestellt. Beide erhitzen sich, es entsteht ein Wortgefecht, dem der Jüngere kurzerhand ein Ende bereitet, indem er dem Direktor eine schallende Ohrfeige versetzt. Ein gerichtliches Nachspiel hat die Sache nicht gehabt, sie ist dann auf privatem Weg ausgeglichen worden‘."[235]

Überhaupt scheint im Unterrichtsbetrieb am Konservatorium eine eher unterkühlte Atmosphäre vorgeherrscht zu haben. Eisenmann erinnert sich beispielsweise an seinen Klavierlehrer Prof. Gottfried Linder:

> „Stets ging er mit schiefer Haltung, die Schultern hoch hinaufgezogen, trug einen schlotternden Rock und schaute vorsichtig, fast lauernd, hinter sehr scharfen Brillengläsern hervor, die er zu tragen genötigt war. Mit dem Unterricht nahm er es sehr genau, auch habe ich viel bei ihm gelernt, aber mir etwa Geläufigkeit auf dem Piano beizubringen hat er nicht vermocht, trotzdem er sogar mit Rippenstössen nicht sparsam war. […] Ich weiss nicht ob bei allen seinen Schülern, jedenfalls bei mir gebrauchte er statt des üblichen ‚Sie‘

---

232 Eisenmann (1907:37).
233 Stadtarchiv Stuttgart, Nachlass Eisenmann, 2015 / 22.
234 Immanuel Faisst (1884): *Worte der Erinnerung an Prof. Dr. Lebert*, S. 11, Stuttgart. Zit. nach: Jütte (2007:125).
235 Jütte / Pasdzierny (2007:125).

als Anredeformel gerne das ‚man'. ‚Hat man sich gut vorbereitet? Kann man diese Etude in jede andere Tonart transponieren?'"[236]

Sigmund Lebert war von Beginn an sehr darauf bedacht, dem Klavierunterricht an der Stuttgarter Musikschule ein eigenständiges musikpädagogisches Profil zu verleihen. Von der „Stöppel'sche[n] Methode, zwölf oder noch mehr Schüler zusammenspielen zu lassen", wandte er sich ab, da er dieses Unterrichtsverfahren als einseitig, und der Selbstständigkeit des einzelnen Schülers als wenig zuträglich empfand.

> „Der Endzweck, das Studium der Klassiker, wird nach Erfahrung ganz außer Acht gelassen, und bekanntlich müssen die Schüler solcher Institute immer noch nebenbei Privatlektionen haben, um nur das Geringste zu erreichen, wodurch am klarsten sich das Unzureichende dieser Unterrichtsmethode herausstellt."[237]

Aber auch gegenüber der Klavierausbildung an anderen Konservatorien äußerte er Vorbehalte, die auf eine vermutlich gängige Unterrichtspraxis an eben denselben schließen lassen:

> „Die Methode, wie sie in manchen Instituten, ja Conservatorien besteht, zehn Schüler, von denen jeder sich auf einem anderen Standpunkt befindet, zusammen in eine Lektion von zwei Stunden zu nehmen und jeden zehn Minuten spielen, die übrige Zeit aber als Zuhörer stehen zu lassen, richtet sich selber [...] es giebt Staatsinstitute, welche nach dieser Methode verfahren."[238]

Nach Meinung von Lebert und Stark war der gemeinschaftliche Unterricht am Klavier nur dann zweckmäßig,

> „wenn man höchstens drei ziemlich gleich befähigte, auf gleichem Standpunkte des Wissens und Könnens stehende Zöglinge in eine Lektion von einer Stunde zusammennimmt. [...] Bei diesen Zöglingen muss und kann der Unterricht ganz derselbe bleiben, wie oben besprochen wurde, nur müssen die Schüler den gleichen Stoff verarbeiten, d.h. die gleichen technischen Uebungen, Etuden und Musikstücke studiren. Dass ein solcher Unterricht den unverkennbaren Nutzen alles gemeinschaftlichen Unterrichts in sich schliesst und in mancher Richtung dem Einzel-Unterrichte vorzuziehen ist, wissen wir aus eigener Erfahrung. Der Schüler lernt an dem Guten des Mitschülers, wie er es machen, an dem Falschen, was er vermeiden soll, und es wird bei einem lebendigen Unterricht immer ein gegenseitiger Wetteifer unter ihnen stattfinden. Zum Schlusse aber müssen wir bemerken, dass nur ein sehr routinirter, ausgezeichneter, der Individualität jedes einzelnen Schüler Rechnung tragender Lehrer, der nicht überall zu haben ist, einen solchen Unterricht mit Erfolg geben kann."[239]

---

236   Stadtarchiv Stuttgart, Nachlass Eisenmann, 2015 / 22.
237   Lebert / Stark (1858:7).
238   Lebert / Stark (1858:7).
239   Lebert / Stark (1858:7).

Klaviergruppenunterricht wurde am Stuttgarter Konservatorium vorzugsweise in den Elementarklassen erteilt. Von dem Prinzip eines elementaren Musikunterrichtes *am* Klavier – keinesfalls eine Erfindung Leberts und Starks – mochte man bis ins 20. Jahrhundert hinein nicht abrücken. In dem Jahresbericht 1909/1910 beispielsweise wird der Elementarunterricht am Klavier als „obligatorisch für alle Anfänger" bezeichnet, was eher im Sinne einer Empfehlung als einer bindenden Vorschrift gemeint gewesen sein dürfte. Die Dauer des Besuches schwankte im Allgemeinen zwischen $^1/_2$ und 2 Jahren. Die kürzere Zeitbemessung „findet statt bei denjenigen Schülern, welche sich nicht dem Klavierspiel als Hauptsache widmen". Es werden Angaben zum Lehrstoff für jedes Semester gemacht, bezogen auf musiktheoretische, gehörbildende und spieltechnische Inhalte.[240] Die Belegungen der Instrumentalfächer blieben in der Dilettantenschule – ebenso wie in der Künstlerschule – ohnehin stark „klavierlastig". Im Wintersemester 1909/1910 belegten allein 200 Laienmusiker, „den bürgerlichen Erfordernissen der Hausmusik entsprechend"[241] das Fach Klavier (Mittel-, Oberstufe), davon entfielen allein 169 Belegungen auf das weibliche Geschlecht.[242] Die älteren Jahresberichte des Konservatoriums machen zudem dezidierte Angaben über das von den jeweiligen Klavierlehrern in der Dilettantenschule verwendete Unterrichtsmaterial, unterteilt nach Studienwerken bzw. Etüden sowie Vortragsstücken. Der 45. Jahresbericht des Schuljahres 1901/1902 enthält z. B. unter der ersten Rubrik regelmäßig Hinweise auf das Etüdenwerk von Czerny, Cramer, Bertini sowie von weiteren Komponisten, die sich in erster Linie durch technische Studien im 19. Jahrhundert einen Namen gemacht haben. Daneben findet das Klavierwerk J. S. Bachs Erwähnung. Die Vortragsstücke reichen, je nach der jeweiligen Präferenz der einzelnen Lehrer von Haydn bis Liszt, gehen aber nicht über einen traditionellen Kanon an klassischen und romantischen Werken hinaus. Besonders beliebt scheint bei Lehrern und Schülern das Solowerk Beethovens sowie Mendelssohns Lieder ohne Worte gewesen zu sein. Um vorsichtige Anlehnungen an den vermeintlichen Geschmack eines bürgerlichen Publikums hat man sich erkennbar bemüht. In diesem Sinne wurden auch „unterhaltendere" Kompositionen einer bürgerlichen Hausmusik von Raff, Scharwenka, Rubinstein oder Godard in Maßen berücksichtigt. Mehrere Übungsabende und Prüfungskonzerte wurden abgehalten.[243] Konservativ bestimmt blieb auch die Lehre in den musikgeschichtlichen Vorlesungen. Dörte Schmidt hat in der „Lücke zwischen den Interessen des musikliebenden Stuttgarter Publikums und dem Angebot, welches das Konservatorium in der Dilettantenschule für dieses bereithält", erkennen wollen, dass das Konservatorium „seine Allianz mit den bürgerlichen Dilettanten […] unausgesprochen wohl schon Ende des 19. Jahrhunderts aufgekündigt" habe. Die Idee einer allgemeinen Bildung sei einer fortschreitenden Akademisierung in der Ausbildung gewichen, dem Rückzug in den „Elfenbeinturm der Klassizität".

> „Das Konservatorium bleibt seinem Namen im Wortsinn treu und musikästhetisch eher konservativ in einer Stadt, in der man sich so sehr für Neues begeistert: für Hugo Wolf, Anton

---

240 Königl. Konservatorium für Musik Stuttgart: 53. Jahresbericht, 1909/1910, S. 10.
241 Gritschke (2007:17).
242 Königl. Konservatorium für Musik Stuttgart: 53. Jahresbericht, 1909/1910, S. 25.
243 Königl. Konservatorium für Musik Stuttgart: 45. Jahresbericht, 1901/1902, S. 38ff.

Bruckner und Max Reger. Ganz offensichtlich klafft eine Lücke zwischen den Interessen des musikliebenden Stuttgarter Publikums und dem Angebot, welches das Konservatorium in der Dilettantenschule für dieses bereithält. Die Musikausbildung entfernt sich von der gemeinsamen Basis einer wie auch immer verstandenen Idee von allgemeiner Bildung in dem Maße, in dem die Akademisierung fortschreitet, und zieht sich in gewisser Weise in den Elfenbeinturm der Klassizität zurück."[244]

Diese ganz grundlegende Kritik an der Konservatoriumsausbildung wurde bereits von Zeitgenossen geteilt. Adolph Bernhard Marx hat in seiner *Methode der Musik* ein gewisses Unbehagen über den Konservatismus der Konservatorien artikuliert:

> „Mögen sie denn, weil es eingeführt ist, ‚Konservatorien' heißen! Sie müssen etwas Höheres sich zum Ziel setzen, als das knappe ‚Erhalten'."[245]
>
> „Allein das Bestehende ist [...] niemals das Beste. Denn die Menschheit ist auf Leben das heisst auf Bewegung und Fortschritt angewiesen."[246]

Hugo Riemann wies gar den Konservatorien die alleinige Schuld zu, dass in der musikalischen Ausbildung die allgemeine Bildung zugunsten der fachpraktischen Bildung vernachlässigt würde.

> „Die heute allgemeine ausschließliche Dressur auf praktische Musikübung ist eine traurige Errungenschaft der neuesten Zeit, und sie ist lediglich auf die Einrichtung der Konservatorien zurückzuführen."[247]

Eine Kritik, die mit Blick auf die Ausbildungssituation am Stuttgarter Konservatorium in der zweiten Hälfte des 19. Jahrhunderts sehr wohl zutreffend erscheint. Peter Röbke hat gegen die Mechanisierung und den Drill in der Instrumentalausbildung des 19. Jahrhunderts polemisiert:

> „Für das musikalische ‚Fußvolk' [...], für den mittelmäßigen Berufsmusiker oder die große Zahl der Amateure hatte das Erlernen eines Instruments und das Musizieren nicht nur keinerlei Anteil am ‚göttlichen Funken' des Kreativen, sondern es hatte jede handwerkliche Würde verloren: Klavierspielen und -lernen z.B. wurde zum menschenverachtenden Drill, zum musikfernen und körperfeindlichen Exerzieren von Bewegungsabläufen, die in kleinste Einheiten zerlegt waren.
> Allerdings gab es bei diesem Umgang mit Musik und Instrument durchaus persönlichkeitsbildende Effekte, jedoch nicht solche, die im Sinne des aufklärerischen Ziels einer Erziehung zur Mündigkeit waren oder im Sinne der idealistischen Ästhetik den künstlerischen Geschmack oder Schönheitssinn förderten, sondern solche, die dem preußischen Militarismus entgegen kamen: Disziplin, Ausdauer und Selbstbeherrschung."[248]

---

244 Schmidt (2007:370f.).
245 Marx (1855:565).
246 Marx (1855:566).
247 Riemann (1895:25).
248 Röbke (2000:15f.).

Der Kritik Röbkes erwächst zudem eine gesellschaftliche Dimension. Sie berührt indirekt die Frage, inwieweit die Pervertierung eines humanistischen Bildungsideals in geistlosen Fingerdrill nicht symptomatisch stand für eine Gesellschaft, die vorsichtigen Demokratisierungstendenzen zum Trotz an autoritären Denk- und Handlungsmustern festhielt.[249] Röbkes Blick auf die Instrumentalpädagogik des 19. Jahrhunderts stellt allerdings nicht die einzig legitime Lesart einer hauptsächlich spieltechnischen Prinzipien folgenden musikalischen Ausbildung dar. Martin Gellrich ist mit der ebenso provokanten wie gewagten Frage an die Öffentlichkeit getreten: „Spielte man im 19. Jahrhundert besser als heute?"[250] Dabei beruft er sich auf die historische Entwicklung der (sinkenden) Übezeit. Die Frage nach einem *besser* oder *schlechter* ist an sich schon heikel. Denn jede Zeit entwickelt ihre eigenen Umgangsweisen mit Musik und dementsprechend auch ihre eigenen Interpretationsmuster. Die Frage eines quantitativen Übeaufwands taugt allein sicher nicht als Kriterium für Qualität. Ausgehend von der menschlichen Evolution, unter Berücksichtigung der Kenntnissteigerung in Musikwissenschaft und Musikpädagogik, drängt sich eine kritische Distanz zu musikbezogenen Lehr- und Lernmethoden des 19. Jahrhunderts aus heutiger Sicht ja geradezu auf. Anerkennen muss man zumindest, dass die musikalische Ausbildung im 19. Jahrhundert, aus welchen Motiven auch immer, mit einer nach heutigen Maßstäben ungewöhnlichen Intensität betrieben worden ist. Sie begrenzte sich auf den Zeitraum weniger Jahre, fand aber mehrmals wöchentlich statt. Adolph Bernhard Marx hatte darauf verwiesen, dass privater Musikunterricht durchschnittlich zweimal wöchentlich über einen Zeitraum von drei Jahren genommen würde.[251] Am Stuttgarter Waisenhausinstitut dominierte der Musikunterricht zunächst sogar die allgemeinbildenden Fächer. An Schillings musikalischer Lehranstalt wurden den Schülern in der Regel zweimal wöchentlich jeweils Doppelstunden Unterricht erteilt. Und auch die Stuttgarter Musikschule bzw. das Konservatorium Stuttgart rückte nicht von dem Prinzip eines zweimaligen Instrumentalunterrichts pro Woche ab. Verständlich wird eine solche Ausbildungsintensität nicht nur durch den mangelnden Musikunterricht an allgemeinbildenden Schulen, sondern mehr noch durch die Tatsache, dass Lebenszeit vor allem in der ersten Hälfte des 19. Jahrhunderts ein kostbares Gut darstellte. Die durchschnittliche Lebenserwartung der Menschen sollte bis 1870 bei etwa 30 Jahren liegen, selbst wenn man unter Berücksichtigung einer hohen Kindersterblichkeit in der Mittel- und Oberschicht getrost von höheren Werten ausgehen durfte.[252] Das Leben wurde auch in bürgerlichen Kreisen von Arbeit bestimmt. „Freie Zeit, Freizeit, Vergnügen und Gesellschaft spiel[t]en eine bescheidene Rolle im Haushalt des Lebens."[253] Vor diesem Hintergrund erscheint das Privileg des musikalischen Dilettanten in seiner Eigenart erst verständlich: Zeit und Muße zum Musizieren zu haben, sich den Zwängen des

---

249 Vgl. Kapitel 1.1, 1.2.
250 Gellrich (2003).
251 Vgl. Kapitel 2.1.3.
252 Nipperdey (1998a:106f.).
253 Nipperdey (1998a:138).

Alltags entrückt der in materieller Hinsicht zweckfreien Tätigkeit des Musizierens hingeben zu können – das war wahrhaftig ein Merkmal gesellschaftlicher Distinktion.

Eine ganz andere Sichtweise auf den musikalischen Dilettantismus seiner Zeit pflegte Richard Wagner. Und diese Sichtweise schloss auch den Glauben an die Nutzlosigkeit der herkömmlichen Konservatoriums-Bildung mit ein. Es existiert nur eine überlieferte Äußerung Wagners zum Stuttgarter Konservatorium aus dem Jahre 1880. Aber diese spart nicht an Spott und Hohn:

> „In Stuttgart sollen über sechshundert Klavier-Lehrerinnen täglich unterrichtet werden: das zieht wieder sechstausend Klavierstunden in Privathäusern nach sich. Und nun der Konzertanstalten, der Musikakademien, Oratorienvereine, Kammer-Soireen und Matineen zu gedenken! Wer endlich komponiert für alle diese Musikmacher-Konventikel […].“[254]

Objektiv haltbar ist Wagners Polemik wohl nicht. Vielmehr hielt Hermann Kretzschmar ihr zu Beginn des 20. Jahrhunderts entgegen:

> „Überall haben die Konservatorien sich volkswirtschaftlich rentiert, auch in Deutschland Angehörige der unteren Schichten nach oben gebracht, der deutschen Musik die internationale Stellung erweitert und befestigt. Ein Aufschwung der Komposition hat sich allerdings nicht an sie geknüpft; eher das Gegenteil. Ihr künstlerischer Segen liegt in einer mächtigen Steigerung des technischen Leistungsvermögens, äußere Virtuosität ist durch sie viel allgemeiner und billiger geworden. Das ist auch etwas.“[255]
>
> „Die Abschaffung der Konservatorien, auch ihre Umwandlung in bloße Stilbildungsschulen, wie R. Wagner will, wäre der Ruin der deutschen Musik und ihrer internationalen Stellung.“[256]

Mit der Ausbildung angehender Klavierlehrer(innen) entsprach das Stuttgarter Konservatorium nicht nur einer konkreten Nachfrage in der bürgerlichen Gesellschaft, sondern auch der Forderung diverser Fachorgane nach pädagogischer Professionalisierung.

> „Das Konservatorium reagierte offenbar auf die Diskussionen, die im Bereich des Musikunterrichts geführt wurden, etwa in der 1878 von Emil Breslauer begründeten Fachzeitschrift *Der Klavier-Lehrer*, die sich ausdrücklich der ‚pädagogisch-künstlerische[n] Fachbildung‘ widmete, und zwar auch durch musikgeschichtliche und musikästhetische Aufsätze.“[257]

Die Abgangszeugnisse der Absolventen berücksichtigten von Beginn an auch pädagogische Qualifikationen. Ein typisches Beispiel im Wortlaut:

> „Fräulein Lena Postius aus Kaiserslautern hat vom Oktober 1864 bis April 1867 das hiesige Conservatorium besucht und […] Unterricht im Klavierspiel, Chor- und Sologesang sowie

---

254 Zit. nach Jütte / Pasdzierny (2007:127) unter folgender Quellenangabe: Richard Wagner: Zur Einführung in das Jahr 1880, in: *Richard Wagner. Sämtliche Schriften und Dichtungen. Volksausgabe*, 16 Bde., Leipzig [1911], hier Bd. 10, S. 31.

255 Kretzschmar (1903:59f.).

256 Kretzschmar (1903:67).

257 Kremer (2007:186).

in der Tonsatzlehre, Geschichte der Musik und Methodik des Klavier- und Gesangsunterrichts erhalten. Dieselbe hat im Klavierspiel infolge ihres außerordentlichen Fleißes solche Fortschritte gemacht, daß sie klassische und andere Kompositionen mittlerer Schwierigkeit gut und geschmackvoll vorzutragen und einen befriedigenden Unterricht zu erteilen im Stande ist. Im Sologesang verfügt sie über eine schulgerecht ausgebildete Altstimme und ist […] zur Erteilung von Unterricht auch in diesem Fache wohl befähigt."[258]

Zwei Absolventenlisten, Verzeichnisse „von bedeutenden früheren Zöglingen der Künstlerschule", welche das Konservatorium Stuttgart der Festschrift von 1882 sowie dem Jahresbericht von 1886/87 beigefügt hat, geben Zeugnis davon, für welche Berufe das Konservatorium ausbildete.[259] Beide Listen benennen alle „bedeutenden" Absolventen seit dem Bestehen der Anstalt mit der Angabe ihres gegenwärtigen bzw. letzten ausgeübten Berufes. Wirklich repräsentativ sind die Listen nur mit Einschränkungen, denn in ihnen finden sich Männer überproportional berücksichtigt. Von den Absolventen bis 1896/97 hatten als Berufsbezeichnung unter den Frauen 23,4% Pianistin, 18,6% Klavierlehrerin, 13,5% Konzertsängerin, 6,3% Opernsängerin und 5,7% Violinistin vermerkt. Die Männer nannten als häufigste Berufe: 8,7% Organist, 8,2% Pianist, 7,7% Musiklehrer, 6,6% Violinist, 4,4% Musikdirektor. Rund ein Drittel der Frauen sowie zwei Drittel der Männer gaben an, in anderen Berufen zu stehen. „Daß Frauen nicht als Organistinnen, Musikdirektorinnen oder Professorinnen am Konservatorium beschäftigt wurden, hatte seinen Grund nicht in einer geringeren Qualifikation, sondern in der berufsrechtlichen Lage beziehungsweise in Ressentiments gegen Frauen, also denselben Mechanismen, die bis heute bestimmte Musikberufe für Frauen schwer zugänglich machen – man denke an Dirigentinnen oder Blechbläserinnen."[260] Andererseits begründete sich die Beliebtheit der Institution Konservatorium bei Frauen nicht nur darin, dass Musikunterricht quasi zum Bildungskanon der „höheren Tochter" zählte, sondern in den Chancen für einen Arbeitsplatz in einem gesellschaftlich akzeptierten „Frauenberuf", welche sich Frauen boten, die sich gegen Ende des 19. Jahrhunderts für ein Studium am Konservatorium entschieden.

3.3.4 Forderung nach einem „maßgebenden Concentrationspunkt musikpädagogischen Wirkens unter Staatsschutz" (Ina Loehner)

Ina Loehner[261] gelangte 1886 in ihrer vergleichenden Gegenüberstellung der Konservatorien in Leipzig, München, Würzburg, Stuttgart und Berlin zu dem Schluss, dass die leitenden Ideen der musikalischen Bildungsanstalten Deutschlands unter sich in keinem Zusammenhang stünden. Es fehle an einem „maßgebenden Concentrationspunkt musikpädagogischen Wirkens unter Staatsschutz". Der Schwerpunkt der Lehrtätig-

---

258 Zit. nach Bickhoff / Koch (2007:68f.) unter folgendem Quellenverweis: Staatsarchiv Ludwigsburg, E. 218 I Bü 74 und Bü 73. Abgangszeugnisse blieben den Absolventen der „Künstlerschule" vorbehalten.

259 Vgl. Grotjahn (2007:155–161).

260 Grotjahn (2007:159).

261 Die Musikpädagogin Ina Loehner stand dem Kreis um Lina Ramann nahe. Nach Roske (1985a:242) war Loehner von Ramann in Nürnberg ausgebildet worden, wo sie später auch eine eigene Lehrtätigkeit ausübte.

keit an den Konservatorien unterscheide sich „je nach der Tendenz ihrer Gründung, je nach dem jeweiligen Einfluß hervorragender artistischer Direktoren".[262] Gewisse Problemstellungen waren demnach allen Konservatorien gemein. Obwohl die Konservatoriumsbildung in der Summe einen großen Fortschritt gegenüber der Gesangsbildung an Schulen und dem privaten Musikunterricht darstelle, sei überall dasselbe Phänomen auszumachen,

> „daß im musikalischen Bewußtsein unserer Zeit die ‚Spielfertigkeit' als erstes und hauptsächliches Bedingniß der musikalischen Bildung gilt, was einen Typus von Musiktreibenden zeitigte, deren musikalisches und wissenschaftliches Bedürfnis sich über die Grenzen des Instruments nicht erhebt. Dies gilt insbesondere vom Klavierspiel, das gegenwärtig, wie statistisch nachzuweisen ist, an allen Musikschulen und Conservatorien das besuchteste Unterrichtsfach ist. […] Daß unter diesen Umständen der Mangel an guten Streichern und Bläsern stehende Klage der Orchester-Dirigenten geworden, ist nicht zu verwundern. […] Ebenso richtet sich an einzelnen Anstalten das wissenschaftliche Unterrichtsmaterial für die weiblichen Zöglinge auf ein geringeres Maß der Anforderungen ein. Sind hier die Bildungsziele getrennt, so werden hingegen mit wenigen Ausnahmen, in den meisten Anstalten die Dilettanten und Fachzöglinge gleichzeitig und gleichheitlich unterrichtet.[263]

Dem Konservatorium in Stuttgart hielt Loehner im Besonderen sein pädagogisches Profil zugute:

> „Ein vorherrschend pädagogisches Streben weist die Stuttgarter Musikschule in ihrer Anlage und ihrem Wirken auf, mit einer einheitlichen Durchführung desselben vom ersten Elementarunterricht bis zur Künstler- und Lehrerbildung."[264]

Demgegenüber bemängelte Loehner, dass in den Lehrplänen zahlreicher anderer Konservatorien die „Lehrerbildung" noch vernachlässigt würde.

> „Praktische Übungen im Unterrichten sind nur an einzelnen Anstalten eingeführt, ebenso vereinzelt Methodik und Pädagogik als Specialfach für die zum Lehrberufe sich Vorbereitenden. Die Conservatorien sind Hochschulen, das heißt, sie schließen den Elementarunterricht als solchen aus."[265]

Loehners Urteil über das Stuttgarter Konservatorium aus dem Jahr 1886 beruhte im Wesentlichen auf der Verfasstheit der Einrichtung als „Klavier/Chor-Konservatorium"[266], der bürgerlichen Konzeption seiner Gründungsväter Sigmund Lebert und Immanuel Faisst folgend. In der Folgezeit sollte sich jedoch auch am Konservatorium Stuttgart ein zunehmend komplizierteres Verhältnis „von allgemeinem Bildungsanspruch, den Bedingungen der Professionalisierung und handwerklichem Ehrgeiz"[267] herauskristallisieren. „Die Durchmischung von Laienbildung und Berufsausbildung läßt sich nicht mehr

---

262 Loehner (1886:31f.).
263 Loehner (1886:29f.).
264 Loehner (1886:46).
265 Loehner (1886:31).
266 Kremer (2007:208).
267 Schmidt (2007:366).

länger sinnvoll halten. Für die professionelle Ausbildung von Berufsmusikern gelten zunehmend andere Kriterien als für die Laienausbildung."[268] So muss es zumindest der spätere Konservatoriumsdirektor Max Pauer gesehen haben. Pauers Bestrebungen gingen Anfang des 20. Jahrhunderts dahin, dem Konservatorium durch die Konzentration auf die berufliche Bildung eine öffentliche Förderung zu sichern bzw. perspektivisch die staatliche Trägerschaft vorzubereiten. Dörthe Schmidt hat dies kritisch kommentiert:

> „Möglicherweise darf man die verstärkten Bemühungen des Konservatoriums um Verstaatlichung nicht allein aus der Perspektive der finanziellen Sicherung betrachten, sondern muß sie auch als Wunsch nach endgültiger Entlassung aus bürgerschaftlicher Trägerschaft und damit als eines der Symptome der gezeichneten Entwicklung verstehen."[269]

Ina Loehner hatte Ende des 19. Jahrhunderts eine ganz andere Rolle des Staates hinsichtlich der auch ihrerseits für notwendig erachteten musikpädagogischen Reformbestrebungen vorgeschwebt. Es ging ihr um die Reformierung des musikalischen Unterrichtswesens „von unten". Die Breitenbildung an Musikschulen sollte als erste Voraussetzung für eine möglicherweise anschließend folgende musikalische Berufsausbildung aufgewertet werden.

> „Dieser [der musikalische Elementarunterricht] ist, als eine der wichtigsten Fundamente der musikalischen Erziehung, ganz besonders aus seiner gegenwärtigen vernachlässigten Stellung in die Gesichtspunkte einer würdigeren Auffassung des Anfängerunterrichtes durch Anschluß desselben an kunstpädagogische Anstalten zu rücken."[270]

Ohne „Staatsschutz und Concentrationspunkt, ohne einheitliche Lehridee und Lehrmethode", befand sie, stehe das musikalische Unterrichtswesen losgelöst „von den allgemeinen Erziehungsfragen und Aufgaben der Zeit" da.[271] In dem Vorwort ihres Buches mit dem Titel „Die Musik als human-erziehliches Bildungsmittel" schreibt sie:

> „Es besteht zur Zeit im musikalischen Lehrfache noch keine allgemein gewordene Form, welche das Material so geläutert und geordnet hätte, daß es sich zu einem wirklichen Erziehungsmittel gestalten könnte. In Folge dessen beschäftigt sich der gegenwärtige Musikunterricht vorherrschend mit einem Heranbilden einseitiger musikalischer Fertigkeiten, die mit dem erziehlichen Einfluß der Musik auf das menschliche Gemüth zum Nutzen der allgemeinen Bildung nur wenig in Berührung stehen."[272]

Die „richtige Bewerthung der musikalischen Bildung zu einem integrirendem Bestandtheil der allgemeinen Bildung" könne erst dann in vollem Umfang erreicht werden, wenn

---

268 Bäuerle-Uhlig (2007:283).
269 Schmidt (2007:372).
270 Loehner (1886:52).
271 Loehner (1886:4f.).
272 Loehner (1886:III).

„einseitige Gesichtspunkte mechanischer Fertigkeiten verlassen und die Erlangung einer allgemeinen musikalischen Bildung angestrebt wird, welches die Gemüths- und Verstandeskräfte der Ausführenden gleichzeitig und gleichheitlich in Anspruch nimmt, anspannt und erziehlich vertieft."[273]

Den Anspruch auf eine so geartete musikalische Bildung möchte Loehner entgegen dem „Materialismus in den Lebensanschauungen und Nützlichkeitsprincipien in den Erziehungsfragen" [!] verteidigt wissen. Um dies zu gewährleisten, sieht sie den Staat und den Musikerstand gleichermaßen in der Pflicht. Ihre Forderungen zu einer Reformierung der institutionalisierten Musikerziehung sind im Einzelnen:

1) „Ausstellung einer Normal-Methode, welche neben künstlerischen auch humane Bildungsziele verfolgt.
2) Centralisation aller musikalischen Bildungsanstalten unter dem gewonnenen einheitlichen Bildungsideal.
3) Errichtung von Elementarschulen an allen Hochschulen.
4) Errichtung von Lehrer- und Lehrerrinnen-Seminaren an allen Hochschulen."[274]

Zu dem Zeitpunkt, als Loehner ihre Forderungen erhob, existierten an dem Stuttgarter Konservatorium bereits Elementarklassen, wenn auch von einer regelrechten Elementaroder „Vorbereitungsschule" noch keine Rede sein konnte. Förmliche Lehrer- und Lehrerrinnen-Seminare, die mit einem Diplom abgeschlossen werden konnten, sollten Anfang des 20. Jahrhunderts in Stuttgart eingeführt werden. Noch stand der musikalischen Berufsausbildung aber die musikalische Laienbildung nicht gleichberechtigt gegenüber. Während das Stuttgarter Konservatorium im Bereich der *allgemeinen* musikalischen Elementarbildung von Anfang an eine Vorreiterrolle eingenommen hatte, war der Ansatz in der Instrumentalausbildung, Dilettanten und Kunstschüler nach denselben künstlerischen Maßstäben zu unterrichten, gescheitert. Die spezifischen Erfordernisse einer Laienbildung wurden in ihrer Eigenart nicht ausreichend berücksichtigt. Ina Loehner leitete hieraus Konsequenzen für die Lehrerbildung ab:

„Es wird bei der Musiklehrerbildung vor Allem in das Auge zu fassen sein, daß der Musikunterricht sich in zwei Richtungen spaltet, in eine Künstler- und eine Dilettantenbildung. Die erstere gestaltet sich je nach ihren Specialzwecken anders, als die letztere. Für die allgemeine musikalische Bildung – der Massenbildung – wird es hauptsächlich auf einen allgemein gebildeten Lehrerstand ankommen.
Derselbe hat als obersten Grundsatz anzunehmen, daß nicht v i r t u o s e , s o n d e r n e r z i e h l i c h e Z w e c k e d i e B a s i s d e s M u s i k u n t e r r i c h t e s z u b i l d e n h a b e n ."[275]

Loehner war sich schon frühzeitig darüber bewusst, dass ihre Vorschläge zur Reformierung der institutionalisierten Musikerziehung nur dann Aussicht auf Erfolg hätten, wenn ein eigener Fach- bzw. Dachverband in gemeinsamer Verantwortung mit

---

273 Loehner (1886:3).
274 Loehner (1886:51).
275 Loehner (1886:52).

dem Staat entsprechende Verbesserungen des musikalischen Unterrichtswesens veranlassen und später kontrollieren würde.

> „Eine ausgleichende, normengebende und den Anforderungen unserer Zeit entsprechende Methode des Musikunterrichtes kann nur aus dem Anschlusse desselben an die Principien der allgemeinen Erziehungslehre geschaffen werden, wie einige Zeitgenossen sie bereits angebahnt haben. Dieselbe endgültig zu fixieren und auszuarbeiten, ferner den Staat oder die musikpädagogischen Autoritäten zur Einführung dieser Methode gleichheitlich an allen Musikschulen Deutschlands zu bewegen, wird zunächt Aufgabe eines unserer großen Musikverbände sein."[276]

Gedanklich hat Loehner bereits im 19. Jahrhundert Idee und Funktion eines Dach- bzw. Trägerverbandes der Musikschulen im öffentlichen Bildungswesen vorweggenommen.

---

276 Loehner (1886:51).

Teil II

Gegenwart

4. Das kritische Potential humanistischer Bildungsideen für die Musikschularbeit

4.1 Die Bildungstheorien Humboldts und Schillers im Spannungsfeld von Ideal und Wirklichkeit

4.1.1 Der humanistische Bildungsgedanke in seinem zeitlichen Bezug

Für Ulrich Muhlack steckt die heutige öffentliche Rede vom Humanismus voller Platitüden. „Jeder kennt das Wort, jeder gebraucht es wie selbstverständlich, jeder nimmt es für sich in Anspruch. […] Gemeinsam ist nur die Vorstellung, daß in allem der ‚Mensch‘ im Mittelpunkt zu stehen habe […].“[1] Während der Humanismus-Begriff selbst positiv besetzt erscheine, verhalte es sich mit dem Begriff der humanistischen Bildung anders, insbesondere dann, wenn vom humanistischen Gymnasium die Rede sei. „Hier herrscht weithin schroffe Ablehnung: man meidet oder bekämpft diese Schule; man findet sie reaktionär, jedenfalls nicht zeitgemäß; das Wort ist negativ besetzt. Der Humanismus ist attraktiv, das humanistische Gymnasium stößt ab.“[2] Nichtsdestoweniger bestehen natürlich Querverbindungen. Das Wort Humanismus hat seinen Ursprung in der Antike, leitet es sich doch vom lateinischen Humanitas ab.[3] Nach Herwig Blankertz macht aber erst die Rückbesinnung der nachantiken Welt „auf die als beispielhaft empfundene Norm vollendeten Menschentums“ den Humanismus als Lehrmeinung aus:

> „Sprache erschien als das Kriterium, durch welches der Mensch vom Tier, der Grieche vom Barbaren, der Gebildete vom Ungebildeten unterscheidbar wurde. Das aber hieß zugleich, daß die menschliche Gesittung prinzipiell lernbar sei über Sprache und Literatur. Aus dieser Überzeugung heraus war eine Aristokratie des Geistes begründet, die die Herrschaftsstrukturen des Blutes und der politischen Macht vom Prinzip her relativierte: Das Griechentum konnte zur Weltreligion werden.“[4]

Erst 1808 wurde das Wort Humanismus durch eine Schrift von Friedrich Immanuel Niethammer in die deutsche Sprache eingeführt („Der Streit des Philanthropismus und Humanismus in der Theorie des Erziehungsunterrichts unserer Zeit“). Niethammer bezog es auf die Entwicklung eines höheren Schulwesens und sah die Anfänge eines humanistischen Unterrichtskonzeptes in den „studia harmoniora“ oder „studia huma-

---

1   Vgl. Muhlack (2011:195f.).
2   Muhlack (2011:196).
3   Vgl. Blankertz (2011:89–95).
4   Blankertz (2011:89f.).

nitates" zur Zeit der Renaissance verwirklicht, also aufgrund eines Fächerkanons, der Grammatik, Rhetorik, Poetik, Historie und Ethik auf Basis der klassischen Literatur als Grundlage der höheren Bildung beinhaltete, jeder weiteren Spezialisierung vorausgehend.[5] Diesem Konzept kamen im deutschen Schulwesen bis Ende des 18. Jahrhunderts noch die Lateinschulen am nächsten, wenngleich sie die „humanistische Weisheit und Beredsamkeit" in den Dienst „konfessionell gebundener Frömmigkeit" stellten.[6] Mit den Reformen Humboldts in Preußen sowie Niethammers in Bayern konnte sich schließlich der Neuhumanismus im Bildungswesen etablieren.[7] Wilhelm von Humboldt knüpfte unter anderem an die Ideen von Johann Joachim Winckelmann an:

> „Winckelmann war auf der Suche nach der ‚edlen Einfalt' und ‚stillen Größe' eines zeitlos schönen Menschentums gewesen und glaubte es, in der griechischen Kunst gefunden zu haben. Das Wahre, Gute und Schöne hatte nun seine Heimstatt in Hellas, das Ideal des freien Menschen sah man in Athen verwirklicht. Die Griechen offenbarten Humboldt zufolge die ‚reine, um ihrer selbst willen verwirklichte Menschlichkeit des Menschen'."[8]

Der Neuhumanismus, seinerseits erst 1885 durch Friedrich Paulsen als Begriff geprägt,[9] meint in den Worten Blankertz' „die Erneuerung des Humanismus von der Mitte des 18. Jahrhunderts an mit einer Verlagerung des Interesses von den Römern zu den Griechen, in Deutschland mit zwei Auswirkungen": Es etablierten sich die Altertumswissenschaften mit der Wendung zur Philologie. Es entstand eine Theorie der Bildung des Menschen, welche auf die Entwicklung des öffentlichen Bildungswesens maßgeblichen Einfluss nahm, auch wenn man nicht eigentlich von einer originären „Pädagogik der Deutschen Klassik" sprechen kann.[10]

Die Frage nach der Relevanz humanistischer Bildungstheorie berührt zwangsläufig die Frage nach der Anschlussfähigkeit ihres ideellen Kerns an die Gegenwart. Friedrich Schiller schrieb seine Briefe über die ästhetische Erziehung des Menschen unter dem Eindruck der französischen Revolution.

> „An die Stelle der Ideale von Gleichheit, Freiheit und Bürgerlichkeit war – zumal in der deutschen Wahrnehmung – die Schreckensherrschaft der Revolutionäre über ihre (tatsächlichen oder vermeintlichen) Gegner und ein weithin eingeschüchtertes, verängstigtes Volk getreten, obwohl dessen Befreiung das eigentliche Ziel der Revolution gewesen war. Schiller fragt sich, warum das, was die aufgeklärte Vernunft errungen hat, nämlich die Idee einer demokratischen Staatsform, nicht auch qua Vernunft in die Wirklichkeit umgesetzt werden kann."[11]

---

5   Muhlack (2011:196).
6   Blankertz (2011:95).
7   Vgl. Kapitel 1.3.3.
8   Rebenich (2011:52).
9   Vgl. Blankertz (2011:95).
10   Blankertz (2011:95) verwendet zwar den Begriff „Pädagogik der Klassik", relativiert ihn aber zuvor, indem er schreibt, dass „der Neuhumanismus keine ausdrückliche Pädagogik war" (Blankertz 2011:94).
11   Dietrich / Krinninger / Schubert (2012:35).

Schiller stellte somit eine Frage, die selbst unter veränderten politischen und gesellschaftlichen Konstellationen nach wie vor höchst aktuell ist: „Wie können Verbesserungen erzielt werden, wenn ‚die Menschen' nicht reif dafür sind, wenn es ihnen an Einsicht fehlt, wenn sie sich bedroht fühlen?"[12] Eine Lösung für dieses Problem suchte der Dichter in der Wirkung des Ästhetischen auf den Menschen. Und dieses Erkenntnisinteresse verband Schiller „mit einer Theorie der Freiheit, die sowohl die Bildung des Einzelnen zur Selbstbestimmung als auch die Entwicklung einer demokratischen Gesellschaft, also einer Republik ermöglichen soll[te]".[13] Ebenso richtete sich Humboldts Konzept der individuellen Selbstbildung zumindest indirekt gegen die bestehenden gesellschaftlichen Verhältnisse seiner Zeit. „Im neuhumanistischen Denken fungierten ‚Bildung' und ‚Individualität' als neue theoretische Leitbegriffe, mit denen der in der Aufklärungspädagogik dominierende Begriff der Erziehung als systematische Vermittlung gesellschaftlich nützlichen Wissens und konformer sozialer Verhaltensweisen relativiert, wenn nicht abgewertet wurde."[14] Die Frage, inwieweit insbesondere das öffentliche Bildungswesen dem Bedürfnis nach Persönlichkeitsentfaltung des Individuums sowie den Nützlichkeitserwägungen der Gesellschaft gleichermaßen gerecht werden kann, wird bis in die heutige Zeit äußerst kontrovers diskutiert. Vanessa-Isabelle Reinwand schreibt: „Bildung [...] steht immer im Spannungsfeld zwischen individuellen Gestaltungswünschen und gesellschaftlichen Macht- und Herrschaftsverhältnissen."[15]

> „Die Krisensemantik des Neuhumanismus, die verbreitete Klage über das durch Egoismus, sittlicher Verrohung und Geistlosigkeit geprägte ‚Zeitalter' enthält – genauso wie der emphatische Bildungsbegriff – das Programm einer neuen, bürgerlich-liberalen Gesellschaft, auch wenn sich diese Vision des Rückgriffs auf eine idealisierte Antike bediente. [...] Die intensive Beschäftigung mit den alten Sprachen, mit der Kultur und den Lebensformen der Antike sollte – im weitesten Sinne – der politischen Bildung dienen, weil die Begegnung mit den antiken Lebensformen angesichts einer als defizitär empfundenen Gegenwart Realisierungsformen individueller und gesellschaftlicher Freiheit, Möglichkeiten dessen vor Augen führte, was Bildung aus Sicht der Neuhumanisten sein sollte."[16]

Allerdings ist auch im Falle Humboldts und Schillers von einer typischen „Differenz zwischen pädagogischer Theorie und Praxis" auszugehen. Franzjörg Baumgart merkt zu dieser grundlegenden Problematik an:

> Man kann nicht „umstandslos von den dominierenden pädagogischen Denkformen einer Zeit auf entsprechende Formen der pädagogischen Praxis schließen [...]. Erziehungs- und Bildungstheorien [...] verweisen zwar auf zeittypische pädagogische Praxis und ihre Probleme, aber sie sind mit dieser Praxis nicht identisch."[17]

---

12   Diertrich / Krinniger / Schubert (2012:36).
13   Dietrich / Krinninger / Schubert (2012:35).
14   Baumgart (2007:83).
15   Reinwand (2012:96).
16   Baumgart (2007:83f.).
17   Baumgart (2007:17).

Schiller war sich der Grenzen einer idealistischen Weltsicht bewusst. Er hielt dennoch an der Vision eines ästhetischen Staats fest, trotz der Einsicht, dass diese sich bestenfalls in Ansätzen würde realisieren lassen.[18] Umgekehrt lässt sich die Humboldtsche Bildungstheorie in ihrer Komplexität nicht allein aufgrund von Humboldts bildungsreformerischer Tätigkeit verstehen. Wilhelm von Humboldt übte das Amt eines Direktors der Sektion für Kultus und Unterricht im Ministerium des Inneren nur in den Jahren 1809 und 1810 aus. Erst aus der Gesamtsicht verschiedener Arbeits- und Forschungsbereiche, von Anthropologie und Geschichte, Altertumskunde und Ästhetik, Sprachphilosophie, Politik und Bildungspolitik, erschließt sich nach Dietrich Benner „der systematischen Kern aller Schriften Humboldts", zentriert in einer einzigen Fragestellung:

> „Es ist die Fragestellung neuzeitlicher Bildungstheorie, welche die Bestimmung des Menschen weder unmittelbar den empirisch-historisch vorgegebenen Merkmalen menschlicher Existenz entlehnt, noch einfach theoretisch-spekulativ antizipiert, sondern als Aufgabe einer fortschreitenden Verständigung über die individuelle und gesellschaftliche Arbeit an der Bestimmung des Menschen begreift."[19]

Neuzeitlich erscheint an Humboldts Bildungstheorie vor allem, dass sie Bildung nicht nur als Resultat von Erziehungsbemühungen, sondern als unabschließbaren Prozess der Selbstbildung begreifen will, im Sinne einer kritischen Instanz, als „fortschreitende Verständigung" in gesellschaftlicher Perspektive. Demgegenüber zeigte sich der Bildungsbegriff im 19. Jahrhundert frühzeitig als „maßgeblich von Teilen des Bürgertums geprägt, die das ursprünglich auf Freiheit zielende Verständnis von Bildung einengten und Bildung als eine Haltung sozialer Distinktion verstanden".[20] Und schon zu Humboldts Zeiten wurde die Verherrlichung der Griechen in den Dienst der nationalen Identitätsfindung gestellt. „Dem deutschen Bürgertum bot die Aktualisierung der klassisch-griechischen Vergangenheit eine willkommene Alternative zur französisch-lateinischen Kulturhegemonie in Europa."[21] Die „klassische Bildung gewährte nicht nur Freiheit gegenüber den Zwängen von Staat und Gesellschaft, sondern unterstützte auch die Flucht in die Innerlichkeit, die den bürgerlichen Fortschrittsoptimismus konterkarierte".[22] Friedrich Nietzsche kritisierte in der zweiten Hälfte des 19. Jahrhunderts die „pädagogische Geistesarmut" seiner Zeit.[23] Er wandte sich in seinen „Betrachtungen eines Unzeitgemäßen" gegen das Bildungsphilistertum, gegen *Pseudo*bildung und *Pseudo*kultur. Die Gesellschaft kultiviere eine „innere Bildung" für „äußere Barbaren".[24] Heiner Hastedt verweist in seiner Anthologie „Was ist Bildung?" darauf, dass von Nietzsche bereits für das 19. Jahrhundert ein Verfall des Bildungsideals in vierfacher Hinsicht konstatiert werde.

---

18   Vgl. Kapitel 1.4.3.
19   Benner (1995:14).
20   Martin (2008:16).
21   Rebenich (2011:53).
22   Rebenich (2011:53).
23   Vgl. Bollenbeck (2007:181).
24   Vgl. Scheibe (1999:13ff.).

„Er betrachtet Bildung als funktionalisiert durch ökonomisches Erwerbsstreben, durch den bevormundenden Staat in Dienst genommen, auf ästhetische Bildung reduziert und [...] durch gelehrtenhafte und spezialisierte Wissenschaftsorientierung ausgetrocknet."[25]

Die Kritik an einem veräußerlichten Bildungsbegriff, an den „Pauk"-Schulen des 19. Jahrhunderts wurde Anfang des 20. Jahrhunderts auch von der reformpädagogischen Bewegung aufgegriffen.[26] Doch damit nicht genug:

„Da 1933 die vermeintlich Gebildeten genauso wenig resistent gegenüber den Verführungen der Nationalsozialisten sind wie die meisten anderen Deutschen auch, wird der Bildungsgedanke, der doch die Welt so wenig zu verändern scheint, zunehmend als Produkt einer reinen Innerlichkeit diskreditiert."[27]

Nach dem zweiten Weltkrieg forderte man angesichts des einsetzenden wirtschaftlichen Wiederaufschwungs in der BRD daher Ersatzbegriffe wie Qualifikation, Lernen u.ä. an Stelle des Bildungsbegriffes zu verwenden. Insbesondere in den 60er- und 70er-Jahren des 20. Jahrhunderts wurde ein humanistisch geprägter Bildungsbegriff als idealisierend überhöht, historisch überholt, unpolitisch, elitär und ideologieverdächtig kritisiert.[28] Und heute? Heiner Hastedt meint zu beobachten:

„Im jetzigen Zeitalter des Internet dürfte angesichts der Vielfalt und der Zerstreuung der Informationen und Angebote in der Wissens- und Konsumgesellschaft Bildung für viele insgesamt überflüssig geworden sein; Bildungsgüter werden immer häufiger noch nicht einmal mehr äußerlich als Statussymbole geschätzt. [...] Anscheinend wird nur dann, wenn Bildung – zertifiziert durch Institutionen – als soziales Aufstiegsvehikel funktioniert, sie in der Gegenwart weiterhin von vielen angestrebt."[29]

Ein gänzlicher Verzicht auf den Bildungsbegriff verkennt indes, dass nicht ihm selbst anzulasten ist, wozu er gesellschaftlich instrumentalisiert wird bzw. instrumentalisiert worden ist. Der Bildungsbegriff erscheint heute „angesichts der zunehmenden Herausforderungen unserer Zeit (Pluralismus, Globalismus, Terrorismus, Abbau von Werthaltungen, Bedrohung der Existenz, wissenschaftliche Spezialisierung verbunden mit dem Verlust des Wissens um größere Zusammenhänge)"[30] in einer orientierenden Funktion für pädagogisches Handeln keineswegs überflüssig. Hartmut Hentig hat 1996 in seinem Essay *Bildung* behauptet:

„Die Antwort auf unsere behauptete oder tatsächliche Orientierungslosigkeit ist Bildung – nicht Wissenschaft, nicht Information, nicht die Kommunikationsgesellschaft, nicht moralische Aufrüstung, nicht der Ordnungsstaat."[31]

---

25   Hastedt (2012:8).
26   Vgl. Baumgart (2007:122).
27   Hastedt (2012:8).
28   Gudjons (2012:206).
29   Hastedt (2012:8f.).
30   Kraemer (2007:82).
31   Hentig (2009:13).

In den Worten Herbert Gudjons kann Bildung gegenwärtig „als Reflexion vielfältiger Differenzen und widerstreitender Erfahrungen verstanden werden, mit denen kritisch und experimentell umgegangen werden soll".[32] Für Karl Ermert meint Bildung im Ergebnis einen Zustand

> „[…] in dem der Mensch selbstverantwortlich fähig ist, sein Leben erfolgreich zu gestalten. Das betrifft die personale (Innen-)Perspektive ebenso wie die gesellschaftliche (Außen-)Perspektive. Dazu gehören Sachwissen, praktische Handlungskompetenzen, emotionale Kompetenzen und die Fähigkeit zur Selbstreflexion, also Orientierungswissen. ‚Gebildet sein' ist im übrigen keine absolute, sondern eine relativ zu den lebensweltlichen Bezügen des Menschen zu bestimmende Größe. Insoweit der Mensch, seine Lebenslagen und seine Bezugswelten sich im Laufe des Lebens verändern, ist Bildung nie abgeschlossen. Vielmehr sind Bildung und Lernen eine das gesamte Leben begleitende Aufgabe – und Chance."[33]

Ein solches Verständnis von Bildung will das Individuum in seiner Eigenverantwortung für den Bildungsprozess in Wechselwirkung mit seiner sozialen Umwelt stärken. Tatsächlich entwickeln sich Lebensentwürfe in postmodernen Gesellschaften, die von relativem Wohlstand, kulturellem Pluralismus und technologischem Fortschritt geprägt sind, offensichtlich heterogener. Niemand wird die vorbehaltlose Griechenlandbegeisterung der Neuhumanisten heute noch teilen wollen. Eine Begeisterung, die entgegen historischer Korrektheit die gesellschaftlichen Bedingungen der Antike im Vorgriff auf die Gegenwart einer idealisierten Vorstellung „anpasste". Dietrich Benner hat bemängelt, dass Humboldts Griechenlandauffassung nicht getragen gewesen sei von einer expliziten Analyse der Entwicklung der griechischen Demokratie, nicht vermittelt über eine tiefere Analyse des Verhältnisses von Antike und Moderne.[34] Und Ulrich von Wilamowitz-Moellendorf konstatiert: „[…] aus heutiger Sicht erscheint die griechische Bildung tief ambivalent. Eine Sklavenhaltergesellschaft macht Freiheit zur Grundidee ihrer Kultur. Das Patriarchat der Hausväter schließt Frauen von dieser Bildung aus und erhebt zugleich die Päderastie zum pädagogischen Leitbild."[35] Dennoch lassen sich nach wie vor auch Argumente *für* die Beschäftigung mit „klassischer Bildung" finden:

> „Wichtig ist, daß sie Mut macht, inmitten einer ökonomisierten Welt auf Bildung als Selbstzweck zu vertrauen. Schließlich hat Claude Lévi-Strauss darauf hingewiesen, daß die Renaissance in ihrer fruchtbaren Auseinandersetzung mit der Antike zum ersten Mal erkannt hat, daß keine Kultur sich selbst denken kann, wenn sie nicht über andere Gesellschaften verfügt, die ihr als Vergleichsmaßstab dienen. Die klassische Bildung ist demnach eine wirkungsvolle Technik der Entfremdung, das Studium der alten Welt eine intellektuelle Übung, um die eigene Position in Frage zu stellen. Auf der Suche nach unseren Vorfahren, die uns fremd geworden sind, finden wir uns selbst."[36]

---

32   Gudjons (2012:212).
33   Ermert (2009).
34   Benner (1995:172).
35   Wilamowitz-Moellendorff (2011:181).
36   Rebenich (2011:54).

Bildung bedarf so gesehen der Geschichtlichkeit, um überhaupt erst eine „dimensionierende und strukturierende Kraft"[37] entwickeln zu können. Sie wirkt als Gewordenes in die Zukunft hinein.

4.1.2 Bildung und personale Identität: der Bildungsprozess in Humboldts „Theorie der Bildung des Menschen"

Humboldt hat die Voraussetzungen des Bildungsprozesses in dem Fragment „Theorie der Bildung des Menschen" (1793?) näher ausgeführt. Der Bildungsimpuls ist demnach bereits in der Natur des Menschen angelegt und entwickelt sich in der Auseinandersetzung des Menschen mit seiner Umwelt.

> „Die letzte Aufgabe unsres Daseyns: dem Begriff der Menschheit in unsrer Person, sowohl während der Zeit unsres Lebens, als auch noch über dasselbe hinaus, durch die Spuren des lebendigen Wirkens, die wir zurücklassen, einen so grossen Inhalt, als moglich, zu verschaffen, diese Aufgabe löst sich allein durch die Verknüpfung unsres Ichs mit der Welt zu der allgemeinsten, regesten und freiesten Wechselwirkung."[38]

Der Mensch strebt danach, in seinem ganzen Fühlen, Wollen, Denken und Handeln „in sich frei und unabhängig zu werden"[39]. Über den Weg der persönlichen Bildung und moralischen Entwicklung versucht er, sich der Vergänglichkeit des Daseins gegenüber zu behaupten.

> „[…] ohne den beruhigenden Gedanken einer gewissen Folge in der Veredlung und Bildung, wäre das Daseyn des Menschen vergänglicher, als das Daseyn der Pflanze, die, wenn sie hinwelkt, wenigstens gewiss ist, den Keim eines ihr gleichen Geschöpfs zu hinterlassen."[40]

Der Versuch des Menschen, „soviel Welt, als möglich zu ergreifen, und so eng, als er nur kann, mit sich zu verbinden"[41] ist mit Chancen und Risiken verbunden. Die Bildung des Einzelnen verspricht sowohl dem Individuum als auch dem Kollektiv ein höheres Maß an Freiheit …

> „Nun aber erfordert die Möglichkeit eines höheren Grades der Freiheit immer einen gleich hohen Grad der Bildung, und das geringere Bedürfniss, gleichsam in einförmigen, verbundenen Massen zu handeln, eine grössere Stärke und einen mannigfaltigeren Reichtum der handelnden Individuen."[42]

… birgt aber auch die Gefahr einer gewissen Entfremdung. Der Mensch geht aus Neugier in seiner Betrachtung zu den Gegenständen außer sich über. Dabei läuft er angesichts der Vielfalt der empfangenen Eindrücke Gefahr, sich selbst zu verlieren. Um dem entgegenzuwirken, versucht der Mensch, sich auf vielfältigste Art und Weise mit sei-

---

37 Gudjons (2012:211).
38 Humboldt (1793?:235f.).
39 Humboldt (1793?:235).
40 Humboldt (1793?:236).
41 Humboldt (1793?:235).
42 Humboldt (1792:58).

ner Umgebung vertraut zu machen. Er versucht, ein Bewusstsein seiner selbst zu entwickeln.

> „Zu dieser Absicht aber muss er die Masse der Gegenstände sich selbst näher bringen, diesem Stoff die Gestalt seines Geistes aufdrücken und beide einander ähnlicher machen. […] in ihm sind mehrere Fähigkeiten, ihm denselben Gegenstand in verschiedenen Gestalten, bald als Begriff des Verstandes, bald als Bild der Einbildungskraft, bald als Anschauung der Sinne vor seine Betrachtung zu führen."[43]

Für Humboldt vollzieht sich der Bildungsprozess also nicht nur über ein rein kognitives Begreifen, sondern auch dank Einbildungskraft und sinnlicher Anschauung. Erst aus der „Mannigfaltigkeit der [Welt-]Ansichten"[44] erwächst dem Menschen schöpferische Kraft.

Der Bildungsgegenstand selbst bekommt eine mittelnde Funktion. Er ermöglicht dem Menschen „die Wechselwirkung seiner Empfänglichkeit mit seiner Selbstthätigkeit".[45] Der Mensch bildet so eine persönliche Identität aus.

> „Nur um der zerstreuenden und verwirrenden Vielheit zu entfliehen, sucht man Allheit […]."[46]

4.1.3 Freiheit und Gebundenheit – Ganzheit und Mannigfaltigkeit

Zwischen Humboldts Bildungstheorie und Schillers Theorie einer ästhetischen Erziehung gibt es offensichtliche Parallelen. Beide Entwürfe gehen davon aus, dass es Aufgabe eines jeden Menschen ist, die eigenen Kräfte bestmöglich auszubilden und zugleich „mit der Gesamtidee des Humanitären in Übereinstimmung zu bleiben".[47] Sie beschreiben Bildung als eine Wechselwirkung des Ichs mit der Welt. Eine Wechselwirkung, die auf das Engste mit der Entwicklung des Wahrnehmungs- und Gestaltungsvermögens verbunden ist. Freiheit wird als Ausgangs- und Zielpunkt einer (ästhetischen) Bildung angenommen, sowohl auf der Individualebene als auch in gesamtgesellschaftlicher Perspektive. Allerdings ist Freiheit im humanistischen Sinne keineswegs mit Beliebigkeit gleichzusetzen. Der Mensch kann sich für Humboldt überhaupt erst durch Bildung veredeln, indem er sich der Welt zuwendet. Und für Schiller besteht die Bestimmung der menschlichen Existenz darin, dass sich „Freiheit als vernunftgemäße Selbstbestimmung" auf verschiedenen Ebenen bewähren muss: „politisch, künstlerisch, individuell".[48]

> „[…] wahre Freiheit begreift Schiller nicht nur als Unabhängigkeit von Zwängen und als Eigenständigkeit (Autonomie), sondern frei ist der Mensch, so Schiller im Anschluß an

---

43   Humboldt (1793?:237).
44   An anderer Stelle spricht Humboldt auch von der „Mannigfaltigkeit der Situationen" als Voraussetzung des Bildungsprozesses. Vgl. Koller (2008:83f.).
45   Humboldt (1793?:237).
46   Humboldt (1793?:238).
47   Diertrich / Krinniger / Schubert (2012:37).
48   Oschmann (2009:87).

Kant, erst dann, wenn er sich auf der Grundlage der Vernunft Gesetze geben und sich damit selbst vollständig bestimmen kann. Zwar ist er ein natürliches, triebgesteuertes Geschöpf, aber anhand von Erfahrungen auch ein zum Lernen befähigtes, geschichtliches Wesen, das sich in Auseinandersetzung mit sich selbst und der Welt besser zu begreifen und zu vervollkommnen mag."[49]

Humboldt und Schiller stimmen in idealistischer Manier überein, dass ein Staat nur so gut sein kann wie die Gesinnung eines jeden Bürgers, der darin lebt. Dabei kommt dem Begriff der Ganzheit, Allheit oder Totalität zentrale Bedeutung zu. Humboldt spricht von einer „höchsten und proportionirlichsten" Bildung der Kräfte zu einem Ganzen als dem wahren Zweck des Menschen.[50] Ganzheit ist hier indes nicht als etwas von vornherein Determiniertes zu verstehen. Ganzheit setzt ein Bewusstsein für die Divergenz geschiedener Kräfte voraus. Daher rührt die Notwendigkeit von Bildung „bald als Begriff des Verstandes, bald als Bild der Einbildungskraft, bald als Anschauung der Sinne" (s.o.).

> „Nicht einzelne Anlagen und Kräfte sollen ausgebildet werden, sondern diese sollen idealiter in ihrer Verschiedenheit in einem ausgewogenen Verhältnis stehen und ihre Spannung in einem harmonischen *Ganzen* aufgehoben werden."[51]

Auf dem Weg eines ganzheitlichen Lernens versucht der Mensch „Allheit" zu erfahren, strebt er der Selbstverwirklichung zu (s.o.). Das Konzept einer individuellen Selbstbildung soll allerdings gleichzeitig die Entwicklung der Gesellschaft „als ein Ganzes zu höherer Vollkommenheit fortschreitend" tragen. Humboldt schreibt:

> „Was der einzelne Mensch für sich nicht vermag, das kann durch die Vereinigung aller gesellschaftlich bewirkt werden. Der Einzelne kann das Ideal menschlicher Vollkommenheit nur von Einer Seite, nur nach Maassgabe seiner Eigenthümlichkeit darstellen, aber durch die vergleichende Betrachtung vieler dieser einseitigen und verschiedenen Darstellungen nähern wir uns einer anschaulichen Vorstellung von der Vollständigkeit desselben, als eines Ganzen. Mannigfaltigkeit der Charaktere ist daher die erste Forderung, welche an die Menschheit ergeht, wenn wir sie uns als ein Ganzes zu höherer Vollkommenheit fortschreitend denken."[52]

Hierauf beruht der volkserzieherische Aspekt einer möglichst umfassenden allgemeinen Bildung des Individuums, wie sie Humboldt fordert:

> „Der Einzelne kann (und soll) zwar versuchen, die Gesamtheit der menschlichen Möglichkeiten so weit wie möglich in seiner Person zu realisieren, doch gelingen wird ihm dies nur unvollkommen, bruchstückhaft. Denn letztlich sind dazu nur alle Individuen zusammen

---

49   Oschmann (2009:87).

50   Humboldt (1792:64).

51   Prüwer (2009:25).

52   Zit. nach Koller (2008:79) unter folgender Quellenangabe: Wilhelm von Humboldt: Werke in fünf Bänden (Band 1, Schriften zur Anthropologie und Geschichte), herausgegeben von Andreas Flitner und Klaus Giel 1960, S. 417, Darmstadt.

in der Lage. Bildung, so kann man daraus schlussfolgern, ist kein rein individueller Vorgang, sondern ein gesellschaftlicher Prozess. Und dieser Prozess ist auf ‚Mannigfaltigkeit der Charaktere‘, die Vielfalt und Verschiedenheit der Individuen angewiesen.“[53]

Genauso wie Humboldt sieht auch Schiller in dem Begriff der Ganzheit ein Erziehungs- bzw. Bildungsideal sowohl für den Einzelnen als auch für die Gesellschaft. Endzweck einer ästhetischen Erziehung ist es nach Schiller, „das Ganze unserer sinnlichen und geistigen Kräfte in möglichster Harmonie auszubilden“.[54] Humboldt hat diesen Aspekt einer ästhetischen Erziehung sehr wohl verstanden und in seinem Essay „Über Schiller …“ herausgestellt:

> „Der Endpunkt, an den er [Schiller] alles knüpfte, war die Herstellung der *Totalität* in der menschlichen Natur durch das Zusammenstimmen ihrer geschiedenen Kräfte in ihrer absoluten Freiheit.“[55]

Wenn Schiller „von der ‚Totalität der Charakters‘, der ‚Totalität in unserer Natur‘ oder vom ‚ganzen Menschen‘ spricht“, meint er das Ideal des „mit sich eigen[en] autonomen und handlungsfähigen Individuums“.[56] Die individuelle Vervollkommnung des Menschen wird – ähnlich Humboldt – einem gattungsspezifischen Evolutionsprozess zugeordnet und soll dem menschlichen Gemeinwesen zugutekommen. Der „Aufgabe unseres Daseyns“, mit einem „reinen idealen Menschen“ in uns, „mit dessen unveränderlicher Einheit in all seinen Abwechslungen übereinzustimmen“, steht die Vision eines „ästhetischen Staats“ gegenüber.[57] Idealismus will Schiller im Sinne einer Aufforderung zum Handeln verstanden wissen: „Nicht uns sollen die Dinge formen, sondern wir sollen die Dinge formen; wer sich ‚über die Wirklichkeit nicht hinauswagt, der wird die Wahrheit nicht erobern‘, heißt es an entscheidender Stelle im 10. Brief ‚Über die ästhetische Erziehung‘.“[58]

4.1.4 Kunst als Therapie gegen die Entfremdung des Menschen von seiner Natur (Schiller)

Ähnlich wie für Humboldt der Bildungstrieb schon im Menschen angelegt ist, stellt die künstlerische Betätigung im anthropologischen Sinne, verstanden als „Form einer reflexiven Selbstverständigung“[59], ein existentielles Grundbedürfnis des Menschen dar.

> „Menschen sind symbolbrauchende Wesen, die auf den Bühnen der Welt mit Bildern und Sprachen auftreten, die sich mit Hilfe von sprachlichen, bildlichen, klanglichen, gestischen

---

53   Koller (2008:79).
54   Vgl. Kapitel 1.4.3.
55   Humboldt (1830:366).
56   Bollenbeck (2007:89f.).
57   Vgl. Kapitel 1.4.3.
58   Bollenbeck (2007:88).
59   Fuchs (2015).

Symbolen ausdrücken und verständigen und die für ihre Sinnverständigung auf eben diese Symbole angewiesen sind."[60]

Es ist Christoph Richters Verdienst,[61] in diesem Zusammenhang auf die Bedeutung von Helmuth Plessners Werk „Die Stufen des Organischen und der Mensch" (Erstauflage 1928) verwiesen zu haben, in dem Plessner drei Grundgesetze bzw. Grundbedingungen kulturellen Verhaltens beschreibt.[62] Das „Gesetz der natürlichen Künstlichkeit" besagt, dass der Mensch als „ex-zentrisch" organisiertes Wesen sich erst zu dem machen muss, was er schon ist.[63] „Er lebt nicht, wie Tiere, nach einem vorgegebenen Plan und Instinkt, sondern muss es [das Leben] planen, ordnen und gestalten, unter den Bedingungen der Natur und gemeinsam mit anderen Lebewesen."[64] In das Wissen darum mischt sich „der Schmerz um die unerreichbare Natürlichkeit der anderen Lebewesen".[65] Das unmittelbare Handeln des Menschen erweist sich darüber hinaus als vermittelt durch Bewusstheit, Denken und Überlieferung („Gesetz der vermittelten Unmittelbarkeit, Immanenz und Expressivität"):

> „Was also in die Sphäre der Kultur eingeht, zeigt Gebundenheit an das menschliche Urhebertum und zugleich (und zwar in demselben Ausmaß) Unabhängigkeit von ihm. Der Mensch kann nur erfinden, soweit er entdeckt. Er kann nur das machen, was es ‚schon' an sich gibt – wie er selbst nur dann Mensch ist, wenn er sich dazu macht, und nur lebt, wenn er sein Leben führt."[66]

Schließlich bildet der „utopische Standort des Menschen [...] das Motiv für Glauben und Religiosität ebenso wie für Geist (im philosophischen Denken, in der Wissenschaft, in der Kunst)"[67] („Gesetz des utopischen Standortes"). Angesichts der eigenen Vergänglichkeit und weil die Existenz des Menschen für ihn unfassbar bleibt, also eine „verstandene Unverständlichkeit" darstellt, braucht der Mensch „einen Halt, der ihn aus dieser Wirklichkeitslage befreit".[68] Sein „utopischer Standort" veranlasst den Menschen, „sein Leben mit Zielen, Hoffnungen und Vorstellungen zu ‚füllen', es selbst einzurichten, sein Lebensverständnis künstlerisch zu gestalten."[69] Entsprechende Muster kulturanthropologischen Denkens finden sich nun auch bei Friedrich Schiller.

---

60 Liebau (2012:34).
61 Richter, Ch. (1993).
62 Vgl. Plessner (1975:309–346).
63 Plessner (1975:309).
64 Vgl. Richter, Ch. (2011:39).
65 Plessner (1975:310).
66 Plessner (1975:321f.).
67 Richter, Ch. (1993:76).
68 Plessner (1975:343).
69 Richter, Ch. (1993:76).

Für Schiller stand die griechische Antike im Zeichen der Totalität:

> „Zugleich voll Form und voll Fülle, zugleich philosophirend und bildend, zugleich zart und energisch sehen wir sie die Jugend der Phantasie mit der Männlichkeit der Vernunft in einer herrlichen Menschheit vereinigen.“[70] *(6. Brief)*

… die Moderne hingegen im Zeichen von Fragmentierung und Entfremdung:

> „Die Kultur selbst war es, welche der neuern Menschheit diese Wunde schlug. Sobald auf der einen Seite die erweiterte Erfahrung und das bestimmtere Denken eine stärkere Scheidung der Wissenschaften, auf der andern das verwickeltere Uhrwerk der Staaten eine strengere Absonderung der Stände und Geschäfte nothwendig machte, so zerriß auch der innere Bund der menschlichen Natur, und ein verderblicher Streit entzweite ihre harmonischen Kräfte. […] Indem hier die luxurierende Einbildungskraft die mühsamen Pflanzungen des Verstandes verwüstet, verzehrt dort der Abstraktionsgeist das Feuer, an dem das Herz sich hätte wärmen, und die Phantasie sich entzünden sollen. […] Auseinandergerissen wurden jetzt der Staat und die Kirche, die Gesetze und die Sitten; der Genuß wurde von der Arbeit, das Mittel vom Zweck, die Anstrengung von der Belohnung geschieden. Ewig nur an ein einzelnes Bruchstück des Ganzen gefesselt, bildet sich der Mensch selbst nur als Bruchstück aus, ewig nur das eintönige Geräusch des Rades, das er umtreibt im Ohre, entwickelt er nie die Harmonie seines Wesens, und anstatt die Menschheit in seiner Natur auszuprägen, wird er bloß zum Abdruck seines Geschäfts, seiner Wissenschaft.“[71]

Schillers kulturkritische Bemerkungen könnten, in andere Formulierungen gekleidet, dem beginnenden 21. Jahrhundert entstammen, so aktuell müssen sie noch immer vor dem Hintergrund gesellschaftspolitischer Diskurse der Gegenwart erscheinen. Geschrieben wurden sie Ende des 18. Jahrhunderts. Schiller macht gleich mehrere Faktoren für die Zerrissenheit des modernen Menschen verantwortlich: „nämlich 1. die Arbeitsteilung, 2. den modernen Staat, 3. die kulturelle und wissenschaftliche Entwicklung insgesamt.“[72] Die mit dem fortschreitenden Zivilisationsprozess einhergehende Spezialisierung in der Arbeitswelt, die Abschottung gesellschaftlicher Milieus, die Bürokratisierung des öffentlichen Lebens, die einseitige Ausbildung von Verstandeskräften gegenüber einem „sich verloren gehen“ in der Sinnenwelt – also der Verlust der Einheit von Denken und Fühlen: all dies sind nach Schiller Symptome der Entfremdung des Menschen von seiner Natur. Bemerkenswert ist, dass Schiller in solchen negativen Begleiterscheinungen nicht ein Übel, sondern geradezu eine Notwendigkeit des Zivilisationsprozesses erkennen will:

> „Die mannichfaltigen Anlagen im Menschen zu entwickeln, war kein anderes Mittel, als sie einander entgegen zu setzen. Dieser Antagonism der Kräfte ist das große Instrument der Kultur, aber auch nur das Instrument, denn solange derselbe dauert, ist man erst auf dem

---

70 Schiller (1795:21).
71 Schiller (1795:22f.).
72 Düsing (1981:153).

Wege zu dieser. [...] Die Einseitigkeit in Übung der Kräfte führt zwar das Individuum un-ausbleiblich zum Irrthum, aber die Gattung zur Wahrheit."[73] *(6. Brief)*

Dem Menschen, der durch eigene Hand, durch *seine* Kultur das Gleichgewicht in der Natur zerstört hat, obliegt es nun, selbige durch eine *höhere* Kunst wieder zu rekon-struieren.

> „Kann aber wohl der Mensch dazu bestimmt seyn, über irgend einem Zwecke sich selbst zu versäumen? [...] Es muß also falsch seyn, daß die Ausbildung der einzelnen Kräfte das Op-fer ihrer Totalität nothwendig macht; oder wenn auch das Gesetz der Natur noch so sehr dahin strebte, so muß es bei uns stehen, diese Totalität in unserer Natur, welche die Kunst zerstört hat, durch eine höhere Kultur wieder herzustellen."[74] *(6. Brief)*

Schiller hat diesen bemerkenswerten Gedankengang in seiner späteren Schrift „Über naive und sentimentalische Dichtung" (1795–96) weiter vertieft.[75] Am Beispiel des Naturverhältnisses stellt er dem ganzheitlichen, als ideal empfundenen Kulturbegriff der griechischen Antike den gewissermaßen *sentimentalischen* Kulturbegriff der Neu-zeit entgegen:

> „Sie [die Griechen] empfanden natürlich, wir empfinden das natürliche. [...] Unser Ge-fühl für Natur gleicht der Empfindung des Kranken für die Gesundheit."[76]

Der Kunst erwächst infolgedessen „nicht nur ein pädagogische, sondern auch eine the-rapeutische Funktion".[77]

4.1.5 Das Humboldtsche Bildungsideal „vor dem Hintergrund eines neoliberalen Gesellschaftssystems" (Bernhard Heinzlmaier)

Gegenüber den Bildungstheorien Humboldts und Schillers erscheinen aus heutiger Sicht Vorbehalte angebracht. Beide folgen einem Bildungsideal, das es zwischen An-spruch und Wirklichkeit stets neu zu verorten und kritisch zu hinterfragen gilt. Walter Heise hat zu Recht darauf aufmerksam gemacht, dass sich Humboldts Anspruch auf universelle Bildung des Individuums in der allgemeinen Schulpraxis des 19. Jahrhun-derts überhaupt nur sehr eingeschränkt umsetzen ließ. „Die ‚Grundbildung für alle' in der ‚Elementarschule' wurde auf eine ‚volkstümliche Bildung' für die Unterschichten reduziert (‚Volksschule'); die ‚Menschheitsschule' des Gymnasialkonzeptes verkam zur bürgerlichen Standesschule, die der Sicherung von Bildung und Besitz einer sozial pri-vilegierten Minderheit diente"[78] – *trotz* aller zwischenzeitlich erzielten Fortschritte. Hum-boldt hatte in seiner Funktion als Leiter für Kultus und Unterricht übersehen, in wel-chem Maße der freie Zugang zu einer (Schul-)Bildung nicht nur von Rechten, sondern

---

73 Schiller (1795:26f.).
74 Schiller (1795:28).
75 Vgl. Oschmann (2009:95).
76 Schiller (1796:431).
77 Düsing (1981:154).
78 Heise (1986:35).

auch von ökonomischen Bedingungen abhängig blieb. Kinderarbeit war in der ersten Hälfte des 19. Jahrhunderts noch allgegenwärtig. Erst 1888 setzte sich der unentgeltliche Volksschulbesuch in Preußen durch.[79] Die mit der Industrialisierung steigenden Anforderungen an eine spezifischere, berufliche Bildung taten ein Übriges, um Humboldts Konzept einer humanistischen Bildung im Laufe des 19. Jahrhunderts zurückzudrängen. Wenn Humboldts Reformen des Bildungswesens scheinbar im 19. Jahrhundert zum Stillstand kamen, haben seine Ideen doch bis in die heutige Zeit nachgewirkt. Bernhard Heinzlmaier, Gründer des „Instituts für Jugendkulturforschung" Hamburg / Wien, hat in seinem Buch „Performer, Styler, Egoisten. – Über eine Jugend, der die Alten die Ideale abgewöhnt haben" (2013) eine Rückbesinnung auf die Humboldtschen Bildungsideale gefordert.[80] Angesichts einer zunehmenden Ökonomisierung von Bildung vor dem Hintergrund eines neoliberalen Gesellschaftssystems, infolge dessen *Social Skills* nicht mehr als Selbstwert, sondern nur noch des beruflichen Fortkommens wegen angestrebt würden,[81] sei zu hinterfragen, ob es nicht Gedanken in Humboldts Werken gäbe, „denen zu folgen auch heute noch lohnen würde."[82] Entgegen den bestehenden Vorurteilen …

> „Jeder, der sich heute noch auf Humboldt beruft, gilt als grenzenlos veraltet und verstaubt. Humboldt ist tot, lautet die Botschaft, seine Ideen gehören zu einer bürgerlichen Gesellschaft, deren Bildungsinstitutionen darauf gerichtet waren, eine schmale Elite im Geiste der Antike an den deutschen Universitäten zu erziehen. In einer (post-)modernen Wissensgesellschaft hat Humboldt keinen Platz mehr."[83]

… hätte Humboldt das Individuum in das Zentrum seiner Bildungsbemühungen gestellt, um ihm die Chance zu geben, sich zu einem „autonomen, reflexiven und selbstbewussten Staatsbürger" zu bilden.[84] Genau diese Eigenschaften drohten nach Meinung Heinzlmaiers der heutigen Jugend verloren zu gehen. Was Humboldt als Bildungsideal formuliere, sei ein „humanistisch geprägter Gemeinschaftsgeist, der in unserer Gesellschaft zur Mangelware zu werden" drohe.[85] Anstelle Kindern und Jugendlichen Freiräume zur Selbstbildung zu lassen sowie humanwissenschaftliche und humanistische Fächer in den Schulen zu stärken, würden Kinder und Jugendliche ganztägig in Bildungsinstitutionen eingeschlossen, um ein „möglichst flächendeckendes homogenes Humankapital" zu erzeugen[86] – „vergleiche die Bildungsstandards der Pisa Studie: Lesekompetenz und mathematische und naturwissenschaftliche Kompetenzen".[87] Man kann sicherlich geteilter Meinung sein, wie stark sich das öffentliche Bildungswesen an den Bedürfnissen des Wirtschaftslebens orientieren sollte. Heinzl-

---

79   Vgl. Koller (2008:82).
80   Vgl. Heinzlmaier (2013a:36–40); Heinzlmaier (2013b).
81   Heinzlmaier (2013b).
82   Heinzlmaier (2013a:37).
83   Heinzlmaier (2013:36f.).
84   Heinzlmaier (2013a:39).
85   Heinzlmaier (2013a:39).
86   Heinzlmaier (2013a:37).
87   Vgl. Heinzlmaier (2013a:38).

maiers Ausführungen bezeugen aber, dass humanistische Bildungsideale in gegenwärtigen Bildungsdiskussionen auch unter sich ändernden gesellschaftlichen, wirtschaftlichen und politischen Rahmenbedingungen nach wie vor eine wichtige Rolle spielen. Hartmut von Hentig hat mit Blick auf das allgemeinbildende Schulwesen angemerkt: „Nicht hinnehmbar aber ist: wenn Bildung das eine beansprucht (die Werte, die Kultur, die Verantwortung, die Mündigkeit, die Führung) und das andere betreibt (die Bedienung der Wirtschaft, die Regelung des Arbeitsmarktes, das Fitmachen für die Laufbahn, die Aufbewahrung der Kinder und die Disziplinierung der Jugendlichen)."[88]

4.1.6 Zum Verhältnis von Kunst und Moralität in Schillers Briefen über die ästhetische Erziehung des Menschen

Gegen Schillers Theorie einer ästhetischen Erziehung ist oftmals eingewendet worden, dass der Ansatz, politischen oder moralischen Konflikten auf der ästhetischen Ebene begegnen zu wollen, weltfremd sei.[89] Tatsächlich sah Schiller in der Kunst ein Mittel, mit dessen Hilfe sich der Mensch veredeln könne.[90] Er unterscheidet in den ästhetischen Briefen drei aufeinander aufbauende Entwicklungsstufen des Menschen: den physischen (= Naturzustand), den ästhetischen und den moralischen Zustand. Mit dem moralischen Zustand wäre demnach die höchste Stufe der Veredlung des Menschen erreicht. Auffallend ist aber: „Die drei Entwicklungsreihen des Individuums, der Gattung und des Staates enden bei Schiller jeweils im ästhetischen Zustand."[91] Cornelie Dietrich / Dominik Krinniger / Volker Schubert haben vermutet, dass Schiller im Laufe der Arbeit an den Briefen zur ästhetischen Erziehung der Mut zur Utopie verlassen hätte, „als ob die anfänglichen politischen Ideen und Entwürfe eines humanitären Lebens, das durch die Kunst befördert werden könnte, sich Stück für Stück in Luft aufgelöst und einer fortschreitenden Proklamierung einer autonomen Kunstauffassung mehr und mehr Raum verschafft hätten."[92]

> „Was den Versuch einer Verbindung von Ethik und Ästhetik angeht, so wird Schiller einerseits dem Anspruch, mit dem er dieses Vorhaben angeht, am Ende nicht gerecht. Der moralische Zustand ist irgendwie mit dem ästhetischen schon erreicht, er wird fast verschämt der Erfahrung des Schönen subsumiert."[93]

Am *Willen* zur Utopie hat es Schiller gegen Ende seiner ästhetischen Briefe gewiss nicht gemangelt. Im 27. Brief insistiert er geradezu auf der Vision eines ästhetischen Staates, in welchem sich das „Ideal der Gleichheit" erfülle.[94] Christoph Lüth hat die Auffassung vertreten, dass erst die ästhetische Stimmung durch die wiedergewonnene Freiheit den *Übergang* zu bestimmten moralischen Regelungen ermöglichen solle. „Diese Regelun-

---

88 Hentig (2009:57).
89 Vgl. Lüth (1997:116).
90 Vgl. Kapitel 1.4.3.
91 Lüth (1997:132).
92 Diertrich / Krinniger / Schubert (2012:46f.).
93 Dietrich / Krinniger / Schubert (2012:47).
94 Vgl. Kapitel 1.4.3.

gen sollen aber jenen moralischen Zustand im Staat bilden und weiterentwickeln, in dem jener Zwang von Regeln durch eine freie Zustimmung aufgrund von Selbstbestimmung durch Vernunft […] aufgehoben wird."[95]

„Freyheit zu geben durch Freyheit ist das Grundgesetz dieses Reiches."[96] *(27. Brief)*

Lüth resümiert daher:

> „[…] klar sollte geworden sein, daß nach Schiller durch den ästhetischen Zustand der Weg zur *moralischen* Selbstbestimmung vorbereitet wird. Da der Mensch im ästhetischen Zustand frei geworden ist, ‚aus sich selbst zu machen, was er will‘ […], könne er den Schritt zur moralischen Selbstbestimmung leicht tun. Die ästhetische Erziehung bereitet diesen Schritt also vor. Insofern geht es auch um Moralität."[97]

So gesehen erschließt sich auch folgende Passage aus Schillers früherem Essay „Ueber den Grund des Vergnügens an tragischen Gegenständen":

> „Ist der Zweck [der Kunst] selbst moralisch, so verliert sie das wodurch sie allein mächtig ist, ihre Freiheit, und das, wodurch sie so allgemein wirksam ist, den Reiz des Vergnügens. Das Spiel verwandelt sich in ein ernstes Geschäft, und doch ist es gerade ihr Spiel, wodurch sie das Geschäft am besten vollführen kann. Nur indem sie ihre völlige Freyheit ausübt, kann sie ihre höchste ästhetische Wirkung erfüllen."[98]

Deutlich wird an dieser Stelle: Kunst muss für Schiller autonom sein, um Kunst zu sein. „Sie darf nicht fremden Interessen und Autoritäten unterworfen sein, weder dem Staat noch der Kirche noch der Tradition, ebensowenig wie vorgefaßten Moralvorstellungen."[99] Ihr *Mittel* bleibt das freie Spiel der Einbildungskraft, aufgrund dessen sie ihre moralische Wirkung erst auszuüben vermag.

> „Schiller wendet sich hier also entschieden gegen jeden Versuch einer – z.B. *pädagogischen Instrumentalisierung des Ästhetischen*: Man kann durch die ästhetische Erfahrung keine *bestimmten* Erkenntnisziele, auch keine ethischen Orientierungen anstreben; im ästhetischen Zustand wird das Individuum vielmehr in die Lage versetzt, seine eigenen Erkenntnisse und Orientierungen aus dieser ‚freien Stimmung‘, aus dem Zustand der ‚aktiven Bestimmbarkeit‘ zu entwickeln."[100]

Zweifel bleiben. Wenn es nun also unmöglich wäre, durch Kunst *bestimmte* ethische Orientierungen anzustreben, wäre es dann nicht doch zwecklos, politischen oder moralischen Problemen auf der ästhetischen Ebene begegnen zu wollen? Ist die „Annahme einer moralischen Entwicklung aus dem ästhetischen Zustand"[101] vielleicht nicht mehr als eine historisch überholte Utopie? Inwieweit eine ästhetische Erziehung im

---

95 Lüth (1997:135f.).
96 Schiller (1795:120).
97 Lüth (1997:139).
98 Schiller (1792:134f.).
99 Oschmann (2009:87f.).
100 Rittelmeyer (2005:117).
101 Lüth (1997:140).

Sinne Schillers zu einer moralisch besseren Welt führt, dürfte empirisch kaum nachweisbar sein. Künstler stehen nicht in dem Ruf, aufgrund der Beschäftigung mit der Kunst weniger selbstsüchtig, streitlustig oder eitel zu sein als ihre Mitmenschen. Das 20. Jahrhundert hat genug Beweise erbracht, wie Kunst zu manipulativen Zwecken missbraucht werden konnte. Dennoch scheint es dem Menschen ein Grundbedürfnis zu sein, seinem Leben über dessen Endlichkeit hinaus Wert zu verleihen. Sehr plastisch kommt dies zum Ausdruck, wenn der Dirigent Nikolaus Harnoncourt in seinem Buch „Musik als Klangrede" schreibt:

> „So befinden wir uns heute also in einer nahezu ausweglosen Lage, wenn wir noch immer an die verändernde Kraft der Musik glauben und sehen müssen, daß die allgemeine geistige Situation unserer Zeit die Musik von ihrer zentralen Position an den Rand gedrängt hat – vom Bewegenden zum Hübschen. Wir können uns damit aber nicht abfinden, ja, wenn ich sehen müßte, daß das die unwiderrufliche Situation unserer Kunst ist, würde ich sofort aufhören, Musik zu machen."[102]

Ebenso verkündet der über neunzigjährige Pianist Menahem Pressler in einem Gespräch:

> „Wir wissen, dass die Welt so schön ist und dass die Welt so hässlich ist. Und wenn wir das Schöne bestärken, tun wir etwas für eine bessere Welt. Musik ist dazu da."[103]

Presslers Worte mögen einem allzu simpel gedacht erscheinen. Sie erhalten allerdings aufgrund der Tatsache besonderes Gewicht, dass hier jemand spricht, der in seiner Jugend durch den Holocaust seine Heimat und einen Teil seiner Familie verloren hat.

Schiller selbst bezweifelte, dass der „ästhetische Schein" im Gegensatz zum „falschen Schein" jemals *allgemein* werden könnte.[104] Er beendet seine Theorie einer ästhetischen Erziehung in dem 27. Brief durchaus skeptisch mit der Frage nach der Realisierbarkeit des „ästhetischen Staats". Seine Antwort fällt angesichts der gesamtgesellschaftlichen Utopie, die er zuvor entworfen hat, bescheiden aus: Dem Bedürfnis nach existiere der ästhetische Staat in „jeder feingestimmten Seele"; der „That nach" nur in „einigen wenigen auserlesenen Zirkeln".[105] Insofern liegt die Vermutung nahe, dass Schiller spätestens gegen Ende der Arbeit an den Briefen Zweifel befielen, inwieweit eine ästhetische Erziehung breiten Bevölkerungsschichten überhaupt zugänglich sei.[106] Humboldt hatte bereits 1830 in seinem Essay „Über Schiller ..." beklagt, dass Schillers Briefe „Über die ästhetische Erziehung des Menschen" vermutlich nicht mehr häufig gelesen würden – nicht zuletzt ihres abstrakten Stils wegen.[107] Gewiss muss man enttäuscht sein, wenn man sich von ihnen eine Anleitung zum moralischen Handeln erwartete. Sie bleiben dennoch Ausdruck einer zutiefst humanen Hoffnung, dass dem Guten im Menschen durch die Kunst zur Geltung verholfen werden könnte.

---

102   Harnoncourt (1985:11).
103   Pressler / Noltze (2016:140).
104   Vgl. Kapitel 1.4.3.
105   Schiller (1795:123).
106   Vgl. Lüth (1997:138).
107   Humboldt (1830:367).

4.2 Von dem, was musikalische Bildung in Anlehnung an Humboldt und Schiller sein *könnte* ...

4.2.1 Humboldts Sprachtheorie als Schlüssel zur musikalischen Bildung

Bekanntlich favorisierten Humboldt und Schiller unterschiedliche Bildungsmittel. Der Sprachforscher Humboldt wollte das bevorzugte Medium von Bildung in den (alten) Sprachen erkennen. Der Dichter Schiller plädierte für eine ästhetische Erziehung durch die Kunst. Hans-Christoph Koller hat darauf hingewiesen, dass Humboldts Bildungstheorie folgerichtig in einem engen Zusammenhang mit seinen sprachphilosophischen und sprachwissenschaftlichen Arbeiten zu sehen sei.

> „Humboldts Sprachtheorie [...] setzt genau bei jenem zweiten Theorem seines Bildungsdenkens an, der Auffassung von Bildung als Wechselwirkung von Ich und Welt. Ein zentrales Moment dieser Sprachtheorie besteht in der These, dass die Sprache das entscheidende Medium jener bildenden Auseinandersetzung des Menschen mit der Welt darstellt. Das betrifft sowohl das Verhältnis der Menschen zu den Dingen, d.h. die *welterschließende* Aufgabe der Sprache, als auch das Verhältnis zu anderen Menschen, also die Sprache in ihrer *kommunikativen* Funktion."[108]

Sprache hat demnach für Humboldt nicht nur eine abbildende, repräsentative Funktion, sondern sie ist „Medium der Hervorbringung bzw. der Konstitution von Gegenständen und Gedanken."[109] Infolgedessen vermögen unterschiedliche Sprachen auch unterschiedliche Weltsichten zu vermitteln.

> „Man kann vielmehr als allgemein anerkannt annehmen, dass die verschiedenen Sprachen die Organe der eigenthümlichen Denk- und Empfindungsarten der Nationen ausmachen [...] dass endlich die Grundtheile der Sprachen nicht willkührlich, und gleichsam durch Verabredung entstanden, sondern aus dem Innersten der Menschennatur hervorgegangene, und sich (man könnte hinzusetzen: als gewissermassen selbstständige Wesen in einer bestimmten Persönlichkeit) erhaltende, und forterzeugende Laute sind."[110]

„Fasst man Humboldts bildungstheoretische Konzeption und Charakterisierung von Sprache zusammen, lässt sich Bildung denken als sprachlich vermitteltes Einlassen auf die Welt wie auf Weltsichten und die Auseinandersetzung mit diesen. Das eigene Weltbild wird in Bildungsprozessen zumindest thematisiert, wenn nicht gar überschritten."[111]
Was Humboldt aus der Perspektive des Sprachforschers formuliert hat, ließe sich aus bildungstheoretischer Sicht auf die Musik übertragen. Auch Musik hat zweifelsohne eine welterschließende und kommunikative Funktion. Wolfgang Suppan hat aus anthropologischer Sicht angemerkt, dass es sich bei Musik um eine Tonsprache als

---

108   Koller (2012:12).
109   Koller (2012:12).
110   Humboldt (1820:26).
111   Prüwer (2009:26).

Teil der Symbolwelt des Menschen handle. Musik sei Mitteilung, Kommunikation und Interaktion.[112] „Sprache und Musik bewegen sich auf verschiedenen menschlichen Kommunikationsebenen und Nervenbahnen, aber sie kommen aus der gleichen Wurzel und können daher in bezug auf ihre semantischen Qualitäten nicht getrennt untersucht werden."[113] Nach Christoph Richter können musikalische Äußerungen als Versuche gelten, „alles das zu bewältigen, zu verstehen, zu feiern, was die Menschen berührt, überwältigt übersteigt, erfreut, tröstet und was ihnen dabei helfen soll."[114] Musikalische Äußerungen sind demnach Bestandteil des Lebens, Teil des menschlichen Zusammenlebens. Zusammenhänge zwischen Sprache und Musik finden sich bereits in der einschlägigen Fachliteratur des 19. Jahrhunderts immer wieder thematisiert. Gustav Schilling hielt Musik für eine Sprache „wie jede andere des nur bestimmter bezeichneten Wortes, die Sprache der Seele, den Menschen verliehen, sein Innerstes zu offenbaren […]". Musikalische Bildung hieße, „sich im Reden und Verstehen der musikalischen Sprache und ihrer verschiedenen Weisen überhaupt fertiger, gewandter zu machen, zu vervollkommnen".[115] Für Adolph Bernhard Marx war Musik, „tiefer in das Sinnliche getaucht", „diese besondre Kunst, der das hörbarwerdende Dasein als besondre Seite des Lebens Gegenstand, und seine Darstellung, wieder für das Ohr, Aufgabe geworden ist".[116] Immanuel Faisst vertrat die Auffassung, dass die musikalische Sprache sich im Vergleich zur Wortsprache einerseits auf einen engeren Bereich von Gegenständen der inneren und äußeren Welt beschränke, andererseits aber in diesen „ungleich reicher und mannigfaltiger, intensiver und erschöpfender" eindringe. Musik und Sprache verbände ihre Ausdrucksfähigkeit. Musik sei darüber in ihrer Modulationsfähigkeit, in all ihren Bewegungs- und Betonungsverhältnissen auf ihre spezifische Art und Weise genauer bestimmt als die Wortsprache.[117] Aus heutiger Sicht schränkt Ulrich Mahlert ein, dass die häufige Behauptung, Musik sei eine Sprache, wohl relativiert werden müsse. Nicht ‚die' Wortsprache und ‚die' Musiksprache, sondern die Vielheit ihrer Erscheinungsformen und Wechselverhältnisse seien zu bedenken.

> „Musik kann nicht sagen: ‚Der Apfelbaum blüht.' Aber Musik besitzt gewaltige Ausdruckspotenziale, so reich und differenziert, wie sie sprachlich nicht formulierbar sind. Musik lässt sich nicht oder nur sehr begrenzt in Sprache übersetzen. Umgekehrt haben sprachliche Äußerungen und deren Transformationen in Musik keine identischen Inhalte, sondern lassen aus der ursprünglichen Mitteilung etwas Anderes, Neues entstehen.
>
> Jedoch: Wer eine bestimmte Musik liebt, empfindet sie als eine Sprache. Sie spricht zu ihm, er versteht sie, er kann sich in ihr ausdrücken und sich anderen mitteilen. Ebenso kennt jeder aber auch Musiken, die nicht zu ihm sprechen, jedenfalls nicht so wie zu anderen Menschen, die sie kennen und lieben. Wer sich von bestimmten Musikarten nicht

---

112   Suppan (1984:27).
113   Suppan (1984:158).
114   Richter, Ch. (2011:40).
115   Schilling (1852:VIII).
116   Marx (1855:54).
117   Faisst (1881:21).

angesprochen fühlt, dem bleiben sie mehr oder minder unverständlich und ungeeignet als Ausdrucksmedium."[118]

Unbestreitbar erwachsen indes aus der sprachlichen Dimension von Musik(en) Anknüpfungspunkte an eine Theorie der ästhetischen Erziehung. *Musikalische* Bildung impliziert das Moment einer sinnlichen Wahrnehmungs- sowie Gestaltungsfähigkeit und wird so zu Gegenstand und Aufgabe einer ästhetischen Bildung, die im Sinne Humboldts und Schillers zwischen der Empfänglichkeit und Selbsttätigkeit des Menschen vermittelt.

Humboldt hat Bildung als Verlauf oder auch Ergebnis eines Entwicklungsprozesses des Menschen beschrieben, der auf Persönlichkeitsentwicklung zielt, Selbstständigkeit und Interaktion mit einschließt, und der insofern über eine einseitige Anhäufung von Formalwissen, den Erwerb bestimmter Verhaltensdispositionen bzw. eine einseitige Ausbildung spezifischer Fertigkeiten hinausgeht.

> „Nicht bei sich selbst, weder bei der zufälligen Einzelheit des eigenen Daseins noch der gesellschaftlich vermittelten Bestimmung der eigenen Existenz stehenzubleiben, auch nicht zu sich selbst, unverändert oder bloß um neue Erfahrungen und Einsichten bereichert, zurückzukehren, sondern ,auf die Welt über' zu gehen, die Welt, ,namentlich Geschichte und Sprache, Länder, Nationen, äussere Verhältnisse, Staatsgeschäfte, Menschen', sich anzueignen und durch die Beschäftigung mit Fremdem, Unbekanntem, selbst ein Anderer zu werden, alles nach einem ,inneren Maassstab', der jedoch permanent in Veränderung begriffen ist, zu beurteilen, das war und ist das Programm der neuzeitlichen Bildungstheorie und Bildungspraxis, das W. von Humboldt ausgearbeitet und mitbegründet hat."[119]

Damit hätte sich Humboldt gegen eine Musikrezeption verwahrt, welche immer wieder Gefahr lief, klassische Musik zu einem bildungsbürgerlichen Kulturgut zu stigmatisieren. Musikalische Bildung dürfte folglich auch nicht allein auf den Erwerb einschlägiger Fachkenntnisse oder die Ausbildung artistischer Fähigkeiten zielen, sondern wäre als Teil einer allgemeinen Bildung zugleich immer als *persönliche* Bildung zu verstehen, bei der es etwa an Musikschulen „um das Verstehen und In-Beziehung-Setzen von Musik, mir selbst, meinen Mitmenschen und der Welt"[120] gegenüber ginge. Dies schlösse den Erwerb ganz unterschiedlicher Kompetenzen mit ein. An die Seite der Fach- oder Sachkompetenz müssten dann Fragen der Methodenkompetenz, Selbstkompetenz und Sozialkompetenz treten.[121] Methodenkompetenz berührt die Frage, wie musikalische Lern- und Urteilsfähigkeit zielgerichtet entwickelt, oder auch, auf welche Problemlösungsstrategien im Unterricht oder beim Üben zurückgegriffen werden kann. Sozialkompetenz tangiert in künstlerischer Hinsicht unterschiedliche Qualitäten, z.B. Einfühlungsvermögen, Teamfähigkeit, Kommunikations- und Ausdrucksfähigkeit sowie Kritikfähigkeit. Und Selbstkompetenz lässt sich schließlich auf die

---

118   Mahlert (2017b:1).
119   Benner (1995:21).
120   Doerne (2011:13).
121   Vgl. Doerne (2011:14).

Selbstorganisation des Musiklernenden, auf Kreativität und Konzentrationsfähigkeit, auf die Frustrationstoleranz, die das Erlernen eines Instruments unweigerlich mit sich bringt, aber auch auf die Willensstärke, die ebenfalls dazu erforderlich ist, beziehen.[122] Es geht also darum, das eigenständige Lernen sowie Voneinander-Lernen der Schüler zu unterstützen. Deutlich wird, dass ein so verstandener Musikschulunterricht höchst anspruchsvoll ist. Er ist nur in Form eines partizipativen Unterrichts vorstellbar.

Dies betrifft indes keineswegs nur die Unterrichtskonstellation an sich, sondern auch den Gegenstand des Unterrichts, die Musik selbst. Ausgehend von Humboldts Sprachverständnis schließt der Bildungsbegriff die kritische Auseinandersetzung des Individuums mit kollektiven Wertvorstellungen als Moment von Bildung mit ein. Demzufolge muss also musikalische Bildung mehr umfassen als eine unreflektierte Übernahme musikalischer Tradition. Theodor W. Adorno hat sehr pointiert formuliert, dass Bildung „nichts anderes als Kultur nach der Seite ihrer subjektiven Zueignung" hin sei.[123] Stimmt man Adornos These zu, wird dies weitreichende Folgen für die Vermittlung musikalischer Bildung haben müssen. Dass ein persönlicher Bildungsprozess, sei er nun auf Musik bezogen oder nicht, das Wissen um Geschichtlichkeit impliziert, wurde bereits festgestellt:

> „Das kulturelle Gedächtnis ist ein Spiegel, in dem das Fremde im Eigenen und die Vergangenheit im Gegenwärtigen sichtbar werden. Die Beschäftigung mit Kunst, Literatur und Musik, Sprache, Religion, Wissenschaft, Recht, Ökonomie und Geschichte, Natur und Technik ist immer die Beschäftigung des Menschen mit sich selbst, seinem Denken, seinen Gefühlen und den Formen seines Ausdrucks."[124]

Darüber hinaus spielen Fremdheitserfahrungen im Humboldtschen Bildungsdenken eine wichtige Rolle, ebenso für das Zusammenwirken von Stoff- und Formtrieb bei Schiller. Die empfundene Diskrepanz zwischen den Gefühlen von „vertraut sein" und „fremd sein" darf als wesentliche Stimulanz eines Bildungsprozesses angesehen werden. Bernhard Heinzlmaier hält Fremdheitserfahrungen für eine wichtige Voraussetzung, Widerstände überwinden zu lernen und neuen Herausforderungen kritikfähig begegnen zu können.[125] Aus der so gewonnen Selbsterkenntnis des Individuums erwächst erst das Bedürfnis des Menschen, Welt zu gestalten.

> „Bildung meint die Subjektentwicklung im Medium der Objektivationen bisheriger menschlicher Kultur, das bedeutet: Bildung ist immer als ein Selbst- und als ein Weltverständnis auszulegen, das nicht nur rezeptive, sondern veränderungsproduktive Teilnahme an der Kultur meint."[126]

Eine „veränderungsproduktive Teilnahme an der Kultur" – sozusagen den gesellschaftlichen Aspekt musikalischer Bildung bezeichnend – schließt ein, dass sich Bildungs-

---

122 Vgl. Wenzlik (2012:147).
123 Adorno (1959:94).
124 Dörpinghaus / Uphoff (2012:62).
125 Heinzlmaier (2013a:39f.).
126 Gudjons (2012:208).

inhalte auch im Musikunterricht wandeln bzw. weiterentwickeln. Dies betrifft zunächst einmal ganz unmittelbar die Interpretation von Musik. Michael Dartsch hat erläutert, warum Musik das Erschaffen voraussetzt, so dass sie nur als Geschaffene oder Nachgeschaffene lebe.[127]

> „Jede erklingende Musik ist erfundene Musik. Entweder ist sie bereits eine gewisse Zeit vor der Aufführung erfunden und in schriftlicher oder mündlicher Form weitergegeben worden, oder aber sie entsteht im Augenblick der Aufführung als improvisierte Musik. […] Dies gilt jedoch auch für komponierte Musik, bei der keine Aufführung der anderen aufs Haar gleichen wird. Pointiert ausgedrückt, könnte man auch die Noten eines komponierten Musikstücks als Improvisationsvorgabe auffassen; dementsprechend verlangt auch seine Wiedergabe stets Erfindung.
>
> Zur Abgrenzung könnte man zum einen auf die Parameter verweisen, die genau festgelegt sind oder aber frei bleiben [z. B. Melodik, Rhythmik, Tempo, Dynamik, Artikulation, Klangfarbe usw.] […] Zum anderen könnte man sich die Begriffe Komposition und Improvisation auch einfach auf einem Kontinuum vorstellen, an dessen einem Ende die absolute Kontrolle der Komponistinnen und Komponisten, an dessen anderem Ende die absolute Freiheit der Interpretinnen und Interpreten läge."[128]

Eine veränderungsproduktive Teilnahme an der Kultur beginnt im Musikunterricht jedoch schon bei der Musikauswahl. Ein Beispiel: Ein Musikschüler, der im Instrumentalunterricht erstmals mit einem für ihn ungewohnten, besonders komplexen oder neuartigen Musikstück konfrontiert wird, wird möglicherweise Widerstände gegen dasselbe aufbauen. Wenn es der Lehrkraft aber gelingt, diese Widerstände über den Weg einer methodisch geschickten Vermittlung von Lerninhalten abzubauen, kann der Schüler mit dem ursprünglich Fremden vertraut werden. Möglicherweise wird dieser Lernprozess den Schüler motivieren, sich noch weitere Werke desselben Komponisten zu erarbeiten. Vielleicht wird der Lernprozess aber auch genau das Gegenteil bewirken: die Abneigung des Schülers wird sich vertiefen und er wird fortan ganz andere Musikstücke spielen wollen. Jedenfalls wird sich der musikalische Erfahrungshorizont des Schülers ändern. Seine Einstellungen zur Musik werden sich modifizieren und insofern Einfluss auf seine zukünftige musikalische Gestaltungsfähigkeit, ja, auf seine kulturelle Teilhabe überhaupt nehmen. Aber auch die Lehrkraft wird aus dem Unterrichtsgeschehen neue Einsichten gewinnen, vorgebildete Wertvorstellungen werden sich bestätigen oder korrigieren. Es zeigt sich: Was Bildung ausmacht, was Bildung individuell bewirken kann, ist zwar aus Überlieferungen sowie aufgrund von Reflexionen rekonstruierbar, aber nur begrenzt vorhersehbar. Nach Christian Rittelmeyer eignet sich *Bildung* deswegen weniger zu einem fest umrissenen Begriff als zu einem „komplexen kognitiven wie emotionalen, ethischen und auch leiblichen Orientierungsmuster".

> Bildung als Orientierungsmuster „bewahrt einen in der Geschichte entwickelten Kern von Bildungsmaximen (wie den Gedanken einer Gestaltwerdung der eigenen Ideen und Ideale,

---

127 Dartsch (2014:81).
128 Dartsch (2014:99f.).

der ‚inneren Formierung' bzw. Charakterbildung, der Toleranz und Konzilianz gegen andere Ansichten und Kulturen), ist aber ebenso in stetiger Entwicklung begriffen: Der ‚Bildungsbegriff' ist zukunftsoffen und dynamisch, aber nicht beliebig auslegbar."[129]

Dies hat Folgen für die Vermittlung von musikalischer Bildung an Musikschulen. Der konzeptionelle Rahmen eines Musikschulunterrichts ist zwar in inhaltlicher und organisatorischer Hinsicht vorgegeben. Innerhalb der festen Rahmenbedingungen müssen Bildungsinhalte zwischen Lehrenden und Lernenden aber ausgehandelt werden, abhängig von den Kontexten, denen der Bildungsprozess jeweils unterliegt, seien diese nun eher gesellschaftlich oder individuell bedingt. Allgemeine Erziehungsfragen können hier z.B. eine Rolle spielen, ebenso Fragen der persönlichen musikalischen Sozialisation.

> „Der Bildungsauftrag der Musikschule [...] kann nicht auf eine einfache und unveränderliche Formel gebracht werden, sondern ist als ein veränderbarer Organismus zu sehen. Ohne die Grundgedanken in Frage zu stellen, können Akzente an verschiedenen Stellen gesetzt werden und so ist es auch in der noch relativ kurzen Geschichte der Musikschulen zu beobachten."[130]

Eine definitorische Eingrenzung von musikalischer Bildung im Kontext ihrer institutionellen Vermittlung ist in der Praxis keineswegs einfach. Dass bewusstes Musikerleben etwas im Menschen auslöst, ja, dass es bestimmte Funktionen im Leben des Einzelnen übernehmen kann, die weit über ein musikalisches Lernen hinausweisen, dürfte unumstritten sein. Bildung als Erfahrung durch Musik subsumiert jedoch vieles; fällt subjektiv verschieden aus; und ist insofern nur begrenzt institutionell planbar. Die Einheits-, Universalitäts-, und Totalitätsideale Humboldts und Schillers lassen sich in postmodern bzw. multikulturell geprägten Gesellschaften nicht mehr umstandslos auf einen einheitlichen Kunst- und Kulturbegriff reduzieren. Kennzeichnend für die Entwicklung des modernen Kulturbegriffes ist für den Historiker Ansgar Nünning die Überwindung eines verengten, normativ geprägten Verständnisses von Kultur als „Hochkultur" oder „Hochliteratur", das sich im 19. Jahrhundert in Anknüpfung an den deutschen Idealismus im Bürgertum herausbildete, durch einen weiten, wertneutralen Kulturbegriff, der Hochkultur und Volkskultur umfasst.[131] Dennoch ist ein normativer Kulturbegriff deshalb nicht *a priori* zu verurteilen. Es liegt in der Natur des Menschen, sich „ein Bild zu machen", Wahrnehmungen zu deuten und zu werten. „So ist der normative Kulturbegriff wegen der Formulierung und Begründung von Zielen und Werten weiterhin wichtig in der Pädagogik. Auch der Gedanke der Veredelung ist [... bei allen Vorbehalten] lebendig."[132] Vielmehr wird es also darum gehen müssen, ein normatives Verständnis von Kultur zu relativieren, es in Bezug zu einem weitgefassten Kulturbegriff zu setzen. Gemäß einer Definition der UNESCO bezeichnet Kultur im weitesten Sinne „die Gesamtheit der einzigartigen geistigen, materiellen, intellektuellen

---

129 Rittelmeyer (2012a:8).
130 Gutzeit (2000).
131 Nünning (2009).
132 Fuchs (2012a:66).

und emotionalen Aspekte […], die eine Gesellschaft oder eine soziale Gruppe kennzeichnen. Dies schließt nicht nur Kunst und Literatur ein, sondern auch Lebensformen, die Grundrechte des Menschen, Wertsysteme, Traditionen und Glaubensrichtungen […]."[133] In dem späteren „Übereinkommen über den Schutz und die Förderung der Vielfalt kultureller Ausdrucksformen" hat die UNESCO klargestellt, dass sie die kulturelle Vielfalt als „ein bestimmendes Merkmal der Menschheit" ansehe, in der Erkenntnis, dass die kulturelle Vielfalt ein gemeinsames Erbe der Menschheit darstelle und zum Nutzen aller geachtet und erhalten werden solle; in dem Bewusstsein aber auch, dass die kulturelle Vielfalt eine reiche und vielfältige Welt schaffe, wodurch die Wahlmöglichkeiten erhöht und die menschlichen Fähigkeiten und Werte bereichert würden, und dass sie daher eine Hauptantriebskraft für die nachhaltige Entwicklung von Gemeinschaften, Völkern und Nationen sei.[134] Für den Bereich der musikalischen Bildung lässt sich dies dahingehend interpretieren, dass gesellschaftliche Zugangsbarrieren abzubauen sind. Musikalisches Erbe gilt es ebenso zu pflegen wie Raum für innovative Ausdrucksformen im Bereich der Musik zu schaffen. In einer Migrationsgesellschaft bringen Menschen unterschiedliche musikalische Erfahrungshorizonte mit ein. Dies legt es nahe, Konzepte interkulturellen Lernens und transkultureller Bildung zu fördern.[135] Abgesehen davon sind in einer von Mediatisierung und Kommerzialisierung geprägten Gesellschaft die Grenzen zwischen Hochkultur und Popularkultur unschärfer geworden, hat sich der Kunstbegriff immer weiter entgrenzt.

> „Auch wenn man vielleicht (noch) nicht vom endgültigen Sieg der Kulturindustrie sprechen kann, so hat die hergebrachte Unterscheidung zwischen legitimer Hochkultur und geduldeter Populärkultur fast alle Selbstverständlichkeit verloren. Film, Fernsehen und Internet haben die Museen ebenso wie die Theater- und Musiksäle als Hauptorte kulturellen Vergnügens längst abgelöst. Das ist nicht nur eine Frage der quantitativen Verteilung von Rezipienten. Auch inhaltlich sind die Grenzen zwischen E (sogenannter ,ernster' Kunst) und U (sogenannter ,unterhaltender' Kunst) erodiert. In ehedem hochkulturellen Kunstsparten wie Theater und bildender Kunst vermischen sich populäre mit klassischen Ausdrucksformen. Zu diesen „Cross-over"-Erscheinungen trägt auch bei, dass sich der Werkbegriff generell in der zeitgenössischen Kunst und Kultur immer weiter entgrenzt. Mit der voranschreitenden Auflösung der Grenzen zwischen Sparten, Gattungen, Spielorten, Ziel-

---

133   UNESCO (1982). Während der Kulturbegriff der UNESCO vor allem für die politische Handlungsebene relevant erscheint, unterscheidet Fuchs (2012a:65) in einem mehr wissenschaftlichen Sinne:
→ „einen anthropologischen Kulturbegriff: Der Mensch als Gestalter seiner Welt und von sich selbst. Kultur als das Gemachte. Dieser Begriff erfasst die Totalität des Gattungswesens Mensch.
→ einen ethnologischen Kulturbegriff: Kultur als Lebensweise. Dieser Begriff erfasst die Totalität der Lebensweise bestimmter Gruppen.
→ einen normativen Kulturbegriff: Dieser Begriff erfasst die Entwicklung und ,Veredelung' des Menschen.
→ einen soziologischen Kulturbegriff: Dieser Begriff erfasst das Subsystem Kultur mit den Kulturmächten Kunst, Religion, Sprache, Wissenschaft und hat die Aufgabe der Selbstbeobachtung und -deutung der Gesellschaft unter dem Aspekt des Sinns.
→ einen engen Kulturbegriff, der ,Kultur' auf die Künste einengt. Dieser Begriff kommt etwa dort zur Anwendung, wo eine ,Hochkultur' von einer Alltags- oder populären Kultur unterschieden wird."

134   UNESCO (2005).

135   Bezeichnenderweise lautete das Motto des Bundeskongresses des Verbandes deutscher Musikschulen im Jahr 2015 „Erbe. Vielfalt. Zukunft".

gruppen wie auch Selbstverständnissen der Professionellen wird es immer schwieriger, den Gegenstand der ästhetischen Erfahrung definitorisch fassen zu wollen. Andererseits bleibt auch der gänzliche Verzicht auf solche begriffliche Präzisierung unbefriedigend."[136]

Peter Röbke erscheint es fast unmöglich, im Sinne eines allgemein verbindlichen musikalischen Bildungskanons „die Kunstwerke oder Musikrichtungen – quasi die alle betreffenden ,Schlüsselwerke' – zu benennen, die Bestandteil eines jeden musikalischen Bildungsprozesses sein sollten."[137] Ulrich Mahlert erachtet es zwar mit Blick auf Bildungsprozesse keineswegs für unwichtig, welche Musik gespielt oder gehört wird, stellt jedoch dennoch die Frage zur Diskussion, ob für die bildende Wirkung des Musikmachens nicht letztlich die Qualität der Ausführung von Musik entscheidender sei als ihre jeweilige stilistische Beschaffenheit.[138] Der Komponist Helmut Lachenmann hält es für völlig legitim, dass Musik unterschiedlichen Ansprüchen genüge, solange man nicht versuche, solche gegeneinander auszuspielen.

> „Hier das – absolut zu respektierende – Angebot des mehr oder weniger geistvollen Arrangements von kollektiven Glückserlebnissen für das sogenannte ,breite Publikum', dessen Nachfrage nach Harmonie, vertrautem Ohrenschmaus im weitesten, durchaus respektablen Sinne nach ,Spaß' und kollektiver Verzauberung gewinnbringend befriedigt wird und sich seines kommerziellen Aspekts keineswegs zu schämen braucht. Absolut zu respektieren, denn – mehr oder weniger geistvolle – Unterhaltung soll sein, und ich lasse mir die Liebe zur Musik Ennio Morricones, zu Pink Floyd, zu den Beatles, zu ABBA und den Mothers of Invention, zur pianistischen Kunst eines Oscar Peterson, zu Blixa Bargeld und seinen ,Einstürzenden Neubauten', zu den ,Fantastischen Vier', zu dem genialen Entertainer Helge Schneider und generell zur Musik als wie auch immer affektgewürzte Entspannung beziehungsweise geistvoll engagierte Unterhaltung von niemandem – und schon gar nicht moralisch – miesmachen.
> Dort das sicher nicht anspruchslose Angebot: die Einladung, in der Begegnung mit Musik als autonomer Kunst an jener immer wieder abenteuerlichen Öffnung des ästhetischen und expressiven Erlebnishorizontes teilzunehmen, die im Lauf der europäischen Geistesgeschichte seit der frühen Mehrstimmigkeit den Musikbegriff – und mit ihm unser Bewusstsein – ständig neu reflektiert, erweitert und gewandelt hat, und der wir den ganzen stilistischen Reichtum und den ständig sich erweiternden und wandelnden Schönheitsbegriff der Musik von damals bis heute verdanken: von den Meistern des Organums, der polyphonen Satzkunst der Niederländer, der Madrigalkunst der italienischen Renaissance, über Bach, die Wiener Klassiker und sogenannten Romantiker Schubert, Schumann, Wagner, Brahms, Bruckner, Mahler, die ,Impressionisten', Schönberg und Varèse bis hinein in die atmende oder atemlose Stille und glasklare Transparenz der Werke Weberns, an welche die Aben-

---

136   Dietrich / Krinninger / Schubert (2012:69f.).
137   Röbke (2000:80).
138   Mahlert (2011:16f.).

teuer und Entdeckungen der Komponisten nach dem Zweiten Weltkrieg angeknüpft haben."[139]

Damit wendet sich Lachenmann gleichermaßen gegen eine Musikkultur, die im 19. Jahrhundert den Glauben an die Vorrangigkeit der Kunstmusik mit nationalen Ressentiments und sozialer Abgrenzung einhergehen ließ, wie gegen eine Musikkultur, die bis in die Gegenwart eine wie auch immer geartete Verwertbarkeit von Musik zu ihrem wichtigsten Qualitätskriterium zu erheben scheint. Lachenmann vermeidet es, zu kategorisieren zwischen E- und U-Musik, „Neuer Musik", „Alter Musik" usw. Seine persönliche Wertschätzung gilt einer Musik, die sich, zunächst einmal ganz unabhängig von ihrem Unterhaltungswert als ästhetische Ausdrucksform über Epochen hinweg tradiert und weiterentwickelt hat, die für ihn im Zeichen von Vermögen, Können und Erneuerung steht, so wie es die Herkunft des Kunstbegriffes eigentlich impliziert.

4.2.2 (Musikalisches) Spiel als Grundlage einer Lebenskunst (Jeremy Rifkin)

Aus der Perspektive der heutigen Musikpädagogik muss an Schillers Briefen „Über ästhetische Erziehung …" der direkte Zusammenhang fesseln, welcher zwischen der Wirkung von Kunst – und damit von Musik – sowie dem gesamten Bereich der Lebensgestaltung hergestellt wird. In dem 15. Brief spricht Schiller davon, dass die Erkenntnis des Menschen im Spiel „das ganze Gebäude der ästhetischen Kunst und der noch schwürigern Lebenskunst tragen"[140] solle. Schiller weist hier dem Begriff des Ästhetischen zwei Bedeutungsebenen zu, eine allgemeine, auf das Leben bezogene und eine spezifische, kunstbezogene. Das griechische Wort *aisthesis* bedeutet zunächst *allgemein* „sinnliche Wahrnehmung".[141] „Sinnliche Wahrnehmung liegt dem Denken, ja allen menschlichen Vermögen und Tätigkeiten zugrunde."[142] So gesehen ist ästhetische Bildung für alle Lebensbereiche des Menschen evident.[143]

> „Damit stellt sich jene erwähnte, sowohl historisch-kulturelle als auch pädagogische Bildungsaufgabe: die Grundkräfte dieser ästhetischen Weltzuwendung, *Fühlen* und *Denken*, auf die bestmöglichste Art auszubilden und in einem harmonischen Wechselverhältnis zu entwickeln […]."[144]
>
> „Und dieses freie Spiel von Einbildungskraft und Verstand ist zugleich die Erfahrung der eigenen Menschheit: wir werden uns in diesem Zustand des eigenen sinnlich-geistigen

---

139 Lachenmann (2011).
140 Schiller (1795:63).
141 Vgl. Dietrich / Krinninger / Schubert (2012:16ff.).
142 Mahlert (2004:24).
143 Dietrich / Krinninger / Schubert (2012:9) definieren den Begriff „ästhetische Bildung" wie folgt: „Unter dem Begriff ‚ästhetische Bildung' versteht man heute Verschiedenes: Er wird zum einen als Oberbegriff für alle pädagogischen Praxen genutzt, die einzelne ästhetische Felder (Kunst, Musik, Literatur, Theater etc.) zum Gegenstand haben, er wird zum anderen verwendet als Grundbegriff bildungstheoretischer Diskurse, in denen es um Fragen der Persönlichkeitsbildung in und durch ästhetische Erfahrungen geht. In diesem Verständnis bezieht sich ästhetische Bildung nicht nur auf Kunst und Kultur, sondern thematisiert auch allgemeinere Aspekte eines ästhetischen Ich-Weltverhältnisses, vor allem unter der Frage nach der Bedeutung von Wahrnehmung und Sinnlichkeit."
144 Rittelmeyer (2005:117f.).

Reichtums, der empfindungsfähigen und eigenaktiv formgebenden Persönlichkeit – je nach Wachheit für diese Phänomene – mehr oder minder deutlich bewusst."[145]

Der Gesellschaftskritiker Jeremy Rifkin hat in seinem Buch „Access" den durch Schiller maßgeblich geprägten Spielbegriff aus der Perspektive des 21. Jahrhunderts neu interpretiert.[146] Dabei versucht er, dem Stellenwert des Ästhetischen in der Gesellschaft neue Geltung zu verschaffen. Spielen ist für Rifkin das, was Menschen tun, wenn sie Kultur schaffen. „Es ist die Freisetzung der menschlichen Vorstellungskraft, um gemeinsame Bedeutungen zu schaffen."[147] Ohne Spiele sei Zivilisation gar nicht denkbar. In Anknüpfung an den niederländischen Historiker Johan Huizinga (1872–1945)[148] tritt Rifkin dafür ein, dem *homo sapiens* (= dem vernünftigen Menschen) und dem *homo faber* (= dem produktiv tätigen Menschen) den *homo ludens* (= den spielenden Menschen) gleichberechtigt zur Seite zu stellen. Gegenüber anderen Lebewesen zeichne sich der Mensch durch seine Kunstfertigkeit im Spiel aus:

> „Alle Kulturen sind aus dem Spiel entstanden: ,In diesem Spielen bringt die Gemeinschaft ihre Deutung des Lebens und der Welt zum Ausdruck.' Alle wichtigen Handlungen der menschlichen Gesellschaft – Sprache, Mythos, Ritual, Folklore, Philosophie, Tanz, Musik, Theater, Gesetze, sogar die Regeln der Kriegführung – wurden aus dem Spiel geboren."[149]

Die nun folgende Charakteristik des „Spiels" lässt sich gleichsam auch unter dem spezifischen Aspekt eines *musikalischen Spiels* lesen. (Musikalisches) Spiel habe seinem Wesen nach viel mit Teilnahme zu tun. Gespielt werde meist in direkten Begegnungen, zwar spontan, aber doch mit Regeln. Das Spiel fände seine Belohnung in sich selbst. Offenheit und Akzeptanz seien Kennzeichen spielerischer Umgebungen. Im geschützten Modus des Spiels fühlten sich die Spielenden – scheinbar Raum und Zeit enthoben – frei, sich zu äußern, ohne Verletzungen befürchten zu müssen. Denn es bleibe immer ein Spiel der Möglichkeiten. Das Spiel besitze folglich eine weltliche und außerweltliche Dimension. Es sei geerdet und zugleich leicht und flüchtig. Die Spieler würden sich frei „der Liebe zum Spiel" hingeben. Nun setzt Rifkin zu einer bemerkenswerten Unterscheidung an. Ähnlich wie Schiller zwischen einem *ästhetischen* und einem *falschen Schein* differenziert, spricht Rifkin von dem *reifen* Spiel im Gegensatz zur *passiven* Unterhaltung. Passive Unterhaltung steht für Rifkin in Zusammenhang mit der Kommerzialisierung des Spiels. „Die Enteignung des Spiels durch die Marktkräfte drohen die kulturelle Bedeutung des Spiels vollkommen zu entwerten. Damit droht auch der Verlust der kulturellen Sphäre, die aus spielerischem Handeln hervorgegangen ist und von diesem erhalten wurde."[150] Rifkin befürchtet, dass die Verdrängung eines reinen Spiels durch die Unterhaltungsindustrie mit ihren entsprechenden Produkten zu einem Verlust personaler Identität führe. Die Zivilisation riskiere ihre eigene Zer-

---

145 Rittelmeyer (2005:120).
146 Vgl. Rifkin (2002:350–359).
147 Rifkin (2002:351).
148 Huizinga, Johan (1956).
149 Rifkin (2002:351f.).
150 Rifkin (2002:356).

störung, weil die Marktkräfte dahin tendierten, „das kulturelle Leben in warenförmige Fragmente kommerzieller Unterhaltung, gelebter Erfahrungen, bezahlter Vergnügungen und gehandelter Beziehungen zu verwandeln".[151] Die Aufgabe für das anbrechende Zeitalter bestehe darin, Kultur und Kommerz wieder auszubalancieren. Dabei komme dem „reifen" Spiel – darunter fällt auch das musikalische Spiel – nach Rifkin entscheidende Bedeutung zu. Das reife Spiel entwickle sich aus dem Gedanken der Freiheit. Das berühmte Schiller-Zitat ‚der Mensch spielt nur, wo er in voller Bedeutung des Wortes Mensch ist, und *er ist nur da ganz Mensch, wo er spielt*' habe seine Berechtigung, weil reifes Spiel im Bereich der Kultur der wichtigste Ausdruck menschlicher Bindung sei. Die Menschen spielten aus Liebe an der Begegnung mit anderen Menschen. Man erlerne im Spiel Offenheit und Vertrauen. Jemand, der sich hingegen nicht dem reinen Spiel hingeben könne, werde niemals wirklich frei sein. Wahre Freiheit entspringe dem Teilen bzw. Teilhaben, nicht dem ausschließlichen Besitz.

> „Reifes Spiel – im Gegensatz zur passiven Unterhaltung – entsteht nur im kulturellen Bereich. Wenn Menschen einander verpflichten, dann sind sie an einem sehr reifen Spiel beteiligt: Das geschieht in Vereinigungen, die sich der Solidarität, dem zivilen oder kirchlichen Leben widmen, geschieht in der Kunst, im Sport oder in Organisationen, die für soziale Gerechtigkeit oder Schutz der Umwelt eintreten. Sozialer Austausch in solchen Gruppen schafft Inseln sozialen Vertrauens und eine Menge sozialen Kapitals, auf das sie sich stützen können. Reifes Spiel ist immer eine Gemeinschaft vieler. Es bringt Menschen in Gemeinschaft zusammen und ist die intimste und raffinierteste Form menschlicher Kommunikation, die es gibt. Reifes Spiel ist auch das Gegenmittel gegen die ungehemmte Ausübung institutioneller Macht, ob in der politischen oder der kommerziellen Sphäre."[152]

Rifkin sieht im reifen Spiel die Grundlage einer Lebenskunst, die auf ethischen Wertvorstellungen wie Verantwortungsbewusstsein, Gemeinsinn, Empathie, Offenheit, Toleranz, Demokratiebewusstsein, Bereitschaft zum gesellschaftlichen Engagement u.ä.m. beruht. Ähnlich wie bei Schiller die ästhetische Bildung zur Moralität führen soll, spricht Rifkin von einem Ethos des (kulturellen) Spiels. Schillers Forderung nach der Autonomie der Kunst findet ihr Äquivalent in dem Grundrecht des Menschen auf freie Entfaltung im Spiel. Auch der Anspruch auf musikalische Bildung ist demgemäß als Grundrecht des Menschen zu verstehen.

Erst in einem spezifischen Sinn bezeichnet ästhetische Bildung „Bildung durch Erfahrungen mit Kunst"[153]. Christoph Richter hat in seinem Aufsatz „Anregungen zum Nachdenken über das eigene Tun" (1993) Grundlagen der Instrumental- und Vokalpädagogik unter dem Aspekt eines kulturanthropologischen Spielbegriffs darzustellen versucht. Ausgehend von den Kennzeichen des Spiels, die Johan Huizinga seinen phänomenologischen Untersuchungen der einzelnen Kulturerscheinungen zugrunde legt, kommt Richter zu dem Schluss, dass sich Musizieren und Instrumentalunterricht unter dem Aspekt des Spiels als Möglichkeit erweisen, „eine (relativ) selbständige eigene

---

151   Rifkin (2002:358).
152   Rifkin (2002:357).
153   Mahlert (2004:24).

Welt zu gestalten – neben und in dem ‚Reich der Notwendigkeit' (Schiller)", eine Welt, die freilich auch stets gefährdet sei, z.B. durch Kommerz, Ehrgeiz u.a.

> „Musizieren, das vom Geist des Spiels beseelt ist, bietet die Chance,
> * Gefühle, Haltungen Bewegungen und Gedanken im Spiel der Musik zu gestalten und so Identität zu finden;
> * mit anderen zusammen musikalisch-symbolische ‚Lebensspiele' zu inszenieren: im Klang, in den Strukturen und in den Werken der Musik;
> * in der Musik anderer (früherer Zeiten) Vorstellungen von Lebens- und Weltinterpretationen zu entdecken (und sich selbst in ihr);
> * in der ‚zweiten Wirklichkeit' der Kunst Antworten, Wahrnehmungen, Gegenentwürfe zur ersten (‚realen') Wirklichkeit zu versuchen (als ‚Wirklichkeitsmodelle')."[154]

Pädagogische Aufgaben erwachsen daraus, im obigen Sinne Elemente spielerischen Musizierens in die Unterrichtsgestaltung miteinzubeziehen. Zugleich wird es Aufgabe des Musikunterrichts, Brücken zu bauen zwischen der Alltagswelt des Schülers und der „relativ geschlossenen Welt des Musizierens".[155] Nach Michael Dartsch lassen sich schon bei Vorschulkindern vielfältige Spielformen und Spielthemen in den Musikunterricht integrieren. Dabei wird der Unterricht kein echtes Spiel darstellen können, weil die Lehrkraft als solche immer wieder interveniert, aber er kann sich zumindest am Spiel orientieren. „Zu den Spielformen gehören etwa das Geschicklichkeitsspiel, das Regelspiel [...] das Wettspiel und das Rollenspiel [...]. Als Spielthemen können beispielsweise allerlei Zaubereien, Zirkustricks oder Spielplatzaktivitäten mit dem Instrument umgesetzt werden [...]."[156]

Musikschulen bieten „spielerische Umgebungen", eröffnen Spiel*räume* des Musizierens, sei es in der musikalischen Grundausbildung, im Instrumentalunterricht, oder im Ensembleunterricht. Musikalisches Spiel ist Selbstzweck ...

> „Musik kann auch als eine Form des Spiels verstanden werden, das man aufsucht, um in eine andere Welt mit eigenen – vom zielgerichteten Alltagsleben verschiedenen – Regeln abzutauchen, das man schlicht um der Freude willen aus intrinsischer Motivation heraus betreibt [...]. Augenfällig wird dies, wenn Kinder mit klingenden Materialien experimentieren oder etwa Singverse zu Straßenspielen ausführen. Aber auch der nach Feierabend [... oder Schulschluss] musizierende Laie taucht in diese Welt ein und lebt für die Zeit des Musizierens entrückt in dieser sich selbst genügenden Beschäftigung."[157]

... und hat doch eine bildende Funktion. Der Notentext einer Komposition lässt sich als „Spielaufgabe" verstehen,[158] wobei musikalisches Spiel durchaus ambivalent ist. Der Notentreue steht das interpretatorische Element gegenüber, der klanglichen Vorstellung

---

154   Richter, Ch. (1993:86).
155   Richter, Ch. (1993:87).
156   Dartsch (2014:202).
157   Dartsch (2007:9).
158   Vgl. Richter, Ch. (1993:88f.).

der technisch-körperliche Aufwand, der Freude am Gelingen die Enttäuschung beim Nichtgelingen.

> „Im ‚Schein‘ des Spiels erscheint jeweils die unendliche Ergänzung hindurch: in der bedingten Freiheit des Spiels die unbedingte Freiheit, in der eingeschränkten Selbstbestimmung des Spielers die uneingeschränkte. […] Für das praktisch-konkrete ‚Spielen‘ von Musik – auf einem Instrument, mit der Stimme, im Tanz, beim Komponieren – enthält diese Modellvorstellung die Anregung, im eigenen Musizieren probeweise und symbolisch Chancen von Selbstbestimmung und Befreiung wahrzunehmen oder zu erfüllen. […] Dabei kommt es nicht auf Spitzenleistungen oder auf die Bewältigung schwerer Stücke an, sondern auf das Bemühen der Übereinstimmung zwischen Geschicklichkeit, Spielgeist, Spielfreude, Phantasie, Darstellungs- und Gestaltungswillen im Kleinen.“[159]

Musikalische Begegnung findet im Ensemblespiel statt, wo die Mitspieler aufeinander hören, aufeinander reagieren und sich gegenseitig stützen – aber eben nicht nur dort: Schon beim bloßen Spielen eines Instruments kommt es zu musikalischer Interaktion:

> „Musik, Ausführende und Instrument bilden stets ein komplexes Spielgefüge. Der Spieler spielt die Musik und die Musik spielt ihn – denn: ‚Alles Spielen ist ein Gespieltwerden‘ – lässt ihn spielend aufgehen in ihren Regelkreisen, erfüllt mit ihren Empfindungsgehalten, formt sein Inneres und sein Äußeres durch die jeweilige Art, wie sie Zeit entfaltet und gestaltet. Und auch vom Instrument, das der Spieler spielt, darf gesagt werden, das es ihn spielt: Es gibt ihm Bewegungsmuster vor, es ‚antwortet‘ seinen Impulsen, folgt ihnen oder verweigert ihre Umsetzung […].“[160]

Nach Hans-Georg Gadamer besteht der Übergang vom menschlichen Spiel zur Kunst „in der Möglichkeit des Darstellens ‚für jemand‘, und zwar in der Weise, daß ein Zuschauer (Hörer …) als Gemeinter und Betroffener in die Selbstdarstellung des Spiels einbezogen wird.“[161] Was verbindet nun aber genau Ausdrucksformen der Bildenden und Darstellenden Kunst, von Musik, Literatur, Film, Architektur usw. mit jener umfassenderen Bedeutung von Kunst als Lebenskunst? Ulrich Mahlert hat in seinem Essay „Über ästhetische Bildung und ihre Funktionen“ hierauf mit den Worten von Georg Picht geantwortet: „Kunst ist ‚eine primäre, unreduzierbare, aber für alles Wissen und Können konstitutive Form der Erkenntnis von Welt‘.“[162] Und Michael Dartsch begründet, wieso musikalische Bildung per se umfassende allgemeine Bildung sei:

> „Die verschiedenen Zusammenhänge, in denen Musik vom Menschen genutzt wird, die angeklungenen psychologischen Funktionen – gesteigertes Erleben, Wunscherfüllung, symbolisches Erproben von Rollen, Identifikation, Sicherheit, Geborgenheit, Entlastung, symbolische Bewältigung von Konflikten, Angstreduktion und Sinnstiftung – können hinreichend verdeutlichen, wie unverzichtbar Musik für den Menschen ist. Alle genannten

---

159   Richter, Ch. (1993:87f.).
160   Mahlert (2003:14).
161   Vgl. Richter, Ch. (1993:88).
162   Mahlert (2004:35) zitiert hier Georg Picht (1986): Kunst und Mythos, S. 52, Stuttgart.

Aspekte berühren im weitesten Sinne das Verhältnis zum Selbst und zur Welt und stellen damit bildungsrelevante Themen dar. Der Umgang mit Musik umgreift menschliche Bildungsprozesse in ihrer ganzen Tiefe."[163]

Auf welchen Wegen vollzieht sich nun aber musikalisches Lernen? Und worin bestünde in musikalischer Hinsicht – um es noch einmal in den Worten Rifkins zu sagen – der Vorzug eines reifen gegenüber einem unreifen Spiel bzw. gegenüber passiver Unterhaltung?

4.2.3 Schillers Begriff der „aktiven Bestimmbarkeit": Bezüge zum musikalischen Lernen

Es bestehen zwar unterschiedliche Konzepte des Musiklernens, aber „eine allgemein akzeptierte, ausgebaute Theorie des Musiklernens"[164] gibt es nicht. Musikalische Lernprozesse sind ebenso komplex wie die Kontexte vielfältig, aus denen sie erwachsen können.[165] Eine pragmatische allgemeine Definition des Begriffes „Lernen" bietet das „Gutachten Musikschule" der Kommunalen Gemeinschaftsstelle für Verwaltungsmanagement (= KGSt) aus dem Jahr 2012 an:

> „Unter **Lernen** versteht man den **absichtlichen** (intentionales Lernen) und den **beiläufigen** (implizites Lernen) individuellen und kollektiven Erwerb von geistigen, körperlichen, sozialen Kenntnissen, Fähigkeiten und Fertigkeiten. Die Fähigkeit zu lernen ist für den Menschen eine Grundvoraussetzung dafür, sich den Gegebenheiten des Lebens und der Umwelt anpassen zu können, darin sinnvoll zu agieren und sie gegebenenfalls im eigenen Interesse zu verändern. So ist für den Menschen die Fähigkeit zu lernen auch eine Voraussetzung für Bildung, also ein reflektiertes Verhältnis zu sich, zu den anderen und zur Welt."[166]

Charakteristisch für musikalisches Lernen erscheint, dass es nicht nur unter fachlicher Anleitung in Bildungsinstitutionen stattfindet, sondern außerdem im Freizeitbereich, intentional oder implizit, lebenslang. Musikschulen stellen sich hierauf ein, indem sie u.a. einem Musizieren in der Familie, im Verein, in Laienmusiziergruppen oder auch in der Kirche zuarbeiten. Das KGSt-Gutachten hebt hervor, dass sich Lernen nicht einfach auf die Aneignung von Wissen reduzieren lasse. Vielmehr beinhalte Lernen „**alle Bereiche der kognitiven, sozialen und emotionalen** Auseinandersetzung mit den Anforderungen der Persönlichkeitsentwicklung".[167] Stärken des musikalischen Lernens liegen demnach in seinem ganzheitlichen Ansatz. „Ästhetische Bildung wird heute weniger als Gegengewicht zum stark kognitiv dominierten Lernen verstanden; vielmehr reift die Einsicht, dass ästhetische Weisen des Erkundens, Verstehens und Erkennens wesentlicher Bestandteil von Lernen überhaupt sind."[168]

---

163   Dartsch (2014:70f.).
164   Kraemer (2007:235).
165   Vgl. Kraemer (2007:232ff.).
166   KGSt (2012:27).
167   KGSt (2012:27).
168   Dietrich / Krinninger / Schubert (2012:9).

Christian Rittelmeyer hat in seiner Einführung in „Friedrich Schillers pädagogische[r] Anthropologie" auf die Bedeutung einer ästhetischen Alphabetisierung für die Entwicklung eines ästhetischen Unterscheidungsvermögens als Voraussetzung ästhetischer Bildung hingewiesen. Dabei orientiert er sich an Schillers Begriff der „aktiven Bestimmbarkeit".

> *„Passive Bestimmbarkeit*
> Das Individuum ist durch die Welt noch grenzenlos bestimmbar. Sein Bewusstsein ist ‚leere Unendlichkeit'. [→ Naturzustand]
>
> *Passive Bestimmung*
> Bestimmung (Beschränkung) des Gemüts durch die Macht der Empfindungen im physischen Zustand, aber auch auf dem Wege der bloßen Nachahmung. [→ Stofftrieb]
>
> *Aktive Bestimmung*
> Bestimmung (Beschränkung) des Gemüts durch die Macht der Gedanken im logischen und moralischen Zustand. [→ Formtrieb]
>
> *Aktive und reale Bestimmbarkeit*
> Ästhetischer Zustand (Spiel von Einbildungskraft und Verstand). Das Gemüt wird wieder bestimmbar, insofern es nicht ausschließlich bestimmt ist: Zweiter Zustand der menschlichen Freiheit."[169] [→ Spieltrieb]

Entsprechend ließe sich auch ein musikalischer Bildungsprozess an bestimmte Voraussetzungen knüpfen. Mit dem Eintritt ins Leben ist der Mensch in musikalischer Hinsicht weitestgehend noch „grenzenlos bestimmbar". In dem Säugling ist eine größtmögliche Pluralität an potentiellen musikalischen Entwicklungsmöglichkeiten angelegt. Mit zunehmendem Lebensalter wird das Baby / das Kind / der Jugendliche durch zahlreiche musikalische Eindrücke geprägt. Diese Erfahrungen geschehen zunächst aber nicht selbstbestimmt, sondern der Heranwachsende ist ihnen durch das Musikverhalten seiner Umwelt ausgeliefert. Zwar kann er *aktiv bestimmen*, auf musikalische Eindrücke mit Nachahmung oder Ablehnung zu reagieren, doch bleibt er solange unfrei, wie er nicht aus der Abhängigkeit einer gesellschaftlich normierten musikalischen Einstellung treten kann. Diesen Schritt ermöglicht erst die eigene musikalische Aktivität. Im musikalischen Spiel lernt der Mensch, sich in musikalischer Hinsicht aktiv und frei zu bestimmen, wird er (nach)schöpferisch tätig. Ein Beispiel: Ein 14-jähriger Junge soll im Klavierunterricht den ersten Satz aus Beethovens Mondscheinsonate erlernen. Der Schüler entstammt einer Familie, die Fragen einer musikalischen Bildung aufgeschlossen gegenübersteht („… er soll einmal ein schönes Hobby haben"), aber ansonsten keinerlei musikalischen Aktivitäten nachgeht. Musik wird in diesem Umfeld „nebenher" zur Unterhaltung „in schönen Stunden" gehört. Der 14-Jährige selbst hat bislang ohne größere innere Beteiligung einige klassische Sonatinen im Unterricht gespielt. Ansonsten zieht er es vor, Popmusik zu spielen, die er auch privat im Freundeskreis bevorzugt hört. Der Klavierlehrer versucht nun in einem ersten Schritt, sei-

---

169   Rittelmeyer (2005:85).

nem Schüler den biographischen Entstehungshintergrund der Mondscheinsonate näherzubringen – also die Konstellation einer klassischen Liebesgeschichte um einen Komponisten und eine 17-jährige Gräfin. Mit diesem Wissen um eine verhinderte Liebe wird dem Schüler Beethovens Musik „vorstellbar", er kann sie fiktiv auf seine eigene Lebenssituation beziehen. In dem sinnlichen Eindruck der Musik wird ihm – bleibt zu hoffen – das Gefühl einer unerfüllten Liebe erahnbar. Der Klavierlehrer nutzt nun wiederum die Gunst der Stunde und bemüht sich nach Kräften, dem sinnlichen Eindruck der Musik schrittweise die innere Logik ihrer Sprachlichkeit, ihres musikalisch formalen Verlaufs zuzuordnen. Der Schüler soll auf diesem Weg befähigt werden, sich der Emotionalität des musikalischen Erlebens soweit wie möglich zu öffnen und zugleich die maximale Kontrolle und Bewusstheit über die Wirkung seines Spiels auszuüben. Er soll praktisch beginnen, fühlend zu denken. In den Worten Ulrich Mahlerts ereignet sich Bildung hier in der Vernetzung „von körperlichem, emotionalem und kognitivem Handeln, [...] als ein körperlich zu vollziehendes, Denken und Fühlen integrierendes klangliches Gestalten von künstlerisch strukturierter, erlebnisintensiv erfüllter Zeit".[170] Deutlich zeige sich, dass in der Interaktion zwischen den Ansprüchen und Forderungen der jeweiligen Musik und der Subjektivität des Spielers ein essentiell wichtiges Movens musikalischer Bildung liege:[171]

> „Durchaus lässt sich dieses Hin und Her verstehen als eine Konkretisierung jener von Wilhelm von Humboldt als Bestimmung von Bildung formulierten ‚Verknüpfung unseres Ichs mit der Welt zu der allgemeinsten, regesten und freiesten Wechselwirkung' [...]. Mag der von Humboldt gebrauchte Begriff ‚Welt' als mythisch kritisiert werden, da er ‚etwas ebenso Umfassendes wie letztlich Unbestimmtes' [...] anspreche; in einem Musikstück entfaltet sich ‚Welt' zwar begriffslos, aber doch konkret, als einmaliges Werk in geschichtlicher Geprägtheit, als Zeugnis der Kultur einer bestimmten Zeit und eines in ihr agierenden Individuums. Abstrakte Konkretheit verbindet sich mit konkreter Abstraktheit: Konkret bietet ein Musikstück der Wahrnehmung eine unabsehbare Beziehungsfülle syntaktischer und semantischer Elemente an, und die Aufgabe ihrer Darstellung bewegt den Ausführenden zu einer intensiven Identifikation mit den musikalischen Gestalten, wodurch diese durch ihre begriffslose Abstraktheit schier unbegrenzt mit Imaginationen und Symbolen seiner eigenen inneren Welt aufgeladen und ‚konkretisiert' werden können."[172]

Günstigstenfalls gelänge es dem Schüler fortan aufgrund der oben beschriebenen Unterrichtssituation, seine Persönlichkeit in der Wiedergabe des Stückes auf das individuellste zu entfalten bei Wahrung höchstmöglicher Objektivität, bezogen auf die Darstellung einer unabsehbaren „Beziehungsfülle syntaktischer und semantischer Elemente", welche der Musik immanent ist. Selbstverständlich ist das zumindest ansatzweise Zustandekommen solcher Bildungsprozesse indes nicht. In der Musikschulpraxis werden immer wieder Fälle zu beobachten sein, bei denen es zu dem kommt, was Peter Röbke Bildungsverweigerung nennt. Der Schüler will dann *Alla Turca* und *Elise* oder eben

---

170 Mahlert (2011:15f.).
171 Mahlert (2011:16).
172 Mahlert (2011:16).

die *Mondscheinsonate* spielen, interessiert sich aber scheinbar nicht für Einsichten in die „Wiener Klassik". Also will der Schüler in so einem Fall „gar nicht durch den Einzelfall zum Allgemeinen".[173] Im Erfolgsfall könnte sich hingegen einstellen, was Schiller als „ästhetischen Zustand" bezeichnet. Was hätte dies unter Bildungsaspekten zur Folge?

4.2.4 Dimensionen ästhetischer Erziehung und Bildung: Anspruch an die Musikschularbeit

Ästhetische Erfahrungen lassen sich nur eingeschränkt vorsätzlich herbeiführen und sind in ihren Wirkungen schwer überprüfbar.

> „Da sich ‚Ergebnisse' ästhetischer Bildung nicht in der Form testen und messen lassen, wie Resultate anderer Lehr- und Lernbemühungen, füllen sich die Leerstellen vielfach mit Versprechungen und Erwartungen über generalisierbare und nachhaltige Wirkungen. Hier zwischen Rhetorik, empirisch überprüften Tatsachen und einem theoretisch gut begründetem Argument zu unterscheiden, ist oft außerordentlich schwer."[174]

Dennoch muss die Trias aus „wahrnehmen – erkennen – gestalten" auch an Musikschulen als konstitutiv für ästhetische Bildungsprozesse angesehen werden. Michael Dartsch spricht bezogen auf einen musikalischen Unterricht von den Aspekten des „Musik spüren", „Musik meistern", „Musik kennen" sowie „Musik erschaffen".[175] Cornelie Dietrich / Dominik Krinninger / Volker Schubert beschreiben vier Dimensionen einer ästhetischen Erziehung und Bildung:[176]

(1) Fingerfertigkeiten
Das wäre etwa die aktive Hinwendung zur Musik. Man denke beispielsweise an die „Musikalische Früherziehung" in Musikschulen. Kinder „erwerben im alltäglichen Umgang mit Klängen, Lauten, Farben, Stoffen oder Sprache praktische Fähigkeiten der Differenzierung und Gestaltung ihres Verhältnisses zur Welt. Sie erkunden über die Sinne einen spezifischen Zugang zu Wahrnehmungs- und Ausdrucksmöglichkeiten."[177] Ähnliches gilt für das Erlernen eines Instruments. Man wird in ästhetischer Hinsicht tätig, trifft eine Wahl. „Die fortschreitende Kenntnis und Beherrschung eines Instruments […] befähigt die Kinder zur selbständigen Wahl der Mittel."[178] Auch aktives Zuhören, welches auf musikalisches Verstehen zielt, ist den „Fingerfertigkeiten" zuzurechnen. Lina Ramann hat auf die Bedeutung eines *ästhethischen Hörens* hingewiesen.[179] Es solle der geistigen Reproduktion durch Empfinden und Vorstellen dienen.

---

173 Röbke (2000:65).
174 Dietrich / Krinninger / Schubert (2012:10).
175 Dartsch (2014:76ff.).
176 Vgl. Dietrich / Krinninger / Schubert (2012:28ff.).
177 Dietrich / Krinninger / Schubert (2012:28).
178 Dietrich / Krinninger / Schubert (2012:28).
179 Vgl. Kapitel 3.2.5.

(2) Alphabetisierung

„Im Laufe des Lebens und Lernens lassen sich die tätigen Umgangsweisen mit ästhetischen Stoffen nur dann weiter ausdifferenzieren, wenn man Kenntnisse über ästhetische Symbolbestände und ihre Traditionen sammelt."[180] Beim aufmerksamen Hören eines Musikstückes oder beim Spielen eines Instruments lernt man differenzieren, bringt erweiterte Wissenskontexte in Bezug zu den eigenen, wachsenden Fertigkeiten am Instrument. „An Ästhetik als einer kulturellen Praxis in einer komplex ausdifferenzierten und diversifizierten Sozialität kann nur partizipieren, wer auch kognitiv unterscheiden kann zwischen Herkünften, Bedeutungen, aber auch sozialen Funktionen und Machtgefügen, die den ästhetischen Einzelzeichen innewohnen und auf die sie verweisen. Zur ästhetischen Bildung gehört auch die zunehmende Mündigkeit im eigenen Urteil darüber, was gelungene Beispiele einer ästhetischen Weltbearbeitung sind und was nicht."[181] Für den Musikunterricht ist beispielsweise die Literaturauswahl von großer Bedeutung. Sie sollte unter qualitativen Gesichtspunkten nach Stilistik, Entstehungszeit und musikalischen Strukturprinzipien abwechslungsreich und vielseitig erfolgen.[182]

(3) Selbstaufmerksamkeit

Die Phase der Selbstaufmerksamkeit fällt mit dem zusammen, was Schiller unter dem Begriff „ästhetischer Zustand" subsumiert. Das sinnliche Erleben beim Musizieren stellt sich ein und wird in Form eines besonderen Glücksgefühls bewusst wahrgenommen. Die musikpädagogische Fachliteratur spricht in diesem Zusammenhang häufig auch von einem Zustand des *Flow*. „Ist dieser Schritt von der Wahrnehmung zur Wahrnehmung der eigenen Wahrnehmung vollzogen, begibt sich das Subjekt in einen Modus der Selbstaufmerksamkeit, in dem es sich selbst und den Gegenstand auf andere Weise wahrnimmt als im Zustand der pragmatischen Welt- und Selbstzuwendung. Es befindet sich gleichsam in einem geschützten, weil fiktiven Modus des ‚Als-ob'."[183] Aus musikpädagogischer Sicht kommt es darauf an,

> „Erfahrungen in Zusammenhang mit Musik zu ermöglichen:
> * *sinnliches Erspüren zu fördern,*
> * *emotionales Berührtsein zu fördern [...],*
> * *Nachdenklichkeit, Einsichten, Bewusstmachung zu fördern".*[184]

(4) Sprache

Der Eindruck strebt zum Ausdruck. Die ästhetische Erfahrung, das, was man in der Musik erlebt, möchte man mit anderen Menschen teilen. „Alle Formen des nach außen hin artikulierten Beeindrucktseins münden wiederum in eine Praxis der Verständigung über das Gesehene und Gehörte, deren Nuancenreichtum im Prozess der Bil-

---

180 Dietrich / Krinniger / Schubert (2012:28).
181 Dietrich / Krinniger / Schubert (2012:29).
182 Dartsch (2014:80f.).
183 Dietrich / Krinniger / Schubert (2012:29).
184 Dartsch (2014:85).

dung durchaus unterschiedliche Formen annehmen kann."[185] Christoph Richter schreibt zur kommunikativen Funktion des Musizierens:

> „Wer die genannten Tätigkeiten des Musizierens lernt und ausübt, kann dies gar nicht anders als in der Form der ‚Äußerung', der Darstellung nach ‚außen' und für andere. Darstellen heißt sowohl, eine Sache zu lebendiger Wirklichkeit zu bringen, als auch, sie ‚für jemand' darzustellen, sie gleichsam öffentlich zu machen. Deshalb ist jedes Musizieren immer schon als Vermittlung zu verstehen. Auf jeder Stufe des Musizierens und Übens (!) geht es darum, die Gestalt, den Sinn und die Aussage einer Musik auf eine Weise deutlich zu machen, die es erlaubt, daß andere sie verstehen können: als Mitteilung. Musizieren wendet sich stets an das Hören; es enthält deshalb schon immer den rhetorischen Impetus, aufzeigen, verdeutlichen, überreden, plastisch und lebendig darstellen zu wollen. Dieser Impetus ist auch beim Musizieren für sich allein wirksam, also auch beim Üben. Das rhetorische Anliegen – die Zuwendung zu jemand – ist Teil des Musizierens."[186]

Michael Dartsch schlägt vor, dass sich Musiklehrer nach einzelnen Stunden oder längeren Unterrichtssequenzen immer auch selbst hinterfragen: „Welche Räume zur Mitgestaltung der Stunde standen den Schülerinnen und Schülern in der Stunde offen? Welche Räume zur persönlichen Annäherung, zum Erschaffen und Interpretieren standen ihnen offen; wie haben sie diese genutzt, wo sind sie kreativ geworden?"[187]

Musizieren ist Teil eines ästhetischen Erkundens von Welt. In Hinblick auf den mehrdimensionalen Nutzen, sozusagen den „Erkenntnisgewinn" einer musikalischen Bildung, hat Reinhart von Gutzeit treffend angemerkt:

> „Musikalische Erziehung zielt im engeren Sinn auf Musikliebe und Freude an musikalischer Tätigkeit, hat aber auch allgemeine Ziele wie die Fähigkeit zum Engagement, Leistungsbereitschaft und ähnliches im Blickpunkt. Auf der Bildungsebene sind allgemeine Ziele und Teilziele in einer unauflösbaren Art verschränkt. Hier geht es um musikalische Bildung als Teil einer ästhetischen Bildung; es geht um Maßstäbe und Proportionsgefühl; um Sensibilität; um Respekt gegenüber anderen Ordnungen, also die Fähigkeit, eigene Überzeugungen und Wertvorstellungen zu relativieren; um Brückenschläge zur Vergangenheit."[188]

Für den Klavierschüler in dem weiter oben aufgeführten Beispiel könnte möglicherweise zunächst einmal die „Triebabfuhr" im Vordergrund der seinerseitigen Unterrichtsbemühungen gestanden haben. Freude am Spiel im Sinne eines Musizierens würde in einem weiteren Schritt schon ein Bewusstsein für den potentiellen Darstellungsreichtum in der Musik sowie für die eigene Empfindungsfähigkeit voraussetzen. *Bilden* ließe sich dieses Bewusstsein auf der Basis einer aktiven Verarbeitung von musikalischen Erfahrungen, speziell auch über die Tätigkeit des Übens. Üben ist nach Ulrich Mahlert als ein „modellhafter Vorgang von Bildung" zu verstehen:

---

185   Dietrich / Krinniger / Schubert (2012:30).
186   Richter, Ch. (1993:113).
187   Dartsch (2014:86).
188   Gutzeit (2000).

„Zum einen enthält das ‚Üben von etwas' immer auch ein ‚Sich-Üben'. ‚Wer übt, beschäftigt sich im Erschließen der Musik [...] auch immer mit sich selbst: Der Übende lernt ja, die Musik als seine *eigene* Äußerung zu verklanglichen. [...] ‚objektives' und ‚subjektives' Üben sind nicht voneinander trennbar.' [...] Zum anderen lässt sich das Üben ‚als ein modellhafter Vorgang von Bildung betrachten und kann als ein Schlüsselbegriff zum Verständnis musikalischer Bildung gelten. Denn im Prozess eines idealen Übens wird eine Musik in vielfältigster Weise, sozusagen von allen musikalischen und persönlichen Seiten, wahrgenommen, durchgearbeitet, ‚durchgefühlt', angeeignet. Das Üben eines Musikstücks ist ebenso unendlich, wie Bildung selbst ein unabschließbarer Prozess: nicht nur, weil Üben niemals an ein definitives Ziel von Perfektion gelangt, sondern auch deshalb, weil im wiederholenden Üben immer neue Verknüpfungen von Wahrnehmungsinhalten erfolgen können. Die Anzahl der strukturellen, kinästhetischen und emotionalen Momente nur einer einzigen musikalischen Phrase ist ebenso wenig begrenzbar wie die Möglichkeiten ihrer im Üben stattfindenden Kombinationen'.“[189]

Üben vollzieht sich also als formale Bildung im materialen Bezug. Dieser materiale Bezug ist wiederum für den Bildungsprozess keineswegs unwesentlich. Peter Röbke notiert: „Wir bilden uns nicht nur mit ihrer [der Musikwerke] Hilfe, sondern wir bilden uns auch an ihnen [...].“[190]

Zurück zum Beispiel des die Mondscheinsonate spielenden Schülers. Scheinbar unbemerkt würden über das Erarbeiten des Werkes weitere Bildungsprozesse angeregt. Dabei kann es realistisch gesehen nicht *unmittelbar* darum gehen, den Schüler durch das Begreifen der Mondscheinsonate wie auch immer moralisch erziehen zu wollen. Noch weniger erschiene es für einen Klavierlehrer angebracht, aus seinem Schüler über die ästhetische Erfahrung der Mondscheinsonate einen besseren Liebhaber machen zu wollen. Zu hoffen wäre jedoch, dass der Schüler mit der Zeit erlernte, über die Ausbildung in der Musik seine Umwelt differenzierter wahrzunehmen: dass er Musik zum Selbstzweck genießen und diesen Genuss mit anderen teilen könnte, einen emotionalen Ausgleich erführe, ein ästhetisches Urteilsvermögen entwickelte, angesichts des Gelingens seiner Spielbemühungen an Selbstbewusstsein gewänne, Problemstellungen strukturiert und mit Ausdauer begegnete, seiner Potentiale gewahr würde und selbige einzuordnen wüsste oder zu weiterem Lernen animiert würde. Dies genau wäre der Weg, auf dem der Schüler gegenüber seinen Mitmenschen mehr Empathie entwickeln, sich zu einem vollständigeren Menschen entwickeln könnte, da er nunmehr angeregt worden wäre, seine (ästhetischen) Erfahrungen in Relation zu der ihn umgebenden Welt zu bringen. Genau dies ist es aber, was Jeremy Rifkin unter einem „reifen Spiel" verstanden wissen möchte.

Aus den verschiedenen Dimensionen einer ästhetischen Bildung und Erziehung erwachsen Anforderungen an die Musikschularbeit. Eine optimale Vermittlung von

---

189 Mahlert (2011:14f.) zitiert an dieser Stelle aus einer eigenen Schrift: Mahlert, Ulrich (2006): Was ist Üben? Zur Klärung einer komplexen Praxis, in: ders. (Hrsg.): Handbuch Üben. Grundlagen – Konzepte – Methoden, S. 28, Wiesbaden.

190 Röbke (2000:29).

„Fingerfertigkeiten" stellt hohe Ansprüche an ein planvolles wie qualitätsorientiertes Lehrkonzept, von den musikalischen Anfängen bis zur berufsvorbereitenden Ausbildung. Eine „Alphabetisierung" ästhetischer Bildungsprozesse fordert eine besondere Breite des Fächerangebots, die Bereitschaft, Musik in stilistischer Vielfalt zuzulassen, kulturelles Erbe zu pflegen sowie musikalische Innovation zu ermöglichen. Bezüglich der Unterrichtsinhalte gilt: „Fingerfertigkeiten" dürften nicht isoliert, sondern idealerweise nur in erweiterten Wissenskontexten unter Berücksichtigung verwandter ästhetischer Disziplinen vermittelt werden. Die Hinführung zur „Selbstaufmerksamkeit" sollte durch Erlebnisräume für ästhetische Erfahrungen vorbereitet werden. Unterschiedliche Unterrichtsformen vom Einzel- bis zum Ensembleunterricht spielen hier eine Rolle. Ebenso bedeutend erschiene in dieser Hinsicht jedoch auch die Vernetzung des gesamten Musikschulangebots in Veranstaltungen, Projekten und Kooperationen. Musik zur Sprache zu bringen – das hieße schließlich: musikalische Bildung nicht nur als personale Bildung zu verstehen, sondern zugleich als einen wichtigen Beitrag zur Kommunikation innerhalb der Gesellschaft. Indirekt berührt dies Fragen der gesellschaftlichen Teilhabe, der Zugangsoffenheit musikalischer Bildungsangebote.

In das Leitbild der heutigen Stuttgarter Musikschule sind solche Herausforderungen im Bereich der ästhetischen Bildung und Erziehung als Zielvorstellungen der Musikschularbeit eingegangen.[191] Die näher ausgeführten Unterpunkte des Leitbildes – *Die Musikschule – eine Bildungseinrichtung der Landeshauptstadt / Musikalische Kompetenzen vermitteln / Musik entdecken – Musik erleben / Musik und Schlüsselkompetenzen / Entwicklung und Partnerschaft / Gesellschaft und Öffentlichkeit* – sollen entsprechend nach innen Orientierung geben und das Profil der Musikschule in der Öffentlichkeit schärfen. Schon aus der Präambel des Leitbildes geht hervor, wie stark sich das Profil der Musikschule auf ein humanistisches Bildungsideal beruft:

> „MUSIK IST AUSDRUCK LEBENDIGEN MENSCHLICHEN DASEINS, URSPRÜNGLICHE LEBENSFREUDE WIRD DURCH SIE ERFAHRBAR. In diesem Sinne fördert die Stuttgarter Musikschule die ganzheitliche Entwicklung der Persönlichkeit und leistet einen Beitrag für ein lebenswertes Miteinander in einer Gesellschaft, die mehr denn je hohe Anforderungen an den Einzelnen stellt."[192]

Damit ist weit über jeden fachlichen Ansatz hinaus ein allgemeiner humanistischer Bildungsanspruch formuliert, an dem sich die Arbeit der Stuttgarter Musikschule messen lassen will.

---

191   Stuttgarter Musikschule (2012).
192   Stuttgarter Musikschule (2012).

5. Die Stuttgarter Musikschule und ihr Leitbild

5.1 Die Musikschule als kommunale Bildungseinrichtung

5.1.1 Der Weg der Stuttgarter Musikschule durch das 20. Jahrhundert

Die Stuttgarter Musikschule ist heute eine kommunale Bildungseinrichtung der Landeshauptstadt Stuttgart. Dank ihrer öffentlich-rechtlichen Trägerschaft hat sie einen Status erlangt, der ihren Vorläufer-Instituten im 19. Jahrhundert noch verwehrt blieb. Die von Ina Loehner im Jahr 1886 geäußerte Hoffnung, dass die institutionalisierte Musikerziehung unter der Mitwirkung eines eigenen Dach- und Fachverbandes unter Staatsschutz zu einem „integrirendem Bestandtheil der allgemeinen Bildung"[1] werden könnte, ist zumindest annähernd Wirklichkeit geworden.

Im 19. Jahrhundert waren die entscheidenden Impulse zur Entwicklung des Musikschulwesens von bürgerlicher Seite ausgegangen. Aus privaten Initiativen von Einzelpersonen und Vereinen erwuchsen Musikschulgründungen – in Stuttgart und andernorts. Doch während die zur beruflichen Bildung hin tendierenden Konservatorien schon frühzeitig eine öffentliche Trägerschaft anstrebten, stellt die Musikschule in kommunaler Trägerschaft mit dem vorrangigen Ziel der Laienbildung erst eine Errungenschaft des 20. Jahrhunderts dar.[2] Die Reformen zu „Musikerziehung und Musikpflege" des Referenten für musikalische Angelegenheiten im preußischen Ministerium für Wissenschaft, Kunst und Volksbildung, Leo Kestenberg, wiesen in den 1920er-Jahren der Volksmusikschule eine quasi öffentliche Bildungsfunktion zu, indem sie auch minderbemittelten Kindern bzw. deren Eltern die Chance auf eine qualitativ verlässliche Förderung musikalischer Anlagen eröffnen sollte:[3]

> „Kestenberg bezeichnete es in seiner Schrift von 1921 als eine der wichtigsten Aufgaben zum Aufbau und Ausbau der Musikpflege und Musikübung des Volkes, Städte und Gemeinden zur Einrichtung von Volksmusikschulen anzuregen. Die Volksmusikschulen sollten notfalls durch den Staat unterstützt werden, sich aber als ‚Unternehmungen der Gemeinden' möglichst selbst tragen. In seiner Schrift beschreibt Kestenberg auch bereits die inhaltlichen und organisatorischen Aspekte der Musikschule (zur Ausbildung von Laienmusikern), ihre sozialen Aufgaben (z.B. Freistellen für Minderbemittelte) und die Anforderungen an Lehrkräfte (staatliches Examen) und Schüler (Nachweis musikalischer Eignung in einer Prüfung)."[4]

---

1   Loehner (1886:3); vgl. Kapitel 3.3.4.
2   Vgl. Scheytt (1989:60ff.).
3   Vgl. Hemming (1977:30–33).
4   Scheytt (1989:62f.).

Fritz Jöde, einer der führenden Köpfe der Jugendmusikbewegung und 1923 auf Empfehlung von Kestenberg als Dozent an die Staatliche Akademie für Kirchen- und Schulmusik in Berlin berufen, konzipierte die Volks- und Jugendmusikschule ganz im Zeichen von Reformpädagogik und Jugendmusikbewegung.

> „Die Jugendmusikbewegung ging nach 1918 aus den Gruppen der wandernden Jugend hervor, die sich 1900 zusammenfanden (u.a. ‚Wandervogel …‘) und sich von der bürgerlichen Gesellschaft distanzierten, was als konkreter Vollzug der sog. Kulturkritik anzusehen ist […] Im Deutschland der 1920er-Jahre war der Wunsch nach intakter (Volks-)gemeinschaft groß; die J. [Jugendmusikbewegung] wollte zu einer solchen beitragen. Sie gliederte sich in zwei Hauptstränge: die ‚Musikantengilde‘ (um Fr. Jöde, ab 1921) und den ‚Finkensteiner Bund‘ (um W. Hensel, ab 1923). Musik galt als ideales Mittel, die Gemeinschaft zu fördern, die den Lebenssinn des ‚ganzen‘ Menschen bestimmen sollte."[5]

Im Mittelpunkt der Musikschularbeit sollte das gemeinschaftliche Singen und Laienmusizieren stehen. Einer bürgerlichen „individualistischen" Musikkultur gegenüber bestanden Vorbehalte – somit auch gegenüber dem Klavierunterricht. Wiederentdeckt wurde die Alte Musik und, dem Klangideal der Jugendmusikbewegung entsprechend, die Instrumente Blockflöte, Fiedel und Laute.[6]

> „Lehrer an den Musikschulen für Jugend und Volk nutzen das Improvisieren als methodischen Weg und unterrichten – auf der Basis des Singens und in der musikalischen Praxis auch immer wieder auf dieses bezogen – in Gruppen vor allem ‚gemeinschaftsfähige‘ Instrumente, weil jede ‚Musikunterweisung‘ (im Vokal- und Instrumentalunterricht sowie im ‚tätigen Musikhören‘) immer auf die ‚Musikausübung‘ (in Chor und instrumentalem Zusammenspiel) gerichtet ist. Die Identität der Lehrkräfte definiert sich folglich vor allem durch die Aufgabe der Anleitung des Gemeinschaftsmusizierens bzw. durch ihre zugleich führende und teilnehmende Rolle im Spiel- und Singkreis."[7]

In Stuttgart formierte sich 1921, nachdem aus dem Königlichen Konservatorium Stuttgart die „Hochschule für Musik" geworden war, die verbleibende Abteilung zur musikalischen Laienbildung im „Neuen Konservatorium für Musik" unter der Direktion von Karl Adler neu, getragen vom „Verein für Volksbildung", dem der spätere württembergische Kultusminister Theodor Bäuerle vorstand.[8] Das Unterrichtsangebot des Neuen Konservatoriums wies in der Darstellung Caroline Gritschkes zwar Einflüsse der „jugendmusikbewegten" Volksmusikschule auf, z.B. hinsichtlich der Instrumenten- und Literaturauswahl sowie der Betonung des gemeinschaftlichen Musizierens, knüpfte in dem qualitativen Anspruch seiner Ausbildung aber unverkennbar noch an die Tradition des alten Konservatoriums an.

> „Als Fächer wurden neben Klavier, Harmonium und einfachen Blas- und Lauteninstrumenten auch die Streichinstrumente Violine, Bratsche und Cello angeboten sowie Solo- und Chorgesang. Gemeinsam mit der instrumentalen Ausbildung wurden die Schüler

---

5   Kruse (2005:123f.).
6   Röbke (2015a:47f.).
7   Röbke (2016:417f.).
8   Vgl. Gritschke (2007:30ff.).

theoretisch geschult. Man arbeitete an der Gehörbildung und schulte im Musikdiktat, in Tonsatz und Formenlehre.

Der Unterricht erfolgte – wie im alten Konservatorium – in drei Stufen: Die ersten elementaren Lektionen erhielt man in den instrumentalen Fächern wöchentlich einstündig im Einzelunterricht, dabei wurden die Tonschrift erlernt, Gehörbildung aufgebaut und das rhythmische Gefühl gefördert. In der Mittelstufe (Schüler mit Privatvorschulbildung konnten auch gleich an dieser Stelle einsteigen) sollte vor allem ‚das Gefühl für den geistigen und seelischen Gehalt der Musik' geweckt werden. Der Fachunterricht erfolgte nun in wöchentlich 45 Minuten Einzelunterricht. Dazu kam verpflichtend eine Wochenstunde gemeinsam mit einigen anderen von Alter, Schulausbildung und persönlicher Veranlagung her passenden Schülern, die bewusst im Laufe des Trimesters umgruppiert wurden, um das Gemeinschaftsgefühl der Schüler untereinander und im Verhältnis zu den Lehrern zu fördern. In die Oberstufe gelangten nur besonders befähigte Schüler nach eingehender Prüfung, die sich auf eine berufliche Musikausbildung vorbereiten wollten.

Das Konservatorium verfügte neben den Spielgruppen der Mittelstufe über ein Schulorchester und Schulchöre.

Über jeden Vollschüler hatte der Lehrer ein Heft zu führen, das dessen fachliche und persönliche Entwicklung dokumentierte."[9]

Auf Druck der Nationalsozialisten wurde das „Neue Konservatorium" 1933 in Rechtsträgerschaft eines eingetragenen Vereins, 1936 auch als zwischenzeitliche Abteilung des „Vereins zur Förderung der Volksbildung" wieder aufgelöst und im gleichen Jahr unter der Bezeichnung Stuttgarter Musikschule als Musikschule des Volksbildungswerks „Kraft durch Freude" neu gegründet.[10] Hatten sich in der späten Phase der Weimarer Republik ohnehin schon irrationale Vorstellungen zu Gemeinschaft, Führertum und deutschen Tugenden in weiten Kreisen der Jugend- und Jugendmusikbewegung verbreiten können,[11] wurden nun „im Zuge der nationalsozialistischen Musikpolitik" Musikschulen „insbesondere für die politische Erziehung der Jugend mit Hilfe von Lied und Musik" genutzt.[12] Adolf Seifert, seit 1934 Leiter des Konservatoriums in Stuttgart und später erster Leiter der Stuttgarter Musikschule des Volksbildungswerks, gliederte dem Konservatorium vorübergehend eine Abteilung „Schule der Volksmusik" an. In seinen Worten hatte das Konservatorium für Musik in Stuttgart nun „dem Gesamtwerk deutscher Erziehung" zu dienen. Das oberste Ziel der Musikerziehung sei nicht die Musik, sondern das Volk. Der Einzelne solle an die Volksgemeinschaft gebunden werden, durch das, „was wir deutsches Wesen nennen".[13] Und Heribert Beutel, welcher die Stuttgarter Musikschule vorübergehend in den Kriegsjahren leitete, führte unmissverständlich aus: „Der Musikschule ist die Aufgabe gestellt, die Volksgenossen beim elementaren, lebendigen Erlebnis, beim Lied, beim Marsch und beim Tanz zu fassen und im Instru-

---

9   Gritschke (2007:34f.).
10   Vgl. Gritschke (2007:45–55).
11   Mogge (1998:190); vgl. zu dieser Thematik auch: Hodek (1977), Kolland (1978).
12   Scheytt (1989:65).
13   Zit. nach Gritschke (2007:53).

mental-Unterricht sinngemäß weiterzuführen."[14] Waren in den 1920er-Jahren Volks-
und Jugendmusikschulen kaum über den Status von Versuchsschulen hinausgelangt,
existierten 1939 bereits 160 Musikschulen für Jugend und Volk im Deutschen Reich.
An den Musikschulen wurden, abgesehen von der ideologischen Zweckbestimmung,
weiterhin besonders begabte Jugendliche auf ein Musikstudium an Konservatorien vorbereitet.[15]

> „Jede ‚Musikschule für Jugend und Volk' umfaßt[e] zwei Einrichtungen: die städtische Ju-
> gendmusikschule und die Musikschule des Deutschen Volksbildungswerkes. Die Jugend-
> musikschule sollte als städtische Einrichtung geführt werden, während die der Musikschu-
> lung von Erwachsenen dienenden Musikschulen des Volksbildungswerkes Abteilungen der
> Volksbildungsstätten wurden, die allerdings mit den Gemeindeverwaltungen weitgehend
> zusammenarbeiten sollten. Der Sing- und Instrumenatlunterricht an der Jugendmusikschule
> wurde in den ‚Dienstplan der Hitlerjugend' aufgenommen."[16]

Ende 1944 wurde der Unterrichtsbetrieb der Stuttgarter Musikschule kriegsbedingt
endgültig eingestellt.

Während nach Kriegsende in der DDR staatlich finanzierte Musikschulen entstanden, konnte sich in der BRD ein Musikschulwesen auf kommunaler Ebene etablieren.
1952 schlossen sich 12 westdeutsche Musikschulen im VdM (= Verband der Jugend-
und Volksmusikschulen; 1966 umbenannt in: Verband deutscher Musikschulen) zusammen.[17] In Stuttgart gründete der Musikpädagoge Paul Folge 1951 eine Jugendmusikschule, der jedoch eine städtische Trägerschaft verwehrt blieb.[18] Zwei Jahre später
eröffnete dann der Kunst- und Musikerzieher Luis Steiner eine Volksmusikschule, die
ihr Angebot schwerpunktmäßig an älteren Schülern ausrichtete. Beide Einrichtungen
versuchten zunächst – mit Blick auf die jüngste Vergangenheit weitgehend unreflektiert – in ihrer inhaltlichen Arbeit an Jödes Konzept der Volks- und Jugendmusikschule
aus den 1920er-Jahren anzuknüpfen und erhielten von der Stadt Stuttgart eine finanzielle Unterstützung.

In den 1960er-Jahren geriet hingegen „die Idee einer Erziehung zur Gemeinschaft durch Musik in die Krise".[19] Th. W. Adorno kritisierte das Konzept einer „Musischen Bildung", das die Musikpädagogik in der allgemeinbildenden Schule wie in
der Musikschule lange Zeit beeinflusst hatte,[20] in seiner Schrift *Kritik des Musikanten*
scharf: „Der Begriff des Musikanten […] meint insgeheim bereits den Vorrang des Musizierens über die Musik; daß einer fidelt soll wichtiger sein, als was er geigt."[21] Folglich sollte sich nun die Musikpädagogik am Primat der Musik orientieren und nicht

---

14   Zit. nach Gritschke (2007:55).
15   Scheytt (1989:67).
16   Scheytt (1989:66).
17   VdM (2015b).
18   Vgl. Gritschke (2007:62ff.).
19   Vgl. Röbke (2015a:48f.).
20   Vgl. Gruhn (2003:296f.).
21   Adorno (1960:75).

mehr an den Maßstäben eines unzureichenden, sich selbst genügenden Musizierens. Peter Röbke kommentiert:

> „Und so lautet der Titel des wichtigsten und eigentlich ersten didaktischen Werks jener Zeit für die Schulmusik – verfasst von Michael Alt und 1968 publiziert – *Didaktik der Musik. Orientierung am Kunstwerk*, und – man ahnt es schon – das Klavier zieht erst jetzt [wieder] auf breiter Front in die Musikschule ein, ist es doch das Instrument, dessen Repertoire am ehesten die höchsten Manifestationen des musikalischen Geistes spiegeln […]. Gleichzeitig fällt der Vorrang des Singens, und in das Zentrum der Musikschularbeit rückt der Instrumental(einzel)unterricht, nunmehr *ergänzt* vom Ensemble-Musizieren. In diese Zeit fällt auch bezeichnenderweise 1966 die bereits erwähnte Umbenennung des ‚Verbandes der Jugend- und Volksmusikschulen‘ in ‚Verband deutscher Musikschulen‘."[22]

An beiden Stuttgarter Schulen war es zwischenzeitlich zu einem raschen Wachstum der Schülerzahlen in den Instrumental- und Vokalfächern gekommen. Ensembles und Orchester wurden aufgebaut. Überregionale Beachtung fanden die musikalischen Früherziehungskurse an der Volksmusikschule. Lucie Steiner, die Frau von Luis Steiner, beteiligte sich in den 1960er-Jahren maßgeblich an der Entwicklung von systematischen VdM-Lehrplänen für Früherziehungskurse, die sich an Kinder ab einem Alter von vier Jahren richteten. 1968 fusionierten Jugendmusikschule und Volksmusikschule zur Stuttgarter Musikschule in Vereinsform.

Ab den 1970er-Jahren setzte dann bundesweit eine Entwicklung ein, welche Martin Maria Krüger / Christian Höppner als Siegeszug der Musikschulidee bezeichnet haben.[23] Allein von 1970 bis 1995 sollte die Zahl der im VdM zusammengeschlossenen Musikschulen von 284 auf über 1000 ansteigen.[24] Der Ausbau des öffentlichen Musikschulwesens ging mit dem gesellschaftspolitischem Konzept einer „Kultur für alle" oder auch dem „Bürgerrecht Kultur" einher, gestützt durch eine wachsende Kulturförderung der öffentlichen Hand.[25] Auch wenn die Zahl der Musikschulen nach der Wiedervereinigung aufgrund von Fusionen und Schließungen wieder auf 930 abgesunken ist: An den Einrichtungen werden heute über 1,4 Millionen Schülerinnen und Schüler nach Maßgaben unterrichtet, die sich am VdM-Strukturplan und den zugeordneten Rahmenlehrplänen orientieren.[26] Der VdM koordiniert(e) in seiner Funktion als „Fach- und Trägerverband der öffentlichen gemeinnützigen Musikschulen"[27] nicht nur die Arbeit und (Weiter-)Entwicklung seiner Mitgliedsschulen, sondern war und ist an allen kulturpolitischen Weichenstellungen zur Förderung des Musikschulwesens beteiligt. 1976 wurde die Stuttgarter Musikschule in kommunale Trägerschaft übernommen, zum Direktor wurde Luis Steiner ernannt. Dessen Nachfolgerin Trude Spoun sah die Arbeitsschwerpunkte ihrer Amtszeit (1979–1989) vor allem in der strukturellen

---

22 Röbke (2015a:48f.).
23 Krüger / Höppner (2007:29).
24 VdM (2015a:203).
25 Vgl. Knubben (2007:13ff.).
26 VdM (2017a:218f.).
27 VdM (2006).

Weiterentwicklung der Stuttgarter Musikschule sowie in der Anhebung des Niveaus der instrumentalen Ausbildung.[28]

In den 1990er-Jahren sorgten restriktive finanzpolitische Rahmenbedingungen in ganz Deutschland für einen sinkenden Anteil der öffentlichen Förderung an der Musikschulfinanzierung. In Verbindung mit steigenden Unterrichtsentgelten entstand ein wachsender Legitimationsdruck auf öffentliche Musikschulen.[29] Mehr und mehr bemühten sich nun Musikschulen vor dem Hintergrund gesellschaftlichen Wandels darum, die Effektivität und Effizienz ihrer Bildungsarbeit öffentlichkeitswirksam darzustellen.[30] Der VdM hat sich seit Ende der 1980er-Jahre konsequent dafür eingesetzt, Zugangsbarrieren zu musikalischer Bildung abzubauen, angefangen mit Thesen zum Konzept einer „Offenen Musikschule" (1989), …

> „Die Offene Musikschule
> * will durch lebendigen Unterricht und vielfältige Angebote ihre Schüler begeistern.
> * fühlt sich allgemein-erzieherischen Zielen verpflichtet, soweit ihnen mit Musikunterricht gedient werden kann.
> * entwickelt auch für Erwachsene Konzepte.
> * erklärt keine musikalische Erscheinungsform für Tabu.
> * beobachtet aufgeschlossen alle Entwicklungen der Musikszene und prüft, ob sie musikpädagogisch darauf eingehen kann.
> * will Gräben zwischen den musikalischen Stilen und ihrer Anhänger überbrücken.
> * bringt ihre Schüler auch mit anderen künstlerischen Sparten in Kontakt (Bildende Kunst, Literatur, Theater, Medien)."[31]

… über den Auf- und Ausbau von Bildungskooperationen, bis hin zur „Potsdamer Erklärung" (2014)[32] zum Thema Inklusion und dem Grundsatzprogramm „Musikalische Bildung in Deutschland. Ermöglichen – Gewährleisten – Sichern!"[33] (2016). Karina Telle, von 1990 bis 2002 Direktorin der Stuttgarter Musikschule, resümierte im Jahr 2002, dass sich auch an der Stuttgarter Musikschule in den 1990er-Jahren ein Stellenabbau nicht hätte verhindern lassen. Andererseits spricht ihre persönliche Bilanz dafür, dass sie die Stuttgarter Musikschule in den 1990er-Jahren konsolidieren konnte. Die Dezentralität des Unterrichtsangebots wurde ausgebaut, neue Unterrichtsangebote eingeführt: Eltern-Kind-Rhythmik, integrativer Musikunterricht für Kinder mit und ohne Behinderungen, Instrumentenkarussell; es erfolgte der Ausbau der STUVO (= Studienvorbereitende Ausbildung), der Orchester- und Ensemblearbeit, des Musiktheoriebereiches; ein Tonstudio wurde eingerichtet. An neuen Veranstaltungskonzeptionen benennt Telle: Instrumentenvorstellungen, Kinderkonzerte, Themenkonzerte, Musik im Krankenhaus, Musiktheaterproduktionen u.a. Weitere Maßnahmen galten der Optimierung der betriebsinternen Kommunikation sowie der Intensivierung der

---

28   Jäger (2012:41).
29   VdM (2012:179).
30   Vgl. VdM (2015b).
31   https://www.musikschulen.de/musikschulen/ [13.7.2017].
32   VdM (2015b).
33   VdM (2016b).

Lehrerfortbildung.[34] Noch spielten aber (potentielle) Kooperationen mit Kindertages-stätten und allgemeinbildenden Schulen kaum eine Rolle.[35] Dies sollte sich erst 2002 mit der Berufung von Friedrich-Koh Dolge zum Direktor der Stuttgarter Musikschule ändern. Unter der Direktion Dolges ist seither die musikalische Breitenarbeit im Bereich der Kooperationen mit Kindertagesstätten und allgemeinbildenden Schulen massiv ausgeweitet worden. Gleichzeitig hat die Begabtenförderung an der Stuttgarter Musikschule eine Qualität erreicht, die der Einrichtung selbst im internationalen Vergleich eine Spitzenposition zuweist.[36] Die strategische Ausrichtung der Musikschularbeit folgt dabei weniger dem Prinzip eines „entweder oder" als vielmehr dem eines „sowohl als auch". In dem Leitbild der Stuttgarter Musikschule heißt es entsprechend: „Wir sind überzeugt von der Breiten-, Spitzen- und Sonderförderung in allen Entwicklungsstufen und differenzieren unser Angebot nach den jeweiligen Bedürfnissen."[37] Bereits im Jahr 2002 hat Dolge, der inzwischen auch stellvertretender Bundesvorsitzender des VdM, Vorsitzender des baden-württembergischen Landesverbandes sowie Präsidiumsmitglied der EMU (= Europäische Musikschulunion) ist, die Chancen erkannt, die sich aus der Vernetzung mit anderen Institutionen für die Profilierung der Stuttgarter Musikschule als Bildungseinrichtung ergeben würden:

> „Die Musikschule ist in ihrem jeweiligen Umfeld zu einem unverzichtbaren ‚Zahnrad' im gesamten Bildungsmechanismus erwachsen und sie gehört zu den wichtigsten Einrich-tungen im Bildungs- und Erziehungsprozess. Wo anders können unsere Kinder auf so uni-versale und intensive Weise all die in ihrer und unserer Zukunft geforderten Schlüssel-qualifikationen, wie Teamfähigkeit, Kreativität, Toleranz, soziale Kompetenz, analytisches Denken, Phantasie, Identifikationsfähigkeit, Verantwortungs- und Selbstwertgefühl erwer-ben, als in der Betätigung mit Musik in der Musikschule. Jedoch erst das Zusammenwirken und -arbeiten aller Institutionen, ermöglicht Kindern und Jugendlichen ‚sich zu bilden'."[38]

Der Kreis zu Ina Loehners ausgangs des 19. Jahrhunderts geäußerten Hoffnung, die Musikschulen möchten zu einem „integrirendem Bestandteil der allgemeinen Bil-dung" werden, schließt sich nach einer wechselvollen Geschichte im 20. Jahrhundert an dieser Stelle.

5.1.2 Die Stellung der Musikschule im Bildungswesen

Auf die Stellung der Musikschule im Bildungswesen wirken rechtliche und politische Rahmenbedingungen ein. Oliver Scheytt merkt an: „Je nach Zugehörigkeit der Mu-sikschule zum schulischen oder außerschulischen Bildungsbereich ergeben sich unter-schiedliche rechtliche Bindungen und Grenzen."[39] Tatsächlich ist die Einordnung der Musikschulen in das Bildungssystem auf Ebene der einzelnen Bundesländer formal

---

34   Intonation: Ausgabe 9 (2002/2:4).
35   Vgl. Jäger (2012:41f.).
36   http://www.stuttgart.de/item/show/157754/1 [16.5.2015].
37   Stuttgarter Musikschule (2012).
38   Intonation, Ausgabe 9 (2002/2:3).
39   Vgl. Scheytt (2005:201ff.).

unterschiedlich geregelt. Das „Gutachten Musikschule" der Kommunalen Gemeinschaftsstelle für Verwaltungsmanagement (KGSt) aus dem Jahr 2012 konstatiert:

> „Bisher gibt es in acht Ländern spezielle gesetzliche Regelungen zum Musikschulwesen:
> In Baden-Württemberg, Bayern, Berlin, Brandenburg, Bremen, Mecklenburg-Vorpom-
> mern, Niedersachsen und Sachsen-Anhalt. In Brandenburg und Sachsen existieren eigene
> Musikschulgesetze, während in Baden-Württemberg die Aufgaben und Ziele der Musik-
> schulen in den §§ 9 ff. des Jugendbildungsgesetzes geregelt sind. Bayern, Berlin, Meck-
> lenburg-Vorpommern und Sachsen-Anhalt haben Regelungen zur Musikschule in ihre
> Schulgesetze aufgenommen, und in Niedersachsen enthält das Glücksspielgesetz Musikschul-
> bestimmungen. Die anderen Länder fördern die Musikschulen aufgrund von Richtlinien
> (Erlassen, Verordnungen). Auch die unterschiedliche Herangehensweise der gesetzlichen
> Regelungen zeigt, dass die Musikschule als Bildungseinrichtung eigener Art anzusehen ist,
> die Elemente des Schulwesens, der Jugendbildung und der außerschulischen kulturellen
> Bildung vereint.
> In Bayern wird der Name ‚Musikschule' durch Landesrecht geschützt, indem die Erlaub-
> nis zur Führung des Namens davon abhängig gemacht wird, dass wesentliche Qualitäts-
> standards eingehalten werden. Die Fördermittel des Landes werden nur an die Einrich-
> tungen vergeben, die diese Standards erfüllen.
> Die Länder Brandenburg, Mecklenburg-Vorpommern und Sachsen-Anhalt sprechen mit
> vergleichbaren Anforderungen eine teilweise als Namensschutz verstandene Anerkennung
> als Musikschule aus. Baden-Württemberg kennen Anerkennungen des Musikschulverbandes
> [als] Voraussetzung für eine Landesförderung."[40]

Es existiert somit bundesweit kein einheitliches Musikschulrecht. Infolgedessen fällt auch
die Praxis der Musikschulförderung auf Landesebene höchst unterschiedlich aus. Während z. B. das Land Baden-Württemberg seine Musikschulen im Jahr 2016 mit rund
18,8 Millionen Euro unterstützte, förderte das Land Schleswig-Holstein seine Musikschulen in demselben Jahr lediglich mit rund 670.200 Euro.[41]

Nach Scheytt stellt die Musikschule in der Gesamtbetrachtung „eine öffentliche
Bildungseinrichtung sui generis an der Nahtstelle zwischen Schulwesen, außerschulischer Jugendbildung und Weiterbildung" dar, „die als eigenständige Einrichtung darüber hinaus auch weitere Aufgaben der Kunst- und Kulturpflege erfüllt." Folgerichtig
zählt Oliver Scheytt Musikschulen „zwar zu den kommunalen Kultureinrichtungen,
aber gleichzeitig auch zum Bildungswesen".[42] Zwischen der staatlichen Schulaufsicht
nach Art. 7 Abs. 1 des Grundgesetzes („Das gesamte Schulwesen steht unter Aufsicht
des Staates")[43] und der kommunalen Selbstverwaltungsgarantie des Art. 28 Abs. 2 des
Grundgesetzes („Den Gemeinden muss das Recht gewährleistet sein, alle Angelegenheiten der örtlichen Gemeinschaft im Rahmen der Gesetze in eigener Verantwortung

---

40   KGSt (2012:14).
41   VdM (2017a:231).
42   Scheytt (2005:201).
43   https://www.gesetze-im-internet.de/gg/art_7.html [21.9.2015].

zu regeln")[44] sei in der Verfassung ein Spannungsverhältnis angelegt.[45] Zwar handelt es sich bei Musikschulen um Angebotsschulen, deren Besuch nicht verpflichtend ist. Dennoch dienen sie nicht nur der Förderung des Laienmusizierens, sondern erfüllen Bildungsaufgaben, welche auch die Kulturhoheit der Länder in Verbindung mit der staatlich geregelten Schulaufsicht tangieren. Besonders offensichtlich wird dies im Bereich der Kooperationen mit allgemeinbildenden Schulen oder auch in Hinblick auf eine berufsvorbereitende Ausbildung.

In der Praxis wird die Musikschule vorrangig dem Aufgabenbereich der Kommune zugeordnet. In der Gemeindeordnung für Baden-Württemberg heißt es etwa unter § 10 (2): „Die Gemeinde schafft in den Grenzen ihrer Leistungsfähigkeit die für das wirtschaftliche, soziale und kulturelle Wohl ihrer Einwohner erforderlichen Einrichtungen."[46] Damit ist eine Gemeinde verpflichtet, im Sinne der kulturellen Daseinsvorsorge tätig zu werden, nicht aber, unbedingt eine Musikschule zu unterhalten oder zu fördern. Eine (Mit-)Verantwortung der Länder ist jedenfalls in Betracht zu ziehen und wird eingefordert. Bereits 2008 hat die Enquete-Kommission des Deutschen Bundestages mit Blick auf das Musikschulwesen empfohlen, „Angebote der kulturellen Bildung aus dem rechtlichen Status der ‚freiwilligen Leistung' herauszuführen". Die Länder sollten sich „angemessen an der Finanzierung der außerschulischen Bildung als öffentlicher Gemeinschaftsaufgabe" beteiligen.[47] Und das „Gutachten Musikschule" der KGSt fügt hinzu: „Die Länder verstehen und fördern die Musikschulen als Bildungseinrichtungen, die Aufgabe wird indes auf kommunaler Ebene wahrgenommen."[48] In Baden-Württemberg garantiert das Jugendbildungsgesetz[49] die finanzielle Förderung der Musikschulen durch das Land. § 10 Abs. 1 des Jugendbildungsgesetzes besagt, dass das Land die Aufwendungen für pädagogisches Personal der Musikschulen mit einem Prozentsatz von mindestens 10 % bezuschusst. Die Landesförderung ist an Voraussetzungen gebunden. Nach § 4 Abs. 1 des Jugendbildungsgesetzes muss eine Musikschule als gemeinnützig anerkannt sein, jedermann die Teilnahme ermöglichen und über fachlich geeignete Mitarbeiter verfügen. Darüber hinaus kann eine Musikschule nur gefördert werden, wenn sie nach § 9 Abs. 1

1. „unter der Leitung eines nach der Ausbildung oder Berufserfahrung geeigneten Künstlers oder Kunsterziehers steht,
2. Gewähr für eine langfristige und pädagogisch planmäßige Arbeit bietet und
3. unter kommunaler Trägerschaft steht oder im Einvernehmen mit kommunalen Stellen arbeitet."

44   https://www.gesetze-im-internet.de/gg/art_28.html [21.9.2015].
45   Scheytt (2005:202).
46   http://www.landesrecht-bw.de/jportal/?quelle=jlink&docid=jlr-GemOBWpP10&psml=bsbawueprod.psml&max=true [9.7.2017].
47   Deutscher Bundestag (2008:599).
48   KGSt (2012:14).
49   http://www.landesrecht-bw.de/jportal/?quelle=jlink&query=JBiG+BW&psml=bsbawueprod.psml&max=true [9.7.2017].

Musikschulen im VdM sind gemäß Jugendbildungsgesetz staatlich anerkannt. Sie nehmen einen eigenständigen öffentlichen Bildungsauftrag wahr und sind zugleich Teil des Bildungswesens. § 1 (1) des Jugendbildungsgesetzes besagt:

> „Die außerschulische Jugendbildung ist ein eigenständiger und gleichberechtigter Teil des gesamten Bildungswesens. […] Ihre Förderung und Entwicklung ist eine öffentliche Aufgabe."

Unter § 1 (2) heißt es zur Aufgabe der außerschulischen Jugendbildung:

> „[…] Sie [die außerschulische Jugendbildung] trägt mit jugendgemäßen Mitteln dazu bei, den jungen Menschen zur Selbstverwirklichung, zur Verantwortlichkeit und zur aktiven Mitgestaltung der Gesellschaft sowie der Wahrnehmung der staatsbürgerlichen Pflichten im Rahmen der freiheitlich-demokratischen Grundordnung zu befähigen. Ein besonderes Ziel ist die Entwicklung von Toleranz gegenüber Menschen anderer Lebensweise, Herkunft und Weltanschauung sowie gegenüber Menschen mit Behinderungen. Ein weiteres Ziel ist die Förderung der Gleichberechtigung von Mädchen und Jungen sowie von Frauen und Männern."

Musikschulen, als Teil des Bildungswesens dem Bereich der außerschulischen Jugendbildung zugeordnet, wird somit in Baden-Württemberg ein sehr umfassender allgemeiner Bildungsauftrag zuerkannt. Die Stuttgarter Musikschule formuliert folgerichtig in ihrem Leitbild: „Wir erachten die musische Bildung und Erziehung im Sinne einer ganzheitlichen Bildung für besonders wichtig und sind uns unserer Verantwortung als Vorbilder für Kinder und Jugendliche bewusst."[50]

Aussagen zum Bildungsauftrag der Stuttgarter Musikschule trifft die Schulordnung in der Fassung vom 27.11.2011. Unter § 1 heißt es:

> „Aufgabe der Schule ist es, Kinder, Jugendliche und Erwachsene möglichst frühzeitig und auf breiter Basis an die Musik heranzuführen, musikalische Grundausbildung zu erteilen, Instrumental- und Vokalfach zu schulen und ihnen dazu die notwendigen theoretischen und praktischen Kenntnisse zu vermitteln. Die Musikschule bildet den Nachwuchs für das Laien- und Liebhabermusizieren aus, pflegt die Begabtenfindung und -förderung und bereitet begabte Schüler auf ein eventuelles Musikstudium vor."[51]

Die Formulierung des Bildungsauftrages der Stuttgarter Musikschule verweist allerdings mit § 3 (1) …

> „Der Ausbildung liegen der Strukturplan und die Rahmenlehrpläne des Verbandes deutscher Musikschulen e.V. zugrunde."

… auf entsprechende Formulierungen des VdM-Strukturplanes zu Konzept und Aufbau einer öffentlichen Musikschule. Der Strukturplan und die Rahmenlehrpläne des VdM werden für die Stuttgarter Musikschule verbindlich durch ihre Mitgliedschaft im VdM. Eine Mitgliedschaft im VdM ist wiederum an die Erfüllung bestimmter Voraus-

---

50   Stuttgarter Musikschule (2012).
51   Stuttgarter Musikschule (2011).

setzungen gebunden. Musikschulen müssen in öffentlicher, in der Regel kommunaler Trägerschaft stehen oder als gemeinnützig anerkannte privatrechtliche Einrichtungen von Kommunen maßgeblich mitverantwortet werden und entsprechend den Richtlinien für eine Mitgliedschaft im VdM ein umfassendes Unterrichtsangebot vorhalten:[52]

- Elementar-/Grundstufenunterricht, auch als Voraussetzung für einen nachfolgenden Instrumental- oder Vokalunterricht
- Unterricht aus mindestens fünf der folgenden Fachbereiche:
  - Streichinstrumente
  - Zupfinstrumente
  - Holzblasinstrumente
  - Blechblasinstrumente
  - Tasteninstrumente
  - Schlaginstrumente
  - Gesang
- Breitgefächerter, kontinuierlicher Ensembleunterricht

Ein weiteres Kriterium ist, dass der Unterricht von Lehrkräften erteilt wird, welche ein musikpädagogisches Fachstudium abgeschlossen haben oder eine vergleichbare Qualifikation nachweisen können, ebenso wie die allgemeine Zugänglichkeit der Einrichtung. Diese ist auch bei der Gebührengestaltung zu berücksichtigen. In seiner zuletzt 2009 aktualisierten Fassung geht der VdM-Strukturplan von einer Mannigfaltigkeit bildungs-, kultur-, jugend- und sozialpolitischer Aufgaben aus, die von kommunal verantworteten Musikschulen wahrgenommen werden. „Musikschulen sind Orte des Musizierens, der Musikerziehung und der Musikpflege, Orte der Kunst und der Kultur und Orte für Bildung und Begegnung.“[53] Ihre Aufgaben „sind die musikalische Grundbildung, die Breitenförderung, die Begabtenfindung und Begabtenförderung sowie ggf. die Vorbereitung auf ein Musikstudium“.[54] Die Hinführung zum Musizieren soll dazu beitragen, eine musikalische Urteils- und Orientierungsfähigkeit zu entwickeln, wodurch sich der Eigenwert der Musik als Kunstdisziplin vollenden könne. „Zugleich wird ein Bildungsprozess gefördert, der zum ganzheitlichen Verständnis des Einzelnen in der Welt und zu einer positiven Persönlichkeitsentwicklung beiträgt.“[55] Der Strukturplan des VdM nimmt auch Bezug auf erstrebenswerte Transferwirkungen musikalischer Bildung, fokussiert jedoch vor allem fachliche und organisatorische Qualitätsstandards, die für eine gelingende öffentliche Musikschularbeit als notwendig erachtet werden. Er gliedert den Unterricht an der Musikschule in eine Elementar-, Unter-, Mittel-, und Oberstufe. Der Unterricht ist „je nach Fach und Stufe sowie nach pädagogischen Erwägungen als Klassen-, Gruppen- oder Einzelunterricht“[56] zu erteilen. Der auf jeder Leistungsstufe hinzutretende Unterricht in Ensemble- und Ergänzungsfächern versteht sich als „inte-

---

52   Vgl. im Folgenden: VdM (2011).
53   VdM (2010:2).
54   Vdm (2010:3).
55   VdM (2010:12).
56   VdM (2010:3).

graler Bestandteil des ganzheitlichen Bildungskonzepts der öffentlichen Musikschule".[57] Hervorgehoben wird, dass erst ein „mehrjähriger kontinuierlicher Unterricht" Schüler/innen in die Lage versetzen kann, „ihre individuellen musikalischen Fähigkeiten und Kompetenzen zu entwickeln und das aktive Musizieren als bedeutsam für ihr Leben wahrzunehmen".[58] Empfohlen werden zudem konkrete Leistungsziele für einen Musikschulunterricht:

> „Die Hinführung zum aktiven Musizieren korrespondiert mit Freude am Lernen, am eigenen Tun, an der Leistung und am Erfolg. [...] Für jedes Unterrichts- und Ensemblefach gibt es Rahmenlehrpläne bzw. Bildungspläne, die Ziele und Inhalte der Ausbildung formulieren. Eine regelmäßige Feststellung der Fortschritte soll Schülern, Eltern und Musikschule den individuellen Entwicklungsprozess aufzeigen."[59]

Die Rahmenlehrpläne gehen von der Annahme aus, dass „leistungsbereite Schülerinnen und Schüler die empfohlenen Lernziele von Unter- und Mittelstufe in jeweils etwa vier Jahren erreichen können".[60] In den Elementar- und Grundfächern steht zuvor „die bildende Begegnung mit elementaren musikalischen Erlebnis- und Ausdrucksweisen im Mittelpunkt: Sensibilisierung der Wahrnehmung – insbesondere des Gehörs –, das Erleben und Kennenlernen einer Vielzahl von Musikstücken und Instrumenten, der Umgang mit der Stimme und das Singen, die Erfahrung des Zusammenhangs von Musik und Bewegung, erstes Spiel mit Instrumenten sowie erste Einsichten in musikalische Zusammenhänge und der Umgang mit grundlegenden Elementen der Musiklehre".[61] Die Unterstufe zielt im Bereich der Instrumental- und Vokalfächer auf die Einheit „von Körper und Instrument, von Klangvorstellungen und Technik", bevor in der Mittelstufe ein differenzierterer „Umgang mit verschiedenen Epochen, Stilen und Formen der Musik" in den Vordergrund treten soll. Die Oberstufe bleibt besonders begabten und leistungsbereiten Schülerinnen und Schülern vorbehalten, die in der „Auseinandersetzung mit musikalisch anspruchsvollen und technisch schwierigen Werken" ihre „technischen und klanglichen Möglichkeiten" perfektionieren wollen.[62]

Über Kooperationen, Zusatzangebote und Veranstaltungen möchten sich die Musikschulen allen gesellschaftlichen Milieus gegenüber öffnen und besondere Zielgruppen (z.B. Erwachsene, Menschen mit Behinderungen, sozial Benachteiligte, Mitbürger mit Migrationshintergrund) in die Mehrheitsgesellschaft integrieren. In den aktuellen VdM-Strukturplan hat der Begriff „Kommunale Bildungslandschaft" Eingang gefunden. Insbesondere von „Kooperationen mit Kindertagesstätten, Schulen, Laienmusikvereinigungen und vielfältigen weiteren Einrichtungen und Akteuren in der Kommune" ist in diesem Zusammenhang die Rede.[63] Der VdM-Jahresbericht 2016 verzeichnet allein 12.582 solcher Kooperationen. Davon sind mit 36,4% Kindergärten/-horte die

---

57   VdM (2010:11).
58   VdM (2010:10).
59   VdM (2010:3).
60   VdM (2010:10).
61   VdM (2010:9).
62   VdM (2010:10).
63   VdM (2010:3).

bevorzugten Kooperationspartner von Musikschulen, vor Grundschulen mit 31,79%. Immerhin 111 Musikschulen geben an, mit insgesamt 178 Senioreneinrichtungen zu kooperieren.[64] Die Zusammenarbeit mit Chören, Musikvereinen, Kirchen und sonstigen Vereinen belegt „ebenfalls den Stellenwert der Musikschule als verlässlicher Partner in der Kultur- und Bildungsarbeit".[65] Der Begriff „Bildungslandschaft" ist unter dem Aspekt der Eröffnung einer „sozialräumlichen Perspektive" durch Bildung und Bildungspolitik – hier speziell auch in der Musikschularbeit – zu verstehen:

> „Der Begriff ‚Bildungslandschaft' fokussiert Bildung und Bildungspolitik in einer sozial-räumlichen Perspektive. Mit dem Begriff Bildungslandschaften werden bildungspolitische Ansätze und Strategien bezeichnet, mit denen versucht wird, Bildung im kommunalen Bereich durch Kooperationen und in gemeinsamer Verantwortung vieler Institutionen und Akteure besser zu fördern und insbesondere Bildungsbenachteiligungen von Kindern und Jugendlichen in benachteiligten Lebenslagen und schwierigen Lebensverhältnissen abzubauen. Bildungslandschaften werden gestaltet von Institutionen und Initiativen aus den Bereichen Bildung, Jugend, Soziales, Wirtschaft, Kultur, Gesundheit, Sport, unter Einbezug zivilgesellschaftlicher Organisationen und Verbände, Gewerkschaften, Kirchen und Vereine."[66]

Gemäß dem VdM-Strukturplan in seiner 2009 aktualisierten Fassung erhebt die Musikschule Anspruch darauf, „das Kompetenzzentrum für musikalische Bildung und Erziehung der Kommunalen Bildungslandschaft" zu sein.[67]

An einer sozialräumlichen Perspektive der Musikschularbeit ist insbesondere auch die Kommunalpolitik interessiert. „Kommunen artikulieren ein deutliches Interesse an Bildung, sie sehen Bildungspolitik zunehmend als eine wichtige kommunale Gestaltungsaufgabe an."[68] Auf den Bildungsauftrag der Stuttgarter Musikschule wirkt deshalb indirekt auch die Mitgliedschaft der Stadt Stuttgart als Träger der Einrichtung im Deutschen Städtetag ein. Der Deutsche Städtetag ist der größte kommunale Spitzenverband in Deutschland. Ihm gehören rund 3.400 Städte und Gemeinden an.[69] Er „vertritt aktiv die kommunale Selbstverwaltung" und „nimmt die Interessen der Städte gegenüber Bundesregierung, Bundestag, Bundesrat, Europäischer Union und zahlreichen Organisationen wahr".[70] Die vom Deutschen Städtetag gemeinsam mit dem Deutschen Landkreistag sowie dem Deutschen Städte- und Gemeindebund Anfang 2010 verabschiedeten Leitlinien und Hinweise „Die Musikschule" sind als Orientierungshilfe für Kommunen zur Strukturierung ihres öffentlichen Musikschulangebots gedacht.[71] Sie ersetzen die zuletzt gültige Fassung aus dem Jahr 1999. Folgende Gründe für die Aktualisierung

---

64   VdM (2017a:228).
65   VdM (2017a:229).
66   Mack, W. (2012:732).
67   VdM (2010:3).
68   Mack, W. (2012:733).
69   http://www.staedtetag.de/ [10.7.2017].
70   http://www.staedtetag.de/wirueberuns/aufgaben/ [10.7.2017].
71   Deutscher Städtetag / Deutscher Landkreistag / Deutscher Städte- und Gemeindebund (2010:2).

werden in der Einleitung der Hinweise zur Sicherung und Weiterentwicklung der öffentlichen Musikschulen benannt:

- „Immer mehr Städte, Kreise und Gemeinden machen sich auf den Weg zu kommunalen Bildungslandschaften im Sinne einer Vernetzung der Arbeit der unterschiedlichen Bildungsakteure vor Ort, zu denen auch die Musikschulen als wesentliche Vermittler kultureller Bildung zählen.
- Bundesweit gibt es eine breite Tendenz zu mehr ganztägiger Bildung, Betreuung und Erziehung. Musikschulen müssen demzufolge auf veränderte Zeitstrukturen der Schüler/innen reagieren und diese dort aufsuchen, wo sie einen Großteil ihres Tages verbringen. Die Ganztagsschulentwicklung bietet aber auch die Chance, mehr Kinder und Jugendliche unterschiedlicher Herkunft mit dem Musikschulangebot zu erreichen.
- Die demografische Entwicklung muss sich auch in der Struktur, dem Angebot und der Ausrichtung von Musikschulen niederschlagen.
- Dem zunehmend ausdifferenzierten Angebot für die Bereiche frühkindlicher Bildung wird besondere Bedeutung attestiert."[72]

Die Notwendigkeit einer stärker vernetzten Bildungslandschaft wird mit dem Wandel einer alternden, sich zunehmend heterogener entwickelnden Gesellschaft („… mehr Kinder und Jugendliche unterschiedlicher Herkunft") erklärt. Bei den Aussagen zu Aufgaben der öffentlichen Musikschulen ist die besondere Gewichtung der Breitenarbeit der Musikschule („… möglichst vielen Kindern und Jugendlichen, aber […] auch Erwachsenen und Senioren Zugang zum eigenen Musizieren ermöglichen") unter Berücksichtigung sozialer Kriterien („soziale Gebührenstaffelung […] ermöglichen") auffällig. Der Musikschule wird die Eigenständigkeit ihrer pädagogischen und kulturellen Aufgaben zugestanden. Zugleich wird sie im Rahmen der Gestaltung zukunftsfähiger Bildungslandschaften als „wesentlicher Kooperationspartner" von Kindertagesstätten und Schulen gesehen. Abverlangt wird der Musikschule in dieser Eigenschaft, dass sie ihre Angebotsstruktur inhaltlich, personell und räumlich auf die zunehmend ganztägige Bildung von Kindern und Jugendlichen einstellt.[73] Das Musikschulangebot soll „sowohl der Gesellschaft als auch der Entfaltung des Einzelnen zugute kommen".[74] Auf diesem Wege benennen die „Hinweise und Leitlinien" Bildungsperspektiven, die weit über die *Aus*bildung musikalischer Fähigkeiten und Fertigkeiten hinausreichen:

- „Musizieren und die Auseinandersetzung mit Musik fördern die Persönlichkeitsentwicklung und Sensibilität des Menschen. Die aktive Beschäftigung mit Musik schafft Zugänge zu den kulturellen Grundlagen der Gesellschaft.
- Musizieren fördert Kreativität. Diese ist eine Voraussetzung für den schöpferischen Umgang mit dem eigenen Leben und für die Bewältigung von Herausforderungen unterschiedlichster Art.

---

72 Deutscher Städtetag / Deutscher Landkreistag / Deutscher Städte- und Gemeindebund (2010:5f.).
73 Deutscher Städtetag / Deutscher Landkreistag / Deutscher Städte- und Gemeindebund (2010:6).
74 Deutscher Städtetag / Deutscher Landkreistag / Deutscher Städte- und Gemeindebund (2010:7).

- Durch gemeinsames Musizieren wird das Sozialverhalten entwickelt. Gerade die gegenseitige Rücksichtnahme beim gemeinsamen Musizieren und die notwendige Geduld gemeinsamen Lernens sind wichtige Voraussetzungen sozialintegrativen Verhaltens.
- Musikerziehung und Instrumentalunterricht fördern Konzentration, Leistungsbereitschaft, Durchhaltevermögen und Teamfähigkeit, Fähigkeiten, die allgemein als Schlüsselqualifikationen in Gesellschaft und Wirtschaft gelten.
- Musikschulen integrieren durch gemeinsames Musizieren Menschen aus unterschiedlichen sozialen und kulturellen Milieus. In einer Gesellschaft, in der sich soziale und kulturelle Gruppen und Milieus oft relativ unvermittelt gegenüberstehen, ermöglicht die Musikschule, Gräben zwischen diesen zu überbrücken und zu vermitteln. Die Zusammenarbeit mit Institutionen, die ähnliche Ziele verfolgen, wird von den Musikschulen angestrebt.
- Die intensive Auseinandersetzung mit Musik und das Musizieren sind ein Gegengewicht zu der oft unterschwelligen musikalischen Reizüberflutung und ermöglichen dem Einzelnen einen bewussten Umgang mit musikalischen Angeboten. Zugleich fördern Musikerziehung und musikalische Bildung die Sensibilität gegenüber der Umwelt.
- Musizieren ermöglicht Menschen aller Altersstufen eine sinnvolle Tätigkeit angesichts zunehmender Freizeit.
- Besonders begabte Schülerinnen und Schüler erhalten in der Musikschule eine spezielle Förderung, die auch der Vorbereitung auf ein Musikstudium dienen kann.
- Musikschulen tragen mit eigenen öffentlichen Veranstaltungen bzw. Beiträgen zu Veranstaltungen Anderer zum kulturellen Gesamtangebot der Kommune bei."[75]

Die Reihenfolge der genannten Bildungsperspektiven drückt indirekt etwas über ihre politische Gewichtung aus – nicht in dem Sinne, dass die Letztgenannten verzichtbarer wären, aber wohl doch in dem Sinne, dass die Erstgenannten als grundlegend angesehen werden. An erster Stelle stehen Persönlichkeitsentwicklung, Zugang zu den kulturellen Grundlagen der Gesellschaft, Sensibilisierung, Kreativität und Sozialverhalten. Erst an vorletzter Stelle findet sich der Hinweis auf die spezielle Förderung von besonders begabten Schülerinnen und Schülern an der Musikschule.

An die Verortung der Musikschule in der kommunalen Bildungslandschaft knüpft schließlich auch die Neufassung des „Gutachten Musikschule" (2012) durch die Kommunale Gemeinschaftsstelle für Verwaltungsmanagement (KGSt) an, einem von Städten, Gemeinden und Kreisen getragenen Fachverband für kommunales Management. Das Gutachten fordert die Etablierung eines Bildungsmanagements an Musikschulen.

> „Mit diesem Gutachten ordnet die KGSt die Musikschule in die kommunale Bildungslandschaft ein und gibt Hinweise, wie die Musikschularbeit im Rahmen des kommunalen Bildungsmanagements strategisch ausgerichtet und gesteuert werden sollte."[76]

Begründet wird die Notwendigkeit eines Bildungsmanagements mit veränderten ökonomischen und sozialen Rahmenbedingungen der Musikschularbeit. Musikschulen stün-

---

75 Deutscher Städtetag / Deutscher Landkreistag / Deutscher Städte- und Gemeindebund (2010:7f.).
76 KGSt (2012:18).

den im Wettbewerb mit privaten Anbietern. Fragen der Effizienz und Wirkungskontrolle gewännen im Verwaltungswesen an Bedeutung.[77] „Ein kommunales Bildungsmanagement hat zum Ziel, Bildungsangebote zu erfassen, bedarfsorientiert zu entwickeln und eine zukunftsorientierte, vernetzte, auf Nachhaltigkeit ausgerichtete Bildungsinfrastruktur aufzubauen.“[78] Die KGSt bemüht sich zugleich um inhaltliche Klärungen. Musikschulen dienen im Verständnis der KGSt der kulturellen Bildung. Daher empfiehlt sie ihre „Zuordnung zu dem Handlungsfeld Bildung“[79] und beruft sich dabei unverkennbar auf einen neuzeitlichen Bildungsbegriff Humboldtscher Prägung:

> „Der moderne, dynamische und ganzheitliche Bildungsbegriff steht für den lebensbegleitenden Entwicklungsprozess des Menschen, durch den er seine geistigen, kulturellen, und lebenspraktischen Fähigkeiten erweitert und seine personalen und sozialen Kompetenzen stärkt. **Bildung** kann daher nicht nur auf die Erlangung von ‚Formal-Wissen‘ reduziert werden, sondern meint die gesamte Entfaltung und Entwicklung der geistig-seelischen, sozialen, kognitiven und emotionalen Werte und Anlagen eines Menschen. Die grundlegenden Ziele von Bildung sind die Ermöglichung individueller Selbstständigkeit sowie die Förderung von gesellschaftlicher Teilhabe und Chancengerechtigkeit. Musikschulen sind nach dieser Definition eindeutig Einrichtungen, die Bildung vermitteln, die weit über die Erlangung von formalem Wissen hinausgeht. Eine entscheidende Wirkung der Musikschularbeit ist die Persönlichkeitsbildung. Diese komplett in ‚messbaren Wirkungszielen‘ abzubilden, ist kaum möglich. Dies sollte bei der Diskussion und Festlegung von Zielen in diesem Zielfeld beachtet werden.“[80]

Musikschulen verfolgen „grundlegende Ziele von Bildung“. Sie ermöglichen individuelle Selbstständigkeit und fördern gesellschaftliche Teilhabe und Chancengerechtigkeit – dies in Kongruenz mit der Definition des Begriffes „Kulturelle Bildung“ durch Karl Ermert:

> „Kulturelle Bildung bedeutet Bildung zur kulturellen Teilhabe. Kulturelle Teilhabe bedeutet Partizipation am künstlerisch kulturellen Geschehen einer Gesellschaft im Besonderen und an ihren Lebens- und Handlungsvollzügen im Allgemeinen. Kulturelle Bildung gehört zu den Voraussetzungen für ein geglücktes Leben in seiner personalen wie in seiner gesellschaftlichen Dimension. Kulturelle Bildung ist konstitutiver Bestandteil von allgemeiner Bildung.“[81]

Das KGSt-Gutachten ordnet das öffentliche Musikschulwesen primär dem Sektor einer non-formalen Bildung zu, d.h. die Musikschularbeit findet zwar im institutionellen Rahmen mit qualifiziertem Personal sowie geplanten bzw. organisierten Bildungsaktivitäten statt, aber außerhalb der Einrichtungen einer allgemeinen und beruflichen Bildung, ohne staatliche Aufsicht. Ganz eindeutig sei diese Zuordnung indes nicht. Über

---

77   KGSt (2012:4).
78   KGSt (2012:21).
79   KGSt (2012:3).
80   KGSt (2012:27).
81   Ermert (2009).

die Kooperationen mit allgemeinbildenden Schulen weise die Musikschule Bezüge zu einem formalen Lernen und über das Musizieren in Freizeit, Familie, Verein oder Kirche Bezüge zu einem informellen, d.h. in der Regel nicht intentionalen Lernen auf.[82] Gerade aus der Offenheit der Musikschule gegenüber verschiedenen Formen des Lernens erwächst die Chance, eine besonders ganzheitliche Bildung zu ermöglichen.

Zusammenfassend bestehen zwischen den drei genannten Grundsatzpapieren zum Musikschulwesen weitgehende inhaltliche Übereinstimmungen, auch wenn die Ausgangsperspektiven sich unterscheiden mögen: Der VdM betont die fachlichen und organisatorischen Voraussetzungen einer gelingenden Musikschularbeit, die kommunalen Spitzenverbände tendieren zu einer politisch motivierten Sichtweise, die KGSt rückt stärker betriebswirtschaftliche Aspekte in den Blickpunkt. Allen drei Positionspapieren ist gemeinsam, dass sie der Musikschule eine eigenständige und doch allgemein anerkannte Bildungsfunktion zuschreiben. Die Notwendigkeit zur Vernetzung der Musikschule in die kommunale Bildungslandschaft wird in ihnen vor dem Hintergrund gesellschaftlichen Wandels gesehen.

Kommunale Bildungslandschaften sind im Prinzip keine Erfindung des 21. Jahrhunderts. Ähnliches hat es zumindest ansatzweise auch schon im 19. Jahrhundert gegeben.[83] Durch die Anbindung einer institutionellen Musikerziehung an Einrichtungen des allgemeinen Bildungswesens versprach man sich Synergieeffekte. Musik konnte an der Hohen Carlsschule in Stuttgarter von „Laien" auch als Ergänzungsfach belegt werden. Am Stuttgarter Waisenhausinstitut war eine „sozialräumliche Perspektive" von vornherein einkalkuliert, indem überwiegend – wenn auch nicht ausschließlich – Waisenkinder musikalisch ausgebildet werden sollten. Eine Vernetzung mit Einrichtungen des allgemeinen Bildungswesens blieb indes nicht allein öffentlichen Trägern von Musikinstituten vorbehalten. Das Geschäftsmodell der Logierakademien basierte darauf, musikalische Bildung zu demokratisieren und bürgerlichen Schichten, nicht zuletzt Töchtern aus bürgerlichem Hause, durch kostengünstigen Gruppenunterricht am Klavier sowohl das Erlernen eines Instruments zu ermöglichen als auch musikalische Grundkenntnisse zu vermitteln. Dieser Ansatz ließ Logiers Methoden auch für allgemeinbildende Schulen attraktiv erscheinen. Franz Stöpel, Begründer einer Musikschule in Stuttgart nach dem Vorbild der Logier-Akademien, hatte einst im Auftrag der preußischen Regierung Johann Bernhard Logiers Unterrichtsmethoden in London begutachtet, bevor Logier 1822 einer Einladung nach Berlin folgte und zwischen 1822 und 1826 auf Geheiß der preußischen Regierung in der Ausbildung zukünftiger Lehrer an öffentlichen Schulen wirkte. Gustav Schilling, der als Nachfolger Franz Stöpels eine musikalische Lehranstalt in Stuttgart über einen Zeitraum von mehr als zwanzig Jahren leitete, verfasste nicht nur eine Didaktik für den musikalischen Unterricht, sondern außerdem eine allgemeine Volksmusiklehre für den Gebrauch an sämtlichen Schulen, „von den Gymnasien und höheren Töchterschulen an bis herab zur geringsten Dorfschule, so-

---

82 Vgl. KGSt (2012:28). Das KGSt-Gutachten verweist zur Unterscheidung von formalem, non-formalem und informellem Lernen auf folgende Quelle: Rat der Europäischen Union (2004): Schlussfolgerungen des Rates und der im Rat vereinigten Vertreter der Regierungen der Mitgliedstaaten zu gemeinsamen europäischen Grundsätzen für die Ermittlung und Validierung von nicht formalen und informellen Lernprozessen.

83 Vgl. im Folgenden: Kapitel 2.2; 3.3.

wie in den verschiedenen dilettantischen Vereinen, als Liedertafeln, Liederkränzen; Harmonien etc." Nach eigenem Bekunden bezog er die Gesangsbildung in das Unterrichtsangebot seiner Lehranstalt mit ein, weil die allgemeinbildenden Schulen in diesem Punkte nur Unzureichendes leisteten. Kooperationen zwischen Musikschulen und allgemeinbildenden Schulen sind schon damals in Fachkreisen diskutiert worden.[84] Adolph Bernhard Marx sprach sich gegen sie aus. Den „Schulgesang in Volks- und höhern Schulen nebst all' den flüchtigen Veranstaltungen zur oberflächlichen Betheiligung an gemeinsamer Musikausübung" verband seiner Meinung nach nichts mit den künstlerischen Maßstäben, die er sich für den Unterricht an eigens dafür vorgesehenen Musikinstituten vorstellte. Anders sah dies Lina Ramann. Für Ramann standen Musikschulen unter dem Aspekt eines allgemeinen Erziehungsauftrages in der Pflicht, die Instrumentalmusik auch an allgemeinbildenden Schulen zu vertreten, da sich eine musikalische Gefühlsvertiefung bei Kindern nur dort erreichen ließe, wo selbst musiziert werde. Ramann hat mit ihrer Forderung nach Lehrplänen für Musikschulen, die sich an den staatlichen Lehrplänen für das allgemeine Bildungswesen orientieren und fachspezifische wie allgemeine Bildungsziele eines Musikunterrichtes definieren sollten, den heutigen Strukturplan des VdM einschließlich der zugeordneten Rahmenlehrpläne bereits gedanklich antizipiert. Davon abgesehen bestanden an der 1857 gegründeten Stuttgarter Musikschule zumindest auf dem Papier Anleihen an das Konzept der heutigen VdM-Musikschule. Es gab Haupt- und Nebenfächer, Einzel-, Partner-, Gruppen-, Klassen- und Ensembleunterricht. Der Unterricht gliederte sich in eine Elementar-, Mittel- und Oberstufe. Und was vielleicht noch bemerkenswerter ist: Das Stuttgarter Konservatorium war in der Ära Faisst erstaunlich gut in der kommunalen Bildungslandschaft vernetzt. Querverbindungen bestanden zu Schulen, Kirchen, dem schwäbischen Sängerbund, dem Liederkranz Stuttgart, dem Orchesterverein Stuttgart, dem „Verein für klassische Kirchenmusik" u.a.

Hingegen fehlte es hier wie andernorts noch an übergreifenden Initiativen, welche „die richtige Bewerthung der musikalischen Bildung zu einem integrirendem Bestandtheil der allgemeinen Bildung" *(Ina Loehner)* dauerhaft hätten gewährleisten können. Die öffentliche Hand entschied über Fördermaßnahmen lediglich fallweise. Übergeordnete Fragen musikalischer Bildung drohten stets hinter die konkrete Unterrichtspraxis zurückzutreten oder fielen wirtschaftlichen Erwägungen zum Opfer. Das Scheitern der musikalischen Ausbildungsinstitute in Stuttgart kann auf längere Sicht kaum überraschen. Die Gründe wurden bereits aufgezeigt: die einseitige Abhängigkeit von den Interessen eines einzelnen Regenten (Hohe Carlsschule); ineffektive Trägerstrukturen (Waisenhausinstitut); die Verfolgung eines Geschäftsmodells, das die Frage offen ließ, wem es eigentlich dienen sollte (Lehranstalt Stöpels bzw. Schillings); der ungelöste Zielkonflikt zwischen Laienbildung und beruflicher Bildung (Konservatorium Stuttgart). Noch fehlte es an verbindlichen Strukturen, welche die fachliche *und* politische Steuerung einer nachhaltig wirksamen Musikschularbeit garantierten, zum Nutzen des Einzelnen sowie in gesamtgesellschaftlicher Perspektive. Ist die Entstehung des Musikschulwesens im 19. Jahrhunderts Ausdruck eines Bürgerbegehrens gewesen, das

---

84   Vgl. Kapitel 3.2.5.

in seiner Breitenwirkung freilich noch Beschränkungen erfuhr, bildete im 20. Jahrhundert gerade die Überwindung solcher Beschränkungen den Ausgangspunkt für die Entwicklung eines Musikschulwesens im Sinne einer öffentlichen Bildungsaufgabe. Das 21. Jahrhundert eröffnet nun erstmals die Chance, in einem umfassenderen Sinne musikalische Bildungsgerechtigkeit herzustellen.

5.1.3 Die Stuttgarter Musikschule im Überblick

Die Stuttgarter Musikschule ist heute gemäß VdM-Strukturplan voll ausgebaut. Das Schuljahr 2015/16 verzeichnete 10.920 Schülerbelegungen in 2.722 Unterrichtseinheiten.[85] Rund 191 Lehrkräfte (Stand: 2016) unterrichten, angestellt nach den Bestimmungen des Tarifvertrages für den öffentlichen Dienst (TVöD).[86] „Insgesamt bietet die Stuttgarter Musikschule über 80 verschiedene Unterrichtsfächer inkl. Ensemble- und Orchesterangebote an."[87]

Der Fachbereich Elementare Musikpädagogik umfasst in Stuttgart sowohl Unterrichtsangebote, die zum eigentlichen Kernangebot der Musikschule zählen, als auch solche, die auf die spezifischen Bedürfnisse von Bildungspartnern wie Kindertagesstätten und Schulen eingehen. Im Sommer 2017 unterrichteten zuletzt auf das gesamte Stadtgebiet verteilt über 30 EMP-Lehrkräfte in wöchentlich 251 Kursen:[88]

- *Eltern-Baby-Gruppe:*
  Alter 3–5 bis max. 24 Monate, momentan 22 Kinder + Elternteil in 3 Gruppen.
- *Eltern-Kind-Rhythmik:*
  Alter ab 2 Jahre, momentan 28 Kinder + Elternteil in 4 Kursen.
- *Musikalische Früherziehung:*
  Alter ab 4 Jahre (Zweijahreskurs) oder ab 5 Jahre (Einjahreskurs), momentan insgesamt 548 Kinder in 64 Kursen, davon 30 Kurse in 19 Kindergärten.
- *Tanz:*
  Alter ab 4 Jahre, momentan 32 Kinder in 3 Kursen.
- *Instrumentenkarussell:*
  Alter ab 6 Jahre, momentan 28 Kinder in 6 Gruppen.
- *Musikalische Grundausbildung:*
  Nach Schulbeginn, momentan 196 Kinder in 22 Kursen in Ganztagesschulen, Grundschulen und der Musikhochschule.
- *Spielen und Lernen:*
  Ab 1. bis 4. Klasse, momentan 100 Kinder in 10 Kursen an 6 Schulen.

---

85   Powerpoint-Präsentation zur Gesamtlehrerkonferenz der Stuttgarter Musikschule im Juni/Juli 2016. Die neuesten Zahlen weisen eine steigende Tendenz aus. Nach Andreas Jäger werden im Sommer 2017 inzwischen über 11.000 Schüler von annähernd 200 Lehrkräften unterrichtet. Vgl. Intonation, Ausgabe 39 (2017/2:4).

86   Stuttgarter Musikschule (2016:16); vgl. Jäger (2012:17).

87   Stuttgarter Musikschule (2016:2).

88   Vgl. im Folgenden: Intonation, Ausgabe 39 (2017/2:40).

- *Singen-Bewegen-Sprechen:*
  Kindergartenalter, momentan 681 Kinder in 83 Kursen in städtischen, privaten und kirchlichen Einrichtungen.
- *Stark durch Musik:*
  1. bis 7. Klasse, momentan 608 Schüler in 26 Kursen an 13 Schulen.
- *Musikwerkstatt:*
  1.+2. Klasse, momentan 122 Kinder in 5 Kursen an 2 Schulen.
- *EMP-Seniorengruppe:*
  Momentan ein Kurs mit 9 Teilnehmer/innen in der Seniorenresidenz Augustinum.

Im instrumentalen und vokalen Hauptfachunterricht reicht die Bandbreite „von historischen Instrumenten, wie der Gambe, bis hin zu den Instrumenten der Popularmusik. Zum Angebot gehören alle Streich-, Blas-, Zupf-, Schlag- und Tasteninstrumente (außer Keyboard) sowie Gesangsunterricht".[89] Der Hauptfachunterricht (Stand: 2016) verteilt sich auf …[90]

Streichinstrumente	in 514 Unterrichtseinheiten
Zupfinstrumente	in 360 Unterrichtseinheiten
Blasinstrumente	in 481 Unterrichtseinheiten
Blockflöte	in 163 Unterrichtseinheiten
Schlaginstrumente	in 114 Unterrichtseinheiten
Tasteninstrumente	in 628 Unterrichtseinheiten
Gesang	in 49 Unterrichtseinheiten

Das Anmeldeformular listet unter der Rubrik Instrumental/-Vokalunterricht auf:[91]

Akkordeon (auch Knopfakkordeon) / Baglama / Blockflöte / Cembalo/Generalbass / Fagott / Feldenkrais / Gesang / PopRockJazz-Gesang / Gitarre / E-Gitarre / Harfe / Horn / Kirchenorgel / Klarinette / Klavier / Jazz-Piano / Komposition / Kontrabass / E-Bass/ Jazz-Kontrabass / Laute / Musik für Menschen mit Behinderung „MuM" / Musik- und Aufnahmetechnik / Oboe / Posaune / Jazz-Posaune / Querflöte / Saxophon / Jazz-Saxophon / Schlagzeug/Percussion / Tenorhorn/Euphonium / Traversflöte / Trompete / Jazz-Trompete / Tuba / Viola / Viola da Gamba / Violine / Violine nach Suzuki-Methode ab 4–5 Jahre / Violoncello

Die Schulordnung der Stuttgarter Musikschule empfiehlt, dass zum Hauptfach ein Ergänzungsfach gewählt werden soll. „Ergänzungsfächer sind: Instrumentale Spielgruppe, Orchester, Kammermusik, Singklassen, Chor, Band und allgemeine Musiklehre."[92] Das Anmeldeformular führt als unterschiedliche Kategorien von Ergänzungsfächern auf:[93]

---

89   Stuttgarter Musikschule (2016:2).
90   Vgl. im Folgenden: Powerpoint-Präsentation zur Gesamtlehrerkonferenz der Stuttgarter Musikschule im Juni/ Juli 2016.
91   Vgl. im Folgenden: http://www.stuttgart.de/img/mdb/item/154167/116626.pdf [12.7.2017].
92   Stuttgarter Musikschule (2011).
93   Vgl. im Folgenden: http://www.stuttgart.de/img/mdb/item/154167/116626.pdf [12.7.2017].

- Spielgruppe
- Kammermusik
- Streichorchester
- Sinfonieorchester
- Gitarrenorchester
- Musiktheorie (Angebot siehe Infoblatt)
- Theaterwerkstatt
- Blasorchester
- Bigband
- Band / Percussionensemble
- Chor / Singklasse

Hinzu treten als „Sonstige Fächer" u.a. *Hochschulvorbereitung* sowie weitere Kursange-bote.[94] Ensemblespiel wird auf allen Ausbildungsstufen gefördert. So gibt es allein 12 Or-chester an der Stuttgarter Musikschule, die Streichern die Möglichkeit zum Mitspielen bieten:[95]

- Vaihinger Stadtmusikanten
- Ministri
- Cannstadter Stadtstreicher
- Fiedelmäuse (Zuffenhausen)
- Filderorchester Degerloch
- Junges Orchester
- Capella Piccola
- Streichorchester
- Hedelfinger Orchester
- Zuffenhäuser Streichorchester
- Junges Kammerorchester Stuttgart JuKO
- Jugendsinfonieorchester Stuttgart JuSO

Der Unterricht in Ensemble- und Ergänzungsfächern wird in 163 Unterrichtseinheiten erteilt (Stand: 2016).[96]

Das Unterrichtsangebot wird nicht nur in den Fachbereichen Blockflöte, Bläser, Ele-mentare Musikpädagogik, Gesang, Gitarre, Klavier, Schlagzeug, Streicher organisiert, sondern auch unter dem Aspekt einer übergreifenden Aufgabenstellung in den Quer-schnittsfachbereichen Alte Musik, Bildungskooperationen, PopRockJazz und STUVO (Studienvorbereitung und Begabtenförderung) zusammengefasst.[97]

Ein tragender Bestandteil der Bildungsarbeit der Stuttgarter Musikschule liegt in Bildungskooperationen begründet, vor allen in der Kooperation mit Kindergärten bzw. Kindertagesstätten und allgemeinbildenden Schulen. Musikschule und Kommune sind

---

94   http://www.stuttgart.de/img/mdb/item/154167/116626.pdf [12.7.2017].
95   Vgl. im Folgenden: Intonation, Ausgabe 37 (2016/2:7).
96   Powerpoint-Präsentation zur Gesamtlehrerkonferenz der Stuttgarter Musikschule im Juni/Juli 2016.
97   Intonation, Ausgabe 38 (2017/1:2).

in diesem Bereich bereits sehr frühzeitig aktiv geworden, noch bevor auf Landesebene konkrete Förderprogramme diskutiert wurden. Rund ein Viertel der Schülerbelegungen der Stuttgarter Musikschule entfallen auf Kooperationen – mit steigender Tendenz. Andreas Jäger, stellvertretender Leiter der Stuttgarter Musikschule sowie Leiter des Querschnittfachbereiches Bildungskooperationen, äußerte sich im Jahr 2013 gegenüber der Musikschulzeitschrift „Intonation": „Schaut man in die aktuelle Statistik der Musikschule, finden sich bereits 57 Kindergärten, 23 Grundschulen, sieben Hauptschulen, vier Förderschulen, drei Realschulen, zwei Gymnasien und drei Vereine als Kooperationspartner."[98] Anfang des Jahres 2016 sprach Jäger von „Kooperationen mit 138 Bildungseinrichtungen in der Stadt [...] (91 Kindergärten, 44 Schulen von der Grundschule bis zum Gymnasium und 3 Vereine). 300 Unterrichtseinheiten werden hier geleistet".[99]

Insgesamt verteilen sich die Schülerbelegungen im Schuljahr 2015/16 auf die verschiedenen Ausbildungsbereiche der Musikschule wie folgt:[100]

Grundfächer:	2.309 = 21 %
Instrumental / Vokal:	3.994 = 37 %
Ensemble / Ergänzung:	1.511 = 14 %
Kooperationen:	3.106 = 28 %

In der STUVO (Begabtenförderung und Studienvorbereitenden Ausbildung) hält die Stuttgarter Musikschule 50 Plätze für besonders begabte und interessierte Schülerinnen und Schüler vor. Die Aufnahme in die STUVO geht mit Fördermaßnahmen, Zusatzunterricht und finanziellen Vergünstigungen einher, setzt aber das Bestehen einer Eingangsprüfung sowie die Teilnahme an weiteren jährlichen Prüfungen und Vorspielen voraus.[101] Im Falle der Studienvorbereitung ist darüber hinaus die Teilnahme an Orchester- bzw. Ensemblespiel sowie am Musiktheorieunterricht verpflichtend. „Die Schülerinnen und Schüler der Stuttgarter Musikschule schneiden sowohl bei nationalen als auch internationalen Wettbewerben regelmäßig überaus erfolgreich [um nicht zu sagen: hervorragend] ab."[102] Seit dem Schuljahr 2013/14 hat das Musikgymnasium mit Hochbegabtenzug im Eberhard-Ludwigs-Gymnasium seinen Betrieb aufgenommen. In der Zusammenarbeit zwischen der Stuttgarter Musikhochschule, der Stuttgarter Musikschule und dem Eberhard-Ludwigs-Gymnasium sollen musikalisch besonders leistungsorientierte Kinder gefördert werden.[103] „Die Stuttgarter Musikschule stellte 2015 knapp 50% der Schülerinnen und Schüler."[104] Hinzu treten weitere Initiativen,

---

98 Intonation, Ausgabe 30 (2013/1:12).
99 Intonation, Ausgabe 36 (2016/1:4).
100 Vgl. im Folgenden: Powerpoint-Präsentation zur Gesamtlehrerkonferenz der Stuttgarter Musikschule im Juni/Juli 2016.
101 http://www.stuttgart.de/item/show/32196/1 [13.7.2017].
102 http://www.stuttgart.de/item/show/154079/1 [16.5.2015]; Flyer „Die Begabtenförderung und studienvorbereitende Ausbildung (STUVO) der Stuttgarter Musikschule".
103 Intonation, Ausgabe 31 (2013/2:3,6–7); Flyer „Musikgymnasium Baden-Württemberg. Eberhard-Ludwigs-Gymnasium Stuttgart. Informationen zum Schuljahr 2015/2016".
104 Stuttgarter Musikschule (2016:3).

z. B. die Vergabe von Förderstipendien oder „Jedem Hochbegabten Kind ein gutes Instrument" in Zusammenarbeit mit der Stiftung Stuttgarter Musikschule.[105]

Das Veranstaltungsprogramm, die Aktivitäten und Projekte, welche von der Stuttgarter Musikschule ausgehen, sind sehr vielfältig. Einen Gesamteindruck gewähren die regelmäßigen Jahresberichte[106] der Stuttgarter Musikschule. Daraus seien hervorgehoben:

- Eigene Konzertreihen und die Ausrichtung von Wettbewerben
- Musikfeste für Kinder und Jugendliche in Kooperation mit den Stuttgarter Philharmonikern und der Musikhochschule Stuttgart
- Musikvermittlungskonzerte (Kimiko)
- Konzertbesuche
- Treffpunkt Jazz – Workshops
- Orchesterpatenschaften
- Internationale Jugendkultur-Austauschprojekte
- Orchesterfreizeiten
- Instrumentenberatungen
- Musiktheaterproduktionen
- Benefizkonzerte / Bezirkskonzerte / Klassenvorspiele / musikalische Umrahmungen
- Fortbildungen / Arbeitsgemeinschaften / Konferenzen / Sitzungen
- Organisationsentwicklung
- Innovationen und neue Unterrichtskonzepte

Zur Musikschulfinanzierung: Der Gesamtetat der Stuttgarter Musikschule betrug im Haushaltsjahr 2015 rund 6,9 Mill. Euro. Davon machten auf der Einnahmenseite die Unterrichtsgebühren 37%, der Zuschuss des Landes Baden-Württemberg 9%, der Zuschuss der Stadt Stuttgart 51%, sonstige Erlöse (Eintrittsgelder, Miete, etc.) 3% aus. Auf der Ausgabenseite standen Personalkosten für die pädagogischen Mitarbeiter mit 87%, Personalkosten für Verwaltungsmitarbeiter mit 3%, Sachkosten mit 9%. 1% wurde aus dem Vermögenshaushalt der Stadt zugeführt. Der Kostendeckungsgrad lag bei 49%.[107] Die Stuttgarter Musikschule bekennt sich in ihrem Leitbild nicht nur dazu, dass sie mit den zur Erfüllung des Auftrages zur Verfügung gestellten finanziellen Mitteln „verantwortlich und wirtschaftlich effektiv" umgeht. „Ideelle und finanzielle Unterstützung erfahren wir auch durch den Elternbeirat, den Verein der Freunde und Förderer und durch die Musikschulstiftung."[108]

Die Stiftung Stuttgarter Musikschule wurde 2009 gegründet.[109] „Stiftungsziel ist die Förderung und Unterstützung der musisch-kreativen Kinder- und Jugendbildung. [...] Der Schwerpunkt liegt dabei ebenso auf der Begabten- und Projektförderung wie darauf, finanziell weniger bemittelten Familien die Teilnahme am Unterricht zu

---

105 Flyer „Jedem hochbegabten Kind ein Instrument", Stiftung Stuttgarter Musikschule.
106 http://www.stuttgart.de/item/show/32096/1/publ/16686 [12.7.2017].
107 Powerpoint-Präsentation zur Gesamtlehrerkonferenz der Stuttgarter Musikschule im Juni/Juli 2016.
108 Stuttgarter Musikschule (2012).
109 https://www.stuttgart.de/item/show/340284/1 [13.7.2017].

ermöglichen. Zugleich soll sie das Bestehen von Kammermusikgruppen, Ensembles und Orchestern auf lange Sicht unterstützen und sichern. Die Förderungsmaßnahmen umfassen auch die Anschaffung und den Unterhalt von Leihinstrumenten sowie die Vergabe von Stipendien."[110] Der Unternehmer Helmut Nanz legte mit einer ersten Spende über 50.000 Euro die Basis des Stiftungskapitals.[111] Ende 2009 erfuhr die Stiftung eine umfangreiche Zustiftung. Der Erlös kommt speziell den jungen Pianistinnen und Pianisten der Musikschule im Rahmen des „Werner-Haas-Klavierpodiums" zugute.[112] „Im Jahr 2015 wurde das Dr.-Klaus-Lang-Stipendium und das Helga-Schmidt-Stipendium vergeben, das sich jährlich an drei besonders leistungsstarke Schülerinnen und Schüler richtet, die Unterricht auf einem Streichinstrument erhalten. Die Förderung beträgt 1.000,- € pro Schüler."[113] Der Vorstandvorsitzende der Stiftung Stuttgarter Musikschule, Rudolf Christ, blickt zurück:

> „Durch tatkräftige Unterstützung Musikinteressierter konnten bis heute Gelder in sechsstelliger Höhe akquiriert und in den Kapitalstock integriert werden. Durch zusätzliche großzügige Spenden war es in all den Jahren möglich, individuelle Zuwendungen in Höhe von 60.000 Euro für ausgesuchte Projekte zur Verfügung zu stellen, beispielsweise für Unterrichtsunterstützung, Konzertreisen und Ausstattungen im technischen Bereich.
> Darüber hinaus hat sich die Stiftung Stuttgarter Musikschule einen eigenen Fundus an Instrumenten geschaffen, der im Besonderen dazu dient, Schulklassen damit auszustatten, um einen noch nie vorhandenen Musikunterricht zu ermöglichen. Die Arbeit der Stiftung Stuttgarter Musikschule reicht weit über eine technisch-musikalische Hilfsorganisation hinaus. Sie leistet auch für die im Wandel befindliche Gesellschaft einen wertvollen Beitrag zum ethischen Verhalten und zum Musizieren junger Mädchen und Jungen."[114]

Der Förderverein der Stuttgarter Musikschule besteht seit 1997. „Er unterstützt die Schule ideell und materiell bei großen Produktionen wie Opern, Musicals und CD-Einspielungen. Außerdem hilft er bedürftigen Schülern bei Orchesterfahrten und Instrumentenausleihe sowie begabten Schülern bei besonderen Kursen und Reisen zu Wettbewerben. Von den Zuschüssen des Fördervereins, die für Aufführungen und Ensemble-Freizeiten verwendet werden, profitieren alle beteiligten Schüler."[115]

Der Elternbeirat entstand 1991 und …

> „setzt sich für die Rechte der Schüler und Eltern ein. Er fördert bei den Eltern die Bereitschaft zum Engagement. Außerdem unterstützt er die Musikschule partnerschaftlich in der politischen Arbeit auf kommunaler Ebene, im Bereich der Öffentlichkeitsarbeit sowie bei der Organisation von Veranstaltungen."[116]

---

110   Flyer „Stiften Sie Musik! Für Kinder und Jugendliche in Stuttgart" Stiftung Stuttgarter Musikschule.
111   Intonation, Ausgabe 20 (2008/1:10–11).
112   Intonation, Ausgabe 24 (2010/1:3).
113   Stuttgarter Musikschule (2016:12); vgl. auch: Intonation, Ausgabe 38 (2017/1:7).
114   Intonation, Ausgabe 38 (2017:11).
115   http://www.stuttgart.de/item/show/46581/1 [13.7.2017].
116   http://www.stuttgart.de/item/show/32158/1 [13.7.2017].

Der Elternbeirat suchte in der Vergangenheit u.a. den Kontakt zu kommunalen Vertretern bzw. zum Kulturamt, um Elterninteressen aktiv zu vertreten. Dies betraf z.B. Situationen, in denen Stellenstreichungen und Gebührenerhöhungen an der Musikschule anstanden.[117] Auch hat er sich für „eine bessere Verzahnung von individuellem Instrumentalunterricht und [Ganztags-]Schule" eingesetzt. Ebenso war er an einer Arbeitsgruppe der Stuttgarter Musikschule zur Entwicklung einer „Prüfungs- und Beratungsstruktur" beteiligt.[118]

Matthias Pannes, Bundesgeschäftsführer des VdM, hat darauf hingewiesen, dass die öffentliche Musikschule das Prinzip der Zugänglichkeit nach drei Prinzipien verfolge:

- „örtliche / räumliche Zugänglichkeit [‚kurze Beine – kurze Wege']
- soziale Zugänglichkeit [Sozialstaffelung der Gebühren / Entgelte; ‚keinem Kind, keinem Jugendlichen darf allein aus wirtschaftlichen Gründen der Zugang zur Musikschule verwehrt sein']
- fachliche Zugänglichkeit [voraussetzungsloser Zugang – ‚Musikalische Bildung von Anfang an'].“[119]

Die Stuttgarter Musikschule erfüllt solche Voraussetzungen einer Zugangsoffenheit in besonderem Maße. Sie ist dezentral organisiert mit 5 *Dependancen* in den Stadtbezirken Bad Cannstadt / Hedelfingen; Degerloch / Sillenbuch; Feuerbach / Weilimdorf; Stadtmitte / Botnang; Vaihingen / Möhringen; Zuffenhausen, denen jeweils Bezirksleiterinnen bzw. Bezirksleiter vorstehen.[120] Die soziale Zugänglichkeit ist über eine Gebührenordnung gewährleistet, die umfangreiche Sozialermäßigungen vorsieht. Andreas Jäger erläutert, welche verschiedenen Regelungen zu Gebührenermäßigungen bestehen:[121]

„Insgesamt gibt es drei Formen der Gebührenermäßigung an unserer Schule. Zunächst gibt es hier die Mehrfachermäßigung, die bis zu 20% beträgt, wenn eine Familie mehrere Hauptfachangebote an der Musikschule wahrnimmt. Bei zwei Belegungen sind es 10%, bei drei Belegungen 15% und ab vier Belegungen 20%. Diese Ermäßigung ist einkommensunabhängig.

Darüber erhält man bei der Vorlage der Familiencard[122] in der Schülerverwaltung der Musikschule eine Ermäßigung von 20% der Unterrichtsgebühren. Außerdem kann das FamilienCard-Guthaben von 60 € bei der Bezahlung der verbleibenden Unterrichtsgebühren eingesetzt werden. Die Familiencard ist an eine Einkommensgrenze gebunden, die im Augenblick bei 60.000 € liegt.

---

117   Intonation, Ausgabe 23 (2009/2:10).
118   Intonation, Ausgabe 31 (2013/2:18).
119   Pannes (2012:567).
120   Intonation, Ausgabe 34 (2015/1:2).
121   Vgl. die Gebührenordnung der Stuttgarter Musikschule in Verbindung mit § 18 der Schulordnung.
122   http://www.stuttgart.de/familiencard [13.7.2017].

Inhaberinnen und Inhabern der Bonuscard[123] gewährt die Stadt Stuttgart 90 % Ermäßigungen auf die Unterrichtsgebühren einschließlich der Gebühren für Mietinstrumente, so dass wirklich jeder, der möchte, ein Instrument erlernen kann.

Darüber hinaus können Guthaben aus dem Bildungs- und Teilhabepaket (BUT) eingesetzt werden, in dem der Bund 10 € monatlich fürs Mitmachen in Sport, Kultur und Freizeit zur Verfügung stellt."[124]

In fachlicher Hinsicht schafft die Stuttgarter Musikschule „barrierefreie" Zugänge über ihr durchgängiges Lehrkonzept, angefangen von der „Eltern-Baby-Gruppe" bis hin zum Pilotprojekt „Musik und Demenz" am Stuttgarter Augustinum.[125] Gleichwohl steht sie „Seiteneinsteigern" auf jeder Ausbildungsstufe offen. In dem Leitbild der Stuttgarter Musikschule heißt es:

„Wir lehren Schülerinnen und Schüler auf allen Entwicklungs- und Ausbildungsstufen. So schaffen wir die Basis für eine aktive, generationenübergreifende Teilnahme am gesellschaftlichen Musikleben und der Pflege des Kulturgutes Musik. Durch die langfristige und kontinuierliche Ausbildung legen wir den Grundstein für eine lebenslange Beschäftigung mit Musik."[126]

Eine Besonderheit stellt allerdings dar, dass die Stuttgarter Musikschule derzeit nur Kindern und Jugendlichen, also keinen Erwachsenen instrumentalen oder vokalen Hauptfachunterricht anbietet, trotz anderslautender Bestimmungen nach § 1 der Schulordnung. Jäger merkt hierzu an: „Obwohl die Musikschule grundsätzlich allen Bürgern der Stadt Stuttgart offensteht, werden aufgrund der zum Teil sehr langen Wartelisten nur Kinder und Jugendliche in die Schule aufgenommen."[127] Alternativ bietet die Volkshochschule Stuttgart in Zusammenarbeit mit der Stuttgarter Musikschule bzw. mit den Lehrkräften der Stuttgarter Musikschule interessierten Erwachsenen Einzelunterricht an.[128]

Die Stuttgarter Musikschule beschränkt sich nicht darauf, Zugang zu bieten, sondern sie geht auf ihre potentiellen Nachfrager aktiv zu. Friedrich-Koh Dolge betont, dass sich mit der Errichtung von Ganztages- und Gemeinschaftsschulen auch die Zugänge zur musikalischen Bildung ändern würden. Dort, wo nicht mehr das Elternhaus musikalische Lebensläufe von Kindern und Jugendlichen präge, stelle sich die Frage, wie Kinder zukünftig „ihre" Instrumente, ihre musikalischen Neigungen sowie ihre besondere und lebenslange Freude am „Musikmachen" entdecken könnten. Dolge fordert unter dem Aspekt der Chancengerechtigkeit:

„Eine verstärkte Kooperation zwischen öffentlichen Musikschulen und den Bildungseinrichtungen einer Kommune muss spätestens in der Grundschulzeit, am Besten jedoch in

---

123   http://www.stuttgart.de/bonuscard [13.7.2017].
124   Intonation, Ausgabe 35 (2015/2:7).
125   Intonation, Ausgabe 37 (2016/2:18).
126   Stuttgarter Musikschule (2012).
127   Jäger (2012:39).
128   http://www.vhs-stuttgart.de/musikalische-erwachsenenbildung/ [13.7.2017].

der Vorschulphase eines Kindes, in den Kindergärten und Kindertagesstätten einsetzen. Sie ist eine Grundvoraussetzung für eine Bildungschancengerechtigkeit, da sich in diesem Kindesalter uns als Gesellschaft die Möglichkeit erschließt, alle Kinder, unabhängig vom Geschlecht, Herkunft, Religion und sozialem Umfeld erreichen zu können."[129]

Und auch, wo musikalische Bildungschancen von vornherein ungleich verteilt sind, hält die Musikschule dem Bedarf entsprechend Angebote vor, sei es „Musik für Menschen mit Behinderung ‚MuM‘", „Musik inklusive (inklusives Musizieren)" oder das Musizieren mit Flüchtlingskindern in Internationalen Vorbereitungsklassen.[130] Das Leitbild der Stuttgarter Musikschule formuliert diesen selbstgestellten Anspruch an die Musikschularbeit wie folgt:

> „Die Stuttgarter Musikschule ist ein Integrationsfaktor und trägt ihren Teil zur sozialen Balance bei Wir lehren Kinder, Jugendliche und Erwachsene unabhängig von sozialer Herkunft, kulturellem Hintergrund, Religion und Nationalität. Die Einbeziehung und Teilhabe von Menschen mit Behinderung und sozialer Benachteiligung ist uns wichtig."[131]

Kulturelle Bildung, Inklusion und Interkulturalität sind zugleich Schwerpunktthemen der Kulturentwicklungsplanung der Stadt Stuttgart: „Die Kulturverwaltung bekennt sich zu einem erweiterten Verständnis von Barrierefreiheit, das heißt zu uneingeschränktem Zugang und uneingeschränkter Nutzbarkeit von Kunst und Kultur für alle Menschen."[132]

Das „Prinzip der Zugänglichkeit" erreicht an der Stuttgarter Musikschule Qualitätsstandards, die sie um Welten von den Vorgängerinstituten im 19. Jahrhundert trennen – trotz des Problems bestehender Wartelisten.[133] Friedrich-Koh Dolge:

> „Das musikalische Bildungswesen hat sich in den vergangenen über zweihundert Jahren Gott sei Dank zu seinem Vorteil verändert: Mittlerweile sorgen knapp 1.000 öffentliche Musikschulen in der Bundesrepublik für eine breitestmögliche musikalische Bildung Kinder, Jugendlicher und Erwachsener. Das Angebot unserer Stuttgarter Musikschule, die im Jahre 1856 gegründet worden ist, ist umfassender geworden: Alle Instrumente und Vokalfächer inklusive des Kompositionsunterrichts und des Dirigierens werden angeboten und seit letztem Schuljahr [gemeint ist das Schuljahr 2008/2009] ist ein weiteres Unterrichtsfach ‚Musik und Aufnahmetechnik‘ hinzugekommen. Der Fachbereich ‚Elementare Musikpädagogik‘ ist über das Angebot für Kinder ab drei Monaten in der Baby-Eltern-Gruppe bis hin zur musikalischen Grundausbildung für Grundschulkinder breitestmöglich aufgestellt.
> Viele Angebote in unserem Ergänzungs- und Ensemblefachbereich mit den Orchestern, Bands und Ensembles begleiten den Instrumental- und Vokalunterricht. Vielfältige Pro-

---

129 Intonation, Ausgabe 31 (2013/2:3).
130 Vgl. Stuttgarter Musikschule (2016:17); Intonation, Ausgabe 36 (2016/1:8).
131 Stuttgarter Musikschule (2012).
132 Zit. nach: Intonation, Ausgabe 35 (2015/2:5).
133 Die Stuttgarter Zeitung vermeldete am 23.9.2015: „Derzeit stehen rund 1400 Kinder und Jugendliche auf der Warteliste der Musikschule." Stuttgarter Zeitung, 23.9.2015: „Erfolgreiche Stuttgarter Schüler bei ‚Jugend musiziert‘".

jekte wie z. B. Rockmusicals, Musikfeste für Kinder und Jugendliche oder auch Musiktheater, erweitern das Angebot auch für nicht eingeschriebene Schüler. Die Begabtenklasse mit der Studienvorbereitenden Ausbildung – unsere Absolventen haben bisher alle einen Studienplatz in einer deutschen Musikhochschule erhalten! – ist ein weiteres wichtiges Unterrichtsangebot der Stuttgarter Musikschule. Die Zugangsoffenheit zur musikalischen Bildung runden unsere Bildungskooperationen mit Kindergärten und allgemein bildenden Schulen, insbesondere unser neuestes Unterrichtsangebot ‚Stark durch Musik' für Grund- und Hauptschulen mit erhöhtem pädagogischem Bedarf, ab."[134]

Dolges Aufstellung entstammt dem Jahr 2009. Seither sind weitere wichtige Angebotskonzeptionen an der Stuttgarter Musikschule hinzugetreten, etwa im Bereich der vorschulischen Frühförderung in Kooperation mit Kindergärten („Singen-Bewegen-Sprechen") oder auch hinsichtlich inklusiver Musikschulangebote (s.o.). Neu unterrichtet wird das Instrument Baglama, wie überhaupt interkulturelle Musikschulangebote auf einem Symposion (2011) thematisiert worden sind. Neue Kooperationsmodelle sind erprobt worden oder werden derzeit erprobt, beispielsweise: „Singende Grundschule" (Jekiss), „Tastenpinguine". Neue Ensembles wurden ins Leben gerufen. Zu erwähnen wäre außerdem eine inzwischen fest etablierte Reihe mit Konzertbesuchen („Hörgang"). Die Musizier- und Präsentationsformen an der Musikschule sind fachlich und stilistisch erheblich vielfältiger geworden. Verantwortlich dafür sind unter anderem auch Orientierungsangebote, wie z. B. Instrumentenberatungen und Instrumentenkarussell. Über Bildungskooperationen werden Kinder und Jugendliche an ein aktives Musizieren herangeführt.

Das Unterrichtsangebot der Stuttgarter Musikschule erscheint somit heute wesentlich ausgewogener als noch im 19. Jahrhundert. Der einseitige Grundsatz „Alle müssen Klavier spielen lernen …" ist erfreulicherweise überwunden worden. Dolge merkt an, dass „für die größte Mehrheit der Bevölkerung im damaligen Deutschland nicht daran zu denken" war, eine gute musikalische Ausbildung zu erhalten. „Die musikalische Bildung war unmittelbar von der sozialen Situation und vor allem vom häuslichen Umfeld abhängig."[135] Das eigentliche „Zugangsproblem" der Musikschulentwicklung im 19. Jahrhundert bestand darin, dass Demokratisierungsprozesse in der Gesellschaft nicht weit genug fortgeschritten waren, um eine musikalisch-kulturelle Teilhabe breiter Bevölkerungsschichten überhaupt möglich erscheinen zu lassen. Im quantitativen Sinne machten die bürgerlichen Schichten im 19. Jahrhundert nur eine gesellschaftliche Minderheit aus.

---

134   Intonation, Ausgabe 23 (2009/2:3).
135   Intonation, Ausgabe 23 (2009/2:3).

5.2 Lehren und Lernen

5.2.1 Musikalische Kompetenzen vermitteln

Der Anspruch, musikalische Kompetenzen zu vermitteln, also „musikbezogene Fähigkeiten und Fertigkeiten",[136] beinhaltet an der Stuttgarter Musikschule mehr als nur die individuelle Qualität der einzelnen Lehrkräfte. Die Aussagen des Leitbildes sind in dieser Hinsicht unmissverständlich:

> „Gemeinschaftlich verwirklichen wir unsere Ziele. Engagiert. Qualifiziert. Leistungsbereit. Unsere Zusammenarbeit ist geprägt von gegenseitigem Respekt, von Toleranz und Kollegialität. Unsere Arbeit überzeugt durch Professionalität, durch pädagogische, methodische und künstlerische Kompetenz. Regelmäßig tauschen wir in Bezirks- und Fachbereichssitzungen Informationen und künstlerische Konzepte aus. Ständige Fort- und Weiterbildung gehört zu unserem Selbstverständnis. Und natürlich sind wir immer gegenüber neuen pädagogischen Wegen sehr aufgeschlossen."[137]

Professionalität meint hier neben der pädagogischen, methodischen und künstlerischen Qualität des Unterrichts auch Faktoren wie Teambildung, Zusammenarbeit, Wertebewusstsein, Zielorientierung, Innovationsfreudigkeit, Motivation und Bereitschaft der Mitarbeiter zum fortwährenden Lernen. Ein Berufsbild der Musikschullehrkraft, welches über die bloße Unterrichtstätigkeit hinausgeht, steht zunächst einmal in Übereinstimmung mit den Regelungen des TVöD, nach dem die MitarbeiterInnen der Stuttgarter Musikschule ausnahmslos beschäftigt sind.

> „In diesem Zusammenhang einige Zahlen: Der TVöD verpflichtet Lehrkräfte an öffentlichen Musikschulen zu 30 mal 45 Minuten Unterricht, das sind 22,5 Stunden pro Woche. Dazu kommen 16 Stunden ‚Zusammenhangstätigkeiten' […] und die ‚Ferienüberhang' genannte Umlage von während der übertariflich langen Schulferien nicht geleisteten Unterrichtsstunden auf die wöchentliche Arbeitszeit. Dies schlägt an den meisten Schulen mit zirka 3 zusätzlichen Unterrichtseinheiten à 45 Minuten zu Buche. Daraus ergibt sich eine Gesamtunterrichtszeit von 24 Stunden und 45 Minuten, also an 5 Tagen etwa je 5 Zeit-Stunden Unterricht. Die ‚Zusammenhangstätigkeiten' von 16 Stunden pro Woche ermöglichen dazu täglich ‚gut' 3 Stunden Tätigkeiten wie Vorbereiten, Nachbereiten, Eltern beraten, Konferieren, Organisieren, Proben, kollegiale Beratung, Fortbildung, Begleiten und Vorbereiten von Konzerten und Wettbewerben."[138]

Für Ulrich Rademacher, Bundesvorsitzender des VdM und Direktor der Westfälischen Schule für Musik der Stadt Münster, erschließen sich Sinn und Notwendigkeit von abhängig Beschäftigten an Musikschulen, denen ihre Arbeit angemessen vergütet wird, vor allem hinsichtlich der Zusammenhangstätigkeiten:

---

136 Vogt (2012:19).
137 Stuttgarter Musikschule (2012).
138 Rademacher (2012).

> „Eine gute Musikschule zeichnet sich durch das aus, was sie außer gutem Instrumental-
> und Vokalunterricht noch zu bieten hat: Nicht nur die ‚Zufalls‘-Kompetenz einzelner
> guter Lehrkräfte, sondern die verlässliche Kompetenz eines Teams, dass Schüler und Eltern
> informiert, Schnuppern ermöglicht, neugierig macht, Eltern berät, begeistert, beobachtet,
> erfolgversprechende Gruppen zusammenstellt, Leistungen überprüft, Erfolg ermöglicht,
> Zusammenspiel fördert, Wechsel des Lehrers oder des Instruments begleitet, besonders
> Schwache und besonders Starke entsprechend fördert, ermuntert, bestätigt, tröstet, Viel-
> falt von Stilen und Kulturen fördert, Inklusion ermöglicht, Partner in der kommunalen
> Bildungslandschaft findet, überzeugt und in verlässlichen Kooperationsstrukturen pflegt.
> Dies alles macht gute Musikschularbeit aus und ist mit unvernetzten musikpädagogischen
> Tagelöhnern nicht zu leisten, egal, wie gut sie sind.[139]

Von einer „Zufalls“-Kompetenz der Lehrkräfte wird man im Falle der Stuttgarter Musikschule gewiss nicht sprechen können, zumal Lehrkräfte über ihr vorhergehendes
Studium hinaus vor Stellenantritt ein mehrstufiges, öffentliches Auswahlverfahren durchlaufen haben, um den Nachweis ihrer Qualifikation zu erbringen.

„Wenn die Stuttgarter Musikschule (SMS) heute eine Stelle für Vokal- oder Instrumentallehrer ausschreibt, ist der Hochschulabschluss als Musiklehrer selbstverständlich zwingende Voraussetzung für eine Bewerbung. Bewerber, die zur Vorstellungs-
runde eingeladen werden, müssen ihre künstlerischen und pädagogischen Qualitäten
in einem mehrstufigen Vorstellungsverfahren unter Beweis stellen. Sie spielen einer
Kommission vor und unterrichten in zwei Lehrproben sowohl Anfänger als auch fortgeschrittene Schüler. Ein Kolloquium rundet das Bild des Bewerbers ab.“[140]

Davon abgesehen gibt es an der Stuttgarter Musikschule zahlreiche Indikatoren,
die auf eine besondere Professionalität der Lehre hindeuten. Zu nennen sind …

- die umfassende Mitwirkung von Lehrkräften bei Konferenzen, Fortbildungen, Arbeitsgruppen, Veranstaltungen sowie weiteren Aktivitäten rund um die Musikschule
- die Vernetzungsqualität des Musikschulangebotes nach innen, mit dem Ziel, eine
  möglichst hohe Lernkultur zu erreichen, von der Schüler und Eltern gleichermaßen
  profitieren[141]
- das Engagement der Musikschule in der Begabtenförderung, Breitenarbeit und Sonderförderung, abzulesen z. B. an Wettbewerbserfolgen und der Entwicklung innovativer Unterrichtskonzepte
- die Vernetzungsqualität des Musikschulangebotes nach außen in Bildungskooperationen sowie schließlich die Bemühungen um Qualitätssicherung und -entwicklung,
  wovon unter Kapitel 5.3 noch ausführlicher die Rede sein soll.

Dem Jahresbericht 2015 zufolge wurden an der Stuttgarter Musikschule im Berichts-
zeitraum neun Fachbereichssitzungen, drei Bezirkssitzungen, neun Leitungsteamsitzun-

---

139   Rademacher (2012).
140   Intonation, Ausgabe 39 (2017/2:4).
141   Vgl. auch Kapitel 5.2.2.

gen, eine Gesamtlehrerkonferenz und zehn Verwaltungssitzungen abgehalten.[142] Andreas Jäger führt hierzu aus:

> „Einer mit öffentlichen Steuermitteln finanzierten Musikschule und ihrem Kollegium kommt […] die Aufgabe zu, Bildungsprozesse vorausschauend mitzugestalten und so ihrem gesellschaftlichen Bildungsauftrag gerecht zu werden. Das bedeutet auch, Entwicklungen zu erspüren und aufzugreifen. Das gilt für den Unterricht in der Spitzenförderung genauso wie im Unterricht in Kooperationen in der Grundschule. Es gilt für den Unterricht mit bildungsbenachteiligten Gruppen ebenso wie für den Unterricht mit Senioren in Heimen. […]
> Der regelmäßige Austausch über die strategische Ausrichtung in der kommunalen Bildungspolitik, fachliche Themen und die organisatorische Umsetzung der pädagogischen Arbeit erfordert systematische Kommunikationsstrukturen in der Schule. Dafür bilden Fachbereichs- und Bezirkssitzungen, aber auch die Gesamtlehrerkonferenz die Basis.“[143]

Allein 175 Klassenvorspiele verzeichnet der Jahresbericht 2015, daneben zahlreiche Instrumentenberatungen und „Schaufenster“-Konzerte.[144] 12 Probenwochenenden wurden durchgeführt. Ensembles und Solisten der Musikschule waren an acht internationalen Jugendkultur-Austauschprojekten beteiligt.[145] Die Liste der aufgeführten Wettbewerbsaktivitäten, Veranstaltungen und Projekte liest sich beeindruckend. Voraussetzung für die Erbringung solcher Leistungen ist u.a. die Bereitschaft der Lehrkräfte zur kontinuierlichen Fort- und Weiterbildung. Jäger erläutert, warum dies so ist:

> „Professionelles Handeln zeichnet sich auch durch kontinuierliches Weiterlernen aus. Das gilt für jeden Einzelnen, aber auch für die Organisation der Stuttgarter Musikschule als Ganzes. Dafür bedarf es der Bereitschaft zur Veränderung – ein nie endender und oft anstrengender Prozess. Die Rahmenbedingungen für unser pädagogisches Handeln sind in ständiger Bewegung, seien es gesellschaftliche oder technische Entwicklungen, wie z.B. Entwicklung zur Ganztagesschule, demographische Veränderungen oder die fortschreitende Digitalisierung. Unsere Gesellschaft ist im ständigen Wandel. Dementsprechend muss sich Bildung immer wieder an die Veränderungen anpassen. Fragen wie: wer sind unsere künftigen Schüler, welche Ziele verfolgen wir im Unterricht, wo und wann und mit welchen Hilfsmitteln und Medien wird unterrichtet, stellen sich jeden Tag neu. […]
> Das Wichtigste wird sein, neugierig zu bleiben und die Lust aufs Lernen aufrecht zu erhalten. Das gilt für Lehrkräfte und Schulen genauso wie für ihre Schülerinnen und Schüler.“[146]

Die Musikschule bot im Schuljahr 2015/16 14 Fortbildungen an, vom künstlerischen Klavierspiel bis hin zur Bodypercussion.[147] Rund 100 Fortbildungskurse schreibt der Landesverband der Musikschulen Baden-Württembergs nach eigenen Angaben jährlich

---

142 Stuttgarter Musikschule (2016:15).
143 Intonation, Ausgabe 39 (2017/2:4).
144 Stuttgarter Musikschule (2016:7–9).
145 Stuttgarter Musikschule (2016:13).
146 Intonation, Ausgabe 39 (2017/2:4).
147 Stuttgarter Musikschule (2016:14).

aus, „die von etwa 1.600 Lehr- und Leitungskräften besucht werden." Damit ist die Stuttgarter Musikschule „die Musikschule mit dem größten Kursangebot im Land!"[148] Üblich ist es, dass an der Stuttgarter Musikschule jeder Fachbereich pro Schuljahr eine eigene Fortbildung zu einem selbstgewählten Thema initiiert. Auf diese Weise soll jedem Fachbereich die Möglichkeit geboten werden, die Entwicklung der gesamten Schule mitzubestimmen.[149] Auch persönlichen Weiterbildungswünschen der Lehrkräfte wird Raum gelassen. So berichtet die Cellolehrerin Delphine Henriet über ein Forschungsprojekt, welches sie im Rahmen ihres berufsbegleitenden Masterstudiums Instrumentalpädagogik an der Stuttgarter Musikschule durchführt:

> „Bereits im Frühjahr hatte das Lehrergremium entschieden, den Schwerpunkt im nächsten Schuljahr auf die Kammermusik zu legen, und ein Kammermusik-Atelier wäre dafür ein guter Ansatz. […] Das Kammermusik-Atelier im Bezirk Zuffenhausen ist Hauptthema meines Masterprojekts. Es bringt nicht nur Schüler aus verschiedenen Klassen zusammen mit dem Ziel, gemeinsam Kammermusikstücke zu erlernen. Zusätzlich möchte ich mit diesen Kindern und Jugendlichen im Unterricht die Lernform ‚Circle Teaching' ausprobieren: Jeder Schüler darf unter meiner Leitung einmal die Lehrerrolle übernehmen."[150]

Die Fort- und Weiterbildungen ergänzen „Arbeitsgruppen zu aktuellen Themen und pädagogische Tage, die sich besonderen und häufig auch fachübergreifenden Themen widmen."[151] An internen Arbeitsgruppen waren im Schuljahr 2015/16 aktiv:

- „AG Ganztagsschule
- AG Interkultur
- AG Bildungskooperationen
- AG Begabtenfindung und -förderung
- AG Beratungs- und freiwillige Prüfungswoche
- AG Ikarus [= Instrumentenkarussell] im Bezirk
- AG Musik und Gesundheit
- AG Lärmschutz
- AG Finanzen
- AG Handreichung Orchesterfahrten und Wochenendproben
- AG Qualitätssystem Musikschule
- AG Broschüren
- AG Verein ehemaliger Musikschullehrer
- AG Versammlungsstättenverordnung
- AG Homepage Neugestaltung
- AG Reform Studienvorbereitende Ausbildung"[152]

---

148   Intonation, Ausgabe 39 (2017/2:5).
149   Intonation, Ausgabe 39 (2017/2:4).
150   Intonation, Ausgabe 39 (2017/2:8).
151   Intonation, Ausgabe 39 (2017/2:4).
152   Stuttgarter Musikschule (2016:16).

Zu den Innovationen und neuen Unterrichtskonzepten zählten:

- „Fachbereich Klavier: *Piano Pinguine*, Kooperation mit der Römerschule und dem Gospelchor der Ludwig-Hofacker-Gemeinde im Rahmen der Bündnisse für Bildung ‚Kultur macht stark' […]
- Bläserklasse: Kooperation mit dem Neuen Gymnasium Feuerbach
- Blockflöte und Gitarrenintro: Kooperation mit der Reisachschule Weilimdorf. Baglamaunterricht an der Bachschule Weilimdorf.
- Angebot von 50 Musikalischen Grundausbildungskursen für gebundene Ganztagsschulen in enger Kooperation mit Kubi-S Stuttgart. […]
- Interkulturelles Ensemble […]
- Musik inklusive […] ist ein Angebot für Kinder, Jugendliche und Erwachsene mit geistiger, körperlicher oder seelischer Beeinträchtigung […]
- Flüchtlingsheim Zazenhausen – Kinder musizieren an der Stuttgarter Musikschule. Mit dem Konzept ‚Stark durch Musik' wird zweimal die Woche Musikunterricht für die Kinder der Internationalen Vorbereitungsklassen (IVK) erteilt […]."[153]

An neuen Vorhaben wurden u.a. vorangetrieben:

- Fortbildungsveranstaltung zum Thema Inklusion
- Fortbildungsveranstaltung im Rahmen der Bildungskooperationen zum Thema Orientierungsangebote in der Grundschule an der Schnittstelle zwischen EMP und Instrumentalunterricht
- diverse neue Kooperationsvorhaben mit einzelnen Schulen, zum Teil auf Basis von neu entwickelten Unterrichtskonzepten
- Musik mit Seniorinnen und Senioren
- Kinderkonzerte außerhalb der Musikschule in Kindertagesstätten, Schulen und Bürgerhäusern, Vaihingen
- Teilnahme beim Kunsthandwerkermarkt Möhringen und Möhringer Herbst gemeinsam mit der Stadtteilbücherei
- Veranstaltungen für Kinder im Flüchtlingsheim Zazenhausen
- Konzerte im Stuttgarter Jazzclub Bix
- Verbesserte Präsentation nach außen (Internetpräsentation) sowie bessere Öffentlichkeitsarbeit
- Gründung eines Lehrerensembles des Querschnittfachbereichs[154]

Deutlich zeigt sich, dass Mitarbeiter auf vielfältige Art und Weise in die Aktivitäten der Stuttgarter Musikschule eingebunden sind.

Bezeichnend für die interne Vernetzungsqualität des Stuttgarter Musikschulangebotes ist der mit dem Schuljahr 2013/14 erfolgte Ausbau einer pädagogischen Beratungsstruktur, in dessen Rahmen freiwillige Leistungsprüfungen und Beratungsgespräche für alle Schülerinnen und Schüler der Instrumental- und Gesangsfächer eingeführt

---

153   Stuttgarter Musikschule (2016:17).
154   Vgl. Stuttgarter Musikschule (2016:18).

worden sind.[155] Das Verfahren sieht folgende Schritte vor: Schülerinnen und Schüler nehmen jährlich entweder an einem Beratungsgespräch oder einer freiwilligen Prüfung teil. Die Lehrkräfte fragen dies zuvor mündlich oder schriftlich (Briefvorlage) ab.[156]

> „Jede Lehrkraft entscheidet gemeinsam mit ihren Schülerinnen und Schülern und deren Eltern, ob das Kind lieber an einer freiwilligen Prüfung oder allein bzw. zusammen mit den Eltern an einem Beratungsgespräch teilnehmen möchte."[157]

In der Briefvorlage wird die Durchführung der Beratungen / Prüfungen folgendermaßen begründet: „Damit wollen wir an der Stuttgarter Musikschule eine fundierte pädagogische Rückmeldung geben und noch besser und gezielter die musikalische Entwicklung der Lernenden fördern."[158] Die Prüfungswoche findet stets im Juni / Juli anstelle des regulären Unterrichts statt.[159]

> „Die Prüfung kann unabhängig vom Alter auf fünf Schwierigkeitsstufen abgelegt werden, die sich am Lehrplan des Verbandes deutscher Musikschulen (VdM) orientieren. Daher werden in der Regel zwischen den Prüfungen auch Jahre liegen, in denen die nächste Stufe noch nicht abgelegt wird. Eine Prüfung dauert je nach Stufe zwischen 3 und 15 Min. Sie besteht aus einem Wahlstück und einem Pflichtstück, das aus einer von den Fachbereichen vorgegebenen Liste ausgewählt werden kann. Eine Jury des Fachbereichs bewertet die internen Prüfungen, vergibt die Prädikate ‚bestanden' oder ‚nicht bestanden' und steht im direkten Anschluss für ein kurzes Gespräch zur Verfügung. Alle Teilnehmer/innen, die bestanden haben, werden mit einer Urkunde geehrt."[160]

Schüler/innen oder Eltern oder auch beide gemeinsam sollen prinzipiell einmal im Schuljahr die Gelegenheit zu einem offiziellen Beratungstermin bei ihrer Lehrkraft erhalten. Der Termin wird individuell vereinbart.[161] In dem Einladungsschreiben der Lehrkraft heißt es zur Zielsetzung:

> „In dem Gespräch wollen wir das vergangene Schuljahr betrachten und die zukünftige Unterrichtsgestaltung besprechen, um weiterhin individuell und gezielt zu fördern, eventuelle Hindernisse aus dem Weg zu räumen und die Motivation weiter zu erhalten oder auszubauen. Darüber hinaus möchte ich die zahlreichen Mitwirkungsmöglichkeiten in einem unserer Ensembles und Orchester oder in einem Ergänzungsfach besprechen."[162]

Den Lehrkräften wird seitens der Musikschule ein Gesprächsleitfaden an die Hand gegeben, um „einen einheitlichen Beratungsstandard der Stuttgarter Musikschule zu ge-

---

155　Vgl. Stuttgarter Musikschule (2015:2f.). Dem vorangegangen war im Schuljahr 2011/2012 ein entsprechendes Pilotprojekt im Fachbereich Klavier. Vgl. Intonation, Ausgabe 28 (2012/1:8); Intonation, Ausgabe 31 (2013/2:17).

156　Stuttgarter Musikschule: Organisationstipps für das Beratungsgespräch und die freiwillige Prüfung, Merkblatt für das Kollegium.

157　Intonation, Ausgabe 31 (2013/2:17).

158　Stuttgarter Musikschule: Beratungsgespräch oder freiwillige Prüfung, Briefvorlage.

159　Stuttgarter Musikschule: Beratungsgespräch oder freiwillige Prüfung, Briefvorlage.

160　Stuttgarter Musikschule: Beratungsgespräch oder freiwillige Prüfung, Briefvorlage.

161　Stuttgarter Musikschule: Beratungsgespräch oder freiwillige Prüfung, Briefvorlage.

162　Stuttgarter Musikschule: Einladung zum Beratungsgespräch, Briefvorlage.

währleisten".[163] Der Leitfaden fokussiert Fragen, die sich auf das Unterrichtsgeschehen in Vergangenheit, Gegenwart und Zukunft beziehen. Die Fragestellungen lauten im Einzelnen:

„Was war?
- wie war das vergangene Unterrichtsjahr
- was war schön, nicht schön, langweilig, stressig
- was wurde nach dem letzten Beratungsgespräch umgesetzt
- was funktioniert, was nicht
- Übeverhalten
- Freude am / im Unterricht
- Motivation

Was ist?
- wo spielst du mit (innerhalb / außerhalb der SMS)
- was sind deine Interessen
- wie gefällt dir der Unterricht
- andere Hobbys
- Zeit fürs Instrument
- Liebe zum Instrument

Was könnte sein?
- was soll sich ändern (Ziele, Wünsche, U-Form …)
- Ensembles, Orchester, Band
- Ergänzungsfächer (Theorie etc.)
- Neues Instrument, Noten
- welche Literatur, Stilistik
- Wettbewerb
- Konzertbesuche (Hörgang etc.)
- Lehrer- oder Fachwechsel
- Übebetreuung"[164]

Der Leitfaden ist so gestaltet, dass die Lehrkraft die Schülerperspektive in ihren lebensweltlichen Bezügen sehr gut in die Gesprächsführung mit einbeziehen kann. Zugleich geht es aber auch um eine Bestandsaufnahme des Erreichten (was wurde nach dem letzten Beratungsgespräch umgesetzt? Was funktioniert, was nicht?) und die Eröffnung neuer Perspektiven hinsichtlich der Unterrichtsgestaltung, des Übens, der Wahrnehmung von weiteren Angeboten der Musikschule usw. Die Ergebnisse und Erkenntnisse aus den Gesprächen sollen die Grundlage „für die künftige musikalische Entwicklung des Kindes und die weitere Unterrichtsplanung der Lehrkraft"[165] bilden, die so den individuellen Bedürfnissen besser angepasst werden kann. Eine gemeinsam mit dem Statistischen

---

163   Intonation, Ausgabe 31 (2013/2:17).
164   Stuttgarter Musikschule: Gesprächsleitfaden und Themensammlung für das Beratungsgespräch.
165   Intonation, Ausgabe 31 (2013/2:17).

Amt der Stadt Stuttgart durchgeführte Evaluation der Leistungsprüfungen und Beratungsgespräche führte im Detail zu folgenden Resultaten:

> „Sowohl 2/3 der Eltern als auch der Schülerinnen und Schüler bewerten die Einführung und die Durchführung der Prüfungen und der Beratungsgespräche positiv bis sehr positiv. 1/3 der Kinder gaben an, dass Themen im Gespräch angesprochen wurden, die im Unterricht sonst nicht zur Sprache kamen. Die Hälfte der Eltern erfuhr durch die Beratungsgespräche von zusätzlichen Unterrichtsangeboten der Schule. 2/3 der Eltern konnten persönliche und wichtige Aspekte der Entwicklung ihres Kindes in das Gespräch einbringen."[166]

Mit Beschluss der Gesamtlehrerkonferenz vom 19. November 2014 sind jährliche Beratungsgespräche und freiwillige Prüfungen als ständige Veranstaltung nunmehr Teil des Angebotes der Stuttgarter Musikschule geworden.[167]

Für den Direktor der Stuttgarter Musikschule hat es sich als richtig und wichtig herausgestellt, gemeinsam mit Schülern und Eltern „die verschiedenen Einflussfaktoren für einen guten und gelingenden Unterricht zu klären". Dolge: „Nach wie vor wollen wir damit die Lernkultur an unserer Stuttgarter Musikschule aktiv weiterentwickeln, die die individuelle Förderung, die persönliche Entfaltung und Kompetenzentwicklung der einzelnen Schülerinnen und Schüler in den Mittelpunkt stellt. Dies geschieht auch in dem Wissen darum, dass die Belastung unserer Kinder in den letzten Jahren durch Schulzeitverdichtung und -verkürzung, durch G8 und Ganztagsschulen und auch die Angebotsvielfalt an Freizeitaktivitäten enorm zugenommen hat."[168] Eine Weiterentwicklung der Lernkultur an der Stuttgarter Musikschule bezweckt, allen Schülerinnen und Schülern, unabhängig vom jeweiligen Ausbildungsstand, zugutezukommen.

Von einer hohen Lernkultur zeugen außerdem die Erfolge der Stuttgarter Musikschule in der Begabtenförderung. Ein wichtiger Indikator hierfür ist der Wettbewerb „Jugend musiziert". Gerd Eicker, Ehrenvorsitzender des VdM, sieht den eigentlichen Sinn eines solchen Wettbewerbs in der Vorbereitungszeit. „Dieses Ziel der Teilnahme und natürlich auch die Chance der Preisgewinnung setzt vorher ungeahnte Kräfte frei"[169] – und ermöglicht somit Erfahrungen, die in Verbindung mit der Erarbeitung eines Wettbewerbsprogramms sowie in der Begegnung mit Spielpartnern oder anderen Teilnehmern weitreichende musikalische und persönliche Entwicklungen in Gang setzen können. Friedrich-Koh Dolge hat 2012 in einem Interview gegenüber der Stuttgarter Zeitung angemerkt:

> „In den Anfangsjahren war Jugend Musiziert auch auf regionaler Ebene in erster Linie ein Musikwettbewerb unter musikalisch Hochbegabten. Heute ist es auch eine kulturelle Förderung von Kindern und Jugendlichen. Die Bundesebene zeigt allerdings nach wie vor

---

166 Anschreiben des Direktors der Stuttgarter Musikschule, Friedrich-Koh Dolge, an die Eltern und Erziehungsberechtigten im März/April 2015.
167 Stuttgarter Musikschule (2015:3).
168 Anschreiben des Direktors der Stuttgarter Musikschule, Friedrich-Koh Dolge, an die Eltern und Erziehungsberechtigten im März/April 2015.
169 Gerd Eicker in: Intonation, Ausgabe 31 (2013/2:10).

Spitzenleistungen. […] Allein die Zahl der Teilnehmer in Stuttgart hat sich von 2002 bis 2012 verdoppelt. Mittlerweile sind es durchschnittlich 240 Teilnehmer pro Jahr."[170]

Die Ergebnisse sprechen für sich. Am Bundeswettbewerb 2015 in Hamburg haben 75 Schüler/innen der Stuttgarter Musikschule teilgenommen. Ergebnis: 21 erhielten einen ersten, 24 einen zweiten, und 16 einen dritten Bundespreis – zwölf nahmen mit sehr gutem, zwei mit gutem Erfolg teil.[171] In den vergangenen Jahren haben Schülerinnen und Schüler der Stuttgarter Musikschule erfolgreich an nationalen Wettbewerben teilgenommen, z.B.:

„Nationaler Bach-Wettbewerb, Köthen / Kleiner Schumann-Wettbewerb, Zwickau / Klassikpreis der Stadt Münster / Jugend musiziert / Nürnberger Klavierwettbewerb / Karel-Kunc-Duo-Wettbewerb / Stuttgarter Matthaes Klavierwettbewerb / Deutscher Tonkünstlerverband Wettbewerb / Festival-Wettbewerb Bad Herrenalb / Rotary Klavier Wettbewerb Jugend / Lions-Club Wettbewerb / Rotary Wettbewerb in Essen / Steinway-Wettbewerb Hamburg"[172]

… sowie u.a. an folgenden internationalen Wettbewerben:

„Charles Hennen Kammermusik Wettbewerb, Holland / Bitburger Klavierwettbewerb / Münchner Klavierpodium der Jugend / Horowitz Wettbewerb Kiew, Ukraine / Dotzauer-Wettbewerb für junge Cellisten, Dresden / *Remember Enescu* Wettbewerb, Rumänien / Kocian-Wettbewerb in Usti nad Orlici, Tschechien / Klavierwettbewerb Elisabeth Tjarri, Zypern / Concorso pianistico internationale Pia Tebaldini, Italien / Concorso pianistico Citta di Caraglio, Italien / EMCY-Wettbewerbe in Linz, Österreich, und in Kosice, Slowakei / Klavierwettbewerb in Usti nad Labem, Tschechien / Wettberwerb der Warschauer Chopingesellschaft, Polen / Skrjabin Wettbewerb in Paris, Frankreich / Klavierwettbewerb für junge Pianisten in Ibiza, Spanien / Nicolai-Rubinstein Wettbewerb in Paris, Frankreich / Klavierwettbewerb für junge Pianisten in Pinerolo, Italien / Wettberwerb d. europ. Rundfunkanstalten Concertino Prag, Tschechien / Wettbewerb für junge Pianisten in Ettlingen / Amadeus-Wettbewerb in Brünn, Tschechien / Rosario-Marciano-Klavierwettbewerb Wien, Österreich"[173]

Die Erfolge der Stuttgarter Musikschule sind in der Begabtenförderung im Vergleich zu anderen Musikschulen bundesweit einzigartig.

Als größere Musikschule sieht sich die Stuttgarter Musikschule in der Pflicht, eine Vorreiterrolle bezüglich der Entwicklung neuer Angebotskonzeptionen einzunehmen.[174] Einige innovative Musikschulangebote der letzten Jahre seien an dieser Stelle kurz vorgestellt. Sie sind zu einem großen Teil aus Anlass der Vernetzung mit Bildungspart-

---

170 Dolge (2012).
171 Stuttgarter Zeitung, 23.9.2015: „Erfolgreiche Stuttgarter Schüler bei ‚Jugend musiziert'".
172 Flyer „Die Begabtenförderung und studienvorbereitende Ausbildung (STUVO) der Stuttgarter Musikschule".
173 Flyer „Die Begabtenförderung und studienvorbereitende Ausbildung (STUVO) der Stuttgarter Musikschule".
174 Vgl. Jäger (2012).

nern entstanden und überwiegend, aber nicht ausschließlich den Aufgabenbereichen der Breiten- und Sonderförderung zuzuordnen.

Die „Singende Grundschule" ist kein originär von der Stuttgarter Musikschule entwickeltes Kooperationsangebot. Es lehnt sich an das Modell „JEKISS" (= Jedem Kind seine Stimme) an, das von der Gesangspädagogin Inga Mareile Reuther an der Westfälischen Schule für Musik der Stadt Münster konzipiert worden ist.[175] Es beruht auf der Kombination von Kinderchorarbeit und Lehrerfortbildung. Kinder sollen musikalisch gefördert, Lehrkräfte der Schule musikalisch fortgebildet werden. Auf diesem Weg wird eine Musikalisierung der Schulgemeinschaft angestrebt, die Kinder in ihrer kulturellen Identität unterstützt und gleichzeitig einen interkulturellen Dialog ermöglicht. Die Lehrkräfte der Schule hingegen werden methodisch in die Kinderchorarbeit eingeführt. In dem Schuljahr 2012/13 wurde die Kooperation zwischen der Kirchhaldenschule in Stuttgart-Botnang und dem Fachbereich Gesang der Stuttgarter Musikschule aufgenommen. Ingeborg Krebs-Kluge berichtet:

> „Zum ersten Mal standen wir vor dem frisch gebackenen ‚JEKISS'-Chor mit einer jetzt doch ordentlichen Größe von quirligen Kindern der Klassen 1 bis 4. Das ist eine spannende, aber auch herausfordernde Aufgabe [...]. Am Ende der ersten Stunde gingen die Kinder mit einem Summen des neu gelernten Liedes von dannen.
> Von da an trafen wir uns regelmäßig dienstags zu unserer Chorstunde mit den Kindern. Auch die Fortbildung der Lehrer und Lehrerinnen, die ich regelmäßig vor der Chorstunde mache, wird gerne angenommen. Schnell wurde deutlich, dass sowohl die Kinder als auch die Lehrer mit Freude bei der Sache sind."[176]

Im Sommer 2017 blickt Krebs-Kluge auf ein „Schuljahr voller JEKISS" zurück:

> „Der JEKISS-Chor der Kirchhaldenschule Botnang in Kooperation mit der SMS [= Stuttgarter Musikschule] blickt auf ein erfolgreiches und intensives Konzerthalbjahr zurück. Der Chor hat in dieser Zeit elf Aufführungen mit viel Spaß und Engagement bestritten.
> Eine wichtige Station war das Musiktheaterprojekt ‚Konferenz der Tiere'. Zusammen mit Kindern der EMP-Gruppe von Pascale Engelbach, war der Chor in den fünf Aufführungen mit Begeisterung, viel Freude und Spielwitz ein fester Bestandteil des Ensembles, so dass ihm in den Aufführungen stets ein verdienter Applaus zukam.
> Gegen Ende des Schuljahres gab es eine Einladung zu einem Konzert im Flüchtlingsheim in Botnang zu Gunsten der dortigen Bewohner. [...]
> Zum Abschluss des Schuljahres gab es dann noch einen Auftritt bei der Einweihung der neuen Ortsmitte in Stuttgart Botnang. Ganz besonders gefreut hat uns, dass unser Chor hier von Kindern aus dem Flüchtlingsheim und einigen sangesfreudigen JEKISS-Choreltern unterstützt wurde."[177]

Die „Singende Grundschule" nach dem Vorbild „JEKISS" erscheint überaus geeignet, dem Singen an Schulen wieder mehr Gewicht zu verleihen. Von dem mehr oder min-

---

175 Vgl. Intonation, Ausgabe 30 (2013/1:18).
176 Intonation, Ausgabe 30 (2013/1:18).
177 Intonation, Ausgabe 39 (2017/2:39).

der freudlosen Schulgesang des 19. Jahrhunderts trennt sie vermutlich Welten. Singen, und hier vor allem gemeinsames Singen, hat in der zweiten Hälfte des 20. Jahrhunderts auch in der Musikschulpraxis an Stellenwert verloren, während noch im 19. Jahrhundert der Elementar-Gesangsunterricht sowie das Chorsingen an der Stuttgarter Musikschule / dem Konservatorium als wichtigstes Glied der allgemeinen musikalischen Erziehung angesehen wurde.

> „So hatte der ideologische Missbrauch des Singens während der Zeit der Nazi-Diktatur in später Folge dazu geführt, dass das Singen in den 1970er und 1980er Jahren hierzulande weitgehend aus Musikunterricht und Schule verbannt wurde. Die betroffene Schülergeneration konnte deshalb als Eltern und Lehrer nur auf wenige Erfahrungen mit der eigenen Singstimme zurückgreifen, in den Familien wurde kaum noch gesungen, das gemeinsame Kinder- und Volksliedrepertoire war nahezu verschwunden."[178]

Erst neuerdings scheint sich eine Kehrtwende zu vollziehen. Von einer „Wiederentdeckung des Singens im 21. Jahrhundert" könnten auch Musikschulen profitieren.[179]

„Piano-Pinguine" heißt ein Projekt, das die Stuttgarter Musikschule mit der Römerschule, einer Grundschule in Stuttgart-Süd, begonnen hat. Erstklässler der verlässlichen Grundschule erhalten etwa zwei Jahre lang kostenlos einmal wöchentlich zur sechsten Stunde Gruppenunterricht im Fach Klavier. Ein erster Kurs mit acht Kindern ist bereits im Februar 2015 gestartet, ein zweiter folgte im September 2015.[180] Für den Unterricht sind Fachbereichsleiter Felipe Valerio und seine Kollegin Jutta Steyer zuständig.

> „Melodie und Klang stehen im Mittelpunkt, es wird gesungen und gespielt. Der Kurs hat das Ziel, über den Zeitraum von anderthalb Jahren die Grundbegriffe des Klavierspiels zu vermitteln. Über freie Improvisation und Spielen ohne Noten (z. B. nur auf den schwarzen Tasten) geht der Weg allmählich hin zum Erlernen der Notation. Die Kinder lernen zuzuhören und zu reagieren. Beiläufig lernen sie, mit musikalischen Fachbegriffen umzugehen. Allgemein musikalische Fähigkeiten werden ebenso vermittelt, wie pianistisches, handwerkliches Können. Musik wird zu einem ganzheitlichen und sozialen Erlebnis. Dabei sind Teamgeist und Verlässlichkeit gefragt. Jede Stunde hat einen festen Ablauf und verlangt den Kindern Einiges an Selbstbeherrschung ab. Zum Glück gibt es für jeden Schüler einen Kopfhörer, mit dem gleichzeitig und selbstständig geübt werden kann."[181]

Von nicht zu unterschätzender Bedeutung für die Durchführung dieses Projektes ist die Betreuung der Kinder durch ehrenamtliche Übepaten:

> „Das sind junge, musikalische Leute zwischen 16 und 20 Jahren, die sich im Gospelchor an der Ludwig-Hofacker-Gemeinde kennengelernt haben. Ihre Chorleiterin Sara Moser war früher selbst Schülerin an der Stuttgarter Musikschule."[182]

---

178   Jokisch (2014:6f.).
179   Vgl. Jokisch (2014).
180   Stuttgarter Zeitung, 9.3.2015: „16 Pinguine lernen Klavier spielen". Intonation, Ausgabe 35 (2015/2:30).
181   Intonation, Ausgabe 35 (2015/2:30).
182   Intonation, Ausgabe 35 (2015/2:30).

Unter Anleitung der Übepaten „wird das Gelernte dreimal in der Woche im Rahmen der Kernzeit der Ganztagsschule wiederholt und vertieft".[183] Im Sommer 2016 gestalteten die PianoPinguine gemeinsam mit dem Gospelchor ein Abschlusskonzert. Die Römerschule besuchen zahlreiche Kinder mit Migrationshintergrund und viele Kinder aus sozial schwächeren Familien. Möglich wurde das Projekt durch Gelder der Klett- und Weidenhammerstiftung, die zum Kauf von 16 E-Pianos genutzt werden konnten. „Kostenlos ist der Unterricht für die Kinder und ihre Eltern, weil das Projekt aus Fördermitteln des Bundes finanziert wird. Mit ‚Kultur macht stark – Bündnisse für Bildung' fördert das Bundesministerium für Bildung und Forschung (BMBF) außerschulische Bildungsmaßnahmen, um Kinder aus sozial schwachen Familien einen Zugang zu Kunst und Kultur zu ermöglichen."[184]

Bemerkenswert ist das Projekt „Tasten-Pinguine" in mehrfacher Hinsicht. Zunächst handelt es sich um ein gelungenes Beispiel einer *public-private-partnership*, bei der die Stuttgarter Musikschule als Impulsgeber ein innovatives musikpädagogisches Unterrichtsangebot mit Unterstützung öffentlicher Gelder, Drittmitteln aus Stiftungserlösen und dem ehrenamtlichen Engagement von Mitgliedern einer evangelischen Kirchengemeinde erprobt. Hervorzuheben ist neben dem sozialen Hintergrund des Projektes aber auch die Tatsache, dass sich der Fachbereichsleiter Klavier persönlich in das Projekt einbringt. Damit setzt Felipe Valerio gegenüber seinen Kolleginnen und Kollegen im Fachbereich ein Zeichen für pädagogisch verantwortliches Handeln, das besagt: Musikalische Breitenarbeit und Spitzenförderung schließen sich nicht aus. Die Arbeit mit Erstklässlern am E-Piano und die Vorbereitung von Hochbegabten auf Wettbewerbe werden als Aufgabenstellung der Musikschule gleichberechtigt anerkannt.

Der Ergänzungsbereich Musiktheorie und Gehörbildung ist an der Stuttgarter Musikschule vorbildlich ausgebaut. Die Kursinhalte sollen altersgerecht und praxisorientiert in Gruppen von ca. vier bis acht Schülern vermittelt werden und umfassen das ganze fachliche Spektrum, angefangen vom Notenlesen bis hin zur Hochschulvorbereitung.[185] Der Flyer „Ohren auf!" nennt folgende Angebote:

> „Los geht's (Einstiegskurs) / Die Hördetektive (Basiskurs Grundstufe) / Unerhört! (Aufbaukurs Grundstufe) / Die Tritonussknacker (Basiskurs Mittelstufe) / Die TSDT-Bande (Aufbaukurs Mittelstufe) / Die Übermäßigen (Oberstufe) / T0, T1, T2, T3 (Kurse für die Studienvorbereitende Ausbildung) / Hörtraining (Grundlagen des musikalischen Hörens) / Mr. Beat (Rhythmustraining / Hochschulvorbereitung (Grundlagen und Prüfungstraining / Jazz (Einführung in die Jazzharmonielehre) / Musikgeschichte(n) (1200 Jahre Musik für alle von 9 bis 99) / Backstage (Alles rund um die Musik für Erwachsene) / Treffpunkt Musik (Workshops und Gesprächskonzerte) / Kompositionsklasse (für Kinder und Jugendliche)"[186]

---

183   Intonation, Ausgabe 35 (2015/2:30).

184   Stuttgarter Zeitung, 9.3.2015: „16 Pinguine lernen Klavier spielen".

185   http://www.stuttgart.de/item/show/154141/1 [15.7.2017].

186   Flyer „Ohren auf! Das ergänzende Angebot zum Instrumental- und Gesangsunterricht" *(Stuttgarter Musikschule)*.

Die Dozenten Philipp Vandré und Holger Spegg haben inzwischen auch eigene Veröffentlichungen vorgelegt. Spegg hat mit seinem Lehrwerk „Die Musikdetektive" eine „Lücke in der Vermittlung von Musiktheorie, besonders für jüngere Kinder, geschlossen":[187]

> „Die beiden Hefte sind eingeteilt in jeweils sechs Kriminalfälle, die zu lösen sind. Jeder Fall behandelt ein Thema, zum Beispiel Rhythmus oder Intervalle. Innerhalb eines Falles gibt es viel zu knobeln und zu tüfteln und viele Spielanregungen, die liebevoll aufbereitet sind. Am Ende des jeweiligen Kapitels heißt es immer: ,Der Fall ist gelöst' – in Form einer Zusammenfassung des Themas. Solcherart vermittelte Musiktheorie wird so manchem Musikschüler die Ohren öffnen für die vielen Geheimnisse, die in der Musik verborgen sind und gehört werden wollen."[188]

„Die Musikdetektive" möchten über den spielerischen Umgang mit Musiktheorie Zugänge zum musikalischen Erleben eröffnen. Sie beschränken sich nicht auf eine trockene Wissensvermittlung. Das von Vandré mit herausgegebene Buch „Komponieren mit Schülern" (Konzepte – Förderung – Ausbildung) – es entstand in Anschluss an ein bundesweites Symposion zur Kompositionspädagogik im Auftrag der Jeunesses Musicales Deutschland – folgt dem Gedanken einer „schöpferischen Musikpädagogik" und liefert zugleich die Begründung dafür. Vandré:

> „Die Notwendigkeit eines umfassenden Diskurses über das vielschichtige Potenzial der kompositorischen Gestaltungsarbeit für eine schöpferische Musikpädagogik liegt auf der Hand. Sie gewinnt an Relevanz, je mehr unsere Gesellschaft Schlüsselqualifikationen wie Kreativität, Originalität, Emotionalität und Gestaltungskraft als Zukunftsressourcen wertschätzt und entwickeln will, aber auch je mehr Software-Produkte und Internet-Technologie aus kommerziellen Intentionen Standards und Orientierungsmarken für die Fertigung von Klangerzeugnissen setzen."[189]

Die Kompositionsklasse bildet gewissermaßen das Aushängeschild des Faches Musiktheorie an der Stuttgarter Musikschule. Komponiert werden Lieder, Kammermusik und Orchesterwerke; es werden Geschichten und Bilderbücher vertont; es wird mit Geräuschen und Klängen experimentiert; die Schülerinnen und Schüler erfinden elektronische Hörstücke und komponieren Musik für Tanz und Theater. „Dabei lernen sie die Vielfalt der Instrumente kennen und erforschen kompositorische Handschriften erfahrener Komponisten."[190] Damit nicht genug: Kompositionen werden auch aufgeführt oder sogar in Auftrag gegeben. Philipp Vandré berichtet über ein Austauschprojekt:

> „Thomas Weber, Leiter des Fachbereichs Klavier an der Städtischen Musikschule Münster, hatte angeregt, dass Schüler seines Fachbereichs Klavierwerke unserer jungen Komponisten einstudieren. Wir sind der Anfrage gern gefolgt. Immerhin sind in der Kompositionsklasse mittlerweile über 60 Klavierwerke geschrieben worden, die auf weitere Aufführungen warten.

---

187 Intonation, Ausgabe 31 (2013/2:5).
188 Intonation, Ausgabe 31 (2013/2:5).
189 Intonation, Ausgabe 27 (2011/2:33).
190 http://www.stuttgart.de/item/show/273346/1 [15.3.2015].

Ein ganzer Stapel Noten wurde also gen Norden abgeschickt, Werke ausgewählt und einstudiert und am 2. Dezember [2011] reiste ich dann mit Jonas Bayh, Nina Deuse, Jonas Plattner und Marc Schlichting nach Münster. […] Unsere jungen Komponisten arbeiteten rastlos mit den jungen Münsteraner Pianisten an ihrer Musik. Schnell entwickelte sich ein lebendiges und produktives Miteinander, da alle mit großer Aufgeschlossenheit und Respekt dabei waren. Zwischendurch wurde gemeinsam gegessen, viel gelacht, immer wieder improvisiert und verschiedenes am Instrument ausprobiert. […]
Am Sonntag fand unser Besuch seinen Höhepunkt in dem abschließenden Konzert, für das wir auch eine experimentelle Komposition mit den Komponisten und eine Improvisation mit allen Beteiligten vorbereitet hatten. […]
Die Münsteraner werden vom 22.-22. April zu uns kommen, unsere Musikschule kennenlernen und die noch kaum aufgeführten Klavierstücke unserer jungen Komponisten im Konzert am 21. April [2012] zu Gehör bringen."[191]

Vermittelt wird Neue Musik auch in Workshops und Konzerten. Beispiel:

„Workshop und Konzert im Oktober [2011] stellen John Cage vor, einen Pionier der Zufallsmusik, der elektronischen Musik und des ungewöhnlichen Gebrauchs von Musikinstrumenten […]
Zeitgenössischer amerikanischer Musik widmen sich Workshop und Konzert im November [2011]. Mit Lou Harrison, der Musikelemente nicht-westlicher Kulturen und ungewöhnliche Musikinstrumente in sein Werk einbezog, steht hier der letzte große Individualist unter den amerikanischen Komponisten des vergangenen Jahrhunderts im Mittelpunkt."[192]

Neue Spielräume haben sich für Musiktheorie und Komposition durch den Bezug von Unterrichtsräumen eröffnet, die mit neuester Medientechnologie ausgestattet sind.

„In [dem] Unterricht kommen seit einigen Jahren eine elektronische Tafel sowie eine digitale Dokumentenkamera zum Einsatz, die in Verbindung mit der hochwertigen HiFi-Anlage der Veranschaulichung von Lerninhalten – vor allem im Unterricht mit größeren Gruppen – dienen. Ein WLAN-Hotspot ermöglicht den schnellen Zugriff auf Informationen und Musik sowie den Einsatz von Clouds, die eine große Erleichterung für die Unterrichtsvorbereitung sind und die Lernprozesse unserer Schüler/innen auch außerhalb des Unterrichts unterstützen.
Die Musikschule hat einen Satz von zehn iPads angeschafft. Mit ihrer Hilfe wird ein forschendes, eigenverantwortliches Lernen gefördert und an die Erlebniswelt der Schüler/innen angeknüpft. Die iPads unterstützen Lernkonstellationen, in denen Kinder und Jugendliche in kooperativen Lernprozessen Lehrinhalte selbständig erkunden, teilen und z.B. als Podcast, Video, Keynote, eBook, Mini-Book oder Zeitung aufbereiten. Dabei lernen sie miteinander und voneinander. Die inhaltliche Qualität dieser Arbeiten wird durch geregelte Arbeitsabläufe gewährleistet."[193]

---

191 Intonation, Ausgabe 28 (2012/1:13).
192 Intonation, Ausgabe 27 (2011/2:38).
193 Intonation, Ausgabe 39 (2017/2:10f.).

Multimedial ausgerichtet ist ebenfalls das Angebot „Musik & Aufnahmetechnik":

> „Unterrichtsinhalte sind z.B. die richtige Verwendung von Mikrofonen, Grundlagen der Audiotechnik, Signalfluss und die Bedienung eines Mischpultes. Für eine erfolgreiche Mischung behandeln wir dann die Verwendung von Effekten, die ,Mischung' eines Stückes sowie den Vorgang des Masterings.
>
> Darüber hinaus wird auch der Bereich Musikproduktion erlernt: Wie produziere ich meine Stücke, wie mische ich richtig, welche Sounds kann ich einsetzen? Hier ist die Vielfalt groß: Von klassischen Rock&Popstücken bis hin zur modernen Clubmusik wird viel gelernt.
>
> SchülerInnen der Stuttgarter Musikschule profitieren dabei von der Möglichkeit, Musiker und Ensembles der Stuttgarter Musikschule selbst aufzunehmen, zu bearbeiten und zu mischen.
>
> Das Studio steht den Teilnehmern nach Erhalt des Übeausweises zur selbstständigen weiteren Vertiefung zur Verfügung."[194]

Von dem Konservatismus der Konservatorien im 19. Jahrhundert grenzen sich die Fächer Musiktheorie und Aufnahmetechnik an der Stuttgarter Musikschule deutlich ab.

Der Anteil von Mitbürgern mit Migrationshintergrund liegt in Stuttgart sehr hoch. „Das macht unser Stadtbild, unsere Schulen und unser Leben generell sehr lebendig, denn außer ihrem Essen und ihren Bräuchen bringen unsere Mitbürger auch ihre Musik und die dazu gehörenden Instrumente mit."[195] Vor dem Hintergrund dieser Entwicklung hat die Stuttgarter Musikschule 2012 das Unterrichtsfach Baglama eingeführt. Unterrichtet wird es von dem türkischstämmigen Cemil Aydemir, der, in Esslingen geboren, in seiner Kindheit und Jugend durch den Musikschulunterricht in den Fächern Blockflöte, Klavier und Gitarre zunächst westeuropäisch geprägt worden ist, bevor er das türkische Instrument Baglama für sich entdeckte und die Feinheiten des Baglamaspiels in einem türkischen Musikverein erlernte. Neue Wege geht Aydemir nun bei seinen Schülern. „An seinem Instrument, das inzwischen auch bei ,Jugend musiziert' gewertet wird, schätzt Cemil Aydemir neben dem spezifischen Klang die Vielseitigkeit. Ursprünglich wurde Baglama in der Volksmusik eingesetzt, heute spielt man auf ihr, was man möchte – von Mozart bis zu moderner Musik."[196] Das Unterrichtsfach Baglama führt an der Stuttgarter Musikschule kein Nischendasein. Aydemir hat an der Musikschule ein Orientensemble gegründet, welches das gemeinsame Musizieren auf Instrumenten zweier einander immer noch weitestgehend fremder Kulturkreise vereint. Zusammen mit Schülerinnen und Schülern der Musiktheaterklasse brachte man z.B. die Geschichte „Aladin und Wunderlampe" zur Aufführung:

> „Zauberei, Tanz und Musik für große und kleine Menschen ab 5 Jahren entführen in die zauberhafte Welt der Märchen aus 1001 Nacht. Bauchtanz, türkische Baglama, Geigen und ein abenteuerliches Märchen laden ein zum Träumen, Zuhören, Zuschauen, Mitmachen. […]

---

194   Intonation, Ausgabe 35 (2015/2:15).
195   Intonation, Ausgabe 29 (2012/2:27).
196   Intonation, Ausgabe 30 (2013/1:33).

Bei unserem Orientensemble handelt es sich um ein Ensemble, das klassische mitteleuropäische Instrumente mit traditionellen klassischen osteuropäischen Instrumenten verbindet.

Hierin liegen der Charme und die Chance dieses Projektes. Violinen, Klarinetten, Querflöten klingen in einem solchen Ensemble und mit einer solchen Musik anders. Unsere Schülerinnen und Schüler werden ihre Instrumente anders handhaben lernen, und vermutlich werden dies auch die Baglamaspielerinnen und -spieler so empfinden.

Dass beim gemeinsamen Musizieren auch freundschaftliche Bande entstehen werden versteht sich von selbst, und vielleicht wird dies auch unseren Zuhörerinnen und Zuhörern so ergehen."[197]

Bei einem solchen Projekt begegnen sich Kulturen und Menschen. Es ergeben sich wechselseitig Perspektiven, die neue musikalische Erfahrungshorizonte eröffnen. Die Stuttgarter Musikschule setzt den Weg einer Öffnung gegenüber der Musik anderer Kulturkreise konsequent fort. Zu dem ersten Auftritt eines neugegründeten „Multikulti-Ensembles", der unter dem Titel „Global Village" im Jahr 2016 stattfand, berichtet die Musikschulzeitung „Intonation":

„Seit Oktober probten die fünf Schüler im Alter von 8 bis 18 wöchentlich mit ihrem Gitarrenlehrer Harold Gretton. Musik aus elf Ländern wurde auf Gitarre, Harfe und Baglama gespielt.

Zu Beginn erklangen vier Tänze: ein energischer Tango aus Uruguay, ein Calypso aus der Karibik, eine Volksmelodie – El Noy de la Mar – aus Nordspanien und eine lebendige Tarantella aus Süditalien.

Baglamaspieler Mehmed Mücahid Kargin spielte anschließend zwei virtuose Werke aus der Türkei und aus Aserbaidschan. Das jüngste Mitglied, die achtjährige Natalie Martin, zeigte ihr Talent mit dem berühmten mexikanischen Tanz ‚Jarape Tapatio'!

Gitarrist Michael Mischke begeisterte mit dem südkoreanischen ‚River Flows in You' von Yiruma. Danach spielte Justus Gritzmann die anspruchsvollen Variationen über ‚La Folia'. Mauro Giulanis Opus 45 ist eine Erinnerung daran, wie wichtig multikulturelle Einflüsse schon immer auf die klassische Musik waren.

Dann kam die Harfe in den Mittelpunkt. Henriette Henze zeigte die Schönheit ihres Instrumentes mit dem typisch französischen Stück ‚Rouet' von Hasselmann. Zuletzt kamen alle Künstler auf der Bühne zusammen für zwei irische Volkslieder und das FIFA-Lied 2010 ‚Wavin Flag', vom somalischen Sänger K'naan komponiert."[198]

Das Angebot „Musik Inklusive" richtet sich schließlich an Kinder, Jugendliche und Erwachsene, denen die Teilhabe am gesellschaftlichen Leben aufgrund einer geistigen, körperlichen oder seelischen Behinderung erschwert ist. „Ihnen soll im Sinne der Inklusion ermöglicht werden, in den Genuss der musikalischen Entfaltung und Förde-

---

197   Intonation, Ausgabe 32 (2014/1:7).
198   Intonation, Ausgabe 37 (2016/2:11).

rung zu kommen, ohne Angst vor Einschränkung und Ausgrenzung."[199] Die Lehrerin Anja Leonhard schreibt:

> „Inklusion setzt voraus, dass Gesellschaft von vornherein als heterogene Gruppe verstanden wird, in der jeder Mensch anders ist und in der versucht wird, für jedes Individuum passende Arbeits-, Lern-, und Lebensbedingungen zu schaffen. Das hochbegabte Kind braucht individuelle Förderung ebenso wie ein schwerst mehrfach behindertes Kind, und die Aufgabe öffentlicher Einrichtungen ist es, die Rahmenbedingungen dafür zu schaffen. Idealerweise unter einem Dach."[200]

Der Unterricht findet zunächst als 45-minütiger Einzelunterricht unter Anleitung eines Musiktherapeuten statt. Er soll das Kennenlernen unterschiedlicher Instrumente in vertraulicher Atmosphäre ermöglichen.

> „Inhalte der Musiktherapie:
> - strukturiertes und freies Improvisieren mit Tönen, Klängen und Geräuschen
> - Erleben von Rhythmus und Zusammenspiel
> - Bewegung, Lieder, Tanz und Malen zur Musik
>
> musiktherapeutische Ziele:
> - Freude an Musik vermitteln
> - Entdecken eigener Fähigkeiten
> - Stärkung der eigenen Ausdrucksweise (Sprache und nonverbaler / musikalischer Ausdruck)
> - Selbstbewusstsein entwickeln
> - eigene kreative Impulse stärken"[201]

Bei positivem Verlauf kann nach Möglichkeiten gesucht werden, in einem Ensemble mitzuwirken, oder es kann sich der weiterführende Instrumentalunterricht anschließen. In einer Eingewöhnungsphase erarbeiten Musiktherapeut und Instrumentallehrer dann in Rücksprache mit den Eltern ein individuelles Unterrichtskonzept:

> „Nun betreut der Musiktherapeut Ihr Kind in den ersten 15 Minuten. In den verbleibenden 30 Minuten übernimmt der Fachlehrer den Unterricht am Instrument. So findet schrittweise eine Ablösung vom Therapeuten und der Weg zum normalen Instrumentalunterricht statt."[202]

Ein solches Unterrichtsangebot wäre an einem Musikinstitut des 19. Jahrhunderts wohl schwer vorstellbar gewesen, denn es versteht Musikpädagogik weniger von der bildenden Kraft des Kunstwerks als von den Bedürfnissen des einzelnen Menschen her.

---

199 Flyer „Musik inklusive – ein individueller Weg zur eigenen Musikalität. Willkommen an der Stuttgarter Musikschule!". Intonation, Ausgabe 35 (2015/2:9).
200 Intonation, Ausgabe 28 (2012/1:15).
201 Flyer „Musik inklusive – ein individueller Weg zur eigenen Musikalität. Willkommen an der Stuttgarter Musikschule!"
202 Flyer „Musik inklusive – ein individueller Weg zur eigenen Musikalität. Willkommen an der Stuttgarter Musikschule!"

5.2.2 Musik entdecken – Musik erleben

Anspruch der Lehrenden ist es, Musik kompetent zu vermitteln. Bedürfnis der Lernenden wird es sein, Musik zu entdecken und zu erleben. „Unstrittig ist, dass zur musikalischen Bildung erlernbare musikalische ‚Kompetenzen‘ notwendig sind, ebenso unstrittig ist aber, dass musikalische Bildung nicht [allein] in […] musikbezogenen Fähigkeiten und Fertigkeiten aufgeht.“[203] Musik kann in einer Weise Teil der Biographie von Kindern, Jugendlichen und Erwachsenen werden, die an einer Musikschule nur sehr eingeschränkt „curricular vorausplanbar ist“[204]. Ulrich Mahlert hat den Reformpädagogen Georg Kerschensteiner mit den Worten zitiert: „Bildung ist das, was zurückbleibt, wenn das Gelernte wieder vergessen ist.“[205] Dass es nicht das Anliegen der Stuttgarter Musikschule sein wird, „das Gelernte wieder vergessen“ zu machen, versteht sich selbstredend. In ihrem Leitbild benennt die Stuttgarter Musikschule vielmehr die Wege, auf denen sie ihren Schülerinnen und Schülern musikalische Bildungserlebnisse *ermöglichen* will:

> „Für uns sind individuelle musikalische Entwicklung und das Schaffen von Freiräumen für Erleben und Entdecken von Musik im Lehren eine Einheit. Diese Einheit ist ein übergreifendes Ziel jeder Unterrichtsstunde.
> Jeder Schülerin und jedem Schüler eröffnet sich die Möglichkeit, sich mit allen Musikstilen vertraut zu machen.
> Das motivierende Unterrichtsklima fördert und fordert zugleich. Zur Bestätigung des eigenen Leistungsvermögens. Zur Erreichung der allgemeinen Unterrichtsziele.“[206]

Dahinter steht die Idee eines partizipativen Unterrichtens, in Übereinstimmung mit dem bundesweit gültigen Leitbild der Musikschulen im VdM.[207] Die „Potsdamer Erklärung“ des VdM führt hierzu im Jahr 2014 aus:

> „Lernen ist ein eigenaktiver Prozess. Deshalb ist ein Grundgedanke der Inklusion das individualisierte Lehren, das allen Schülern zugute kommen wird. Gleichzeitig ist das in der Inklusion geforderte gemeinsame Lernen ein wesentlicher Baustein für eine soziale, durch Mitmenschlichkeit geprägte gesellschaftliche Entwicklung.“[208]

Durch das Eingehen auf die individuellen Lernbedürfnisse der Schülerinnen und Schüler sollen diese in die Verantwortung genommen werden, Bildungsprozesse aktiv mitzugestalten. Es bieten sich hierzu verschiedene Aktivitätsfelder der Musikschularbeit an, der Bereich der Elementaren Musikpädagogik, der instrumentale und vokale Hauptfachunterricht, Ensemble- und Ergänzungsfächer, Veranstaltungen, Projekte sowie Zusatzangebote.

---

203   Vogt (2012:19).
204   Vogt (2012:20).
205   Zit. nach Mahlert (2004:20).
206   Stuttgarter Musikschule (2012).
207   Vgl. VdM (2015c).
208   VdM (2014).

Zur Musik hinzuführen – Musik erlebbar zu machen, dies ist zunächst Anspruch und Aufgabe der Elementaren Musikpädagogik.

> „Ein Unterricht im Bereich der Elementaren Musikpraxis kann als grundlegender Musikunterricht angesehen werden. Er besitzt einerseits einen Eigenwert für die Bildung der Schülerinnen und Schüler. Andererseits lassen sich auf der Grundlage eines solchen Unterrichts verschiedene spezialisierende Wege anschließen. Eine solche Spezialisierung stellt der Instrumentalunterricht dar."[209]

Grundsätzlich ist die Elementare Musikpädagogik auf alle Altersgruppen anwendbar, vom Baby bis zum Senioren. Da eine musikalische Grundausbildung meistens in Form eines Gruppenunterrichts erfolgt, fällt der Elementaren Musikpädagogik außerdem eine dezidiert soziale Komponente zu: im Unterricht werden quasi beiläufig die Beziehungen der Gruppenmitglieder untereinander thematisiert.[210] Veronika Jetter, EMP-Lehrkraft an der Stuttgarter Musikschule, veranschaulicht dies an einem Beispiel.

> „Bereits bei den ersten Kontakten zu elementaren Instrumenten aus dem kleinen Schlagwerk wird auch schon den jüngsten Kindern unmittelbar bewusst, dass ein gemeinsames Musizieren nur dann erfreulich ist, wenn nicht alle auf einmal spielen. Ein dafür herangezogenes Bild ist oftmals die so genannte ‚Klangkette'. Dieses Bild verdeutlicht, dass die erzeugten Töne, ähnlich den glänzenden Perlen einer Kette, erst dann zur Geltung kommen, wenn sie nacheinander gespielt werden. Die besondere Aufmerksamkeit gilt dabei den Tönen der anderen Mitspieler. Die Anweisung ist, darauf zu achten, dass der nächste Ton tatsächlich erst nach dem vollkommenen Verklingen des vorangegangenen gespielt werden soll. Dies stellt eine große Faszination dar, da die Tonlänge je nach Instrument stark variieren kann. Bei dieser Spielform sind diverse Aspekte des sozialen Lernens erforderlich: für das einzelne Kind bedeutet dies, die Mitspieler aufmerksam zu beobachten, den anderen Klängen zu lauschen und sich so lange mit der Spiellust zurückzunehmen, bis der perfekte Zeitpunkt für den Einsatz des eigenen Instruments gekommen ist. Gleichzeitig wird dem eigenen Tun des Kindes eine ganz besondere Bedeutung beigemessen, da die Aufmerksamkeit der Gruppe in diesem Moment spannungsvoll auf das einzelne Kind gerichtet ist und der erzeugte Klang von den Ohren der anderen Kinder honorierend wahrgenommen wird. Den strahlenden Augen und staunenden Gesichtern kann in diesen Momenten entnommen werden, wie lustvoll und im hohen Maße sinnlich ein solches Erlebnis für ein Kind sein kann."[211]

An der Stuttgarter Musikschule liegt der Schwerpunkt der Elementaren Musikpraxis gemäß dem Stufenbau des VdM-Strukturplans im Bereich der frühkindlichen Bildung. Stark an Bedeutung gewonnen hat die Elementare Musikpädagogik in den Kooperationen mit Kindertagesstätten und Schulen, wovon noch an späterer Stelle die Rede sein soll. Michael Dartsch beschreibt die Zielkategorien der Elementaren Musikpraxis wie folgt:

---

209 Dartsch (2014:88).
210 Dartsch (2014:98).
211 Intonation, Ausgabe 37 (2016/2:5).

> „Die Zielkategorien der Elementaren Musikpraxis entsprechen grundsätzlich denen des Instrumentalunterrichts: Zunächst zielt der Unterricht darauf ab, den Teilnehmerinnen und Teilnehmern *Grunderfahrungen* mit Musik zu ermöglichen. Dabei geht es darum, zu erfahren, wie es ist und sich anfühlt zu singen, Instrumente zu spielen, sich zu Musik zu bewegen, Musik wahrzunehmen, über Musik nachzudenken und Musik mit anderen Gestaltungsformen zu verbinden. Aus den Erfahrungen sollen erste Muster entstehen, die das Herausbilden weiterer Muster erleichtern können. So dürfte gerade durch musikbezogene Grunderfahrungen der Prozess der Grundmusikalisierung im hier erwogenen Sinne […] in Gang kommen."[212]

Im Gegensatz zum musikalischen Elementarunterricht des 19. Jahrhunderts, der die Vermittlung musiktheoretischer Kenntnisse einseitig in den Vordergrund stellte, um die mangelnde musikalische Vorbildung der Schüler mit Blick auf den instrumentalen Hauptfachunterricht schnellst möglich zu kompensieren, ist die Elementare Grundausbildung an Musikschulen heute als eigenständiger, in sich abgeschlossener Lernabschnitt anzusehen, der das musikalische Erleben im Sinne einer Grundmusikalisierung in den Mittelpunkt stellt. Während sich die Gesangsbildungslehren im 19. Jahrhundert in dem Absingen eines mehr oder minder abstrakten Tonmaterials (z. B. Intervallverbindungen, Dreiklangsbrechungen, rhythmisierte Tonfolgen) erschöpften und im Sinne der Lehrenden mehr der „Stimmhygiene" als dem eigentlichen Musizieren dienten, wohnt der heutigen Elementaren Musikpädagogik der Gestus des „Spielerischen" inne, werden Lerninhalte vorzugsweise aus der spielerischen Betätigung heraus entwickelt.

> „Tonhöhe und Phrasierung finden sich besonders beim Singen, rhythmische Verläufe werden beim perkussiven Instrumentalspiel im Vordergrund stehen. Tempo, Dynamik und Artikulation werden in der Bewegung aufgenommen, das Wahrnehmen fokussiert unter anderem die Klangfarben, das Denken erfasst die Form."[213]

Für den Übergang von der musikalischen Grundausbildung zum instrumentalen Hauptfachunterricht hält die Stuttgarter Musikschule Orientierungsangebote vor. Die Instrumentenberatung versteht sich als Baustein des Gesamtangebots der Musikschule, welche Kindern „einen geeigneten und erfolgreichen musikalischen Werdegang ermöglichen soll".[214] Einbezogen werden dabei selbstverständlich neben den Kindern auch die Eltern. „Instrumentenberatungen werden stadtweit in allen Bezirken der Stuttgarter Musikschule in regelmäßigen Abständen angeboten."[215] Das Veranstaltungskonzept „Ein Instrument für Dich" beispielsweise beinhaltet die Vorstellung diverser Instrumente mit anschließender Einzelberatung.[216] Als Kriterien für die treffende Instrumentenwahl werden gleichermaßen der „nachhaltige Wunsch des Kindes" anerkannt und „die Eignung für das Instrument" berücksichtigt. „Unter Eignung verstehen wir körperliche

---

212 Dartsch (2014:97).
213 Dartsch (2014:98).
214 Flyer „Musik entdecken – Musik erleben. Die Instrumentenberatung an der Stuttgarter Musikschule".
215 Flyer „Musik entdecken – Musik erleben. Die Instrumentenberatung an der Stuttgarter Musikschule".
216 Vgl. Intonation, Ausgabe 34 (2015/1:18).

Voraussetzungen für das Instrument, gutes Gehör und manuelle Geschicklichkeit."[217] Für Kinder, bei denen entsprechende Kriterien angesichts der Kürze der für Beratungsangebote zur Verfügung stehenden Zeit nicht abschließend geklärt werden können, eignet sich IKARUS, das Instrumentenkarussell der Stuttgarter Musikschule. Sechs- bis achtjährige Kinder können in Gruppen bis zu sechs Kindern Blas-, Schlag-, Streich-, Tasten-, und Zupfinstrumente kennenlernen und ausprobieren. Jeder Instrumentengruppe werden drei Unterrichtseinheiten zu jeweils 45 Minuten gewidmet.[218]

> „Um auch in den Stadtteilen dieses Angebot vorzuhalten, wurde in der Stadtteilmusikschule Sillenbuch in einem Pilotprojekt das Unterrichtsangebot IKARUS+ entwickelt, erprobt und verstetigt. Es ist geplant, IKARUS+ auch in andere Stadtteilmusikschulen zu übertragen."[219]

Eine Brücke zwischen dem Bereich der Elementaren Musikpädagogik und dem Einstieg in den instrumentalen Hauptfachunterricht bauen zudem die regelmäßigen Kinder-Mitspiel-Konzerte (KiMiKo).

> „Ziel dieser Reihe ist es, Kindern und Jugendlichen die Musik und ihre Geschichten dahinter wortwörtlich hautnah erleben zu lassen. Hier heißt es: ausprobieren, mitmachen und auf Entdeckungsreise gehen."[220]

Die Reihe startete 2011 mit dem Leitthema „der Komponist Johann Sebastian Bach, seine Werke, seine Zeit".[221] Mit dem KiMiKo-Eröffnungskonzert „Kraut und Rüben im Goldberg" begann „die musikalische Zeitreise durch Deutschland anno 1685 [...]".

> „Weiter geht die Reise vom imaginären zum leibhaftigen Goldberg und zu dessen Lieblingsinstrument: der Tastenharfe. Nach Singen und Tanzen steht auch ein Besuch bei der Königin der Instrumente, der Orgel, auf dem Programm, bevor die Kinder zum Abschluss erleben, wie Trauer, Hoffnung und Freude klingen können."[222]

Es folgte für „alle Krimifans, Hobbydetektive und Spurenleser" im „Tatort" Rotebühlzentrum „Opuszeichen xy ungelöst – Der Fall B-A-C-H":

> „Also, haltet die Augen offen nach offensichtlichen Hinweisen, spitzt die Ohren nach jedem noch so leisen Ton, kombiniert die Informationen und schon seid ihr mittendrin."[223]

KiMiKo-Konzerte werden für Familien oder auch Schulklassen angeboten.[224] Sie erfreuen sich wachsender Beliebtheit und führen Kinder mitunter in exotische Klangwelten ein.

---

217   Flyer „Musik entdecken – Musik erleben. Die Instrumentenberatung an der Stuttgarter Musikschule".
218   Handzettel „IKARUS. Kinder erleben Musikinstrumente mal von einer anderen Seite".
219   Stuttgarter Musikschule (2016:3).
220   Intonation, Ausgabe 27 (2011/2:31).
221   Intonation, Ausgabe 27 (2011/2:31).
222   Intonation, Ausgabe 28 (2012/1:30).
223   Intonation, Ausgabe 27 (2011/2:31).
224   Intonation, Ausgabe 27 (2011/2:31).

„An die zweihundert Kinder im Alter von 4 bis 7 Jahren hatten sich im November 2013 im Robert-Bosch-Saal zu einem Kinder-Mitspiel-Konzert (KiMiKo) eingefunden.

Das Trio Yushan – mit Zhenfan Zang (Erhu), Lucia Cericola (Harfe) und Jasmin Bachmann als Erzählerin – bot den Kindern durch die Klangkombination aus moderner europäischer Konzertharfe und traditioneller chinesischer Kniegeige (Erhu) ein völlig neues Musikerlebnis. Die Musikstücke aus China luden sowohl zum aufmerksamen Zuhören als auch zum Mitmachen ein. So durfte das junge Publikum z. B. das Trio bei einem Pferderennen mit Trommeln, Schellen und Klanghölzern musikalisch unterstützen."[225]

Überhaupt wurde immer schon bzw. wird immer noch in den einzelnen Fachbereichen viel Wert auf Musikvermittlung gelegt, ob im Rahmen von „Gitarrenmusik bei Kerzenschein"[226] oder innerhalb der „Posaune-Tuba-Tage"[227]. Dabei spielen auch Bezugspunkte zu anderen Künsten eine Rolle. Der Fachbereich Streicher hat z. B. schon vor vielen Jahren Kinderkonzerte unter dem Motto „Gestrichen und gemalt" organisiert. Die seinerzeitige Fachbereichsleiterin Ulrike Abdank hat das Konzept 2009 in der Musikschulzeitung „Intonation" erläutert:

„Seit 13 Jahren veranstalten die Kolleginnen und Kollegen des Fachbereichs Streicher jährlich ein Konzert für Kinder ab drei Jahren.

Die Aufführungen stehen jedes Mal unter einem Thema, zu dem die gespielten Stücke passen. Wir möchten bei den jungen Zuhörern Freude an der Musik wecken und sie neugierig machen auf das eigene Erlernen eines Instrumentes. Ich moderiere die Konzerte und mache die Kinder auf Besonderheiten der Instrumente oder der Stücke aufmerksam.

‚Gestrichen und gemalt' bedeutet, dass die Kinder, die auf ihren Streichinstrumenten streichen, zum Thema ihres Stückes ein Bild malen und so den kleinen Zuhörern ermöglichen, das Stück anschaulicher und intensiver zu erleben, eigene Vorstellungen zu entwickeln und – ganz einfach – auch ihre Konzentration zu unterstützen.

Die Idee zu diesen Konzerten entstand im Streicherkollegium aus dem Umstand, dass heutzutage den Kindern der Zugang zum bewussten Zuhören sehr schwer gemacht wird. Überall ist Musik – im Supermarkt, im Kaufhaus, im Restaurant, in elektronischen Spielen, als Untermalung in Film und Fernsehen – aber wird diese Musik wirklich wahrgenommen? […]

Musik kann nur aus der Stille heraus entstehen, wenn Spieler und Zuhörer aus Konzentration und Vorfreude einen ‚Raum' um das Musikstück entstehen lassen. Diese Stille probiere ich mit den zuhörenden Kindern aus, aber auch das Gegenteil: den Applaus. Die Kinder lernen bei ihrem meist ersten Konzert, dass man zum Hören kommt, nicht zum Reden, Essen oder Trinken. […]

In der Regel werden sehr kurze – ca. drei Minuten lange – Stücke aufgeführt, damit die

---

225 Intonation, Ausgabe 32 (2014/1:37).
226 Intonation, Ausgabe 24 (2010/1:28).
227 Intonation, Ausgabe 30 (2013/1:26).

Aufmerksamkeit der jüngsten Konzertgänger nicht überstrapaziert wird. Die Länge der Konzerte beträgt 30–35 Minuten."[228]

Aus neuerer Zeit stammt das Projekt „Wir malen Musik":

„Musik bewegt und berührt, erfreut und beschwingt, stimmt fröhlich und nachdenklich. Beim Hören von Musik malen Kinder und Jugendliche ihre unmittelbaren Empfindungen. Während ihre Ausdrucksfähigkeit gefördert wird, lernen sie die großen Meister der Musikgeschichte kennen."[229]

Einen regelmäßig wiederkehrenden Höhepunkt im Bereich der Musikvermittlung stellt das „Stuttgarter Musikfest" dar, welches auf eine gemeinsame Initiative der Stuttgarter Musikschule, der Stuttgarter Philharmoniker und der Staatlichen Hochschule für Musik und Darstellende Kunst Stuttgart zurückgeht. „Das in Deutschland immer noch einzigartige Musikfest für Kinder und Jugendliche findet seit dem Jahr 2000 alle zwei Jahre in Stuttgart statt."[230] Vom 27. November bis 11. Dezember 2016 wurde zuletzt das 9. Stuttgarter Musikfest unter dem Motto „Du gehörst dazu!" unter der Schirmherrschaft des Oberbürgermeisters Fritz Kuhn ausgerichtet.

„Neben den drei Initiatoren Stuttgarter Musikschule, Stuttgarter Philharmoniker und der Musikhochschule Stuttgart engagieren sich Kooperationspartner wie die Stadtbibliothek Stuttgart und deren Stadtteilbibliotheken, das Stuttgarter Kammerorchester, das neue SWR Symphonieorchester, das SWR Vokalensemble, die Internationale Bachakademie Stuttgart, das Landesmuseum Württemberg, drei Knaben- und Mädchenchöre oder die Kinderkonzerte im Olgäle [Kinderklinik] mit ihren jeweiligen Programmen.
Zu den vielseitigen Angeboten zählen Konzerte, Musiktheater, Tanz, Instrumentenbau, Musik zwischen Büchern sowie Mitmachkonzerte für und mit Kindern, die dadurch Gelegenheit haben, selbst phantasievoll tätig zu werden."[231]

Die Bilanz spricht für sich: Rund 10.000 Besucher und Mitwirkende nahmen in 15 Tagen an über 60 Veranstaltungen teil.[232]

„Schon das mit 1.200 Besuchern erfolgreiche Eröffnungskonzert in der Liederhalle gestalteten fast 200 Kinder, Jugendliche und Erwachsene gemeinsam. Dabei trafen die Profis der Stuttgarter Philharmoniker auf den ambitionierten Nachwuchs des Jugendsinfonieorchesters der Stuttgarter Musikschule […]
Beim musikalischen Klassentreffen im Theaterhaus waren sechs Ensembles aus Kooperationen mit Stuttgarter Schulen zu Gast und begeisterten einen vollen Saal mit über 600 Grundschülern. Beim Musikschultag im Treffpunkt Rotebühlplatz hatten unter anderem das Harfenensemble sowie ein Ensemble syrischer Musiker, die aus ihren Ländern flüchten

---

228   Intonation, Ausgabe 22 (2009/1:29).
229   Intonation, Ausgabe 36 (2016/1:25).
230   Broschüre „8. Stuttgarter Musikfest für Kinder und Jugendliche (22. November bis 7. Dezember 2014). Musik Fürs Leben! Rund 60 Veranstaltungen", S. 7.
231   Intonation, Ausgabe 37 (2016/1:34).
232   Intonation, Ausgabe 38 (2017/2:26).

mussten, ihre umjubelten Auftritte. Die studienvorbereitende Klasse begeisterte im Mercedes-Benz Museum unter dem Motto ‚KONZERTIVE Wirtschaft trifft Musik – Musik macht Karriere‘. […] Ein besonderes Projekt für alle Altersklassen auf einer Bühne waren die drei Aufführungen ‚Das Weihnachtsgeheimnis‘, eine Gemeinschaftsproduktion unter der Leitung von Wolfgang Albrecht mit Chören, dem Streichorchester Stadtmitte, der Musiktheaterklasse und dem Fachbereich Gesang.

Es gab viele weitere tolle Projekte aus dem Umfeld der Stuttgarter Musikschule. […] Passend zum Schwerpunkt Integration und Inklusion sangen rund 250 Schüler unterschiedlicher sozialer und kultureller Herkunft mit Ensembles der Bachakademie Auszüge aus Bachs Weihnachtsoratorium oder es begeisterten über 30 Musiker von ‚Groove Inclusion‘ mit und ohne Behinderung ihre 300 Zuhörer im Theaterhaus Stuttgart.

‚Unser Musikfest hat gezeigt, dass der inklusive Gedanke im musikalisch-kulturellen Bildungsalltag mittlerweile fest verankert ist. Die Vielfalt der Teilnehmer und Besucher wird zunehmend als Chance erkannt und genutzt‘, freut sich Friedrich-Koh Dolge, Direktor der Stuttgarter Musikschule […].“[233]

Im Bereich des instrumentalen und vokalen Hauptfachunterrichts scheint der Ansatz eines partizipativen, individualisierten Unterrichtens in einem denkbar großen Kontrast zu den Unterrichtsmethoden des 19. Jahrhunderts zu stehen, mit welchen man eher den bedingungslosen Gehorsam des Schülers gegenüber der Lehrperson und die kritiklose Unterordnung gegenüber den zur Anwendung kommenden Lehrverfahren assoziiert. Bilder tauchen im Gedächtnis auf: am Konservatorium Stuttgart werden den Schülern Zeugnisse über „Betragen, Fleiss und Fortschritte“ ausgestellt; der „Klavierdrillmeister“ Schneider traktiert die klavierspielenden Dilettanten mit geistlosen Finger-Exerzitien; der Schüler Marcel Herwegh unterlässt es, den Direktor Sigmund Lebert auf der Treppe zu grüßen, worauf es zu einer tätlichen Auseinandersetzung kommt; Prof. Gottlieb Linder redet seinen Schüler Alexander Eisenmann in der dritten Person an (s.o.). Zugespitzt gefragt: Beruhte das Schüler-Lehrer-Verhältnis im 19. Jahrhundert einseitig auf der vermeintlichen Autorität des Lehrers, war es darum ein „schlechtes“ im Gegensatz zur heutigen Zeit?

Christoph Richter hat einen bemerkenswerten Aufsatz zu „Prinzipien der Meisterlehre früher und heute“ verfasst.[234] Ausgehend von der Pädagogik nach Art der Meisterlehre in den Stadtpfeifereien seit dem 13. Jahrhundert beschreibt Richter, wie sich das Schüler-Lehrer-Verhältnis unter dem Aspekt der Meisterlehre im instrumentalen Hauptfachunterricht über die Jahrhunderte weiterentwickelt hat. Die Didaktik der Meisterlehre beruhte in den Stadtpfeifereien auf dem Prinzip des Lernens durch „Nachmachen, Abgucken, Mitmachen“. Die „Orientierung am Vorbild des Meisters, an seinen spieltechnischen und künstlerischen Fähigkeiten, an seinem Musikgeschmack, an seiner Art des Übens […] umfasste auch die praktische und ethische Berufseinstellung, den Umgang mit den Werken, die allgemeine Lebensführung und Lebenseinstellung“.[235]

---

233   Intonation, Ausgabe 38 (2017/2:26f.).
234   Vgl. Richter, Ch. (2012).
235   Richter, Ch. (2012:7).

Mit der Einrichtung von Musikinstituten und Konservatorien im 19. Jahrhundert vollzog sich eine „Trennung von Ausbildung und Berufspraxis […] Über das hohe handwerkliche Niveau hinaus entstanden das Bewusstsein und der Wille zu einer persönlichen und individuellen Gestaltung und Ausdeutung der Musik.“[236] Freilich bestand (und besteht mitunter auch heute noch) der Vorwurf, dass in der musikalischen Ausbildung an den Konservatorien die allgemeine Bildung zugunsten der fachpraktischen Bildung vernachlässigt werde.[237] Nach Christoph Richter wird das Prinzip der Meisterlehre heutzutage aus didaktischer Sicht unterschiedlich bewertet. Eine positive Einschätzung hebt die „dreifache Vorbild-Wirkung“ des Meisters hervor:

> „[…] als künstlerische, pädagogische und menschliche Persönlichkeit. […] Das positive Kapital dieses Lehrprinzips und der in ihm wirksamen pädagogisch-menschlichen Beziehung wird also gespeist aus der Weitergabe persönlicher Erfahrung, aus dem Lernen am lebendigen Modell, aus der unmittelbaren Begegnung mit künstlerischem Können und Bemühen, aus der verbindlichen gegenseitigen Beziehung, nicht aber zuletzt aus der […] doppelten Meisterschaft – als Künstler und Lehrer.“[238]

Bereits Adolph Bernhard Marx hat 1855 in seiner „Methode der Musik“ über das Verhältnis von Schüler zu Lehrer geschrieben:

> „Man soll sie beide nicht Lehrer und Lernenden heissen; sie sind Meister und Jünger, stehn zueinander in geistiger Vater- und Kindschaft. […] Was Meister und Jünger eint, das ist nicht blos die gemeinsame Kunst und Liebe für sie […] es ist darüber hinaus die persönliche Liebe. Jeder sieht im Andern den Genossen und auserwählten Helfer für den gemeinsamen Beruf, den um so wichtigern je reiner seine Eigenthümlichkeit erhalten ist.“[239]

Was an dem Prinzip der Meisterlehre gelobt wird, ist zugleich auch Gegenstand der Kritik. Vorbehalte bestehen gegenüber einer einseitigen Abhängigkeit des Schülers vom Lehrer.

> „So hat die enge Bindung, die das Meister-Schüler-Verhältnis mit sich bringt, gelegentlich auch bedenkliche Seiten und Auswirkungen, etwa vorgefasste und vorgefertigte Interpretationsvorstellungen, festlegende Spieltechniken und Spielweisen, persönliche und künstlerische Abhängigkeit, Verkümmerung der individuellen Gestaltungs- und Arbeitsfantasie, die unbefragte Übernahme einer – wenn auch noch so erfolgreichen – Tradition.
> In Bezug auf die Vorbildpädagogik ist zu fragen, ob die Erfahrungen, Vorstellungen und Verhaltensweisen, die der Meister selbst repräsentiert und anbietet, für die fachlich-künstlerische Ausbildung ausreichen und ob nicht jedem Schüler die Vielfalt der spieltechnischen und der didaktisch-methodischen Lehr- und Lernmöglichkeiten angeboten werden sollte.“[240]

---

236 Richter, Ch. (2012:8).
237 Vgl. Kapitel 3.3.3.
238 Richter, Ch. (2012:8).
239 Marx (1855:249f.).
240 Richter, Ch. (2012:8).

Christoph Richter leitet aus solchen Überlegungen vier didaktische Prinzipien ab, „die das Konzept der Meisterlehre mit ihren Vorzügen vor ihren bedenklichen oder gar negativen Auswirkungen bewahren [helfen] können:"

- „das Prinzip des Dialogs im Umgang sowohl zwischen Menschen als auch zwischen Menschen und Musik,
- das Prinzip der Kollegialität,
- das Prinzip des entdeckenden und erprobenden Lehrens und Lernens sowie
- diese drei Prinzipien zusammenfassend: die Vorstellung des Meisters als eines ewigen Lehrlings."[241]

Dialogisches Verhalten ist als Gegensatz zum „Festgelegtsein auf Handlungs- und Denkweisen" zu verstehen.[242] Es baut darauf, Kritik- und Urteilsfähigkeit individuell zu entwickeln. Der Klavierpädagoge Romuald Noll, er ist seit mehr als dreißig Jahren an der Stuttgarter Musikschule tätig und blickt auf zahlreiche Bundespreise seiner Schüler bei „Jugend musiziert" zurück, hat 1999 auf die Frage, was ihm in seinem Unterricht ein besonderes Anliegen sei, geantwortet: „Die Menschen, mit denen ich zu tun habe, sowie die Musik, mit der wir uns gemeinsam beschäftigen, sind mir gleichermaßen sehr wichtig."[243] Nolls Antwort berührt nicht nur den zwischenmenschlichen Aspekt des Schüler-Lehrer-Verhältnisses. Sie deutet zudem an, was ein Musikstück seinem Interpreten an Gestaltungsfähigkeit und Spielfertigkeit abverlangen und an Identifikationsmustern zugleich anbieten kann. Dort, wo sich Schnittstellen ergeben im Dialog von Mensch zu Mensch sowie im Dialog von Mensch und Musik, erscheinen Bildungsprozesse erfolgversprechend. Solche Bildungsprozesse bleiben jedoch personengebunden in der Auseinandersetzung mit konkreten Musikwerken. Unterschiedliche Schüler-Lehrer-Konstellationen führen zu unterschiedlichen Lernergebnissen, in Abhängigkeit vom jeweiligen Lerngegenstand. Lernerfolge werden aus der Perspektive der Beteiligten verschieden wahrgenommen. Die folgenden Aussagen von Lehrkräften der Stuttgarter Musikschule mögen vielleicht nicht mehr als Momentaufnahmen darstellen, stützen aber diesen Befund. Zunächst äußert sich Romuald Noll zu Einflüssen auf die Entwicklung seines eigenen Unterrichtsstils:

> „Bei ihm [meinem eigenen Professor] lernte ich, wie man so unterrichtet, dass sich der Schüler völlig frei fühlt, seine Persönlichkeit zu entfalten. Freilich auf der Grundlage ästhetischer Prinzipien, über die man sich zu einigen hatte, und hier wäre zuerst der unbedingte Respekt gegenüber dem Notentext zu nennen, insbesondere bei den Meistern, deren Werke die Jahrhunderte überdauern. […] Aber dann sehe ich es als Ziel meines Unterrichtes, mit dem Schüler auf dieser Basis den Mut zum Bekenntnis, zur eigenen Interpretation zu entwickeln und die dazu notwendigen technischen Mittel an die Hand zu geben."[244]

---

241 Richter, Ch. (2012:9f.).
242 Richter, Ch. (2012:10).
243 Intonation, Ausgabe (1999/1:25).
244 Intonation, Ausgabe 31 (2013/2:39).

Der klassische Pianist Noll sieht in der Pädagogik einen „Generationenvertrag".[245] Sein Unterricht versucht, sich deduktiv am künstlerischen Gehalt eines Werkes zu orientieren. Im Mittelpunkt steht der Notentext, dessen Reproduktion den Schüler unter Anleitung des Lehrers und unter Beachtung von Regeln und spieltechnischer Normierungen zur gestalterischen Freiheit hinführen soll. Christoph Richter hat zur Ambivalenz des Musizierens „zwischen Ernst und Spiel" angemerkt:

> „Als ein Spiel kann Musizieren nur mit Ernst und Verantwortung betrieben werden. Die Mühen des Übens (der verändernden und verbessernden Wiederholung), des Erprobens, der Konzentration bei der Annäherung des Spiels an die Vorstellungen, der Ausdauer und Genauigkeit sind Voraussetzungen für die Freiheit, Gelöstheit und Leichtigkeit des Spiels."[246]

Kontrolle und Hingabe bedingen demnach einander.[247] Deutlich tritt der Bezug zur klassischen Meisterlehre zutage, mit all ihren Vorzügen, aber auch potentiellen Gefährdungen. Ulrich Mahlert sieht diese Art des Unterrichtens als durchaus typisch für einen klassikorientierten Unterricht an. Im positiven Fall gelingt es der Lehrkraft, den Schüler, unter Wahrung seiner natürlichen individuellen Anlage, zum eigenständigen Üben, zum Bewusstwerden und zum Entwickeln der persönlichen Ausdruckspotentiale hinzuführen. Im negativen Fall droht die Autorität des Lehrers die Lernenden „klein und unmündig" zu halten.[248] Die Disziplinierung der Schüler gerät dann zum Selbstzweck. Genau dieses Phänomen hat Peter Röbke im Blick, wenn er gegen Mechanisierung und Drill in der Instrumentalpädagogik des 19. Jahrhunderts polemisiert.[249]

Einen anderen Ansatz verfolgt offenbar der Jazzmusiker Andi Maile, ebenfalls an der Stuttgarter Musikschule tätig.

> „Da er selbst nicht einseitig festgelegt ist, hat er Verständnis, wenn seine Schüler Titel, die sie kennen, selbst spielen wollen, also auch Poptitel – das, was die Jugendlichen statistisch gesehen am häufigsten hören. ‚Der Schüler bringt seine Musik, ich meine‘, erzählt Andi Maile; ‚so öffnen sich die Ohren für Schnittmengen der Stile, für Vergleiche, Ähnlichkeiten, gemeinsame Wurzeln.‘ Im Unterricht setzt er das Klavier und die Play-along-CD ein, es geht um Improvisation und Stilvarianten. ‚Selber machen statt konsumieren!‘, ist Andi Mailes Motto. Er versteht sich als Hilfsgeber, der dem Schüler in der Praxis zeigt, wie man verschiedene Soundvorstellungen verwirklicht und wie letztlich alle modernen Stile vom Jazz herkommen, aber auch als ein ‚Filter‘, der aus der Masse von Musik das Geeignete heraussucht und dem Schüler an die Hand gibt. Bei älteren Schülern hat sein Unterricht die Anleitung zum selbstständigen Arbeiten, auch beim Üben, zum Ziel."[250]

Maile möchte sich an dem orientieren, was der Schüler „mitbringt". Erst in einem weiteren Schritt werden Regeln abgeleitet, soll der (ältere!) Schüler zum selbstständigen

---

245 Vgl. Intonation, Ausgabe 31 (2013/2:39).
246 Richter, Ch. (1993:90).
247 Vgl. Richter. Ch. (1993:91).
248 Mahlert (2014:1).
249 Röbke (2000:15f.).
250 Intonation, Ausgabe 32 (2014/1:15).

Arbeiten und Üben angeleitet werden. In anderer Weise wird also hier das Prinzip der Meisterlehre evident. Eine solche Form des Unterrichtens gesteht Lernenden zunächst große Freiräume zu, der Unterricht verläuft aber zugleich weniger vorhersehbar, birgt also das Risiko, sich im Ungefähren zu verlieren. Ulrich Mahlert hat sehr deutlich herausgestellt, inwieweit sich das Lernen und Lehren popmusikalisch ausgerichteter Musiker von der bereits geschilderten Ausgangslage ihrer klassischen Kollegen unterscheidet:

> „Dort [im Bereich der Popmusik] dominiert die auditive Aneignung, Noten spielen eine vergleichsweise geringe Rolle, aus der Nachahmung von Vorbildern erwachsen eigene Kreationen, instrumentaltechnisch ist alles erlaubt, es gibt nicht die ‚richtige‘ Spieltechnik, man experimentiert mit verschiedenen Spielweisen und wendet an, was interessant klingt; die Entwicklung von Musizierfähigkeiten geschieht großtenteils in Gruppen von Freunden, die sich durch ihren Musikgeschmack und in einem ihm korrespondierenden Lebensgefühl verbunden fühlen, Entscheidungen werden demokratisch getroffen, Lehrende wirken – wenn überhaupt vorhanden – als Coachs, die ihre Ratschläge auf Augenhöhe geben.“[251]

Sowohl Romuald Noll als auch Andi Maile würden vermutlich ihren Unterrichtsstil als partizipativ bezeichnen wollen. Beiden ist gemeinsam, dass sie sich, den Aussagen zu urteilen, ihrer Vorbildfunktion in künstlerischer, pädagogischer und menschlicher Hinsicht bewusst sind. Unterschiedlich ist jedoch die Musizierhaltung, auf der die jeweilige Unterrichtsgestaltung basiert. Es ist Mahlert beizustimmen, dass hinter solch unterschiedlichen Lehr- und Lernwegen unterschiedliche Konzepte von Kunst im Bereich der Klassik und der Popmusik stehen.[252] Wenn auch gegenseitige Lerneffekte nicht ohne weiteres naheliegen würden, so könne doch der wechselseitige Einblick in die Werkstatt des Anderen möglicherweise inspirierend wirken.[253] Tatsächlich zeigt sich in den Äußerungen weiterer Lehrkräfte der Stuttgarter Musikschule eine Tendenz, die als Hinweis auf einen (generationsbedingten?) Wandel des Schüler-Lehrer-Bildes verstanden werden kann. Die Gitarristin Christine Altmann erzählt:

> „Obwohl ich mich in der Welt der klassischen Gitarre zu Hause fühle, stört es mich relativ wenig, dass die wenigsten meiner Schüler/Innen den gleichen Weg einschlagen. Zwar weiß ich es sehr zu schätzen, wenn ich hin und wieder sehr motivierte Schüler auch auf Wettbewerbe, wichtige Prüfungen oder Konzerte vorbereiten darf. Jedoch ist es für mich in den Jahren meiner pädagogischen Tätigkeit zunehmend wichtiger geworden, dass ich zusammen mit den Kindern und Jugendlichen eine Art oder Form des Musikmachens finde, die sich sinnvoll in ihr Leben integrieren lässt. Ich habe Spaß an meiner Arbeit und freue mich über jeden, der aus meinem Unterricht ein wenig Begeisterung für Musik mitnimmt.“[254]

Altmann setzt ihre eigenen künstlerischen Maßstäbe in Relation zu denen ihrer Schüler. Sie hinterfragt das eigene Unterrichten daraufhin, welche Rolle das Musizieren im

---

251 Mahlert (2014:1).
252 Mahlert (2014:1).
253 Mahlert (2014:1).
254 Intonation, Ausgabe 33 (2014/2:41).

Leben des jeweiligen Schülers spielen kann. Das Bemühen um den Dialog mit dem Schüler gewinnt an Priorität. Der Unterrichtserfolg wird aus der Perspektive des Schülers definiert. Auch die folgenden Aussagen von Lehrkräften für das Fach Violine bestätigen diese Tendenz:

> „Als eine immer neue und spannende Herausforderung empfindet es Claudia Cassel, für jedes Kind immer wieder Stücke zu finden, die ihm Spaß machen und es weiterbringen. Wichtig ist ihr auch, allen Schülern zu vermitteln, dass sie etwas können, egal auf welchem geigerischen Niveau sie sich gerade befinden."[255]
>
> „Mein besonderes Anliegen beim Unterrichten ist, dass die Kinder etwas für sich und ihr Leben lernen. Beim Musizieren und Üben lernen sie sich selbst besser kennen. Über die emotionale Beteiligung beim Spielen und die Freude über das Erlernte finden sie im eigenen Instrument einen Freund, der sie das ganze Leben begleitet."[256] *(Andreas Wilhelm)*
>
> „Mein Anliegen ist es, dass jeder Schüler seine eigene Musik findet und in seinem ihm eigenen Tempo lernen kann. Dabei versuche ich eine geduldige oder auch mal drängende Begleiterin zu sein. Da jeder auch mit anderen musizieren soll, haben wir in Zuffenhausen zwei Streichorchester. [...] Drei Jahre lang habe ich eine Kooperation mit der Gustav-Werner-Schule für geistig behinderte Kinder mit aufgebaut und viel von unserem damaligen Musiktherapeuten lernen können."[257] *(Ulrike Fromm-Pfeiffer)*

Die Bereitschaft, stärker im Dialog mit den Schülern auf deren individuelle (Bildungs-) Bedürfnisse in ihrem Lebensumfeld einzugehen, dürfte in der Tat ein wesentliches Abgrenzungskriterium der heutigen Lehrerschaft der Stuttgarter Musikschule gegenüber ihren Kollegen im 19. Jahrhundert darstellen. Dem herkömmlichen Modell der Meisterlehre „steht eine schülerzentrierte Instrumentaldidaktik gegenüber, die bestrebt ist, tatsächlich von den Lernwünschen und den zunächst bestehenden Präferenzen der Schüler auszugehen".[258] Ulrich Mahlert unterscheidet in dieser Hinsicht zwischen einem instruktivistischen und einem konstruktivistischen Methodenverständnis im Musikunterricht.[259] Der Unterscheidung könnten etwa folgende grundsätzliche Erwägungen einer Lehrkraft zugrunde liegen:

> „Wie sehe ich meine Schüler (z.B. als pädagogische Verfügungsmasse, als zu Belehrende, von denen ich als Lehrer weiß, was für sie gut ist – oder als Lernende mit eigener Persönlichkeit, eigenen Lernwünschen, -potenzialen und -wegen)? Was schätze ich an meinen Schülern? Wie gestalte ich förderliche Beziehungen zu meinen Schülern?"[260]

Partizipativer Unterricht folgt in Anlehnung an Mahlert der „konstruktivistischen Auffassung von Lernen und Lehren, nach der nicht die Lehrenden das Lernen der Schüler hervorbringen, sondern die Lernenden selbst die Urheber und Akteure ihres Lernens

---

255 Intonation, Ausgabe 15 (2005/2:32).
256 Intonation, Ausgabe 15 (2005/2:32).
257 Intonation, Ausgabe 20 (2008/1:33).
258 Mahlert (2011:60).
259 Vgl. Mahlert (2011:36ff.).
260 Mahlert (2011:39).

sind".[261] „Methoden sollten also nicht als Instrumente gelten, mit denen beim Schüler quasi mechanistisch bestimmte überprüfbare Resultate hervorgebracht werden, sondern als Wege, die mit Richtung auf ein Ziel vielfältige Erfahrungen des Wahrnehmens, Fühlens, Denkens und Handelns ermöglichen."[262] Deutlich zeigen sich hier Unterschiede gegenüber dem Methodenverständnis im 19. Jahrhundert. Adolph Bernhard Marx hatte zwar bereits Mitte des 19. Jahrhunderts die Notwendigkeit erkannt, über *Lehrmethoden* „dem Gegenstand der Lehre beizukommen, ihn für den Schüler zugänglich und fasslich zu machen".[263] Das hinderte ihn freilich nicht daran, den partiellen Einsatz von Lehrverfahren zu billigen, die „in der Ausübung der Musik bald rein-technische Abrichtung" einschlossen.[264] Eine Dogmatisierung bestimmter Lehrverfahren führte, entgegen Marx' eigentlichen Absichten, in der musikalischen Unterrichtspraxis des 19. Jahrhunderts zu einer starken Fixierung auf spieltechnische Aspekte der Musikausübung. Daher rührte die Kritik an Logiers schematisierten Methoden oder didaktisch einseitigen Lehrwerken wie der Klavierschule von Lebert und Stark. Zu dem Bild eines lehrerzentrierten Unterrichtens passt auch Lina Ramanns Forderung, dass Schüler unter allen Umständen zur Pflichterfüllung gewöhnt und angehalten werden müssten:

> „Sie [die Pflichterfüllung] tritt in der Schule zunächst auf in dem Verhältniss des Schülers zur Schule, zum Lehrer und zu seinen Mitschülern, als auch zu seinen Arbeiten, und gipfelt in *Ordnung* und *Gehorsam*. In *Fleiss*, *Ausdauer* und *Gewissenhaftigkeit*, sowie in der Ueberwindung willkürlicher und selbstischer Geltendmachung."[265]

Allein schon die Wortwahl (Abrichtung, Pflichterfüllung, Gehorsam) verweist bei Marx und Ramann auf das Vorherrschen eines instruktivistischen Methodenverständnisses, durchaus in Übereinstimmung mit den gesellschaftspolitischen Rahmenbedingungen in Deutschland, die in der zweiten Hälfte des 19. Jahrhunderts von Obrigkeitsdenken und Hierarchiebildung geprägt blieben.[266] Damit ging eine stärkere Gewichtung materialer Bildung einher – man denke an die umfassenden Literaturlisten des Stuttgarter Konservatoriums, welche nicht nur die Unterrichtsliteratur festlegten, sondern zugleich auch eine stilistische Vorauswahl trafen. Die Rigidität, mit der Marx umstandslos vom Charakter eines Musikstückes auf dessen bildende Wirkung schloss,[267] dürfte ohnehin auf eine heutige Lehrergeneration befremdend wirken. Partizipatives Unterrichten betont hingegen Aspekte formaler Bildung, das Lernen selbst wird zum Gegenstand der Lehre. Individuelle Erfahrungen und Einsichten des Schülers aus der Beschäftigung mit einem Musikstück werden dann für den Bildungsprozess wichtiger als der Gedanke, unbedingt ein bestimmtes Stück gespielt haben zu *müssen*. Bei der Unterscheidung konstruktivistischer und instruktivistischer Methoden von Lernen und Lehren handelt es sich indes um Modellvorstellungen. Dies sollte man immer berücksichtigen,

---

261 Mahlert (2011:37).
262 Mahlert (2011:40).
263 Marx (1855:485); vgl. Kapitel 3.2.3.
264 Marx (1855:486).
265 Ramann (1873:49).
266 Vgl. Kapitel 1.1, 1.2.
267 Vgl. Kapitel 3.2.3.

um der Versuchung zu widerstehen, pädagogisches Wirken im 19. Jahrhundert pauschal vorzuverurteilen. Mahlert räumt ein, dass sich Methoden im Instrumental- und Vokalunterricht „nach Maßgabe verschiedener Instanzen" bedenken lassen.[268]

> „Auch ein Lehrer, der sich intensiv auf die Individualität des Schülers einstellt, muss sich Gedanken darüber machen, wie er ihm die betreffende Musik vermitteln kann, d.h. er muss sich sehr genau mit dieser Musik beschäftigen. Ebenso werden vermutlich die meisten Lehrenden sich mit ihrem methodischen Handeln auch bei besonderer Bemühung um die Individualität eines Schülers oder der zu erarbeitenden Musik vor allem im Rahmen ihrer persönlichen Kompetenzen bewegen."[269]

Die Vorstellung eines gelingenden partizipativen Unterrichts schließt jedenfalls mit ein, dass sich Bedürfnisse des Lernenden mit dem pädagogischen Anspruch des Lehrenden in Verbindung mit der passenden Musikauswahl adäquat ausbalancieren lassen.

Dass sich Elemente einer historisch gewachsenen musikalischen Meisterlehre mit der Idee eines partizipativen Unterrichts durchdringen, dürfte heutzutage im Instrumentalunterricht der Regelfall sein. Hierfür sprechen einerseits die „hochschulische Kontinuität"[270], nach der Musikschullehrkräfte ihrerseits bei „Meistern" ausgebildet werden, andererseits Erfahrungsberichte, in denen Schüler/innen schildern, wie sie ihre Lehrer in Unterrichtssituationen erleben. Giulia Iacomino schreibt zur Pensionierung ihrer Lehrerin und Fachbereichsleiterin Klavier an der Stuttgarter Musikschule, Toshiko Schmidt:

> „Frau Schmidt ist immer sehr fröhlich, auch wenn man mal nicht geübt hat. Ich freue mich immer auf den Klavierunterricht, weil ich mit ihr auch über Alltagssachen reden kann und sie Spannendes erzählt. Außerdem mag ich es, wie sie bei den Wettbewerben und Konzerten mit mir mitfiebert, zusammen mit mir aufgeregt ist – ich glaube, sie versucht es zu verstecken, schafft es aber nicht immer – und sich immer mit mir danach freut! Sie versucht mir nie etwas aufzudrücken, sondern lässt mir eine ziemlich freie Wahl in den Stücken und ‚Handlungsfreiheit' in deren Ausgestaltung.
> Die schönsten Momente mit Frau Schmidt sind kurz vor den Wertungsspielen, wenn sie meine Hände hält, damit sie nicht kalt werden und ich nicht so aufgeregt werde. Dann ist sie meine Freundin, die mich unterstützt. Ich wünsche ihr alles Gute und dass ich weiterhin mit ihr in Kontakt bleiben kann."[271]

Aus den Worten Giulias spricht nicht nur die Wertschätzung der Lehrerin, die Anerkennung ihrer fachlichen Autorität, unter anderem bei Prüfungssituationen, Wettbewerben, Vorspielen usw., sondern auch die menschliche Nähe zu ihr. Es erscheint fraglich, ob im 19. Jahrhundert beides in Kombination so denkbar gewesen wäre. Die gesellschaftlichen Konventionen der Zeit hätten dem vermutlich entgegengestanden. Nach Christoph Richter verliert die „Vorstellung vom ‚Meister' [...] durch das Prinzip der Kol-

---

268 Mahlert (2011:57).
269 Mahlert (2011:57).
270 Mahlert (2011:59).
271 Intonation, Ausgabe 34 (2015/1:23).

legialität nicht etwa an Ansehen und Würde, sondern gewinnt an Souveränität und Autorität".[272] Wenn man den selbstbewussten Tonfall beachtet, in dem die Schülerin Carlotta Preiß ihre Teilnahme an einem Meisterkurs mit der Flötistin Gaby Pas-Van Riet an der Stuttgarter Musikschule beschreibt, vermag man sich gut vorzustellen, dass es nicht nur die „Meister" sind, die den Schülern gegenüber kollegiales Verhalten zeigen, sondern dass selbiges von Schülern heutzutage mehr oder weniger eingefordert wird:

> „Ich hatte schon von außen durch die Glaswand des Karl-Adler-Saals gesehen, dass mindestens 25 Leute im Publikum saßen, um den Schülern, die Unterricht bei Gaby Pas-Van Riet hatten, zuzuhören. Und ich dachte schon so: Na toll, das wird ja stressig, wenn ICH da vorne stehe … aber als ich den Raum betrat war noch eine andere Schülerin dran und Gaby saß ganz locker auf einem der Stühle mitten im Publikum, hielt ihre Flöte über ihren Kopf und erklärte gerade wie sie das B greifen würde (nämlich ohne Sondergriff), irgendwann meinte sie dann, ‚so wir legen uns jetzt mal alle auf den Boden' weil sie etwas mit Atmung und Zwerchfell erklären wollte und sie lag als erste da, mit ihren schwarzen Konzertklamotten und der perfekten Frisur. Ich dachte nur so: wow, die ist ja echt cool. Wie oft sieht man denn schon eine Professorin mitten in der Musikschule auf dem Boden liegen? Die Stimmung während des ganzen Tages war so familiär und vertraut (sogar abends beim Konzert), dass ich fast vergessen hätte, WER da eigentlich vor uns steht. Ich habe für mich sehr viel mitnehmen können – nicht nur als ich selbst Unterricht hatte, sondern besonders auch, als ich einfach nur zuhören konnte. Unglaublich, wie viel einen auch das Zuhören weiterbringt!"[273]

Bedingung dafür, dass das Schüler-Lehrer-Verhältnis durch Kollegialität an Autorität und Souveränität gewinnen kann, ist die Bereitschaft des Lehrers wie Schülers, den Austausch von Erfahrungen, seien diese eher fachlicher oder persönlicher Art, als auch von Kenntnissen und Kompetenzen zuzulassen. Hierdurch erst wird die Grundlage für das Prinzip eines „entdeckenden und erprobenden Lehrens und Lernens" gelegt. „Das Prinzip des entdeckenden und erprobenden Lehrens und Lernens dient der Erziehung zur Selbstständigkeit auf vielen Ebenen: im Umgang mit den Möglichkeiten der Spieltechnik sowie bei der Erprobung und dem Hervorbringen selbstständigen Übens und eigener Interpretationen einschließlich deren kompetenter Begründung."[274] Die Schüler der vor kurzem pensionierten Fachbereichsleiterin für Violine, Ulrike Abdank, attestieren ihrer Lehrerin an der Stuttgarter Musikschule dem gemäß nicht nur, dass sie ihnen viel „beigebracht", sondern dass Abdanks Unterricht sie angeleitet hätte, sich *selbst* vieles anzueignen.

> „Ihr gelingt es, den Schülern beizubringen, wie sie selbst richtig an ein neues Stück herangehen, wie sie etwas musikalisch gestalten können, am Üben und Musizieren Spaß haben und außerdem schnell vorankommen."[275] *(Elena Jäger)*

---

272   Richter, Ch. (2012:10).
273   Intonation, Ausgabe 22 (2009/1:17).
274   Richter, Ch. (2012:10).
275   Intonation, Ausgabe 34 (2015/1:22).

„Yungi Kaneko (8) erzählt: ‚Sie erklärt mir halt immer lustig, wie ich Geige spielen soll'. Da gibt es ‚zum Beispiel Katzensturz, Fliegefangen, Flugzeugstart, Hubschrauber, Schmetterling usw.'."[276]

„Sie fragt mich immer, was ich als nächstes spielen möchte […] etwas Schnelles, Langsames, Lustiges, Trauriges […] und dann bekam ich eine große Auswahl an Stücken – auf Kassette damals noch, und handbeschriftet! Das war ihre Art der Motivation […] Inspirationen zu liefern, die letztendlich einen großen Teil dazu beigetragen haben, meinen Weg mit der Geige so intensiv zu (er)leben."[277] *(Doreen Dirlinger)*

Die Vorbildfunktion eines „meisterlich" Lehrenden basiert in der Summe darauf, dass er selbst „in künstlerischer und pädagogischer Hinsicht ein Fragender, ein unsicher Zweifelnder, ein Suchender und ein sich gerne Verändernder ist".[278] Diese Einsicht geht allerdings nicht auf eine Lehrkraft der heutigen Stuttgarter Musikschule zurück, sondern sie wurde bereits im 19. Jahrhundert von Adolph Bernhard Marx formuliert:

„Niemand lernt aus. Wir Lehrer und Künstler allesammt sind Schüler, und bleiben es. Unsrer Aufgabe gegenüber ‚soll niemand Meister heissen'."[279]

Bei der Idee eines partizipativen Unterrichts handelt es sich also keineswegs um eine originäre Erfindung des 21. Jahrhunderts. Das Schüler-Lehrer-Verhältnis an Musikschulen hat sich über die Jahrhunderte gewiss aus heutiger Sicht zum Positiven entwickelt, es geht im stärkeren Maße auf die Bedürfnisse der Lernenden ein, doch die Nähe zum Prinzip der Meisterlehre ist darum nicht aufgehoben. Die Nähe ergibt sich allein schon aus der im Hauptfachunterricht überwiegenden Form des Einzelunterrichts. Die Schattenseiten der Meisterlehre, wie sie in der Unterrichtspraxis der institutionellen Musikerziehung des 19. Jahrhunderts zu beobachten waren und noch heute in möglichen Grenzüberschreitungen zwischen fachlicher Verantwortung und persönlichem Vertrauensverhältnis denkbar sind, sollten inzwischen aus der didaktischen Reflexion heraus zu überwinden sein. Partizipativer Unterricht ist allerdings auch nicht mit dem Prinzip eines „laissez faire" gleichzusetzen. Und der Inklusionsgedanke ist an Musikschulen nicht in der Weise zu verstehen, dass allen Schülern alles gleichermaßen angeboten wird. Es bestehen tatsächlich Angebote für alle, etwa im Bereich der Elementaren Musikpädagogik, neben solchen, die sich an einem Förderbedarf spezifischer Zielgruppen orientieren, handele es sich nun um besonders Begabte oder um Menschen mit Bildungsbenachteiligungen.

Partizipativer Unterricht beginnt bei der Literaturauswahl. Reinhart von Gutzeit hat auf die Frage, welche Arten von Musik, welche Genres oder Stilistiken in die Musikschule gehören sollten, geantwortet:

„ALLE! Das Faszinierende der Musik besteht ja unter anderem darin, dass sie alle Varianten des Lebens, alle Zustandsformen, alle Lebenswelten abbildet; dass wir Kulturen und

---

276 Intonation, Ausgabe 34 (2015/1:22).
277 Intonation, Ausgabe 34 (2015/1:22).
278 Richter, Ch. (2012:11).
279 Marx (1855:548).

Epochen über ihre Musik kennenlernen können, dass alle Charaktere und Menschentypen auch als Musikerinnen und Musiker anzutreffen sind und die Musik uns damit auf vielfältigste Weise die Möglichkeit gibt, die Welt in ihrer Komplexität zu erfahren und zu verstehen."[280]

Gesangsunterricht z.B. wird an der Stuttgarter Musikschule sowohl klassisch als auch in den Stilrichtungen Jazz und Pop erteilt. In den letzten Jahren hat man entsprechend im Fachbereich Gesang mit diversen Ensembleangeboten Erfahrungen gesammelt. Angebote reich(t)en vom Kinderchor, über ein Jugendensemble bis hin zur Singklasse[281] und zum Pop-Jazz-Chor.[282] Während die ersten beiden Angebote alters- und leistungsmäßig aufeinander aufbauen, stehen die beiden letztgenannten Angebote auch Schülern offen, die ihre musikalischen Erfahrungen in stilistischer Hinsicht erweitern möchten. Der „Pop-Jazz-Chor", eine „Stimmenband" sozusagen, soll ca. 8–12 Sängerinnen ab 14 Jahren ansprechen, die schon Einzelunterricht in Klassik- oder Popgesang haben. Das Repertoire setzt sich zusammen aus Songs von aktuellen Popgrößen wie Adele, Jamie Cullum, Michael Bublé oder Amy Winehouse und den Wise Guys, erweitert durch Popklassiker von Carol King, Beatles, Abba u.v.a. Auch Jazz-Standards, Musical-Songs sowie „Weltmusik" finden Berücksichtigung.

> „Wir üben uns im Satzgesang, Backgrounds, Mouthpercussion, Groove und Improvisation. Stimmbildung, Körperarbeit und korrekte Atmung sind dabei die Stützen für den guten Sound und die Gesundhaltung der Stimme. Dabei gibt's für die Sängerinnen natürlich auch die Möglichkeit, das eine oder andere Solo zu übernehmen. Auch Choreographien (wo es sich anbietet!) sollen im Laufe der Zeit erarbeitet werden."[283]

Die „Singklasse" hingegen meint nicht etwa ein Angebot des Klassenmusizierens, sondern stellt ein klassisch orientiertes Vokalensemble für alle Kinder und Jugendlichen dar, „die sich intensiv mit ihrem Instrument Stimme auseinandersetzen möchten".[284] Es versteht sich als „ideale Ausgangsbasis für eine Gesangsausbildung auch im Einzelunterricht an der Stuttgarter Musikschule".[285]

> „In Kleingruppen beschäftigen wir uns ausführlich mit Stimmbildung, Atemtechnik, stimmlichen Klangmöglichkeiten und erlernen anspruchsvolle klassische Lieder."[286]

„Möchtest auch du
- deine Stimme kennen lernen
- deinen Stimmklang und
- deine stimmliche Vielfalt erweitern oder verbessern
- oder überhaupt einmal erfahren, wie denn die Stimme entsteht?

---

280   Gutzeit (2015).
281   Vgl. Intonation, Ausgabe 27 (2011/2:38).
282   Intonation, Ausgabe 31 (2013/2:9).
283   Intonation, Ausgabe 31 (2013/2:9).
284   Intonation, Ausgabe 27 (2011/2:38).
285   Intonation, Ausgabe 26 (2011/1:5).
286   Intonation, Ausgabe 27 (2011/2:38).

… dann schau doch einfach einmal bei uns vorbei!"[287]

Veranstaltungshöhepunkte stellen Opernpasticcios dar …

„Alle zwei Jahre hebt sich der Vorhang der Kammeroper der Stuttgarter Musikschule. Dieses Jahr für das Opernpasticcio ‚Rossini á la carte'. Insgesamt gab es fünf Vorstellungen: in Stuttgart, Koblenz und in Selters. […] Die Kammeroper ist eine Kooperation der Gesangsklassen, der Theaterklasse, und der Korrepetitionsklasse sowie dem Ensemble Serenata der Stuttgarter Musikschule. Die organisatorische Leitung hat Wolfgang Albrecht."[288]

… ebenso wie Musicals. In der 38. Ausgabe der „Intonation" heißt es zu dem neuesten Projekt:

„Die Stuttgarter Musikschule bereitet für den Frühling ein großes Projekt vor, das viel Engagement von allen Beteiligten fordert. Im Rahmen der ‚Stuttgarter Kriminächte' geht am 24. März 2017 die Premiere von ‚Musikdiebe', dem ‚Die drei ??? Kids Musical', im Robert Bosch-Saal über die Bühne. Die Derniere dieses großen Projekts wird am 21. Mai im Rahmen des Musikschulkongresses des Verbandes deutscher Musikschulen im Mozartsaal stattfinden. […] Die Musikschule wird von den ‚Stuttgarter Kriminächten', dem Kosmos Verlag, und dem Jugendamt der Stadt Stuttgart bei diesem Projekt unterstützt."[289]

Ein weiteres Highlight stellt der alljährliche Weihnachtschor der Stuttgarter Musikschule dar.

„Die Stuttgarter Musikschule öffnet seit 2010 jedes Jahr ihre Türen in der Adventszeit für alle Freunde des Chorgesangs. Neben dem Streichorchester Stadtmitte, Solisten aus dem Fachbereich Gesang, den Kinderchören und der Musiktheaterklasse ist es auch jener Projektchor, der den Weihnachtskonzerten der Stuttgarter Musikschule das besondere Flair verleiht. […] Der Chor ist offen für ALLE! (Kinder ab 8 Jahren) Auch Nichtmitglieder der Stuttgarter Musikschule sind herzlich willkommen!"[290]

Für stilistische Offenheit stehen auch die Angebote des Querschnittfachbereichs PopRockJazz, der im Juni 2017 erstmals eine eigene Instrumentenberatung für Schüler ab 12 Jahren durchführte.[291] Bestens etabliert ist der Workshop „Treffpunkt Jazz", der seit 1994 unter Beteiligung von profilierten Musikern aus der Jazzszene jährlich an der Stuttgarter Musikschule stattfindet. Im Mittelpunkt steht neben Gesangs- und Instrumentalunterricht vor allem die Bandpraxis in verschiedenen Stilrichtungen.[292] Eigene Ensembles des Fachbereichs PopRockJazz sind das Jazzensemble „Friday night", die

---

287 Intonation, Ausgabe 26 (2011/1:5).
288 Intonation, Ausgabe 36 (2016/1:22).
289 Intonation, Ausgabe 38 (2017/1:30).
290 Intonation, Ausgabe 37 (2016/2:33).
291 Intonation, Ausgabe 38 (2017/1:16).
292 http://www.stuttgart.de/musikschule-workshops [16.5.2015].

„BigBand", die Pop-Jazzband „Boyz on the rocks", die Seniorenjazzband „Jazz Dinos",
die Salsaband „Salsa pa'ti", der Popchor „Nice vox" sowie die „PopBand".[293]

Überhaupt tragen zum Bildungserlebnis diverse Ensemble- und Ergänzungsfächer
bei. Die Stuttgarter Musikschule will einen besonderen Schwerpunkt in die musikalische
Ausbildung von Kindern, Jugendlichen und Erwachsenen im gemeinsamen Musizieren
mit anderen Schülerinnen und Schülern in den Orchestern, Ensembles und Bands der
Musikschule setzen.[294] Andreas Doerne äußert sich in seinem Buch „Umfassend musizieren" zu dem kommunikativen Aspekt des Ensemblespiels:

> „Das Ensemble ist durchdrungen vom gegenseitigen Zuhören und Mitteilen, Sehen und
> Gesehenwerden, Agieren und Reagieren, Führen und Geführtwerden, Hervorbringen und
> Abnehmen von Spielimpulsen, insgesamt also vom wechselseitigen Geben und Nehmen.
> Dabei sind neben der wortlosen Kommunikation durch Musik auch die Fähigkeit zu ver-
> baler sowie gestischer und mimischer Kommunikation sowie der Wille zu intensiver sozia-
> ler Interaktion von den Ensemblemitgliedern gefordert. Im gemeinsamen Erarbeiten eines
> Ensemblewerkes oder einer Ensembleimprovisation liegt ein hohes kommunikatives Poten-
> tial verborgen."[295]

Kathrin Haberkern, Flötistin im „Ensemble Serenata",[296] stellt zu diesem Phänomen
ihre eigenen Betrachtungen an:

> „Im Ensemble zu spielen, kann man mit dem Spielen in einer Fußballmannschaft ver-
> gleichen. Es ist zwar wichtig, dass jeder einzelne Spieler eine gute Technik besitzt, doch
> damit überhaupt ein Spiel zustande kommen kann, ist Interaktion zwischen den Spielern
> nötig. Man muss sich in Bruchteilen von Sekunden verständigen und aufeinander eingehen
> können. Außerdem ist die Rollenverteilung wichtig. Der Stürmer, der Spieler mit der Me-
> lodie, darf nicht auf sich alleine gestellt sein, er muss von allen anderen unterstützt werden.
> Dies erfordert sowohl Konzentration als auch hohe Wachsamkeit von allen Musikern. Gu-
> te Ensembles definieren sich nicht nur durch gute Solisten, sondern auch durch das hohe
> Niveau der Begleitung. Einen Freistoß auszuführen braucht Mut und Selbstvertrauen – in
> unserem Fall bedeutet das, Mut zu haben, sein Solo nach eigener Vorstellung zu gestalten.
> Der Vergleich zeigt deutlich, dass das Spielen im Ensemble eine bestimmte Taktik sowie
> Spontanität und ein gemeinsames Agieren erfordert. Diese Erfahrung kann man natürlich
> auch auf andere Lebensbereiche übertragen, und so wird besonders das Sozialverhalten
> vom rücksichtsvollen Miteinander geprägt."[297]

Das Gemeinschaftserlebnis im Rahmen des Ensemblemusizierens wird auf weltweiten
Konzertreisen vertieft, bei denen es zu kultureller Begegnung der unterschiedlichsten

---

293 Intonation, Ausgabe 38 (2017/1:16).

294 Stuttgarter Musikschule (2016:2).

295 Doerne (2010:62).

296 „Das Ensemble Serenata der Stuttgarter Musikschule spielt in der Besetzung von acht bis zehn Bläsern (zwei Flö-
   ten, zwei Oboen, zwei Klarinetten, zwei Hörner und zwei Fagotte). Je nach Stück wird das Ensemble um weitere
   Bläser, Streicher oder Schlagzeug erweitert." Zit. nach: Intonation, Ausgabe 37 (2016/2:9).

297 Intonation, Ausgabe 37 (2016/2:8).

Art kommt. So berichten die Mitglieder des Jugendsinfonieorchesters, Ermioni Athanasiadi und Sarah Schwarz, von der China-Reise des Ensembles:

> „Dafür liefen die Konzerte einwandfrei, und auch unsere Solistin Clara Schuler wurde sehr gefeiert. Ein Konzert spielten wir mit dem Schulorchester eines chinesischen Gymnasiums zusammen […] Bei den insgesamt gut hundertfünfzig Musikern auf der Bühne und den allgemeinen sprachlichen Differenzen half es nur wenig weiter, dass der chinesische Musikschuldirektor – ein sehr dominanter kleiner Mann – unaufhörlich auf chinesisch Anweisungen schrie und Ordnung in das Chaos zu bringen versuchte. Wir nahmen es mit Gelassenheit […] Die Reise war für jeden von uns etwas Einzigartiges: Die Zeit in China hat uns mit unglaublich vielen Sinneseindrücken bereichert, die fremde Sprache, das abenteuerliche Essen, der Smog, die Wolkenkratzer, die große Gastfreundschaft in unseren Familien sind nur einige davon, und uns neben einem anfänglichen Kulturschock zahlreiche schöne Erinnerungen beschert."[298]

Ergänzungsfächer eröffnen Schülern der Stuttgarter Musikschule Bildungsperspektiven der besonderen Art. Das Angebot „Bühnentraining" ist konzipiert von Andrea Haupt, die an der Stuttgarter Musikschule Querflöte unterrichtet, eine Musiktheaterklasse mit etwa 10–20 Schüler/innen gegründet hat sowie an den Musikhochschulen in Mannheim und Stuttgart Lehraufträge für „Sängerische Körperschulung" bzw. „Szenische Grundlagen" innehat.[299] Andrea Haupt:

> „Bühnentraining ist ein spezielles Training, das ich aus verschiedenen Erfahrungen – Studium, Regie, Workshops – entwickele. Ziel ist, dass die Schülerinnen und Schüler sicher auftreten können, sich mit ihrem Instrument wohl fühlen, mit Lampenfieber umgehen können und ihre Stimme gut kennen (z. B. für ein Referat). Besonders wichtig ist mir, dass sie an ihren eigenen Ausdruck heran kommen, an ihr Gefühl und die Wechselwirkung zwischen künstlerischem Ausdruck und körperlicher Präsenz. Und wir haben ja viele Kinder hier, die früh auf die Bühne gehen. Ich freue mich, dass es dieses kostenlose Angebot der Stuttgarter Musikschule gibt und ich hoffe, dass es auch weiterhin viele SchülerInnen annehmen."[300]

In schauspielorientierten Basisübungen und Spielsequenzen zu Atem, Stimme, Puls und Rhythmus sowie in gebunden und freien Improvisationen sollen die Kreativität spielerisch erweitert und neue Gestaltungsmöglichkeiten entdeckt werden.[301] Die Erfahrungen mit dem Bühnentraining scheinen positiv zu verlaufen. Ulrike Fromm-Pfeiffer berichtet, dass sich das Bühnentraining auf ein von ihr für „Jugend musiziert" vorbereitetes Geigenduo sehr bereichernd und persönlichkeitsbildend ausgewirkt habe.

---

298   Intonation, Ausgabe 34 (2015/1:29).
299   Intonation, Ausgabe 33 (2014/2:12).
300   Intonation, Ausgabe 33 (2014/2:13).
301   Intonation, Ausgabe 31 (2013/2:16).

„Dass Frau Haupt mit den beiden auch noch eine wirklich schlüssige Choreographie entwickelt hat, in der selbst das Blättern seinen dramaturgischen Reiz hatte, darf man in diesem Zusammenhang auch nicht vergessen."[302]

Den Schülern scheint es Spaß gemacht zu haben.

„Sie war immer gut drauf; sie holt alles aus einem heraus, egal wie tief es begraben liegt; man durfte nicht schummeln, und wenn man doch geschummelt hat, dann musste man danach noch mehr Übungen machen; coole Übungen; verrückte Übungen; man war nach dem Unterricht immer gut drauf."[303] *(Berfin und Clara)*

Einen ähnlich ganzheitlichen Ansatz verfolgt das Angebot „Feldenkrais". Der Bewegungsapparat von Musikausübenden ist ohne Zweifel partiell überdurchschnittlich starken Belastungen ausgesetzt. „Die am häufigsten betroffenen Körperbereiche sind die Hände samt Handgelenk, Arme, Ellbogen bis hin zu Schultern, Halswirbelsäule und Rücken."[304] Feldenkrais soll Menschen anleiten, in einen intensiven Kontakt mit ihren Körpern zu treten und sich dabei besser kennen zu lernen.[305] „In Feldenkrais-Lektionen ist Bewegung das Mittel, DenkenFühlenHandeln in Einklang zu bringen."[306] Themen können sein:

„Ausgeglichenheit / Instrumentalspiel / Stress / Die Natur des Lernens / Unruhe / im Atem sein / Handlungskompetenz / Konzentration / Lampenfieber / Das Wunder menschlichen Lebens / Kreativität / Verspannungen / funktionale Verbesserung bei Schmerz und Bewegungseinschränkungen / Energie / Hemmungen / Blockaden / Sein Potential entfalten / Koordination / spontanes Handeln / Stabilität / Beweglichkeit / Haltung / Schule / Sport / Klar und achtsam sein / Selbstvertrauen / Balance / Ausdauer / Kraft / Freude an sich selbst und den Anderen / Bei sich sein"[307]

Der Feldenkrais-Unterricht wird überwiegend in Form von Einzel- und Gruppenstunden für Kinder, Jugendliche und Erwachsene erteilt, ergänzend oder auch als eigenständiges Angebot.[308] Musikschulschüler/innen fassen ihre Eindrücke zusammen:

„Feldenkrais hat mir viel gebracht. Als ich damit anfing, wollte ich meine Haltung am Klavier verbessern. Aber im Verlauf des Unterrichts habe ich nicht nur das vermittelt bekommen, sondern auch mehr Verständnis und größere Kontrolle über meinen Körper und Geist. Es hilft mir, mich besser und für längere Zeit zu konzentrieren."[309] *(Matheus, 22)*

---

302   Intonation, Ausgabe 33 (2014/2:13).
303   Intonation, Ausgabe 33 (2014/2:13).
304   Intonation, Ausgabe 11 (2003/2:14).
305   Intonation, Ausgabe 11 (2003/2:14).
306   Flyer „Feldenkrais an der Stuttgarter Musikschule".
307   Flyer „Feldenkrais an der Stuttgarter Musikschule".
308   Flyer „Feldenkrais an der Stuttgarter Musikschule".
309   Intonation, Ausgabe 33 (2014/2:26).

„Feldenkrais bedeutet für mich das Entdecken eines ausgeglichenen Körpergefühls / die Möglichkeit sehr viele Stunden locker und mit Spaß üben zu können / die Chance somit auch in Wettbewerbs- und Konzertsituationen leistungsstark aufzutreten!!!!!"[310] *(Sebastian, 17)*

„Bald spürte ich die positive körperliche Wirkung: Wenn alltäglicher Stress zu verspannten Muskeln führt und die Haltung leidet, lernt man mit Feldenkrais den Körper zu entspannen. Meine Haltung ist viel besser geworden. Auch psychisch sind Veränderungen erfahrbar. Ich bin ruhiger, ausgeglichener. Bei Referaten o.ä. werde ich weniger nervös, bin nicht so schnell aus der Ruhe zu bringen."[311] *(Rebecca, 17)*

Es wurde bereits auf die Anstrengungen der Stuttgarter Musikschule im Bereich der Musikvermittlung hingewiesen. Dabei geht es nicht nur darum, neuartige musikalische Erfahrungen zu ermöglichen, sondern insbesondere auch darum, „unser kulturelles Erbe, die klassische Musik, eines der wichtigsten Kulturgüter unserer Gesellschaft, an die junge Generation weiterzureichen".[312] Zu diesem Zweck hat die Stuttgarter Musikschule gemeinsam mit ihrem Patenorchester, den Stuttgarter Philharmonikern, dem Freiburger Barockorchester, der Konzertdirektion SKS Erwin Russ GmbH und der SWR Big Band unter dem Titel „Hörgang" eine Reihe mit Konzertbesuchen zu stark rabattierten Konditionen eingerichtet. Aus den „Spielregeln":

„1) Schülerinnen und Schüler der Stuttgarter Musikschule (SMS) können alle Konzerte der Stuttgarter Philharmoniker, des Freiburger Barockorchesters (FBO), der Kammermusikreihe, der Reihe Meisterpianisten der SKS Erwin Russ GmbH und der SWR Big Band zu den Hörgangkonditionen besuchen [Eintritt 7–8 € für Schüler, Ermäßigungen für max. zwei Begleitpersonen]. […]

2) Diese Hörgangbesuche müssen selbst organisiert werden (außer SWR Bigband). Beim Abholen der Karten benötigt man den Hörgangausweis.

3) Den Hörgangausweis kann man über das Sekretariat der SMS im TREFFPUNKT Rotebühlplatz beziehen.

4) Jeder Besitzer des Hörgangausweises darf von maximal zwei Erwachsenen begleitet werden. Schülerinnen und Schüler der SMS können aber gerne andere Kinder bzw. Jugendliche die nicht SMS Mitglieder sind zu den Hörgangkonditionen in die Konzerte mitnehmen."[313]

Bereits im ersten Jahr nach der Einführung von „Hörgang" hatten rund 700 Kinder und Jugendliche und ihre Begleitpersonen das Angebot der Konzertbesuche wahrgenommen.[314] Heute wählt eine Arbeitsgruppe „Hörgang", besetzt mit Lehrkräften der Stuttgarter Musikschule, Konzerte aus, „die speziell beworben und teilweise musikpädagogisch begleitet werden".[315] Die Schülerin Lisa Janzen erzählt von einem Künstler-

---

310   Intonation, Ausgabe 33 (2014/2:26).
311   Intonation, Ausgabe 33 (2014/2:26).
312   Flyer „Hörgang. Die Konzertbesuche der Stuttgarter Musikschule" *(Saison 2015/2016)*.
313   Flyer „Hörgang. Die Konzertbesuche der Stuttgarter Musikschule" *(Saison 2015/2016)*.
314   Intonation, Ausgabe 27 (2011/2:9).
315   Flyer „Hörgang. Die Konzertbesuche der Stuttgarter Musikschule" *(Saison 2015/2016)*.

gespräch mit dem Cellisten Alban Gerhard und einer anschließenden Aufführung des Cello-Konzerts von Dvořák:

> „Diese Art, das Professionelle rüberzubringen, ohne sich selbst von der Masse abzuheben, machte das Interview mit Herrn Gerhard eigentlich so besonders. Er erzählte von seinen Schwächen, von seinem Lampenfieber, das er früher vor Konzerten hatte, und wie man es bekämpfen kann. Obwohl er auch klar machte, dass nicht jeder Mensch zum Cellisten bestimmt ist, machte er mir persönlich doch eher Mut als Furcht vor der Musikerkarriere.
>
> Das Konzert im Anschluss, zu dem wir ihn etwas verspätet entließen, war nicht nur grandios gespielt, sondern nach dem Interview merkte man auch, was für eine Seele hinter dem Cello steckt, in dem Solisten auf der Bühne. Durch diese Darbietung wurde alles, was Alban Gerhard im Interview gesagt hatte, deutlich und bekam eine vollkommen andere Wirkung. Denn dieser brillante Cellist ist keine Cello-Maschine, zu der einige Kinder erzogen werden; hinter dem Cello steckt die ganze Seele eines grandiosen und dennoch sympathischen, bodenständigen und witzigen Menschen, der mit seiner Art und vor allem mit seinem Spiel das ganze Publikum, einschließlich mich, wirklich verzaubern konnte."[316]

„Hörgang" versteht sich durchaus als *education*-Projekt. Besonders motivierten Schülern verschafft es musikalische Erlebnisse, die eine Vorbildfunktion ausüben. Andere Schüler werden an klassische Konzerte überhaupt erst herangeführt. Die Stuttgarter Musikschule hat einen speziellen *Hörgang*knigge entwickelt, der in die Rituale des klassischen Konzertbetriebs einführt. Fragen der Kleiderordnung sowie des adäquaten Verhaltens während der Konzerte werden hier explizit angesprochen.[317]

Offensichtlich sind also die vielfältigen Bemühungen und Aktivitäten der Stuttgarter Musikschule, *Gelingens*-Bedingungen musikalischer Bildung sicherzustellen. Inwieweit es aber der Musikschule tatsächlich gelingt, ihren Schülern über musikalische Kompetenzen hinaus nachhaltig wirkende Bildungserlebnisse zu vermitteln, muss eine Frage der Einzelfallbetrachtung bleiben. Erfüllung finden können Bildungserlebnisse erst in der Person des jeweiligen Schülers bzw. der jeweiligen Schülerin. Über die Jahre hinweg hat die Musikschulzeitung „Intonation" einzelne Bildungsverläufe in Schülerportraits nachgezeichnet. Die drei folgenden Beispiele sollen veranschaulichen, wie unterschiedlich motiviert solche Bildungsverläufe sein können.[318]

Die dreizehnjährige Reka Schatz nimmt seit sieben Jahren Geigenunterricht und hat ein Downsyndrom.[319] Ihre Mutter ist Hornistin, der Vater spielt Geige. Den Eltern ist wichtig, dass Reka, wie die Geschwister auch, ein Instrument erlernt.

> „Wir, die Eltern, haben selbst unvergessliche Auftritte und Tourneen erlebt, kennen das tägliche Üben und die tiefen Täler, die man als Musiker manchmal durchschreiten muss, um den nächsten Gipfel zu erreichen. Das ist Bildung für's Leben."[320]

---

316 Intonation, Ausgabe 33 (2014/2:9).
317 Flyer „Hörgang. Die Konzertbesuche der Stuttgarter Musikschule" *(Saison 2015/2016)*.
318 Zwei Beispiele sind bereits älteren Datums. Dennoch bleiben sie aufgrund der angesprochenen Thematik in ihrem Aussagewert für die Musikschularbeit unvermindert relevant.
319 Intonation, Ausgabe 35 (2015/2:6f.).
320 Intonation, Ausgabe 35 (2015/2:7).

Die Geigenlehrerin Ulrike Fromm-Pfeiffer berichtet, dass Rekas Anfänge auf der Violine nicht immer einfach waren. Ihr Anspruch war es einerseits, Reka im Vergleich zu anderen Schülern „gleich" zu behandeln. Andererseits musste sie sich manchmal neue Wege überlegen, die es Reka erst ermöglichten, ein Gefühl für instrumentaltechnische Anforderungen, beispielsweise das Herunterdrücken der Saite, zu entwickeln. „Am Anfang war es schwierig abzuschätzen, ob sie gerade keine Lust hatte sich anzustrengen, oder ob wir gerade wirklich an einer zu überwindenden Grenze waren."[321] Reka sagt, dass sie neben weiteren Hobbys (Klettern, Schwimmen, Reiten) gerne Geige spiele. Lediglich die hohe Erwartungshaltung ihres Vaters störe sie mitunter:

> „[…] ich spiele gerne Geige! Ich übe gern alleine, aber (zögert) … wenn Papa dann zuhören möchte, ist das auch in Ordnung, aber ich mag einfach nicht, wenn Papa mich schimpft. […] er sagt immer nochmal spielen, und dann üb ich das und dann sagt er ‚Finger zu hoch' und so."[322]

Deutlich wird, dass Rekas Eltern bei dem Üben zuhause eine treibende Kraft darstellen. Sie unterstützen das Üben nicht nur, sondern fordern es bis zu einem gewissen Grad ein. Andererseits scheint Reka keineswegs nur gezwungenermaßen zu üben:

> „Wenn meine Eltern sagen, ich soll üben, dann üb ich. Wenn meine Eltern nix sagen und ich bin da, üb ich auch, sonst üb ich nicht."[323]

Offenbar fällt der Geigenlehrerin eine zentrale Vermittlungsrolle zu, wenn es darum geht, zwischen Rekas Musizierwunsch und dem (altersbedingten?) Bedürfnis nach Abgrenzung gegenüber den Eltern zu vermitteln.

> „JA! Die ist nett, und manchmal reden wir ganz viel! Aber ich üb gerne, wenn meine Eltern weg sind, dann habe ich Ruhe und keiner kann mich stören."[324]

Für Reka ist die Musikschule tatsächlich zu einem Ort der Integration geworden. Ihr musikalischer Werdegang unterscheidet sich nicht wesentlich von dem anderer Kinder an der Musikschule. Sie ist Teil der Geigenklasse von Ulrike Fromm-Pfeiffer, spielt in dem Streichensemble „Die Fiedelmäuse" mit, ist mit diesem auch schon auf Reisen gegangen („… mit großer Clara, kleiner Clara, Hanna, Alexandra …")[325], sie nimmt an Vorspielen und Konzerten teil und will bei der nächsten freiwilligen Prüfung mitmachen. Außergewöhnlich ist insofern höchstens, dass Reka schon in der „Brenz Band" mitgewirkt hat, einer in Ludwigsburg gegründeten Musikgruppe, die zu einem großen Teil aus Menschen mit Behinderung besteht. Die Eltern werten Rekas Entwicklung nicht nur in musikalischer Hinsicht positiv:

> „Mit Ulrike Fromm-Pfeiffer fanden wir eine hervorragende Pädagogin, die bereit ist, Rekas Lerntempo mitzugehen. Mit viel Phantasie – ob ‚Bär-Saite', Rhythmen mit ‚bi-bi' und

---

321 Intonation, Ausgabe 35 (2015/2:6).
322 Intonation, Ausgabe 35 (2015/2:6).
323 Intonation, Ausgabe 35 (2015/2:6).
324 Intonation, Ausgabe 35 (2015/2:6).
325 Intonation, Ausgabe 35 (2015/2:6).

‚ba-ba' oder einer selbst gebauten Lichtgeige – bekommt Reka bei ihr immer wieder neue Lernimpulse, die sie vorwärts bringen. Dabei gibt es natürlich, wie bei allen anderen Kindern auch, Schwierigkeiten und Hindernisse. Aber es liegt an uns, den Eltern, nicht mit einem ‚das geht halt nicht, sie ist ja behindert' aufzugeben, sondern Reka zu zeigen ‚Du schaffst das!'. Und was sie dann schafft, sei es auf Skiern, beim Kartfahren oder eben beim Geigen, zeigt uns, dass sie so viel können will und können kann.

War es am Anfang bei den Fiedelmäusen ein Erfolg, wenn sie in 45 Minuten zweimal das pizzicato auf Schlag eins erwischte, spielt sie inzwischen ganz selbstverständlich eine leichte, aber normale Violinstimme mit. Sie ist Teil eines Orchesters, erlebt Freizeiten, muss sich durch Einspielübungen kämpfen, ist stolz beim Applaus nach einem Vorspiel – wie alle anderen Musiker auch.

Durch Reka wird uns ganz deutlich gemacht, dass das eigentliche Ziel des Musikunterrichts nicht die herausragende Einzelleistung sein muss, sondern dass es darum geht, Musik zu machen und vom ganzen Herzen mit anderen zusammen Freude zu haben."[326]

Die Pubertät markiert oft einen Einschnitt in der Laufbahn von Musikschülern. Viele orientieren sich in diesem Alter neu, beenden den Instrumentalunterricht vorzeitig, um mehr Zeit für die Schule bzw. für andere Interessen zu haben. Anderen wird das aktive Musizieren wichtiger. Sie erfahren es als Teil der eigenen Lebensgestaltung. Relativ ungewöhnlich ist der Fall des Geigenschülers Cornelius Maier, der mit vierzehn den Musikschulunterricht abbricht und selbigen mit sechzehn bei seiner alten Lehrerin wieder aufnimmt.[327] Cornelius erzählt in der „Intonation", wie es dazu kam. Eigentlich war es nicht primär der Wunsch der Eltern, dass Cornelius Geige lernen sollte. Als prägend erwies sich der Einfluss des Elternhauses gleichwohl: „Ich wollte meinen Eltern zeigen, dass ich das kann und da mein Vater geigt, hat sich einfach die Geige angeboten […]."[328] Fortschritte stellten sich ein. Cornelius gelang es, im jungen Streichorchester mitzuspielen, bevor ihm irgendwann und irgendwie alles zu viel wurde. „Ich habe mich gegen alles gewehrt, bei dem ich das Gefühl hatte, dazu gedrängt zu werden. Ich habe auch Handball aufgehört. Null Bock eben. Die zwei Jahre davor hatte ich eigentlich so gut wie gar nicht geübt und keine Fortschritte mehr gemacht."[329] Zunächst einmal empfand es Cornelius als Erleichterung, nicht mehr üben und nicht mehr zum Unterricht gehen zu müssen. Anlässlich eines zwischenzeitlichen Internatsaufenthaltes habe er aber doch gemerkt, dass ihm etwas fehlte. „Ich hatte dort meine Geige dabei und habe sie manchmal ausgepackt, gestreichelt und gespielt."[330] Zurück in Stuttgart hat Cornelius dann wieder den Geigenunterricht aufgenommen, weil er nach eigener Aussage das Bedürfnis nach einem Ausgleich zur Schule verspürte. Rückblickend erscheint ihm der persönliche Bezug zu seiner „alten" Lehrerin [Margarete Schaal] wichtig.

---

326 Intonation, Ausgabe 35 (2015/2:7).
327 Intonation, Ausgabe 13 (2004/2:29).
328 Intonation, Ausgabe 13 (2004/2:29).
329 Intonation, Ausgabe 13 (2004/2:29).
330 Intonation, Ausgabe 13 (2004/2:29).

„Sie kennt mich von klein auf und ich habe viel bei ihr gelernt. Sie war immer bereit, auf mein Lerntempo einzugehen. Sie versucht immer, mich zu überzeugen, dass man erstmal Arbeit investieren muss, um etwas zu erreichen. Sie hat mir aber nie gesagt, sie sehe keinen Sinn darin, mich zu unterrichten, weil ich vielleicht nicht schnell genug lerne."[331]

Cornelius meint, dass ihn früher seine Eltern zu vielen Dingen angetrieben hätten, ob es nun das Üben, die Hausaufgaben oder sonstige Pflichten gewesen seien. Inzwischen übe er selbstbestimmt, zwar noch immer zu wenig, aber viel mehr als zu seinen „schlechtesten" Zeiten. Aus den Erklärungsversuchen von Cornelius zu seiner vorübergehenden Phase einer Unlust auf Geigenunterricht spricht eine gewisse Distanz zu der Art, wie an der Musikschule Musik vermittelt wird. Auf die Frage, was er Musiklehrern raten würde, die mit übeunlustigen pubertierenden Schülern umzugehen hätten, entgegnet er, dass man vielleicht mehr experimentelle Musik machen könnte, Instrumente verstärken und verzerren oder auch in der Gruppe arbeiten könnte. Die meisten, ganz überwiegend klassisch ausgebildeten Lehrkräfte für Violine dürften Schwierigkeiten haben, einen solchen Vorschlag adäquat umzusetzen oder auch nur überhaupt umsetzen zu wollen. Deutlich wird zudem, dass Cornelius in der Musikschule Gleichaltrigen begegnet ist, die vermutlich ansonsten kaum zu seinem Bekanntenkreis zählen dürften.

„Unter meinen Freunden war niemand, der ein Instrument gespielt hat, aber es wurde akzeptiert. Allerdings bin ich durch das Instrument mit Leuten in Kontakt gekommen, gegen die ich sonst vielleicht Vorurteile gehabt hätte – Streber, Spießer und so."[332]

Kann unter solchen Voraussetzungen die Bildungsarbeit einer Musikschule überhaupt zum Erfolg führen? Die Frage ist zu bejahen. Einerseits wäre zu prüfen, ob es zu der Zeit, als Cornelius seinen Geigenunterricht beendete, nicht doch Musikschulangebote im Bereich der Ensemble- und Ergänzungsfächer gab, die ihn zum Weitermachen hätten motivieren können [z. B. Aufnahmetechnik? Workshop „E-Instrumente für klassische StreicherInnen"?[333]]. Davon einmal abgesehen, belegen Untersuchungen, dass der Musikgeschmack jugendlicher Musikschüler erstaunlich vielfältig ist.[334] Hörgewohnheiten und eigene musikalische Aktivitäten können voneinander abweichen. Es schließt sich keineswegs aus, dass jemand in seiner Freizeit gerne Pop und Rock hört oder an einem Hip-Hop-Kurs teilnimmt und gleichzeitig ein klassisches Musikinstrument erlernt. Sicherlich ist nicht vorhersehbar, ob Cornelius nach Beendigung seiner Schulzeit noch Geige spielen wird. Seine Einstellung zum Musikschulunterricht, ja, sein Verhältnis zur Musik überhaupt, haben sich aber gewandelt – und er reflektiert dies bewusst:

„Es ist schon richtig, ein Kind dazu anzuhalten, ein Instrument zu lernen. Aber mit 10 oder 11 Jahren muss das Kind selbst merken oder entscheiden, ob es das wirklich will. Musikmachen muss ein Bedürfnis sein, man kann nicht dazu gezwungen werden. […] Letzt-

---

331 Intonation, Ausgabe 13 (2004/2:29).

332 Intonation, Ausgabe 13 (2004/2:29).

333 Vgl. Intonation, Ausgabe 39 (2017/2:14).

334 Vgl. Spiekermann (2016).

endlich muss jeder selbst merken, dass Musikmachen eine Bereicherung ist und keine Zeit-verschwendung."[335]

Während bei Reka und Cornelius der Einfluss des Elternhauses und Fragen der musikalischen Sozialisation schon auf den ersten Blick den musikalischen Werdegang mehr oder weniger stark beeinflusst haben, kommt im Falle der fünfzehnjährigen Alina Stenke ein darüber hinausgehendes Phänomen zum Tragen. Alina hat einen Aufsatz für die Schule geschrieben, der unter dem Motto „Das eigene Glück finden" steht und sich mit dem Thema befasst: „Warum einige Menschen immer noch das Spielen eines Musikinstrumentes erlernen wollen, obwohl es doch so viele perfekte Musikdarbietungen gibt." Mit keinem Wort erwähnt Alina ihre bisherigen musikalischen Erfahrungen in Elternhaus, Freundeskreis sowie an der Stuttgarter Musikschule. Gleichwohl beschäftigt sie die Frage, welchen Raum die Musik im Leben des einzelnen Menschen einnehmen kann, intensiv:

> „Jeder Mensch hat Träume und Wünsche, die er gern verwirklichen möchte. Jeder Mensch erlebt Enttäuschungen und Glücksgefühle, die ihm auf dem Weg zu seinem Ziel helfen. Jeder Mensch möchte irgendwann etwas Neues ausprobieren. Einige Menschen suchen ihr Glück in der Musik und möchten dort Neues entdecken. Die Musik ist so vielfältig, es stehen einem beim Erlernen eines Musikinstrumentes so viele Türen offen, dass dort wirklich viele ihr Glück finden."[336]

Menschen auf dem Weg, zwischen Enttäuschungen und Glücksgefühlen Träume und Wünsche zu verwirklichen, indem sie mit Hilfe der Musik Neues wahrnehmen und spüren: Alina dringt gleich mit dem ersten Absatz ihres Aufsatzes zum Kern einer möglichen Antwort auf die selbstgestellte Frage vor und versucht diese offenbar aus ihrer persönlichen Sichtweise auf das eigene Musizieren zu beantworten:

> „Ich finde, man sollte sich nicht an den ‚perfekten' Musikdarbietungen der heutigen Zeit messen, man sollte einfach selber experimentieren. So kann man ganz neue Welten entdecken. Musik mit ein paar kleinen ‚Fehlern' zu spielen, ist normal und auch gut, denn dabei kann man neue Rhythmen und Betonungen entdecken, und so der Musik mehr Ausdruck verleihen, also wirkliche Musik machen; denn geschriebene Noten sind noch lange keine Musik."[337]

Alina vermag ihre eigene Position in einer altersgemäßen Sprache absolut authentisch zum Ausdruck zu bringen. Auch wenn eine Formulierung wie „geschriebene Noten sind noch lange keine Musik" fast ein wenig altklug klingt, ist Alina doch in der Lage, sehr genau zu begründen, inwiefern sich gestaltendes Musizieren von rezipierendem Musikhören unterscheidet:

> „Das Lied auf der CD ist immer so, wie es aufgenommen wurde. Es wird jedes Mal, wenn man es anhört, gleich klingen. Nie wird ein Ton länger oder kürzer sein. Nie wird es mehr

---

335   Intonation, Ausgabe 13 (2004/2:29).
336   Intonation, Ausgabe 10 (2003/1:34).
337   Intonation, Ausgabe 10 (2003/1:34).

Freude, Trauer oder Wut ausdrücken, als beim vorherigen Anhören. Wenn man jedoch ein Instrument selbst spielt, kann man jedes Stück nach der persönlichen Stimmung variieren. Man kann so seinen Gefühlen freien Lauf lassen, sie richtig ausleben. Das Stück wird nie so klingen wie beim vorherigen Spiel. Es ist immer einmalig. So findet man auch Freude am selbst erschaffenen Klang.

Ich werde lernen, wie er sich verändert, wenn ich selbst die Körperhaltung verändere, wenn ich fröhlich oder traurig bin."[338]

Es erstaunt, mit welcher Präzision und Bewusstheit Alina erfasst, was bei der Interaktion zwischen dem Musikstück und demjenigen, der es spielt, vor sich geht. Noch einmal sei an das Zitat von Ulrich Mahlert erinnert: „Alles Spielen ist ein Gespieltwerden" – die Musik lässt den Spielenden „aufgehen in ihren Regelkreisen", erfüllt ihn „mit ihren Empfindungsgehalten, formt sein Inneres und sein Äußeres durch die jeweilige Art, wie sie Zeit entfaltet und gestaltet."[339] Und auch die Worte Michael Dartschs kommen einem abermals in den Sinn: „Tatsächlich lebt Musik nur als geschaffene oder nachgeschaffene, sie setzt also das Erschaffen voraus."[340] Alina fährt fort:

> „Durch die Freiheit, eigene Gefühle und Stimmungen zum Ausdruck zu bringen, kann eine eigene Komposition entstehen, mit dessen Klang, Musik und Ausdruck ich völlig im Einklang bin. Man ist in solchen Momenten mit sich selbst im Reinen, und kann verzaubert, wie man ist, ein starkes Glücksgefühl erleben. Diese Musik wird mit allen Sinnen erlebt. Es herrscht eine ganz andere Atmosphäre, als wenn ich eine CD anhöre."[341]

Die anthropologische Bedeutung des Spiels für den Menschen schimmert hier durch, Schillers Postulat nach der Einheit von Denken und Fühlen im Spiel. „Das Spiel macht Spaß, es wird von angenehmen Gefühlen geleitet oder ruft sie hervor. Es beansprucht den ganzen Menschen, seine geistigen und körperlichen Fähigkeiten und seine Gefühle."[342]

> „Es ist sehr schön, das Gefühl zu haben, alles laufe ganz ohne jede Anstrengung, man kann sich von der Musik tragen lassen, in sie eintauchen, sie genießen und sie ändern, wenn einem danach ist. Nur so wird man die für sich selber perfekte Musikdarbietung finden und erleben."[343]

In Alinas Schulaufsatz kommt auch zum Tragen, was Jeremy Rifkin unter einem „reifen Spiel" in der kulturellen Sphäre verstanden wissen will, jene „Freisetzung der menschlichen Vorstellungskraft, um gemeinsame Bedeutungen zu schaffen",[344] womit in der Musik nichts anderes als das Miteinanderspielen oder das (gegebenenfalls auch fiktive) Spielen *für jemand* gemeint ist:

---

338 Intonation, Ausgabe 10 (2003/1:34).
339 Mahlert (2003:14); vgl. Kapitel 4.2.2.
340 Dartsch (2014:81); vgl. Kapitel 4.2.1.
341 Intonation, Ausgabe 10 (2003/1:34).
342 Baer (2012:681).
343 Intonation, Ausgabe 10 (2003/1:34).
344 Rifkin (2002:351); vgl. Kapitel 4.2.2.

„Für mich war es ein ganz neues Erlebnis, in der Gruppe zu spielen und ein gemeinsames Werk entstehen zu lassen. Es ist ganz anders, wenn ich alleine spiele, was ich allerdings auch sehr genieße. Es ist nur anders."[345]

Für Christoph Richter folgt aus der Modellvorstellung eines praktisch-konkreten Spielens von Musik „die Anregung, im eigenen Musizieren probeweise und symbolisch Chancen von Selbstbestimmung und Befreiung wahrzunehmen oder zu erfüllen",[346] was offensichtlich Alina ganz ähnlich empfindet:

„Weil die Musik so vielfältig ist, kann sich dort jeder aussuchen, was er möchte und braucht. Man kann jeden Tag etwas Neues entdecken. Wer hätte zum Beispiel je daran gedacht, Trauer auf einer Trommel auszudrücken? Doch es funktioniert! Man muss es nur wirklich wollen und dann ausprobieren, experimentieren und sich fallen lassen. Natürlich ist es Geschmackssache, ob es einem beispielsweise gefällt, Cello zu spielen oder nicht. Doch das wichtigste ist, dass man ein Instrument freiwillig erlernt, und sich nicht scheut, etwas ‚Unnormales‘ zu tun, zu experimentieren und zu erleben. Meiner Meinung nach ist so etwas ganz anders, als eine CD anzuhören."[347]

Aus Alinas Worten erschließt sich eindrucksvoll, dass in ihrem Fall aus der praktischen Beschäftigung mit Musik nachhaltige Bildungserlebnisse erwachsen sind. Ihr Schulaufsatz lässt plausibel erscheinen, was Dietrich Benner als das Programm der neuzeitlichen Bildungstheorie in Anlehnung an Wilhelm von Humboldt bezeichnet hat: „Nicht bei sich selbst, weder bei der zufälligen Einzelheit des eigenen Daseins noch der gesellschaftlich vermittelten Bestimmung der eigenen Existenz stehenzubleiben, auch nicht zu sich selbst, unverändert oder bloß um neue Erfahrungen reicher und Einsichten bereichert, zurückzukehren, sondern ‚auf die Welt über‘ zu gehen, die Welt […] sich anzueignen und durch die Beschäftigung mit Fremdem, Unbekanntem, selbst ein Anderer zu werden, alles nach einem ‚inneren Maassstab‘, der jedoch permanent in Veränderung begriffen ist […]."[348]

5.2.3 Musik und Schlüsselkompetenzen

In Bildungsdiskussionen fällt der Begriff der „Schlüsselkompetenzen" immer dann, wenn es um die Frage geht, „welche Fähigkeiten die Menschen heutzutage ausbilden müssen, um sich in einer vernetzten, zunehmend komplexer werdenden und sich immer schneller verändernden Welt zurechtzufinden".[349] Schlüsselkompetenzen umfassen nicht nur Fach- bzw. Sachkompetenzen, sondern auch Selbstkompetenzen, Sozialkompetenzen und Methodenkompetenzen. Ihre Ausbildung soll der gesellschaftlichen Entwicklung zugutekommen sowie dem Einzelnen zur Orientierung dienen.[350] Musika-

---

345   Intonation, Ausgabe 10 (2003/1:34).
346   Richter, Ch. (1993:88); vgl. Kapitel 4.2.2.
347   Intonation, Ausgabe 10 (2003/1:34).
348   Benner (1995:21); vgl. Kapitel 4.2.1.
349   Wenzlik (2012:146).
350   Vgl. Wenzlik (2012:147).

lische Bildung, verstanden als Teil allgemeiner Bildung, muss es sich zum Anspruch machen, im Musikunterricht Fähigkeiten und Fertigkeiten nicht isoliert zu vermitteln, sondern selbige in den Kontext der Entwicklung von Selbst-, Sozial- und Methodenkompetenzen zu stellen. Welche Ableitungen sich konkret daraus für die Musikschularbeit ergeben, wurde bereits in Kapitel 4.2.1 dargestellt. Eigenständiges Lernen und Voneinander-Lernen setzen einen partizipativen Unterricht voraus. „Der aktuelle Diskurs von Schlüsselkompetenzen fokussiert stark auf die Anforderungen von Gesellschaft und Wirtschaft: Sie brauchen für Fortbestand, Wachstum und Konkurrenzfähigkeit im internationalen Wettbewerb schlüsselkompetente Menschen."[351] Damit geht die Gefahr einher, dass kulturelle Bildung „sich zu sehr zur Verwirklichung solcher Zielsetzungen vereinnahmen" lässt.[352] Im Jahr 2011 gab der seinerzeitige Bundesvorsitzende des VdM, Winfried Richter, zu bedenken:

> „Musikschulangebote erfahren zunehmend unter den verschiedensten Aspekten eine bildungspolitische Instrumentalisierung. Vorschulische Musikschulangebote sollen der Sprachförderung, der Integration, der Entwicklung der Persönlichkeit und Lernbereitschaft usw. dienen. [...] Was könnte also näher liegen, als diesen außermusikalischen Bereich der Musikschularbeit ins Zentrum zu rücken? Nicht die Musik, sondern der in der Gesellschaft funktionierende Mensch ist Gegenstand solcher Überlegungen."[353]

Reinhart von Gutzeit, Ehrenvorsitzender des VdM, ist anlässlich eines Vortrags, gehalten auf einem VdM-Symposion im November 2014, auf die Frage, inwieweit es einer Legitimation des Musizierens über die Vermittlung von Schlüsselqualifikationen bedürfe, aus der „Innenansicht" öffentlicher Musikschulen eingegangen:

> „So will ich, ohne lange zu fackeln, gleich sagen: Die Musik gehört zum menschlichen Leben wie die Luft zum Atmen – und damit ist eigentlich für die Begründung unserer Arbeit schon das Wesentlichste gesagt. Oder erscheint Ihnen das zu vollmundig, zu pauschal, zu banal?

Begründungstheorien

Wir können natürlich auch ganz anders! – Was haben wir nicht alles an Begründungstheorien gesammelt und ins Feld geführt, um zu belegen, wie gut es Kindern und Jugendlichen tut, sich in ihren Entwicklungsjahren mit Musik zu beschäftigen. Immer wieder sagen wir die ganze Litanei der ‚Transfereffekte‘ gebetsmühlenartig auf:

- dass Leistungsfähigkeit, Konzentration und Durchhaltevermögen gefördert werden;
- dass Musikmachen, wie Hans Günter Bastian beforscht und mit großem Medienecho ‚bewiesen‘ hat, die Intelligenz fördert: der so genannte Mozart-Effekt;
- dass ‚sonare‘ klingen heißt und der junge Mensch durch das, was in ihm klingt ‚personare‘ – zur Person, ja zur Persönlichkeit werden kann;

---

351 Wenzlik (2012:149).
352 Wenzlik (2012:149).
353 Richter, W. (2011:46).

- dass die linke und rechte Hirnhälfte miteinander verdrahtet, dass Kopf, Herz und Hand aktiviert und in Einklang gebracht werden;
- dass die sinnstiftende Tätigkeit des Musizierens Kinder und Jugendlichen vor manchen Gefahren bewahrt;
- dass das Sozialverhalten im Miteinander des Musizierens geschult und der familiäre Zusammenhalt gefördert werden;
- dass die Musik uns eine Brücke zu unserer Vergangenheit und zu den anderen Kulturen baut;
- dass die Musikschularbeit, wenn auch auf Umwegen, sogar rentabel gerechnet werden kann;

und und und […]"[354]

Gutzeit stellt die sogenannten Transfereffekte von Musik keineswegs in Frage. Musik wird für ihn aber um ihrer selbst willen zum Gegenstand von Bildung und Erziehung. Peter Röbke hat bereits im Jahr 2000 sein Erstaunen darüber ausgedrückt, „in welchem Ausmaß Instrumentalpädagogen mit einer Art pädagogischer ‚Umwegrentabilität' argumentieren"[355] würden:

„Würde ein Mathematiklehrer die Notwendigkeit seines Faches primär damit begründen, dass Rechnen die Konzentrationsfähigkeit fördert? Und wäre der in Publikationen mit der ‚Umwegrentabilität' argumentierende Musikschulvertreter nicht sehr erstaunt, würde man ihn selbst nach einem Konzertbesuch, einem Streichquartettabend oder einer Orchesterprobe fragen, warum er sich eigentlich mit Musik beschäftigt? Vermutlich würde er kaum antworten: ‚um die Konzentrationsfähigkeit und die sozialen Fähigkeiten zu verbessern oder gedanklich flexibler zu werden'."[356]

Einen Grund für diese Entwicklung erkannte Röbke seinerzeit in dem seit den 1990er-Jahren gewachsenen Legitimationsdruck auf Musikschulen: „Musikschullehrer wie -leiter stehen unter Druck und müssen ihre Tätigkeit in bisher ungewohntem Ausmaß legitimieren. Die öffentlichen Mittel sind knapper geworden und die Musikschulsubventionen werden hinterfragt […]." Fairerweise muss man sagen, dass es nicht nur die Musikschulen sind, die Transfereffekte des Musizierens propagieren, sondern dass eine entsprechende Erwartungshaltung in der Politik und bei Eltern geradezu bedient werden will. Der Hinweis auf positive Transfereffekte des Musizierens erscheint dann als ausreichend, um die Notwendigkeit des Musikschulunterrichts zu rechtfertigen. Nach Röbkes Meinung besteht allerdings durch eine übertriebene, einseitige Transferargumentation die Gefahr, „jene Begründungen zu verfehlen, nach denen der Umgang mit Kunst tatsächlich durch nichts anderes zu ersetzen ist".[357] Er verweist

---

354   Gutzeit (2015).
355   Röbke (2000:39).
356   Röbke (2000:39).
357   Röbke (2000:35).

auf Diskussionen, die Mitte der 1990er-Jahre in der Zeitschrift „Üben & Musizieren"[358] geführt wurden und zitiert Ulrich Mahlert mit den Worten: „Die Aufgabe von Instrumentalunterricht ist keine außermusikalische, sondern eine musikalische: die Vermittlung von Musik als Entfaltung der jedem Menschen eigenen, individuellen Musikalität."[359] Und Winfried Richter fügte 2011 seinem Lamento über die bildungspolitische Instrumentalisierung des Musikschulangebots hinzu: „Musik und Musizieren haben einen Eigenwert, der Erkenntnisse und Weltverständnis vermittelt, die sich nur über die Musik transportieren lassen. Identität und Orientierung sowie kulturelles Teilhabevermögen wird derart der Weg geebnet."[360]

Nun wurde die anthropologische Bedeutung der Musik und des Musizierens bereits in Kapitel 4.2 ausführlich unter dem Aspekt erörtert, welche Herausforderungen hieraus für die Musikschularbeit erwachsen. Auf die besondere Stellung öffentlicher Musikschulen in der kommunalen Bildungslandschaft wurde ebenfalls hingewiesen.[361] Doch was fasst der Begriff der jedem Menschen eigenen, individuellen Musikalität genau? Was ist unter musikalischer Begabung überhaupt zu verstehen? Was folgt daraus für die Zusammenarbeit von Musikschulen mit anderen Bildungseinrichtungen? Welche bildungspolitischen Implikationen haben Transfereffekte des Musizierens in den Blickpunkt öffentlichen Interesses rücken lassen? Sind erwünschte Wirkungen des Musizierens überhaupt empirisch nachweisbar? Das Leitbild der Stuttgarter Musikschule unterstellt zumindest positive „Nebenwirkungen" des Musikschulunterrichts:

> „Musik stärkt die Lernfähigkeit, die Kreativität, das Verantwortungsbewusstsein und steigert die Teamfähigkeit. Musikalische Ausbildung bestätigt das Selbstbewusstsein. Aufeinander hören und aufeinander eingehen, ein wesentliches Element des Musizierens, fördert das Sozialverhalten in besonderem Maße. Deshalb wollen wir zu eigenständigem Musizieren in allen Unterrichtsformen befähigen: einzeln und gemeinsam."[362]

Für Michael Dartsch besteht zwischen den Begriffen „Musikalität" und „Intelligenz" eine gewisse Analogie, auch wenn sie natürlich nicht einfach gleichgesetzt werden können: In beiden Fällen handelt es sich um ein vielschichtiges Phänomen, ist von verschiedenen Inhaltsbereichen und Unterfaktoren auszugehen, wobei sich Musikalität durchaus auch als Teilfaktor von Intelligenz verstehen ließe.[363] „Musikalität zeigt sich ebenso im denkerischen Durchdringen von Musik wie im emotionalen Reagieren auf sie, im körperlichen Hervorbringen oder Umsetzen, und schließlich auch in der Fähigkeit, musikalisch auf Musizierpartner einzugehen und zu reagieren."[364] Die Begriffe Musikalität und musikalische Begabung werden oft synonym gebraucht. Anselm Ernst

---

358 Röbke nennt Ulrich Mahlerts Artikel „Musikalität als Aufgabe des Instrumentalunterrichts. Kritik an außermusikalischen Legitimierungsversuchen des Musikunterrichts" in der Zeitschrift „Üben & Musizieren" Heft 1, Jahrgang 1995, S. 6–12, sowie die Folgediskussionen in den Heften 3/95 und 5/95.

359 Röbke (2000:40). Röbke nennt als Quellennachweis: Mahlert (1995).

360 Richter, W. (2011:46).

361 Vgl. Kapitel 5.1.2.

362 Stuttgarter Musikschule (2012).

363 Vgl. Dartsch (2014:13f.).

364 Dartsch (2014:19).

hält es für angebracht, hier genauer zu differenzieren.[365] Alle Menschen seien in irgend-einer Weise musikalisch. Dies bestätigten unter anderem Erkenntnisse der heutigen Musikpsychologie. In Hinblick auf den Sprachgebrauch in der musikpädagogischen Praxis empfehle es sich, zu unterscheiden zwischen (1) der allgemeinen Musikalität, über die jeder Mensch verfüge, und (2) dem Ausmaß der Musikalität, das von Mensch zu Mensch differiere. „Musikalität ist demnach die Fähigkeit, sich in unterschiedlicher Form mit Musik zu beschäftigen. Begabung ist das individuelle Ausmaß dieser Fähig-keit(en)."[366] Entsprechend spricht Michael Dartsch auch von verschiedenen Facetten musikalischer Begabung:

> „So fällt manchen Menschen insbesondere das *hörende Strukturieren von Musik* leicht, ih-re Domänen sind Musiktheorie und Gehörbildung, vielleicht auch das Blattspiel und das Partiturspiel, wo es ebenfalls auf das Erfassen von Strukturen ankommt. Bei anderen lie-gen die Stärken eher im *Singen und Gestalten von musikalischen Spannungsbögen und Klang-farben*; Phrasierungsfähigkeit und emotionale Durchdringung einerseits sowie Klangsinn andererseits könnten hier sogar Teilfaktoren einer Ausdrucksbegabung darstellen. Wieder anderen bereitet besonders das *Umsetzen von Musik in Spielmotorik* vergleichsweise wenige Schwierigkeiten. Schließlich gibt es Musikerinnen und Musiker, die *im Zusammenspiel besondere Qualitäten* zeigen, etwa ein Ensemble anführen oder andere sensibel begleiten können."[367]

Schon Mitte des 19. Jahrhunderts haben sich führende Musikpädagogen wie Adolph Bernhard Marx oder Gustav Schilling sehr differenziert mit dem Thema „musikalische Anlagen" auseinandergesetzt.[368] Marx meinte, dass „mit unendlich seltnen Ausnahmen" alle Menschen Anlage für Musik hätten. Schwieriger, sehr schwer sei die Entscheidung, wie weit die Anlage eines bestimmten Menschen reiche, was man von ihrer Ausbildung zu hoffen habe, wie viel vom Menschenleben und seiner Bestimmung man ihr anver-trauen dürfe.[369] Marx kommt zu dem Schluss, „dass eines Jeden Anlage so weit der Ausbildung werth ist, als die Lust desselben an der Sache reicht […]".[370] Schilling er-kannte in der Entwicklung musikalischer Anlagen vor allem die allgemeine pädagogische Bildungsaufgabe:

> „Gott legte in uns den Trieb, durch Musik, durch Töne unser Innerstes zu offenbaren, nun so gab er uns sicher auch die Anlage, das Vermögen dazu, und fassen wir dabei die Musik auch nur in ihrem allerersten, elementarischen, natürlichen Zustande auf, wo sie noch keineswegs als Kunst begriffen werden kann, so wird es doch auf eine gehörige Pfle-ge, Leitung, Entwickelung, Ausbildung jenes Vermögens, jener Naturanlage ankommen, um eben so gewiß dieselbe für die eigentliche Kunst der Töne fruchtbar zu machen, als

---

365 Vgl. Ernst (2006:140).
366 Ernst (2006:140).
367 Dartsch (2014:14).
368 Vgl. Kapitel 3.2.3, 3.3.2.
369 Marx (1857:369).
370 Marx (1857:370).

diese auf nichts Anderm beruht, auf keinem andern Acker groß und reif geworden ist, als jenem der Naturmusik, die eine nothwendige Bedingung unseres Daseins ausmacht. Allerdings wie bei dem einen Menschen jener Trieb eine größere Regsamkeit, Kräftigkeit und Heftigkeit haben kann und wirklich auch hat, als bei dem andern, so hat natürlich auch dies Vermögen, dies Talent bei dem einen Menschen mehr Kraft, Energie, Lebendigkeit als bei dem andern und wird und muß bei Jenem daher seine Entwickelung, Ausbildung weit schneller von Statten gehen und zu einer ungleich reicheren Vollendung führen als bei Diesem; aber ohne alles Talent zur Musik – behaupte ich noch einmal – ist kein Mensch, kann kein Mensch sein, und wenn bei Jemand der Musikunterricht nicht wenigstens so viele und so gute Früchte trägt, daß von daher ein wohlthätiger wesentlicher Einfluss auf seine Bildung überhaupt erwartet werden darf, so trägt nichts Anderes als der Unterricht selbst die Schuld, indem derselbe das in jenem Schüler schlummernde musikalische Talent entweder gar nicht oder doch nicht rechtzeitig zu wecken, oder indem er nicht verstand, Diesem jene besondere Richtung abzulauschen, in welcher es seinem Naturell gemäß sich fruchtbar und am fruchtbarsten zu entwickeln im Stande gewesen sein würde."[371]

In der Praxis stieß die institutionelle Musikerziehung im 19. Jahrhundert an Grenzen, wenn es darum ging, Begabungen individuell zu fördern. Auch an den Musikinstituten in Stuttgart standen die zum Einsatz kommenden Lehrmethoden einem solchen Vorsatz oft genug entgegen.[372] An der Hohen Carlsschule sowie am Waisenhausinstitut schätzte man das Begabungspotential der Schüler nicht immer realistisch ein; an Stöpels bzw. Schillings musikalischer Lehranstalt stand die bevorzugte Unterrichtsform in Großgruppen einer individualisierten Zuwendung entgegen; an der Stuttgarter Musikschule / dem Konservatorium Stuttgart beklagte Alexander Eisenmann die Einseitigkeit älterer Lehrverfahren, welche überwiegend technische Werte erzeugt hätten. Der Ehrgeiz, musikalische Bildung von der sozialen Herkunft zu entkoppeln, reichte im 19. Jahrhundert weder in Theorie noch in Praxis über die gesellschaftlich akzeptierten Standesgrenzen hinaus. Heute hingegen ist bekannt, dass wesentliche Einflussfaktoren auf musikalische Begabung nicht nur in der genetischen Ausstattung des Menschen, sondern zugleich in dessen musikalischer Sozialisation bestehen.[373] Berücksichtigt man noch außerdem, mit welcher Hartnäckigkeit sich über weite Strecken des 19. und erst recht des 20. Jahrhunderts in Deutschland der Glaube an die Vorrangigkeit deutscher Kultur etablieren konnte, wird verständlich, wieso der Musikpädagoge Anselm Ernst in der Gegenwart dem Wort „Begabung" gegenüber skeptisch eingestellt ist.

„Ein allzu häufiger Gebrauch dieses Wortes verleitet zu undifferenzierten Urteilen und zu einer voreiligen Aufteilung der Schüler/innen nach begabt und unbegabt. Zu viel Ideologie kommt ins Spiel, vor allem die unreflektierte Auffassung, dass alles eine Sache des ‚angeborenen Talents' sei."[374]

---

371   Schilling (1851:40).
372   Vgl. Kapitel 3.3.
373   Vgl. Dartsch (2014:26ff.).
374   Ernst (2006:133).

Ernst hält es für besser, auf ein „definitives Urteilen" über Begabung zu verzichten.[375] Anstelle dessen schlägt er vor, im Sinne Gustav Schillings – und über Schilling hinaus – Begabung gleichfalls als pädagogische Bildungsaufgabe zu verstehen:

> „Die Essenz der pädagogischen Aufgabe liegt vielmehr in Folgendem:
>
> * Möglichst viele Menschen sollen dazu gelangen, ihre musikalischen Fähigkeiten durch aktive Musikausübung zu entfalten.
> * Die Lernmotivation zu fördern und zu stabilisieren, ist im Kindesalter und in der Pubertät ein wichtiges pädagogisches Anliegen.
> * Ein breit angelegter Instrumentalunterricht bezieht alle Lernfelder ein, um so der großen Spannbreite musikalischer Begabungen Raum zu geben.
> * Die Angebotsvielfalt einer Musikschule gibt den Schüler/innen die Möglichkeit, ihre Musikrichtung (Klassik, Jazz, Pop usw.) zu wählen und ihren speziellen musikalischen Betätigungen (Reproduzieren, Improvisieren, Ensemblespiel usw.) nachzugehen.
> * Der Instrumentalunterricht macht es sich zur besonderen Aufgabe, die einzelnen Qualitäten des Lernens und die allgemeinen Persönlichkeitsfähigkeiten zu fördern.
>
> Jedwede musikalische Begabung zu fördern, ist die Aufgabe der Musikpädagogik, mit dem letzten Ziel: Kindern, Jugendlichen und Erwachsenen zu einer humanen Lebensweise zu verhelfen."[376]

Anselm Ernst sieht es nicht als die Aufgabe einer Instrumentallehrkraft an, „vorrangig ‚Begabungen' einzuschätzen, zu bewerten, herauszufiltern und einer Sonderförderung zuzuführen".[377] Berufsorientierte Selektionsabsichten seien nicht das pädagogische Fundament der pädagogischen Praxis.[378] Trotzdem stellen sich Musikschulen auch solche Aufgaben, *auf*bauend auf den von Ernst beschriebenen pädagogischen Grundsätzen. Zumindest dann, wenn man wie Michael Dartsch davon ausgeht, „dass der Anteil Begabter und Hochbegabter unter denjenigen, die ein Instrument spielen, höher ist als in der Gesamtbevölkerung, da Menschen mit geringerer Begabung überproportional häufig mit dem Instrumentalspiel aufhören dürften, was als ‚Dropout-Effekt' bezeichnet wird [...]".[379] Dartsch schätzt, dass „mindestens jeder vierte musizierende Mensch auch musikalisch begabt und jeder zwanzigste hochbegabt" sei.[380] Unter der Voraussetzung, dass Dartschs Annahmen zutreffen, wäre es sicherlich der falsche Weg, unterschiedliche Begabungsstufen an der Musikschule nivellieren zu wollen. Zwar ist Reinhart von Gutzeit Recht zu geben, wenn er feststellt:

> „In der musikpädagogischen Alltagsarbeit an den Musikschulen ist das Begabungsthema selbstverständlich relevant, aber sicher kein entscheidendes Kriterium. Der gesellschaftliche Konsens besteht heute in allen Bildungsbereichen eindeutig darin, auf Begabungsdefizite

---

375 Ernst (2006:133).
376 Ernst (2006:147f.).
377 Ernst (2006:147).
378 Ernst (2006:147).
379 Dartsch (2014:212).
380 Dartsch (2014:212) beruft sich u. a. auf Ergebnisse der Intelligenzforschung.

mit besonderen kompensatorischen Anstrengungen zu reagieren. Wer könnte angesichts dessen daran denken, einem willigen Klavierschüler – wie es früher hier und da üblich gewesen sein mag – die Tür zu weisen, weil es sich aus Begabungsmangel ‚nicht lohnt‘?"[381]

Nichtsdestoweniger korrespondieren in der Musikschulpraxis unterschiedliche musikalische Begabungen mit unterschiedlichen musikalischen Interessen und Lernbedürfnissen. Es gehört insofern zu den Aufgaben von Musikschulen, Schüler und deren Eltern möglichst umfassend zu beraten, das Leistungsvermögen von Schülern realistisch einzuschätzen und Förderwege aufzuzeigen, die sich in ihrem Anspruch und dem zugrunde gelegten Lerntempo deutlich voneinander unterscheiden, wobei die Qualität des Lernens (und Lehrens) unter Beachtung der jeweiligen Schülerpersönlichkeit ganz im Sinne Anselm Ernsts stets gewahrt bleiben sollte. Die Beratungs- sowie freiwilligen Prüfungsstrukturen an der Stuttgarter Musikschule verstehen sich in dieser Hinsicht als ein Beitrag zu mehr Transparenz. Sie unterstützen die Lehrkräfte der Musikschule bei dem täglichen Vorhaben, gemeinsam mit Schülern und Eltern musikalische Begabungspotentiale individuell zu erfassen und zu entwickeln. Denn klar sollte auch sein: Nicht alle Instrumentalschüler *können, sollen* oder *müssen* nach einem mehrjährigen Hauptfachunterricht einen vergleichbaren Leistungsstand erreicht haben.

Positive Wirkungen des Musizierens, die für außermusikalische Bereiche relevant erscheinen, sind nicht erst im 21. Jahrhundert als Gegenstand von Unterrichtsbemühungen entdeckt worden. 1873 schrieb die Musikpädagogin Lina Ramann:

> „Im Grunde genommen handelt es sich bei dieser Sache […] darum: den Musikunterricht geistig fruchtbar für die Jugend zu machen und ihm die Einheit des Geistes zu gewinnen, indem die Faktoren desselben – Denken, Fühlen und Wollen – in Thätigkeit gesetzt werden und sich gleichzeitig an den musikalischen Formen üben und bilden. Es handelt sich um ein Ueberwinden mechanischen Anlernens; es handelt sich um Sammlung und innere Verknüpfung des Bildungs-materials zur Uebung und Entwickelung der verschiedenen Geistesfähigkeiten der Denk-, Fühl- und Wollenswelt, es handelt sich um einen Schritt mehr zur Verwirklichung des Erziehungsideals, nämlich einer harmonischen Ausbildung des Menschen."[382]

Ramann forderte, dass die Tonkunst „Erziehungsmittel im allgemeinen", nicht nur im „specifisch-musikalischen Sinn" werde.[383] Für den geeigneten Ort, eine solche Bildung zu vermitteln, hielt Ramann Musikschulen nach „allgemein-pädagogischen Grundsätzen",[384] weil sie dem Verständnis der Instrumentalmusik zuarbeiteten und insofern den Singunterricht an den allgemeinen Schulen ergänzten. Nur durch eigenständiges Musizieren ließe sich eine musikalische Gefühlsvertiefung erreichen.[385] Im 20. Jahrhundert hat das Schulfach Musik im Zuge der Kestenberg-Reformen indes eine Aufwertung

---

381   Gutzeit (2013).
382   Ramann (1873:16f.).
383   Ramann (1873:120): vgl. Kapitel 3.2.5.
384   Ramann (1873:120).
385   Ramann (1868:26); vgl. Kapitel 3.2.4.

erfahren, die weit über einen bloßen Singunterricht hinausführen sollte, so dass es heute grundsätzlich schon Aufgabe der allgemeinbildenden Schulen ist, eine breite musikalische Bildung zu vermitteln. Um möglichst *vielen* Kindern die Chance zum *aktiven* Musizieren zu geben, bieten sich Kooperationen zwischen allgemeinbildenden Schulen und Musikschulen an.

In der sogenannten „Lübecker Erklärung" aus dem Jahr 2012 haben sich der VDS (= Verband Deutscher Schulmusiker), der AfS (= Arbeitskreis für Schulmusik und allgemeine Musikpädagogik) sowie der VdM darauf verständigt, „Perspektiven gemeinsamen Handelns zu entwickeln, um im 21. Jahrhundert den Stellenwert der Musikerziehung für die allgemeine Bildung und für eine humane Gesellschaft zu stärken".[386] Man kann auf dieser Grundlage von einer Aufgabenteilung zwischen Schulmusik und Musikschule im Bereich der institutionellen Musikerziehung sprechen. Der Musikunterricht an allgemeinbildenden Schulen soll sich dadurch auszeichnen, dass er potentiell sämtliche Kinder eines Altersjahrganges erreicht – zumindest dann, *wenn* er denn überall erteilt *würde*. Als Zielsetzung leitet sich „ein Hinführen zur Musik vom voraussetzungslosen, allgemeinen Zugang aus" durch eine besondere „Breite des musikalischen Blickwinkels" ab. „Die öffentliche Musikschule dient als gemeinwohlorientierte Angebotsschule für diejenigen, deren Neigung, Interesse und eventuell besondere Begabung ein aktives eigenes Musizieren wünschenswert machen."[387] Die Vermittlung von Schlüsselkompetenzen über Musik stellt ein zentrales Bindeglied zwischen den Aufgabenbereichen beider Institutionen dar. Entsprechend heißt es im Leitbild der Stuttgarter Musikschule:

> „Musik ist eine wichtige Ergänzung zur schulischen Bildung mit dem zusätzlichen Effekt von Schlüsselkompetenzen."[388]

Im Geiste der „Lübecker Erklärung" bleibt musikalische Bildung dem Anspruch nach einerseits …

> „selbstverständlicher Bestandteil der Allgemeinbildung, denn Musik bestimmt als Kulturgut, als Kommunikationsform und als sinnliche Erfahrung nahezu alle gesellschaftlichen Kontexte mit."[389]

… und trägt andererseits

> „– abhängig von der Intensität der Auseinandersetzung der Schülerinnen und Schüler mit Musik – zu einer insgesamt positiven Persönlichkeitsbildung bei, indem sie seelisch-emotionale Kräfte, geistig-intellektuelle Fähigkeiten und auch soziale Kompetenzen entwickeln hilft."[390]

---

386   VDS / Afs / VdM (2012).
387   VDS / AfS / VdM (2012).
388   Stuttgarter Musikschule (2012).
389   VDS / Afs / VdM (2012).
390   VDS / AfS / VdM (2012).

Die Bildungskooperationen der Stuttgarter Musikschule werden im folgenden Kapitel noch ausführlicher unter diesen Gesichtspunkten vorgestellt.

Das wachsende bildungspolitische Interesse an Transfereffekten musikalischer Bildung steht in engem Zusammenhang mit gesellschaftlichen Entwicklungen. Die OECD (= Organisation für wirtschaftliche Zusammenarbeit und Entwicklung), ein Zusammenschluss hoch entwickelter Wirtschaftsnationen, hat vor kurzem in einer Presseerklärung zu ihrem Jahresbericht „Bildung auf einen Blick – 2015" angemahnt,[391] dass die OECD-Länder stärkere Anstrengungen unternehmen müssten, die Ungleichheit in der Bildung weiter abzubauen. Nur so könne sichergestellt werden, dass jedes Kind – unabhängig von seiner Herkunft – sein Potential voll zu entfalten vermöge und von einer guten Bildung profitiere.

> „Der Traum von guter Bildung für alle ist noch keine Realität', sagte OECD-Generalsekretär Angel Gurria bei der Vorstellung der Studie in Paris. ‚Kein Zugang zu hochwertiger Bildung ist die stärkste Form sozialer Ausgrenzung. So wird verhindert, dass Menschen von wirtschaftlichem Wachstum und sozialem Fortschritt profitieren.'"[392]

Die Notwendigkeit, Bildungschancen und soziale Herkunft voneinander zu entkoppeln, stellt sich in Deutschland aktuell nicht nur angesichts von Migration und der Aufnahme großer Kontingente an Flüchtlingen. Sie gewinnt dadurch an Dringlichkeit, dass demographiebedingt in den kommenden Jahren eine vergleichsweise große Zahl an Hochqualifizierten aus dem Erwerbsleben ausscheiden wird. Die entstehende Fachkräftelücke kann nach Meinung der OECD nur geschlossen werden, wenn sich der Anteil gutausgebildeter Jugendlicher an den zahlenmäßig schwächeren, nachrückenden Jahrgängen weiter erhöht.[393] Als richtungsweisend hätten sich in den letzten Jahren vor allem Erfolge im Bereich der frühkindlichen Bildung erwiesen, deren Ausbau für Kinder mit Migrationshintergrund besonders vorteilhaft sei.[394]

> „So nahmen 2013 in Deutschland 92% der 3-jährigen an Programmen der frühkindlichen Bildung teil, 2005 waren es noch 80%. Auch bei den 2-jährigen lag Deutschland 2013 mit der Betreuungsquote von 59% deutlich über dem OECD-Durchschnitt von 39%."[395]

Gerade Musikschulen wird mit ihrem „zunehmend ausdifferenzierten Angebot für die Bereiche frühkindlicher Bildung […] besondere Bedeutung attestiert".[396] Ebenso wie sie auf „eine breite Tendenz zu mehr ganztägiger Bildung, Betreuung und Erziehung" sowie „auf veränderte Zeitstrukturen der Schüler/innen reagieren [müssen] und diese dort aufsuchen, wo sie einen Großteil ihres Tages verbringen".[397] Damit sind Chancen verbunden, zumal bis heute auch der Besuch einer Musikschule, ja, das Interesse an Musik überhaupt, an sozioökonomische Statusmerkmale, an Vorbildung und Lebens-

---

391 Vgl. OECD (2015a).
392 OECD (2015a).
393 OECD (2015a).
394 OECD (2015b).
395 OECD (2015a).
396 Deutscher Städtetag / Deutscher Landkreistag / Deutscher Städte- und Gemeindebund (2010:6).
397 Deutscher Städtetag / Deutscher Landkreistag / Deutscher Städte- und Gemeindebund (2010:5f.).

stil der Eltern gebunden geblieben sind[398] – trotz aller zwischenzeitlichen Fortschritte, erst recht gegenüber dem 19. Jahrhundert. In jüngerer Zeit sind die gewaltigen Anstrengungen von Musikschulen unübersehbar, musikalische Bildungsbarrieren weiter abzubauen, abzulesen an der stark wachsenden Zahl von Bildungskooperationen in Stuttgart ebenso wie andernorts. Somit werden in der Tat zunehmend Kinder aus bildungsfernen Schichten erreicht.

Bereits 2004 hatte die OECD in ihrem Bildungsbericht festgestellt: „Zugang und Erwerb von Bildung sind von zentraler Bedeutung für den Einzelnen wie für die Gesellschaft. Investitionen in Bildung sind wesentliche Voraussetzungen für individuellen und gesellschaftlichen Fortschritt und Wohlstand."[399] In ähnlicher Weise formuliert das Leitbild der Stuttgarter Musikschule:

> „Soziale, kulturelle und wirtschaftliche Veränderungen erfordern, dass jeder Einzelne sein Leben selbst in die Hand nimmt. In einer umfassenden Bildung liegt die Chance, die dafür notwendigen Kompetenzen zu erwerben."[400]

Das Bildungsverständnis der OECD stützt sich auf quantifizierbare Daten zur Bildung. „Die OECD hat sich der schwierigen Aufgabe verschrieben, die sehr unterschiedlichen Bildungssysteme dieser Welt vergleichbar zu machen."[401] Dass ein solcher Ansatz an Grenzen stoßen muss, räumt auch die OECD ein: „Entscheidend für den Lernerfolg von Schülerinnen und Schülern ist vor allem die Qualität des Unterrichts selbst, der statistisch allerdings schwer messbar ist."[402] Wie ist es nun aber im Einzelnen um die Transfereffekte musikalischer Bildung auf den Bereich einer außermusikalischen Bildung bestellt? Sind solche Effekte überhaupt empirisch nachweisbar?

Ellen Winner, Thalia R. Goldstein und Stéphan Vincent-Lancrin haben 2013 mit Unterstützung der OECD eine Untersuchung unter dem Titel „Kunst um der Kunst willen? Die Wirkungen Kultureller Bildung" durchgeführt.[403] Zur Motivation der Untersuchung heißt es:

> „Kulturelle Bildung wird [...] zunehmend als ein Mittel zur Förderung von Kompetenzen und Einstellungen betrachtet, die für Innovation erforderlich sind – und die über rein künstlerische Kompetenzen und kulturelle Sensibilität hinausgehen. Aber hat kulturelle Bildung wirklich positive Auswirkungen auf nicht-künstlerische Kompetenzen? Verbessert sie die Leistungen in akademischen Fächern wie z. B. Mathematik, Naturwissenschaften oder Lesen, die in unserer wissensbasierten Gesellschaft ebenfalls als entscheidend angesehen werden? Stärkt sie die akademische Motivation, das Selbstvertrauen und die Fähigkeit der Schüler, effektiv zu kommunizieren und zu kooperieren? Fördert sie die Entwicklung geistiger Kompetenzen sowie von Einstellungen und sozialen Kompetenzen, die in Innovationsgesellschaften als nützlich erachtet werden? Diesen und weiteren Fragen

---

398 Vgl. Dartsch (2014:28ff.).
399 Bundesministerium für Bildung und Forschung / Kultusministerkonferenz (2004:1).
400 Stuttgarter Musikschule (2012).
401 Bundesministerium für Bildung und Forschung / Kultusministerkonferenz (2004:26).
402 Bundesministerium für Bildung und Forschung / Kultusministerkonferenz (2004:19).
403 Winner / Goldstein / Vincent-Lancrin (2013).

versuchen wir durch die Untersuchung des aktuellen Stands des empirischen Wissens über die Wirkungen kultureller Bildung in *Art for art's sake? The impact of arts education (Kunst um der Kunst Willen? Die Wirkungen kultureller Bildung)* auf den Grund zu gehen."[404]

Die Fragestellung wird also zum Gegenstand einer Metaanalyse auf Basis des gegenwärtigen empirischen Forschungsstandes:

„Die Arten kultureller Bildung, die untersucht wurden, beinhalten den Unterricht an Schulen (Musikunterricht, Kunstunterricht, Theater und Tanz), künstlerische Methoden, die in den Unterricht integriert sind (als Unterstützung für ein akademisches Fach) und kulturelle Bildung, die außerhalb der Schule praktiziert wird (z. B. private individuell gestaltete Musikstunden; Unterricht in Theater, Kunst und Tanz außerhalb der Schule). Das Buch befasst sich indes nicht mit Unterricht *über* Kunst und Kultur. […]

Neben […] bereits geprüften Studien beinhaltet diese neue Untersuchung die systematische Recherche von Forschungsdatenbanken in den Bereichen Bildung und Psychologie in den folgenden Sprachen: Niederländisch, Englisch, Finnisch, Französisch, Deutsch, Italienisch, Japanisch, Koreanisch, Portugiesisch, Spanisch und Schwedisch. Sie versucht alle empirische Studien, die mindestens seit den 1980er-Jahren veröffentlicht wurden, auszuwerten und bezieht neuerlich frühere Metaanalysen (ab 1950) mit ein. […]

Wir untersuchen sprachliche Ausdrucksfähigkeit, mathematische Kompetenzen und räumliche Vorstellungskraft, Kreativität, akademische Motivation sowie soziale Kompetenz einschließlich Selbstvertrauen, Empathie, Perspektivübernahme und Emotionsregulation. Neurowissenschaftliche Fachliteratur in Bezug auf kulturelle Bildung wurde ebenfalls ausgewertet."[405]

In ihren Auswertungen gelangen Winner / Goldstein / Vincent-Lancrin für den Bereich der Musik zu folgenden Ergebnissen:

„*Musik.* Musikalische Bildung steigert den IQ (Intelligenzquotient), die akademische Leistung, die phonologische Bewusstheit und die Fähigkeit, Sprache in einer lauten Umgebung zu erkennen; es gibt zudem erste Hinweise darauf, dass musikalische Bildung das Erlernen einer Fremdsprache erleichtern kann. Es gibt mindestens zwei Mechanismen, die bei der Erklärung dieser Ergebnisse eine Rolle spielen könnten. Musik kann die sprachliche Ausdrucksfähigkeit (einschließlich Lesen, Schreiben und Erlernen einer Fremdsprache) durch die Förderung der auditiven Wahrnehmung verbessern. Und Musik kann den IQ und akademische Leistungen anregen, da musikalische Erziehung eine schulähnliche Aktivität ist und somit schulähnliche Kompetenzen wie Konzentrationsfähigkeit und das Notenlesen fördern kann, was wiederum den IQ steigern könnte.

Es gibt zwar eine Reihe von Studien, die eine positive Auswirkungen von musikalischer Bildung auf das visuell-räumliche Vorstellungsvermögen aufzeigen, jedoch stellte die einzige Längsschnittstudie zu dieser Frage nach drei Jahren Musikunterricht keinen anhaltenden Einfluss fest, weshalb dieser Zusammenhang mit Vorsicht zu betrachten ist. Es gibt

---

404   Winner / Goldstein / Vincent-Lancrin (2013:3).
405   Winner / Goldstein / Vincent-Lancrin (2013:5f.).

auch noch immer keinen Nachweis dafür, dass musikalische Bildung eine kausale Wirkung auf mathematische Leistungen hat, auch wenn Musik eine mathematische Struktur zugrunde liegt."[406]

Winner / Goldstein / Vincent-Lancrin bestätigen einen positiven Transfereffekt musikalischer Bildung, bleiben in ihren Formulierungen aber vorsichtig. Heißt es zu Beginn des 1. Absatzes „Musikalische Bildung steigert den IQ […]", wird die Aussage am Ende desselben Absatzes abgeschwächt: „[…] Musik kann den IQ […] anregen." Zugleich bemängelt das Autorenteam, dass es noch zu wenige experimentelle Studien über die Auswirkung kultureller Bildung auf Kreativität, kritisches Denken, auf Verhaltens- oder soziale Kompetenzen geben würde, was unter anderem damit zusammenhänge, dass eine adäquate Messung dieser Kompetenzen sehr schwierig sei.[407]

Unumstritten dürften Erkenntnisse der hirnphysiologischen Forschung sein. Martin D. Loritz hat in seinem Forschungsüberblick zu strukturellen und funktionellen Besonderheiten bei Gehirnen von Musikern angemerkt, dass sämtliche Studien auf ein Grundprinzip der Arbeitsweise unseres Gehirns hinwiesen: es verändere (lebenslänglich) unter dem Einfluss eines bestimmten Trainings seine Struktur.[408] Dies gelte insbesondere für Musiker. „Intensives Üben führt zu physiologischen Veränderungen in Bereichen des Gehirns, die funktional und kontrollierend am Musizieren beteiligt sind."[409]

„Musizieren ist eine der komplexesten menschlichen Tätigkeiten: es stellt gleichzeitig zahlreiche Anforderungen an unser Gehirn, die auch noch koordiniert werden müssen. Mit unserem visuellen Sinn (den Augen) nehmen wir Signale auf (wir lesen die Noten), die auf dem Instrument in Bewegung umgesetzt werden (wir bewegen unsere Finger, Lippen usw.). Diese Bewegungen erzeugen Töne, die wir unmittelbar mit unserem auditiven Sinn (Gehör) kontrollieren und mit den visuellen Signalen abgleichen müssen. Beim Spielen müssen wir dann noch mit unseren kognitiven Fähigkeiten den Sinn der Tonfolgen (Melodien) und Harmonien usw., den musikalischen Gehalt, entschlüsseln und diesen emotional erleben bzw. die Phrasen so spielen, dass der musikalische Gehalt für Zuhörer verständlich wird. Diese unterschiedlichen geistigen Tätigkeiten laufen gleichzeitig und zeitverschoben ab: unser Gehirn muss die Gegenwart ausdehnen auf mehrere Sekunden, denn wir lesen die Noten, lange bevor wir sie spielen (die Augen eines Vom-Blatt-Spielers fokussieren einen halben bis einen ganzen Takt voraus). Der motorischen Umsetzung folgt wiederum zeitversetzt das Hören des klanglichen Ergebnisses, dass dann mit dem längst Geschehenen verglichen werden muss (nur so können etwa falsche Töne bemerkt werden). Dabei sind die Augen längst schon einige Takte weitergewandert, um den Spielfluss aufrecht zu erhalten.

Man ersieht aus dieser Beschreibung die Komplexität: im Gehirn müssen gleichzeitig visuelle, auditive und motorische Zentren aktiv sein und äußerst präzise miteinander kom-

---

406   Winner / Goldstein / Vincent-Lancrin (2013:7).
407   Winner / Goldstein / Vincent-Lancrin (2013:11).
408   Loritz (2011:318).
409   Loritz (2011:319).

munizieren. Gleichzeitig ist unsere gesamte Kognition und Emotion gefordert, um Musik entstehen zu lassen (und eben nicht nur eine Folge von einzelnen, zusammenhanglosen Tönen). Um musikalisch ‚sprechen‘ zu können, müssen deswegen auch die Sprachzentren im Gehirn aktiv sein."[410]

Eckart Altenmüller, Direktor des Instituts für Musikphysiologie und Musiker-Medizin an der Musikhochschule Hannover, führt konkret aus, was dies für das musikalische Lernen von Kindern im Grundschulalter bedeutet:

„Die hirnphysiologischen Grundlagen musikalischen Lernens im Grundschulalter sind durch Reifungsprozesse und durch neuroplastische Anpassungen des Zentralnervensystems an Spezialanforderungen gekennzeichnet. Im Alter zwischen sechs und zehn Jahren entwickelt sich das Nervensystem sehr dynamisch. Die Nervenleitgeschwindigkeit und Schnelligkeit von Bewegungen nehmen zu, die Hörwahrnehmung differenziert sich aus, und Koordination sowie auditiv-sensomotorische Integrationsleistungen, wie sie z.B. beim Ensemblespiel notwendig sind, reifen aus. Die emotionale Entwicklung durchläuft im Grundschulalter sehr wichtige Phasen, denn die Fundamente für Empathie und emotionales Selbstmanagement werden gelegt. Neurophysiologisch beruht dies auf der Entwicklung des frontalen Kortex und des limbischen Emotionssystems.

Neben den physiologischen Reifungsvorgängen führt Musizieren im Grundschulalter auch zu neuroplastischen Anpassungen mit verstärkter Synapsenbildung, Vergrößerung von musikrelevanten Hirnarealen und verbesserter neuronaler Informationsübermittlung. Voraussetzung dafür ist aufmerksames, motivierendes und ausdauerndes Spielen eines Instruments. Die auditive Mustererkennung musizierender Kinder ist effizienter, die Hirnregionen, die Motorik und Sensorik verarbeiten, sind größer und die Vernetzung zwischen beiden Hirnhälften ist ausgeprägter.

Die an der Verarbeitung von Musik und an der Gehörbildung beteiligten neuronalen Netzwerke sind sehr variabel, da sie durch Übungseffekte beeinflusst werden. Dabei ist die Art und Weise entscheidend, wie musikalisches Wissen erworben wird. Die Weiterentwicklung der Feinmotorik im Instrumentalunterricht beruht auf der übungsbedingten Hemmung unnötiger Muskelaktivitäten. Observatives Lernen ist begleitet von Aktivierungen des Spiegelneuronensystems im frontalen und im parietalen Kortex. Dieses Lernen durch Beobachtung ist im Grundschulalter ein mächtiges pädagogisches Instrument, allerdings sollte der Lehrer darauf achten, dass er sorgfältig demonstriert, da sonst die Gefahr besteht, dass das Kind Ungenauigkeiten unbewusst kopiert."[411]

Der neurologische Befund weist eindeutig auf spezifische Transferwirkungen musikalischer Bildung gerade beim aktiven Musizieren hin. Gestritten wird hingegen über Ausmaß und Nutzen solcher Effekte. Winner / Goldstein / Vincent-Lancrin sehen die Notwendigkeit, die Forschungsmethoden zu verbessern. Obwohl es viele korrelative Ergebnisse gebe, die zeigten, dass Kinder die Angebote kultureller Forschung nutzten und bessere schulische Leistungen erbrächten als Kinder ohne kulturelle Bildung,

---

410 Loritz (2011:310).
411 Altenmüller (2015:21).

gäbe es wenige wirklich experimentelle Studien (mit randomisierter Zuordnung zu einer künstlerischen Aktivität im Vergleich zu einer nicht-künstlerischen), die untersuchten, ob kulturelle Bildung tatsächlich einige nicht-künstlerische Outcomes verbessere.[412] Keineswegs zu vernachlässigen sei, dass innerhalb einer Kunstform, wie z.B. der Musik, mit verschiedenen Lern-Outcomes aus verschiedenen Aktivitäten zu rechnen sei. Zu unterscheiden wären diesbezüglich beispielsweise das Erlernen einer Fugenkomposition, Geige spielen, im Chor singen oder das Spielen von Musik unterschiedlicher Stilistik, z.B. Jazz, Klassik und Pop.[413] Heiner Gembris macht darauf aufmerksam, dass der Zusammenhang von Intelligenz und Musikalität noch nicht abschließend geklärt sei.[414] Tatsächlich würden musikalisch Hochbegabte im Allgemeinen einen überdurchschnittlichen Intelligenzquotienten aufweisen. Umgekehrt sei aber ein hohes Maß an Intelligenz nicht zwangsläufig auch mit einem entsprechend hohen Maß an Musikalität verbunden.[415] Und Christian Rittelmeyer zitiert in diesem Zusammenhang Hans Günter Bastian mit den Worten: „Insbesondere ist Kreativität mit ihren Merkmalen Originalität, Flexibilität, Ideenproduktion usw. durch traditionelle IQ-Tests kaum erfasst worden.“[416] In dem oben zitierten Text von Altenmüller zu neurologischen Grundlagen des Musizierens im Grundschulalter wird es zudem angesprochen: Ausschlaggebend für mögliche positive Transferwirkungen musikalischen Lernens sind Lernmotivation, Lehrqualität sowie die Intensität der Betätigung. Auf die Bedeutung des letzten Punktes weist auch Loritz hin.[417] Zur Lehrqualität äußern sich Winner / Goldstein / Vincent-Lancrin dahingehend, dass schließlich alles so unterrichtet werden könne, dass es die Kreativität und Vorstellungskraft anrege, oder so, dass es diese abstumpfe.[418] Schließlich gibt Christian Rittelmeyer zu bedenken: „Dass Musikaktivitäten von Kindern sehr unterschiedlich erlebt und wahrgenommen werden, dass es Sympathien, aber auch ausgesprochene Antipathien beispielsweise in Hinblick auf den Musikunterricht gibt, ist jedem Musiklehrer vertraut.“[419] Rittelmeyer, der in seinem Buch „Warum und wozu ästhetische Bildung?“ detailliert Forschungsprojekte zu den Transferwirkungen von Musik vorgestellt hat,[420] sieht die Wirkungen musikalischer Bildung auf kognitive, soziale und emotionale Kompetenzen – allen wissenschaftlichen Disputen zum Trotz – als hinreichend belegt an.[421] Er findet es zugleich bezeichnend, dass Transfereffekte künstlerischer Betätigung bisher sehr viel häufiger im kognitiven als im sozialen und emotionalen Bereich untersucht worden seien.[422] Für ihn erschöpft sich freilich die Wirkung

---

412 Winner / Goldstein / Vincent-Lancrin (2013:12).
413 Winner / Goldstein / Vincent-Lancrin (2013:13).
414 Gembris (2001:177).
415 Gembris (2001:176).
416 Rittelmeyer (2012b:29) nennt als Quellenbeleg: Aus der Stellungnahme Bastians gegen Kritiker seiner Studie: www.musik-redaktion.de/HGBastian-replik.pdf.
417 Vgl. Loritz (2011:319).
418 Winner / Goldstein / Vincent-Lancrin (2013:9).
419 Rittelmeyer (2012b:67).
420 Vgl. Rittelmeyer (2012b:27–68).
421 Vgl. Rittelmeyer (2012b:59).
422 Rittelmeyer (2012b:66) sieht insbesondere für den sozialen und emotionalen Bereich einige Studien als relevant an. Damit fällt seine Einschätzung im Vergleich zu Winner / Goldstein / Vincent-Lancrin in diesem Punkt positiver aus. Rittelmeyer verweist auf Hans Günther Bastians Langzeitstudie mit Berliner Grundschülern, die er

von künstlerischer Betätigung auch nicht in Transfereffekten: „[…] in vielen […] biographischen Berichten […] wird […] deutlich, dass Musik im einzelnen Individuum Bildungsmotive auslösen und Bildungsprozesse initiieren kann, die weit über irgendwelche testbaren kognitiven Fähigkeiten hinausgehen und fundamentale Lebensoptionen überhaupt betreffen."[423] Rittelmeyer geht davon aus, dass sich Transfereffekte musikalischer Aktivitäten und Hörerlebnisse individuell sehr stark unterscheiden. Fielen diese grundsätzlich wohl eher schwach bis moderat aus, stünde dem eine beträchtliche Zahl von Einzelfällen gegenüber, bei denen sich Transfereffekte relativ stark ausprägen könnten.[424] Auch für Heiner Gembris weisen die Ergebnisse von wissenschaftlich begleiteten Schulversuchen zwar positive Transfereffekte des Musikunterrichts nach, doch fallen sie insgesamt nicht so deutlich und schwächer als vermutet oder erhofft aus.[425] Nach Gembris steht außer Frage, dass es positive Transferwirkungen von musikalischer Betätigung auf andere Bereiche der Persönlichkeit tatsächlich geben kann.[426] Zugleich mahnt er aber zu …

„Vorsicht vor vorschnellen Verallgemeinerungen, dass Musik und Musikunterricht wie von selbst oder per se intelligenter machen, die Schulleistungen, das Sozialverhalten oder andere Persönlichkeitsaspekte verbessern. Dies kann aus den vorliegenden Studien keinesfalls abgeleitet werden. Wenn Musik tatsächlich allgemein per se positive Transferwirkungen z. B. auf Intelligenz, Persönlichkeit oder Sozialverhalten hat, dann müssten es [sich] bei den Mitgliedern von professionellen Musikgruppen wie z. B. Orchestern, Opernensembles oder von Rock- oder Popbands, weil sie intensiven und langfristigen Umgang mit Musik haben, um Oasen von besonders intelligenten, friedfertigen und sozial kompetenten Personen handeln. Dies ist aber allgemein noch nicht aufgefallen.
Vorsicht auch vor plakativen Schlagworten wie ‚Wer singt, prügelt nicht'. Sie sind allzu simpel und irreführend. Musik allein macht noch keine besseren Menschen. Wie wir wissen, gab es unter den schlimmsten Nazi-Verbrechern durchaus feinsinnige Musikliebhaber. Das hat aber ihre Verbrechen nicht verhindert."[427]

Gembris empfiehlt daher, in der bildungspolitischen Legitimation des Musikunterrichts Transfereffekte nicht unerwähnt zu lassen, aber auch nicht überzubetonen.[428] Dieser Empfehlung schließen sich Winner / Goldstein / Vincent-Lancrin an. Obwohl sich die Autoren der von der OECD unterstützen Meta-Analyse von Transferwirkungen musikalischer Bildung im Bereich der Intelligenzleistung sowie des Erlernens von Spra-

---

trotz methodischer Mängel für verwertbar hält, und auf ein Forschungsprojekt, das Katarzyna Grebosz am Mozarteum Salzburg mit Grundschulkindern in Polen durchgeführt hat. Vgl. Rittelmeyer (2012b:38–45). Rittelmeyer nennt folgende Quellen: *Katarzyana Grebosz*: Der Einfluss musikalischer Ausbildung auf die Entwicklung der Psyche von Kindern. Eine empirische Untersuchung an drei unterschiedlichen Grundschulen in Polen, Dissertation an der Universität Salzburg, 2006. *H. G. Bastian*: Musik(erziehung) und ihre Wirkung. Eine Langzeitstudie an Berliner Grundschulen. Mainz, 2000.

423 Rittelmeyer (2012b:66).
424 Rittelmeyer (2012b:67f.).
425 Gembris (2001:184).
426 Gembris (2001:185).
427 Gembris (2001:185).
428 Gembris (2001:186).

chen überzeugt zeigen, glauben sie nicht, „dass die Existenz einer kulturellen Bildung in Bezug auf Kompetenzen in anderen akademischen Fächern gerechtfertigt werden sollte":

> „Falls man in erster Linie Kompetenzen in Geometrie entwickeln möchte, ist das Erlernen von Geometrie – und nicht Musik oder Tanz – wahrscheinlich immer effektiver. Wie oben erwähnt, kann man sogar die Frage aufwerfen, weshalb kulturelle Bildung die Kompetenzen in Lesen, Mathematik oder den Naturwissenschaften verbessern sollte. Was ist der zugrundeliegende Mechanismus? Selbst wenn man nachweisen könnte, dass kulturelle Bildung einen gewissen Effekt auf Lesen, Schreiben und Rechnen hat, sollte es naheliegend sein, dass die Verbesserung in den drei Grundfächern wahrscheinlicher zustande kommt, wenn der Schwerpunkt des Lehrplans direkt auf ihnen liegt."[429]

Die intrinsische Bedeutung der Künste und die Kompetenzen, die sie entwickeln, sollte demnach die wichtigste Rechtfertigung kultureller Bildung bleiben.[430]

> „Wir sind der Meinung, dass die Menschen in den Ländern, in denen den Künsten eine bedeutende Rolle in den Schulen zugewiesen wird, aufgrund der Freude, die mit den Künsten einhergeht, zufriedener und glücklicher sind. Eine Studie, die dies nachweist, muss noch geführt werden. […] Schüler, die eine Kunstform zu beherrschen lernen, entdecken möglicherweise ihre Lebensaufgabe oder eine lebenslange Leidenschaft. Die Künste bieten jedoch allen Kindern eine andere Art des Verstehens als die Naturwissenschaften und andere akademische Fächer. Denn sie stellen ein Umfeld ohne richtige und falsche Antworten dar, sie geben Schülern die Freiheit zu erforschen und zu experimentieren. Sie sind auch ein Ort, an dem man in sich selbst gehen und seinen persönlichen Sinn finden kann."[431]

In dem „Wert der Künste für die menschliche Erfahrung und Erkenntnis" sehen Winner / Goldstein / Vincent-Lancrin also den wesentlichen Grund für ihre Präsenz in den Lehrplänen der Schulen, „ganz gleich, ob aus kultureller Bildung Transferwirkungen resultieren oder nicht".[432]

> „Die Künste sollten zweifelsohne eine Dimension der Innovationsstrategie eines Landes darstellen. Letztendlich sind die Künste auch ein entscheidender Teil des menschlichen Erbes und dessen, was uns menschlich macht, und eine Bildung, die das Leben aller verbessern soll, ohne kulturelle Bildung, kann man sich nur schwer vorstellen."[433]

Wenn nun aber doch Winner / Goldstein / Vincent-Lancrin musikalische Bildung in erster Linie als menschliche Bildung verstanden wissen wollen, würde dann nicht ein unauflöslicher Widerspruch zwischen Humboldts Konzept einer „zweckfreien" Bildung und einem Verständnis von Bildung, welches politischen und ökonomischen Erwägungen folgend auf gesellschaftlichen Fortschritt und Wohlstand zielt, beste-

---

429   Winner / Goldstein / Vincent-Lancrin (2013:20).
430   Winner / Goldstein / Vincent-Lancrin (2013:20).
431   Winner / Goldstein / Vincent-Lancrin (2013:23).
432   Winner / Goldstein / Vincent-Lancrin (2013:3).
433   Winner / Goldstein / Vincent-Lancrin (2013:18).

hen? – Nicht unbedingt. Musik ist zu allen Zeiten als Erziehungsmittel im Allgemeinen gebraucht worden. Dies war und ist nie völlig losgelöst von bestehenden Macht- und Herrschaftsverhältnissen zu sehen. Der Singunterricht an den allgemeinbildenden Schulen des 19. Jahrhunderts sollte eben nicht nur der Ausbildung im Singen dienen, sondern auch der Bildung sittlichen Gefühls, religiös bedingt und durch Interessen der staatlichen Obrigkeit motiviert. Die heutige Erwartungshaltung, dass das Erlernen eines Musikinstruments Kompetenzen in den MINT-Fächern (Mathematik, Informatik, Naturwissenschaft, Technik) steigern könnte, scheint demgegenüber in Zusammenhang mit wirtschaftsliberalen Tendenzen in der Gesellschaft zu stehen. Das Streben nach wirtschaftlicher Prosperität, nach gesichertem Wohlstand ist Teil der Werteorientierung geworden. Friedrich Schiller hat ausgangs des 18. Jahrhunderts die Ursache eines „Zunutze Machens" von Kunst und Kultur letztendlich in der Begrenztheit der menschlichen Natur erkannt. Noch einmal sei auf Schillers bereits in Kapitel 1.4.3 zitierte Passage aus dem 27. Brief über die ästhetische Erziehung des Menschen verwiesen:

> „Er [der ästhetische Schein] wird nicht allgemein werden, so lange der Mensch noch ungebildet genug ist, um einen Mißbrauch davon machen zu können; und würde er allgemein, so könnte dieß nur durch eine Kultur bewirkt werden, die zugleich jeden Mißbrauch unmöglich machte. Dem selbstständigen Schein nachzustreben erfordert mehr Abstraktionsvermögen, mehr Freyheit des Herzens, mehr Energie des Willens, als der Mensch nöthig hat, um sich auf die Realität einzuschränken, und er muß diese schon hinter sich haben, wenn er bey jenem anlangen will."[434]

Daraus folgt konkret, dass der Mensch in der Beschäftigung mit der Kunst „nie [ganz] aus der Abhängigkeit der Kräfte treten" kann und bis zu einem gewissen Grade „einer besonderen Stimmung [...] mit einer eigenthümlichen Richtung" überlassen bleibt *(22. Brief)*.[435] Es gelingt dem Menschen also nicht, die Grenzen der eigenen Subjektivität auf Dauer zu überschreiten. Wohl kann er sich ihrer aber bewusst werden.

Die Künste haben immer schon als Katalysator für Innovationen, neue Weltsichten und kritisches Denken gewirkt. Zu Recht hat Schiller deshalb darauf aufmerksam gemacht, dass ein politischer Gesetzgeber zwar Kunst und Künstler allen denkbaren Repressalien aussetzen, Kunstausübung indes nicht gänzlich unterbinden könne.

> „Der politische Gesetzgeber kann ihr [der Kunst] Gebiet sperren, aber darin herrschen kann er nicht. Er kann den Wahrheitsfreund ächten, aber die Wahrheit besteht; er kann den Künstler erniedrigen, aber die Kunst kann er nicht verfälschen."[436] *(9. Brief)*

Adolph Bernhard Marx erblickte in den Künsten einen „Teil der Lebenssumme eines Volkes",[437] gleichzeitig aber auch die Grundlage für dessen geistige Erneuerung. Das Wesen der Kunst lag für ihn im „Fortschritt über das Daseiende". Die Aufgabe einer

---

434 Schiller (1795:114).
435 Schiller (1795:87).
436 Schiller (1795:34).
437 Marx (1855:40); vgl. Kapitel 3.2.2.

pädagogischen Vermittlung erwächst daraus, dass „Zustand und Fortschritt der Kunst […] zuletzt auf der Bildung für sie" beruhen.[438]

Christian Rittelmeyer meint, dass ästhetische Erfahrungen „immer auch eine Schule der Denk- und Reflexionsfähigkeit, der Wahrnehmungssensibilität, der emotionalen Kultivierung und der sozialen Kompetenz" seien.[439] „Aber solche Effekte sind sehr individuell, sie artikulieren sich im Lebensgang einzelner Menschen sehr unterschiedlich – das zeigt sowohl die Hirnforschung als auch die Analyse biographischer Berichte."[440] Eigentlich würde es gar nicht eines endgültigen empirischen Beweises bedürfen, um von den genannten Transfereffekten auch im Falle des Unterrichts an Musikschulen ausgehen zu können. So muss zumindest Friedrich-Koh Dolge empfunden haben, als er bald nach der Ernennung zum Direktor der Stuttgarter Musikschule im Jahr 2003 kurzerhand erklärte:

> „Lernen zu lernen' klingt doch wie ,Üben zu üben'! Die Motivation, aus der Bildung einen ,lebenslangen Prozess' zu machen, ist gleichzusetzen mit dem Durchhaltevermögen, das man in jungen Jahren erlernen muss, um ein Instrument zu spielen."[441]

Der von Dolge formulierte Anspruch an die Musikschularbeit, dass Kinder in der Betätigung mit Musik auf „so universale und intensive Weise all die in ihrer und unserer Zukunft geforderten Schlüsselqualifikationen, wie Teamfähigkeit, Kreativität, Toleranz, soziale Kompetenz, analytisches Denken, Phantasie, Identifikationsfähigkeit, Verantwortungs- und Selbstwertgefühl erwerben",[442] steht durchaus in Einklang mit einer humanistisch geprägten Denktradition, nach der – um es nochmals in den Worten Lina Ramanns zu sagen – der Musik(schul)unterricht zu einer „Uebung und Entwickelung der verschiedenen Geistesfähigkeiten der Denk-, Fühl- und Wollenswelt" mit dem Ziel „einer harmonischen Ausbildung des Menschen"[443] beitragen soll. Dies schließt nicht aus, was Dolges Stellvertreter, Andreas Jäger, vor einigen Jahren unumwunden auf die Frage „Macht Musik klug?" antwortete:

> „[…] wer mit seinem Instrument über viele Jahre Freude haben will, braucht Disziplin, vielleicht sogar so etwas wie ein Selbstkonzept, wer mit seinem Instrument vor einer großen Zuhörerschaft auftritt, entwickelt sicherlich Selbstbewusstsein und Mut, wer als Mitglied eines Orchesters ein Konzertprogramm erarbeitet und aufführt, kann sich sozial einordnen und ist sich seiner Bedeutung für das Ganze bewusst, wer Trauer, Wut oder Leidenschaft mit einem Instrument ausdrücken kann, übt seine soziale Kompetenz.
> Aber: aus diesen Gründen habe ich nicht begonnen, Musik zu machen. Die Freude am Rhythmus, am Klang, am Singen und Musizieren war es, die Möglichkeit, gemeinsam mit anderen eine ganze Welt zu zaubern. Wenn es mich klüger gemacht hat – was wie gesagt

---

438   Marx (1855:241).
439   Rittelmeyer (2012b:105).
440   Rittelmeyer (2012b:105).
441   Intonation, Ausgabe 10 (2003/1:3).
442   Intonation, Ausgabe 9 (2002/2:3).
443   Ramann (1873:16f.).

noch nicht bewiesen ist – umso besser, wenn nicht, hätte ich trotzdem Musik gemacht – um der Musik willen."[444]

Vermutlich dürften Lernmotivation, Begabungsgrad und Qualität der individuellen Förderung entscheidende Faktoren dafür sein, in welchem Maße Transferwirkungen des Musikschulunterrichts im Einzelfall zum Tragen kommen. Zu bedenken ist gleichwohl, was Gustav Schilling schon im 19. Jahrhundert feststellte (s.o.):

„[…] aber ohne alles Talent zur Musik – behaupte ich noch einmal – ist kein Mensch, kann kein Mensch sein, und wenn bei Jemand der Musikunterricht nicht wenigstens so viele und so gute Früchte trägt, daß von daher ein wohlthätiger wesentlicher Einfluss auf seine Bildung überhaupt erwartet werden darf, so trägt nichts Anderes als der Unterricht selbst die Schuld, indem derselbe das in jenem Schüler schlummernde musikalische Talent entweder gar nicht oder doch nicht rechtzeitig zu wecken, oder indem er nicht verstand, Diesem jene besondere Richtung abzulauschen, in welcher es seinem Naturell gemäß sich fruchtbar und am fruchtbarsten zu entwickeln im Stande gewesen […]."[445]

Friedrich-Koh Dolge hat sich über Jahre hinweg immer wieder mit der Frage befasst, welche Chancen und Risiken sich aus einer engeren Verzahnung von musikschulischer Bildung und allgemeiner Bildung in Bildungskooperationen für das Bildungsprofil öffentlicher Musikschulen ergeben. Musik eignet sich für Dolge nicht nur als pädagogisches Medium, sie ist als Kulturgut ihrerseits auch auf pädagogische Vermittlung angewiesen. Aufgabe der öffentlichen Musikschulen sei es, beides miteinander zu verbinden:

„Wohin geht nun die Reise öffentlicher Musikschulen im Bildungswandel? Viele Musikschulen, auch die Stuttgarter Musikschule, haben bereits die klare Ausrichtung als Bildungsinstitution gewählt. Dabei liegt der Vorteil der öffentlichen Musikschulen gegenüber privaten Individualangeboten auf der Hand: Es ist vor allem die Möglichkeit einer Vernetzung muskalischer Bildung. Beispielsweise die Vernetzung pädagogischer Kompetenzen unserer Musikschullehrerrinnen und -lehrer in einer Beratungs- und freiwilligen Prüfungswoche, die Vernetzung musikalischer Bildung und der Allgemeinbildung in einer Bildungskooperation oder auch die Vernetzung der Ergebnisse musikalischer Bildung in Orchestern, Ensembles oder Bands, in dem das individuell Erlernte in eine Gemeinschaft eingebracht werden kann.

In der Gesamtbetrachtung stellt sich natürlich auch die Frage, ob eine schleichende Funktionalisierung der Musik und damit verbunden eine Verdrängung des Gedankens ‚l'art pour l'art' einhergeht. Sie stellt sich jedoch meines Erachtens dann nicht, wenn öffentliche Musikschulen beides miteinander verbinden. Musik eignet sich nun einmal als Medium zur Selbstbildung, Erziehung und im Besonderen zur Vermittlung von Schlüsselkompetenzen. Ist die Pädagogik mit und durch Musik nicht die Grundvoraussetzung für eine ‚Musik um der Musik willen'? Warum lässt sich Musik einerseits nicht als pädagogisches Medium

---

444   Intonation, Ausgabe 17 (2006/2:4).
445   Schilling (1851:40).

verwenden und andererseits Schülern das Wunderbare an Musik im Sinne ‚Ars gratia artis‘ nahe bringen? Für mich liegt die Entscheidung deshalb im ‚sowohl als auch‘ und nicht im ‚entweder oder‘.“[446]

Dolge hat sich im Jahr 2015 abermals zu den gesellschaftlichen Erwartungen an die Musikschularbeit geäußert. Er spricht von den zwei Seiten einer Medaille. Die Kehrseite der künstlerischen Freiheit sei die Herstellung eines stärkeren Bezugs der Kunst – der Musik – zum gesellschaftlichen Auftrag der Erziehung, der Bildung Kinder, Jugendlicher und Erwachsener.[447] Ein Gedanke, der sich schon bei Adolph Bernhard Marx wiederfindet:

> „Der Künstler hat Naturell Verhältnisse Bildung aus dem Volke und seinem Zustand empfangen, die Kunstlehre hat ihn gefördert in der Entfaltung seiner Gaben zum ächten Können. Was er dann aus schöpferischer Glut geboren, was er als Frucht teurer Arbeit darbietet, kehrt in den Lebens- und Bildungsschatz des Volkes zurück, aus denen er es zunächst empfangen, wo der Kunstlehrer indess frischere Empfänglichkeit bereitet hat.“[448]

So wie nach Marx die Kunstlehre nicht nur den angehenden Musiker fördert, sondern der Kunstlehrer durch seine Tätigkeit zugleich für frischere Empfänglichkeit im Volke sorgt, nehmen öffentliche Musikschulen für Dolge heute einen mehrdimensionalen Erziehungs- und Bildungsauftrag wahr, der über eine rein musikalische Ausbildung weit hinausführt:

> „Die Weitergabe unseres kulturellen Erbes, unserer musikalisch-kulturellen Identität, ist ein unersetzbar hohes Gut.
> Und damit ist die Auseinandersetzung verbunden, das Nachdenken über sich selbst verbunden. Konkret in der Musik, die Auseinandersetzung mit dem Instrument, mit dem Körper, mit der Stimme, mit dem Text, mit der Komposition, dem Komponisten und der Musikgeschichte.
> Die öffentlichen Musikschulen begleiten Kinder und Jugendliche und auch Erwachsene auf ihrem individuellen Weg hin zum humanistisch geprägten Menschen, mit der Befähigung sich selbst zu helfen und damit zur ganzheitlichen Bildung, um sich künstlerisch-musikalisch auszudrücken. Dabei ist es uns wichtig, möglichst *allen* unseren Schülerinnen und Schülern zu helfen auf ihrem möglichen, höchsten Niveau zu musizieren. Allein und vor allem gemeinsam!“[449]

---

446 Intonation, Ausgabe 28 (2012/1:3).
447 Intonation, Ausgabe 35 (2015/2:3).
448 Marx (1855:9f.).
449 Intonation, Ausgabe 35 (2015/2:3).

5.3 Partnerschaft und Entwicklung

5.3.1 Die Musikschule als Bildungspartner

Als Bildungseinrichtung der Landeshauptstadt Stuttgart arbeitet die Stuttgarter Musikschule mit kulturellen Institutionen, Ausbildungsstätten für Musikberufe, Vereinen des Laien- und Liebhabermusizierens, vorschulischen Einrichtungen und allgemeinbildenden Schulen zusammen. So steht es geschrieben im Leitbild der Stuttgarter Musikschule.[450] Andreas Jäger, stellvertretender Musikschulleiter sowie Leiter des Fachbereichs Bildungskooperationen, konstatiert mit Blick auf die Entwicklung der vergangenen Jahre eine immer stärkere „Vernetzung der Stuttgarter Musikschule in das Bildungssystem und das Kulturleben der Stadt Stuttgart".

> „Musikschulen sind im Wandel. Sie sind Teil einer Bildungsgesellschaft, die sich im Umbruch befindet. […] Natürlich steht die Ausbildung der Kinder auf ihrem Instrument oder ihrer Stimme im Zentrum der Musikschularbeit. Längst sind aber andere Aufgaben dazugekommen: Sprache lernen mit Musik, soziales Lernen über gemeinsames Musizieren, Musik in der Gerontologie, Musik erfinden mit Hilfe der neuen Medien, etc."[451]

Jäger kann die rasante Entwicklung, welche der Kooperationsbereich seit der Jahrtausendwende genommen hat, an Zahlen festmachen. Zu Beginn des Jahres 2016 „arbeitet die Stuttgarter Musikschule mit 138 Bildungseinrichtungen in der Stadt zusammen (91 Kindergärten, 44 Schulen von der Grundschule bis zum Gymnasium und 3 Vereine). 300 Unterrichtseinheiten pro Woche werden hier geleistet. Fast jede zweite unserer Lehrkräfte ist inzwischen in mindestens einer Kooperation aktiv."[452] Größe und Professionalität des Kollegiums erlauben es, „Kooperationen in allen Richtungen zu denken und umzusetzen".[453]

Ausgehend von einer Übersicht, welche Jäger für die Musikschulzeitung „Intonation" erstellt hat, lassen sich die Kooperationen der Stuttgarter Musikschule nach bestimmten Gesichtspunkten vorstrukturieren. Zu nennen sind zunächst klassische Unterrichtsangebote, „die vor Ort in den Räumlichkeiten der Partnerinstitutionen stattfinden, damit Kinder überhaupt die Möglichkeit haben, Angebote der Musikschule wahrzunehmen".

> „Das reicht von den Angeboten der Elementaren Musikpädagogik bis hin zum Instrumentalunterricht in den unterschiedlichsten Ausprägungen, vom Instrumentenkarussell bis hin zur Bläser- oder Streicherklasse, von Jekiss – Jedem Kind seine Stimme – bis hin zum Gitarrenintro."[454]

---

450   Stuttgarter Musikschule (2012).
451   Intonation, Ausgabe 36 (2016/1:4).
452   Intonation, Ausgabe 36 (2016/1:4).
453   Intonation, Ausgabe 36 (2016/1:4).
454   Intonation, Ausgabe 36 (2016/1:4).

Dieser Bereich schließt auch generationenübergreifendes Musizieren mit ein:

> „Dass wir das Thema lebenslanges Lernen ernst nehmen zeigen die Angebote der Eltern-Baby-Gruppen […] bis hin zum Unterrichtsangebot im Augustinum, welches gerade vorbereitet wird. Dazu gehören auch generationenübergreifende, zeitlich in sich abgeschlossene Projekte wie der TREFFPUNKT Jazz in Kooperation in der Volkshochschule oder der Weihnachtschor."[455]

Außerdem gibt es besondere Kooperationsangebote, die auf einen eher spezifischen Förderbedarf reagieren.

> „Als Partner wirken wir mit dem Angebot Singen-Bewegen-Sprechen bei der Sprachförderung mit. Unser Musiktherapeut kooperiert mit verschiedenen Einrichtungen für behinderte Menschen. Bei der Integration von Flüchtlingskindern arbeiten wir mit einzelnen Schulen in IVK-Klassen […] oder auch dem Pop-Büro zusammen."[456]

In Hinblick auf Begabtenförderung und (vor-)berufliche Fachausbildung kooperiert man mit der Musikhochschule vor Ort, auch in Verbindung mit einem Musikgymnasium.

> „Ein wichtiger Partner in vielfältiger Weise ist natürlich die Staatliche Hochschule für Musik und Darstellende Kunst Stuttgart. Zum einen unterrichten einige unserer Lehrkräfte in der pädagogischen Ausbildung der künftigen Musikpädagogen und sind so ein wichtiges Bindeglied zwischen den beiden Institutionen […]. Zum anderen leisten viele der Studierenden ihre Praktika in unserer Musikschule ab […]. Selbstverständlich gehören auch gemeinsame Veranstaltungen – z. B. Junge Talente und das Musikfest – dazu. Besonders hervorzuheben ist die intensive Zusammenarbeit der Stuttgarter Musikschule mit der Musikhochschule und dem Eberhard-Ludwigs-Gymnasium im Rahmen des ersten Musikgymnasiums Baden-Württembergs, das die intensive Förderung hochbegabter Kinder und Jugendlicher zum Ziel hat […]."[457]

Daneben ist die Musikschule über Angebote und Veranstaltungen noch mit weiteren kulturellen Institutionen sowie Bildungseinrichtungen der Stadt vernetzt …

> „Wichtiger Partner unserer Musikschule sind natürlich auch die professionellen kulturellen Einrichtungen dieser Stadt in vielfältiger Weise, allen voran die Stuttgarter Philharmoniker, das Patenorchester unseres Jugendsinfonieorchesters, einer der Partner im Stuttgarter Musikfest für Kinder und Jugendliche und bei den Hörgangskonzerten […]. Überhaupt bieten Veranstaltungen in jedweder Form unendlich viele Möglichkeiten der Zusammenarbeit. Sei es Literatur mit Musik, z. B. mit der Stadtbibliothek der Stadt Stuttgart […] oder seien es kulinarische und musikalische Hochgenüsse wie z. B. die Konzerte der STUVO im Hotel Meridien."[458]

---

455 Intonation, Ausgabe 36 (2016/1:4).
456 Intonation, Ausgabe 36 (2016/1:4).
457 Intonation, Ausgabe 36 (2016/1:4).
458 Intonation, Ausgabe 36 (2016/1:4).

Schon allein unter quantitativen Gesichtspunkten beanspruchen die Bildungspartnerschaften mit Kindertagesstätten und allgemeinbildenden Schulen den größten Raum innerhalb der Kooperationsvorhaben. „Die Kooperationen mit Kindertageseinrichtungen und allgemeinbildenden Schulen nehmen Musikschulen in eine völlig neue bildungspolitische Verantwortung. Die Musikschulen erweitern ihr Aufgabenspektrum um ein zusätzliches musikpädagogisches Standbein, indem sie ergänzende Unterrichtsangebote im Sinne des Bildungsplanes der allgemeinbildenden Schulen machen."[459] Für Andreas Jäger ist der Wandel an verschiedenen Veränderungen ablesbar:

- „Die Institution der allgemeinbildenden Schule und die Institution Musikschule ermöglichen die Zusammenarbeit durch die Änderungen in ihren Regelwerken (Bildungsplan, Strukturplan).
- Viele Bundesländer finanzieren Programme, die an der Schnittstelle Grundschule / Musikschule und im vorschulischen Bereich ansetzen.
- Ganztagsgrundschulen bedingen Veränderungen in der Unterrichtskonzeption der Musikschulen.
- Auf lokaler Ebene entstehen immer mehr Modelle der Zusammenarbeit auf individueller Basis.
- Musikschulen übernehmen verstärkt bildungspolitische, aber auch gesamtgesellschaftliche Verantwortung (z. B. in Bereichen der Migration, Senioren, Inklusion, Breitenbildung)."[460]

Aus Sicht des städtischen Trägers verstehen sich die Kooperationen der Stuttgarter Musikschule mit Kindertageseinrichtungen und allgemeinbildenden Schulen als Teil eines bildungs- und sozialpolitischen Integrationskonzeptes. Für die ehemalige Bürgermeisterin für Kultur, Bildung und Sport der Stadt Stuttgart und jetzige Ministerin für Kultus, Jugend und Sport in Baden-Württemberg, Susanne Eisenmann, tragen diese „Angebote der Zusammenarbeit […] maßgeblich zur Chancengleichheit in der musikalisch-kulturellen Bildung und damit im Besonderen zur Integration von jungen Bürgerinnen und Bürgern mit Migrationshintergrund bei".[461] In der Tat gelten die Integrationsbemühungen der Stadt Stuttgart schon seit längerer Zeit als vorbildlich. Die „Stuttgarter Zeitung" berichtete am 4. Oktober 2011:

> „Vor zehn Jahren hat Stuttgarts Oberbürgermeister Wolfgang Schuster die Grundlagen einer neuen Integrationspolitik präsentiert. […] Was Schuster damals vorlegte, war ein 36-seitiges Papier, das Stuttgart zur Einwanderungsstadt erklärte. […] Der neue Leitsatz lautete: alle gehören dazu, unabhängig von ihrer Herkunft. Alle sollten die Chance bekommen, am gesellschaftlichen und kulturellen Leben teilzuhaben."[462]

---

459   Jäger (2012:191).
460   Jäger (2012:191).
461   Broschüre „Bildungskooperationen" der Stuttgarter Musikschule vom Oktober 2009, S. 1.
462   Stuttgarter Zeitung, 4.10.2011, S. 21: „Ausländerpolitik bringt Stuttgart Lorbeeren".

Der Anteil der Einwohner mit Migrationshintergrund ist in Stuttgart hoch. Er liegt aktuell bei über vierzig Prozent, mit steigender Tendenz.[463] Die Herausforderungen, die sich gerade auch im Bereich der Jugendarbeit stellen, sind keineswegs gering. In dem Artikel der „Stuttgarter Zeitung" heißt es hierzu:

> „Noch immer ist die Arbeitslosenquote unter Migranten auch in Stuttgart überdurchschnittlich hoch, und noch immer verlässt weit mehr als die Hälfte der ausländischen Stuttgarter Schüler die Schule nur mit einem Hauptschulzeugnis oder sogar gänzlich ohne Abschluss. Auch schaffen nach wie vor sehr viel weniger Migrantenkinder den Sprung aufs Gymnasium als ihre deutschen Altersgenossen."[464]

Trotz aller Ernüchterung sind anno 2011 Fortschritte registriert worden:

> „Nur ein Beispiel sind die von der Stadt finanzierten Mama-lernt-Deutsch-Kurse, Sprachkurse für Migrantinnen, die in vielen Städten Nachahmer gefunden haben. Angestoßen wurden ehrenamtliche Mentorenprogramme an Schulen, wie etwa ,Startklar', bei dem Senioren Hauptschülern bei der Berufsfindung helfen. Zuletzt hinzu kam eine Kampagne der Stadt, die gezielt um junge Zuwanderer wirbt, um die Quote der Migranten in der Stadtverwaltung zu erhöhen.
> Auf den Weg gebracht wurde außerdem eine Einbürgerungskampagne, deren Kern ein freundliches Anschreiben an bestimmte Ausländergruppen ist, die aufgefordert werden, über den Erwerb der deutschen Staatsbürgerschaft nachzudenken.
> Die Bemühungen der Stadt fruchten, zumindest, was das Verhältnis der Migranten zu ihrer Stadt angeht. In einer europaweiten Umfrage, an der sich auch deutsche Großstädte beteiligt haben, lag Stuttgart in einem zentralen Punkt vorn: der Zufriedenheit der Migranten mit ihrer Stadt."[465]

Ein Gemeinderatsbeschluss vom Sommer 2011 besagte, dass alle Grundschulen in Stuttgart bis zum Jahr 2018 zu Ganztagsschulen ausgebaut werden sollten.[466] Susanne Eisenmann hatte bereits 2007 darüber nachgedacht, welchen Beitrag die Stuttgarter Musikschule zu einer besseren Integration von Kindern und Jugendlichen leisten könnte. An der Qualität des Musikschulunterrichts sei festzuhalten. Darüber hinaus sei zu fragen …

> „wie komme ich an die Kinder heran, bei denen Musik von Haus aus kein Thema ist, wo eine gewisse Bildungsferne vorhanden ist. Wie kann ich z.B. über die Schule oder die Kindergärten das Interesse an Musik bei diesen Kindern wecken. Das halte ich für eine Aufgabe, die wir gemeinsam in den nächsten Jahren verstärkt angehen müssen.
> Wir müssen heute feststellen, dass die gesellschaftliche Entwicklung so ist, dass sich Eltern aus den verschiedenen Gründen nicht mehr zwingend mit den Dingen befassen, wie das noch vor 20 Jahren der Fall war. Deshalb stellt sich die Frage, wie wir neue Wege finden auch diese Kinder und Jugendlichen für uns zu gewinnen und zur Musik zu führen. Und

---

463   http://statistik1.stuttgart.de/statistiken/tabellen/7392/jb7392.php [21.2.2016].
464   Stuttgarter Zeitung, 4.10.2011, S. 21: „Ausländerpolitik bringt Stuttgart Lorbeeren".
465   Stuttgarter Zeitung, 4.10.2011, S. 21: „Ausländerpolitik bringt Stuttgart Lorbeeren".
466   Vgl. Jäger (2012:59).

da gibt es für mich als Allererstes den Partner Musikschule, das halte ich für eine zentrale Aufgabe für die nächsten Jahre."[467]

Eisenmann hält im Jahr 2007 die musikalische Betreuung in Kindergärten für ebenso wenig hinreichend wie den Musikunterricht an allgemeinbildenden Schulen. Sie plädiert für einen weiteren Ausbau von Bildungskooperationen und hebt die Bedeutung musikalischer Bildung für den Erwerb von Schlüsselkompetenzen hervor. Im Bereich der Jugendarbeit sieht sie aktives Musizieren als ein Mittel präventiver Sozialfürsorge an.

> „Es ist eine bestimmte Form der Konzentrationsfähigkeit, die ich erlerne. Ich muss beim Musizieren z. B. intensiv zuhören und dadurch werden Fähigkeiten geweckt, die sich insgesamt bei der ganzen Entwicklung der Persönlichkeit und bei der Lernbereitschaft positiv auswirken.
>
> Wir haben vor einiger Zeit die Studie des kriminologischen Instituts von Prof. Pfeiffer für Stuttgart vorgelegt bekommen und da zeigt sich, dass wir in Baden-Württemberg und Stuttgart vergleichsweise wenig Probleme mit übertriebenem Medienkonsum und sich daraus ableitender Gewaltbereitschaft bei Kindern und Jugendlichen haben. Das wird auf den sogenannten ‚Blasmusikeffekt' zurückgeführt. Das heißt, dadurch, dass bei uns die gewachsenen Strukturen von Musikschulen, Sportvereinen aber auch Traditionsvereinen wie Blasmusikkapellen den Kindern und Jugendlichen eine Alternative bieten, haben wir nicht die Probleme, wie sie nördliche und östliche Bundesländer haben. Da können wir sehr zufrieden sein, aber das ist nichts, worauf man sich ausruhen kann, sondern wir müssen das weiterentwickeln – die Signale sind da ganz klar – und da ist die Musikschule ein ganz entscheidender Partner."[468]

Die Stuttgarter Musikschule hat ihre Kooperationsmodelle mit allgemeinbildenden Schulen 2009 erstmals in einer eigenen Broschüre präsentiert.[469] An dieser Stelle soll lediglich das Projekt „Stark durch Musik" ausführlicher vorgestellt werden. Es ist 2016 in der aktualisierten und erweiterten Fassung der VdM-Broschüre „Bildungspartner Musikschule" als Best-Practice-Beispiel angeführt worden und hat insofern auch überregional Beachtung gefunden.[470] Repräsentativ an ihm erscheint, dass es im Bereich der Elementaren Musikpädagogik angesiedelt ist: Rund zwei Drittel der in Bildungskooperationen mit Kindertagesstätten und allgemeinbildenden Schulen erteilten Unterrichtseinheiten entfallen an der Stuttgarter Musikschule auf die EMP, mit dem Schwerpunkt auf „Singen-Bewegen-Sprechen", „Stark durch Musik" und „Spielen und Lernen" (Stand: 2012).[471] „Stark durch Musik" ist bereits wissenschaftlich evaluiert worden. Andreas Jäger hat im Jahr 2012 seine Dissertation vorgelegt, die am Beispiel des Projektes den Wandel des Berufsbildes *Musikschullehrer* beschreibt.[472]

---

467 Intonation, Ausgabe 18 (2007/1:8f.).
468 Intonation, Ausgabe 18 (2007/1:9).
469 Broschüre „Bildungskooperationen" der Stuttgarter Musikschule vom Oktober 2009; vgl. auch Jäger (2012:44ff.).
470 Vgl. VdM (2016a).
471 Vgl. Jäger (2012:51). Auch die aktuellen Schülerzahlen belegen eindeutig die Dominanz der EMP in den Kooperationsangeboten. Vgl. Kapitel 5.1.3.
472 Vgl. Jäger (2012).

Mitglieder der Stuttgarter Musikschule und zweier Hauptschulen entwickelten in einer gemeinsamen Arbeitsgruppe seit September 2008 das pädagogische Konzept für „Stark durch Musik".[473] „Der direkte Anlass für seine Entstehung war eine Diskussion in den Medien, wonach viele Kinder aus Kostengründen nicht einmal das Mittagessen bezahlen konnten, welches in der öffentlichen Schule im Rahmen der Nachmittagsbetreuung angeboten wurde."[474] Oberbürgermeister Wolfgang Schuster hatte im Frühjahr 2008 die Ämter der Stadt Stuttgart angewiesen, „sich verstärkt Gedanken über die Förderung benachteiligter Kinder zu machen".[475] „Stark durch Musik" sollte von Beginn an Kinder in Brennpunktschulen fördern:

> „Die Stuttgarter Musikschule möchte Kindern und Jugendlichen, die unter schwierigen sozialen Bedingungen aufwachsen, kostenlose, in sich abgeschlossene musikpädagogische Angebote unter dem Titel ‚Stark durch Musik' machen. […] Diese Kinder und Jugendliche, die besonderer Förderung bedürfen, sollen so die Möglichkeit bekommen, ohne finanzielle Unterstützung der Eltern, unabhängig ihrer Herkunft und vor allem unabhängig ihres sozialen Umfelds ein für sie zugeschnittenes Bildungsangebot der Stuttgarter Musikschule wahrnehmen zu können."[476]

Jäger weist in diesem Zusammenhang darauf hin, dass erfahrungsgemäß der größte Teil der Schüler der Stuttgarter Musikschule ab der 5. Klasse das Gymnasium besuche.[477] Trotz diverser sozialer Gebührenermäßigungen für den Musikschulunterricht, die bis zu 90 Prozent betragen können, fänden nicht alle Kinder aus Stuttgart den Weg zur Stuttgarter Musikschule.

> „Warum dies so ist, kann ich nur vermuten. Sicherlich kennen manche Familien das Unterrichtsangebot der Musikschule nicht oder wissen nicht, welche Ermäßigungsregelungen sie in Anspruch nehmen können. Ein weiterer Grund mag sein, dass die nächste Stadtteilmusikschule zu weit von der Wohnung entfernt ist, so dass auch die räumliche Erreichbarkeit der Musikschule weiter verbessert werden muss, indem neue wohnortnahe Stadtteilmusikschulen entstehen oder bei neu entstehenden Schulzentren im Schulcampus mitgeplant werden."[478]

Bei „Stark durch Musik" „fallen für die Eltern gar keine Gebühren an – sie müssen ihr Kind dazu nicht einmal anmelden".[479] Das in den Regelunterricht integrierte Unterrichtsangebot richtet sich an Schüler/innen der 5. und 6. Hauptschulklassen aus bildungsbenachteiligten Milieus. Auf Wunsch der Bürgermeister wurden auch Grundschulen in das Konzept mit aufgenommen.[480] In einer Anlage zum betreffenden Gemeinderatsbeschluss aus dem Jahr 2008 heißt es zur Aufgabenstellung, dass „Stark

---

473 Intonation, Ausgabe 22 (2009/1:10).
474 VdM (2016a).
475 Jäger (2012:14).
476 Intonation, Ausgabe 22 (2009/1:10).
477 Jäger (2012:14).
478 Intonation, Ausgabe 35 (2015/2:7).
479 Intonation, Ausgabe 35 (2015/2:7).
480 Jäger (2012:15).

durch Musik" „gerade benachteiligten Kindern in unserer Stadt eine gelingende Bildungsbiografie und erfolgreiche Berufsperspektiven" eröffnen solle.[481] „Stark durch Musik' wurde im Schuljahr 2009/10 an 13 Grund- und Hauptschulen mit jeweils 2 Klassen neu eingerichtet. Vier der 26 Kurse wurden von vorhandenen Lehrkräften übernommen. Für die 22 restlichen Kurse wurden drei neue Lehrerinnen eingestellt, die alle eine Ausbildung in Elementarer Musikpädagogik oder Rhythmik hatten."[482] Konzipiert war das Projekt für rund 500 Schüler/innen.[483] Aktuell nehmen 608 Schüler in 26 Kursen an 13 Schulen an „Stark durch Musik" teil. Darunter befinden sich inzwischen auch Siebtklässler.[484] Die Finanzierung liegt bei der Stadt Stuttgart, welche für Personalkosten, Fortbildung und Sachmittel aufkommt.[485] „Schwerpunkte des Unterrichtskonzeptes sind die vier Säulen ‚Musik und Sprache', ‚Musik und Bewegung', ‚Musik und Instrumente', ‚Musik und Neue Medien'. Im Zentrum steht das soziale Lernen als verbindendes Element. Lerninhalte sind u. a. die Wahrnehmungsschulung, die Sensibilisierung aller Sinne, der Umgang mit Körper und Stimme, die Sensibilisierung für das Instrumentalspiel und das Kennenlernen typischer Klangerzeuger."[486] Der Unterricht wird im Tandem-Teamteaching einer Musikschullehrkraft und einer Lehrkraft der allgemeinbildenden Schule erteilt.[487]

> „Neben der Förderung der Persönlichkeitsentwicklung wird hier insbesondere Wert gelegt auf die Entwicklung der Selbstwahrnehmung, des Selbstbewusstseins und der Ermöglichung positiver Lernerfahrungen und darauf aufbauend auf die Stärkung der Kommunikationsfähigkeit und der Teamfähigkeit der Schüler untereinander."[488]

Mit „Stark durch Musik" sind seitens der Stuttgarter Musikschule von Beginn an hohe Erwartungen verknüpft gewesen. Eine „eventuelle Initialzündung für ein späteres instrumentales und vokales Lernen" hoffte man zu bewirken – mit der Perspektive, „langfristig für Kinder mit Migrationshintergrund Angebote aus ihrer kulturellen Tradition wie z.B. Baglama" machen zu können.[489]

Die Zwischenbilanz fällt in der Gesamtbetrachtung positiv aus. Die Evaluation hat in den Worten Jägers „zeigen können, dass das Modell ‚Stark durch Musik' in seiner Anlage als Tandemmodell eines gut ausgebildeten EMP-Lehrers mit einem auch fachfremd unterrichtenden Grundschullehrer sehr erfolgreich funktioniert und sehr gerne von den allgemeinbildenden Schulen als gute Ergänzung des Regelunterrichts angenommen wird".[490] Die Lehrer/innen zeigten sich überzeugt, „umfangreiche Verbesserungen im Bereich der musikalischen Kompetenzen (z.B. Ausdrucksvermögen, Dar-

---

481 Jäger (2012:57).
482 Jäger (2012:15).
483 Intonation, Ausgabe 22 (2009/1:10).
484 Intonation, Ausgabe 39 (2017/2:40).
485 VdM (2016a).
486 Intonation, Ausgabe 22 (2009/1:10).
487 Vgl. Vdm (2016a).
488 Intonation, Ausgabe 22 (2009/1:10).
489 Intonation, Ausgabe 22 (2009/1:10).
490 Jäger (2012:191f.).

stellung musikalischer Abläufe) und der Persönlichkeitsentwicklung (z. B. Konzentration, Durchhaltevermögen)" bei den Kindern zu beobachten, so dass sich sowohl die Tandemlehrer als auch die Rektoren der „Stark durch Musik"-Schulen „eine Fortsetzung des Projektes und eine Erweiterung auf mehr Klassen, gerade auch im Anschluss an ‚Stark durch Musik'" wünsch(t)en.[491] Mit „Stark durch Musik" werden tatsächlich überwiegend Kinder erreicht, die bislang noch keinen Kontakt zu Unterrichtsangeboten der Musikschule hatten. Die Schüler/innen nehmen den Unterricht mehrheitlich als wichtig oder sehr wichtig wahr.[492]

> „Die meistgenannten Unterrichtsinhalte in ‚Stark durch Musik' sind aus Sicht der Kinder der Reihenfolge nach: tanzen, singen, auf Instrumenten spielen, Musik hören und über Musik reden […]. Es werden verschiedene Inhalte im Sinne des Bildungsplanes vermittelt, vor allem aus den Kompetenzfeldern ‚Wer bin ich – was kann ich', ‚Ich-Du-Wir', ‚Raum und Zeit erleben und gestalten' und ‚Erfinderinnen, Erfinder, Künstlerinnen, Künstler, Komponistinnen und Komponisten entdecken, entwerfen und bauen, stellen dar' […]."[493]

Erwartungsgemäß ist die Realisierung eines Projektes wie „Stark durch Musik" aber auch mit Herausforderungen und Problemstellungen verbunden. Obwohl nach Aussage von Andreas Jäger bei allen im Rahmen seiner Studie befragten Personen Konsens darüber bestand, dass der Musikunterricht der allgemeinbildenden Schulen nicht durch Musikschulunterricht ersetzt werden sollte, wurde ein Tandem-Modell wie „Stark durch Musik" von der Hälfte der Rektoren als teilweiser Ersatz gesehen.[494] Erklärungsgrund: 74 % des Musikunterrichts an den 26 in „Stark durch Musik" eingebundenen Grund- und Hauptschulen wurde ohnehin fachfremd erteilt.[495] Eine klare Rollenverteilung zwischen Schulmusik und Musikschulunterricht, wie sie immer wieder eingefordert wird, kann hier in der Praxis also nicht vorausgesetzt werden. Die Musikschule reagiert mit ihrem Angebot auf eine Mangelsituation an qualifiziertem Musikunterricht, der an den betreffenden allgemeinbildenden Schulen ganz offensichtlich besteht.

Gefordert ist die Stuttgarter Musikschule auch hinsichtlich ihrer eigenen Personalsituation. Jäger merkt hierzu an:

> „Die in diesem Modell eingesetzten Musikschullehrer bringen mit ihrer Ausbildung in Elementarer Musikpädagogik und Rhythmik gute Voraussetzungen für den Unterricht in Kooperationen mit und besitzen eine auf die Breitenbildung ausgerichtete Einstellung. Aber auch sie werden zukünftig besser auf ihren Einsatz in ganzen Klassen und auf ältere Schüler und ihre musikalischen Vorlieben vorzubereiten sein. ‚Stark durch Musik' kann als Modell für andere Kooperationen dienen."[496]

---

491 Jäger (2012:195).
492 Jäger (2012:195).
493 Jäger (2012:195).
494 Jäger (2012:192).
495 Jäger (2012:193).
496 Jäger (2012:192).

Schwieriger stellt sich für Jäger die Situation im instrumentalpädagogischen Bereich dar, also in Kooperationsformen, die im Gegensatz zu „Stark durch Musik" stärker das *instrumentale* Klassenmusizieren fokussieren. Er spricht anno 2012 von der Existenz zweier Gruppen innerhalb des Kollegiums an der Stuttgarter Musikschule, „die sich durch ihre Einstellung gegenüber Kooperationen mit allgemeinbildenden Schulen unterscheiden. Dies zeigt sich u. a. in der Bereitschaft zu Fortbildung und Mitarbeit, in der Erwartung erreichbarer Ziele ebenso wie im Auftreten möglicher Probleme."[497]

> „Viele Lehrer haben ein Problem damit, im Gruppen- oder Klassenunterricht nicht auf jedes Kind individuell eingehen zu können [...]. Mehr als die Hälfte der Lehrer befürchtet, dass sich manche Kinder in diesen Unterrichtsformen Fehler angewöhnen, die später nicht oder nur schwer korrigierbar sind. Wenn in einer instrumentalen Großgruppe Leistung und Engagement der Schüler auseinander driften, stellt dies für manche Musikschullehrer ein großes Problem dar [...]. Eine gelingene methodische Vermittlung der instrumentalen Spieltechnik in großen Gruppen ist für viele Musikschullehrer eine zentrale Frage und nicht abschließend gelöst [...]."[498]

Unverkennbar sind die Bemühungen der Stuttgarter Musikschule auf Leitungsebene, solchen Problemen entgegenzuwirken. „Die Mitarbeit in Kooperationen wie auch die Fortbildung hierfür geschieht auf freiwilliger Basis, wobei die Schulleitung die gegenseitige Anerkennung der Lehrer untereinander zwischen dem Unterricht in der Spitzenförderung und in der Breitenbildung erreichen möchte."[499]

Fast zwangsläufig stellt sich bei einem Projekt wie „Stark durch Musik" die Frage nach der Nachhaltigkeit – einerseits auf fachlicher, andererseits auf organisatorischer Ebene. „Stark durch Musik" findet bei den beteiligten Schüler/innen Zuspruch (s.o.), tendenziell mehr noch bei den Jüngeren und den Mädchen. „Singen und sich zu Musik bewegen ist für 2/3 der Kinder ein Bedürfnis, wobei die Lust zu singen mit steigendem Alter zurückgeht [...] 2/3 der Kinder möchte im Anschluss an ‚Stark durch Musik' ein Instrument lernen [...]. Jungen wünschen sich hier bevorzugt Bandinstrumente [...]."[500] Doch wie ließe sich ein von vornherein zeitlich begrenztes Projekt wie „Stark durch Musik" auf Dauer überhaupt sinnvoll in einen kontinuierlichen Unterricht überführen? Friedrich-Koh Dolge zeigt sich im Rahmen von Jägers Untersuchung abwägend:

> „Ich bin früher immer der Meinung gewesen, Musik muss etwas sein, womit man sich ein Leben lang beschäftigt. [...] Nach wie vor bin ich der Meinung, dass es unheimlich wichtig ist, dass man in diese Richtung arbeitet, aber mittlerweile bin ich einer etwas anderen Überzeugung: [...] ich glaube, es ist besser ein Kind überhaupt mit Musik in Berührung gebracht zu haben als gar nicht. [...] Wenn sich aber Kinder aus solch befristeten Projekten dann langfristig mit Musik beschäftigen wollen, habe ich eigentlich keine Chance, den Kindern das zu ermöglichen, weil ich eine zeitige Befristung eingeführt habe. Ich habe

---

497   Jäger (2012:178).
498   Jäger (2012:196).
499   Jäger (2012:146).
500   Jäger (2012:195).

momentan keine Antwort, bin aber der festen Überzeugung, dass wir uns als Musikschule […] intensiv in einem ganz, ganz nahen Zeitraum damit beschäftigen müssen. […] Wie können wir die Kinder übernehmen, welche […] Kinder wollen wir übernehmen, sollen wir tatsächlich Unterschiede machen, wo Kinder eine Begabung haben. […] Wie immer gibt es keine Schwarz-Weiß-Antwort darauf, da gilt es, ganz viele Graustufen zu sehen […].[501]

Das Problem stellt sich komplex dar. An der Stuttgarter Musikschule bestehen für die meisten Instrumente Wartelisten, der Regelunterricht der Musikschule ist im Gegensatz zu „Stark durch Musik" gebührenpflichtig und ein weiterer Punkt kommt noch hinzu: Andreas Jäger hat in seiner Evaluation festgestellt, dass sich das Hörverhalten der Kinder an den involvierten Schulen ab dem 2. Schuljahr zunehmend populären Musikstilen zuwendet. Es liegt also nahe, mit „Stark durch Musik" stärker bei der in der Freizeit am häufigsten gehörten Musik anzusetzen (z.B. HipHop, Rap).[502] Von hier aus ist es aber noch ein weiter Weg zum instrumentalen und vokalen Hauptfachunterricht an der Stuttgarter Musikschule, wo die Fachbereichsleiter das berufliche Selbstbild ihrer klassisch bzw. im Jazz ausgebildeten Fachbereichskollegen im Rahmen von Jägers Studie mitunter kritisch beurteilt haben:

> „Die Aussagen der Fachbereichsleiter können in zwei extreme Positionen zusammengefasst werden: bei der einen Gruppe der Musiklehrer steht die Liebe zum Kind und zur Tätigkeit des Unterrichtens im Vordergrund, bei der anderen dient das Unterrichten dem Lebensunterhalt, weil die künstlerische Karriere im Orchester versagt blieb oder weil die Tätigkeit als Lehrer in der Musikschule als finanzielle Basis für die freiberufliche, künstlerische Tätigkeit dient."[503]

Gewiss – Andreas Jäger bringt hier die Aussagen der Fachbereichsleiter polarisiert zur Darstellung, wirft aber doch zu Recht die Frage auf:

> „In Zeiten eines sich verändernden Berufsbildes hin zur Breitenbildung im Rahmen von Kooperationen mit allgemeinbildenden Schulen stellt sich die Frage, ob Musiklehrer, die ursprünglich eine künstlerische Tätigkeit angestrebt haben und bereits für den traditionellen Instrumental- und Vokalunterricht nur wenig Motivation aufbringen, sich mit den Zielen der Breitenbildung identifizieren wollen und die notwendigen Kompetenzen der Vermittlung besitzen bzw. sich im Rahmen von Fortbildungen aneignen können und wollen."[504]

Den größten gesellschaftlichen Zuspruch dürften Musikschulen nach wie vor in den Milieus der Mitte sowie in sozial gehobenen Milieus erfahren, dort, wo von einem aktiveren kulturellen Interesse von vornherein auszugehen ist.[505] Hier mag es Musikschullehrkräften tendenziell leichter fallen, künstlerische Maßstäbe an ihren Unterricht

---

501   Zit. nach Jäger (2012:151f.).

502   Vgl. Jäger (2012:113ff.).

503   Jäger (2012:141).

504   Jäger (2012:141).

505   Vgl. weiter unter Kapitel 5.3.1.

anzulegen. In eher prekären Milieus, die von sozialer Ausgrenzung und Bildungsbenach-teiligungen betroffen sind, aber an sozialen Brennpunktschulen überproportional stark vertreten sein dürften, wird sich hingegen der Anspruch der Musikschularbeit in stär-kerem Maße an dem Ziel orientieren müssen, kultureller Teilhabe überhaupt erst den Weg zu bereiten. Die Fähigkeit, zu Musik hinzuführen, die Kommunikationsfähigkeit der Lehrkraft und ihr pädagogisches Geschick in der Gruppenarbeit werden dann zu den entscheidenden Faktoren eines gelingenden Unterrichts. Andreas Jäger hat Fried-rich-Koh Dolge im Rahmen der Evaluation von „Stark durch Musik" mit der Frage konfrontiert:

> „Die Stuttgarter Musikschule und ihre Lehrer stehen für eine hochwertige instrumentale und vokale Ausbildung vorwiegend im Einzelunterricht (mit ungefähr 90% Anteil). Die Lehrer weisen auf große Schwierigkeiten durch unterschiedliche Motivation und Bega-bung im Großgruppen- und Klassenunterricht hin. Wie gehen Sie mit diesem Zielkon-flikt um?"[506]

Dolge vermeidet es in seiner Antwort, sich einseitig festzulegen, möchte vielleicht zukünftigen Entwicklungen und Diskussionen nicht vorgreifen:

> „Ich finde, wir gehen noch gar nicht damit um, außer dass wir jetzt durch die Einrich-tung des Querschnittfachbereichs, in dem wir auch inhaltliche Dinge besprechen wollen, die ersten Schritte getan haben. In der Tat ist es schwierig, Kolleginnen und Kollegen da-von zu überzeugen, dass wir […] mit einer ganz anderen Klientel umgehen können müssen und in der […] Kooperation mit allgemeinbildenden Schulen mit anderen Schwierigkei-ten […] arbeiten müssen. […] Wir werden viel in Sachen Fortbildung tun müssen."[507]

Dolges Ansatz, Fortbildung und Mitarbeit bei Kooperationen im Einvernehmen mit dem Kollegium auf freiwilliger Basis voranzutreiben, scheint indes Früchte getragen zu haben. Fast jede zweite Lehrkraft der Stuttgarter Musikschule ist inzwischen in einer Kooperation tätig (s.o.). Das Bewerbungsverfahren für Lehrkräfte in den instru-mentalen und vokalen Hauptfächern berücksichtigt nach Jäger mittlerweile auch Lehr-proben mit Zweiergruppen im Anfängerbereich.[508] Nicht zuletzt konnten mit Simone Riniker Maier (Violine) und Felipe Valério (Klavier) zwei neue Fachbereichsleiter ge-wonnen werden, die nicht nur den Anspruch auf künstlerische Güte erfüllen, sondern zugleich gewillt sind, die strategische Ausrichtung der Stuttgarter Musikschule mit-zutragen, indem sie Bereitschaft zeigen, in Kooperationen mitzuwirken.[509] Davon ab-gesehen ist sich jedoch Friedrich-Koh Dolge der Tatsache bewusst, dass sich das Berufs-bild der Musikschullehrkraft nicht beliebig erweitern lassen wird, weswegen er in der Vergangenheit für die Stuttgarter Musikschule stets auch eine zunehmende Spezialisie-rung zwischen Breiten- und Spitzenförderung von Musikschullehrern erwogen hat – frei-

---

506 Jäger (2012:152).
507 Jäger (2012:152).
508 Jäger (2012:180).
509 Intonation, Ausgabe 35 (2015/2:28).

lich in dem Wissen, dass dieser Weg für viele kleinere Musikschulen nicht in vergleichbarem Maße gangbar sein dürfte. Jäger zitiert Dolge:

> „Wenn ein Musikschullehrer all diese Bereiche abdecken soll, dann muss das eine dermaßen große ‚eierlegende Wollmilchsau‘ sein. Ich glaube nicht, dass es in Zukunft ohne eine Spezialisierung vonstatten gehen wird. Wir Musikschulen müssen uns schon darüber Gedanken machen, dass wir einzelne Bereiche einrichten. […] Ich kann nicht von einem Kollegen, der sich pädagogisch mit diesem Kooperationsproblem auseinandersetzen muss – was ja auch sehr viel Zeit kostet – [erwarten], sich gleichzeitig in diesem Bereich der Hochbegabtenförderung [einzusetzen] […] Aber wie macht das eine kleine Musikschule? Wie gehen wir in den ländlichen Bereichen damit um? […] Ich glaube nicht, dass eine kleine Musikschule es sich leisten kann, in jedem dieser Bereiche einen Spezialisten vorzuhalten."[510]

Die an „Stark durch Musik" geknüpften Hoffnungen haben sich in der Summe erfüllt. Dank eines Gemeinderatsbeschlusses konnte „Stark durch Musik" als Kooperationsmodell verstetigt werden.[511] An der Stuttgarter Musikschule sind nunmehr Angebote eingeführt worden, die es Kindern mit Migrationshintergrund ermöglichen, auch mit der kulturellen Tradition ihrer Herkunftsländer in Berührung zu kommen, beispielsweise durch das Erlernen des Instrumentes Baglama. Die Frage, inwieweit „Stark durch Musik" eine „Initialzündung für ein späteres instrumentales und vokales Lernen" bewirkt hat (s.o.), ist differenzierter zu beantworten. Tatsächlich ist es gelungen, den beteiligten Kindern Musik näherzubringen. Das Interesse an einer aktiven Musikausübung wurde mehrheitlich geweckt. Die mit dem Projekt anvisierten gesellschaftlichen Zielgruppen bleiben indes für eine herkömmliche Musikschularbeit mit längerfristiger Perspektive schwer erreichbar. „Stark durch Musik" war von Beginn an als ein zeitlich begrenztes, also auf bestimmte Klassenstufen beschränktes und in sich abgeschlossenes Projekt geplant. Ein spezielles Konzept für die Weiterführung des Unterrichts über das Projektende hinaus besteht bis heute nicht – sieht man einmal von punktuellen Lösungen ab.[512]

Andreas Jäger benennt in seiner Dissertation ein ganz grundlegendes Problem der Kooperationen zwischen Musikschulen und allgemeinbildenden Schulen: „Die allgemeinbildende Schule ist aufgefordert, sich in ihrem Umfeld mit Bildungs- und Freizeiteinrichtungen zu vernetzen. Einheitliche Strukturen, welche die Kontrolle der Qualität, die Finanzierung und die Organisation regeln, fehlen aber bislang."[513] Der baden-württembergische Landesverband der Musikschulen sieht vor allem das Land Baden-Württemberg aufgefordert, für entsprechende Rahmenbedingungen Sorge zu tragen. In dem Positionspapier „Musikschule und Ganztagsschule" aus dem Jahr 2013 heißt es:

---

510   Zit. nach Jäger (2012:181).
511   Intonation, Ausgabe 28 (2012/1:3).
512   Jäger (2012:152).
513   Jäger (2012:95).

„Es ist Aufgabe des Landes, gemeinsam mit den Kommunen als Träger der Schulen ein solches Konzept zu erstellen, das die inhaltliche Ausgestaltung der Ganztagsschule sowie deren Finanzierung definiert. Nur dadurch können in Baden-Württemberg der nachhaltige Erfolg der Ganztagsschule, optimale Rahmenbedingungen für eine wirkungsvolle pädagogische Arbeit, ein bedarfsgerechtes und vielfältiges Bildungsangebot sowie eine größtmögliche Akzeptanz bei Schülerinnen, Schülern, Eltern, Lehrkräften, Schulträgern und außerschulischen Partnern gewährleistet werden."[514]

Insbesondere gelte es bei dem von der Landesregierung vorgesehenen Ausbau des Ganztagsbetriebes an den allgemeinbildenden Schulen zu verhindern, dass „schulartenübergreifend die außerunterrichtlichen Entfaltungsräume von Kindern und Jugendlichen und damit die privat verfügbare Zeit etwa für sportliche, soziale, politische oder musikalisch-kulturelle Aktivitäten weiter eingeschränkt werden".[515]

„Immer mehr musikalisch interessierte Kinder und Jugendliche haben nicht mehr ausreichend Zeit für das systematische Erlernen eines Instrumentes, nämlich den wöchentlichen Instrumental- und Vokalunterricht und das regelmäßige Üben. Erst recht haben sie keine Zeit mehr für die Mitwirkung in Ensembles oder die Belegung eines Zweit- oder Drittfaches an einer Musikschule.
Für die Musikschulen sind mit G8 daher erhebliche Anpassungsleistungen verbunden, damit sie auch künftig ihren Bildungsauftrag in einer angemessenen Ergebnisqualität erfüllen und möglichst vielen Kindern und Jugendlichen eine qualifizierte musikalische Bildung vermitteln können. Dennoch sehen sich Musikschulen derzeit mit sinkenden Schülerzahlen vor allem im Orchester- und Ensemblemusizieren und in den studienvorbereitenden Ausbildungsgängen konfrontiert, zum Teil auch bereits in der instrumentalen und vokalen Mittel- und Oberstufe."[516]

Im Februar 2015 haben schließlich der Landesverband der Musikschulen Baden-Württembergs sowie das Ministerium für Kultus, Jugend und Sport (Baden-Württemberg) eine Kooperationsvereinbarung über die Bildungsarbeit der öffentlichen Musikschulen an Ganztagsschulen getroffen.[517] Die Vereinbarung besagt, dass öffentliche Musikschulen einer der zentralen Ansprechpartner der Ganztagsschulen sind. Bildungsangebote der Musikschulen sollen demnach Bestandteil des außerunterrichtlichen Angebotes möglichst jeder Grundschule sein. Zum pädagogischen Konzept jeder Grundschule mit Ganztagsbetrieb sollte eine musikalische Grundausbildung in den Klassen 1 und 2 durch eine Musikschule gehören. Befürwortet wird die Fortführung ab Klasse 3 in Form eines instrumentalen / vokalen Gruppenunterrichts. Es ist außerdem möglich, Bildungskooperationen auch zeitlich parallel zum Ganztagsbetrieb anzubieten. Sofern sie nicht Teil des Ganztagsangebotes sind, können Teilnehmerentgelte erhoben werden. Ebenfalls kann eine musikalische Individualförderung parallel zum Ganztagsbetrieb

---

514   Landesverband der Musikschulen Baden-Württembergs (2013:3).
515   Landesverband der Musikschulen Baden-Württembergs (2013:12).
516   Landesverband der Musikschulen Baden-Württembergs (2013:11f.).
517   http://musikschulen-bw.de/fileadmin/Bilder_Redakteure/PDF-Dateien/Kooperationsvereinbarung_
       KM-Musikschulen.pdf [13.3.2016].

an der Schule selbst, an der Musikschule oder an einem dritten Ort stattfinden. In diesem Fall dürfen zu Finanzierungszwecken Entgelte erhoben werden. Die Vereinbarung sieht vor, dass für Kinder mit besonderer musikalischer Begabung die individuellen Notwendigkeiten für Unterricht und Übung wie bisher vor Ort zu regeln sind.

Abzuwarten bleibt, wie belastbar sich die Kooperationsvereinbarung zwischen Landesverband und Ministerium erweisen wird. Sie stellt gewiss einen wichtigen Schritt zu einheitlicheren und verlässlicheren Kooperationsstrukturen dar, aber noch keine Garantie. Zu den Finanzierungsmöglichkeiten heißt es auf der Homepage des Landesverbandes:

> „Mit dem neuen Ganztagsschulgesetz in Baden-Württemberg wurden Voraussetzungen und Regelungen zur Zusammenarbeit der Schulen mit außerschulischen Partnern wie den öffentlichen Musikschulen festgeschrieben.
> Das Land Baden-Württemberg fördert die Kooperation mit außerschulischen Bildungsträgern an Ganztagsschulen, indem bis zu 50% der für das Ganztagsangebot zur Verfügung gestellten Lehrerwochenstunden monetarisiert und damit zur Finanzierung der Angebote verwendet werden können."[518]

Dem Landesverband geht diese Regelung nicht weit genug. Er drängt auf einen Ausbau der Monetarisierung[519] in Verbindung mit einer Erhöhung der Landesförderung insgesamt[520] sowie auf eine geänderte Schulbesuchsordnung mit dem Ziel, weiterhin Individualunterricht möglich zu machen.[521] Christa Vossschulte, langjährige Vizepräsidentin des Landtags Baden-Württemberg und derzeitige Präsidentin des Landesverbandes der Musikschulen Baden-Württembergs, erläutert:

> „Wir erhoffen uns von der Landesregierung [...], dass die Monetarisierung von Lehrerwochenstunden auf alle Ganztagsschulen, also auch auf die Gemeinschaftsschulen und die anderen weiterführenden Schulen mit Ganztagsbetrieb – und als solche muss auch das G8 gelten – ausgeweitet wird."[522]

Die Stuttgarter Musikschule hat die Kooperationsvereinbarung zum Ausgangspunkt genommen, um 50 musikalische Grundausbildungskurse an gebundenen Ganztagsgrundschulen neu einzurichten.[523] Ermöglicht wird das Vorhaben mit Unterstützung der Stadt Stuttgart. Eingebunden ist das „Netzwerk für kulturelle Bildung in Stuttgart" Kubi-S, welches ...

> „beratend, qualifizierend und vermittelnd für die kulturschaffenden Vereine und Einrichtungen sowie für Schulen und Träger der Jugendhilfe tätig" ist. „Erster Aufgabenschwerpunkt

---

518   http://musikschulen-bw.de/index.php?id=84 [13.3.2016].
519   Landesverband der Musikschulen Baden-Württembergs (2015:14).
520   Landesverband der Musikschulen Baden-Württembergs (2015:10).
521   Landesverband der Musikschulen Baden-Württembergs (2015:15).
522   Vossschulte (2016:138).
523   Stuttgarter Musikschule (2016:17).

ist der Aufbau eines Kulturangebots in der verbindlichen Ganztagesgrundschule und Ganztagesschule in Wahlform analog zum bereits bestehenden Angebot im Sportbereich.“[524]

Doch die Planungen gehen weiter. Schulbürgermeisterin Isabel Fezer möchte in Stuttgart gemeinsam mit der Musikschule ein neues Modellprojekt starten:

> „Sie schlägt vor, das Programm ‚Musik für alle‘ als zusätzliches Angebot an der Ganztagsschule einzuführen. In Klasse 1 und 2 sollen die Kinder an das aktive Musizieren herangeführt werden. In Klasse 2 und 3 sollen Instrumentalunterricht beziehungsweise Stimmbildung und das Singen im Chor hinzukommen. Der Unterricht soll im Tandem von Grundschul- und Musiklehrer stattfinden, um die Klassen geschlossen unterrichten zu können. Von Klasse 4 an sollen die Kinder den Musikunterricht an der Musikschule fortführen, wobei die Bonus-Card, das Bildungs- und Teilhabepaket verwendet werden können. [...]
> Die Schulverwaltung möchte das Modell in 20 Klassenzügen an zehn Ganztagsgrundschulen erproben. Das würde 1120 Kinder erreichen. Starten will Fezer 2017/18 mit fünf Ganztagsgrundschulen, im Jahr darauf soll das Modell ausgeweitet werden. Interessierte Ganztagsgrundschulen können sich gemeinsam mit dem Jugendhilfeträger bewerben. Als Starterschule bringt Fezer explizit die Wilhelmsschule Untertürkheim ins Spiel. Dort sei die Kooperation mit der Musikschule am weitesten gediehen.“[525]

Dass die Nachhaltigkeit von Bildungskooperationen bisweilen von Richtungswechseln in der Landespolitik stark beeinträchtigt werden kann, verdeutlicht das Beispiel von „Singen-Bewegen-Sprechen“ (SBS). Begonnen hat „Singen-Bewegen-Sprechen“ als Modellprojekt, das der Landesverband der Musikschulen Baden-Württembergs in den Jahren 2007 bis 2009 an 17 Kindergärten des Landes unter Beteiligung der örtlichen Musikschulen im Auftrag der Stiftung Kinderland Baden-Württemberg durchführte. Die Projektleitung lag bei Norbert Dietrich (Landesverband).[526] Das Projekt wurde von Norbert Huppertz (PH Freiburg) wissenschaftlich begleitet und evaluiert.[527] Zielsetzung war es, „den kindlichen Entwicklungsprozess durch musikalische, motorische und sprachliche Bildung zu fördern, u.a. in Hinblick auf die Schulfähigkeit“.[528] Innerhalb des Projektes unterrichtete einmal wöchentlich eine Musikschullehrkraft aus der elementaren Musikpädagogik gemeinsam mit einer Erzieherin im Kindergarten.[529] Die Unterrichtsinhalte wurden anschließend im Laufe der Woche durch die Erzieherin vertieft.[530] Der „Orientierungsplan für Bildung und Erziehung für die baden-württembergischen Kindergärten“ mit den Bildungsfeldern *Körper / Sinne / Sprache /*

---

524 http://www.rathaus-stuttgart.de/item/show/558327/1 [13.3.2016].
525 Stuttgarter Zeitung, 5.7.2017, S. 23: „Fezer will das Fach Musik stärken“.
526 Vgl. Dietrich (2009).
527 Huppertz (2010:11).
528 Huppertz (2010:17).
529 Huppertz (2010:17).
530 Dietrich (2009:1).

Denken / Gefühl und Mitgefühl / Sinn, Werte, Religion diente als orientierende Basis.[531]
Norbert Dietrich erläutert:

> „Gleichermaßen kann Musik in allen sechs Bildungsfeldern wirksam werden, ohne dass damit auch nur ansatzweise ein Absolutheitsanspruch verbunden zu sein braucht.
> Im Bildungsfeld 1 (Körper) fördert sie durch eine musikalisch intendierte differenzierte Bewegung in hohem Maße die Entwicklung des Körpergefühls.
> Bezogen auf das Bildungsfeld 2 (Sinne) schärft sie die Wahrnehmungsfähigkeit in den Bereichen Hören, Sehen, Beobachten und Fühlen als Grundlage für kreatives Handeln.
> Im Bildungsfeld 3 (Sprache) stärkt sie, neben ihrer sprachbildenden Fähigkeit an sich, die nonverbalen Momente, wie Mimik, Gestik, Sprachmelodie sowie den emotionalen Gehalt von Sprache.
> Beim Bildungsfeld 4 (Denken) begünstigt sie die Ausbildung von Fantasie und Kreativität als wichtigen Fundamenten und Komponenten für das Denken.
> Im Bildungsfeld 5 (Gefühl, Mitgefühl) wird sie der Tatsache gerecht, dass jedes Handeln von Emotionen begleitet ist und Empathie erfordert. Emotion und Empathie ist das Schlagwort für Musik schlechthin. Wenn Musik als Sprache der Seele bezeichnet wird, so hat sie hier einen wichtigen Platz.
> Im Bildungsfeld 6 (Sinn, Werte, Religion) schließlich fördert das gemeinsame Musizieren beispielsweise die Wertschätzung des Gegenübers. Zudem begleitet Musik seit jeher die religiösen Handlungen und verstärkt damit ihren Sinn. Zu allererst jedoch bedeutet sie einen kulturellen Wert an sich.“[532]

Die Auswertung des Modellversuchs wies im Ergebnis auf eine verbesserte Schulfähigkeit der beteiligten Kinder hin.[533] Dies ließ sich der „bildende[n] Kraft der Musik im vorschulischen Bereich“[534] zuschreiben:

> „Kinder
> - erleben Freude an der Musik (u. a. Musizieren als Selbstzweck und in Verbindung mit Bewegung und Sprache),
> - entwickeln ihre Persönlichkeit durch eine Stärkung
>   a) der Eigen-, Fremd-, und Gruppenwahrnehmung entsprechend dem Beziehungs-Dreieck Ich-Du-Wir,
>   b) des Selbstbewusstseins und des Selbstwertgefühls,
>   c) des sozialen Verhaltens in der Gruppe [...]
> - differenzieren ihre sinnliche Wahrnehmung, Kreativität und Gestaltungsfähigkeit [...]
> - erweitern die Fähigkeit, Musik wahrzunehmen, sich zu Musik körperlich differenziert auszudrücken, dem Entwicklungsstand gemäß zu singen sowie auf elementaren Instrumenten zu musizieren [...]
> - entwickeln ihre grob- und feinmotorischen Fähigkeiten weiter [...]“[535]

---

531 Huppertz (2010:14).
532 Dietrich (2009:3f.).
533 Vgl. Huppertz (2010:106ff.).
534 Dietrich (2009:4).
535 Huppertz (2010:23).

Es zeigte sich darüber hinaus auch eine „ungewöhnlich gute Entwicklung im Sprechverhalten und bei der Sprachfähigkeit insbesondere bei den schwächeren Kindern".

> „Hier vermag Musik offensichtlich viel zu bewirken, indem sie zunächst die Sprache, beispielsweise im Lied sowie bei den musikalischen Sprachversen, rhythmisiert, ordnet und kanalisiert. Dies begünstigt den Abbau von Sprachhemmungen, befördert die ungezwungene Artikulation und das freie Sprechen innerhalb der Gruppe und führt dann insgesamt zu einer Erweiterung des Sprachschatzes."[536]

Nach Abschluss des Modellversuchs „Singen-Bewegen-Sprechen" startete im Oktober 2010 ein gleichnamiges Förderprogramm des Landes Baden-Württemberg. „Zur Förderung der musikalischen Bildung von Kindern zwischen vier und zehn Jahren wurden 965 Bildungskooperationen zwischen Kindergärten und Musikschulen oder Musikvereinen in das Programm aufgenommen, ca. 380 weitere Kooperationen kamen im Frühjahr 2011 dazu."[537] In Stuttgart unterrichteten seit Oktober 2010 zehn Musikschullehrkräfte das Fach SBS in 60 Kindergärten.[538] „Singen-Bewegen-Sprechen" wurde auf die Dauer von sechs Jahren angelegt. Es setzte zunächst zwei Jahre vor der Einschulung im Kindergarten an und sollte später in vier Grundschuljahren über anschließende Unterrichtsangebote der Musikschulen fortgesetzt werden.[539] SBS ist als entgeltfreier Unterricht in Kindergärten und Schulen konzipiert worden, bei gleichzeitiger Komplettfinanzierung durch das Land. Der seinerzeitige baden-württembergische Ministerpräsident Stefan Mappus verkündete in seiner Regierungserklärung vom 10. März 2010:

> „Zusammen mit den Jugendmusikschulen im Land werden wir ab dem kommenden Schuljahr mehr für die musikalische Grundbildung von Kindern zwischen vier und zehn Jahren tun. Das erfolgreiche Programm ‚Singen-Bewegen-Sprechen' (S-B-S) werden wir zunächst auf 1.000 Gruppen mit insgesamt 20.000 Kindern erweitern und Jahr für Jahr einen weiteren Jahrgang bis Klasse vier einbeziehen. Wir wollen damit die musikalische, motorische und sprachliche Entwicklung von Kindern unterstützen und dazu beitragen, dass Kinder die Schulfähigkeit erlangen. Ich möchte, dass wir dafür die Basis legen, dass möglichst jedes Kind in Baden-Württemberg ein Musikinstrument erlernen kann. Das entspricht unserem umfassenden Bildungsverständnis, das über Schreiben, Lesen und Rechnen hinausgeht. Und es ist gleichzeitig auch ein wirkungsvoller Beitrag, um soziale Unterschiede in unseren Schulklassen zu überwinden."[540]

Infolge des Wechsels der Landesregierung (2011) wurde das Landesförderprogramm SBS wieder gestoppt. Seit 2012 ist „Singen-Bewegen-Sprechen" als eigenständiger Förderweg in die Sprachförderung SPATZ (= Sprachförderung in allen Tageseinrichtungen für Kinder mit Zusatzbedarf) des Landes Baden-Württemberg integriert.[541] Für den

---

536   Dietrich (2009:5).
537   http://musikschulen-bw.de/index.php?id=85 [16.3.2016].
538   Intonation, Ausgabe 27 (2011/2:4).
539   Vgl. Landesverband der Musikschulen Baden-Württembergs (2012).
540   Zit. nach Jäger (2012:22).
541   http://musikschulen-bw.de/index.php?id=85 [16.3.2016].

Grundschulbereich findet es keine Anwendung mehr. Friedrich-Koh Dolge wertete im Jahr 2012 diese Entwicklung als vertane Chance:

> „Das im September 2010 eingeführte Landesförderprogramm ‚Singen-Bewegen-Sprechen‘ wird von der neuen Landesregierung im vorschulischen Bereich in der für uns bewährten Form nicht weitergeführt, sondern voraussichtlich als ein Teil der neuen Sprachförderungsinitiative fortgesetzt. Die Weiterführung im Grundschulbereich ist nach jetzigem Stand vollständig in Frage gestellt. Dieses ist umso bedauerlicher, als dass mit ‚Singen-Bewegen-Sprechen‘ zum ersten Mal für Generationen von Kindern zwischen vier und zehn Jahren ein inhaltlich hinterlegtes, musikalisch-pädagogisches Bildungsprogramm in Baden-Württemberg hätte installiert werden können. In Stuttgart werden derzeit über 1.400 Kindergartenkinder im Tandem von einer/m Erzieher/in des Kindergartens und einer musikpädagogischen Kraft der Stuttgarter Musikschule unterrichtet. Würde es wie geplant in den Grundschulen fortgeführt, so wären bis 2016 rund 5.000 Kinder allein in Stuttgart in den Genuss einer musikalischen Bildung durch ‚Singen-Bewegen-Sprechen‘ gekommen. Was für eine nachhaltige Bildungschance, die hier greifbar war!“[542]

Nur scheinbar leicht zu beantworten ist die Frage, was bei „Singen-Bewegen-Sprechen“ eigentlich im Vordergrund stehen soll, die musikalische Förderung der Kinder oder der Transfereffekt, nämlich die Schulfähigkeit der Kinder. *Per definitionem* handelt es sich nunmehr um ein Sprachförderungsprojekt, aus Sicht der Musikschulen erscheint jedoch vor allem die Möglichkeit attraktiv, mit Hilfe von SBS auch Kindern eine musikalische Grundbildung zu ermöglichen, die ansonsten nicht den Weg in die Musikschule finden. In der zweiten Hälfte des Jahres 2010 veröffentlichte die Stuttgarter Musikschulzeitung „Intonation“ ein Gespräch mit Heinrich Korthöber, Geschäftsstellenleiter des Landesverbandes der Musikschulen Baden-Württembergs, und Friedrich-Koh Dolge zum Thema SBS. Auf die Frage, wie groß der musikalische Anteil an „Singen-Bewegen-Sprechen“ sei, antwortet Korthöber:

> „Grundsätzlich hundert Prozent! Denn das Singen ist eine musikalische Tätigkeit, Bewegung wird in oder mit Musik umgesetzt, auch das Sprechen wird – über Sprechverse usw. – musikalisiert. Musik ist das zentrale Medium – das ist der innovative Ansatz. Musik ist nicht das prioritäre Ziel des Ganzen, es ist das Instrument, das unterscheidet SBS auch von der Musikalischen Früherziehung klassischer Art.“[543]

Korthöbers Antwort verlangt dem Abstraktionsvermögen des Lesers einiges ab. Ein Projekt, das zu hundert Prozent auf Musikausübung basiert und doch die Musik nicht zum prioritären Ziel hat – dies in Abgrenzung zum Angebot der musikalischen Früherziehung an Musikschulen? Prompt interveniert Dolge im weiteren Gesprächsverlauf:

> „Ich möchte eines noch sagen: Wir dürfen nicht den großen Fehler machen, dass wir Musik, dieses wertvolle Gut, als ‚Wunderwaffe‘ missbrauchen. Musik ist Musik und sollte Musik bleiben! Musik sollte nach wie vor um der Musik willen betrieben werden und nicht,

---

542   Intonation, Ausgabe 28 (2012/1:3).
543   Intonation, Ausgabe 25 (2010/2:12).

um in erster Linie Kinder zur Schulreife zu bringen. Die Beschäftigung mit Musik ist das primäre Ziel."[544]

Einmal soll die Musik nicht das prioritäre Ziel von SBS sein, dann wiederum wird sie zum primären Ziel der Musikschularbeit erklärt. Korthöbers und Dolges Aussagen sind nicht einmal im Widerspruch zu lesen, denn Dolge möchte hier nur dem Eindruck entgegentreten, Musikschularbeit ließe sich darauf reduzieren, der Sprachförderung zuzuarbeiten. Deutlich zeigt sich indes, wie schwer es fällt, nach außen zu kommunizieren, dass SBS die sprachliche und musikalische Förderung der Kinder miteinander verbindet und dementsprechend andere Schwerpunkte als die musikalische Früherziehung setzt, welche stärker noch zum instrumentalen Musizieren hinführt. Die an SBS beteiligten Musikschulen sind mit diesem Problem unterschiedlich umgegangen. Gerd Eicker, u.a. früherer Vorsitzender des VdM wie auch des baden-württembergischen Landesverbandes, schreibt:

> „Nehmen wir das baden-württembergische Programm ‚Singen-Bewegen-Sprechen' (SBS) für die Elementarstufe: Das Land übernimmt die Personalkosten, die Lehrkräfte arbeiten in Kindergärten – zugänglich für alle Kinder. Manche Schulen lösen den Baustein Früherziehung heraus, ersetzen ihn durch SBS. Regierungswechsel: Das Programm wird gestoppt – Früherziehung muss neu aufgebaut werden. Andere Schulen setzten das Programm nur in den Kindergärten ein, zu denen sie bisher keinen Zugang hatten, und haben nun neue Partner, mit denen über weitere Kooperationen verhandelt wird – ein neuer Baustein entsteht!"[545]

Die Stuttgarter Musikschule hat eindeutig den letztgenannten Weg gewählt. Friedrich-Koh Dolge äußerte sich bereits 2010 zu der Notwendigkeit, musikalische Früherziehung und SBS voneinander abzugrenzen. In Ergänzung zur musikalischen Früherziehung sollten in Stuttgart die Bildungskooperationen mit Kindertagesstätten gezielt ausgebaut werden.

> „Wir müssen in der Öffentlichkeit klar machen, welche Profile das jeweilige Angebot hat, denn die Gefahr der Vermischung seitens der Eltern ist natürlich sehr groß. Wir werden auch zusehen, dass wir die Kooperationen in den Bezirken gleichmäßig verteilen. Hier werden die Bezirksleiter die Möglichkeit haben zu steuern und zu überlegen, in welchen Kindergärten wir noch kein Angebot der Stuttgarter Musikschule haben, wo es soziale Brennpunkte gibt usw."[546]

Diese Strategie hat sich bewährt. Aktuell erreicht die Stuttgarter Musikschule 681 Kinder in 83 SBS-Kursen in städtischen, privaten und kirchlichen Einrichtungen (Stand: 2017), parallel zum Angebot der musikalischen Früherziehung.[547] Dies ändert freilich nichts daran, dass „Singen-Bewegen-Sprechen" durch die Integration in das Sprachför-

---

544   Intonation, Ausgabe 25 (2010/2:13).
545   Eicker (2014:46).
546   Intonation, Ausgabe 25 (2010/2:13).
547   Intonation, Ausgabe 39 (2017/2:40).

derprogramm SPATZ landesweit an Breitenwirkung verloren hat. Seitdem das von den Musikschulen initiierte Bildungsprogramm SBS seine Eigenständigkeit verloren hat und „nur" noch als reines Sprachförderprogramm weitergeführt wird, hat sich auch die Zahl der Kooperationen insgesamt rückläufig entwickelt. Der baden-württembergische Landesverband der Musikschulen fordert daher, SBS als eigenständiges Bildungsprogramm wieder einzusetzen.[548]

> „Es hat sich […] gezeigt, dass sich durch die Integration von SBS in SPATZ die Potentiale des Bildungsprogrammes nicht voll entfalten können. Im Rahmen des Landesförderprogrammes nahmen zuletzt an 1.400 Standorten ca. 38.000 Kinder an SBS-Maßnahmen teil. Heute werden bei ähnlichem finanziellem Aufwand für die öffentliche Hand nur noch etwa 24.000 Kinder erreicht. Dennoch ist der Verwaltungsaufwand für die Träger der Kindertagesstätten und Musikschulen höher als vorher.
> Um den Einsatz öffentlicher Ressourcen effizienter zu gestalten, die Potentiale des Bildungsprogrammes ‚Singen-Bewegen-Sprechen' besser zu nutzen und noch mehr Kinder an dieser Förderung teilhaben lassen zu können, ist es angezeigt, SBS wieder als eigenständiges Förderprogramm zu etablieren. Der Landesverband ist gerne bereit, an einer kostenneutralen Lösung zur Steigerung der Effektivität bei SBS mitzuwirken."[549]

Die Stuttgarter Musikschule kooperiert mit Bildungseinrichtungen indes nicht nur unter dem Aspekt der Breitenförderung, sondern auch hinsichtlich der Begabtenförderung. Eine enge Zusammenarbeit besteht mit der Hochschule für Musik und Darstellende Kunst Stuttgart. Die Musikschule bereitet begabte Jugendliche auf die Aufnahmeprüfung an einer Musikhochschule vor, mitunter sind auch Lehrkräfte der Musikschule zugleich an der Hochschule pädagogisch tätig. Es kommt zu gemeinsamen Veranstaltungen, Studierende absolvieren ihre Praktika an der Musikschule. Neuerdings wird die Zusammenarbeit durch das Musikgymnasium mit dem Hochbegabtenzug am Eberhard-Ludwigs-Gymnasium vertieft.

Der Fagottlehrer Oliver Hasenzahl erzählt in der Musikschulzeitung „Intonation", auf welchen Wegen er seine Lehrtätigkeiten an Musik- und Hochschule miteinander verbindet. „Oliver Hasenzahl hat an der Musikschule ein volles Lehrdeputat. Er unterrichtet Fagott und leitet das Ensemble Serenata, außerdem hat er das Fagottensemble der Stuttgarter Musikschule gegründet."[550] Neben seiner künstlerischen Tätigkeit sind auch mehrere Lehrwerke für Fagott von Hasenzahl verfasst. An der Hochschule übt er einen Lehrauftrag für Instrumentalmethodik (Fagott, Oboe) aus.[551] Von seiner Arbeit dort berichtet er:

> „Im Methodikseminar erarbeiten die Studierenden und ich Themen rund ums Unterrichten. Entweder in Kleingruppen oder in Diskussionsrunden; ich doziere nicht. Die jungen Leute machen sehr gut mit und bringen sich ein. Bei diesen offenen Prozessen, die ich anrege, entsteht sehr viel. Ich fasse dann alles auf dem Papier zusammen. Natürlich

---

548 Landesverband der Musikschulen Baden-Württembergs (2015:9).
549 Landesverband der Musikschulen Baden-Württembergs (2015:17).
550 Intonation, Ausgabe 36 (2016/1:12).
551 Intonation, Ausgabe 36 (2016/1:12).

muss es Reflexion und Theorie geben, doch ich möchte, dass das Fach Methodik so praxis-orientiert wie möglich ist, denn Unterrichten lernt man beim Unterrichten am besten. Von der Musikschule bringe ich darum immer wieder Schüler mit, entweder aus meiner eigenen Fagottklasse oder aus der Klasse der Oboenkollegen."[552]

Hasenzahls Ansatz eines erprobenden Unterrichtens ähnelt grundsätzlich dem, was bereits im 19. Jahrhundert am Konservatorium Stuttgart im Bereich der Elementarklassen praktiziert wurde, mit einem entscheidenden Unterschied: Kleingruppenarbeit, Diskussionsrunden und „offene Prozesse" standen damals offiziell nicht auf dem Lehrplan. Die methodische Reflexion blieb weitgehend der beaufsichtigenden Lehrperson vorbehalten. Nach Einschätzung von Oliver Hasenzahl profitieren heute Studenten und Schüler/innen wechselseitig von dem Austausch zwischen Musik- und Hochschule.

> „Im Seminar Methodik II (3. Und 4. Semester) bildet Oliver Hasenzahl Schülerpatenschaften: Jeder Student bekommt einen Musikschüler zugeordnet. Dieser Patenschüler bekommt – zusätzlich zum Musikschulunterricht – alle vierzehn Tage kostenlos eine Unterrichtsstunde von ‚seinem' Studenten. Das kann je nach Schüler Unterricht auf Anfänger- oder auch auf ‚Jugend-musiziert'-Niveau sein. ‚Die Studenten müssen ihren Unterricht eigenverantwortlich gestalten', so Hasenzahl.
>
> ‚Aus dieser Praxis entstehen neue Fragestellungen und inhaltliche Wünsche für das Seminar: Wie unterrichte ich dieses oder jenes Thema, z.B. Staccato.' Der Student muss zudem ganze Einheiten gestalten, muss längerfristig denken und planen. Hasenzahl ermöglicht seinen Studenten somit, Unterrichtserfahrung bereits vor dem Einstieg ins Berufsleben zu sammeln. Den Abschluss bildet dann die Methodikprüfung, zum Beispiel eine Unterrichtseinheit mit dem Patenschüler."[553]

Sören Bindemann, Student an der Stuttgarter Hochschule im 6. Bachelor-Semester Violine mit künstlerisch-pädagogischem Schwerpunkt, gibt Einblick in ein Hospitationspraktikum, das er an der Stuttgarter Musikschule absolvierte:

> „Studierende mit einem pädagogischen Schwerpunkt besuchen […] Methodikseminare und Verbreiterungsangebote, wie ‚Komponieren mit Kindern' oder ‚Musizieren mit Klassen'.
>
> Neben einem selbst gewählten Methodikprojekt müssen auch zwei Praktika absolviert werden. Im ‚Unterrichtspraktikum' hospitiert man über mehrere Wochen bei einem Lehrer des eigenen Instrumentes. Hier gilt es, die kontinuierliche Entwicklung der Schüler nachzuvollziehen. Das 20 Stunden umfassende ‚Hospitationspraktikum' wird an einer Musikschule durchgeführt, hier lernt man unterschiedliche Fachbereiche kennen. Ich hatte das große Glück, dieses Praktikum im Oktober 2015 an der Stuttgarter Musikschule machen zu dürfen. […] So habe ich verschiedene Formen von Einzel- und Gruppenunterricht in allen Instrumentengruppen erlebt. Außerdem durfte ich auch das Symphonische Blasorchester, die Suzuki-Gruppe, die elementare Frühförderung und die Studienvorbereitung

---

552 Intonation, Ausgabe 36 (2016/1:12).
553 Intonation, Ausgabe 36 (2016/1:12).

in den Fächern Musiktheorie und Gehörbildung besuchen. […] Mein derzeitiger Berufs-
wunsch ist die Kombination von fester Orchestertätigkeit und kontinuierlichem Kammer-
musikspiel, verbunden mit einer regelmäßigen Unterrichtstätigkeit.“[554]

Seit September 2013 gibt es in Stuttgart das Musikgymnasium mit Hochbegabtenzug, eine Kooperation zwischen Stuttgarter Musikschule, Musikhochschule und dem
Eberhard-Ludwigs-Gymnasium. „Inzwischen werden hier rund 50 Schülerinnen und
Schüler über mehrere Jahrgangsstufen […] unterrichtet.“[555] Vorausgegangen waren dem
Gespräche mit Vertretern der verantwortlichen Ministerien sowie des Regierungspräsidiums und der Stadt Stuttgart.[556] Friedrich-Koh Dolge begründete 2013 die Einrichtung des Musikgymnasiums:

> „Die Schulzeitverdichtung und -verkürzung, verursacht durch den Bildungswandel der
> letzten rund 15 Jahre, macht die Einrichtung eines solchen Musikgymnasiums sicherlich
> notwendig. Musikalisch hochbegabte Kinder und Jugendliche haben so die Möglichkeit,
> die für sie dringend erforderlichen Zeitkorridore für das Üben, für die Vorbereitung und an-
> schließende Teilnahme an Wettbewerben, insgesamt für die intensive Beschäftigung mit
> Musik einzurichten.“[557]

Das Eberhard-Ludwigs-Gymnasium blickt auf eine lange Tradition als humanistisches
Gymnasium zurück und ist zusätzlich „seit gut 40 Jahren ein Gymnasium mit Musikprofil“.[558] Kennzeichen dieses Musikprofils ist, dass …

- „in den Klassen 5–7 verstärkter Musikunterricht angeboten wird;
- Musik ab Klasse 8 anstelle einer weiteren Fremdsprache als zusätzliches Hauptfach gewählt werden kann, das dann auch mindestens vier Stunden pro Woche unterrichtet
  wird;
- es allen musikbegeisterten Schülern offen steht. Eine musikalische Hochbegabung oder
  bereits erbrachte musikalische Hochleistungen sind dafür keine Voraussetzung.“[559]

Während das Eberhard-Ludwigs-Gymnasium mit seinem Musikprofil nach wie vor
allen interessierten Schülern Zugang bietet, lautet die Grundidee des an selber Stelle
eingerichteten Musikgymnasiums: „[…] Schülerinnen und Schülern, die musikalische
Höchstleistungen erbringen, zu ermöglichen, das Abitur abzulegen und sie gleichzeitig
auf ein Musikstudium vorzubereiten“.[560] Ein Abgrenzungskriterium des Musikgymnasiums gegenüber einem Gymnasium mit Musikprofil besteht darin, „dass an einem Musikgymnasium auch Instrumental- und Vokalunterricht als Einzelunterricht bei außer-

---

554 Intonation, Ausgabe 36 (2016/1:11).
555 Flyer „Musikgymnasium Baden-Württemberg. Eberhard-Ludwigs-Gymnsaium Stuttgart. Informationen zum Schul-
     jahr 2015/2016“.
556 Intonation, Ausgabe 36 (2016/1:5).
557 Intonation, Ausgabe 31 (2013/2:3).
558 Intonation, Ausgabe 31 (2013/2:6).
559 Intonation, Ausgabe 31 (2013/2:6).
560 Intonation, Ausgabe 31 (2013/2:6).

schulischen Lehrkräften angeboten wird".[561] Die Aufnahme an das Musikgymnasium ist an das Bestehen einer Aufnahmeprüfung gebunden.

„Diese Aufnahmeprüfung umfasst eine Prüfung im instrumentalen bzw. vokalen Hauptfach sowie eine Prüfung in Musiktheorie und Hörerziehung. Die Aufnahmeprüfung wird von einer Kommission der Staatlichen Hochschule für Musik und Darstellende Kunst Stuttgart abgenommen, in der auch Vertreter der Stuttgarter Musikschule und des Musikgymnasiums sitzen."[562]

Der Besuch des Musikgymnasiums schließt Unterricht in folgenden zusätzlichen Fächern mit ein:

- „Korrepetition
- Unterricht im instrumentalen bzw. vokalen Hauptfach
- Unterricht in den Fächern Hörerziehung, Musiktheorie, Musikgeschichte
- Projektarbeit in Orchester und Kammermusik bzw. Chor und Vokalensembles
- Unterricht im Nebenfach Klavier (bzw. für Pianisten vergleichbare Angebote)
- Unterricht in Stimmbildung / Gesang und Schlagtechnik / Dirigieren"[563]

Den instrumentalen Hauptfach-Unterricht können die Schüler/innen des Musikgymnasiums bei ihrer bisherigen Lehrkraft weiterführen oder sie wechseln entweder zu einer Lehrkraft der Musikhochschule oder zu einer ausgewählten Lehrkraft der Musikschule. Im regulären Schulunterricht werden Schüler des Musikgymnasiums entlastet.

„Um dem zusätzlichen Zeitbedarf für die musikalischen Unterrichte und für das Üben gerecht werden zu können, wird der Pflichtunterricht in anderen schulischen Fächern maßvoll reduziert. Bei Förderbedarf erfolgt eine Nachführung der Schüler durch flexibel angesetzten und gezielt auf die individuellen Bedürfnisse ausgerichteten Einzel- oder Gruppenunterricht (u.a. bei außerplanmäßigen Unterrichtsversäumnissen durch Konzert-, Probenphasen, Teilnahme an Wettbewerben und Meisterkursen)."[564]

Die Stuttgarter Musikschule stellte im Jahr 2015 knapp 50% der Schülerinnen und Schüler des Musikgymnasiums.[565] Nach dem Vorbild des Musikgymnasiums in Stuttgart sind inzwischen weitere Musikgymnasien in Karlsruhe und Trossingen entstanden.[566] Derweil bestehen bei der Stuttgarter Schulbürgermeisterin Isabel Fezer Planungen für eine musikbetonte Grundschule in Kooperation mit der Stuttgarter Musikschule.

„Dort soll ein ganzer Klassenzug einer Ganztagsschule mit zusätzlichen Angeboten zur Musik ausgestattet werden. Die Schüler beginnen in der 1. Klasse mit demselben Programm

---

561 Intonation, Ausgabe 31 (2013/2:6).
562 Flyer „Musikgymnasium Baden-Württemberg. Eberhard-Ludwigs-Gymnsaium Stuttgart. Informationen zum Schuljahr 2015/2016".
563 Flyer „Musikgymnasium Baden-Württemberg. Eberhard-Ludwigs-Gymnsaium Stuttgart. Informationen zum Schuljahr 2015/2016".
564 Intonation, Ausgabe 31 (2013/2:7).
565 Stuttgarter Musikschule (2016:3).
566 Intonation, Ausgabe 36 (2016/1:5).

wie ‚Musik für alle', dann folgen in Klasse 2 Musiktheaterprojekte und Musikgeschichte. Am Nachmittag soll täglich eine halbe Stunde am Instrument geübt werden. Singen, Orchester und Einzelunterricht kommen hinzu. Letzterer ist jedoch gebührenpflichtig.“[567]

Damit zeigt sich, dass die Stuttgarter Musikschule über ihre Schulkooperationen im Bereich der Begabten- und Breitenförderung ihre Angebotsstrukturen zusätzlich diversifiziert.

Die geradezu spektakulären Erfolge der Stuttgarter Musikschule in der Begabtenförderung, wie sie etwa in einer dauerhaft rekordverdächtigen Zahl von Bundespreisträgern bei dem Wettbewerb „Jugend musiziert“ alljährlich ihren Niederschlag finden, lassen sich indes nicht *ausschließlich* auf die besondere Ausbildungsqualität der Musikschule zurückführen. Vielmehr darf Stuttgart ohne jede Übertreibung als eine „heimliche Hauptstadt der Musik“ bezeichnet werden. Diese Bezeichnung wählte eine Veröffentlichung des Kulturamtes der Stadt Stuttgart, die im Jahr 2001 unter dem Titel „Musik in und um Stuttgart“ auf über 150 Seiten das städtische Musikleben dokumentierte und ganz ohne „schwäbische Genügsamkeit“ hinzufügte: „Insbesondere, wenn man die gesamte Musikregion Stuttgart betrachtet, wird einem klar, dass man auf das ‚heimlich' gut verzichten kann. Eine enorme Vielfalt erwartet die Musikinteressierten, groß ist die Auswahl an Orchestern, Chören, Gesangsvereinen, Musikvereinen, Musikinitiativen, weltlichen und kirchlichen Musikeinrichtungen und -institutionen.“[568] Die Dokumentation listet allein 29 Orchester auf; 24 Konzert- und Kammerchöre; zahlreiche renommierte Musikinstitutionen wie z.B. Bach-Akademie, Hugo-Wolf-Akademie, Mozartgemeinde Stuttgart e.V.; diverse Ausbildungsstätten, Konzertreihen, Festivals, Wettbewerbe u.a.m.; 90 Initiativen im Bereich der Kirchenmusik, 33 Posaunenchöre; 90 Vereine der Rubrik Chöre / Gesangsvereine; 39 Vereine der Rubrik Musikvereine / Karnevalsvereine; 17 Vereine der Rubrik Handharmonika / Akkordeon; 46 Kinder- und Jugendchöre – dies alles ohne Anspruch auf Vollständigkeit. Aktivitäten in den Bereichen Jazz, Rock, Pop, HipHop sind dabei noch nicht einmal berücksichtigt. Die Entwicklungsgeschichte zahlreicher Institutionen geht direkt auf das 19. Jahrhundert zurück, vgl. etwa Liederkranz, Oratorienchor oder Orchesterverein, und steht in Zusammenhang mit den Errungenschaften einer bürgerlichen Musikkultur. Der von der Stuttgarter Musikschule für sich beanspruchte Slogan „Von der Breite zur Spitze“[569] trifft also auch auf das Musikleben der Stadt Stuttgart insgesamt zu.

Nur zwei Beispiele für Kooperationen der Stuttgarter Musikschule mit kulturellen Institutionen bzw. Bildungseinrichtungen der Stadt seien an dieser Stelle angeführt. Mit den Stuttgarter Philharmonikern unterhält die Stuttgarter Musikschule eine Orchesterpatenschaft. Michael Stille, Intendant der Stuttgarter Philharmoniker, berichtet:

„So verbindet […] das Jugendsinfonieorchester (JUSO) [der Stuttgarter Musikschule] seit 2007 eine ‚tutti pro' – Orchesterpatenschaft mit den Philharmonikern (‚tutti pro' ist eine gemeinsame Initiative der Deutschen Orchestervereinigung (DOV) mit den Jeunesses Musi-

---

567   Stuttgarter Zeitung, 5.7.2017, S. 23: „Fezer will das Fach Musik stärken“.
568   Stadt Stuttgart Kulturamt (2001:4).
569   Intonation, Ausgabe 36 (2016/1:4).

cales Deutschland (JMD) und dem Verband deutscher Musikschulen (VdM)). ‚Tutti pro‘ dient der Förderung der allgemeinen musikalischen Bildung und der musikalischen Nachwuchsförderung. Ziel der Initiative ist die Zusammenführung von Berufsorchestern und Jugendorchestern.

Im Rahmen dieser Patenschaft stellen sich Musiker der Philharmoniker als Mentoren zur Verfügung und geben den Mitgliedern des Jugendsinfonieorchesters praktische und theoretische Hilfestellung beim Musizieren im Orchester. Die Berufsmusiker leiten Registerproben der jungen Musiker, die Philharmoniker helfen mit Notenmaterial aus.

Das Jugendsinfonieorchester wiederum spielt jährlich ein Konzert im Rahmen der Reihe ‚Lauschangriff – Stuttgarter Jugendorchester‘ der Philharmoniker. Das sind immer ganz besondere Situationen im Gustav-Siegle-Haus, denn die Mitglieder des JuSO und ihre Leiter Alexander Adiarte denken sich in diesem Zusammenhang immer neue Formen der Präsentation und Darbietung ihrer Musik aus und bewerben sich damit um den Jugendorchesterpreis der Jeunesses Musicales.

Höhepunkte der Patenschaft sind sicherlich die gemeinsamen Auftritte des JuSO mit den ‚Philis‘, zum Beispiel zu den Eröffnungskonzerten der Musikfeste, bei denen jeweils Mitglieder der beiden Orchester gemeinsam an den Notenpulten spielen. Solch eine Zusammenarbeit ist, so glaube ich, für beide Seiten eine Bereicherung, denn sie bringt ‚Paten‘ und ‚Patenkinder‘ nicht nur musikalisch einander näher, sondern sie stellt auch menschliche Kontakte her, die zwischen einzelnen Mentoren und Schülern oft jahrelang andauern.“[570]

Bereits Ende der 1990er-Jahre war der Gedanke aufgekommen, die Zusammenarbeit von Philharmonikern und Musikschule zum gegenseitigen Nutzen zu intensivieren. Gemeinsam mit der Hochschule für Musik und Darstellende Kunst initiierte man das Stuttgarter Musikfest für Kinder und Jugendliche, das erstmals im Jahr 2000 stattfand und seitdem alle zwei Jahre veranstaltet wird. In eine ähnliche Richtung weist das Angebot „Hörgang“ der Musikschule (s.o.). Mit Hilfe der Konzertbesuche wird den Stuttgarter Philharmonikern ein neues, junges Publikum erschlossen, den Musikschülern indes ein attraktiver Mehrwert geboten. Intendant Michael Stille resümiert: „Auch in Zukunft wollen wir, Musikschule und Philharmoniker, gemeinsame Projekte verwirklichen – die Zusammenarbeit tut allen gut.“[571]

Ebenfalls auf eine lange Tradition blickt die Zusammenarbeit von Stuttgarter Musikschule und Stadtbibliothek Stuttgart zurück.

„Literatur und Musik sind seit jeher miteinander verbunden […] da versteht es sich von selbst, dass die Stadtbibliothek Stuttgart mit ihren 17 Zweigstellen seit Jahrzehnten mit der Stuttgarter Musikschule kooperiert.

Sei es das Adventssingen in einer kleinen Stadtteilbibliothek oder der große Auftritt beim Jubiläum der oftmals gemeinsam genutzten Häuser: Es gibt viele Bereiche, in denen unsere Institutionen zusammenarbeiten und voneinander profitieren können.“[572]

---

570 Intonation, Ausgabe 36 (2016/1:9).
571 Intonation, Ausgabe 36 (2016/1:9).
572 Intonation, Ausgabe 36 (2016/1:10).

Besonders eng verläuft „die Kombination und Kooperation von Musik und Literatur"[573] im Stadtteil Zuffenhausen, wo in einem Kulturzentrum Stadtteilbibliothek und Musikschule gemeinsam untergebracht sind. Bestens eingeführt ist inzwischen die Veranstaltungsreihe „Musik zwischen Büchern":

> „Unter dem Motto ‚Klassik angehört, getanzt, gespielt, gemalt' konnten Kinder mit Markus Himmler, dem ehemaligen Bezirksleiter der Musikschule Zuffenhausen, Camille Saint-Saens' Karneval der Tiere, Carl Orffs Weihnachtsgeschichte und vieles andere mehr oder auch mal weniger bekannte Werke unterschiedlichster Künstler auf spielerische Art und Weise kennen lernen."[574]

An jüngere Kinder und deren Familien richtet sich „Musik und Geschichten im Advent":

> „Regelmäßig zu Gast sind dabei die Fiedelmäuse unter der Leitung von Ulrike Fromm-Pfeiffer und das Gitarrenensemble unter der Leitung von Claudia Schwanhäußer. Das sind allein 26 junge MusikschülerInnen, die jeweils noch ihre Familien und Freunde mitbringen. Da ‚Musik und Geschichten im Advent' natürlich zusätzlich über die Stadtteilbibliothek beworben wird, die den literarischen Teil zu dem vorweihnachtlichen Nachmittag beiträgt, waren über 80 Besucher in den letzten Jahren keine Seltenheit."[575]

Ein neueres Projekt stellt die „Summer Lounge" dar. Über Musikauswahl und Getränkeservice soll vor allem die Zielgruppe der Erwachsenen angesprochen werden.[576]

5.3.2 Die „lernende" Musikschule

Die Leitbildentwicklung an Musikschulen, einschließlich der Stuttgarter Musikschule, ist vor dem Hintergrund ihrer organisatorischen (Weiter-)Entwicklung zu sehen. In dem Maße wie sich der Strukturplan der Musikschulen im VdM im Laufe der Zeit den sich wandelnden Herausforderungen des Bildungssystems angepasst hat, bedarf es auch auf der Individualebene der einzelnen Musikschule „eines beständigen Anpassungsprozesses der Organisationsstrukturen an veränderte Anforderungen" in der kommunalen Bildungslandschaft.[577] Dieser Anpassungsprozess beschränkt sich nicht nur auf die pädagogische Qualitätsentwicklung, sondern schließt die Veränderungsfähigkeit einer Organisation „als Ganzes" mit ein.

> „Wenn in Musikschulen von Qualität die Rede ist, wird der Begriff in der Regel zuerst im Zusammenhang mit der pädagogischen Qualität des Unterrichts oder der künstlerischen Qualität des Musizierens verstanden. In diesem Sinne ist der Begriff eine feste Größe, und es herrscht ein gewisser Konsens über sein Verständnis, zumal sich dieses Verständnis in der Regel mit dem beruflichen und künstlerischen Werdegang der meisten Mitarbeiter an

---

573 Intonation, Ausgabe 36 (2016/1:10).
574 Intonation, Ausgabe 36 (2016/1:10).
575 Intonation, Ausgabe 36 (2016/1:10).
576 Intonation, Ausgabe 36 (2016/1:10).
577 Intonation, Ausgabe 21 (2008/2:12).

den Musikschulen deckt. In deren beruflicher Sozialisation spielen individuelle Leistungen und persönliche Überzeugungen eine wesentliche Rolle.

Seit einiger Zeit wird die Qualitätsfrage in der bildungs- und kulturpolitischen Diskussion aber auch unter dem Gesichtspunkt diskutiert, wie Einrichtungen insgesamt organisiert sind, und auch die öffentlichen Musikschulen sehen sich zunehmend mit dieser Frage konfrontiert. Nicht mehr die einzelnen Personen mit ihren individuellen Qualifikationen und persönlichen Verdiensten stehen im Mittelpunkt, sondern die kollektiven Leistungen der Organisation und vor allem deren Veränderungs- und Anpassungsfähigkeit. Die Überlegungen und Bemühungen kreisen also beispielsweise um die Funktionalität von Strukturen, richten sich auf die Optimierung von Prozessen und Produkten und zielen auf Kulturveränderung. Die ‚lernende Organisation‘ ist eine Leitidee der aktuellen Qualitätsdiskussion.“[578]

Für Friedrich Soretz, als Organisationsberater für den VdM tätig, ist die „zentrale Frage im Konzept der lernenden Organisation […] die, wie eine Organisation es schafft, den beschleunigten Umweltveränderungen standzuhalten, wie sie ihre Veränderungsprozesse systematisiert, damit diese nicht zufällig und nicht nur reaktiv im Sinne von Schadensbegrenzung ablaufen“.[579] Nicht immer sind Umweltveränderungen bedrohlich für Musikschulen, sie können auch Chancen bergen.

> „Klar war und ist: Musikschulen verändern sich kontinuierlich. Sie müssen – wie alle lebendigen Organisationen – auf das reagieren, was um sie herum passiert. Besser noch: Durch adäquate Formen der Qualitätssicherung können sie Entwicklungen selbst mitbestimmen, Meinungsführer im Bildungsprozess werden und eigene Trends setzen.“[580]

Organisationsentwicklung wird zur „Arbeit an Strukturen, Abläufen, Prozessen, aber auch an Identität und Kultur der Organisation“.[581] Dies trägt zur individuellen Profilbildung einer Musikschule bei.

> „Nebenbei erreicht man u. U. eine (erneute) Klärung der Frage, was unter dem Aspekt der Professionalisierung der Unterschied zwischen einem niedergelassenen Privatmusiklehrer und dem Lehrer an einer öffentlichen Musikschule ist: die Einbindung in eine Organisation, die die bekannten Einschränkungen mit sich bringt, die aber auch über das ‚Mehr‘ der Organisation gegenüber der Summe ihrer MitarbeiterInnen ihnen Entlastung verschaffen kann. Dieses Potenzial gilt es deutlich zu machen und zu stärken.“[582]

Nach Soretz kann eine gut entwickelte Organisation Veränderungsprozesse leichter bewältigen, „sie kann aber auch im Bewusstsein ihrer Identität genauer und selbstbewusster die Grenze der Veränderungen markieren, deren Überschreiten sie nur unter Aufgabe zentraler Werte leisten kann. Damit ist deutlich, dass Qualitätsentwicklung kein Selbst-

---

578   Soretz (2011).
579   Soretz (2003:23).
580   Kobold (2011).
581   Soretz (2003:23).
582   Soretz (2003:23).

zweck ist, sondern helfen soll und kann, die pädagogischen und künstlerischen Freiräume der Musikschularbeit zu sichern."[583]

Öffentliche Musikschulen im VdM versprechen Qualität durch

- „bewährte, regelmäßig aktualisierte Unterrichtskonzepte
- erprobte Unterrichtsorganisation
- fundiert ausgebildetes und erfahrenes Lehrpersonal
- regelmäßige Qualitätskontrolle und Angebotsentwicklung als Antwort auf gesellschaftliche Herausforderungen".[584]

Während sich die pädagogische Qualität eines Musikunterrichts „in letzter Konsequenz […] allgemein-objektivistischen Bewertungs- und Normierungsversuchen"[585] entzieht, lässt es sich nach Meinung von Reinhard von Gutzeit sehr wohl vergleichen und messen, was eine Musikschule insgesamt ihren Schüler/innen zu bieten hat. Schüler/innen und ihre Eltern würden schnell registrieren, wenn z. B. das Zeitmanagement einzelner Musikschullehrkräfte so unzureichend sei, dass Unterrichtszeiten nicht eingehalten oder Unterrichtsstunden von Woche zu Woche neu festgelegt würden; oder wenn die Öffentlichkeitsarbeit einer Musikschule nicht die in sie gesetzten Erwartungen erfüllen würde. Im Falle des Auftretens solcher Mängel sei immer nach möglichen „systembedingten" Ursachen zu fragen.[586] Tatsächlich ist das Musikschulangebot auch als eine pädagogisch-künstlerische Dienstleistung zu verstehen, geht man von einem weit gefassten Marketingverständnis aus, nach dem Musikschulen (potentiell) Austauschbeziehungen mit nachfragenden Personen(gruppen) eingehen.[587] Die kommunalen Spitzenverbände sehen „Musikschulen aufgefordert, auf sich verändernde gesellschaftliche, wirtschaftliche und kulturelle Rahmenbedingungen zu reagieren. Dies verlangt auch, dass sich die Musikschulen auf einem wachsenden Markt konkurrierender Kultur- und Freizeitangebote positionieren […] und mit professionellen Kommunikations- und Marketingstrategien ihre Angebote und Leistungen vermitteln."[588] Das Ziel eines passgerechten Marketings für Musikschulen muss darin bestehen, die pädagogisch-künstlerische Qualität des Musikschulangebots mit einer systematischen Nachfrageorientierung in Einklang zu bringen. Dies setzt wiederum ein kontinuierliches, strategisches Steuerungshandeln im Sinne einer Managementaufgabe voraus, basierend auf:

- „Analyse der Ausgangssituation,
- Definition von Zielen und strategischen Handlungsfeldern,
- Maßnahmenplanung und Durchführung,
- Controlling und Evaluation".[589]

---

583   Soretz (2003:23).
584   VdM (2016a).
585   Lindemann (2003:39).
586   Vgl. Gutzeit (2003:1).
587   Vgl. hierzu ausführlich Klein (2001).
588   Deutscher Städtetag / Deutscher Landkreistag / Deutscher Städte- und Gemeindebund (2010:2).
589   KGSt (2012:31).

Die KGSt empfiehlt Kommunen die Einführung eines Bildungsmanagements, welches zum Ziel hat, „Bildungsangebote zu erfassen, bedarfsorientiert zu entwickeln und eine zukunftsorientierte, vernetzte, auf Nachhaltigkeit ausgerichtete Bildungsinfrastruktur aufzubauen".[590] Damit ist die politische Steuerung der Musikschule in der kommunalen Bildungslandschaft angesprochen, unter Berücksichtigung folgender strategischer Zielfelder: **Ergebnisse / Wirkungen** *(Was wollen wir bewirken?)* → **Programme / Produkte** *(Was müssen wir dafür anbieten?)* → **Prozesse / Strukturen** *(Wie müssen wir es tun?)* → **Ressourcen** *(Was müssen wir einsetzen?)*.[591] Diese vier Zielfelder bilden einen in sich geschlossenen Regelkreislauf. „Es geht darum, musikalische Bildung zu leisten, die bei den Nutzern der Musikschule Wirkungen erzielt."[592] Entsprechend kann durch die Ausgestaltung der Zielfelder definiert werden …

- „was die Kommune mit ihrem Handeln im Handlungsfeld Bildung bei welche/r Zielgruppe bewirken will,
- welche Leistungsangebote (Produkte und Projekte) für die Zielerreichung erforderlich sind,
- in welchen ablauf- und aufbauorganisatorischen Strukturen die Leistungsangebote erbracht werden sollen,
- und welcher Ressourceneinsatz für die Leistungserbringung erforderlich ist".[593]

Die politische Handlungsebene des Bildungsmanagements verweist direkt auf eine zweite, nachgeordnete Steuerungsebene – gemeint ist die Qualitätsentwicklung und Qualitätssicherung der einzelnen Musikschuleinrichtung.[594] Unter dem Begriff Qualitätsmanagement fasst Gablers Wirtschaftslexikon im weitesten Sinne „Qualitätsplanung, -lenkung, -prüfung, -verbesserung und -sicherung" zusammen.[595] Qualitätssicherung betrifft nach Christian Matul und Dieter Scharitzer allgemein „Maßnahmen der Qualitätskontrolle sowie Fragen der Entwicklung von Leistungsindikatoren".[596] Die kommunalen Spitzenverbände zählen in ihren Leitlinien und Hinweisen zur Musikschule die Qualitätssicherung an öffentlichen Musikschulen in hohem Maße zu den Perspektiven kommunaler Musikschulpolitik. Der damit einhergehende Qualitätsbegriff beinhalte,

„dass der beschriebene musikalische Bildungsauftrag
- in fachlich musikpädagogischer Verantwortung
- zum persönlichen Gewinn für den einzelnen Schüler / die einzelne Schülerin
- zur Belebung des kommunalen Musiklebens sowie
- in kulturell-gesamtgesellschaftlicher Perspektive
wahrgenommen und erfüllt wird".[597]

---

590 KGSt (2012:21).
591 KGSt (2012:20).
592 KGSt (2012:20).
593 KGSt (2012:22).
594 Vgl. KGSt (2012:23ff.).
595 http://wirtschaftslexikon.gabler.de/Definition/total-quality-management-tqm.html [21.7.2017].
596 Matul / Scharitzer (2002:610).
597 Deutscher Städtetag / Deutscher Landkreistag / Deutscher Städte- und Gemeindebund (2010:11).

Insbesondere könne die „Arbeitsqualität der Musikschulen [...] durch Methoden des Qualitätsmanagements entscheidend verbessert und durch die mit ihnen verbundenen Ergebnisnachweise effektiv verantwortet werden".[598] Nicht nur die angestrebten Ergebnisnachweise, die selbstverständlich *auch*, aber eben längst nicht nur die Verwendung finanzieller Mittel mit einschließen, sprechen aus Sicht der kommunalen Spitzenverbände für ein Qualitätsmanagement.

> „Diese [Qualitätsmanagement-]Instrumente sind zugleich wirkungsvolle Schnittstellen zwischen politischer Steuerungskompetenz und fachlicher Eigenverantwortung. Schließlich sichern sie die Erfüllung des Musikschulauftrags durch Mitarbeiterorientierung und Einbeziehung der Schüler- / Elternperspektive."[599]

In Musikschulkreisen löst der Terminus Qualitätsmanagement mitunter immer noch Abwehrreflexe aus und seine Herkunft aus dem Bereich der industriellen Fertigung lässt ihn dann obsolet erscheinen für eine Anwendung im Kultur- und Bildungssektor.

> „Viele können diesem ‚neuen Denken‘ noch immer nichts abgewinnen. Sie fühlen sich einem Bildungsauftrag verpflichtet, möchten eine künstlerisch-pädagogische Mission erfüllen, ihren Schülerinnen und Schülern dienen. Aber weder Produkte erstellen noch Kunden betreuen! Natürlich ist auch ihnen der Qualitätsgedanke wichtig; aber sie sehen darin neben der Anforderung an das Können und Wissen vor allem eine Frage des Engagements und der inneren Einstellung. Was gäbe es da zu managen?"[600]

Demgegenüber betont Hermann Michael Schnabel, Leiter der Musikschule Unterhaching, dass die Einführung eines Qualitätsmanagements zunächst einmal konstruktive Einblicke in die Musikschularbeit gewähre:

> „Der Einstieg in neue Sichtweisen wäre ein Anfang. Haben Sie sich schon einmal gefragt, was die SchülerInnen Ihrer Musikschule von der Musikschule halten, wie sie mit ihren LehrerInnen zurechtkommen, ob ihnen die Konzerte gefallen, an denen sie mitwirken? Stimmt das musikalisch-pädagogische Angebot noch – aus der Sicht der SchülerInnen? Was würden unsere Lehrkräfte sagen, wenn sie anonym die Möglichkeit bekämen, sich über ihren Arbeitsplatz oder über das Betriebsklima äußern zu können?
> Ist nicht die Qualität unserer Musikschularbeit zu einem Großteil von der Zufriedenheit der Lehrkräfte abhängig? Sind sie zufrieden, sind sie mitbeteiligt, ist das Betriebsklima in Ordnung, dann hat dies direkte positive Auswirkungen auf ihre Leistungskraft und auf das Leistungsvermögen der gesamten Musikschule. Dafür sollten wir aber wissen, wo wir ansetzen sollen.
> Wie denkt die Öffentlichkeit über die Arbeit der Musikschule? Ist die Musikschule im Ort bekannt? Wie ist ihr Image bei der Bevölkerung? Auch von der öffentlichen Meinung sind Investitionen seitens der Gemeinde und Städte in die Musikschule abhängig. Beziehen wir die drei großen Gruppen (Schüler / Eltern, Mitarbeiter, Öffentlichkeit) in unsere Sicht-

---

598   Deutscher Städtetag / Deutscher Landkreistag / Deutscher Städte- und Gemeindebund (2010:11).
599   Deutscher Städtetag / Deutscher Landkreistag / Deutscher Städte- und Gemeindebund (2010:11).
600   Gutzeit (2003:1).

weise von ‚guter' Musikschularbeit mit ein? Lassen wir sie zu Wort kommen in einer Form, die ihnen erlaubt, frei ihre Meinung zu äußern? Wir können die Ergebnisse bewerten und Erkenntnisse gewinnen, die uns in der täglichen und zukünftigen Arbeit in der Musikschule weiterbringen."[601]

Mit Qualitätsmanagement sind Vorgehensweisen verbunden, die Musikschullehrkräften von der eigenen Unterrichtstätigkeit im Prinzip vertraut sein dürften. „Ausgehend von einer Bestandsaufnahme gelangt man zur Planung, der Verbesserung von Zuständen und Abläufen und der Überprüfung der Ergebnisse und der Schritte auf dem Weg dahin."[602] Und ähnlich wie bei pädagogischen Prozessen sollte es beim Qualitätsmanagement grundsätzlich „um die Fähigkeit zu einem selbst gesteuerten Lernen" gehen.[603] Während im Musikschulunterricht die Individualität des Schülers / der Schülerin im Blickpunkt steht, ist es im Falle des Qualitätsmanagements die Organisation als Ganzes. In beiden Fällen ist es das Ziel, Entwicklungspotenziale systematisch zu erkennen und auszuschöpfen. Der Musikpädagoge Stefan Lindemann hat die Auffassung vertreten, dass, sofern man aus dem „Begriffsballon" Qualitätsmanagement „die pseudo-ökonomische und pseudo-intellektuelle Luft" lasse, allein die Frage nach der Güte eines Unterrichts und der sinnvollen Organisation einer Schule übrig bleibe. Eine nüchterne Reflexion erscheine völlig ausreichend, diesbezüglich zu Lösungsansätzen zu kommen.[604] Lindemann lässt allerdings außer Acht, dass Organisationsentwicklung einen permanenten Prozess darstellt, der eine spezifische Form von Unternehmenskultur nebst einem partizipativen Führungsstil voraussetzt. Ähnlich wie das Erlernen eines Instrumentes oder das Erteilen von Musikunterricht will Organisationsentwicklung kontinuierlich und systematisch „geübt" sein. Friedrich Soretz merkt hierzu an:

> „Betreibt man Qualitätsentwicklung mit dem Ziel einer lernenden Organisation […] dann ändert sich der Schwerpunkt der Betrachtung, und es geht weniger darum, was an einer Organisation geleistet wird (oder auch *nicht* geleistet wird) als um die Frage, wie die Organisation dies unterstützt. […] So wie man mit einem Schüler daran arbeiten kann, wie er übt, ohne damit die Qualität seines Spiels in Frage zu stellen, kann man mit einer Organisation an ihrer Lernfähigkeit arbeiten, ohne die Qualität ihrer Arbeit in Frage stellen zu müssen."[605]

Kritisiert wird Qualitätsmanagement im kulturellen Bereich bevorzugt immer dann, wenn von standardisierten Verfahren der Qualitätskontrolle bzw. der Qualitätssicherung die Rede ist, von Kennzahlenvergleichen zumal. Doch auch hier ließe sich entgegnen, dass der Umgang mit quantitativen Messgrößen Musikschulen keineswegs fremd ist.

---

601 Schnabel (2012:26).
602 Krüger / Wanner (2010).
603 Wüster (2003:19).
604 Lindemann (2003:41).
605 Soretz (2003:23).

343

> „Auf der Basis der jährlich von den Mitgliedschulen abzugebenden Berichtsbögen erstellt der VdM regelmäßig sein ‚Statistisches Jahrbuch der Musikschulen in Deutschland'. Die Berichtsbögen enthalten umfassende Angaben zu Trägerschaft, Schulleitung und Lehrkräften, Verwaltung, Schülerzahl und -alter, sämtlichen Unterrichtsangeboten, Veranstaltungen der Musikschulen, Kooperationen, Unterrichtsgebühren und zur Finanzierung der Musikschulen.
>
> Anhand der Daten kann der VdM Entwicklungen im Musikschulwesen nachzeichnen, sowohl für das gesamte Bundesgebiet, als auch für einzelne Landesverbände im VdM. Zugleich bietet die Datensammlung Kommunen und Ländern Vergleichs-, Argumentations-, und Entscheidungshilfen für ihre Kultur- und Bildungspolitik.
>
> Auch viele Mitgliedsschulen nutzen die Statistik, um ihre Musikschule im Vergleich zu anderen Musikschulen und auch innerhalb des kommunalen Bildungsdiskurses zu positionieren."[606]

Brisanter ist die Frage nach der Deutungshoheit über statistische Daten zur Musikschulentwicklung. In diesem Punkt mag tatsächlich ein gewisses Konfliktpotential zwischen den Ebenen der politischen und der fachlichen Steuerung einer Musikschule bestehen. Umso wichtiger erschiene es, vorab zu klären, unter welchen Voraussetzungen Qualitätsmanagement praktiziert werden soll. Oliver Scheytt und Michael Zimmermann sind der Ansicht, dass Beteiligte lernen müssten, mit den Spannungsfeldern umzugehen, „die zwischen Autonomie und Experimentierfreude der Kunst und Kultur einerseits und betrieblicher Realität und Zweckrationalität andererseits, zwischen nicht wirtschaftlichen und wirtschaftlichen Entscheidungskalkülen bestehen."

> „Das Qualitätsmanagement als Konzept mittlerer Reichweite wird die Konflikte nicht auflösen, es kann sie allerdings in der Praxis ein wenig mildern. Das Ziel eines wohlverstandenen Qualitätsmanagements ist die Selbsterkenntnis der Kultureinrichtung sowie die konstruktive Auseinandersetzung mit den eigenen Stärken und Schwächen."[607]

Für Scheytt erübrigt Qualitätsmanagement keineswegs die grundlegende Frage nach dem „Wozu" der Musikschularbeit.

> „Die Frage, welche Leistungen eine Musikschule anbietet sowie die Analyse der politischgesellschaftlichen Rahmen- und Ausgangsbedingungen können durch Techniken der Effektivität- und Effizienzerhöhung nicht ersetzt werden."[608]

Der VdM bietet seinen Mitgliedsschulen seit der Jahrtausendwende zwei spezifizierte Qualitätsmanagement-Konzepte an.[609] Aus dem Projekt „Wirkungsvolle Strukturen im Kulturbereich" der Bertelsmannstiftung ist Ende der 1990er-Jahre EDuR hervorgegangen:

---

606   VdM (2015a:25).
607   Scheytt / Zimmermann (2012:20).
608   VdM / Bertelsmannstiftung (2001:14).
609   Vgl. http://www.musikschulen.de/projekte/qualitaetssicherung/index.html [30.3.2016].

„Der interkommunale Leistungsvergleich EDuR erhebt auf der Grundlage der vier Kategorien Auftragserfüllung, Kundenzufriedenheit, Mitarbeiterzufriedenheit und Wirtschaftlichkeit Kennzahlen, mit denen sich Musikschulen vergleichen können. Um die Ergebnisse möglichst objektiv betrachten zu können, werden die Musikschulen in Vergleichsringe nach Kreisen und Städten vergleichbarer Größe eingeteilt. […] Bei einem Treffen pro Jahr werden die Kennzahlen analysiert, diskutiert, Erfahrungen ausgetauscht und dadurch neue Impulse gegeben. Die Er- und Verarbeitung der EDuR-Kennzahlen sind ein wichtiger Baustein im Qualitätsmanagement dieser Musikschulen."[610]

QsM (= Qualitätssystem Musikschule) lehnt sich dagegen an dem *Excellence-Model* der *Europaen Foundation for Qualitymanagement* (EFQM) an, einem international in der Wirtschaft sowie im öffentlichen Sektor erprobten und anerkannten Konzept zur Organisationsentwicklung, das in Zusammenarbeit mit der Frey-Akademie Mainz für den Musikschulbereich spezifiziert wurde. Der VdM sieht die Stärken dieses Managementinstruments

„in der Anleitung zum systematischen und kontinuierlichen Verbesserungshandeln, zur eigenen Organisationsentwicklung und in der objektivierten Entwicklungskontrolle. Gleichzeitig gelangen die Musikschulen durch die Dokumentation in allen Handlungsbereichen zu einem auch für Außenstehende sowie Trägervertreter und Politiker nachvollziehbaren konkreten Nachweis ihres Leistungsstands. Nach erfolgreichem Abschluss der Implementierung erhalten die Musikschulen ein QsM-Zertifikat.
127 Musikschulen haben bisher mit QsM zu arbeiten begonnen (der aktuelle Teilnehmerstand der Musikschulen an QsM wird auf den VdM-Internetseiten dokumentiert). Für die Implementierung des VdM-Qualitätsmanagement-Systems QsM arbeitet der VdM dabei mit Dr. Friedrich Soretz (Dr. Friedrich Soretz Organisationsberatung, Hannover) als Schulungsleiter zusammen."[611]

QsM und EDuR setzen zwar unterschiedliche Schwerpunkte, ergänzen sich aber zugleich. „Im Zuge der Optimierung der QM-Instrumente des VdM sind die bei E-DuR bearbeiteten Kennzahlen inzwischen in QsM mit eingearbeitet."[612] Beide Modelle bedienen sich auch einheitlicher Fragebögen zur Schüler-, Eltern-, Mitarbeiter-, Öffentlichkeits- und Imagebefragung. Die Fragebögen können im Übrigen von allen Musikschulen im VdM frei genutzt und über eine zentrale Datenbank ausgewertet werden. „Damit Musikschulen ihre eigenen Umfrageergebnisse mit denen anderer Musikschulen vergleichen können, bietet der VdM auch die Möglichkeit an, sich an einem anonymisierten Benchmark für Mitarbeiter- und Elternbefragungen zu beteiligen."[613]

In stärkerem Maße noch als EDuR ist QsM inzwischen in einzelnen Bundesländern mehr oder weniger flächendeckend zur Anwendung gekommen.[614]

---

610 VdM (2015a:27).
611 VdM (2015a:26).
612 Krüger / Wanner (2010:4).
613 VdM (2015a:27).
614 Vgl. Kapitel 6.4.3.

An der Stuttgarter Musikschule wurde erstmals Ende 2003 QsM eingeführt. Der neu eingesetzte Direktor Friedrich-Koh Dolge schreibt in der „Intonation":

„Die Stärke der Stuttgarter Musikschule liegt in ihrer Aufgeschlossenheit Neuem gegenüber, ohne dabei blindem Aktionismus zu verfallen oder gar das Ziel der eigentlichen, fundierten Musikschularbeit aus den Augen zu verlieren. Insofern bin ich der festen Überzeugung, dass wir uns allen zukünftigen Herausforderungen, wie zum Beispiel der viel diskutierten Einführung der Ganztagsschule, der flächendeckenden Einführung des achtjährigen Abiturs oder der sich zunehmend verschärfenden finanziellen Situation, stellen können.

Um jedoch unsere Arbeit noch ziel- und ergebnisorientierter zu gestalten, werden wir ab November 2003 für 24 Monate die ‚Qualitätssicherung Musikschule' (QsM) – eine Methode zur Managementfortbildung und Organisationsentwicklung – an unserer Musikschule durchführen. Die ‚European Foundation for Quality Management' (EFQM) entwickelte ein Modell, womit Organisationen die Qualität ihres Handelns zuverlässig beschreiben, einschätzen und kontinuierliche verbessern können. Im Auftrage des Verbandes deutscher Musikschulen, unserem Trägerverband, und unter Beratung der Frey Akademie Mainz wurde das System nun auf Musikschulen übertragen."[615]

Die Arbeit an QsM bezieht alle Mitarbeiter einer Musikschule mit ein. Philipp Vandré, Lehrer für Musiktheorie an der Stuttgarter Musikschule, berichtet Anfang 2005:

„Im Leitungsteam arbeiten wir seit dem Einführungsseminar im November 2003 mit QsM. Diese Arbeit wird sich 2005 planmäßig auf die gesamte Lehrerschaft sowie die Schüler und Eltern ausweiten, wenn es um die Zufriedenheit unserer Adressaten wie der Mitarbeiter geht."[616]

Das QsM zugrunde liegende EFQM-Excellence-Modell beruht auf folgenden Grundannahmen, die im Kern auf Musikschulen anwendbar sind:

„1. Ergebnisorientierung:
Exzellente Organisationen orientieren sich an den aktuellen und zukünftigen Erwartungen aller ihrer Interessensgruppen. Anhand entsprechender Informationen werden Politik, Strategie und Maßnahmen gestaltet, um ausgewogene Ergebnisse hinsichtlich der Anforderungen der einzelnen Interessensgruppen zu erhalten.

2. Ausrichtung am Kunden:
Exzellente Organisationen kennen und verstehen ihre Kunden. Sie analysieren die Erwartungen und Erfahrungen ihrer Kunden und richten ihre Aktivitäten danach aus.

3. Führung und Zielkonsequenz:
Exzellenz setzt eine visionäre und begeisternde Führung voraus, die vorbildlich konsequent und beständig ihre Ziele verfolgt.

---

615   Intonation, Ausgabe 11 (2003/2:3).
616   Intonation, Ausgabe 14 (2005/1:10).

4. Management mittels Prozessen und Fakten:
In exzellenten Organisationen werden Managementsysteme angewendet, die auf miteinander verbundenen Prozessen und objektiven Fakten beruhen.

5. Mitarbeiterentwicklung und -beteiligung:
Exzellente Unternehmen fördern ihre Mitarbeiter und binden sie durch Beteiligung ein. Sie fördern und unterstützen die Entwicklung der Mitarbeiter, damit diese ihre gesamten Fähigkeiten entfalten und aktiv zum Vorteil des Unternehmens einbringen können.

6. Kontinuierliches Lernen, Innovation und Verbesserungen:
Exzellente Organisationen verbessern sich kontinuierlich und systematisch, indem sie eigene Aktivitäten und die anderer Organisationen beobachten und reflektieren.

7. Entwicklung von Partnerschaften:
Exzellente Organisationen gehen mit Lieferanten, Kunden und auch Wettbewerbern Partnerschaften ein, um damit beiderseitig eine erhöhte Wertschöpfung für die jeweiligen Interessensgruppen zu erzielen.

8. Soziale Verantwortung:
Exzellente Organisationen übertreffen in sozialen und ökologischen Belangen die gesetzlichen Mindestanforderungen. Sie machen ihr Handeln gegenüber ihren Interessensgruppen transparent und legen darüber Rechenschaft ab."[617]

Die Systematik von QsM stellt sich folgendermaßen dar:

„Nach dem seit 2000 gültigen ‚EFQM Excellence Model' werden die Schwerpunkte in einer Organisation gleichermaßen dem Input (Potential- und Prozessdimension) und dem Output (Ergebnisdimension) zugeordnet. Der Input (Befähiger) umfasst dabei die Bereiche ‚Führung', ‚Mitarbeiter', ‚Politik und Strategie', ‚Partnerschaften und Ressourcen' sowie ‚Prozesse', der Output (Ergebnisse) die Kriterien ‚Kunden', ‚Mitarbeiter', ‚Gesellschaft' und ‚Schlüssel-Leistungen'."[618]

Grundsätzlich geht das EFQM-Excellence-Modell von der Prämisse aus: „Exzellente Ergebnisse in Hinblick auf Leistung, Kunden, Mitarbeitende und Gesellschaft werden durch eine Führung erzielt, die Politik und Strategie mit Hilfe der Mitarbeitenden, Partnerschaften und Ressourcen sowie geeigneter Prozesse umsetzt."[619] Die Kriterienfelder von QsM werden in Subkriterien unterteilt, denen auf der „Befähigerseite" entsprechende Leitsätze zugeordnet sind:

---

617   Zit. nach Krüger / Wanner (2010:4).
618   Scheytt / Zimmermann (2012:7).
619   Krüger / Wanner (2010:5).

„**Kriterium 1: Führung und Leitung**

1.1 Die Leitung entwickelt ein Leitbild und setzt sich persönlich für dessen Anwendung ein.

1.2 Die Leitung sorgt für die Entwicklung und Anwendung eines Managementsystems.

1.3 Die Leitung motiviert und unterstützt die Mitarbeiter, gibt Rückmeldung und Anerkennung.

1.4 Die Leitung pflegt den Kontakt zu Schülern / Eltern, Partnern, dem Träger sowie Personen des öffentlichen Lebens.

Kriterium 2: Politik und Strategie

2.1 Die Planungen beruhen wesentlich auf den Bedürfnissen und Erwartungen der Schüler und anderer Nutzer.

2.2 Die Planungen beziehen fachliche Erkenntnisse und relevante Sachinformation ein.

2.3 Die Planungen werden in einem Rahmen von Schlüsselprozessen entwickelt.

2.4 Die Planungen werden ausgearbeitet, regelmäßig überprüft und aktualisiert.

2.5 Die Planungen der Musikschule werden mit allen Beteiligten besprochen und vereinbart.

Kriterium 3: Mitarbeiterorientierung

3.1 Die Personalplanung ist aus der inhaltlichen Planung (Politik und Strategie) abgeleitet.

3.2 Die Kompetenzen der Mitarbeiter werden erkannt, erhalten und weiterentwickelt.

3.3 Die Mitarbeiter werden einbezogen, beteiligt und mit Verantwortung ausgestattet.

3.4 Die innerbetriebliche Kommunikation wird ausgebaut.

3.5 Die Mitarbeiter werden persönlich in ihrer Leistung gewürdigt.

Kriterium 4: Ressourcen

4.1 Die Musikschule pflegt ein Netzwerk von externen Partnerschaften.

4.2 Die Finanzen werden professionell bewirtschaftet.

4.3 Gebäude und Ausstattung werden nutzungsorientiert verwaltet.

4.4 Instrumente und Geräte werden nutzungsorientiert verwaltet.

4.5 Information, Wissen und Unterrichtsmaterialien werden gemanagt.

Kriterium 5: Prozesse

5.1 Jeder Mitarbeiter identifiziert die Schlüsselprozesse unter ihren / seinen Tätigkeiten.

5.2 Die Prozesse werden systematisch gestaltet und geführt.

5.3 Die Prozesse werden auf Verbesserungsmöglichkeiten hin überprüft.

5.4 Verbesserungspotenzial für die Prozesse wird innovativ, kreativ und nutzerorientiert entwickelt.

5.5 Veränderungen der Prozesse werden durchgeführt und bewertet.

Kriterium 6: Zufriedenheit der Adressaten

6.1 Einschätzungen aus Sicht der Adressaten

6.2 Indikatoren der Musikschule

Kriterium 7: Mitarbeiterzufriedenheit

7.1 Einschätzungen aus Sicht der Mitarbeiter

7.2 Indikatoren der Musikschulleitung

Kriterium 8: Auswirkungen auf die Gesellschaft

8.1 Einschätzungen aus der Sicht des Umfeldes

8.2 Indikatoren der Musikschule

Kriterium 9: Leistungsbilanz

9.1 Kosten und Leistungen

9.2 Leistungsumfang der Schlüsselprozesse

9.3 Weitere Indikatoren zu Zielen des Leitbildes"[620]

Die Arbeitsaufgabe für das Leitungsteam einer Musikschule, welche QsM anwendet, besteht zunächst darin, eine systematische Dokumentation des Leistungsstandes der eigenen Musikschule in allen Bereichen zu erstellen.[621] QsM „bietet im ersten Teil über 500 Merkmale guter Arbeit an der Musikschule, wobei jedes Subkriterium fünf Qualitätsstadien für die Selbsteinschatzung anbietet. Im Ergebnisteil werden rund 300 Aspekte, zusammengefasst in Ergebnisfelder, bewertet. Auf Basis einer gewichteten Punktewertung ermöglicht die Anwendung des EFQM-Modells einer Musikschule, ihr individuelles Qualitätsprofil zu erhalten, das mit anderen Musikschulen verglichen werden kann."[622] Die Subkriterien stellen somit die eigentlichen „Analyse- und Arbeitsfelder des Qualitätsmanagement-Systems"[623] dar. Die fünf Qualitätsstadien sind „stets aufsteigend nach dem Grad ihrer Managementkompetenz angeordnet"[624] und umfassen Beschreibungen, die den Grad der Zielerreichung bestimmen.[625] Die erste Stufe beschreibt „episodisches" Handeln, „das auf Gewohnheiten beruht (‚So machen wir es immer schon') und als eher zufälliges Reagieren auf Probleme oder Situationen gelten kann (‚Da muss man mal was machen')".[626] Auf der zweiten Qualitätsstufe wird schon ein „entscheidendes Quäntchen mehr an überlegter Handlungsweise, punktuell noch, aber eben gezielter, ökonomischer, von klarerem Impuls gekennzeichnet" sichtbar.[627] Die dritte Qualitätsstufe umfasst einen noch höheren Grad an vorausschauender Planung. Sie stellt, obwohl erst in der Mitte der Skala stehend, „ein für die meisten Musikschulen wünschenswertes Qualitätsniveau dar, das auch von vielen mit einer konsequenten Ausschöpfung ihrer herkömmlichen Planungs- und Leitungsstrukturen erreichbar ist".[628] Die vierte Qualitätsstufe bezeichnet eine konsequent systematische Vorgehensweise. „Und das bedeutet: Vernetzung oder Integration des Handelns im Gesamtsystem der Musikschule, Auswertung von Rückmeldungen und Ergebnissen – denn dies sind wichtige Informationen, um sein Handeln verbessernd zu korrigieren."[629] Diesen Qualitätsanspruch dürften die meisten Musikschulen nur noch in Teilbereichen erfüllen. Die

---

620 Zit. nach Scheytt / Zimmermann (2012:8f.).

621 Wüster (2003:22).

622 http://www.musikschulen.de/projekte/qualitaetssicherung/qsm [11.1.2016].

623 Scheytt / Zimmermann (2012:8).

624 Wüster (2003:19).

625 Scheytt / Zimmermann (2012:9).

626 Wüster (2003:19).

627 Wüster (2003: 19).

628 Wüster (2003:19f.).

629 Wüster (2003:21).

fünfte Qualitätsstufe steht schließlich für das Optimum. „‚Best Practice‘ heißt das Zauberwort. ‚Besser geht's nicht‘ – jedenfalls aus der Systemperspektive."[630] Fraglich erscheint Ulrich Wüster, ob „der dafür notwendige Aufwand für eine Musikschule immer möglich ist, ob die eher ‚sportive‘ wissenschaftliche Akribie einer Musikschule immer zuträglich wäre, ob das immense Mehr an Arbeit am Ende das Ergebnis dieser Arbeit im angemessenen Verhältnis" verbessern würde.[631] Anregungen für die Weiterentwicklung einer Musikschule sind gleichwohl auch auf dieser Ebene möglich. Wüster verdeutlicht die Bedeutung der den verschiedenen Niveaus zugeordneten Qualitätsbeschreibungen an einem konkreten Beispiel. Zu dem Subkriterium 3.2 des QsM „Die Kompetenzen der Mitarbeiter/Innen werden erkannt, erhalten und weiterentwickelt" führt er aus, dass das erste Qualitätsniveau etwa ein grundsätzliches Reagieren der Schulleitung auf individuelle Fortbildungswünsche der Lehrkräfte beinhalten würde. Die zweite Stufe könnte implizieren, dass die Schulleitung selbst Fortbildungen fördert, die sie als qualifiziert und qualifizierend erachtet. Auf der dritten Qualitätsstufe müssten die Fortbildungswünsche der MitarbeiterInnen begründet und auf ihren konkreten Einsatz an der Musikschule bezogen sein. Die Entscheidungen der Schulleitung fallen auf Grundlage der Gesamtplanungen darüber. Auf der vierten Qualitätsstufe würden „Kompetenzprofile" der MitarbeiterInnen gefordert, wäre von „Erkennen des Fortbildungsbedarfs", „Zielvereinbarungen" und „Auswertungen" die Rede.[632]

Nach dem Abarbeiten des Kriterienkatalogs des EFQM-Excellence-Modells stehen für das Leitungsteam einer Musikschule weitere Arbeitsschritte an. Es sind konkrete Verbesserungsmaßnahmen abzuleiten:

> „Alles, was noch nicht zutrifft, gibt aber Anregungen, wie und in welche Richtung man sich verbessern kann. Hat man solche Verbesserungspotenziale ausgemacht, werden Maßnahmen dazu ausgearbeitet – kleiner oder größere Projektmanagements mit Zielen, Meilensteinen und Verantwortlichkeiten, eine Planung, die tatsächlich auch in die Tat umgesetzt wird."[633]

QsM zielt „auf einen langfristigen Kreislauf von Planen, Durchführen, Aus- und Bewerten und Verändern / Verbessern".[634] Qualitätsmanagement wird so Teil der Unternehmenskultur einer Musikschule[635] und unterstützt die Führungskonzeption eines *Management by objectives*, welches Mitarbeiter aufgrund von gemeinsamen Zielvereinbarungen in Veränderungsprozesse mit einbezieht.[636] Am Ende ist die Musikschule nicht nur ihr eigener Gutachter geworden. „Sie wird auch ihr eigener Unternehmensberater, denn seine größte Dynamik entfaltet das System in der Anregung zu Prozessen der Organisa-

---

630 Wüster (2003:21f.).
631 Wüster (2003:22).
632 Vgl. Wüster (2003:19–21).
633 Wüster (2003:21).
634 Krüger / Wanner (2010:11).
635 Krüger / Wanner (2010:11).
636 Vgl. Klein (2007:184).

tionsentwicklung auf allen Ebenen: von der umfassenden Steuerung der Musikschule auf Ebene der Leitung bis hin zur Verbesserung der persönlichen Arbeitsabläufe."[637]

In Stuttgart stellten 2005 die im Rahmen von QsM durchgeführten Mitarbeiter- sowie Schüler-/Elternbefragungen der Musikschule ein sehr gutes Zeugnis aus. Andreas Jäger zitiert aus einem Schreiben der Geschäftsleitung der Frey-Akademie:

> „Das Ergebnis der Stuttgarter Musikschule insgesamt ist überaus positiv. Das ist gerade bei großstädtischen Musikschulen eher ungewöhnlich und deutet auf eine positive Struktur. Die SMS [= Stuttgarter Musikschule] zeigt in den meisten Items (Bewertungsaspekten) günstigere Ergebnisse als die Datenbank. [Positive] Ausnahmen liegen in den Bereichen Professionalität und Arbeitsverhältnis. Traumhafte Werte erreicht die SMS im Verhältnis von Mitarbeitern zu Schülern und im Verhältnis von Mitarbeitern zu Eltern sowie bei der Identifikation der Mitarbeiter mit der Musikschule. Ich beglückwünsche Sie zu diesem Ergebnis."[638]

Die Schüler- und Elternbefragungen ließen aber auch ein Verbesserungspotenzial in den Bereichen Kommunikation und Information erkennen. Die Stuttgarter Musikschule kündigte als Reaktion einen zusätzlichen monatlichen Newsletter an:

> „Seit diesem Schuljahr informieren wir Sie zusätzlich mit einem monatlich erscheinenden Newsletter. Hier berichten wir zeitnah über die aktuellen Vorgänge in der Schule, z. B. besondere Veranstaltungen oder aktuelle Orchesterreisen und -freizeiten. Themen sind auch die Schnittstellen zu Gemeinderat und öffentlicher Verwaltung, sofern deren Auswirkungen für sie von Bedeutung sind. Sie können diesen Newsletter jederzeit abonnieren und auch wieder abbestellen."[639]

Außerdem wurden regelmäßige Schülerbescheinigungen eingeführt, ein Gedanke, der inzwischen mit dem Aufbau einer einheitlichen Prüfungs- und Beratungsstruktur an der Musikschule vertieft worden ist (s. o.).

> „Eine weitere Verbesserung des Informationsflusses bedeutet die Schülerbescheinigung, die Sie künftig einmal jährlich über Ihren Hauptfach- bzw. Ensemblelehrer erhalten. Darin wird aufgelistet, welche Fächer Ihr Kind im Schuljahr belegt hat und an welchen Veranstaltungen Ihr Kind teilgenommen hat. Außerdem teilt Ihnen Ihr Lehrer mit, in welcher Unterrichtsstufe sich Ihr Kind nach dem jeweiligen Lehrplan des Verbandes deutscher Musikschulen befindet. Damit wollen wir kein Zeugnis verteilen, sondern Ihnen und Ihrem Kind eine Rückmeldung über das Unterrichtsjahr und die Lernfortschritte geben."[640]

Die wichtigsten aus QsM abgeleiteten Maßnahmen betreffen indes Veränderungen der internen Organisationsstruktur der Musikschule. In dem Jahresbericht 2014 der Stuttgarter Musikschule heißt es:

> „Im Jahre 2009 wurde von der Stuttgarter Musikschule als erste weitreichende Konsequenz des Qualitätsmanagements QsM (Qualitätssicherung Musikschule) eine Struktur-

637 http://www.musikschulen.de/projekte/qualitaetssicherung/qsm [11.1.2016].
638 Intonation, Ausgabe 15 (2005/2:7).
639 Intonation, Ausgabe 21 (2008/2:12).
640 Intonation, Ausgabe 21 (2008/2:12).

reform erfolgreich umgesetzt. Ziel ist eine ganzheitliche Sicht auf den Bildungsorganismus Musikschule. Dazu gehört vor allem die Vernetzung der einzelnen Unterrichtsstrukturen, im Sinne einer umfassenden musikalischen Bildung."[641]

Den Begriff „Bildungsorganismus Musikschule" versteht Friedrich-Koh Dolge ganz im Sinne der Organisationsentwicklung:

> „Gerade die Vernetzung, das Ineinandergreifen und gegenseitige Inspirieren der verschiedenen musikalischen Disziplinen und Unterrichtsangebote wird durch einen Bildungsorganismus ‚Musik-Schule' ermöglicht. Ein Organismus ist nicht teilbar. Seine Ganzheit macht ihn lebendig und fruchtbar. Erst dadurch kann ein Bildungsorganismus ‚Öffentliche Musikschule' sein pädagogisches Potential in allen seinen Facetten entfalten."[642]

Über erste Verbesserungsmaßnahmen berichtete bereits 2008 die „Intonation". Die Musikschulverwaltung wurde personell aufgestockt, um entstandene Engpässe in der Schülerverwaltung zu beseitigen. Die Schülereinteilung verlagerte man auf die Leiter der Stadtteilmusikschulen.

> „Nachdem jetzt eine leistungsfähige und dezentrale EDV für die Schülerverwaltung zur Verfügung steht, können wir diesen Schritt hin zu einer schnelleren und individuelleren Betreuung von Eltern und Schülern gehen."[643]

Überhaupt sind den Bezirksleitern neue Aufgaben zugefallen …

> „Die Bezirksleiter werden auch zunehmend die Führungsverantwortung für das Kollegium in Ihren Bezirken übernehmen, da der neue Tarifvertrag hier zusätzliche Forderungen stellt, die nicht mehr allein durch die Schulleitung erfüllt werden können. Außerdem versprechen wir uns davon eine Stärkung der Bezirke hin zu individuellem Unterrichtsangeboten auf der Basis verbindlicher Qualitätsstandards."[644]

Eine ganzheitlichere Sicht auf den Bildungsorganismus Musikschule soll seither über flachere Hierarchien auf der Führungsebene erreicht werden.

> „Um die vielfältigen politischen, organisatorischen, pädagogischen und künstlerischen Aufgaben bewältigen zu können, gibt es neben dem Musikschuldirektor und seinem stellvertretenden Schulleiter ein 16-köpfiges Leitungsteam, das gemeinsam mit dem gesamten Kollegium das große ‚Schiff' Stuttgarter Musikschule auf Kurs hält, pflegt und weiterentwickelt."[645]

Näheres ist einem Organigramm zu entnehmen, das im Zuge des Qualitätsmanagementprozesses erstellt wurde und welches die Leitungsstruktur der Stuttgarter Musikschule abbildet.[646] Direkt dem Musikschuldirektor und stellvertretenden Schulleiter

---

641 Stuttgarter Musikschule (2015:13).
642 Intonation, Ausgabe 32 (2014/1:3).
643 Intonation, Ausgabe 21 (2008/2:12).
644 Intonation, Ausgabe 21 (2008/2:12).
645 Intonation, Ausgabe 30 (2013/1:34).
646 Vgl. Intonation, Ausgabe 30 (2013/1:34).

unterstellt ist die Verwaltung, welche außerdem eng mit den BezirksleiterInnen und FachbereichsleiterInnen zusammenarbeitet. Im Gegensatz zu anderen großstädtischen Musikschulen wird auf eine(n) explizite(n) Verwaltungsleiter(in) verzichtet. Zu den Aufgaben der Verwaltung zählt:

„Vorzimmer Schulleitung / Personal / Finanzen / Schülerverwaltung / Beratung und allg. Auskünfte / Gebührenrechnungen / Instrumentenausleihe / Gerätebuchhaltung / Veranstaltungen/Projekte / Jugend musiziert / Öffentlichkeitsarbeit / Newsletter / Kulturmanagement / Projektmanagement / Stiftung/Förderverein"[647]

An die BezirksleiterInnen werden in erheblichem Umfang Führungsaufgaben delegiert:

„Sie sind zuständig für
- Leitung der Bezirkssitzungen, Umsetzung der inhaltlichen Entwicklung im Bezirk
- Bezirksveranstaltungen (z.B. Bezirkskonzerte, Instrumentenberatungen, Bildungskooperationsveranstaltungen)
- Informationen der Eltern über Angebote im Bezirk
- Kontakte zu den Bildungskooperationspartnern und Vereinen im Bezirk, Teilnahme an Stadtteilrunden, Zusammenarbeit mit dem Bezirksvorsteher
- Sämtliche Belange, die die Gebäude der Außenstellen betreffen (z.B. Organisation von Reparaturen und Neuanschaffungen, Zusammenarbeit mit dem Kultur- und Liegenschaftsamt)
- Öffentlichkeitsarbeit im Bezirk
- Einteilung der Schüler, Pflege und Aufsicht der Warteliste in Zusammenarbeit mit der Verwaltung
- Mitwirkung in Bewerbungsverfahren bei vakanten Stellen
- Organisation der Raumeinteilung im Bezirk

Er / sie
- nimmt an den Leitungsteamsitzungen teil
- leitet Arbeitsgruppen
- führt Mitarbeitergespräche
- hat die Dienstaufsicht und ist weisungsbefugt gegenüber den Kollegen in seinem / ihrem Bezirk
- macht Unterrichtsbesuche
- besucht Musikmesse und Musikschulkongress."[648]

„Die in der Stuttgarter Musikschule vorhandene organisatorische Struktur für pädagogische und fachliche Fragen sind die Fachbereiche, die sich in der Regel nach den Instrumentenfamilien richten […]."[649] FachbereichsleiterInnen werden nicht mit Führungsaufgaben betraut, sind aber im Sinne des Vernetzungsgedankens selbstverständlicher

---

647   Intonation, Ausgabe 30 (2013/1:34).
648   Intonation, Ausgabe 30 (2013/1:35).
649   Jäger (2012:54).

Teil des Leitungsteams. Ihr Tätigkeitsprofil weist beträchtliche Gestaltungsfreiräume auf und ist über die Unterrichtstätigkeit hinaus um organisatorische Aufgaben erweitert:

> „**Sie sind zuständig für**
> - Leitung der Fachbereichssitzungen
> - Fachbereichsprojekte und -veranstaltungen
> - Musikalisch-inhaltliche Planungen, z. B. Aufbau neuer Bildungskooperationen
> - Mitwirkung bei Bewerbungsverfahren bei vakanten Stellen
> - Organisation von Fortbildungen
> - Vergabe der Kammermusikstunden (auf Antrag der Lehrer)
> - Koordination von Instrumenten-Anschaffungen
>
> **Er / sie**
> - ist Mitglied im Leitungsteam, wirkt bei Sitzungen mit, leitet Arbeitsgruppen
> - berät Eltern und führt Gespräche mit Kollegen
> - unterstützt bei Bedarf die Verwaltung, Vertretungslehrer zu finden und zu betreuen
> - organisiert die + 15-Prüfungen und die Freiwilligen Stufenprüfungen
> - ist Jurymitglied bei der Aufnahmeprüfung zur Studienvorbereitenden Klasse
> - hält den Kontakt zu den Korrepetitoren im Fachbereich
> - besucht die Klassenvorspiele von Kollegen
> - besucht Musikmesse und Musikschulkongress."[650]

Die angestrebte interne Vernetzung des gesamten Musikschulangebotes wird besonders offensichtlich in der Einrichtung der Querschnittsfachbereiche Alte Musik / Bildungskooperationen / PopRockJazz / STUVO. Mit dem Querschnittsfachbereich PopRockJazz ist beispielsweise „eine weitere Stärkung der Kommunikation zwischen den Kolleginnen und Kollegen" beabsichtigt, „um den Austausch zwischen den Fachbereichen und die Weiterentwicklung der Fachschaften positiv zu befördern".[651] Und Andreas Jäger erläutert am Beispiel des Querschnittfachbereichs Bildungskooperationen, wie sich durch diesen Schritt das Aufgabenspektrum der Fachbereichsarbeit erweitert hat.

> „Die Entwicklung von Unterrichtskonzepten und der Aufbau eines Fortbildungssystems wird eine wichtige Aufgabe in der Zukunft der Stuttgarter Musikschule sein. […] Dieser Fachbereich, der bislang hauptsächlich für den Aufbau der organisatorischen Strukturen zuständig war, soll künftig seinen Schwerpunkt in den konzeptionellen Aufbau und die inhaltliche Steuerung der Kooperationen legen."[652]

Für die einzelnen Lehrkräfte bedeutet dies, dass sie nunmehr auf die denkbar vielfältigste Art und Weise in die organisatorischen Abläufe der Stuttgarter Musikschule einbezogen werden. Sie nehmen teil an Gesamtlehrerkonferenzen, Konferenzen in den Stadtbezirken, Fachbereichssitzungen im jeweiligen Unterrichtsfach sowie gegebenenfalls an Fachbereichssitzungen, denen Querschnittsaufgaben zugeordnet sind.

---

650   Intonation, Ausgabe 30 (2013/1:36).
651   Intonation, Ausgabe 32 (2014/2:16).
652   Jäger (2012:197).

Ebenfalls auf QsM geht die Entwicklung des Leitbildes der Stuttgarter Musikschule zurück. Das Leitbild ist erst kürzlich auf seine Aktualität hin überprüft worden.[653] Dies ist in Zusammenhang damit zu sehen, dass die Stuttgarter Musikschule seit Ende 2012 erneut QsM durchläuft. Katja Fischer, Bezirksleiterin der Stadtteilmusikschule Bad Cannstatt / Hedelfingen erläutert:

„Ziel ist das Erreichen der Zertifizierung. […] Die Stuttgarter Musikschule hat ein achtköpfiges QsM-Team gebildet, an dem auch der Personalrat beteiligt sein wird. Dieses Team nimmt im Herbst 2012 seine Arbeit im QsM-Prozess auf."[654]

Und 2014 berichtet die Bezirksleiterin der Stadtteilmusikschule Vaihingen / Möhringen, Katharina Künstler, von den laufenden Fortschritten im QsM-Verfahren:

„Wir von der AG QsM haben einen dicken Ordner erhalten, in dem neun Kriterien anhand von fünf Kategorien durchgearbeitet und bewertet werden sollen. Die Unterscheidung der Kategorien beginnt bei ‚sporadisch'. Die meisten Kriterien werden mit ‚regelmäßig' bis ‚planmäßig' beantwortet werden können, die Kategorien ‚systematisch' und ‚modellhaft' gehören eher in den Bereich der Visionen.

Zunächst ist das Ganze also eine Bestandsaufnahme dessen, was die Musikschule schon leistet. Bei unserem Workshop konnte man sehen, dass die Stuttgarter Musikschule diesen Prozess vor ca. 10 Jahren schon mal durchlaufen hat und daraufhin viele Neuerungen entstanden sind (z. B. die Entwicklung des Leitbildes oder die Umstrukturierung der Musikschulleitung) […]

Anhand dieser Bestandsaufnahme entwickeln sich nun viele Ideen und Anregungen, wo es für die Stuttgarter Musikschule noch Verbesserungsbedarf geben könnte, wo wir uns an Entwicklungen anpassen müssen oder gegensteuern wollen. Diese Ideensammlung wird dann nochmals genau angeschaut werden: Was ist wirklich sinnvoll? Was ist tatsächlich eine Verbesserung? Was ist überhaupt an einer kommunalen Musikschule machbar, die auch äußeren Zwängen unterworfen ist, und sei es, dass nur über bestimmte finanzielle Mittel verfügt werden kann. Und nicht zuletzt: Was ist überhaupt machbar, in einer Zeit, in der die Arbeit, die neben den normalen Unterrichtsstunden geleistet werden soll, sowieso immer weiter zunimmt, viele Kollegen zum ‚fahrenden Volk' – von Schule zu Schule oder Kindergarten zu Kindergarten – werden und die Anforderungen an alle stetig steigen. […] Bis wir den Prozess durchlaufen haben, ist noch viel zu tun. […] Und danach geht die Arbeit erst richtig los, wenn die beschlossenen Ideen umgesetzt werden sollen."[655]

Schließlich ist die QsM-Zertifizierung der Stuttgarter Musikschule beim Musikschulkongress 2017 überreicht worden.[656] Erneut bestätigen u. a. die Ergebnisse der Mitarbeiter- und Schüler-/Elternbefragungen[657] den sehr positiven Gesamteindruck, den die Musikschule schon beim vormaligen QsM-Verfahren hinterlassen hat (s. o.) – mit we-

---

653   Powerpoint-Präsentation zur Gesamtlehrerkonferenz der Stuttgarter Musikschule im Juli 2015.
654   Intonation, Ausgabe 29 (2012/2:17).
655   Intonation, Ausgabe 32 (2014/1:6).
656   Intonation, Ausgabe 39 (2017/2:15).
657   Vgl. Powerpoint-Präsentation zur Gesamtlehrerkonferenz der Stuttgarter Musikschule im Juli 2015.

nigen Ausnahmen: Moniert werden die schlechte Raumsituation von 53,16% sowie die Erreichbarkeit der Musikschulverwaltung von 49,4% der MitarbeiterInnen. Probleme – die allerdings als keineswegs untypisch für großstädtische Musikschulen anzusehen sind. Daneben haben die Mitarbeiter/innen eine Vielzahl an Verbesserungsvorschlägen zu den Items Schul-Bezirks-Fachbereichsleitung, Arbeitsunterrichtsbedingungen, Musikschulangebote, Schülereinteilung, Kommunikationsmaßnahmen unterbreitet. Konstruktive Verbesserungsvorschläge sind innerhalb des QsM ausdrücklich erwünscht. Was deutlich wird, ist, dass die Eltern der Stuttgarter Musikschule insgesamt eine hervorragende Unterrichtsqualität attestieren. Mindestens 50% der Eltern antworten mit „sehr gut" auf die Frage, ob die Lehrkräfte (1) angemessene Leistungen fordern; (2) auf die Persönlichkeit des Kindes eingehen; (3) verständlich erklären; (4) die Wünsche des Kindes berücksichtigen; (5) abwechslungsreich unterrichten; (6) das Kind zufriedenstellen; (7) Eltern gut beraten; (8) engagiert sind; (9) motivierende Ziele setzen. Und rund 80% der Eltern sind es, die solche Fragen mit „sehr gut" oder „gut" auf einer Skala von 1 bis 6 beantworten. Als besonders ärgerlich empfinden Eltern die langen Wartezeiten auf Unterricht in Verbindung mit dem Anmeldesystem.

Schon allein der Tatbestand, dass die Stuttgarter Musikschule QsM wiederholt durchlaufen hat, verweist darauf, dass man hier Organisationsentwicklung als kontinuierlichen Prozess begreift. Das Thema Organisationsentwicklung beschränkt sich an der Stuttgarter Musikschule auch nicht auf QsM. Von einem Qualitätsmanagement abzugrenzen sind die Evaluationen, die an der Stuttgarter Musikschule z.B. in Verbindung mit „Stark durch Musik" oder der Einrichtung einer Beratungs- und Prüfungsstruktur durchgeführt worden sind (s.o.) bzw. zur Erprobung neuer Vorhaben regelmäßig durchgeführt werden.

> „Mit Hilfe von Evaluationen können die Prozesse der Planung und Leistungserbringung analysiert sowie die Outputs, die erreichten Ziele und die verursachten Wirkungen empirisch überprüft und bewertet werden. Dadurch wird eine empirische Datenbasis geschaffen, die rationale Entscheidungsprozesse ermöglicht. […] Sie sind nicht dem puren Erkenntnisinteresse verpflichtet, sondern sollen einen Nutzen stiften und dazu beitragen, Prozesse transparent zu machen, Wirkungen zu dokumentieren und Zusammenhänge aufzuzeigen, letztendlich um Entscheidungen treffen zu können."[658]

Evaluationen unterliegen nicht den festen Normen und Parametern eines Qualitätsmanagements, daher können sie bedarfsgerecht und flexibel eingesetzt werden. Ihre Bewertungskriterien sind frei wählbar, je nach Zweck; damit verbundenen Aufgaben; anzuwendenden Methoden und beteiligten Personen. Als Mindeststandard einer Evaluation muss jedoch stets ihre Nützlichkeit, Durchführbarkeit, Korrektheit und Genauigkeit gewährleistet bleiben.[659]

Mit Fragen der Organisationsentwicklung befasst sich die Stuttgarter Musikschule auch bei weiteren Anlässen. Katharina Künstler gibt in der „Intonation" ihre Eindrücke von einem „Pädagogischen Tag" im Oktober 2012 wieder:

---

658   Stockmann (2012:6f.).
659   Vgl. Stockmann (2012:13).

„Neben dem Musikschulalltag mit Unterrichten, Üben, Sitzungen und Konzerten ist es für uns Pädagogen immer wieder wichtig, den Blick zu weiten, größere Zusammenhänge zu erkennen und Visionen zu entwickeln, wie wir gesellschaftliche Entwicklungen aktiv mitgestalten können."[660]

Eingeladen war Diplom-Betriebswirt Stefen Theßenvitz.

„Sehr informativ waren die Zukunftsprognosen der Entwicklungen für Stuttgart, die Stefan Theßenvitz für uns zusammengestellt hatte.
Stuttgart ist eine attraktive Stadt und gehört bundesweit zu den Regionen mit den meisten Einwohnern unter 6 Jahren. Eine Besonderheit für Stuttgart: 64% der Kinder haben einen Migrationshintergrund. Interessant war auch die differenzierte Bevölkerungsentwicklung für die einzelnen Stadtteile Stuttgarts anzuschauen, da dies direkte Auswirkungen auf die Stadtteilmusikschulen haben wird [...] Die Prognose, die Stefan Theßenvitz nach Analyse der Daten für uns erstellte, lautet: ,Der Nachwuchs bleibt stabil. Kinder und Jugendliche mit Migrationshintergrund werden deutlich mehr. Die Ansprüche an Musikunterricht werden steigen. Die Vielfalt der Erwartungshaltungen nimmt zu. Der politische Druck für umfassend integrative Bildungslösungen in Kooperationen wird zunehmen. Der Kampf um die Identität der Stuttgarter Musikschule hat gerade erst begonnen."[661]

Künstlers Ausführungen geben jedoch auch zu erkennen, dass das Musikschulkollegium zumindest in Teilen betriebswirtschaftlichem Denken und Marketingdenken noch reserviert gegenübersteht.

„Kritisch wurden dann die weiteren betriebswirtschaftlichen Ausführungen aufgenommen. Es stellt sich die Frage, inwieweit man Begriffe wie Marktausschöpfung, Finanzanalyse, Marktdurchdringung, Kundensegmente und Wertschöpfung auf eine Bildungseinrichtung wie die Stuttgarter Musikschule übertragen kann. Viele damit verbundene Entscheidungen liegen bei der Politik und sind von uns Pädagogen bestenfalls indirekt beeinflussbar. Der Wert von musikalischer Bildung lässt sich nicht in Zahlen messen, allerdings zeigt sich in der finanziellen Förderung von Stadt, Land und Bund durchaus auch quantitativ der Wert, den die Gesellschaft musikalischer Bildung beimisst."[662]

Es ist zu respektieren, wenn die MitarbeiterInnen einer Musikschule betriebswirtschaftlichen Aspekten und Marketingdenken aufgrund ihres Selbstverständnisses als Pädagogen und Künstler zunächst einmal mit einer (gesunden) kritischen Distanz begegnen. Nur sollte dies eben nicht dazu verleiten, solche Faktoren im Musikschulalltag gänzlich auszublenden. Katharina Künstler macht zu Recht darauf aufmerksam, dass sich die Wertschätzung einer Musikschule *auch* in quantitativen Größen widerspiegelt, in Anmeldezahlen; den Unterrichtsentgelten bzw. -gebühren, die Eltern bereit sind, für den Unterricht ihrer Kinder zu zahlen, nicht zuletzt in der Höhe der Musikschulförderung. Der Beitrag eines jeden Musikschulmitarbeiters steht in direktem Zusammen-

---

660   Intonation, Ausgabe 30 (2013/1:15).
661   Intonation, Ausgabe 30 (2013/1:15).
662   Intonation, Ausgabe 30 (2013/1:15).

hang zur öffentlichen und politischen Wahrnehmung der gesamten Musikschule. Dies zu vermitteln, kann *auch* Sinn und Zweck eines Pädagogischen Tages sein. Auf Leitungsebene der Stuttgarter Musikschule begreift man pädagogische Unterrichtsqualität und Organisationsentwicklung ohnehin als zwei Seiten einer Medaille. Beides macht in Verbindung das besondere Profil, wenn man so will, die besondere Qualität der Stuttgarter Musikschule aus. Von Philip Rosenthal stammt das Zitat: „Wer aufhört, besser zu werden, hat aufgehört, gut zu sein."[663]

---

663   Zit. nach Krüger / Wanner (2010:1).

6. Der humanistische Bildungsgedanke – uneingelöstes Versprechen oder ideelles Fundament der Musikschularbeit?

6.1 Musikalische Bildung und humanistisches Erbe – Zwei Ansichten

Für den Deutschen Musikrat ist Musik „ein Wert an sich und darüber hinaus für den Einzelnen wie für das soziale Miteinander ein Grundstein der humanen Gesellschaft".[1] Der Musikrat bezeichnet in der Präambel zu seinem Grundsatzpapier „Musikalische Bildung in Deutschland" (2012) den „Schutz und die Forderung des Kulturellen Erbes, der zeitgenössischen künstlerischen Ausdrucksformen einschließlich der Populären Musik und der Kulturen anderer Länder in Deutschland" als grundlegend gemäß der UNESCO-Konvention Kulturelle Vielfalt „für Identität, Zusammenhalt und Zukunftsfähigkeit unserer Gesellschaft".[2] Dennoch wird die Bedeutung eines humanistischen Erbes heute für die Generierung eines musikalischen Bildungsbegriffes durchaus kontrovers diskutiert. Dies gilt auch in Hinblick auf Musikschulen. Auf dem 23. Musikschulkongress des VdM in Münster (2015) „MusikLeben – Erbe. Vielfalt. Zukunft" berichtete Friedrich-Koh Dolge in seiner Funktion als stellvertretender Bundesvorsitzender anlässlich der Verabschiedung des Leitbildes der öffentlichen Musikschulen im Verband deutscher Musikschulen bei der Bundesversammlung, dass der Passus im Leitbild „Geleitet von einem humanistischen Menschenbild ..." innerhalb des VdM-Bundesvorstandes umstritten gewesen sei. Zu sehr historisch vorbelastet scheint der Begriff „humanistisch" gerade in Verbindung mit „Schule" zu sein.[3]

Während Kapitel 4 den musikalischen Bildungsbegriff ausgehend von Humboldts Bildungstheorie und Schillers Theorie einer ästhetischen Erziehung hergeleitet hat, stellt nun Kapitel 6.1 zwei aktuelle Positionen einander gegenüber, die sich in ihrem teils konträren Verständnis von musikalischer Bildung höchst unterschiedlich auf einen humanistisch geprägten Bildungsbegriff zurückbeziehen. Es geht im Folgenden ...

1. um unterschiedliche Besetzungen des Wortes „humanistisch" in musikalischen Bildungsdiskursen;
2. darum, wie diese unterschiedlichen Besetzungen das Verständnis von musikalischer Bildung prägen;
3. um die Frage, inwiefern dies für Musikschulen relevant ist.

---

1   Deutscher Musikrat (2012:5).
2   Deutscher Musikrat (2012:5).
3   Vgl. Kapitel 4.1.1.

Somit kann die Frage in den Blickpunkt treten, inwieweit der humanistische Bildungsgedanke noch eine orientierende Funktion für unser heutiges Verständnis von musikalischer Bildung (… auch an Musikschulen) bewahrt.

6.1.1 „… denn ursprünglich Gemeintes lässt sich nicht einfach eliminieren" – Auf der Suche nach einer musikalischen Bildungsidee (Karl Heinrich Ehrenforth)

Die „Neue Musikzeitung" hat in ihrer Märzausgabe 2016 einen Artikel von Karl Heinrich Ehrenforth unter dem Titel *Sich öffnen, damit die Musik Raum gewinnen kann. Auf der Suche nach einer musikalischen Bildungsidee* veröffentlicht.[4] Ehrenforth, emeritierter Professor für Musikpädagogik, der vor Jahren mit seiner „Geschichte der musikalischen Bildung" ein Standardwerk vorgelegt hat,[5] fragt hier, „wie eine genuin musikalische Bildungsidee im 21. Jahrhundert aussehen könnte, bei der sowohl die große Musiktradition im Blick bleibt, als auch ihre schwer zu prognostizierende Entwicklung vorausgedacht werden muss".

> „Welche Rolle wird Musik in ihrer unbegrenzt wachsenden medialen Ubiquität und ‚Gleichschaltung' überhaupt (noch) spielen? Wird die bislang unersetzliche kultursymbolische Bedeutung der musikalischen Hochkunst Europas von Monteverdi bis Mahler dann noch ihren produktiven und rezeptiven Lebensraum behaupten?"[6]

Ehrenforth ist der Meinung, dass man sich seit dem späten 18. Jahrhundert auf der Suche nach einer tragfähigen musikalischen Bildungsidee für die Gegenwart befinde.

> „Bis dahin galt die schlichte Dreifaltigkeit sinnstiftender Zielsetzungen: Kirchenmusik dient dem Lobe Gottes, die sogenannte weltliche Musik der aristokratischen Repräsentation und die Volksmusik dem sozialen Zusammenhalt. Im säkularen Zeitalter, das die Dialektik der Aufklärung nicht leugnen kann, in dem auch die Vielfalt der Angebote an Werten, Stilen und Lebensentwürfen von einer einzigen Bildungstheorie nicht mehr erfasst zu werden scheint, wird diese Herausforderung sehr groß."[7]

Immer klarer würde, dass der musikalische Bildungsidealismus des 19. und 20. Jahrhunderts heute nicht mehr trage. Die kritische Kopf-Vernunft der Aufklärung habe den Künsten schon im 18. Jahrhundert wenig Raum gelassen. Die Revitalisierung quasi religiöser Erfahrungen durch die Musik im Zeitalter der Romantik habe zwar die aufstrebende bürgerliche Konzertkultur zu tragen vermocht, Humboldts aus politischer Raison unternommener Versuch, der Musik in der Pflichtschule des 19. Jahrhunderts zu neuer Geltung zu verhelfen, indem die einstige Symbiose von Kirchenmusik und Schulmusik wiederbelebt wurde, sei indes ins Leere gelaufen. Der Pianist und sozialdemokratische Bildungspolitiker Leo Kestenberg habe im 20. Jahrhundert zwar die Not-

---

4   Ein Jahr später, im März 2017, ist Ehrenforth im Alter von 87 Jahren gestorben.
5   Ehrenforth (2010).
6   Ehrenforth (2016).
7   Ehrenforth (2016).

wendigkeit erkannt, dass es einer musikalischen Grundbildung aller bedürfe, um die Musikkultur nicht auf das Bildungsbürgertum zu beschränken, dennoch – unter maßgeblicher Beteiligung der Jugendmusikbewegung trug die „Bildungseuphorie um den Wechsel vom 19. zum 20. Jahrhundert […] mehr und mehr Züge einer irrealen Sozialromantik. Die Heilsbotschaft […] ‚Menschlichkeit durch Musisches‛" verfing sich „ohne Selbstkritik direkt in den Sümpfen des Nationalsozialismus".[8] Heute hätten sich alle soziokulturellen wie medien- und musikpolitischen Konditionen der Kestenberg-Reformen geändert. „Die sozialromantische Missionsidee ist nicht mehr haltbar. Wir stehen vor einem Neuanfang. Wie geht es weiter?"[9]

Trotz alldem bleibt für Karl Heinrich Ehrenforth der musikalische Bildungsbegriff selbst unverzichtbar. Ehrenforth erinnert an eine Wurzel europäischer Bildung im späten Mittelalter. In Anlehnung an Jürgen Habermas, der „auf einer ‚polyphonen Korrelation von Vernunft und Glaube‛" insistiere, ließe sich das religiöse Bildungskonzept Meister Eckards, Mystiker des späten Mittelalters, heute dahingehend deuten: „Öffne dich für die innere und äußere Welt um und in dir, auf dass du ein Bild gewinnst, das dir helfen kann, dein eigenes Bild in ihr zu finden."[10] Eine solche Bildung wäre allerdings nicht rein kontemplativ vorzustellen, sondern im Sinne einer Handlungsaufforderung. Bereits in seiner „Geschichte der musikalischen Bildung" hat Ehrenforth hierauf explizit hingewiesen:

> „Bildung […] ist nicht nur Voraussetzung dafür, dass Sinnfragen wie die nach dem eigenen Ich und seinem Woher und Wohin überhaupt gestellt, sondern auch Antworten darauf gefunden werden können. Diese Antwortfähigkeit – und damit die Fähigkeit zur Ver-Antwortung – ist wichtigstes Ziel des Bildungsweges. Der Dialog zwischen Welt und Ich, zwischen Anderem und Selbst führt zu Ein-Bildung (im positiven Sinn des Begriffs!) und Aus-Bildung."[11]

Musik als „klangsymbolische Spiegelung von Welt"[12] mache im Spezifischen musikalische Bildung in ihrer orientierenden Funktion aus. „Diese unsere Welt ‚als andere‛ will entdeckt werden und uns helfen zum Leben."[13] Ehrenforth nennt einige Beispiele für Anlässe, in deren Rahmen eine „Transfiguration durch Musik"[14] möglich erscheint: ein fünfjähriges Mädchen nimmt durch die körperliche Umsetzung einer im häuslichen Umfeld soeben gehörten Musik ihre eigene Leiblichkeit wahr; Demenzkranke erfahren durch Musik Identität …

> „Die Kranken wissen zwar kaum noch, wer sie selbst sind, aber das Singen der Lieder ihrer Kindheit öffnet längst verschlossene Türen der personalen Identität. Hier kehren sie

---

8   Ehrenforth (2016).
9   Ehrenforth (2016).
10   Ehrenforth (2016).
11   Ehrenforth (2010:522).
12   Ehrenforth (2010:522).
13   Ehrenforth (2010:523).
14   Ehrenforth (2016).

zurück zu sich selbst und erfahren eine Transfiguration in längst verloren geglaubte Räume der eigenen Biographie. Sie finden ihr Leben von einst – in und mit der Musik."[15]

… anlässlich einer öffentlichen Trauerfeier wird Musik zum schlichten Einspruch gegen das Versinken in Trauer; und im Rahmen eines Konzerterlebnisses kann Musik als Erfahrung von „Freiheit in einer klangeigenen, zeitenthobenen Zeitlichkeit" wirken.[16]

Markierungen einer musikalischen Bildung, die zum Leben befähigt, sind für Ehrenforth erstens: „Bildung darf nicht nur den sogenannten Gebildeten gehören"[17] – soll heißen: „Weil Musik allen Menschen gehört, ist sie auch allen als Chance der Lebensbereicherung und Persönlichkeitsbildung anzubieten."[18] Zweitens: Bildung sei nicht nur gleichbedeutend mit „der Kumulation von Wissen und Kompetenzen", sondern Bildung „wächst auf dem Boden von Vorbild und Haltung, ist also vor allem ethisch getönt".[19] Michael Dartsch spricht in diesem Zusammenhang auch von sinntragenden Werten des Schaffens und Erlebens; des Aushaltens von Leid; der Transzendenz.[20] Und drittens ist Bildung „nie am Ende. Familie, Kita und Schule sind nur Startplätze."[21]

Karl Heinrich Ehrenforth sieht die „vielfarbige akademisch-theoretische Reflexion zum Thema" gegenwärtig im „scharfen Kontrast zu einer mageren, bildungspolitischen Wirklichkeit".[22] Musikalische Bildung befinde sich in der Dauerdefensive. Der österreichische Bildungskritiker Konrad Paul Liessmann bringe es auf den Punkt:

„Die Musen haben in Schule und Gesellschaft einen Feind, dem sie nicht gewachsen sind: es ist das Nützliche."[23]

Auf die Frage, was sich denn ändern müsse, antwortet Ehrenforth, dass Schule zurückfinden müsse „zu einem ganzheitlich humanen Erziehungskonzept", welches Freiraum lasse für das Ziel eines gelingenden Lebens. Die zunehmende Verzweckung des Bildungsbegriffes nehme den Künsten immer mehr den Atem. Dabei würde die musikalische Grundbildung zur Aufgabe aller musikalischen Institutionen im kooperativen und koordinierten Verbund. Musikschule, Kirchenmusik und der große Verbund der Laienmusik stünden der allgemeinbildenden Schule schon lange zur Seite.[24]

Eine Bildungsidee macht für Ehrenforth noch keinen Lehrplan aus. Sie könne aber auf voraussetzende Bedingungen verweisen. Es ist Ehrenforths Anliegen, die Kraft der Transfiguration durch Musik wieder in den Vordergrund zu stellen. „Das meint: sich zu fragen, was Musik mit ‚mir' macht."[25]

---

15   Ehrenforth (2016).
16   Ehrenforth (2016).
17   Ehrenforth (2016).
18   Ehrenforth (2010:523).
19   Ehrenforth (2016).
20   Dartsch (2007:11).
21   Ehrenfort (2016).
22   Ehrenforth (2016).
23   Zit. nach Ehrenforth (2016).
24   Ehrenforth (2016).
25   Ehrenforth (2016).

„Metaphorisch gesprochen, ist Musik für die, die sie ernst nehmen, gleichsam ein Fenster ins Offene. Jeder findet dabei seine eigene Art des Offenen und Befreienden. Immer geschieht dabei aber ein kleines Wunder: Eine Tür öffnet sich in das Geheimnis, das jede Klang-,Sprache' mit sich führt und das wir zugleich in uns fühlen. In Sternstunden vermag die Musik uns sogar zu verwandeln."[26]

Gleichzeitig gelte es Abschied zu nehmen „von einer Art innerer Mission, die glauben lässt, wer für die Hochkunst nicht zu gewinnen sei, sei ein Banause".

„Beherrschend für musikalische Bildung sollte jetzt die Erziehung zur Offenheit für Fremdes und Ungewohntes bleiben, ohne dass der Verdacht aufbricht, man müsse dann Abschied nehmen von seiner Lieblingsmusik. Also nicht, dass man von einem Popfan erwartet, morgen Beethoven zu lieben und übermorgen möglichst auch Schostakowitsch. Musikalische (künstlerische) Bildung schließt die Freiheit der Wahl ein, die eine des Lebensstils ist."[27]

Ein schlichter Wertekanon erscheine nicht mehr ausreichend. Die Methoden der Vermittlung von Musik dürften sich nicht in einem „grammatikalischen Fundamentalismus" erschöpfen.

„Im Vordergrund steht die Neugierde, was eine Musik ‚für mich' bedeuten könnte. Kann sie mir ‚Freund' werden? Oder bleibt sie mir wohl immer fremd? Dann aber bitte: warum? Erst hier werden Sachaspekte in den Vordergrund treten. Es geht also dann um ein nachträgliches, nie anfängliches ‚Begreifen dessen, was mich ergriffen hat' […] und fast nie um ein (rationales) Wissen, von dem man irrigerweise hofft, sie möge unsere Liebe zur Musik entzünden."[28]

Gleichwohl steht am Ende von Ehrenforths Betrachtungen die Mahnung vor dem ideologischen Missbrauch von Musik, verbunden mit der ernüchternden Erkenntnis:

„Wer noch – wie der Verfasser – den braunen Adolf aus Braunau via Hitlerjugendzwang aushalten musste, weiß, dass Musik leider nicht heilig ist. Sie kann Kollaborateur des Bösen werden, manchmal, ohne dass man es merkt. Plötzlich ist man mitgefangen, mitgehangen und weiß das erst, wenn der Spuk vorüber ist.
Musikaufführungen im Konzentrationslager der Nazis? Die Hölle im Namen des Schönen. Jeder Idealismus zerfleddert vor solcher Verachtung des Menschen."[29]

Spätestens jetzt erschließt sich, wieso der Autor den musikalischen Bildungsidealismus des 19. und 20. Jahrhunderts in der heutigen Zeit für nicht mehr tragbar hält und doch von einem humanistischen Bildungsideal nicht ablassen will. Denn mit der Forderung nach einer defensiven Bildung, die etwa den Missbrauch von Musik in totalitären Systemen durchschaut, verbindet er eine konkrete, nicht minder idealistische Hoffnung:

---

26   Ehrenforth (2016).
27   Ehrenforth (2016).
28   Ehrenforth (2016).
29   Ehrenforth (2016).

„Dann könnte es sogar sein, dass es die Musik selbst ist, die uns davor zu schützen vermag."[30]

Karl Heinrich Ehrenforth entwickelt sein musikbezogenes Bildungsverständnis aus historischer Perspektive. Dazu „gehört die Erkenntnis, dass tieferes Verständnis musikalischer Bildung nicht möglich ist, ohne ihre Wurzeln in der kultisch-religiösen Dimension des Menschseins zu erkennen und sie in den Umgang mit späteren Bildungsansätzen hineinzunehmen".[31] Christoph Gotthardt hat diesen Gedankengang in einer Rezension von Ehrenforths „Geschichte der musikalischen Bildung" weiter vertieft:

> „Einer seiner [Ehrenforths] Kerngedanken besagt, dass der Kunst (nicht nur der musikalischen) gerade in der zukünftigen Wissensgesellschaft ein ebenbürtiger Platz neben der Wissenschaft einzuräumen sei. Darüber aber wird sich, so Ehrenforth, die ‚tiefenpsychologische Dignität' […] der Musik in der ernsthaften Suche des Menschen nach Wahrheit in der Selbst- und Welterkenntnis erschließen, denn ursprünglich Gemeintes lässt sich nicht einfach eliminieren.
>
> Musikalische Bildung ist so mit absolutem Wahrheitsanspruch verbunden und enthält auch das Plädoyer, Falsches zu entlarven. Dies ermöglicht nicht nur, die im Prozess der Säkularisierung bis heute der Musik zugespielte quasi-religiöse Statthalterschaft zu hinterfragen oder staatsideologischen Missbrauch zu durchschauen, sondern bei der Orientierung über Herkunft, Ankunft und Zukunft unserer Musikkultur Perspektiven zurechtzurücken."[32]

Natürlich muss sich eine solche Position angreifbar machen. Denn man mag sich fragen, ob der Verweis auf die Wurzeln musikalischer Bildung in der kultisch-religiösen Dimension des menschlichen Daseins nicht allzu subjektiv, christlich gefärbt, zumal retrospektiv ausfalle, angesichts anderer Sichtweisen und kultureller Prägungen in der Gegenwart.

An Plausibilität vermag Ehrenforths Position zu gewinnen, wenn man berücksichtigt, wie er sich zur Historiographie der Musikerziehung in seiner „Geschichte der musikalischen Bildung" stellt. Geschichte zählt für ihn zu jenen Erkenntnisgegenständen, „die sich einer rigiden ‚Objektivierung' – wenn es sie je gibt – entzieht, weil der, der sie anstrebt, stets an der unumstößlichen Tatsache scheitert, dass er selbst dessen Teil ist, was er vorurteilsfrei beobachten und beurteilen will."[33] Somit ist der Wahrheitsanspruch musikalischer Bildung stets einer, der vom Subjekt vollzogen wird, was einer Relativierung gleichkommt.

> „Soll dennoch kritische und kontrollierte Geschichtsschreibung möglich sein, dann mag sie sich dem Vorwurf subjektiver Befangenheit nur zu entziehen, wenn sie sich diesem ‚Vorwurf' bewusst stellt, d.h. das ‚Vorurteil' nicht nur akzeptiert wird, sondern dieses ‚Handicap' auch kritisch – und damit fruchtbar – einbezieht. Denn es gibt in der Tat nur Er-

---

30   Ehrenforth (2016).
31   Gotthardt (2006).
32   Gotthardt (2006).
33   Ehrenforth (2010:509).

zählperspektiven, keinen ‚objektiven' Feldherrnhügel des Abseitsstehens, wenn es um Geschichte geht."[34]

Nur am Rande sei erwähnt, dass Ehrenforth u. a. Theologie studiert hat. Dass hierin ein wesentlicher Einflussfaktor für sein musikalisches Bildungsverständnis zu suchen ist, liegt nahe.

Ehrenforth weist zudem auf die Bedeutung des komparativen Aspektes historischer Forschung hin. „Der Blick in die Vergangenheit der eigenen Tradition soll den Blick in die Zukunft öffnen. […] Er soll dazu beitragen, diese eigene Tradition auch kritisch von ‚außen' sehen zu lernen."[35]

> „Erstens werden gegenwärtige Problemsichtweisen und Lösungsversuche durch den Blick in die Geschichte aus dem Scheinfaszinosum ihrer Einmaligkeit herausgerissen und als Problem vor neuem Hintergrund entdeckt. Zweitens wird der eigene geschichtliche Standort der Gegenwart klarer erkannt (was die Illusion, Geschichte wiederhole sich nur, entlarvt). Und drittens werden fachliches Selbstverständnis und Identifizierung mit der wissenschaftlichen und praktischen Lebensaufgabe gestärkt."[36]

Entsprechend findet Ehrenforth in der „Kunstlehre" Adolph Bernhard Marx' zwar ausgesprochen progressive Aspekte enthalten, die „bereits wesentliche Leitlinien späterer musikpädagogischer Forschung und Lehre"[37] vorwegnehmen.[38] Dennoch: Im Zentrum des musikalischen Bildungsprozesses steht für Ehrenforth der Mensch, nicht das Kunstwerk, wenngleich er an dem künstlerischen Wert von Musik im Sinne einer „Kunst-Kultur",[39] am musikalischen Erbe, festhalten möchte. Die persönlichkeitsbildende Kraft von Musik ist bei Ehrenforth also anders konnotiert als bei Marx. Formale Bildung wird nunmehr stärker gewichtet als materiale Bildung. Erweitert hat sich aufgrund des gesellschaftlichen Demokratisierungsprozesses der Adressatenkreis musikalischer Bildung mit weitreichenden Folgen für die musikpädagogische Vermittlung.

Ehrenforths Blick auf die institutionelle Vermittlung musikalischer Bildung verengt sich bedauerlicherweise etwas auf die Schulmusik, deren beständigen Anregungsimpuls er weiterhin für unverzichtbar hält. Andererseits räumt er ein, dass die Schulmusik eine institutionelle Gesamtverantwortung für musikalische Bildung nur noch im Verbund mit Bildungspartnern wie z. B. Musikschulen erfüllen kann.[40]

> „Es wächst die Einsicht, dass das musikpädagogische Ressortdenken und die damit verbundene – gewiss nicht sinnlose – Arbeitsteilung der grenzüberschreitenden Verflechtung unserer gegenwärtigen Musikkultur nicht mehr gerecht wird."[41]

---

34 Ehrenforth (2010:509).
35 Ehrenforth (2010:508).
36 Ehrenforth (2010:508).
37 Ehrenforth (2010:388).
38 Vgl. Kapitel 3.2.1.
39 Ehrenforth (2010:523).
40 Ehrenforth (2016).
41 Ehrenforth (2010:526).

Bedenkenswert ist die bildungspolitische Konsequenz, welche Ehrenforth hieraus zieht: „Von daher ist die gerade in Deutschland übliche Unterscheidung von Bildungspolitik als Schulpolitik und Kulturpolitik als nicht-schulische Aufgabe irreführend."[42]

Wie realistisch erscheint nun aber Ehrenforths Forderung, dass Schulen zurückfinden sollten zu einem ganzheitlich humanen Erziehungskonzept? Zumindest steht er mit seiner Forderung nicht allein. Markus Günther schreibt in der „Frankfurter Allgemeine[n] Sonntagszeitung" vom 19. Juni 2016:

> „Lernen die Kinder in der Schule das Richtige? Also das, worauf es später im Leben wirklich ankommt? Die Diskussion ist so alt wie die Schule selbst. […] Vielleicht ist die Diskrepanz zwischen unseren Bildungsidealen und den Anforderungen der modernen Arbeitswelt lange Zeit nicht aufgefallen. Denn es schien ja so, als entwickelten sich die Interessen der Wirtschaft und der aufgeklärten Gesellschaft einigermaßen im Gleichschritt. […]
> ‚Wir schenken den Kindern ein Jahr Lebenszeit', hatte die CDU Baden-Württemberg in beispiellosem Zynismus erklärt, als sie die Einführung des achtjährigen Gymnasiums rechtfertigte. Dass man den Kindern nicht ein Jahr Lebenszeit geschenkt, sondern ein Jahr Kindheit geraubt hatte, wurde vielen erst später klar. Warum wohl unterstützen die Arbeitgeber so energisch den Kampf für G8. […]
> Neue Methoden, Grundkenntnisse digitaler Technologie und ein frühes Problembewusstsein für die Abgründe der vernetzten Welt – all das gehört sicher in die Lehrpläne. Aber dort, wo sich hinter den Reformforderungen im Kern die Absicht verbirgt, Bildung nur nach Nutzwert zu bemessen, ist Widerstand gefordert.
> Offenbar wird allzu leicht vergessen, dass die Geschichte von Aufklärung und individueller Freiheit zugleich die Geschichte der Bildung ist. Auch unter dem Anpassungsdruck der Digitalisierung sollte sich eine freie Gesellschaft nicht die mühsam errungenen Ideale zerstören lassen, die zwar nicht den Himmel auf Erden geschaffen haben, aber Entwicklungs- und Gestaltungschancen für fast alle Menschen gebracht haben. Bildung ist viel mehr als Wissen, Kenntnis und Fertigkeit. Bildung ist Befreiung. Denn erst die Bildung eröffnet, privat und beruflich, in den sozialen Beziehungen wie in den existentiellen Fragen des Lebens, die Freiheit zu entscheiden und zu gestalten. Ohne Bildung bleibt Freiheit ein leeres Wort."[43]

Was aber tun, wenn – wie Günther einräumt – schon Zwölfjährige in Deutschland durchschnittlich zweieinhalb Stunden in digitalen Welten unterwegs sind, wobei mehr als die Hälfte der Zeit für Kommunikation und Spiele verwendet wird? Was bedeutet dies für musikalische Bildung?

6.1.2 „Abschied nehmen vom schönen Klang ..." – Aufbruch zur transhumanistischen Bildung (Norbert Schläbitz)

Diese Frage stellt sich auch Norbert Schläbitz. Dabei richtet sich sein Fokus allerdings weniger auf die Verteidigung des musikalischen Erbes. Vielmehr plädiert er für eine musikalische Bildung, welche sich an einer progressiv fortschreitenden Musik-

---

42 Ehrenforth (2010:524).
43 Günther (2016).

kultur und Medienentwicklung zu orientieren versucht. Schläbitz, Professor und Leiter des Fachs Musikpädagogik an der Wilhelms-Universität Münster, hat seine Ideen zu einer transhumanistischen Bildung erstmals in einem Aufsatz 2011 unter dem Titel „Abschied nehmen vom schönen Klang …"[44] vorgestellt und diese in seinem neuesten Buch – „Als Musik und Kunst dem Bildungstraum(a) erlagen"[45] – in einen erweiterten Kontext gestellt. Das Humboldtsche Bildungsideal hält Schläbitz in der heutigen Zeit für nicht mehr relevant. In dem daran anknüpfenden Neuhumanismus sieht er eine fragwürdige Ideologie, an dessen Stelle ein transhumanistisches Bildungskonzept treten soll, das die Relevanz der Künste für die Persönlichkeitsbildung in Frage stellt und den Blick lieber auf Neues richtet.[46]

Die Entwicklung moderner Informations- und Kommunikationssysteme ist für Schläbitz mit besonderen Chancen für die musikalische Bildung verbunden. Von Teilen der Gesellschaft würden hingegen die Folgen einer medialen Entwicklung mit Sorge betrachtet. In dem Bemühen, Orientierung und kulturelle Identität zu finden, neige man dazu, an überkommener Kultur festzuhalten. Bildung hält Schläbitz in diesem Kontext für einen überschätzten Begriff.

> „Zwischen den Polen einer kanonisch gedachten Kultur und [dem] Individuum wird eine Verbindungslinie geknüpft durch die Gutes verheißende und so schön klingende Metapher der *Bildung*. […] *Bildung* in der Verbindung zumal mit dem Adjektiv *humanistisch* erscheint wohlklingend und im positiven Sinne unangefochten nur zu vertreten sein. *Kultur, kulturelles Erbe, Hochkultur*, verbunden noch mit dem Attribut des *Einzigartigen, Absoluten, Zeitlosen* und *Universalen* lädt zu vorbehaltloser Anerkennung ein, bei der Rückfragen über möglicherweise musikalisch Überholtes sich grundsätzlich verbieten."[47]

Norbert Schläbitz scheint fest entschlossen, die Relevanz eines humanistisch geprägten Bildungsbegriffes ausschließlich dort gelten zu lassen, wo positive Wirkungen empirisch nachweisbar sind. Er hat zunächst einmal nichts einzuwenden gegen „all die schönen Vorstellungen, was Bildung auf den Weg bringt […]". Nur fragt er sich, ob sich „die proklamierten Ziele in Auseinandersetzung mit Kultur […] überhaupt erreichen lassen".[48]

> „Führt die Auseinandersetzung mit Kunst tatsächlich zu einem *kultivierten* Menschen, den gleichsam *Humanität* auszeichnet und der Sinn für ein verantwortungsvolles Dasein entwickelt, wie es einem Schiller und seiner *ästhetischen Erziehung* oder einem Humboldt mit seiner *humanistischen Bildung* vorschwebte?
> Kunst und Kultur *einseitig* als Bildungsmedium zu verstehen, an dem der Mensch vorbehaltlos reifen und genesen können soll, ist eine höchst zweifelhafte Vorstellung und beschreibt eine leider zu schöne Illusion, wie die Ereignisse in der Kulturnation Deutschland im 20. Jahrhundert ziemlich eindeutig belegt haben […]."[49]

---

44 Schläbitz (2011).
45 Schläbitz (2016).
46 Vgl. Einleitung.
47 Schläbitz (2011:68).
48 Schläbitz (2011:70).
49 Schläbitz (2011:70).

Schläbitz' Dekonstruktion des Bildungsidealismus im 19. und 20. Jahrhunderts geht so weit, dass er den Bildungsbegriff selbst in Frage stellt. Humboldts Idee einer zweckfreien Bildung, an der sich einst selbst der Staat prüfen lassen sollte, habe im 19. Jahrhundert entgegen der eigentlichen Absicht dazu gedient, einen durchsetzungsfähigeren Staat erst auszubilden. „Eine weltbürgerliche Humanität, die sich nicht im nationalen Dünkel verfing, war oftmals nicht zu verzeichnen."[50] Zu Kants Kategorischem Imperativ, nach dem der Einzelne so handeln solle, dass sein Handeln einer allgemeinen Gesetzgebung dienen könne, merkt Schläbitz an: „Der Kategorische Imperativ ist das Ergebnis elaborierter Theorie, nur in der Praxis funktionieren, das tut er nie."[51] Vielmehr habe sich das Bildungsbürgertum aufgrund seiner verinnerlichten „Ethik der Pflichterfüllung" als anfällig gegenüber dem Ungeist erwiesen, der später in Faschismus und Nationalsozialismus münden sollte – „trotz oder vielleicht gerade wegen des humanistisch geprägten Bildungsprofils".[52]

> „Die humanistische Bildung stand nicht abseits des Systems Nationalsozialismus, sondern war Teil desselben mit ihren zwar einerseits unpolitischen Vorstellungen zur Kunst mit einer vorgeblichen *Zeitlosigkeit, Universalität,* zuletzt *Einzigartigkeit, Authentizität, Wahrhaftigkeit,* womit sich andererseits eine Ideologie verband, die Politik und Ästhetik unselig miteinander verknüpfte."[53]

Somit sieht es Schläbitz als erwiesen an, dass eine emphatisch überhöhte Kultur nicht zwangsläufig zu einem Menschen mit ansprechendem Wertebewusstsein führe. Humanistische Bildung zeichne sich stets durch zwei Seiten aus …

> „die Möglichkeit zum empfindsamen Sein ist ihr genauso gegeben wie die Möglichkeit zur Barbarei; ob sich die eine oder andere Richtung erfüllt, ist im Wechselspiel von innen und außen bestellt und die erstrebte Richtung keineswegs von vornherein von Wahrscheinlichkeit bestimmt."[54]

Norbert Schläbitz betont, dass gerade die Rede vom Einzigartigen und Wahren in der Kunst den „Keim des *Totalitären*" in sich trage, einen Keim, der mit „extremen Ausschlussmechanismen" arbeite.[55]

> „Das Bewusstsein für Kunst mit ideellem Mehrwert, die zum Denkmal erhoben wird, lässt gerade jene Humanität vermissen, die beschworen wird, denn sie erhebt den unantastbaren Kunstschrein über den Menschen, der – sofern er sich nur hinreichend Mühe gibt – graduell Anteil nehmen kann und darf am bleibend unterstellten Wert der Kunst. […] Auf eine allgemeine Ebene gehoben: *Wer sich nicht am Menschen orientiert, sondern an einer Idee (um des Menschen willen), vergeht sich am Menschen (um der Idee willen).*"[56]

---

50   Schläbitz (2011:70).
51   Schläbitz (2016:130).
52   Schläbitz (2011:70).
53   Schläbitz (2011:71).
54   Schläbitz (2011:71).
55   Schläbitz (2011:72).
56   Schläbitz (2011:72).

Ein Beispiel für diese Haltung führt Schläbitz an. Es bezieht sich auf Thomas Mann:

> „In dem monumentalen Werk *Betrachtungen eines Unpolitischen* führt er während des
> 1. Weltkrieges aus, dass eine herausragende Kultur wie Deutschland kein demokratisches
> Bewusstsein haben dürfe, um wirkliche Kultur zu schöpfen, der Künstler bedürfe der her-
> ausgehobenen Stellung, der er im egalitären Staat beraubt und dieser auch seiner schöp-
> ferischen Kraft verlustig gegangen sei."[57]

Deutlich wird anhand des Zitates zweifelsohne: der Bildungsbürger Thomas Mann inszenierte sich hier mit herrschaftlicher Attitüde, auch wenn er in späteren Jahren diese
Position bedauern und selbstkritisch revidieren sollte.[58] Norbert Schläbitz resümiert:

> „Der schöne Klang von Worten verdeckt, dass unter dem Schleier der (neu-)humanisti-
> schen Bildung ein totalitäres System haust mit seinen Vorschriften, die befolgt werden sol-
> len, will man Eintritt in das ‚Reich der Freiheit' erhalten, von dem Humboldt träumte.
> Dieses Reich ist von Regeln und Ritualen nur so umstellt."[59]

Allerdings fällt Schläbitz' Absage an den neuhumanistischen Bildungsbegriff insofern einseitig aus, weil er sich allein auf die gesellschaftlichen Wirkungen beruft, welche dieser
Bildungsbegriff hervorgerufen hat, nicht auf das theoretisch-kritische Potential, welches
diesem eben auch innewohnt. Jürgen Vogt meint dazu, dass heutzutage eine Rückkehr
zum Neuhumanismus „angesichts der historischen Grenzen und metaphysischen Zumu-
tungen des klassischen Bildungsbegriffes" zweifelsohne verstellt sei. Jegliche historische
Anknüpfung müsse sich als „eine Re- oder Umformulierung des klassischen Bildungsbegriffes unter spät- oder postmodernen Vorzeichen verstehen".[60] Dennoch gelte es zu
bedenken: „Alle Versuche, den Bildungsbegriff allein ideologiekritisch in den Blick
zu nehmen, ignorieren, dass Bildung immer auch mehr und anderes war als ein bloßer
Marker für gesellschaftliche Privilegien."[61] Während Schläbitz humanistischer Bildung
misstraut, weil sie viel versprochen und wenig gehalten habe, beharrt Vogt darauf, dass
Bildung ein uneingelöstes Versprechen bleibe bzw. bleiben müsse

> „[…] weil in ihm das implizite Ziel der Selbst-Vergöttlichung erhalten bleibt, die durch
> Lernen und Sozialisation nicht zu erreichen ist; die Unmöglichkeit, dieses Ziel jemals zu
> erreichen, bleibt ein beständiger Unruheherd in allen pädagogischen Unternehmungen."[62]

Damit knüpft Vogt an Ehrenforths Begriff einer „tiefenpsychologischen Dignität" als
„historische[r] Symbiose von Musik und Religion" an[63] (s.o.) – oder um es profaner
zu sagen: an Humboldts Idee einer Veredlung des Menschen durch Bildung als einem
menschlichen Grundbedürfnis.[64] Der Gedanke einer dem Bildungsbegriff immanenten

---

57   Schläbitz (2011:73).
58   Vgl. Schläbitz (2011:73).
59   Schläbitz (2011:89).
60   Vogt (2012:15).
61   Vogt (2012:15).
62   Vogt (2012:15).
63   Ehrenforth (2010:530).
64   Vgl. Kapitel 4.1.2.

„Selbst-Vergöttlichung", mittels derer der Mensch die Grenzen seines Daseins zu überwinden trachtet, scheint Norbert Schläbitz suspekt zu sein, zumindest dort, wo der religiöse Aspekt zum Kult erhoben wird.[65] Von der Wende zu einer transhumanistischen
Bildung mag er noch reden, „in Abgrenzung zur heute wenig tragfähigen *(neu-)huma-
nistischen* Bildung eines Humboldt", doch sollte sich seiner Meinung nach dabei die
Musikpädagogik weit mehr für den Humanismus der Renaissance interessieren als für
neuhumanistische Bildung.[66] Denn mit dem Renaissance-Humanismus gehe historisch
„eine Abkehr von einer eindimensionalen religiös motivierten Weltsicht einer zugunsten einer plural ausgerichteten, die sich suchend versteht".[67]

> „Kann man den Humanismus von einst als Aufbruch verstehen, …
>
> - der mit Rückgriff auf die Antike mit sakrosankten Geboten seiner Zeit bricht und einen
>   durch religiöse Selbstgewissheiten erstarrten Vernunftbetrieb in Bewegung setzt, …
> - dabei neue Sichtweisen erprobt, Ungewissheiten auslotet sowie alte Gewissheiten infrage
>   stellt und …
> - der auch aus dem Wissen um die eigenen Mängel das individuelle Sein bewegt, …
> - so hat der *(Neu-)Humanismus* der Gegenwart, wo er beschworen wird, mit diesen Qua-
>   litäten wenig Ähnlichkeit. Er orientiert sich mit Blick in die mit schönen Worten ausge-
>   kleidete Schublade an festen Werten und unverrückbaren Werken (Kanon), begegnet
>   so der beinahe allgegenwärtigen Ungewissheit mit Zuständen / Normen der Tradition,
>   zeigt zudem einem festgefügten Selbstbild sich gewogen. […]
>
> Der Humanist der Renaissance ist ein Suchender, der *(Neu-)Humanist* der Gegenwart ist
> ein Gläubiger, der seine Religion zelebriert, die aus dem Erhalt des kulturellen Erbes ent-
> worfen ist."[68]

Schläbitz sieht durch die Digitalisierung an der Wende zum 21. Jahrhundert einen Inno-
vationsschub ausgelöst, der mit der Gutenbergschen Technisierung des Buchdrucks im
Renaissance-Zeitalter vergleichbar sei.

> „Mit der Lektüre jener Schriften wurde der Mensch in den Mittelpunkt gerückt. Die Me-
> dientechnik des 15. Jahrhunderts beförderte so völlig neue Gedankenwelten und gebar
> eine neue Welt."[69]

Die Digitalisierung ließe heute das, was Bildung ausmache, nicht unbeeinflusst. „Was
Bildung sei, ist nicht *festzustellen*, wie dies mit einem zeitlos verorteten Kanon bspw.
versucht wird, sondern bleibt im Flusse."[70] Der quantitative Zuwachs an Stimmen und
Meinungen evoziere eine emergente Ordnung, der sich auch der mit Musik sich Be-
schäftigende kaum entziehen könne.[71]

---

65 Schläbitz (2011:76).
66 Schläbitz (2011:91).
67 Schläbitz (2011:76).
68 Schläbitz (2016:361f.).
69 Schläbitz (2011:78).
70 Schläbitz (2011:79).
71 Schläbitz (2011:79).

„Die Nach-Gutenberg-Medien schalten ‚von Sinn auf Sinne, von Metaphysik auf Physis um.‘ Die Bedingungen des Menschseins sind heute bestimmt vom Ausloten von Möglichkeiten, von der Erhöhung der Kontingenz. Mit dem Umstellen von ‚Sinn auf Sinne‘, von ‚Metaphysik auf Physis‘ erfährt das eurozentrische Denken mit Nabelschau eine Neuorientierung. Wenn es so ist, dass das Moment …

- der prinzipiellen Dynamik,
- der Vorläufig- und Bodenlosigkeit,
- der Unvorhersehbarkeit,
- der Verunsicherung,
- auch das Moment der Oberflächlichkeit im gleichberechtigten Nebeneinander der Datenflut …

… mit den neuen Medien und der zunehmenden Virtualisierung heute vorherrschend ist, dann evoziert dies, Bildungsaspekte in den Blick nehmend, …

- den Vorrang der konkreten Realisierung vor der abstrakten Idealisierung,
- den Vorrang des Relativen vor dem Absoluten,
- den Vorrang des Kontingenten vor dem Notwendigen,
- den Vorrang des Neuen und Fremden vor dem Vertrauten und Eigenen.“[72]

Einzuwenden ist, dass sich die Denkkategorien des Idealen, Absoluten, Notwendigen und Vertrauten nicht einfach eliminieren lassen, noch dass dies überhaupt wünschenswert erscheint, sofern man ihnen mit der gebotenen Reflexivität begegnete. Norbert Schläbitz' Konzept einer transhumanistischen Bildung will den veränderten Erwartungen an musikalische Bildung gerecht werden. Es fällt auf, dass nun kaum mehr von Bildung die Rede ist, sondern nur noch von dem Erwerb diverser Kompetenzen. Nachfolgend ein thesenartiger, kommentierter Überblick:

Horizonterweiternde Kompetenz soll sich nicht am Kanondenken orientieren, sondern an ein Selbst-Lernen im Sinne des Erwerbs von Schlüsselqualifikationen heranführen:

„Wer Orientierung anstrebt, hat gerade die Ungewissheiten an- und aufzunehmen, Urteilsverfahren zur Qualifizierung zu entwickeln, die sich nicht kategorisch aus dem überlieferten Werteverständnis der Vergangenheit ableiten. Über Schlüsselkompetenzen kann ein solcher Weg bereitet werden. Das trägt nicht nur zur Orientierung bei, sondern auch zur Horizonterweiterung.“[73]

Im Musikschulunterricht kommt der Ausbildung von Schlüsselkompetenzen wie Lernfähigkeit, Kreativität usw. gewiss eine zentrale Bedeutung zu.[74] Dennoch werden Kinder, Jugendliche und Erwachsene vor allem deshalb den Hauptfachunterricht an Musikschulen besuchen, weil sie sich faszinieren lassen von der Musik, dem Instrument, dem instrumentalen Spiel. Formale Bildung ist im materialen Bezug zu denken. Der Unter-

---

72 Schläbitz (2016:367).
73 Schläbitz (2016:372).
74 Vgl. Kapitel 5.2.3.

richt kann sinnvoll an bisherige Hörerfahrungen der Schüler anknüpfen. Zugleich kann der mangelnde musikalische Horizont von Schülern, zurückzuführen auf einseitige Hörerfahrungen, im Musikschulalltag ein „Bildungshemmnis"[75] darstellen, so dass Peter Röbke zu dem Schluss gelangt: „Im Instrumentalunterricht kann und soll daher auch Musik (bzw. Formen des Musizierens) in den Horizont des Schülers gerückt werden, von deren Existenz er nichts oder wenig wusste."[76]

Anteilschöpfende Kompetenz lässt nicht das Bildungsobjekt in den Vordergrund treten, „sondern das Subjekt, das Anteil nimmt".[77] Dies zieht eine Relativierung von Wertmaßstäben nach sich. In Hinblick auf den Bildungsgegenstand wird unterstellt:

> „Die Proklamation *(neu-)humanistischer* Bildung führt weniger zum Erhalt des eigenen kulturellen Erbes denn mehr – aus Mangel eigenen Interesses an der unüberschaubaren Vielfalt kultureller Ausprägungen – zur Regression und zu einem zuletzt nur das Eigene schätzende *provinziellen* Dasein mit Nabelschau. [...] Eine *transhumanistische* Bildung ist bemüht, dem sich fraglos schwer zu entziehenden Eurozentrismus durch Umstellen von Wissen auf Lernen, das Orientierung bietet, zu begegnen mit Blick auf das Ungewisse."[78]

Musik ist demnach Lernenden in der ganzen Bandbreite ihrer ästhetischen Erfahrbarkeit anzubieten. „Unter Verzicht verbindlicher Maßstäbe können Kunst und Musik unterschiedlicher kultureller Ausprägungen auf gleicher Höhe sich begegnen und lassen einen globalen Resonanzraum ins Blickfeld rücken."[79] Auf die Bedeutung eines partizipativen Lernens in Verbindung mit einem konstruktivistischen Methodenverständnis im Instrumentalunterricht wurde bereits am Beispiel der Stuttgarter Musikschule hingewiesen.[80]

Musikgeschichtliche Kompetenz darf nicht den musikalischen Fortschritt aus dem Auge verlieren, sonst kann sie lähmend sein:

> „Der mehrstimmige Choral und der Sonatenhauptsatz bspw. erscheinen damit nicht mehr im fortschrittlichen Licht. Sie haben ihre Zeit gehabt und wurden schließlich ein Auslaufmodell. [...] Musik hat sich neu zu bewähren, sodass sich temporäre Wertschätzung einstellen kann. Musikpädagogik kommt hier die Aufgabe zu, eine musikgeschichtliche Kompetenz aufzubauen, die gerade auf jene Brüche und neben den Erfolgsgeschichten auf das Verfallsmoment aufmerksam macht, das alle Musik auszeichnet. [...]
> Sie [die transhumanistische Bildung] interessiert sich für die getätigten Ausschlüsse, interessiert sich für zeitbedingte Weltbilder, politische und soziologische Strömungen u.a.m., um aus diesen Blickwinkeln die Musik zu beleuchten, dabei zu dokumentieren den evolutiven Gang der Musik, aber auch darzustellen, wie mithilfe von Ausschlüssen und Ver-

---

75   Röbke (2000:62).
76   Röbke (2000:62).
77   Schläbitz (2011:83).
78   Schläbitz (2016:373).
79   Schläbitz (2016:374).
80   Vgl. Kapitel 5.2.2.

knappungen künstliche Hierarchien und ‚große überzeitliche Werke' erfunden wurden, die eine Form von Verabredungen waren."[81]

Schläbitz vertritt die Auffassung, dass es immer und allein die Gesellschaft ist, die einem Musikwerk einen besonderen künstlerischen Wert oder eine besondere künstlerische Qualität beimisst. Wenn er also von Ausschlüssen, Verknappungen, Zuschreibungen, Verabredungen usw. redet, bezieht sich dies auf Kommunikationsverhältnisse innerhalb der Gesellschaft. Der Wert einer musikalischen Komposition kann insofern nicht als absolut vorausgesetzt, sondern nur relativ zugeschrieben werden. Daraus folgt: Gefordert ist die Bereitschaft der Lehrenden, eigene Werthaltungen gegenüber Lernenden zur Diskussion zu stellen, in der Absicht, den eigenen musikalischen Horizont bisweilen zu überschreiten. Denn jede nachfolgende Generation von Lernenden genießt das Vorrecht, eigene Zugänge zur Musik zu entdecken und entsprechend musikalische Präferenzen zu entwickeln. „Es ist nie dieselbe Herkunft, der sich die Generationen anvertrauen, und manch einst Vertrautes, nunmehr fremd geworden, fällt im Übrigen dabei auch hinten runter."[82]

Kreativ-kommunikative Kompetenz will den schöpferisch-kreativen Zugang zur Musik in den Vordergrund stellen, die Frage ihrer Anschlussfähigkeit an die heutige Zeit.

> „Vitalisierung des kulturellen Erbes heißt sodann, dass Musik der Vergangenheit wie allen musikalischen Gestaltwerdungen weniger kontemplativ, sondern handanlegend begegnet wird. Das umfasst die Produktion, Reproduktion mit traditionellen Instrumenten wie mit den neuen digitalen Medien. Das umfasst auch ihre interne Umorganisation wie Kombination mit anderer Musik aller Genres.
>
> Eine *transhumanistische Bildung* sucht die Musik der Tradition nicht als historisch isoliertes Phänomen abendländischer Kultur zu verstehen und zu vermitteln, sondern stets auf ihre Gegenwartsoption hin auszuloten, sie also nicht museal, sondern aktual zu bedenken. Verabschiedet wird im Vorübergehen die historisch bedingte Geschichte von der Scheidung in ‚E'- und ‚U'-Musik, sodass die in Isolation geratene Hochkultur zum verhandelbaren Gut sich wandeln und unbekümmert begreifbar werden kann. Die Musik als denkmalträchtiges Substrat, diese Vorstellung ist mit den digitalen Speichern überwunden."[83]

Michael Dartsch fordert so z.B., dass ein jahrelanger Instrumentalunterricht Schülerinnen und Schüler dazu befähigen soll, Kriterien für die eigene Musikauswahl und Herangehensweise an Musik eines bestimmten Typs zu entwickeln. Eine kreative Auswahl an bzw. die Konfrontation mit Unterrichtsliteratur unterschiedlicher Genres und vielfältiger Stilistik seitens der Lehrkraft kann hierfür die Grundlage schaffen.

> „Auf ein generalbassbegleitetes oder polyphones Stück aus dem Barock kann eines aus jüngster Zeit folgen, das beispielsweise auch der populären Musik entstammen kann. Anschließend könnte ein romantisches Werk erarbeitet werden, dem ein Tango von Astor Piazolla oder ein Ragtime folgen könnte, bevor vielleicht ein Stück aus der Wiener Klassik

---

81 Schläbitz (2011:85).
82 Schläbitz (2016:369).
83 Schläbitz (2016:379).

auf dem Programm steht. Ähnlich lässt sich auch mit musikalischen Gattungen verfahren […].“[84]

Kreativ-kommunikative Kompetenz zeigt sich prinzipiell in der Fähigkeit eines gestaltenden Musizierens, Interpretierens, Improvisierens, Komponierens, also überall dort, wo produktive Kräfte ein reproduzierendes Moment in den Hintergrund treten lassen. Für Christian Höppner stehen auch „Werke der Vergangenheit […] mitten im Leben, weil sie ganz viele Berührungs- und Bezugspunkte zu menschlichem Leben enthalten. Immer und immer wieder mit immer neuen Sichtachsen.“[85]

Ästhetische Kompetenz erfordert eine ästhetische Erziehung, die sich dem Reflex verweigert, „das gesellschaftlich Neue weitgehend auszugrenzen und bewahrpädagogisch tätig zu werden“.[86] Ästhetische Erziehung …

> „bezieht folglich die Musik aus allen Lebensbereichen und alle Mittel ihrer Gestaltwerdung in ihre Überlegungen ein. […] Sie berücksichtigt auch die neue Medienwelt, die ein anderes ganzheitliches Erfassen evoziert und anerkennt die durch-ästhetisierte Lebenswelt ihrer Schüler, in der kompetent zu bewegen und mitzugestalten gelernt sein will. Sie klammert so das befremdlich Neue der Medienwelt nicht aus, sondern lässt sich konstruktiv davon faszinieren.“[87]

Nach Michael Dartsch sollte der Musikunterricht weder den Menschen noch die Musik außer Acht lassen, „vielmehr geht es gerade hier um das Verhältnis des Menschen zum Kulturgut Musik“.[88] Im Fokus steht, „wie die Musik auf den Menschen wirkt“, als auch, „was der Mensch mit der Musik macht“.[89] Entsprechend äußert sich Christian Höppner: „Die Musik als eine Urform menschlichen Ausdrucksvermögens ist […] immer so lebendig, wie wir sie wahrnehmen, an uns heran- und in uns hineinlassen und uns mit ihr intellektuell wie emotional beschäftigen.“[90] Somit ist der Aufbau ästhetischer Kompetenz nicht in sich abgeschlossen vorzustellen, sondern prozessual.

Mediale Kompetenz geht davon aus, dass es die Medialität selbst ist, die Veränderungen auf den Weg bringt.[91] Mit jedem neuen Medium sind Gewinne und Verluste verbunden. Aufzuhalten ist die Medienentwicklung in der Regel nicht. „Eine Kulturvermittlung mit den Neuen Medien ist in summa nicht etwa zum Erliegen gekommen, sondern im Gegenteil explodiert, da die Zugänglichkeit zur Kultur ungeregelt qua persönlicher Klick-2-Klick-Selektion erfolgt und nicht mehr von spezifischen Bildungsschichten oder monetären Geldzuweisungen geregelt ist.“[92] Damit kehrt Musik in die Alltagskultur zurück.

---

84 Dartsch (2014:80).
85 Gutzeit / Höppner / Rademacher (2015:18).
86 Schläbitz (2016:382).
87 Schläbitz (2016:382).
88 Dartsch (2014:76).
89 Dartsch (2014:76).
90 Gutzeit / Höppner / Rademacher (2015:18).
91 Schläbitz (2011:87).
92 Schläbitz (2016:383).

„Von trivialer Zivilisations- und Technikfeindlichkeit […] hält sich eine transhumanistische oder posthumanistische Bildung fern. Sie interessiert sich für die Wirkungen der Neuen Medien, versucht diese reflexiv zu wenden, um dieselben aufzuzeigen. Sie versucht, Handlungskompetenzen zu vermitteln, orientiert sich an deren Gestaltungsmöglichkeiten, gerade um Orientierung in vernetzten digitalen (Musik-)Welten zu ermöglichen. Sie ist bemüht, Navigationshilfen aufzuzeigen und Selektionstechniken zu schulen.

In keiner anderen Kunst haben die Neuen Medien so umfassend neue Umgangsformen und ein neues Wertebewusstsein in Szene gesetzt wie in der Musik. Die Neuen Medien sind daher gerade ein Thema für den Musikunterricht und für musikpädagogische Überlegungen: Um sich in der Welt von morgen bewegen zu können, sind die Medien von heute zu beherrschen."[93]

„Play along" und „Youtube" haben längst schon Einzug in den Musikschulalltag gehalten. An der Stuttgarter Musikschule ist ein Tonstudio eingerichtet, der Musiktheorieunterricht wird multimedial aufbereitet. Musikunterricht-Apps und -programme gewinnen an Bedeutung. Der Unterrichtsbesuch in der Musikschule wird darum nicht überflüssig werden, aber die Digitalisierung wird Einfluss nehmen auf Kommunikationsformen zwischen Schülern / Eltern und Lehrern sowie auf Aktionsformen der Musikschularbeit. Denkbar sind in digitaler Form bzw. auf digitalen Wegen Schülerbetreuung, Übehilfen, ergänzende Angebote zum Selbstlernen und anderes mehr.

Grundsätzlich ist ausgehend von Schläbitz' Konzept einer transhumanistischen Bildung zu fragen, ob nicht auch Musikschulen zu einseitig an der Pflege des musikalischen Erbes festhalten. Diese Gefahr sieht Andreas Doerne, wenn er mit Blick auf die heutige Musikkultur feststellt:

„Es scheint zuweilen so, als wäre unsere lange Zeit überaus vitale Musikkultur mit ihrer einzigartigen, Jahrhunderte andauernden Entwicklungsdynamik, Wandlungsfähigkeit und künstlerischen Innovationslust irgendwann gegen Endes des 19. Jahrhunderts einfach stehengeblieben und in quasi eingefrorenem Zustand über die Zeit bis heute konserviert worden.

Alle zu diesem Zeitpunkt bestehenden Teile des Musiklebens – Werke, Ausbildungsinstitutionen, Rezeptionsformen, ästhetische Prämissen und pädagogische Traditionen – sind dabei zu jenem Phänomen geronnen, das wir heute ehrfurchtsvoll als unser musikalisches Erbe bezeichnen.

Ein Erbe, das wir mithilfe der öffentlichen Hand hegen und pflegen, indem wir Musikschulen und Musikhochschulen unterhalten, historische Schlüsselwerke immer wieder live aufführen bzw. SchülerInnen zum Üben aufgeben, didaktisch versierte Musikvermittlung betreiben und bei alldem als Agenten eines schwer dingfest zu machenden, aber der klassischen Musik scheinbar eingeschriebenen konservativen Wertekanons fungieren (Stichworte: Disziplin, Fleiß und Genauigkeit)."[94]

---

93   Schläbitz (2011:89).
94   Doerne (2015:7).

Einen Grund für die stagnierende Entwicklung der Musikkultur (und von Musikschulen) will Doerne in der Ausbildungstradition klassischer MusikerInnen erkennen:

> „So gehorcht die klassische Ausbildung am Instrument heutzutage mehrheitlich leider immer noch folgendem ungeschriebenen Gesetz: Das Musizieren wird spätestens einige Monate nach Beginn formalen Unterrichts auf das korrekte Reproduzieren fremder Notentexte reduziert. Zuerst kommen Instrumentalschulen mit Spielstückchen im Idiom historischer Musik, dann kommen kleine historische Werke, danach kommen größere historische Werke und schließlich als Gipfel jene großen historischen Meisterwerke, die man in Aufnahmeprüfungen, auf Wettbewerben und dem Podium zu Gehör bringen kann. Bevor ein Schüler sich so durch die Musikgeschichte und ihre für das eigene Instrument hinterlassenen historischen Stücke hindurchgeübt hat, ist er erwachsen und – für den Fall, dass es zum Profi- beziehungsweise ambitionierten Laienmusiker gereicht hat – vor allem in der Lage, genau diesen Kanon historischer Werke wiederzugeben. So reproduziert sich unser System selbst und gerät mit jeder neuen Musikergeneration tiefer hinein in den Stillstand."[95]

Man mag darüber streiten, ob unsere heutige Musikkultur nun auf einem „erstarrten Erbe" oder doch eher auf einem „wachsenden Schatz kultureller Ausdrucksformen"[96] beruht. Doernes Kritik an einem einseitigen Beharren auf klassischen, musikalischen Ausbildungstraditionen, wie es immer noch für das Berufsbild mancher Musikschullehrkraft maßgeblich sein dürfte, erscheint keinesfalls abwegig. Andreas Jägers Untersuchung zum „Wandel des Berufsbildes Musikschullehrer am Beispiel des Unterrichtsmodells ‚Stark durch Musik'"[97] bestätigt solche Tendenzen zumindest partiell.[98] Praktisch haben gerade Musikschulen durch ihre flexible Unterrichtsorganisation, die Unterrichtsformen vom Einzel- bis Ensembleunterricht umfasst, schon heute die Möglichkeit, sich von einem starren Bildungs- und Wertekanon freizumachen.

Norbert Schläbitz setzt transhumanistische Bildung weitgehend mit dem Erwerb von Kompetenzen gleich. Primäres Ziel eines Musikunterrichts muss es natürlich sein, musikbezogene Fähigkeiten und Fertigkeiten zu vermitteln. Und für den Unterrichtserfolg ist zunächst einmal die Zielerreichung maßgeblich, weniger der zugrunde gelegte Anspruch. Insofern würde man Schläbitz gegebenenfalls noch zustimmen können, dass ein Verbesserungspotenzial darin bestünde, die Qualität eines Musik(schul)unterrichts genauer zu evaluieren. Aber deckungsgleich sind der Bildungs- und Kompetenzbegriff nicht. Die Berichte von Schülern aus der Unterrichtspraxis der Stuttgarter Musikschule zeugen davon, wie individuell verschieden der Umgang mit Musik letztlich wahrgenommen und reflektiert werden kann.[99] Sie beschreiben Bildungsprozesse, mittels derer Schüler beginnen, ihre eigene musikalische Sozialisation kritisch zu hinterfragen. Nicht immer und nicht vollständig lässt sich Bildungserfolg in empirische Forschungsergebnisse

---

95   Doerne (2015:10).
96   Gutzeit / Höppner / Rademacher (2015:18).
97   Jäger (2012).
98   Vgl. Kapitel 5.3.1.
99   Vgl. Kapitel 5.2.2.

überführen. Es besteht kein Automatismus, aufgrund dessen zu schließen wäre, wann ein Bildungsprozess erfolgreich verläuft bzw. verlaufen ist. Denn ein nachträgliches Urteil über den vermeintlichen Bildungserfolg wird immer der Interpretation bedürfen.

Vermutlich ist die Frage, ob humanistische Bildung ein uneingelöstes Versprechen darstellt, an sich schon irreführend. Denn als *Versprechen* ist Bildung gewiss nicht einlösbar. Ist darum Humboldts Theorie der Bildung oder Schillers Theorie einer ästhetischen Erziehung für eine heutige Musikschularbeit nicht mehr relevant?

Re- oder Umformulierungen des Bildungsbegriffes müssen „im Hinblick auf musikalische Bildung heterogen oder gar divergent" ausfallen.[100] Unbestritten ist, dass auf Grundlage des humanistischen Bildungsgedankens heutzutage kein einheitliches Musikinteresse mehr vorausgesetzt werden kann. Jugendliche machen von Musik in ganz unterschiedlichen Kontexten Gebrauch. Die Wahl des Lebensstils sowie die Ästhetisierung von Lebenswelten spielt hierbei eine zentrale Rolle. Darin stimmen Ehrenforth und Schläbitz überein. Die Gegenüberstellung beider Positionen sollte außerdem gezeigt haben: „Musikalische Bildung bleibt offen für ganz unterschiedliche Besetzungen, abhängig von der jeweiligen pädagogischen, philosophischen, wissenschaftlichen etc. Perspektive von der aus der Begriff formuliert wird."[101] Ehrenforth bleibt z. B. in Hinblick auf die mediale Entwicklung reserviert, vertritt die metaphysische, bewahrende Dimension des Bildungsbegriffes, verteidigt – trotz Vorbehalts – die Kategorien des Absoluten, Notwendigen und Idealen, wo Schläbitz einen Richtungswechsel anstrebt und in der Digitalisierung den Aufbruch zu einer neuen Musikkultur wähnt. Doch bei aller Gegensätzlichkeit der Perspektiven, wie sie Ehrenforth und Schläbitz zur humanistischen Bildung einnehmen, sind wiederum Übereinstimmungen hinsichtlich ihres Verständnisses von musikalischer Bildung festzustellen. *Dass* musikalische Bildung auf ästhetischer Praxis beruht, neuartige Erfahrungen voraussetzt, Urteilsvermögen und Fähigkeit zum Dialog entwickeln soll, sehen beide ähnlich. Christian Rolle hat demgemäß auf die Frage „Wann ist Musik bildungsrelevant?" geantwortet:

1. „Musik wird bildungsrelevant als ästhetische Praxis, die Erfahrungsräume eröffnet. […]
2. Musik wird bildungsrelevant, wenn sie Erfahrungen ermöglicht, die ich so noch nicht gemacht habe. […]
3. Musik wird bildungsrelevant, wenn die musikalische Praxis, die stattfindet, Momente von Reflexion umfasst."[102]

Punkt 1 schließt ein, dass man die Erfahrungen, welche sich aus musikalischen Handlungskontexten ergeben, mit anderen teilen kann.

„[…] es muss zumindest irgendjemand da sein, der hinhört, oder den wir dazu bewegen können hinzuhören, damit sich sagen lässt, die Musik habe Bedeutung für meine, seine

---

100   Vogt (2012:15).
101   Vogt (2012:18).
102   Rolle (2011:52f.).

oder ihre Bildung. Bildungsrelevanz ist kein Wert, der einem Musikwerk unabhängig von Menschen zufällt."[103]

Punkt 2 gilt auch für den pädagogischen Umgang mit Musikwerken vergangener Jahrhunderte. Für die Unterrichtsgestaltung folgt, dass

„differenzierte und offene Arbeitsaufträge zu geben und Arbeitsprozesse zu initiieren [sind], in denen die Beteiligten selbst Entscheidungen treffen und unterschiedliche Wege gehen können."[104]

Punkt 3 setzt Kommunikation voraus. Gerade auch Musikschulen bieten in dieser Hinsicht Raum „zum (gemeinsamen) Nachdenken, zum Erfahrungsaustausch, zum Unterrichtsgespräch".[105]

„Die Intersubjektivität ästhetischer Erfahrung erweist sich dort, wo Verständigung stattfindet, ästhetischer Streit über divergierende Auffassungen und Einschätzungen. Es muss Raum zur eigenständigen Beurteilung geben, aber Urteilsvermögen erwerben wir nur im Dialog."[106]

Auch der prozessuale Charakter von Bildung, der sich einem verbindlichen Bildungswissen bzw. Bildungskanon entzieht, wird von Ehrenforth und Schläbitz anerkannt. Die im 19. Jahrhundert dominierende Vorstellung von der bildenden Kraft des musikalischen Kunstwerks verlagert sich zugunsten der Interaktion von Mensch und Musik. Entsprechend kann es auch kein allgemein-verbindliches Ziel musikalischer Bildung, kein „erkennbares Telos"[107] mehr geben. „Das religiöse Erbe des Bildungsbegriffes und seine humane Säkularisierung als humane Vervollkommnung tritt zurück gegenüber Vorstellungen individueller Transformation [...]."[108] Was eine solche „individuelle Transformation" jedoch ausmacht – auf diese Frage geben Ehrenforth und Schläbitz unterschiedliche Antworten. Beides Mal geht es um Orientierung. Karl Heinrich Ehrenforth widerspricht der Verzweckung von Bildung. Bildung bleibt für ihn „ethisch getönt"; wächst weiterhin „auf dem Boden von Vorbild und Haltung". Er *glaubt* an „das poetische ‚Herz' von Musik".[109] Die Beispiele, welche er für eine Transformation durch Musik anführt, bewahren in sich „sinntragenden Wert" – um es abermals in den Worten von Michael Dartsch zu sagen (s.o.). Musik kann also unter geänderten Vorzeichen ihre persönlichkeitsbildende Kraft behalten, wenn auch nur als Möglichkeit, subjektiv gebrochen und insofern relativiert. Norbert Schläbitz meidet hingegen die Rede von Bildung und Werten. Was an ihre Stelle treten könnte, veranschaulicht vielleicht am besten sein Verweis auf den Renaissance-Humanismus: „eine Welt [...] in der eine Vielfalt der Stimmen und divergierende Wissensstände im konstruktiven Widerstreit

---

103   Rolle (2011:52).
104   Rolle (2011:52f.).
105   Rolle (2011:53).
106   Rolle (2011:53).
107   Vogt (2012:17).
108   Vogt (2012:17).
109   Ehrenforth (2010:523).

liegen".[110] Eine Transformation durch Musik ergibt sich für ihn weniger aus der Bedeutung von Musik als Kunst, weil deren Wert ja ohnehin nur temporär ausgesprochen wird, als vielmehr durch den persönlichen Umgang, das persönliche Erleben von Musik, welches unter dem Einfluss der medialen Revolution an der Wende zum 21. Jahrhundert eine grundlegende Wandlung erfährt. „Auf den Weg gebracht ist ein aus Mediengründen entworfenes und so ein medienkompatibles Kontingenzbewusstsein, das den umstehenden Dingen produktiv begegnet, also die Seinsweise durch konkretisierende Veränderung in Frage stellt."[111] Was hier zunächst sehr abstrakt klingt, kann sich bei näherer Betrachtung als durchaus praxisrelevant erweisen. Peter Röbke mutmaßt, dass man sich eventuell in Bildungsfragen an eine „Umwertung der Werte" gewöhnen, neue Normen formulieren müsse, um eine neue Sicht auf die Chancen der Globalisierung zu gewinnen. So könnte denn auch für die musikalische Bildung gelten:

- „Möglicherweise ist Orientierungslosigkeit kein Makel, sondern eine Tugend in einer Gesellschaft, die keine geradlinigen Karrieren mehr bereithält und den Einzelnen zwingt, sein eigenes Lebensuniversum zu entwerfen.
- Vielleicht ist die Feststellung der Beliebigkeit kein abwertendes Urteil, sondern die Konsequenz daraus, dass buchstäblich alles zum Gegenstand der Liebe werden kann.
- Es kann sein, dass Gleichgültigkeit keine Charakterschwäche, sondern die angemessene Reaktion darauf ist, dass alles gleiche Gültigkeit beanspruchen kann."[112]

Röbke fragt sich unumwunden: „Halten wir die Tugend der Orientierungslosigkeit, das Gesetz der Gleichgültigkeit und die Kultur der Beliebigkeit aus? Können wir damit leben, dass heute vielleicht jede Bildung eine ‚wilde Bildung' sein muss?"[113] Gerade dann sähe er allerdings den Einzelnen umso mehr aufgefordert, seinen musikalischen Bildungsgang eigenständig zu verantworten:

„Zwar kann nicht mehr ein verbindlicher Kanon von Kulturgütern angeordnet werden, aber dennoch kann vom Einzelnen gefordert werden, für sich selbst einen stringenten und konsistenten Bildungsweg einzuschlagen, sich nicht bedingungslosem Konsum hinzugeben, sondern zu reflektieren, welche ‚Sachen' es sich anzueignen lohnt."[114]

Anselm Ernst geht in diesem Punkt noch einen Schritt weiter. Er spricht von einer notwendigen „Ökologie" der Bildung. Grundsätzlich stünden heute jedem Menschen alle kulturellen Erfahrungshorizonte offen, also beispielsweise auch außereuropäische Musik. Praktisch setze Bildung zugleich aber aktive Hinwendung und Selbstbeschränkung voraus. Der einzelne Mensch könne sich in letzter Konsequenz nur in einer Musikkultur, welcher Couleur auch immer, zuhause fühlen.[115]

---

110   Schläbitz (2011:77).
111   Schläbitz (2011:79f.).
112   Röbke (2000:78).
113   Röbke (2000:78).
114   Röbke (2000:79).
115   Ernst (2006:150f.).

„Es ist letztlich gleichgültig, welcher Zufall einen Menschen zu dieser oder jener Musik führt. Denn es spielen immer Zufälle im konkreten Leben eines Menschen eine Rolle, so dass die Entscheidung aus den vielerlei Lebenszusammenhängen ,herauswächst'. Die Aufgabe besteht darin, aus dem Zufall – aus dem, was dem Menschen ,zufällt' – sozusagen Notwendigkeit werden zu lassen, und zwar eine persönlich empfundene Wirklichkeit. Bildung, so kann man daraus folgern, obliegt wesentlich der persönlichen Entscheidung. Sie wird somit zur Angelegenheit des Subjekts."[116]

Schläbitz' Begriff einer „transhumanistischen Bildung" birgt einen Widerspruch in sich: Der Neuhumanismus mag als Bildungskonzept gescheitert sein. Wohl ist zu vermuten, dass Schillers und Humboldts Musikverständnis ein begrenztes war. Schlimmer noch: Ihr Verhältnis zur Breitenwirkung von Bildung dürfte zeitlebens ambivalent geblieben sein, was allerdings auch vor dem Hintergrund der gesamtgesellschaftlichen Entwicklung zu sehen wäre. Trotzdem behalten Humboldts und Schillers Konzepte von Bildung bzw. ästhetischer Erziehung als *Idee* – zumindest in transformierter Form – eine orientierende Funktion. Erst ganz am Ende[!] seines Buches „Als Musik und Kunst dem Bildungstraum(a) erlagen" räumt Schläbitz ein: „Das Bildungsprogramm von Humboldt suchte im Grunde das auf den Weg zu bringen, was man heute das ,Lernen lernen' nennt. […] Die *(neu-)humanistische Bildung*, auf die so oft bezogen wird, hat in der Praxis dem Humboldt'schen Ideal nie genügt."[117] Transhumanistische Bildung nimmt selbst in der Abgrenzung zum Bildungsidealismus des 19. und 20. Jahrhunderts noch Bezug zum humanistischen Bildungsgedanken. In Kapitel 4 konnte gezeigt werden, dass sich zumindest theoretisch ein gegenwärtiges Verständnis von musikalischer Bildung in Grundzügen immer noch auf Humboldts Bildungstheorie und Schillers Theorie einer ästhetischen Erziehung zurückführen lässt. Die Anforderungen, die davon ausgehend an die Musikschularbeit beschrieben wurden, unterscheiden sich nicht grundlegend von den Perspektiven, welche die Bildungskonzepte von Ehrenforth und Schläbitz für Musikschulen aufzeigen können.

Jürgen Vogt empfiehlt, immer dann von Bildung zu reden, „wenn die zur Verfügung stehenden Fähigkeiten und Fertigkeiten, Einstellungen und Motivationen angesichts musikbezogener Situationen sich als unzureichend (oder zumindest diskussionswürdig) erweisen und verändert werden müssen",[118] d.h. wenn andere Ersatzbegriffe wie Kompetenz, Lernen, Identität, Sozialisation u.a. sich als nicht hinreichend oder zielführend erweisen.

„Musikalische Bildung bleibt als Begriff wie als Idee ein zugleich irritierendes wie notwendiges Moment im musikpädagogischen Diskurs: Verzichtete man ganz auf sie, wäre nicht zu beschreiben, wie denn Subjekte überhaupt auf für sie neuartige musikbezogene Herausforderungen und Problemlagen reagieren, wie sie mit Musik neue Erfahrungen machen, die nicht im bloßen Lernen aufgehen, wie sie mitbanderen Subjekten im Hinblick auf Mu-

---

116   Ernst (2006:153).
117   Schläbitz (2016:386).
118   Vogt (2012:20).

sik in einer Weise interagieren, die nicht einfach als Sozialisation beschreibbar ist, wie Musik Teil ihrer Biographie wird, die nicht curricular vorausplanbar ist etc..

Auch der musikalische Bildungsbegriff bleibt daher ‚unvermeidbar und überholt, ohnmächtig und rettend' […]. Sein Verschwinden, obwohl mehr als einmal gewünscht und prognostiziert, ist nicht absehbar."[119]

Bildung mag als *Versprechen* an Musikschulen nicht einlösbar sein. Gleichwohl kann der humanistische Bildungsgedanke in transformierter Form ideelles Fundament der Musikschularbeit bleiben.

6.2 Die Musikschule und ihr Selbstverständnis als Bildungseinrichtung

6.2.1 Musikschule anders denken (Reinhart von Gutzeit, Andreas Doerne)

Es ist naheliegend, dass im Musikschulalltag der Bildungsbegriff weniger auf seinen wissenschaftlichen Theoriebestand hin diskutiert wird als auf seine Praktikabilität. Eine Brücke zwischen beiden Sphären versuchte der Musikschulkongress des VdM „Musikschule – Bildung mit Zukunft!" vom 20. bis 22. Mai 2011 in Mainz zu bauen. Die Zeitschrift „Üben & Musizieren" ließ anschließend in der Ausgabe vom September / Oktober 2011 den Kongress noch einmal Revue passieren, indem sie unter dem Schwerpunktthema „Musikschule – quo vadis?" u.a. eine leicht gekürzte Fassung der Eröffnungsrede von Reinhart von Gutzeit sowie einen Aufsatz von Andreas Doerne mit dem Titel „Wir brauchen eine Revolution! Zur Zukunft von Musikschulen in einer ‚Bildungsrepublik Deutschland'" abdruckte.

Reinhart von Gutzeit bekennt in seiner Eröffnungsrede zunächst, dass hier ein „in der Wolle gefärbter Musikschulmann"[120] zum Auditorium spreche, dessen Weg vom eigenen Musikschulbesuch, über berufliche Stationen an Musikschulen und im Musikschulverband bis hin zu seiner späteren Tätigkeit als Rektor der Salzburger Universität Mozarteum geführt habe. Der Hinweis erfolgt wohl nicht aus Koketterie, sondern in dem Bewusstsein, dass hier jemand spricht, der Partei ergreifen will für die Musikschulsache. Unter die Kategorie „hilfreich" fällt im Sinne der oben unterstellten Zielsetzung des Kongresses Gutzeits Versuch, die Aufgabenfelder Unterricht, Erziehung und Bildung für die Musikschularbeit zu definieren. Gutzeit findet zu einer prägnanten Formel, den wesentlichen Unterschied der drei Bereiche zu veranschaulichen: „Unterricht wird erteilt, Erziehung wird angestrebt, Bildung erwächst."[121] In einem zweiten Schritt ordnet Gutzeit den Aufgabenfeldern Zieldimensionen und Parameter zu:

---

119   Vogt (2012:20).
120   Gutzeit (2011:7).
121   Gutzeit (2011:8).

„Unterricht
Fertigkeiten – Fähigkeiten – Kenntnisse – Einsichten
Singen / Hören / Notenlesen / Rhythmus / Intonation / Instrumentaltechnik / Instrumentalspiel / Interpretation / Ensemble-Fähigkeiten / Musikkunde / Harmonie- und Formenlehre / Musikgeschichte

Erziehung
Orientierung – Einstellungen und Verhaltensweisen – Charakterbildung – Persönlichkeit
Liebe zur Musik / Freude an musikalischer Aktivität / Ausdrucksfähigkeit / Engagement / Sensibilität / Leistungsbereitschaft / Bereitschaft zur Verantwortung / Sozialverhalten (‚Achtsamkeit auf andere und anderes‘) / Optimismus / Kontinuität, Zielstrebigkeit

Bildung
Vertieftes Wissen und Kenntnisse – Fähigkeit des Wahrnehmens und des Einordnens – Weltverständnis – System der Wertvorstellungen
musikalische Bildung / ästhetische Bildung / breit gefächerte kulturelle Interessen / Maßstäbe und Proportionsgefühl / Respekt gegenüber anderen Ordnungen und Wertvorstellungen / Brücke zur Vergangenheit / ‚Spiegel der Welt‘ in der Kunst"[122]

Gewiss muss eine solche tabellarische Übersicht subjektiv und pauschalisierend ausfallen. Reinhart von Gutzeit ist ehrlich genug, zuzugeben, worum es ihm damit eigentlich geht. Er will dem Auditorium ein Bild davon entwerfen, „was musikalische Bildung sein kann und sein soll und was die Musikschule dazu (auch im Zusammenspiel mit anderen) beizutragen hat […]".[123] Dies geschieht nicht ohne Hintergedanken. Bereits elf Jahre zuvor war Gutzeit in einem Aufsatz zu dem Schluss gelangt:

> „Ich will nun nicht die Arbeit der Musikschule hochstilisieren und behaupten, dass sie leicht und weit über das Unterrichten hinaus gelangt und regelmäßig die erzieherischen und bildnerischen Ziele erreicht. Und doch habe ich den Eindruck, dass unsere Bilanz – ganz besonders im Bereich der Erziehung – eine erfreulich positive ist."[124]

Kritischer äußerte sich Gutzeit an selber Stelle zur Leistungsbilanz der allgemeinbildenden Schule:

> „Wie bewältigt nun die Schule als Institution Nr. 1 für Unterricht, Erziehung und Bildung diese Aufgabenstellung? Mir scheint, dass sie sich in bedrückender Weise auf das Feld ‚Unterricht‘ konzentriert. Zum Aspekt der Erziehung haben sich viele Lehrerinnen und Lehrer von einer persönlichen Verantwortung abgemeldet. Und Bildung? Es ist sicher sehr schwer, ein objektives Bild zu gewinnen; aber wenn man die Schullandschaft von Nord bis Süd anschaut, dann entsteht nicht der Eindruck, dass wir uns in einem konjunkturellen Hoch befinden.
> Bei der Suche nach den Ursachen drängt sich der Verdacht auf, dass es mit der übertriebenen Kennzahlen-Orientierung des schulischen Unterrichts zu tun hat. Was anderes wä-

---

122 Gutzeit (2011:8f.).
123 Gutzeit (2011:8).
124 Gutzeit (2000).

ren denn die Schulnoten von 1 bis 6 oder von 0 bis 15? Je stärker aber die Macht der Kennzahlen wird (denken sie an den Druck aus dem numerus clausus) um so mehr werden sie sich verselbständigen. Das heißt umso mehr geht es nur noch darum, die Kennzahlen zu erfüllen – gleichgültig, ob sich darin ein tatsächlicher Lern- oder Bildungserfolg widerspiegelt."[125]

Gutzeits Kritik an der „Kennzahlenhörigkeit", also der ökonomischen Dimension von Schule erweist sich hier geradezu als hellsichtig angesichts der bald darauf einsetzenden PISA-Studien der OECD. Darüber hinaus hat sich seit der Jahrtausendwende das Profil allgemeinbildender Schulen gewandelt. Hintergrund ist die Ganztagsschulentwicklung. Anno 2011 hat Gutzeit seine kritische Haltung gegenüber der Umsetzung eines erzieherischen Auftrages an Schulen relativiert. Der positiven Einschätzung der Erziehungs- und Bildungsbilanz der Musikschule in der Gesellschaft fügt er an: „Da möge niemand die Meinung raushören, das könnten nur die Musikschulen. Zum Glück […] können viele dazu beitragen."[126] Und: Die allgemeinbildende Schule sei einer der wichtigsten Partner der Musikschule. In der zunehmenden Handlungsorientierung des Schulmusikunterrichts erkennt er eine besondere Chance für Musikschulen, sich in die Bildungsarbeit der Schule durch das Angebot von Instrumentalspiel in elementarer Form einzubringen.[127] Schließlich hat Reinhart von Gutzeit im Jahr 2015 nochmals seinen Willen zur Kooperation bekräftigt, wobei dann spätestens hier klar wird, warum es triftige Gründe für Musikschulen gibt, dies aus eigenem Interesse zu tun.

> „Im Prinzip müssen wir zu einer Zusammenarbeit zwischen Musikschule und allgemeinbildender Schule schon deshalb ‚Ja' sagen, weil wir alleine nicht in der Lage sein werden, ein musikpädagogisches Angebot an ALLE zu richten."[128]

Dies dürfe allerdings nicht um jeden Preis geschehen.

> „Nur mit ungebrochen starker Identität können Musikschulen gute Kooperationspartner sein. Was nicht zur Disposition stehen kann, sind die identifikationsstiftenden Merkmale: eigene Organisation, eigenes Personal, eigenes Haus, und eigener Schulstil."[129]

Nun ist es ja auch an Musikschulen keineswegs selbstverständlich, dass Unterrichts-, Erziehungs-, und Bildungsbemühungen *per se* zum Erfolg führen müssen. Das Beispiel der Stuttgarter Musikschule und ihrer Entwicklungsgeschichte sollte aber gezeigt haben, dass sich in der historischen Entwicklung der Horizont der Musikschularbeit verschoben hat. Im 19. Jahrhunderts hatte von den Begriffen Musikpädagogik, Musikerziehung und Musikunterricht vor allem der letztgenannte eine wichtige Rolle gespielt.[130] Musikalische Bildung blieb wesentlich angewiesen auf ihre Vermittlung im

---

125 Gutzeit (2000).
126 Gutzeit (2011:8).
127 Gutzeit (2011:9).
128 Gutzeit (2015).
129 Gutzeit (2015).
130 Vgl. Kapitel 3.1.1.

Unterricht.[131] So spricht Gustav Schilling in seiner „Musikalischen Didaktik" einerseits von der Musik als „einem der allerwesentlichen Bildungsmittel",[132] ja, von dem erstmaligen „Versuch einer ausschließlich musikalischen Pädagogik",[133] ansonsten beschränkte sich seine Didaktik jedoch in den Worten Sigrid Abel-Struths auf einen praxisnahen didaktischen Ansatz „im engsten Sinne".[134] Zwar hatte Adolph Bernhard Marx die Zweiseitigkeit, also die gegenseitige Bedingtheit eines musikalischen Lehrens und Lernens erfasst sowie Lina Ramann eine strikte Hinwendung zu allgemeinen Erziehungsgrundsätzen in der musikalischen Lehre gefordert.[135] In der Praxis einer institutionalisierten Musikerziehung kam dies aber aus gutem Grund kaum zum Tragen. Denn, wo die bildende Kraft des Kunstwerks schon implizit vorausgesetzt wurde, durfte man sich offensichtlich ganz auf das Unterrichten beschränken. Die Erziehungsaufgabe bestand dann vorrangig in der Disziplinierung des Schülers. Bildungseffekte stellten sich entsprechend ein – oder auch nicht. Noch „fehlten fachimmanente wissenschaftstheoretische Grundlagen in der Musikpädagogik, und es fehlten vor allem Erkenntnisse über spezifische Lernbedingungen".[136] Heute verstehen sich Musikschulen hingegen als Bildungseinrichtungen, die ihren Erziehungsauftrag stärker auf die formale Bildung der Schüler hin ausrichten und den Unterricht entsprechend individuell ausgestalten. Dabei bewegen sie sich allerdings in einem Spannungsfeld, denn die Unterrichtstätigkeit stellt nach wie vor das eigentliche Fundament des Musikschulalltags dar und nicht jede Lehrkraft mag aus eigener Kraft über die bloße Stoffvermittlung hinausgelangen.

Während es Reinhart von Gutzeits Anliegen ist, Musikschule als „die andere Schule"[137] gegenüber allgemeinbildenden Schulen abzugrenzen, fordert Andreas Doerne, dass sich das Selbstverständnis der Institution Musikschule wandeln müsse. Doerne beruft sich in seinem Aufsatz „Wir brauchen eine Revolution! Zur Zukunft von Musikschulen in einer ‚Bildungsrepublik Deutschland'" auf Vorbilder von Reformschulen im deutschsprachigen Raum sowie des staatlichen Schulwesens Finnlands. Seine These lautet: „Musikschulen müssen sich von Unterrichtsstätten hin zu musikalischen Lernhäusern entwickeln, die eine inspirierende künstlerische Umwelt mit vielfältigen, individuellen Lernmöglichkeiten rund um das Musizieren verknüpfen."[138] Ändern müsse sich das Selbstverständnis der Institution Musikschule, die inhaltliche und methodische Ausrichtung des Musizierunterrichts, die Rolle der Lehrenden, das Lernverhalten der Schüler, die organisatorische Gestaltung des Musikschultags bis hin zur Architektur des Musikschulgebäudes.[139] Musikschulen sollten sich nicht zu Veränderungen treiben lassen, sondern „aus sich heraus neue Formen von Musikschularbeit entwickeln".[140]

---

131 Vgl. auch Vogt (2012:6).
132 Schilling (1851:30).
133 Schilling (1851:VIII).
134 Abel-Struth (1970:51); vgl. Kapitel 3.3.2.
135 Vgl. Kapitel 3.2.
136 Sowa (1974:119).
137 Gutzeit (2011:10).
138 Doerne (2011:12).
139 Doerne (2011:12).
140 Doerne (2011:13).

Doerne legt seiner Zukunftsvision einer „radikal anderen Musikschule" folgende Idee zugrunde:

> „Eine zukünftige Musikschule – im Folgenden mit dem Arbeitstitel ‚Lernhaus Musik' (LM) bezeichnet – definiert Lernorte und Lernumgebungen für musikalische Bildung neu und wird so den immer divergenter werdenden Lernbedürfnissen von Schülerinnen und Schülern aller Alters- und Leistungsstufen gerecht.
>
> Im LM sind alle möglichen Beschäftigungsweisen mit Musik unter einem Dach versammelt: das Singen und Spielen (Reproduktion), das Improvisieren und Komponieren (Produktion), das Hören und Erfahren (Rezeption), das Übertragen in und Verknüpfen mit anderen Kunstformen (Transposition) sowie das Verstehen und Beschreiben (Reflexion) von Musik. […]
>
> Das LM ist Musikschule, Überefugium, Konzerthaus, Band-Proberaum, Jazzclub, Aufnahmestudio, Bibliothek, Hörbar, Seminarort, Klanglabor, Kreativwerkstatt und sozialer Treffpunkt in einem und doch weit mehr als das. Mehr, weil nicht bloß eine Vielfalt an Lernmöglichkeiten zur Verfügung gestellt wird, sondern diese auch eingebettet sind in ein stringentes pädagogisches Konzept, das Schwerpunkte setzt, die für nachhaltige Bildungsprozesse – nicht nur musikalischer Art – überaus wichtig sind […]."[141]

Man dürfte Schläbitz' Vorstellungen von horizonterweiternder, anteilnehmender, musikgeschichtlicher, kreativ-kommunikativer, ästhetischer und medialer Kompetenzen unschwer in Doernes Ideen zu einem Lernhaus Musik wiederfinden – mit einem gravierenden Unterschied: Andreas Doerne bekennt sich weiterhin zu einem Bildungsbegriff Humboldtscher Prägung. Dies zeigt sich in seiner inhaltlichen Begründung von Instrumental- bzw. Vokalunterricht, den er auch als Musizierunterricht bezeichnet.

> „Man kann Musizierunterricht auf dreierlei Art und Weise verstehen: erstens als ‚Spielen-Lernen eines Instruments', bei dem es um die korrekte Handhabung und Bedienung des Instruments geht; zweitens als ‚Musik-Lernen am Instrument', bei dem es um das Verstehen und Empfinden von Musik in Verbindung mit dem Spielen-Lernen eines Instruments geht; und drittens als ‚umfassende musikalische Bildung am Instrument', bei der es um das Verstehen und In-Beziehung-Setzen von Musik, mir selbst, meinen Mitmenschen und der Welt in Verbindung mit dem Spielen-Lernen eines Instruments geht. Mein Verständnis von Instrumentalunterricht ist letztgenannte Definition. In ihr sind die anderen beiden Definitionen enthalten."[142]

In Doernes Verständnis von Bildung findet sich Schäbitz' Forderung nach multiplem Kompetenzerwerb ebenso wieder wie Ehrenforths Forderung, Musik allen Menschen als „Chance der Lebensbereicherung und Persönlichkeitsbildung" anzubieten:

---

141 Doerne (2011:13).
142 Doerne (2011:13).

- „Bildung ist ein ganzheitlicher Prozess, bei dem kein Bereich des Menschen oder der Sache ausgeklammert wird.
- Bildung ist multipler Kompetenzerwerb, bezieht sich also gleichermaßen auf die Bereiche Sachkompetenz, Methodenkompetenz, Selbstkompetenz und Sozialkompetenz.
- Bildung ist Selbstbildung auf der Grundlage vielfältiger Anregung durch die Umwelt.
- Bildung ist die Folge von Neugier, eigenem Fragen und intrinsischer Motivation.
- Bildung ist angewiesen auf Austausch und dialogische Kommunikation zwischen Menschen und findet daher am besten im sozialen Kontext statt."[143]

Mit einem eher traditionellen Bildungsverständnis verbindet Doerne das Festhalten an einem ganzheitlichen Bildungsansatz im Sinne einer umfassenden ästhetischen Bildung; der Gedanke der Selbstbildung in Auseinandersetzung mit der Umwelt sowie der Verweis auf die intrinsische Motivation von Bildung. Auf ein erneuertes, transformiertes Verständnis von Bildung lassen die Formulierungen „multipler Kompetenzerwerb" und „dialogische Kommunikation" schließen. In den Vordergrund treten bei Andreas Doerne Aspekte formaler Bildung, abzulesen an dem Kompetenzprofil, das er für Musikschulschüler entwirft.

- Sie sollen u. a. lernen, mit Musik wie mit einer Sprache umzugehen, das hieße Musik zu interpretieren, improvisieren und komponieren;
- mit ihr zu kommunizieren, also authentisch und sinnvermittelnd zu musizieren, was sich auf die Syntax und Semantik der Musik ebenso beziehe wie auf ihre Verkörperung;
- Musik spielerisch zu erfahren und (innerlich) hörend wahrzunehmen, sie auf ihren Ausdrucksgehalt hin zu befragen und eigene Antworten zu geben;
- sich ein Leben lang selbst musizierend mit Musik zu beschäftigen, um sich eigene Freiräume zu erhalten und das Glück beim Musizieren mit anderen zu teilen;
- zum selbstständigen und erfüllten Üben genauso zu finden wie zum selbstorganisierten Zusammenspiel mit anderen;
- musikalische Qualitätskriterien zu entwickeln und hörend oder spielend an Musikkultur teilzuhaben, indem man nicht zuletzt selbst Kunst hervorbringe.[144]

Doerne möchte mit Blick auf solch ambitionierte Ziele Musikschulen *quasi* in „musikalische Elternhäuser" verwandeln. Kunst gedeihe am besten in einer künstlerischen Umgebung, die „musikalisch anregende (Lebens-)Umwelten" schaffe. Musikschulen sollen insofern zu Orten werden, in denen man sich gerne aufhält und Zeit verbringt, einander begegnet und voneinander lernt, innerhalb oder auch zwischen Generationen. „Türen stehen offen – im realen und übertragenden Sinne."[145] Konsequent weitergedacht, heißt dies für Doerne, „das Üben in die Musikschule hineinzuholen, die Musikschule ähnlich einer Musikhochschule zum Übeort zu machen".

---

143   Doerne (2011:14).
144   Vgl. Doerne (2011:14).
145   Doerne (2011:14).

„Dazu bedarf es zum einen der Einrichtung eigener Räume und Nischen fürs Üben, zum anderen des Einsatzes von Silent-Instrumentarium, um ein flexibles und zur Kommunikation einladendes Üben im Foyer oder auf Gängen zu ermöglichen, ohne dass gleich das ganze Haus beschallt wird."[146]

Wünschenswert erscheint ihm zudem, dass Musikschulen Rückzugsorte zum Hören und Lesen darstellen, zur Mediennutzung.[147]

Änderungen betreffen schließlich die Musikschulorganisation. Doerne hält das System eines wöchentlichen Hauptfachunterrichts für unflexibel. Es gehört für ihn abgeschafft.

„Kurze Unterrichtssequenzen müssten durch längere Sequenzen eigenständiger Beschäftigung mit dem Lerninhalt unterbrochen werden; und das nicht in einem vorher festgelegten Rhythmus, sondern der Lerneigenzeit des Schülers entsprechend zeitlich hochvariabel."[148]

Das Lehrstundendeputat von Lehrenden möchte Doerne in Präsenzzeiten umwandeln. „Schüler bezahlen nicht für eine feste wöchentliche Unterrichtsstunde, sondern für ihre Mitgliedschaft in der Lerngemeinschaft der Musikschule (community of practise and learning)."[149] Um den Ansprüchen einer lernenden Gemeinschaft zu genügen, bedürfe es dreierlei.

„Erstens müssen Schüler öfter als einmal pro Woche in der Musikschule anwesend sein und dort mehr als die übliche Unterrichtseinheit von 45 oder gar nur 22,5 Minuten verbringen;

zweitens muss seitens der Schule das gesamte Spektrum an formellen, non-formalen und informellen Lernformen einbezogen und nutzbar gemacht werden;

drittens müssen Schüler in diese ungewohnte, aufgrund einer größeren Verantwortung für sich selbst und andere auch anstrengendere Art des Lernens eingeführt und kontinuierlich begleitet werden."[150]

Andreas Doerne ist der Auffassung, dass eine konzeptionelle Weiterentwicklung unbedingt nötig sei, wollten Musikschulen nachhaltige Bildungsprozesse unter dem Aspekt eines lebenslangen Lernens ermöglichen. Zugleich gibt er zu, dass der Entwurf eines Lernhauses Musik „höchste und vielfach neue Anforderungen sowohl an die Lehrenden als auch an die Schülerinnen und Schüler" stellt.[151] Beträchtliche Hindernisse wären in der Tat aus dem Weg zu räumen, wollte man Doernes Konzept konsequent umsetzen. Dies beginnt bei der katastrophalen räumlichen Situation vieler Musikschulen, die nicht selten auf eine angespannte Finanzlage zurückzuführen ist; es setzt sich fort bei den prekären Beschäftigungsverhältnissen vieler Lehrkräfte, die ein über das reine Unterrichtsdeputat hinausgehendes Engagement gar nicht zulassen; und es reicht hin zu der

---

146 Doerne (2011:15).
147 Doerne (2011:14).
148 Doerne (2011:16).
149 Doerne (2011:16).
150 Doerne (2011:17).
151 Doerne (2011:18).

Frage, ob denn Schülerinnen und Schüler überhaupt willens sind, angesichts von Ganztagsschule und sonstigen Freizeitaktivitäten das Angebot eines „musikalischen Elternhauses", genannt Musikschule, einschließlich eines mehrmaligen Musikschulbesuchs pro Woche anzunehmen. Ganz davon abgesehen, dass eine flexibilisierte Musikschulorganisation auch höhere Standards der Organisationsentwicklung einfordern dürfte, soll das Qualitätsprofil als Schule weiterhin gewahrt bleiben. Es wird sich Musikschulen also eher eine Politik der kleinen Schritte als eine „Revolution" empfehlen, denn noch bleibt die „Bildungsrepublik Deutschland" an vielen Orten bis auf weiteres Vision. Trotz aller Widerstände: Andreas Doerne hat sich bereits 2012 mit befreundeten Musikpädagogen, Musikschulleitern und Musikhochschullehrenden in einer Arbeitsgemeinschaft mit dem Ziel zusammengeschlossen, gemeinsame Ideen für die Praxis weiterzuentwickeln. Aus dem Gedankenaustausch entstanden erste gemeinsame Projekte an den Musikschulen im badischen Lahr und Waldkirch. Seit dem Herbst 2016 ist man mit einer eigenen Website unter der Domain www.musikschullabor.de an die Öffentlichkeit getreten.

> „Adressiert ist sie an alle Menschen, die bestehende Formen instrumentalpädagogischer Praxis hinterfragen und die Institution Musikschule als Ort des Musizieren-Lernens weiterentwickeln möchten. […] Wer möchte, kann sich beteiligen und auf musikschullabor.de eigene Praxisprojekte vorstellen, so sie in einem inhaltlichen Zusammenhang mit dem im Ideenlabor vorgestellten Gedanken stehen.
> Letztlich sollen alle auf der Website befindlichen Inhalte – egal, ob es sich um bereits ausgearbeitete Grundgedanken oder noch zu entwickelnde Ideenskizzen handelt – sowohl die Konzeption völlig neuartiger Musikschulen ermöglichen als auch veränderungswilligen Musikschulen helfen, sich behutsam weiterzuentwickeln. Wir halten beides für wichtig: Revolution und Evolution. Wo und wann genau sich was in welcher Art und Weise tatsächlich ereignet, ist offen und bleibt eine spannende Frage nicht nur unseres Online-Experiments, sondern des gesamten zukünftigen Musikschulwesens."[152]

Reinhart von Gutzeit meint, dass Musikschulen nach dem Vorbild eines „Lernhauses Musik" nicht nur Utopie seien. „Es gibt sie, mehr oder weniger ausgeprägt, bereits heute."[153] An manchen Orten kämen sie dem von Doerne beschriebenen Ideal recht nahe. Ihr besonderer Charme als „Musikschule – die andere Schule" beruhe

- „auf der Tatsache, dass die Schüler freiwillig zur Schule kommen;
- auf ihrer familiären Atmosphäre;
- darauf, dass es nicht um Dutzende von Fächern, um Rechtsbeziehungen, kollegialen und Schülerstress, Noten und Versetzungen geht, sondern im Wesentlichen um eine Sache: um die Musik in ihrer ganzen Vielfalt;
- auf einem Lernen aus Begeisterung, wenn Lehrer und Schüler gemeinsam von der Materie fasziniert sind;
- auf einer Lernsituation, die mit wunderbaren Gemeinschaftserlebnissen verbunden ist;

---

152   Doerne (2016:34f.).
153   Gutzeit (2011:10).

- auf einem schulischen Leben, das immer wieder auf die Bühne führt; Spannung und Erfolge ermöglicht; in Konzerten, Reisen, Aufnahmen kulminiert und damit den Beteiligten unvergessliche Erfolgserlebnisse vermittelt."[154]

Die von Doerne eingeforderte Verlagerung von der Lehr- auf die Lernperspektive findet sich heute im Leitbild der Stuttgarter Musikschule berücksichtigt:

„Für uns sind individuelle musikalische Entwicklung und das Schaffen von Freiräumen für Erleben und Entdecken von Musik im Lehren eine Einheit. Diese Einheit ist ein übergreifendes Ziel jeder Unterrichtsstunde. Jeder Schülerin und jedem Schüler eröffnet sich die Möglichkeit, sich mit allen Musikstilen vertraut zu machen. Das motivierende Unterrichtsklima fördert und fordert zugleich. Zur Bestätigung eigenen Leistungsvermögens. Zur Erreichung der allgemeinen Unterrichtsziele."[155]

Das Selbstverständnis der Stuttgarter Musikschule als Bildungsinstitution hat sich seit der Jahrtausendwende entscheidend weiterentwickelt. Dies betrifft nicht nur ihre Verortung in der kommunalen Bildungslandschaft oder ihre Erfolge in der Begabten-, Breiten- und Sonderförderung, sondern auch den internen Vernetzungsgrad des gesamten Musikschulangebots. Es sind barrierefreie Zugänge zum Musizieren geschaffen worden. Der Hauptfachunterricht wird begleitet von einem gewachsenen Ensembleangebot, zahlreichen Ergänzungsfächern, Auftrittsmöglichkeiten, Veranstaltungen, Projekten, Freizeiten und vielfältigen Initiativen im Bereich der Musikvermittlung, wodurch Bildungs*erlebnissen* verschiedenster Art der Weg bereitet wird. Dennoch soll die Lehrperspektive – und das erscheint wiederum charakteristisch für die Stuttgarter Musikschule – darum nicht vernachlässigt werden, ganz im Gegenteil. Angestrebt ist, dass „individuelle musikalische Entwicklung und das Schaffen von Freiräumen für Erleben und Entdecken von Musik im Lehren eine Einheit" bilden. Entsprechend verweist die umfassende Beratungsstruktur der Stuttgarter Musikschule nicht nur auf eine individualisierte musikalische Förderung, sondern auch auf die „Bestätigung eigenen Leistungsvermögens". Motivierendes Unterrichtsklima und die Erreichung allgemeiner Unterrichtsziele" werden nicht im Gegensatz gesehen; ebenso wenig wie das traditionell überlieferte Unterrichtsmodell der Meisterlehre und das Prinzip eines partizipativen Unterrichtsstils. Nach den Aussagen von SchülerInnen und Lehrkräften zu urteilen,[156] schließen sich Wettbewerbserfolge und die Musikschule als „klingender Lebensraum",[157] um eine Formulierung von Ulrich Rademacher und Matthias Pannes aufzugreifen, in Stuttgart keineswegs aus, selbst wenn die besondere Ausbildungsqualität der Stuttgarter Musikschule immer auch vor dem Hintergrund zu sehen ist, dass Stuttgart als Stadt über ein Musikleben verfügt, welches bundesweit von einer ziemlich einzigartigen Breite und Qualität sein dürfte.[158]

---

154   Gutzeit (2011:10).
155   Stuttgarter Musikschule (2012).
156   Vgl. Kapitel 5.2.2.
157   Rademacher / Pannes (2011:22).
158   Vgl. Kapitel 5.3.1.

Demgegenüber erhob das Konservatorium Stuttgart im 19. Jahrhundert Anspruch darauf, „Stätte einer veredelten Musikpflege" zu sein.[159] Doch was war eigentlich so edel an einer Musikpflege, wie sie ebendort praktiziert wurde? Den Anforderungen der hohen Kunst genügten nur wenige, weshalb die musizierenden Laien Anfang des 20. Jahrhunderts aus dem Konservatorium gedrängt wurden. Und für die Antwort auf die Frage, was denn nun genau kunstgerecht sei, war allein das Urteil der Lehrenden maßgebend. Allzu menschlich scheint es dabei jedenfalls nicht zugegangen zu sein. Caroline Gritschke weiß in ihrer Dokumentation zur Geschichte der Stuttgarter Musikschule von einer unterkühlten Atmosphäre zu berichten, die am Konservatorium zeitweilig vorherrschte.[160] Wenn also Norbert Schläbitz in Verbindung mit humanistischer Bildung von extremen Ausschlussmechanismen redet, von der Inhumanität dessen, der sich um der Idee willen am Menschen vergeht (s.o.), so besteht tatsächlich Grund zu der Annahme, dass dieser Vorwurf in Bezug auf die Unterrichtspraxis am Konservatorium Stuttgart so unbegründet nicht sein dürfte. Ein Phänomen, das übrigens auf die Vorläufer-Institute der Stuttgarter Musikschule des späten 18. und frühen 19. Jahrhunderts nicht minder zutrifft. Auch hier scheint sich eine vorgeblich humane Gesinnung bisweilen den Machtansprüchen der Träger (Hohe Carlsschule, Waisenhausinstitut) bzw. deren Geschäftsinteressen (Stöpels / Schillings Musikschule) untergeordnet zu haben.[161] Nach Georg Sowa wurde im 19. Jahrhundert von den musikerzieherischen Zielsetzungen „Menschenbildung", „harmonische Kräfteentwicklung" sowie „Veredelung von Sitte und Charakter" die letztgenannte als die entscheidende angesehen. „Dafür wurden Individualitäts- und Freiheitsbildung eliminiert. Man dachte nüchterner."[162] Sicherlich mögen musikerzieherische Maßstäbe, die sich auf eine teils bedenkliche Art und Weise mit der Pflege des musikalischen Repertoires des 19. Jahrhunderts verknüpft haben, in der Gegenwart noch nachwirken, etwa immer dann, wenn Lehrkräfte einseitig auf ihrer Autorität beharren; wenn Schüler dann angewiesen werden „alles richtig zu machen", d.h. einen Notentext möglichst regelkonform und fehlerfrei wiederzugeben, noch bevor das Bewusstsein für musikalisches Erleben und individuelles Gestalten überhaupt geweckt ist. Man wird indes heute der Stuttgarter Musikschule zugutehalten müssen, dass sie sich der Verantwortung ihrer öffentlichen Trägerschaft und ihres gemeinwohlorientierten Bildungsauftrages stellt, indem sie beträchtliche Anstrengungen unternimmt, auf organisatorischer Ebene dem Selbstverständnis einer „lernenden" Musikschule gerecht zu werden. Im Rahmen von Qualitätsentwicklung und -sicherungsverfahren werden die Leistungserbringung, die Zufriedenheit von Adressaten und Mitarbeitern sowie die Auswirkungen auf die Gesellschaft systematisch überprüft und konsequent als Grundlage für die weitere organisatorische Entwicklung der Musikschule herangezogen.[163] Wenn sich öffentliche Musikschulen in den Worten Friedrich-Koh Dolges der Aufgabe stellen, Kinder, Jugendliche und

---

159 Vgl. Kapitel 3.1.1.
160 Gritschke (2007:18).
161 Vgl. Kapitel 3.3.1, 3.3.2.
162 Sowa (1974:115).
163 Vgl. Kapitel 5.2.3.

Erwachsene auf ihrem individuellen Weg hin zum humanistisch geprägten Menschen zu begleiten,[164] so ist die Chance heute tatsächlich größer als zuvor, dass diesem Vorsatz adäquates Handeln folgt. Die Stuttgarter Musikschule will sich über ihren musikalischen Bildungsauftrag hinaus vor allem als *inklusive* Bildungseinrichtung verstanden wissen. Sie will in dem von Andreas Doerne beschriebenen Sinne „musikalisch anregende (Lebens)-Umwelten" kreieren (s. o.). Zu dem Motto des 9. Stuttgarter Musikfestes für Kinder im Herbst 2016 merkt Dolge an:

> „Das Motto ‚Du gehörst dazu!' stellt auch das inhaltliche Programm der Stuttgarter Musikschule dar. Es repräsentiert unsere Haltung und Werteorientierung gemäß unserem Leitbild. Gerade in Zeiten, in denen Menschen sich ausgegrenzt und sich nicht dazugehörig fühlen, sich von anderen abwenden und in sich zurückziehen, glaube ich an die einende Kraft der Musik. Der musikalisch-kulturelle Austausch und die damit verbundene geistig kulturelle Auseinandersetzung, macht Fremdes zu Gewohntem, führt willkürliche Feindseligkeit zu Verständnis. Dies erfordert eine musikalisch-kulturelle Bildung aller, von Anbeginn des Lebens, um unser reichhaltiges kulturelles Erbe zu teilen, die kulturelle Vielfalt zu erfahren und gemeinsam eine Zukunft zu gestalten.
> Die Musik, das aktive, gemeinsame Musizieren, kann dazu maßgeblich beitragen. Allen Menschen unabhängig von Alter, Religion, Geschlecht, ethnischer Zugehörigkeit und sozialem Status das Recht auf Teilhabe an der musikalisch-kulturellen Bildung in der Stuttgarter Musikschule zu gewährleisten, ist unsere Aufgabe und Verpflichtung zugleich."[165]

Der Anspruch ist hoch und nicht einfach zu erfüllen. Deutlich wird aber, dass heute das Attribut „humanistisch" in Verbindung mit musikalischer Bildung anderes meinen soll als im 19. Jahrhundert. Es geht nicht mehr vordergründig um den Erwerb als verbindlich erachteter Bildungsgüter, sondern um die „Entfaltung und Entwicklung der geistig-seelischen, sozialen, kognitiven und emotionalen Werte und Anlagen des Menschen" durch Musik auf Grundlage der Ermöglichung von kultureller Teilhabe und Chancengerechtigkeit.[166] „Dabei spielen im [Musikschul-]Unterricht künstlerische Fähigkeiten und Fertigkeiten ebenso wie die damit erworbenen Schlüsselkompetenzen eine Rolle."[167]

6.2.2 Inklusion an Musikschulen

Der Begriff „Inklusion" bezieht sich auf Teilhabe am gesellschaftlichen Leben und hat in den letzten Jahren unübersehbar an Bedeutung im pädagogischen Diskurs gewonnen.[168] „Wörtlich übersetzt, vom Lateinischen hergeleitet, heißt inkludieren ‚einschließen'. Gemeint ist in der Regel ein Einschließen (als Gegenteil von Ausschließen) in die Gesellschaft."[169] Nach Irmgard Merkt, bis 2014 Professorin für Musik an der Fakultät Rehabilitationswissenschaften der TU Dortmund, meint Inklusion „den Prozess der

---

164   Vgl. Kapitel 5.2.3.
165   Intonation, Ausgabe 37 (2016/2:3).
166   KGSt (2012:27).
167   VdM (2015c).
168   Vgl. Bradler (2016:12f.).
169   Bradler (2016:13).

Gestaltung einer Gesellschaft, in der jeder Mensch gleichberechtigt und selbstbestimmt an allen Teilbereichen der Gesellschaft teilhaben kann, unabhängig von Geschlecht, Alter, Herkunft, Religion, Bildung, Beeinträchtigungen oder anderen individuellen Merkmalen".[170] Die Akzentuierung liegt hier auf den Attributen „gleichberechtigt" und „selbstbestimmt". Merkt bedauert, dass sich das Verständnis von Inklusion in der öffentlichen Wahrnehmung oftmals auf den Umgang mit Menschen beschränke, die eine Beeinträchtigung aufweisen würden. Eigentlich bezeichnet Inklusion aber Grundsätzlicheres in gesamtgesellschaftlicher Perspektive. „Genauso wie es im Zusammenhang mit *Inklusion* um Menschen mit Behinderungen geht, geht es auch um sogenannte Hochbegabte, um ältere Menschen, um große und kleine – kurz: um Menschen."[171] Im humanitären Sinne, oder, wenn man so will, humanistisch verstanden schließt der Gedanke der Inklusion „aus einer solidarischen Verantwortung des Menschen für seine Mitmenschen" ein, dass eine chancengerechte Teilhabe *aller* Menschen nicht nur gewährt, sondern auch gewähr*leistet* werden soll.[172] „Die Erkenntnisse, dass alle Menschen als soziale und vergängliche Wesen aufeinander angewiesen sind und dass die Teilhabe aller Menschen nur durch eine individuell angemessene *Teilgabe* des Menschen möglich ist, vervollständigen eine alle Zusammenhänge einschließende, inklusive Sichtweise."[173] Inklusion wird so zur modernen Lesart humanistischen Denkens.

So wie der Inklusionsbegriff Teilhabe am gesellschaftlichen Leben thematisiert, kann er auch auf den Bereich der musikalischen Bildung bezogen werden. Der VdM folgt dieser Argumentationslinie, wenn er in seinem neuesten Grundsatzprogramm „Musikalische Bildung in Deutschland. Ermöglichen – Gewährleisten – Sichern!" aus dem Jahr 2016 die Konvention der UNESCO „Übereinkunft über den Schutz und die Förderung der Vielfalt kultureller Ausdrucksformen" sowie die Konventionen der UN „Übereinkommen über die Rechte von Menschen mit Behinderungen" und „Übereinkommen über die Rechte des Kindes (Art. 28, Das Recht des Kindes auf Bildung)" als „wichtige Bausteine für die musikpädagogischen Zielsetzungen und damit für die musikalisch-kulturelle Bildungsarbeit der gemeinnützigen, öffentlichen Musikschulen in Deutschland" bezeichnet.[174] Max Fuchs hat hierzu ausgeführt:

> „Die Kinderrechtskonvention (CRC) aus dem Jahr 1989 garantiert in Art. 28 und 29 das Recht auf höchstmögliche (!) Bildung und in Art. 31 das Recht auf Spiel und ‚freie Teilnahme am kulturellen und künstlerischen Leben'. Für eine multiethnische Gesellschaft ist Art. 30 wichtig: Kinder ethnischer, religiöser oder sprachlicher Minderheiten haben das Recht, die eigene Kultur zu pflegen und die eigene Sprache zu verwenden. Ähnliche Formulierungen finden sich in dem Übereinkommen über die Rechte von Menschen mit Behinderungen (CRPD) aus dem Jahre 2008 oder im *UNESCO-*‚Übereinkommen über Schutz und Förderung der Vielfalt kultureller Ausdrucksformen' aus dem Jahre 2005."[175]

---

170   Merkt (2016: 16).
171   Bradler (2016:14).
172   Wagner, R. (2016a:10).
173   Wagner, R. (2016b:232).
174   VdM (2016b).
175   Fuchs (2012b:92).

Aus dem Anrecht des Menschen auf Bildung und kulturelle Teilhabe wird ein Grundrecht des Menschen auf musikalische Bildung abgeleitet, das vom VdM wiederum in Bezug zum humanistisch geprägten Bildungsgedanken gesetzt wird.[176] Die Formulierung „humanistisches Menschenbild" verwendet der VdM erstmals in seinem Leitbild der öffentlichen Musikschulen im VdM (2015) und zuletzt erneut im Grundsatzprogramm (2016):

> „Die öffentlichen Musikschulen im VdM bekennen sich zum Recht auf Teilhabe aller Menschen an musikalisch-kultureller Bildung. Sie sind von der Notwendigkeit der Entwicklung hin zu einer inklusiven Gesellschaft in Deutschland überzeugt. Öffentliche Musikschulen ermöglichen allen Menschen, unabhängig von Religion, ethnischer Zugehörigkeit, Nationalität, Geschlecht, sozialer Herkunft und Alter musikalische Bildung, um ein humanistisches Welt- und Menschenbild in unserer Gesellschaft zu befördern."[177]

Kulturelles Erbe und kulturelle Vielfalt sollen erhalten bleiben, „weil sie Kernmerkmale unseres gesellschaftlichen Kulturgedächtnisses und Bewusstseins sind".[178] Innovationen in der Kultur werden zugleich als „gesellschaftliche Impulsgeber" bezeichnet.[179]

> „Die öffentlichen Musikschulen bekennen sich sowohl zum europäischen kulturellen Erbe als auch zur kulturellen Vielfalt individueller Herkunftskontexte. Dieses gelebte Bekenntnis bildet einen bedeutenden Beitrag zur gemeinsamen Gestaltung einer lebenswerten Zukunft unserer Gesellschaft für alle Menschen in unserem Land."[180]

Musikschulen wären als Angebotsschulen, die man freiwillig besucht, nicht unbedingt zu einem inklusiv verstandenen Bildungsauftrag verpflichtet. Zugleich versprechen Musikschulen aber aufgrund ihrer spezifischen Unterrichtsorganisation beste Voraussetzungen, sowohl individuell als auch integrativ zu fördern. Robert Wagner, Leiter der Musikschule Fürth e. V. sowie Vorsitzender des Bundesfachausschusses Inklusion im VdM, erläutert dies:

> „Ein die Vielfalt achtendes, den einzelnen Menschen in das Zentrum der Überlegungen stellendes, durchlässiges und kooperierendes Angebot in individuell stimmigen Lernorten ist meines Erachtens nach wie vor der beste Garant für die bestmögliche Förderung jedes Menschen."[181]

Allerdings kann es nach Meinung von Juliane Gerland, Junior-Professorin für Kulturelle Bildung & Inklusion an der Universität Siegen, auch an Musikschulen potentielle „Barriere-Strukturen" geben, handle es sich nun um Barrieren baulich-technischer bzw. räumlicher Art, die die Zugänglichkeit des Musikschulgebäudes unmittelbar betreffen; um sozio-ökonomische Barrieren in Form einer prohibitiv wirkenden Entgeltordnung; um methodisch-didaktische Barrieren, etwa wenn der Musikschulunterricht den Bedürf-

---

176 Vgl. VdM (2016b); Kapitel 6.2.1.
177 VdM (2016b).
178 VdM (2016b).
179 VdM (2016b).
180 VdM (2016b).
181 Wagner, R. (2016a:6).

nissen und Interessen der Schüler zuwiderläuft, was individuell gegebenenfalls auch auf ein gestörtes Schüler-Lehrer-Verhältnis zurückzuführen wäre; oder um Barrieren im Hinblick auf exkludierende Angebotsformate. Letzteres könnte z.B. der Fall sein, wenn eine Musikschule ihr Unterrichtsangebot einseitig an den Erfordernissen einer Begabtenförderung ausrichtete.[182] Es trifft somit zu, dass Musikschulen besondere Chancen zur Inklusion bieten. Gleichwohl ist damit noch nicht gesagt, dass Inklusion in der konkreten Musikschulpraxis immer gelingen muss.

Mit der Verabschiedung der Potsdamer Erklärung „Musikschule im Wandel. Inklusion als Chance" samt ihren Ausführungen und Handreichungen (2014), mit ihrem Leitbild sowie dem Grundsatzprogramm „Musikalische Bildung in Deutschland. Ermöglichen – Gewährleisten – Sichern!" bekennen sich die öffentlichen Musikschulen im VdM ausdrücklich „zur Inklusion als Anspruch und Aufgabe".

> „Wir ermöglichen jedem Menschen, an der Musik teilzuhaben – durch diskriminierungsfreie, auch aufsuchende Angebote, durch weitgehende Selbstbestimmung jedes Einzelnen sowie eine äußere und innere Barrierefreiheit. Vielfalt und Heterogenität erkennen und nutzen wir als Chance und stellen dabei den einzelnen Menschen in den Mittelpunkt."[183]

Der Vision einer inklusiven Musikschularbeit liegt ein Verständnis von Inklusion zugrunde, das sich im *Kommunalen Index für Inklusion* definiert findet, auf den eine Fußnote der Potsdamer Erklärung verweist:

> „Inklusion bedeutet allgemein das Einbeziehen von Teilen in und zu einem Ganzen. Zunehmend verstehen wir diesen Begriff auch als ein **Konzept des menschlichen Zusammenlebens**: Inklusion bedeutet hier, die Teilhabe von Einzelnen an einer Gemeinschaft zu ermöglichen sowie die Barrieren für eine Teilhabe zu erkennen und aktiv zu beseitigen. Je unterschiedlicher und vielfältiger die Menschen einer Gruppe sind, desto mehr kann die Gemeinschaft und jeder Einzelne in ihr profitieren. Inklusion bedeutet daher vor allem, die in einer Gemeinschaft vorhandenen **Formen von Vielfalt** zu erkennen, wertzuschätzen und zu nutzen."[184]

Gemäß den Ausführungen und Handreichungen der Potsdamer Erklärung beanspruchen öffentliche Musikschulen, „Menschen unterschiedlicher sozialer Schichten" zu verbinden, „gemeinschaftsstiftend, generationen- und kulturübergreifend" zu wirken. „Wesentliches Merkmal von Inklusion sind Wertschätzung und Anerkennung von Diversität in Bildung und Erziehung."[185] Der Einstieg in einen inklusiven Prozess soll aus Sicht der Musikschulen u.a. damit einhergehen, „die Individualität aller" zu achten. „Trotz einer Unteilbarkeit der Leitidee der Inklusion" erachten Musikschulen es als sinnvoll, „Menschen mit Behinderung, Menschen mit Migrationshintergrund und Erwachsene und Senioren als verschiedene Zielgruppen mit jeweils spezifischen Bedürfnissen auf unterschiedliche Weise wahrzunehmen" – eigentlich ein Paradoxon, denn wo die

---

182 Gerland (2016a:13).
183 VdM (2015c).
184 Montag Stiftung Jugend und Gesellschaft (2012:2).
185 VdM (2014).

Individualität aller geachtet wird, brauchen die Bedürfnisse von Gruppen nicht mehr gesondert hervorgehoben zu werden. Zu den „Menschen mit besonderem Förderungsbedarf" zählt die Potsdamer Erklärung „ebenso (hoch-)begabte Kinder, die ihr Potenzial optimal entwickeln können sollen, ohne sozial ausgegrenzt zu werden".[186] Als wesentlicher Bestandteil von Inklusion verstehen sich individualisiertes Lehren und gemeinsames Lernen.[187]

Kapitel 5.1.2 der vorliegenden Untersuchung hat die Weichenstellungen zur inklusiven Musikschule dargestellt, nachzuprüfen anhand dreier grundlegender Positionspapiere zum Musikschulwesen: dem aktualisierten VdM-Strukturplan, den Leitlinien und Hinweisen der kommunalen Spitzenverbände sowie dem KGSt-Gutachten. Auch im Wortlaut der Potsdamer Erklärung wird der politische Hintergrund von Inklusion an Musikschulen sichtbar:

> „Die politisch gewollte Entwicklung hin zu einer inklusiven Gesellschaft wird erheblich durch die Auswirkungen eines gleichzeitig stattfindenden gesellschaftlichen Wandels beeinflusst. Das bedeutet für die Musikschulen als lernendes System die Notwendigkeit wie auch die Bereitschaft, den eigenen Kurs ständig zu überprüfen.
>
> Kooperationen / Vernetzungen mit anderen öffentlichen aber auch privat-gemeinnützigen Bildungspartnern und Sozialeinrichtungen ermöglichen es den Musikschulen, auf neue Zielgruppen mit musikalischen Angeboten zuzugehen. […] Gleichzeitig ist es zunehmend geboten, die bisherige Hauptzielgruppe der Kinder und Jugendlichen neu auf ihre Ansprechbarkeit und Erreichbarkeit (G8, Ganztagsangebote) durch das Musikschulangebot in den Blick zu nehmen."[188]

Ausgehend von den Positionen des VdM lässt sich festhalten: Inklusion an Musikschulen …

* ist Ausdruck eines demokratisch und humanistisch geprägten Wertebewusstseins;
* beruht auf der Idee, Menschen unterschiedlicher sozialer Schichten zu verbinden, gemeinschaftsstiftend, generationen- und kulturübergreifend zu wirken;
* hat zum Ziel, jedem Menschen einen selbstbestimmten und chancengerechten Zugang zu musikalischer Bildung zu ermöglichen sowie Barrieren für musikalische Teilhabe zu erkennen und zu beseitigen;
* anerkennt und wertschätzt Diversität in Bildung und Erziehung;
* richtet den Fokus auf individualisiertes Lehren und gemeinsames Lernen.

An der Stuttgarter Musikschule ist Inklusion schon frühzeitig zu einem Thema geworden, noch ohne den Begriff selbst zu verwenden. In dem Leitbild der Stuttgarter Musikschule heißt es 2012 unter der Rubrik „Gesellschaft und Öffentlichkeit":

> „Die Stuttgarter Musikschule ist ein Integrationsfaktor und trägt ihren Teil zur sozialen Balance bei. Wir lehren Kinder, Jugendliche und Erwachsene unabhängig von sozialer Her-

---

186   VdM (2014).
187   VdM (2014).
188   VdM (2014).

kunft, kulturellem Hintergrund, Religion und Nationalität. Die Einbeziehung und Teilhabe von Menschen mit Behinderungen und sozialer Benachteiligung ist uns wichtig."[189]

Eine Erfindung des 21. Jahrhunderts ist der Inklusionsgedanke an Musikschulen nicht. Man denke nur zurück an das Musikinstitut am Waisenhaus in Stuttgart, an dem zu Beginn des 19. Jahrhunderts Waisenkinder eine professionelle musikalische Ausbildung erhielten. Kommunale Bildungslandschaften indes existierten damals bestenfalls ansatzweise. Ihr punktuelles Entstehen blieb von der Initiative einzelner Institutionen oder auch Personen abhängig, wie das Beispiel des Konservatoriums Stuttgart in der Ära Immanuel Faisst zeigt. Entstehung und Entwicklung einer institutionalisierten Musikerziehung waren zwar als Ausdruck eines Bürgerbegehrens zu werten. Aber aufgrund der fehlenden Strukturen für eine demokratisch legitimierte, politische wie fachliche Steuerung konnte von der Wahrnehmung eines öffentlichen Bildungsauftrages an Musikschulen noch überhaupt keine Rede sein, *ergo* auch nicht von der Chance, im heutigen Sinne eine musikalische Bildungsgerechtigkeit herzustellen. Heute erfüllen öffentlich getragene bzw. verantwortete Musikschulen das Kriterium der Gemeinnützigkeit; sie folgen einem einheitlichen inhaltlichen Konzept und Aufbau und beanspruchen Angebotsvielfalt, Qualitätsstandards sowie allgemeine Zugänglichkeit für sich. Die Erweiterung um niedrigschwellige, interkulturelle oder auch auf einen spezifischen Förderbedarf hin ausgerichtete Angebote geschieht im gesellschaftlichen, politischen Konsens – so etwa an der Stuttgarter Musikschule in enger Abstimmung und mit Unterstützung der Stadt Stuttgart, welche nach Aussage der Kulturamtsleiterin Birgit Schneider-Bönninger die Umsetzung ihrer Kulturentwicklungsplanung mit den Schwerpunkten Kulturelle Bildung, Inklusion und Interkulturalität in den nächsten Jahren auf der Agenda stehen hat.[190] Das Prinzip einer örtlich-räumlichen, sozialen und fachlichen Zugänglichkeit zu musikalischer Bildung ist am Beispiel der Stuttgarter Musikschule bereits ausführlich dargestellt worden.[191] Es umfasst zusammengefasst die dezentrale Organisation der Musikschule, umfangreiche Sozialermäßigungen sowie einen voraussetzungslosen Zugang zu musikalischer Bildung. Die Stuttgarter Musikschule hat inklusiv zu verstehende Unterrichtsangebote, die auf einen spezifischen Förderbedarf reagieren, in den letzten Jahren massiv ausgebaut – nachfolgend nochmals eine aktualisierte Übersicht, ohne Anspruch auf Vollständigkeit:

- Kooperationen mit Kindertagesstätten (siehe SBS)[192]
- Kooperationen mit allgemeinbildenden Schulen (z.B. „Stark durch Musik")[193]
- Kooperationsangebot Elementare Musikpädagogik in Internationalen Vorbereitungsklassen (IVK) für Flüchtlingskinder an der Hohensteinschule Stuttgart[194]
- Einführung des Unterrichtsfachs Baglama[195]

---

189 Stuttgarter Musikschule (2012).
190 Intonation, Ausgabe 35 (2015/2:5).
191 Vgl. Kapitel 5.3.1.
192 Vgl. Kapitel 5.3.1.
193 Vgl. Kapitel 5.3.1.
194 Vgl. Intonation, Ausgabe 36 (2016/1:6).

- „Global Village" – Erster Auftritt des neuen „Multikulti-Ensembles"[196]
- Musik inklusive (Unterrichtsangebot für Kinder, Jugendliche und Erwachsene, denen die Teilnahme am gesellschaftlichen Leben aufgrund einer geistigen, körperlichen oder seelischen Behinderung erschwert ist)[197]
- Unterrichtsangebote für Erwachsene als Kooperationspartner der VHS
- Musik und Demenz – Pilotprojekt mit dem Augustinum[198]

Der Bildungsauftrag von Musikschulen modifiziert sich durch Inklusion in dreierlei Hinsicht. Erstens setzt Inklusion ein mehrdimensionales Verständnis von musikalischer Bildung voraus. Zweitens erweitert sich durch Inklusion der Bildungsauftrag von Musikschulen. Drittens lässt Inklusion die Ausdifferenzierung des Bildungsauftrages an Musikschulen notwendig erscheinen.

(1) Bereits im Jahr 2011 haben Ulrich Rademacher als Bundesvorsitzender des VdM und VdM-Geschäftsführer Matthias Pannes als wesentliches Qualitätsmerkmal der musikpädagogischen Arbeit an Musikschulen herausgestellt,

> „dass die musikalische Kompetenz wie auch die Entfaltung der Persönlichkeit altersgerecht und in mehreren Dimensionen gefördert werden: Sensibilisierung und Sinnstiftung, Steigerung der Wahrnehmungsfähigkeit und Erhöhung des Differenzierungsvermögens, Emanzipation durch die Entwicklung eigener Gestaltungskompetenz und Partizipation durch das gemeinschaftliche Musizieren in Ensembles jedweder Art sind dabei Kernelemente der Arbeit öffentlicher Musikschulen."[199]

Somit ist der Bildungsauftrag der Musikschule mehrdimensional zu verstehen. Er beschränkt sich nicht auf die musikalische Fachausbildung, sondern bezieht eine übergeordnete Bildungsebene ein, auf der allgemeinbildende, ganzheitliche Lernziele relevant werden. Musikschulen sollen mit sinnvollen Konzepten und attraktiven musikpädagogischen Angeboten auf gesellschaftlichen Wandel reagieren.

> „Sei es die frühe Begegnung mit Musik ab dem Säuglingsalter, seien es Ganztagsangebote oder Klassenmusizieren als Kooperationsformen an den allgemein bildenden Schulen jeder Schulform, Angebote für den dritten Lebensabschnitt, Musikunterricht für Menschen mit Zuwanderungshintergrund ebenso wie für Menschen mit Behinderung oder Begabtenförderung und Hinführung zur Studierfähigkeit – die gesellschaftlichen Anforderungen an die Musikschularbeit sind von einer außerordentlichen Bandbreite.
> Dabei kommt dem gemeinsamen Musizieren im Ensemble, in der Band oder im Orchester besondere Bedeutung zu, ist dies doch die eigentliche Zielsetzung musikalischer Ausbildung:

---

195 Vgl. Kapitel 5.2.1.
196 Vgl. Intonation, Ausgabe 37 (2016/2:11).
197 Vgl. Kapitel 5.2.1.
198 Vgl. Intonation, Ausgabe 37 (2016/2:18).
199 Rademacher / Pannes (2011:23).

in Gemeinschaft mit anderen Musik zu machen, zu erleben und wiederum für andere zum Erlebnis werden zu lassen."[200]

Peter Röbke vertritt die Auffassung, dass Musikschulen in ihren zentralen Arbeitsfeldern niemals nur als Dienstleister agieren, „deren Leistungen private NutzerInnen voll entgelten würden", sondern als öffentliche Bildungseinrichtungen, „die einen öffentlichen Bildungsauftrag in unterschiedlicher Weise erfüll[en] und daher wesentlich aus öffentlichen Mitteln finanziert" werden.[201]

„Musikschulen hätten als öffentliche Bildungseinrichtungen keine Chance, wenn nicht ein gesellschaftlicher Konsens über das Folgende hergestellt wäre:

- *Musikalische Bildung ist ein akzeptierter Teil einer menschlichen Allgemeinbildung* und zwar in formaler wie materialer Hinsicht. Sie hat ihre spezifischen Gegenstände, denen man begegnet und an denen man sich exemplarisch bildet (Werke und Stücke, Stile und Epochen, musikalische Praxen). Außerdem hat sie spezifische, auf die Person bezogene Bildungseffekte, die aus der Auseinandersetzung mit der Sache resultieren, also das darstellen, ‚was bleibt, wenn das Gelernte vergessen ist', etwa musikalische Intelligenz oder musikalische Ausdrucksfähigkeit, mithin auch etwas, das weiterwirkt, selbst wenn man das erlernte Instrument nicht mehr spielt. Musikalische Bildung erfüllt in ihrem Gegenstandsbereich somit die beiden grundlegenden Aufgaben von Bildung, nämlich – wie Hartmut von Hentig sagt – ‚die Sachen zu klären und die Menschen zu stärken', wobei die ‚Sachen zu klären' in der Gegenwart nicht mehr durchweg den Bezug auf einen verbindlichen Bildungskanon bedeutet: Mag dieser für jene, die sich auf die Aufnahmeprüfung an einer Musikuniversität in einem ‚klassischen' Instrument bewerben, auch noch existieren – im ersten wie im zweiten Arbeitsfeld [gemeint sind hier der instrumentale / vokale Hauptfachunterricht sowie der Kooperationsunterricht, siehe unten] wird einerseits der Fokus mehr auf den formalen Bildungseffekten liegen und andererseits das Repertoire jener Stücke, an denen man sich abarbeiten will, je individuell auszuhandeln sein. Die ‚Bilder', die sich jemand in der globalen und pluralistischen Welt von Musik macht und die im Prozess der Durchdringung, Vertiefung und Aneignung zu ‚Bildung' werden, sind individuell und nicht mehr durchweg über den Leisten eines klassischen Bildungskanons zu ziehen.
- *Musikalische Bildung ist eine Form ästhetischer Bildung,* sie trägt etwa zur Entwicklung von Sinnlichkeit, von Empfindungs-, Imaginations- und Gestaltungsfähigkeit, von Form und Schönheitsempfinden, von Freude am Unbestimmten und Mehrdeutigen, von Hingabe an den Augenblick und zur Lust am Performativen bei.
- *Musikalische Bildung ist ein Feld kultureller Bildung,* sie wird auf einem persönlichkeitsbildenden Weg erworben, der auf das Zusammenspiel von ‚Kopf, Herz und Hand', auf Selbstwirksamkeit, auf Stärkeorientierung, auf Freiwilligkeit und Partizipation, auf Interessensorientierung und Vielfalt zielt."[202]

---

200   Rademacher / Pannes (2011:23).
201   Röbke (2015a:44).
202   Röbke (2015a:44f.).

Inklusiv zu nennen wäre demnach ein solches Verständnis von musikalischer Bildung an Musikschulen, weil es den Menschen mit seinem naturgegebenen musikalischen Bildungsbedürfnis in den Mittelpunkt stellt. Musikschulen sind aufgefordert, die gesellschaftliche Relevanz ihres öffentlich wahrgenommenen Bildungsauftrages zu verdeutlichen und, wo möglich, zu belegen.

(2) Rademacher / Pannes sehen Musikschulen in der kommunalen Bildungslandschaft als Kompetenzzentren für musikalische Bildung „zunehmend in einem Zwei-Säulen-System" aufgestellt.[203]

> „[…] einerseits weiterhin als Bildungseinrichtung sui generis, mit eigenständigem Bildungsauftrag und spezifischer Strukturierung […] andererseits […] im Kooperationsfeld der Bildungsinstanzen und -akteure in der Kommune, vor allem in der Zusammenarbeit mit der allgemein bildenden Schule oder de[n] Kindertageseinrichtungen."[204]

Immer gehe es darum, dass Musik „als Feld ästhetischer Erfahrung und Gestaltung" im Mittelpunkt stehe, dass Musik „anthropologisch konstitutiv" begriffen werde.[205] Dennoch drängt sich eine Frage auf. Kann *eine* Bildungsinstitution allein eine Aufgabenfülle, die sich in der Breiten-, Begabten- und Sonderförderung gleichermaßen begründen will, überhaupt in gleichbleibender Qualität bewältigen? Eine Erweiterung des Bildungsauftrags von Musikschulen gemäß der Potsdamer Erklärung „Musikschule im Wandel. Inklusion als Chance" hat auch kritische Reaktionen ausgelöst. Anja Bossen von der Gewerkschaft „ver.di" spricht in diesem Zusammenhang von einer offensichtlichen Diskrepanz zwischen einem musikpädagogischen und politischen Verständnis von musikalischer Bildung. Jahrzehntelang habe gesellschaftlicher Konsens darüber bestanden, was unter dem öffentlichen Bildungsauftrag von Musikschulen eigentlich zu verstehen gewesen sei:

> „[…] die Aufgabe, als gemeinnützige Einrichtung allen Menschen, die dies wollen, ein spezielles musikalisches Zusatzangebot zusätzlich zu einem verpflichtenden schulischen musikalischen Angebot zu machen sowie Begabte, die sich die Musikschulgebühren nicht leisten können, dennoch zu fördern.
> Das erklärte Ziel der Bildungspolitik war also, durch die Institution ‚Öffentliche Musikschule' Menschen aller Altersgruppen eine erweiterte oder spezialisierte musikalische Bildung zu ermöglichen, und dies rechtfertigte die Finanzierung durch öffentliche Mittel. Als übergeordnete Bildungsziele wurden dabei sowohl künstlerische Ziele im Sinne einer musikalischen Ausbildung als auch Ziele auf der Ebene der Persönlichkeitsentwicklung (Persönlichkeitsbildung) verfolgt."[206]

Diesen Konsens sieht Anja Bossen inzwischen in Frage gestellt. Während die MusikpädagogInnen an Musikschulen sich weiterhin bemühten, ihre ursprünglichen Bil-

---

203 Rademacher / Pannes (2011:24).
204 Rademacher / Pannes (2011:24).
205 Rademacher / Pannes (2011:24).
206 Bossen (2014:42).

dungsziele zu verfolgen und dies auch weiterhin mit dem Begriff „Bildungsauftrag" meinten, sei der Begriff „Bildungsauftrag", den die Politik meine, längst ein anderer: „[…] nämlich dass Musikschulen so kostengünstig wie möglich so viele Menschen wie möglich (vor allem Kinder und Jugendliche) irgendwie mit Musik beschäftigen sollen."[207] Den Lehrkräften an Musikschulen ginge es vorrangig darum, Kinder fachlich-musikalisch auszubilden, ihr politischer Auftrag hingegen laute, sozialpädagogische, musiktherapeutische oder einfach nur Betreuungsaufträge zu übernehmen.[208] Hintergrund dieser Entwicklung seien „Veränderungen im Schulwesen" (Ganztagsschule, Schulzeitverkürzung), die Kindern und Jugendlichen immer knappere Zeitkorridore zum Erlernen eines Instrumentes übrig ließen. „Hinzu kommt, dass den Musikschulen immer weniger personelle und materielle Ressourcen zur Verfügung stehen", so dass sich für Anja Bossen die Frage stellt: „Hat der Bildungsauftrag öffentlicher Musikschulen überhaupt noch Gültigkeit?"[209] Bossens Kritik hat eine musikpädagogisch inhaltliche, politische und gesellschaftliche Dimension. Auf politischer Ebene fordert Bossen, dass Bildungspolitik zunächst einmal klären müsse, *welchen* Bildungsauftrag Musikschulen in *welcher* Qualität erfüllen sollten: „Soll musikalische Bildung überhaupt noch das Ziel in einer Gesellschaft sein, in der es um Spaß und Selbstverwirklichung statt um Bildung geht, deren Aneignung oft auch mühsam sein kann?"[210] – damit wäre gewissermaßen auch schon der gesellschaftliche Aspekt von Bossens Kritik angesprochen. Ulrich Rademacher hat in seiner Funktion als Bundesvorsitzender des VdM umgehend auf die Kritik von Anja Bossen reagiert. Die Zeitschrift „Üben & Musizieren" veröffentlichte in ihrer Ausgabe 2014/4 an gleicher Stelle eine Gegendarstellung von Rademacher. Rademacher will einen Unterschied zwischen „politischem" und „pädagogischem" Bildungsauftrag der Musikschule nicht gelten lassen, wenngleich er natürlich als Verbandsvorsitzender ebenso konkrete Erwartungen an die Politik hat wie die Gewerkschafterin Bossen:

> „[…] jedem Kind, dem wir mit dem Anspruch auf Inklusion einen Zugang, eine Tür zur Musikschule geöffnet haben, sind wir – zumindest perspektivisch – eine anschließende individuelle Förderung nach dem ,state of art' schuldig. Das können die Kommunen nicht alleine schultern. Da sind nach meiner Überzeugung die Länder zumindest mitgefragt."[211]

Die Positionen Bossens will Rademacher vor allem im Sinne einer Mahnung verstanden wissen.

> „Wenn Anja Bossen mit dem ,politischen' Bildungsauftrag das meint […] einen für uns Musikpädagogen ,fremdbestimmten', die wirklichen Chancen musikalischer Bildung verspielenden Masse-statt-Klasse-Aktionismus, wenn sie davor warnen will, dass wir ,Bildungsfernen' Hoffnung auf ein Leben im ,gelobten Land' mit Musik machen, um sie dann in

---

207 Bossen (2014:43).
208 Bossen (2014:43).
209 Bossen (2014:42).
210 Bossen (2014:43).
211 Rademacher (2014a:44).

überfüllten ‚Flüchtlingslagern' verhungern zu lassen, dann teile ich ihre Sorge. Das wäre aber eine Perversion von Inklusion!"[212]

Für Ulrich Rademacher ist Inklusion eine Haltung, der sich Musikschulen gar nicht verschließen können, wenn sie sich dem Anspruch stellen wollen, musikalische Bildung als Teil allgemeiner Bildung zu begreifen:

> „Denn: Jenseits allen Streits über die Prioritäten, das Zentrum, den Kern unserer Arbeit sind sich Musikschulen und ihre Träger einig: Wir wollen und sollen Teilhabe ermöglichen, auch (noch!) ohne Verankerung im Grundgesetz. […] wenn die Musik so entscheidend für jede ‚Mensch-Werdung' ist, dürfen wir sie keinem vorenthalten, müssen wir von einem Grundrecht auf musikalische Bildung sprechen, das keinem verweigert werden darf. Teilhabe daran zu ermöglichen, kann also nur inklusiv gemein[t] sein."[213]

Die Potsdamer Erklärung verwässere und verrate den „alten" Bildungsauftrag der Musikschulen daher nicht, sondern präzisiere und konkretisiere ihn.[214] Der Strukturplan der Musikschulen im VdM, „in dem unsere Verantwortung in der kommunalen Bildungslandschaft klar beschrieben ist, gilt weiterhin".[215] Zutreffend sei indes die Beobachtung, dass die „Herausforderung an die Musikschulen und ihre Träger" größer geworden ist, Balance zu halten „zwischen der Verantwortung für neue Zugänge auf der einen Seite und der damit verbundenen Verantwortung für entsprechende Kapazitäten qualitätvoller Anschlussförderung" andererseits.[216] „Der Druck steigt, zusätzliche Aufgaben trotz stagnierender oder schrumpfender finanzieller Spielräume ohne Qualitätseinbußen zu übernehmen."[217]

Anja Bossens Kritik ist in Hinblick auf eine verbesserungsfähige Unterstützung von Musikschulen bei der Umsetzung inklusiver Leitziele ernst zu nehmen. Allerdings bleibt die gesellschaftliche Relevanz des Inklusionsprozesses an Musikschulen davon unberührt. Das Verständnis des Bildungsauftrags von Musikschulen erfährt durch Inklusion jedenfalls eine Erweiterung.

(3) In Übereinstimmung mit Ulrich Rademacher, der von einer Präzisierung und Konkretisierung des „alten" Bildungsauftrags von Musikschulen spricht, zeigt sich Peter Röbke überzeugt, „dass ein Punkt in der Musikschulentwicklung erreicht ist, in der die offensichtliche Aufgabenvielfalt die Musikschule zwingt, ihre divergenten Arbeitsfelder klarer zu fassen und deren *unterschiedliche Ziellogiken, Arbeitsweisen und Strukturen* herauszuarbeiten".[218] Für Röbke existieren Musikschulen „nur im Plural", denn: „Die Musikschule, die Basiskompetenzen vermittelt, muss für *alle*, die Musikschule, die das Gemeinschaftsmusizieren in der Region fördert, soll für *viele*, die Musikschule,

---

212 Rademacher (2014a:45).
213 Rademacher (2014a:44).
214 Rademacher (2014a:44).
215 Rademacher (2014a:45).
216 Rademacher (2014a:45).
217 Rademacher (2014a:45).
218 Röbke (2015a:13).

die Studienvorbereitung betreibt, kann nur für *wenige* offen stehen […].“[219] Röbke unterscheidet drei grundlegende Arbeitsfelder der Musikschularbeit. Das erste, quantitativ größte Arbeitsfeld bezieht sich „generationenübergreifend *auf die Gestaltung musikalischer Lern- und Lebenswelten* […] *in denen sich die jungen wie alten MusikschulschülerInnen selbstbestimmt bewegen*“.[220] Angesprochen ist damit vor allem der instrumentale und vokale Hauptfachunterricht an der Musikschule mit seinen zugeordneten Ensemble- und Ergänzungsfächern. Dieses erste Feld bedürfe einer Basis, eines Fundaments, damit wirklich alle Kinder wenigstens ansatzweise die Chance erhielten, die Bedeutung von Musik und Musizieren zu erfahren. Also sieht Peter Röbke als zweites Arbeitsfeld „jenes, das – in enger Verbindung mit den Kindertagesstätten und der Regelschule – Räume für die *Erfahrung elementaren Musizierens und exemplarischen musikalischen Handelns eröffnet* und in diesen Räumen vor allem dann in der Grundschule bzw. im Grundschulalter auch *die Vermittlung musikalischer sowie instrumentaler und vokaler Basiskompetenzen für alle Kinder* leistet“.[221] Schließlich bleibt als drittes Arbeitsfeld jenes, „auf dem sich die Musikschule – in enger Zusammenarbeit mit der Musikhochschule und im Kontakt mit den Berufsfeldern – um *den professionellen Nachwuchs in musikalischen Berufen* kümmert“ – ein unter quantitativen Aspekten gewiss sehr kleines Feld, welches „im qualitativen Bereich […] hingegen überaus ernst zu nehmen“ ist.[222] In allen Bereichen bleibe die Musikschule stets darauf angewiesen, mit ihrem Umfeld zu interagieren. Erst auf diesem Weg könne die Musikschule dem Anspruch gerecht werden, zu einem „umfassend zuständigen und nachhaltig wirkenden *Kompetenzzentrum* in musikpädagogischen Angelegenheiten“ aufgewertet zu werden.

> „Sie [die Musikschule] lebt immer nur in der Kooperation mit anderen, also mit dem regionalen Kulturleben und außer(musik)schulischen musikalischen Praxen, mit den musikalischen Bildungsangeboten der Kindestagesstätten und dem Musikunterricht der Regelschule und mit den Begabtenklassen der Musikhochschulen. Das mag eigenartig erscheinen: eine Institution, die in all ihren zentralen Arbeitsfeldern Partner braucht und daher quasi auf Symbiose angelegt ist? Aber möglicherweise schwächt diese Sicht, die der Musikschule empfiehlt, nie selbstgenügsam zu sein, ja gar nicht die Institution Musikschule, sondern wertet sie zu einem umfassend zuständigen und nachhaltig wirksamen *Kompetenzzentrum* in musikpädagogischen Angelegenheiten auf? Man betrachte das Musikleben in seiner Region in all seinen Facetten: Wird es überhaupt einen Winkel geben können, der nicht vom Wirken der Musikschule beeinflusst ist?“[223]

Was die verschiedenen Arbeitsfelder der Musikschule miteinander verbindet, fasst das Grundsatzprogramm des VdM „Musikalische Bildung in Deutschland. Ermöglichen – Gewährleisten – Sichern!“ unter den Begriff „Bildungsorganismus Musikschule“:

---

219   Röbke (2015a:14).
220   Röbke (2015a:14).
221   Röbke (2015a:15).
222   Röbke (2015a:15).
223   Röbke (2015a:15).

„Die öffentliche Musikschule als lebendige Bildungseinrichtung muss im Sinne einer sich kontinuierlich entwickelnden Institution mit ineinander greifenden Unterrichtsangeboten ausgebaut und gestärkt werden."[224]

Trotz Ausbaus und zunehmender Vernetzung des Musikschulangebots bleibt ein Bildungsorganismus Musikschule in den Worten Friedrich-Koh Dolges „nicht teilbar." Erst seine „Ganzheit macht ihn lebendig und fruchtbar".[225]

Die Potsdamer Erklärung „Musikschule im Wandel. Inklusion als Chance" verweist in aller Deutlichkeit auch auf die Auswirkungen von Inklusion auf die Pädagogik an Musikschulen.

„Individuelle Lehr- und Entwicklungspläne und Methoden werden zunehmend die Pädagogik der Musikschulen bestimmen. Selbstbestimmte Differenzierung und selbst-verständliches Musizieren, eigenverantwortliches Lernen und das lustvolle Teilen des Gelernten im gemeinschaftlichen Musizieren werden das Unterrichtsgeschehen prägen. […]

In einer inklusiven, also einer ‚Musikschule für alle'

1. ist individuelle Förderung das Ziel des Unterrichts und wird Selektion vermieden
2. sind Neugier und Mitgestaltung der Schüler gewünscht sowie die grundsätzliche Leistungsfähigkeit aller anerkannt
3. sind Selbsttätigkeit, Selbstständigkeit und Selbstverantwortung Weg und Ziel
4. finden sich Gelegenheiten, Können und damit sich selbst zu zeigen
5. spielen Angst und Zeitdruck im Lernprozess keine Rolle
6. zeigen die Lehrkräfte, aber vor allem auch altersgerechte Vorbilder, ‚wie es geht' und das Können Spaß macht. Alle Vorbilder sind bereit, ihr Können zu teilen und fähig, andere mitzunehmen
7. führen Erlebnisse zu einem Ergebnis, das zu neuem Lernen motiviert
8. spielen der Mensch, die Musik und das gemeinsame Musizieren die Hauptrollen
9. kann der Einzelne spüren, dass das Handeln der anderen auch seinem Wohl gilt
10. werden Eltern, Freunde und Verwandte sowie alle anderen interessierten Personen und Institutionen in und um die Musikschule einbezogen."[226]

Einschränkend sei jedoch festgestellt, dass auch eine inklusive Pädagogik an Musikschulen ganz unterschiedlichen Ansprüchen gerecht werden muss. Ob z.B. auch in der Studienvorbereitung auf Selektion verzichtet werden kann, erscheint diskussionswürdig.

Nichtsdestoweniger sieht Peter Röbke durch die Potsdamer Erklärung …

„die Geschäftsgrundlagen der Instrumentalpädagogik und der Musikschule grundlegend neu definiert: Anders als in den letzten Dekaden kommt jetzt nicht nur noch einmal etwas Neues zum traditionellen Kernbestand der Musikschule *hinzu*, wird etwa das klassische Erbe um die musikalischen Praxen des Pop oder der Weltmusik *angereichert*, werden die

---

224   VdM (2016b).
225   Intonation, Ausgabe 32 (2014/1:3).
226   VdM (2014).

traditionellen Zielgruppen der Musikschule nun auch um Menschen mit Migrationshintergrund oder solche, die sich in der vierten Lebensphase befinden, *erweitert*.

Nein, ich lese mit großer innerer Zustimmung dieses Papier so, dass durch die Betonung der prinzipiellen Gleichberechtigung aller musikalischen Praxen und durch die Art und Weise, in der das Recht aller Menschen auf Musik unterstrichen wird, die *Fundamente* neu gelegt werden, und zwar auf eine Weise, die – wie Ulrich Rademacher […] feststellte – durchaus ein revolutionäres Potential aufweist.

Nur konsequent ist es dann, auch die angestammte Zielgruppe ‚Kinder und Jugendliche‘ ‚neu auf ihre Ansprechbarkeit durch das Musikschulangebot in den Blick zu nehmen‘. Und ebenso folgerichtig ist es dann auch, das (klassische) musikalische Erbe auf seine Aktualität und Relevanz zu befragen […].“[227]

In allen Arbeitsfeldern gehe es „an oberster Stelle um die musikalische Mündigkeit ihrer SchülerInnen und eine wirkliche Auseinandersetzung mit realen musikalischen Welten, die die SchülerInnen befähigen, an diesen teilzuhaben und diese mitzugestalten“.[228]
Die Musikschule verfolge das Ziel, dass

- „ihre SchülerInnen fähig werden, sich musikalisch individuell und in aller Freiheit, d.h. im Rahmen der verfügbaren und eigenen Ressourcen auszudrücken […]
- ihre SchülerInnen den Erlebnisraum Musik in großer Breite entdecken und so die Musik in ihrer individuellen Lebensgestaltung und im Bezug auf ihre grundlegenden seelischen und geistigen Bedürfnisse verankern können,
- ihre SchülerInnen an musikalischen Lern- und Lebenswelten partizipieren und diese mit gestalten,
- ihre SchülerInnen ihre musikalischen Interessen deutlich wahrnehmen und selbstbestimmt verfolgen (auch in Bezug auf eine vertiefte oder spezialisierende Beschäftigung mit Musik: ‚Ich will den professionellen Weg gehen‘ bzw. ‚Ich suche Anschluss an eine bestimmte musikalische Szene‘),
- ihre SchülerInnen zur Selbstevaluation fähig werden (als Entscheidungsbasis und Werkzeug zur je eigenen Weiterentwicklung),
- ihre SchülerInnen schließlich die Verantwortung für ihr eigenes Lernen und Musizieren übernehmen (‚Selbstbefähigung‘).“[229]

Entsprechend wäre zu fordern, „dass *alle* MusikschullehrerInnen

- mit den je individuellen Motiven, Bedürfnissen und Neigungen ihrer SchülerInnen respektvoll umgehen (individuelle Förderung ist das A und O der Musikschulpädagogik),
- jeden Lernenden und Musizierenden in der Einzigartigkeit seines musikalischen Handelns wahrnehmen und wertschätzen (sie bekennen sich zu Gleichberechtigung und Vielfalt),

---

227 Röbke (2015b).
228 Röbke (2015a:46).
229 Röbke (2015a:42f.).

- das Zusammenspiel von Zielen, Inhalten und Methoden im Unterricht begreifen und gestalten, aber auch ‚jenseits der Didaktik' Aufgaben von Coaching und Mentoring wahrnehmen können,
- jedem systematisch, aufbauend und auf den jeweiligen Entwicklungsstand bezogen die jeweils (d. h. in Bezug auf die vereinbarten Ziele!) notwendigen allgemein-musikalischen und instrumentalen / vokalen Kompetenzen auf hochqualitative Weise vermitteln,
- Musizier- und Lernwelten gestalten und die Partizipation daran ermöglichen bzw. ihren SchülerInnen je nach deren Interesse den Weg zu anderen musikalischen Einrichtungen und zu musikalischen Szenen bahnen,
- im Unterricht wie im Ensemble ihren SchülerInnen ein künstlerisches Vorbild sind,
- mit der besonders engen Beziehung von SchülerIn und LehrerIn im Instrumental- und Gesangsunterricht verantwortungsvoll umgehen."[230]

Robert Wagner gibt zu bedenken, dass die eigentliche Bewährungsprobe einer inklusiven Musikpädagogik an Musikschulen erst noch ausstehe: die Umsetzung inklusiver Leitziele in der täglichen Unterrichtspraxis.[231] Für Wagner hat Inklusion „eine Chance,

- wenn wir uns selbst als ‚Inklusionskinder' […] begreifen;
- wenn wir unsere Möglichkeiten wahrnehmen und durch Lernen erweitern;
- wenn wir lernen, die Perspektiven der anderen wahrzunehmen und die eigenen Perspektiven um die der anderen zu erweitern;
- wenn wir bereit sind, Verantwortung für uns und für unsere Mitmenschen zu übernehmen und dazu beitragen, dass diese selbst Verantwortung für sich übernehmen können;
- wenn Vielfalt sichtbar sein darf und wir uns und andere als Mitmenschen annehmen;
- wenn jeder macht, was er (verantworten) kann."[232]

Ein solches Verständnis von inklusiver Musikpädagogik führt letztendlich auf Humboldts Konzept der Persönlichkeitsbildung und Schillers Ästhetik des Spiels zurück. Es will sich aber zugleich in seinem gewachsenen Demokratieverständnis gegenüber der Musikpädagogik des 19. Jahrhunderts deutlich abgrenzen.

„Eine inklusive Pädagogik hat neben der bestmöglichen Förderung das Ziel, jedem Menschen weitestgehend Selbstbestimmung in der Gemeinschaft aller Menschen zu ermöglichen. Zur Selbstbestimmung gehören die Möglichkeit, die Fähigkeit und der Wille, sich zu entscheiden und für diese Entscheidung Verantwortung tragen zu können, sowie die Fähigkeit (Kraft) und die Bereitschaft, dies auch zu tun. […]
Musik gehört zur Natur des Menschen. Es ist kein Volk bekannt, das auf Musik verzichtet. Bereits vorgeburtlich sind wesentliche Elemente der Musik im Menschen angelegt: Der Herzschlag, der Rhythmus, Spannung und Entspannung, das Bedürfnis nach Regeln und Harmonie […] Musikerziehung greift diese elementaren Bestandteile auf und fördert den bewussten Umgang – das Spiel – mit diesen. Musik ist auf Ausdruck und Kommunikation

---

230 Röbke (2015a:43f.).
231 Wagner, R. (2016a:8).
232 Wagner, R. (2016a:11).

hin angelegt. Kommunikation mit sich selbst, mit anderen Musikern und mit den ‚Zuhörenden'.

Musikschulen sind in besonderer Weise geeignet, das ‚Spiel Musik' lebendig zu vermitteln, weil Musikschulen Treffpunkt unterschiedlichster Menschen sind: voneinander verschiedener Lehrpersonen und voneinander verschiedener Schülerinnen und Schüler. Alle bringen ihre persönliche Geschichte und ihre Erfahrungen mit in die Schule und bereichern damit den Unterricht und das gemeinsame Spiel."[233]

Wagner bietet nun eine Lesart des musikalischen Spiels unter inklusiven Vorzeichen an:

„Die Regeln der Musik und des ‚Spiels Musik' sind immer gleich. Die Spielenden müssen nicht alle Regeln beherrschen, um mitspielen und um dem Spiel eine eigene und wertvolle Note beisteuern zu können. Jeder Beitrag ist als klanglicher und emotionaler Mehrwert von allen Spielern wahrnehmbar. Unterschiedliches Können ist kein Hindernis, um sich am gemeinsamen Spiel und an der Gestaltung eines musikalischen Werks beteiligen zu können. Kein Hindernis dann, wenn die Spielerinnen und Spieler die Regeln des ‚Spiels Musik' kennen, den Sinn der Regeln erfahren haben, diese verstehen und respektieren und ihr ‚selbst-verständliches' Können regelgerecht einbringen. Wer viel kann, ist immer eingeladen und aufgefordert, mehr beizutragen.

Damit unterscheidet sich das ‚Spiel Musik' von anderen Spielen. Es geht nie darum zu gewinnen. Zugleich ist allerdings richtig, dass zunehmende Souveränität durch zunehmendes Können das Spiel-Erleben des Einzelnen reicher machen kann. Es ist deshalb nur normal, dass ein Besserwerden aus eigenem Antrieb heraus angestrebt wird. Reizvoll ist es, wenn andere Mitspieler diesem ‚Ehrgeiz' nacheifern. Dies muss aber nicht sein.

Vieles ist möglich, solange die Mitspielenden freiwillig und zunehmend selbstbestimmt, fachkompetent und regelgerecht handeln. Selbstverständlich darf auch exklusiv auf ‚gehobenem Niveau' musiziert werden und selbstverständlich dürfen die Spielenden ihre MitspielerInnen selbst aussuchen. Aussuchen, also ‚Entscheiden' zwischen Möglichkeiten, die richtig sind, das ist die Aufgabe der Spielenden, wenn es darum geht, ein Produkt (mit-) zu gestalten (selbstbestimmte Differenzierung). Das Anbieten von Bausteinen, die richtig sind und ein regelgerechtes Mitwirken erlauben, ist die Aufgabe der PädagogInnen. In der Musik gibt es sehr wohl ‚richtig' und ‚falsch'. Selbst-verständliches Musizieren ist die Voraussetzung einer regelgerechten Teilhabe. Das Angebot von Möglichkeiten ‚dabei zu sein', teilzuhaben, zu lernen und zu genießen, ist der Auftrag öffentlicher Musikerziehung. Die Förderung von besonderen Begabungen ist Bestandteil dieses Auftrags und läuft diesem keinesfalls entgegen."[234]

Einzelne Musikschulen sind auf dem Weg zur inklusiven Musikschule unterschiedlich weit fortgeschritten, mit unterschiedlichen Schwerpunktsetzungen. Im Leitbild der Stuttgarter Musikschule heißt es:

---

233 Wagner, R. (2016a:10).
234 Wagner, R. (2016a:10f.).

„Wir sind überzeugt von der Breiten-, Spitzen- und Sonderförderung in allen Entwicklungsstufen und differenzieren unser Unterrichtsangebot nach den jeweiligen Bedürfnissen."[235]

Die Stuttgarter Musikschule hat bereits zu einem frühen Zeitpunkt ihre Bildungskooperationen mit Schulen massiv ausgebaut, sie ist im Rahmen des Sprachförderprogramms SBS in der frühkindlichen Bildung aktiv geworden und hat sich in den letzten Jahren zunehmend bemüht, ihr Angebot individualisiert auf die Bedürfnisse der Lernenden hin auszurichten – auch in Hinblick auf spezifische Zielgruppen: Menschen mit Behinderungen, Menschen mit Migrationshintergrund, Senioren, Hochbegabte. Dagegen überlässt man den Erwachsenenunterricht der VHS bzw. weiteren Anbietern vor Ort. In Stuttgart fallen die von Röbke benannten drei grundlegenden Arbeitsfelder der Musikschule nicht nur durch ihre formale Eigenständigkeit auf, zu erkennen u.a. an der organisatorischen Struktur mit den Querschnittfachbereichen Bildungskooperationen und STUVO (Studienvorbereitung und Begabtenförderung). In jedem der drei Bereiche verfügt die Stuttgarter Musikschule über besondere Stärke. Der Hauptfachunterricht wird begleitet von zahlreichen Zusatzangeboten, Ergänzungs- und Ensemblefächern. Der Kooperationsbereich weist viele innovative Angebote auf. Die Erfolge in der Begabtenförderung sind spektakulär. Breiten-, Begabten- und Sonderförderung stehen sich hier kaum im Wege. Kritisch zu sehen ist hingegen die Durchlässigkeit zwischen den Bereichen. Da für den instrumentalen Hauptfachunterricht derzeit eine Warteliste mit 1.900 Kindern [!] besteht (Stand: November 2016),[236] dürfen nur die wenigsten SchülerInnen aus Schulkooperationen auf einen anschließenden Hauptfachunterricht an der Musikschule hoffen.[237] Die „Stuttgarter Zeitung" kommentiert diese Entwicklung in ihrer Ausgabe vom 24. November 2016:

„Dennoch ist die Idee […] Ganztagsschüler auf das Erlernen eines Musikinstruments heiß [zu] machen, clever. Sie sollte aber auch halbwegs zeitnah von der Musikschule eingelöst werden können. Zwei Jahre Wartezeit für Klavier- oder Geigenunterricht – das ist für eine reiche und ansonsten doch sehr kulturbewusste Stadt wie Stuttgart beschämend. Und für ambitionierte Ganztagsschüler enttäuschend."[238]

Gleichwohl interagiert die Stuttgarter Musikschule in der kommunalen Bildungslandschaft, indem sie dem Laienmusizieren, Kindertagesstätten, allgemeinbildenden Schulen, der Musikhochschule sowie weiteren sozialen und kulturellen Einrichtungen vor Ort, einschließlich privaten Anbietern von Instrumentalunterricht, zuarbeitet. Allerdings: Nicht überall sind die Rahmenbedingungen der Musikschularbeit vergleichbar mit denen in der baden-württembergischen Landeshauptstadt Stuttgart; nicht überall übertrifft die Nachfrage das Angebot; können Musikschulen auf vergleichbare fachliche, räumliche, personelle und auch finanzielle Ressourcen zurückgreifen wie in Stuttgart. Insofern lassen sich Erfolge der Stuttgarter Musikschule nicht auf andere Musikschulen

---

235 Stuttgarter Musikschule (2012).
236 Vgl. Stuttgarter Zeitung, 24.11.2016, S. 21: „Mehr Musikangebote an Ganztagsschulen".
237 Vgl. Kapitel 5.3.1.
238 Stuttgarter Zeitung, 24.11.2016, S. 21: „Mehr Musikangebote an Ganztagsschulen".

übertragen. Wie können dann aber beispielsweise kleine Musikschulen im ländlichen Raum mit der Herausforderung umgehen, sich in den drei beschriebenen Arbeitsfeldern zu profilieren, ohne einzelne Bereiche zugunsten anderer zu vernachlässigen? Wie kann hier unterstützend geholfen werden? Solche Fragen müssen gestellt werden und auf sie wird in den verbleibenden Kapiteln noch einzugehen sein.

Davon abgesehen bleibt der Inklusionsprozess an Musikschulen ganz grundsätzlich mit Herausforderungen verbunden. Juliane Gerland versteht systemtheoretisch Inklusion „vor allem als Teil des Gegensatzpaares Inklusion / Exklusion".[239] Problematisch werde es, wenn die Anteile von Exklusion so weit überwögen, dass von einem umfassenden Ausschluss (Exklusion) von Teilen der Gesellschaft gesprochen werden könne, z. B. im Kontext von Armut bzw. sozialer Ungleichheit.[240] Exklusiv zu nennen wäre etwa auch ein musikalischer Bildungsbegriff, wie ihn Adolph Bernhard Marx für das 19. Jahrhundert in seiner Kunstlehre vertrat:

> „Ueberhaupt muss mehr als jede andre Kunst die unsre auf ihrer Höhe exklusiv bleiben; sie kann mit ihren tiefsten Werken nicht volksthümlich werden, weil sie eine Sprache redet die nicht die gewöhnliche, und die weit über die sogenannte angeborne Musik und natürliche Verständniss hinausreicht. […] Die Musik ist volksthümlich und demokratisch, wo sie die Volksstimme ist oder thatsächlichen Boden betritt. Wer der Musik in ihren höheren Regionen theilhaftig werden soll, der muss dazu auferzogen werden."[241]

Marx schien es schlicht schwer vorstellbar, dass der Demokratisierungsprozess in der Gesellschaft einmal so weit reichen würde, dass auch das Volk der höheren Regionen teilhaftig werden könnte, in denen musikalische Bildung anzusiedeln sei. Für Katharina Bradler geht es noch heute bei Inklusion um Beziehungsgefüge und jeweilige Perspektiven. Was der Einzelne sich unter Inklusion vorstellt, kann abweichen von dem, was die Gesellschaft mit Inklusion verbindet, wobei sich dann weiterfragen ließe: „Wer sagt, wer zu dieser Gesellschaft gehört bzw. was diese Gesellschaft ausmacht?"[242] Bradler sieht es als erwiesen an, dass Musizieren in besonderer Weise inklusiv sein könne. Unterschiedlichste Musizierweisen, sei es das Improvisieren, das instrumentale Repertoirespiel, die theoretische oder emotionale Auseinandersetzung mit Musik, das rhythmische, das melodische Fokussieren, das Hören, Bewegen etc. böten per se diverse Zugänge zur Musik. „Musizieren kann als kommunikativer Raum genutzt werden, der über die sprachliche Verständigung hinausgeht."[243] So gesehen stiftet die Begegnung mit dem musikalisch-kulturellen Erbe und mit musikalischer Vielfalt gemeinsame Identität.[244] Allerdings sei Musik kein „Alles-Problemlöser" oder gar automatisch inkludierend. „Musizieren kann für ein Gruppenmitglied als verbindend angesehen werden, der andere hat sich gerade im Musizierprozess ausgeschlossen gefühlt."[245] Johannes Honnens sieht hinsicht-

---

239   Gerland (2016b:153).
240   Gerland (2016b:153).
241   Marx (1855:531f.).
242   Bradler (2016:15).
243   Bradler (2016:14).
244   Bradler (2016:14).
245   Bradler (2016:14).

lich dieser Problematik weiteren Forschungsbedarf. Genauer zu untersuchen wäre beispielsweise, „wie sich musikpädagogische Akteure anhand von Musikgeschmack, instrumentalen Präferenzen, Spielweisen, Übeverhalten oder musikinstitutionellen Praktiken wechselseitig positionieren, abgrenzen, auf- und abwerten".[246]

Für Juliane Gerland gilt ebenso wie für die allgemeinbildenden Schulen auch für die Musikschulen, dass „die Implementierung des inklusiven Paradigmas kein Selbstläufer ist und sowohl pädagogisch als auch organisatorisch komplexe Veränderungen fordert".[247] Gerland beruft sich dabei auf ein Inklusionsverständnis, das „als Bedingungen für Inklusion die Vermeidung von Marginalisierung von Minderheiten und merkmalsbezogener Kategorisierung" formuliert.[248] Zu fragen ist: Reicht es also an Musikschulen aus, zunehmend Angebote für Menschen mit besonderem Förderbedarf vorzuhalten, oder erstreckt sich Inklusion nicht vielmehr darauf, wie diese Menschen in Beziehung zueinander gebracht werden? Juliane Gerland hält das Bemühen der Musikschulen um den Ausbau inklusiver Unterrichtsangebote für „gut gemeint", wendet aber doch ein:

> „Angebote, die mit ‚integrativ' oder ‚inklusiv' etikettiert sind, werden häufig ausschließlich von Menschen mit Beeinträchtigungen besucht. Tatsächliches gemeinsames Lernen findet also nur in Ausnahmefällen statt."[249]

Das Spannungsmoment zwischen Zielgruppenorientierung und individualisierter Ansprache kann mit der Zielsetzung des gemeinsamen Lernens nur durch eine besondere Profilbildung der Musikschule aufgehoben werden. Das Leitbild einer inklusiven Musikschule muss im Unterrichtsalltag gelebt werden. Selbstverständlich wird man ein hochbegabtes Kind aus einem bildungsaffinen Umfeld im Einzelunterricht anders unterrichten müssen als ein sozial benachteiligtes Kind in einer Schulkooperation. Zu fordern wäre indes, dass beide Aufgaben innerhalb einer Musikschule dieselbe Wertschätzung erführen. Damit kann die Distanz zwischen beiden Unterrichtssituationen zumindest relativiert werden, auch wo sie nicht unmittelbar in eine musikalische Begegnung beider Welten mündet.

An der Stuttgarter Musikschule stellt sich die oben beschriebene Problematik in besonderer Weise, weil hier in der Tat immer mehr Spitzenförderung betrieben wird, zugleich aber außerdem immer mehr Kinder und Jugendliche unterrichtet werden, deren Chance auf Teilhabe an musikalischer Bildung in welcher Form auch immer als eingeschränkt angesehen werden darf. Die Musikschule versucht, mit den Herausforderungen, die sich aus dieser Konstellation ergeben, produktiv umzugehen. Und jedes einzelne Beispiel gelungener Inklusion verdient in diesem Kontext Beachtung. Die EMP-Lehrkraft Patrizia Birkenberg schildert eindrucksvoll, was „inklusives Spiel" in der Arbeit mit Flüchtlingskindern bedeuten kann.

---

246   Honnens (2016:102).
247   Gerland (2016b:155).
248   Gerland (2016b:154).
249   Gerland (2016b:152).

„Von meiner Seite her, habe ich natürlich das Ziel, Deutsch spielerisch über Musik und Rhythmus zu vermitteln. Mein Ziel ist aber auch, dass die Kinder erfahren und spüren, welche Qualitäten und Fähigkeiten sie haben, dass sie spielen dürfen – Kind sein dürfen. Wir machen gruppendynamische Spiele, in denen sie sich wahrnehmen können und respektvollen Umgang miteinander lernen. Es gibt Kinder, die ihre Grenzen nicht wahrnehmen können, über Spiele lernen sie, dafür achtsam zu werden. Es gibt aber auch Kinder, die so traumatisiert sind, dass sie nicht sprechen und sich im Spiel dann aber doch öffnen können."[250]

Gelungen ist Inklusion an der Stuttgarter Musikschule beispielsweise dann, wenn die dreizehnjährige Geigenschülerin Reka mit Downsyndrom an Klassenvorspielen ihrer Lehrerin und freiwilligen Prüfungen teilnimmt sowie in einem Streichensemble der Musikschule spielt, mit dem sie schon auf Reisen gegangen ist.[251] Der Besuch der Musikschule ist für Reka Normalität geworden. Eine Erfahrung, die sie mit ihren Mitschülern teilt. Gelungen ist Inklusion auch dann, wenn nicht nur das Unterrichtsfach Baglama neu an der Musikschule eingeführt worden ist, sondern zudem multikulturelle Ensembles entstanden sind, in denen verschiedene Kulturen (und Instrumente) in einen Dialog miteinander treten können. Und schließlich hat es sehr viel mit Inklusion zu tun, wenn sich bei einem Stuttgarter Musikfest für Kinder und Jugendliche unter dem Motto „Du gehörst dazu!" potentiell alle Schülerinnen und Schüler der Musikschule begegnen (s.o.). In organisatorischer Hinsicht hat die Stuttgarter Musikschule die Vernetzung des gesamten Unterrichtsangebots durch die Einrichtung von Querschnittsfachbereichen vorangetrieben. In der Personalplanung erweist es sich richtungsweisend, dass möglichst viele Lehrkräfte selbst in Kooperationen engagiert sind. Eine Entwicklung, bei der die jeweiligen Fachbereichsleitungen inzwischen Vorbildfunktion übernehmen.[252] Auf diesem Weg kann im Kollegium eine „Kultur des Miteinander" wachsen. Im Leitbild der Stuttgarter Musikschule liest sich das folgendermaßen: „Unsere Zusammenarbeit ist geprägt von gegenseitigem Respekt, von Toleranz und Kollegialität."[253] Unbefriedigend bleiben allein die langen Wartelisten der Musikschule. Hier stößt Inklusion wortwörtlich an Grenzen.

Klärungsbedarf besteht in einem weiteren Punkt. Auf den ersten Eindruck hin scheint klar zu sein: Inklusion meint Positives, Exklusion Negatives. Doch bei eingehender Betrachtung stellt sich der Sachverhalt komplexer dar. Ulrike Kranefeld hat in ihrem Ergebnisüberblick der Forschungen zu den Programmen *Jedem Kind ein Instrument* in Nordrhein-Westfalen und Hamburg darauf aufmerksam gemacht, dass man in der politischen Diskussion „häufig mit dem Begriff der kulturellen Teilhabe als Ziel kultureller Bildungsangebote argumentier[e], ohne dass dieser Begriff in ausreichendem Maße theoretisch und in noch geringerem Maße empirisch ausdifferenziert wäre".[254]

---

250 Intonation, Ausgabe 36 (2016/1:8).
251 Vgl. Kapitel 5.2.2.
252 Vgl. Kapitel 5.3.1.
253 Stuttgarter Musikschule (2012).
254 Kranefeld (2015:17).

„Musikalisch-kulturelle Teilhabe stellt im musikpädagogischen Kontext ein zentrales Konstrukt dar. Im öffentlich-politischen wie auch im wissenschaftlichen Diskurs wird das Phänomen aus unterschiedlichen Blickwinkeln thematisiert: So werden der Teilhabe an der Musikkultur zum einen Wirkungen auf andere Entwicklungsbereiche zugesprochen, zum anderen wird Teilhabe von vielen Eltern als Teil einer guten Bildung erachtet. Beide Ansätze instrumentalisieren die Teilhabe an musikalisch-kulturellen Zwecken gewissermaßen für andere Zwecke und lassen dabei die individuelle Perspektive der Teilhabenden oftmals außen vor: Wann ist für die Personen selbst die eigene Teilnahme gelungen? Welche Kriterien können hier angelegt werden? Und anhand welcher Maßstäbe kann beurteilt werden, ob Programme […] tatsächlich ihre sozialkompensatorischen Wirkungen hinsichtlich der Teilhabegerechtigkeit entfalten?"[255]

Hermann J. Kaiser hat in seinem Essay „Zur Bedeutung von Musik und Musikalischer Bildung" Mitte der Neunzigerjahre den Versuch unternommen, den Begriff der musikalischen Bildung von dem der musikalisch-kulturellen Teilhabe abzugrenzen. Dabei geht es ihm nicht darum, beide Begriffe gegeneinander auszuspielen. Musikalische Bildung und universelle Teilhabe schließen sich ja keinesfalls aus. Für Kaiser steht auch außer Frage, dass aus musikalischen Gebrauchspraxen[256] musikalische Bildung erwachsen kann: „Aber Teilhabe ist […] etwas anderes als musikalische Bildung. Diese Differenz darf auf keinen Fall vernachlässigt werden."[257] Musikalische Bildung beruhe auf freier Willensentscheidung und berge insofern ein elitäres Element in sich. „Das Subjekt, das sich selbst dazu auswählt – dieses Auswählen bildet ja den Bedeutungskern des Begriffes ‚elitär' –, nimmt die Anstrengung eines lebenslang währenden Prozesses musikalischer Bildung auf sich."[258] Musikalische Bildung impliziert nach Kaiser dementsprechend Folgendes:

> „1. Im Begriff ‚musikalische Bildung' erscheint Musik als ein Bereich von Tätigkeitsformen, den Menschen in voller Inhaltlichkeit für sich definiert haben. Sie haben für sich ein immer wieder überholbares, erweiterungsfähiges und vertiefungsfähiges Bild von Musik entwickelt und dieses zu sich selbst in wesentliche Beziehung gesetzt.
>
> 2. Sie sind in der Lage, ihre spezifische Konstitution des Gegenstandsbereichs, die in einem Bild von Musik kulminiert, zu rechtfertigen und zu verantworten.
>
> 3. Sie sind gewillt, dieses Bild von Musik in sich zunehmend zu realisieren, seine Konturen zu erweitern und diese auszufüllen, da sie von der substantiellen Bedeutung der Musik für die eigene Lebenspraxis überzeugt sind."[259]

---

255 Krupp-Schleußner / Lehmann-Wermser (2016:56).

256 Unter musikalischen Gebrauchspraxen versteht Kaiser (1998:110) „alle jene Formen von Handlungszusammenhängen und jene Situationen, in denen Menschen nicht ausschließlich selbstzweckhaft eingebunden sind, sondern in denen das Musikmachen, das Hören und Spielen von Musik, das Darüber-Reden usf. persönlichen, sozialen und gesellschaftlichen Zwecken eingefügt ist. Darunter fallen alle Formen von geselligem Gebrauch von Musik bis hin zum berufsmäßigen Umgehen mit ihr. […] Charakteristisches Merkmal all dieser musikalischen Gebrauchspraxen, auch jener des genießenden Hörens, ist (sich steigernde) P r o f e s s i o n a l i t ä t."

257 Kaiser (1998:111).

258 Kaiser (1998:109).

259 Kaiser (1998:109).

Kaiser kommt zu dem Schluss, dass musikalische Bildung nicht nur der Sache nach ein elitärer Prozess sei, sondern auch von der Zahl der Subjekte her, die sich musikalisch bilden *wollten*.

> „Sie für j e d e n Menschen, und dann noch als Ausweis seiner ‚Menschlichkeit' zu fordern, könnte nur aus einem nicht zu rechtfertigenden Universalitätsanspruch entspringen. Darin verkehrte sich eine ästhetische Praxis, für die immer wieder das Moment von Freiheit als konstitutiv behauptet wird, in eine Praxis der Gewalt."[260]

Musikalische Bildung setzt also musikalisch-kulturelle Teilhabe *und* individuell-freiheitliche Willensentscheidung voraus, wobei Letzteres ohne Ersteres schwer vorstellbar ist. Kaiser wehrt sich indes gegen einen vermeintlichen „Universalisierungsanspruch der Musikpädagogen", der von folgender Annahme ausgehen könnte:

> „Möglichst jedes Mitglied einer Gesellschaft soll universell musikalisiert werden, und das heißt dann in der Regel: soll ein Instrument spielen lernen oder soll musikalische Hochprodukte angemessen rezipieren können. Das aber kann man nun wirklich nicht länger einer Gesellschaft vermitteln, in der divergierende – und ich wage zu sagen: durchaus gleichberechtigte – Interessen um ihre ökonomische Absicherung kämpfen."[261]

Hier fällt nun den bildungspolitischen Akteuren die Aufgabe zu, Rahmenbedingungen zu setzen, dank derer sich formales Musiklernen an allgemeinbildenden Schulen / Kindertagesstätten, non-formales Lernen an Musikschulen sowie informelles Musiklernen in der Freizeit sinnvoll ergänzen. „Institutionen, in denen jeweils vorschulisches, schulisches und nachschulisches Musiklernen stattfindet, müssen sich innerhalb eines Kontinuums gesellschaftlicher Musikpraxen als a u f e i n a n d e r b e z o g e n verstehen" und sich auch „für die a u ß e r i n s t i t u t i o n e l l e n M u s i k p r a x e n öffnen".[262] Kaiser plädiert dafür, „dem Zusammenhang von Musik und Erziehung oder Musik und Bildung eine nüchterne, eine ideologiefreie, d.h. von falschem Bewusstsein möglichst ungetrübte Beurteilung angedeihen [zu] lassen und in der Folge dessen einen angemessen gesellschaftlichen Raum sichern [zu] helfen".[263] Ähnlich hat Georg Sowa 1974 in einem Aufsatz zu „Traum und Wirklichkeit der neuhumanistischen musikalischen Bildungskonzeption" argumentiert:

> „Musik hat Sach- und Sinnfülle genug, im Ästhetischen zu verharren, d.h. nach dem Istbestand, in dem sich Individualität ebenso dokumentiert wie Gesellschaftlich-Politisches, zu fragen und nicht nach einem eventuellen Sollbestand. Wird nach diesem gar von einer Doktrin aus gefragt, verfälschen sich die spezifischen Ansprüche an die musikalische Kunst grundlegend. […] Wer gar Weltverbesserung in Musikpädagogik mitthematisieren will, übersieht oder will nicht sehen, daß solche Aktivitäten ihren gesonderten gesellschafts-politischen Ort besitzen und auch auf gesonderten Motivationen beruhen. Zu prüfen ist, wo

---

260   Kaiser (1998:109f.).
261   Kaiser (1998:104).
262   Kaiser (1998:112).
263   Kaiser (1998:104).

diese Begriffe domestiziert sind und wo sie ihre wirkliche Legitimation besitzen. Bildungskonzeptionen neu zu entwerfen, heißt zuallererst das Begriffsfeld klären.“[264]

Was Sowa am Neuhumanismus kritisiert, kann auch als Mahnung verstanden werden, den Inklusionsbegriff nicht als Projektionsfläche für Wunschvorstellungen zu missbrauchen, die anschließend in der Musikschulpraxis nicht adäquat umgesetzt werden (können). Hermann J. Kaiser sieht allein schon in dem „Rückgriff auf die historisch-gesellschaftliche gewachsene und geformte Tatsächlichkeit der Musik“ einen ausreichenden „Begründungsmodus für Musiklernen, Musikerziehung, musikalische Bildung […]“.[265] Selbst wo man vom Bildungswert der Musik absähe, bliebe Musik noch ein ökonomischer und sozialer Faktor, der nicht mehr aus der Gesellschaft wegzudenken wäre. „Wir müssen uns […] klar machen, daß jede Form musikalischer Praxis in sich bereits für die daran beteiligten Subjekte eine L e r n praxis darstellt.“[266] Der Musikpädagogik sei daher auferlegt, „Institutionalisierung und Alimentierung von Lernräumen öffentlich einzufordern, welche den unabweisbaren Professionalisierungsbedarf der musikalischen Gebrauchspraxis unserer Gesellschaft befriedigen“.[267] Dies könne und dürfe nicht verantwortungslos überwiegend privater Opferbereitschaft zugemutet bleiben.

Kaisers Ausführungen sind angesichts der heutigen Situation von Musikschulen dahingehend zu interpretieren, dass keineswegs musikalische Bildung einer eher diffusen Vorstellung von musikalischer Teilhabe untergeordnet werden dürfe. Inklusion, so essentiell wichtig und profilbildend sie für die heutige Musikschule ist, darf nicht dazu verleiten, das musikalische (Aus-)Bildungsniveau nach dem Prinzip „Masse statt Klasse“ zu vernachlässigen. Begriffe wie Qualität, Leistung und Können sollen ihre Bedeutung für Unterrichtsprozesse und Unterrichtsergebnisse an Musikschulen behalten.[268]

Für Peter Röbke spitzt sich daher der Inklusionsprozess an Musikschulen in der Frage zu, ob es dem Musikschulwesen zukünftig gelingen wird, zu einer Synthese seiner historischen Grundströmungen zu finden, die er einerseits an der Konservatoriumsbildung im 19. Jahrhundert mit ihrem Übergewicht auf dem (solistischen) Klavierunterricht, mit der Fixierung auf technische Spielfertigkeit und einer beinah sakral zu nennen Orientierung am Kunstwerk festmacht; die er andererseits in dem Gemeinschaftsmusizieren in 1920er-Jahren an Volks- und Jugendmusikschulen verwurzelt sieht, die ihr ideologisches, antibürgerliches Fundament in Jugendmusikbewegung und Reformpädagogik hatten, mit der Vorliebe für „volkstümelnde“, dem Laienmusizieren besonders zugängliche Instrumente (Blockflöte, Fiedel Laute), für Volksliedsingen und improvisatorische Praxis.[269] Vereinfacht gesagt stehen beide Grundströmungen für einen nicht bewältigten Konflikt zwischen den durchaus nicht immer kongruenten An-

---

264 Sowa (1974:119f.).
265 Kaiser (1998:108).
266 Kaiser (1998:113).
267 Kaiser (1998:113).
268 Vgl. Wagner, R. (2016a:8).
269 Vgl. Röbke (2015a:46ff.).

sprüchen auf musikalische Bildung und musikalische Teilhabe. Während im 19. Jahrhundert der Aspekt musikalischer Teilhabe dem der musikalischen Bildung eindeutig nachgeordnet wurde, trat Anfang des 20. Jahrhunderts genau das gegenteilige Phänomen in Erscheinung. Man denke an Adornos Kritik: „[…] daß einer fidelt, soll wichtiger sein, als was er geigt".[270] Röbke konstatiert, dass die beiden oben beschriebenen Grundströmungen auch in der Gegenwart nachwirkten,

> „dann etwa, wenn der Trend zum Klassenmusizieren das gemeinschaftliche Musizieren als pädagogischen Ausgangspunkt schlagartig in den Vordergrund rückt und prompt wütende Abwehrreaktionen provoziert bzw. die durchaus berechtigte Sorge, instrumentalpädagogische Standards kämen unter die Räder oder dann etwa, wenn JeKi das Selbstverständnis vieler Musikschullehrkräfte bis ins Mark zu erschüttern scheint […]. Und auch wenn die Kooperationen von Schule und Musikschule etwa in der Klavierlehrerschaft Ängste auslösen […].“[271]

Eine wirkliche Synthese der historischen Grundströmungen des Musikschulwesens stehe deswegen noch an.

> „Im Bewusstsein der Unterschiedlichkeit und Ebenbürtigkeit der zentralen Aufgaben, im Herausarbeiten von institutionellen Zielen und pädagogischen Kompetenzen, die für alle Lehrkräfte gelten, und in einem zukünftigen Verständnis von Musikschule als Kompetenzzentrum scheint sie mir aber möglich.“[272]

So schließt der Inklusionsgedanke eben auch ein, dass in der Musikschulpraxis Barrieren, die mitunter in der „Fixierung auf bestimmte Ausbildungstraditionen und durch die unausgesprochene Bindung an gewisse musikalische Wertvorstellungen" noch punktuell existieren mögen, durchbrochen werden.[273] Ohne musikalische Teilhabe allerdings – dies sei nochmals ausdrücklich hervorgehoben – ist musikalische Bildung nicht denkbar!

6.3 Musikpädagogik zwischen Kontinuität und Wandel – „Zu den drei grundlegenden Arbeitsfeldern der Musikschule" *(Peter Röbke)*

6.3.1 Arbeitsfeld 1: „Gestaltung musikalischer Lern- und Lebenswelten – generationenübergreifend und in einer lebenslangen Perspektive"

Als zentrale Begriffe wählt Peter Röbke zur Bezeichnung des ersten Arbeitsfeldes musikalische „Lernwelt" und „Lebenswelt". Beide erscheinen unter dem Aspekt der Inklusion aufs engste miteinander verbunden. Es soll an der Musikschule „um den Aufbau und die Entwicklung von musikalischen Lern- und Lebensgemeinschaften" gehen, „in denen Menschen unterschiedlichen instrumentalen Niveaus (oder auch Alters) ernst-

---

270 Adorno (1960:75).
271 Röbke (2015a:49).
272 Röbke (2015a:49).
273 Röbke (2015b).

haft, künstlerisch befriedigend und kontinuierlich Musik miteinander machen, in welchem Stil und in welcher Musizierweise auch immer."[274]

Die Besonderheiten musikalischen Lernens wurden bereits in Kapitel 4.2.3 herausgestellt. Musikalisch gelernt wird intentional oder beiläufig, im institutionellen Rahmen mit formalen Bildungsabschlüssen an den Pflichtschulen, non-formal z. B. durch den freiwilligen Besuch einer Musikschule, außerhalb einer institutionellen Vermittlung in Alltag, Freizeit, Familie usw. Durch seinen ganzheitlichen Ansatz, der kognitive, soziale und emotionale Aspekte umfasst, weist musikalisches Lernen in besonderer Weise lebensweltliche Bezüge auf, weshalb Musikschulen dem Musizieren in privaten wie öffentlichen Lebensbereichen zuarbeiten.

Nach Natalia Ardila-Mantilla lassen sich heute „Musiklernwelten der Musikschularbeit"[275] wie folgt vorstrukturieren:

„Lernwelt des Unterrichts:
- Unterricht in einem instrumentalen oder vokalen Hauptfach

Lernwelt des Ensembles:
- Ensemblefächer der Musikschule, gemeinsames Musizieren bei Musikschulprojekten
- Lokale Ensembles: Laienorchester, Blasmusikvereine, Schulprojekte, Kirchenchöre …
- Schülerinitiativen: Eigene Bands, Jamming mit Freunden u. Ä.

Lernwelt der Auftritte:
- Konzerte: Musikschulvorspiele, Auftritte im Rahmen gemeinschaftlicher Anlässe, Festivals, öffentliche Konzerte vor Ort u. Ä.
- Prüfungen der Musikschule oder anderer Einrichtungen
- Wettbewerbe auf regionaler, landesweiter und internationaler Ebene

Lernwelt des Privaten:
- Üben, autodidaktisches Lernen
- Musikalische Tätigkeiten im Familienkreis
- Rezeptive musikalische Tätigkeiten: Musikhören, Lesen über Musik u. Ä."[276]

Mit dem Begriff „Lernwelt" meint Ardila-Mantilla „also vier Bereiche von Praktiken des Vermittelns und des Lernens von Musik […], die MusikschullehrerInnen erkennen, mitgestalten und in ihre Arbeit integrieren können".[277] In den einzelnen Lernwelten ergeben sich „inhärente Potenziale", die wiederum für „verschiedene Funktionen" der Lernwelten stehen. Nach Ardila-Mantilla ermöglicht die „Lernwelt des Unterrichts" eher hochindividualisierte Lehr- und Lernprozesse, bei der „Lernwelt des Ensembles" überwiegt hingegen situiertes Lernen, worunter allgemein Prozesse zu verstehen wären, die dazu dienten, Partizipation in soziokultureller Praxis zu erlangen.[278]

---

274 Röbke (2015a:17).
275 Nicht erfasst sind in diesem Lernwelten-Modell die Bereiche „Elementare Musikpädagogik" und „Bildungskooperationen" an Musikschulen – vgl. hierzu Kapitel 6.3.2.
276 Ardila-Mantilla (2015a:55).
277 Ardila-Mantilla (2015a:54).
278 Ardila-Mantilla (2015a:55).

Situiertes Lernen in der „Lernwelt des Ensembles" wiederum ergänzt sich mit den ausdrücklicheren Intentionen und Zielsetzungen, die in der „Lernwelt der Auftritte" angestrebt werden. Die „Lernwelt des Privaten" erscheint im Gegenteil dazu geeignet, „eigene Interessen zu entwickeln und sie auf eine sehr natürliche Art und Weise zu verfolgen".[279] Für Peter Röbke richtet jedenfalls die Rede von musikalischen Lern- und Lebenswelten an Musikschulen „den Blick auf das Lernen in einer Weise, dass dieses nicht nur als Folge des Lehrens erscheint".[280]

> „Anders formuliert: das veranstaltete, formalisierte, institutionalisierte Unterrichten geht auf in einer musikalischen Lern- und Lebensgemeinschaft, und schon die einzelne Instrumentalklasse kann eine solche sein. […] In diesen Gemeinschaften von Anfängern, Fortgeschrittenen und Meistern wird nicht nur ernsthaft musiziert, sondern das Lernen geht auch in unterschiedlichster Weise vonstatten: als explizite Folge der unmittelbaren didaktischen Instruktion (also so, wie wir es so gut kennen …), aber auch nebenbei, subkutan [?], implizit, in der Nachahmung des Lehrer-Vorbilds, in der Beobachtung der MitmusikerInnen und im wechselseitigen Austausch mit den Gleichaltrigen sowie natürlich in der Selbstunterrichtung, in Phasen des Auto-Didaktischen nach dem Prinzip von Trial und Error. Die Unterschiedlichkeit ihrer Mitglieder ist eine der Bedingungen, unter denen sich die Dynamik solcher Gemeinschaften entwickeln kann: Die Heterogenität der Gruppe ist somit nicht eine Bedrohung des gemeinsamen Tuns, sondern willkommene Chance für wechselseitiges Lernen (anstatt dass sich die AnfängerInnen gegenseitig blockieren …), wobei auch die Fortgeschrittenen profitieren: Ohne Newcomers und ständige ‚Frischzellenkur' verliert die Community ihre Dynamik. Insofern sollte diese Heterogenität wirklich zugelassen werden: Die fortgeschrittenen SchülerInnen aus der Studienvorbereitung sind ebenso eingeladen wie Ehemalige und erwachsene Laienmusiker."[281]

Röbkes Forderung, in musikalischen Lern- und Lebensgemeinschaften Heterogenität als Chance für wechselseitiges Lernen zuzulassen, beinhaltet umzudenken „in Bezug auf das Verhältnis von Haupt- und Nebenfächern bzw. von Instrumentalunterricht und Ensemble- und Ergänzungsfächern, wenn das Musizieren wirklich im Mittelpunkt stehen soll"[282], d.h. wenn es um musikalisches Lernen in seiner ganzen Vielschichtigkeit geht.

> „Wenn SchülerInnen von früh an in Ensembles ihren eigenen Mann bzw. ihre eigene Frau stehen müssen, wenn im multidimensionalen Unterricht SchülerInnen zum selbst verantworteten Arbeiten in den Nebenraum geschickt werden, wenn Ensembles ermuntert werden, auch ohne Lehrkraft zu proben und sich in eigener Zuständigkeit Auftrittsmöglichkeiten zu suchen, wenn somit immer wieder die Botschaft an die SchülerInnen lautet: ‚Ihr seid schon MusikerInnen, die auf eigenen Beinen stehen können und die selbst definieren, welche Musik welche Rolle in ihrem Leben spielen soll', dann ist Selbstkompetenz kein

---

279   Ardila-Mantilla (2015a:56).
280   Röbke (2015a:20).
281   Röbke (2015a:20).
282   Röbke (2015a:18).

finales Ziel, sondern ein ständiger Begleiter. Wir bewegen uns nach Comenius von der Didaktik, also der Lehre vom Lehren, zur Mathetik, der Lehre vom Lernen."[283]

Ebenso seien verschiedene Unterrichtsformen als gleichberechtigt anzuerkennen. Peter Röbke hofft, dass durch die zunehmende Differenzierung nach Arbeitsfeldern an Musikschulen „jahrzehntelange Glaubenskriege" enden, „wie etwa jener um den Gruppenunterricht ('Klassenunterricht ist Wahnsinn', 'Einzelunterricht ist dem Gruppenunterricht überlegen')".[284] Die Argumente für und wider den instrumentalen Gruppenunterricht sind bereits in den Schriften des 19. Jahrhunderts nachzulesen.[285] Entsprechende Argumentationslinien haben sich bis in die heutige Zeit erhalten. Einmal liegt der Fokus „auf der individuellen Betreuung des Lernenden", andernfalls auf dem „Lernen der Schüler von- und miteinander".[286] Nach Meinung von Michael Dartsch bietet Einzelunterricht den Vorteil, „dass die Lehrperson sich ganz auf ihr Gegenüber einstellen und es individuell fördern kann. [...] Wann immer Musik im Mittelpunkt steht, die solistisch aufzuführen ist oder eine individuelle Interpretation verlangt, scheint der Einzelunterricht dann auch aus musikalischen Gründen die angemessene Unterrichtsform zu sein."[287] Für den Gruppenunterricht sprächen abgesehen von ökonomischen Faktoren zunächst motivationale Gründe: „Häufig wird angenommen, dass Kinder den Unterricht in der Gruppe als besonders schön und motivierend erleben."[288] Zur pädagogischen Begründung heißt es, dass Schülerinnen und Schüler in einem gruppengesteuerten Unterricht stärker zum aktiven Probieren und Lernen angeregt werden.[289] Und musikpädagogisch lässt sich Gruppenunterricht, so Dartsch, begründen, indem er das gemeinsame Musizieren von Anfang zum Grundprinzip erhebt.[290] Ulrich Mahlert meint, dass die „Gegenüberstellung von (gewohntem) Einzelunterricht und allen anderen (für viele Lehrkräfte eher ungewohnten) Unterrichtsformen" mitunter zu der Vorstellung verleite, „Unterricht in diesen Formen sei etwas völlig anderes als das Erteilen von Einzelunterricht".[291] Diese Auffassung hält Mahlert für fragwürdig und kontraproduktiv, „weil sie Angst erzeugt und die Bereitschaft der Lehrenden hemmt, sich aufgrund der im Einzelunterricht erworbenen Kompetenzen auch auf andere Unterrichtsformen einzulassen".[292] In der Tat wäre unter dem Blickwinkel der Inklusion zu fragen, ob nicht auch Qualitäten des Einzelunterrichts im Gruppenunterricht zum Tragen kommen sollten und umgekehrt. Auch im Gruppenunterricht erscheint individuelle Förderung prinzipiell wünschenswert und möglich. Und die Unterrichtsform des

---

283 Röbke (2015a:21).
284 Röbke (2015a:14).
285 Vgl. Kapitel 3.2.4, 3.2.5.
286 Busch / Metzger (2016:219).
287 Dartsch (2014:215).
288 Dartsch (2014:216).
289 Dartsch (2014:218).
290 Dartsch (2014:220).
291 Mahlert (2011:244).
292 Mahlert (2011:244).

Einzelunterrichts schließt ja Lerngemeinschaften zwischen Lehrern und Schülern keinesfalls aus. Sie sollte zudem Lehrkräfte nicht davon abhalten, Schülerinnen und Schüler schnellstmöglich zum gemeinsamen Musizieren hinzuführen sowie spielerische Elemente, wie sie im elementaren Gruppenunterricht zur Anwendung kommen, einzubeziehen. Anselm Ernst vertritt die Position, dass erst „die flexible Handhabung / Kombination aller Unterrichtsformen so etwas wie der Stein des Weisen sein kann".[293] Schon die Verbindung von Einzel- und Ensembleunterricht stellt eine solche Kombination dar. Heutzutage sind „kombinierte" und „überlappende" Unterrichtsformen keine Seltenheit mehr:

> „So kann ein Schüler pro Woche an einem Gruppenunterricht teilnehmen und an einem anderen Tag ergänzend Einzelunterricht erhalten. Die Kombination von Einzel- und Gruppenunterricht ist auch innerhalb eines Unterrichtstermins möglich. In diesem Fall erhält Schüler A zunächst Einzelunterricht, dann kommt Schüler B hinzu, sodass die beiden gemeinsam lernen."[294]

Ob kombinierten Unterrichtsformen allein aus wirtschaftlichen Erwägungen heraus der Vorzug zu geben wäre, erscheint hingegen fraglich, denn Kombinationsformen „lohnen" auch in anderer Beziehung. Unter der Voraussetzung, dass sie wirklich bedarfsgerecht eingesetzt werden, können sie dem von Andreas Doerne geforderten Ideal eines flexibilisierten Unterrichts in einem „Lernhaus Musik" schon recht nahe kommen. Beispielsweise kann neben „dem Einzelunterricht […] ein wöchentlicher Termin in einer größeren Gruppe sowohl für die Inhaltsbereiche wie Solmisation, Musiklehre und Übungen zu Haltung und Spieltechnik als auch im Sinne eines Ensembles zum Zusammenspiel [oder als Vorspieltraining] genutzt werden".[295]

In enger Nähe zur Wahl der geeigneten Unterrichtsform steht die Frage der Unterrichtsmethodik. Für Ulrich Mahlert sind Methoden „Handlungs- und Verhaltensweisen von Lehrkräften im Unterricht und im Zusammenhang mit Unterricht, die darauf gerichtet sind, das musikalische Lernen von Schülern in unterschiedlicher Weise zu ermöglichen und zu fördern".[296] Die Schlussfolgerungen, die Mahlert hieraus zieht, sind durchaus in Abgrenzung zu gewissen Fehlentwicklungen der Musikpädagogik des 19. Jahrhunderts zu verstehen: „Methoden sollten also nicht als Instrumente gelten, mit denen beim Schüler quasi mechanistisch bestimmte überprüfbare Resultate hervorgebracht werden, sondern als Wege, die mit Richtung auf ein Ziel vielfältige Erfahrungen des Wahrnehmens, Fühlens, Denkens und Handelns ermöglichen."[297] Nach Wolfgang Lessing lassen sich dem folgende lernpsychologische Grundsätze zugrunde legen:

- „Lernen ist ein selbstgesteuerter Prozess, nicht direkt zu beeinflussender Prozess.
- Lernen bedarf vielfältiger sozialer Interaktionen.

---

293 Ernst (2007:29).
294 Busch / Metzger (2016:221).
295 Dartsch (2014:222f.).
296 Mahlert (2011:39f.).
297 Mahlert (2011:40).

- Lernen ist an Emotionen gekoppelt.
- Lernen beruht auf der Erfahrung der Selbstwirksamkeit.
- Lernen bedarf eines Selbstbildes, das von der Überzeugung einer prinzipiellen Veränderbarkeit des eigenen Selbst getragen ist.
- Lernen ist ein lebenslanger Prozess, der auch noch in höherem Alter Veränderungen bewirken kann."[298]

Für den Einsatz von Methoden und konkreten Verhaltensweisen in Unterrichtssituationen macht Michael Dartsch zwei Kriterien geltend. Einerseits sei methodische Vielfalt anzustreben. „Zum zweiten muss das methodische Handeln zu dem Menschen, der unterrichtet wird, ebenso passen wie zu den Stärken und Schwächen der Lehrkraft und zu den Zielen und Inhalten des Unterrichts [...]."[299]

Sofern man den Unterrichtsbemühungen an Musikschulen die Lernperspektive der SchülerInnen als zentrales Argument unterlegt, resultiert hieraus eine Fragestellung. Braucht es dann überhaupt noch Lehrpläne zur Unterrichtsgestaltung? Röbke schränkt ein:

> „Nur am Rande sei vermerkt: Für die Komplexität des Lernens gibt es keinen Lehrplan mehr, und für den Unterricht im engeren Sinne, auf den sich der Lehrplan allenfalls beziehen kann, hat er keine normierende, sondern nur eine orientierende und auf die Situation anzupassende Funktion: Der Lehrplan wird zum ‚Steinbruch‘, dem je nach Situation hilfreiche didaktisch-methodische Hinweise entnommen werden, nicht mehr und nicht weniger."[300]

Nach der Überzeugung Röbkes hätten Musikschulen es „längst nicht mehr nötig, etwa aus Gründen des Statusgewinns oder um als ‚Schule‘ ernst genommen zu werden, Struktur und Logik der Pflichtschule nachahmen zu müssen [...]".[301] Er hält es für verzichtbar, von einer Stufenplanung gemäß VdM-Strukturplan auszugehen und ideale Verläufe von SchülerInnenkarrieren zu entwerfen.[302] Doch welche Rolle sollen dann Leistungsorientierung und Leistungsbewertung in der Musikschulpraxis konkret spielen? Für Ulrich Mahlert stellt *Musizieren selbst* Leistungsanforderungen, bevor die eigenen Leistungsnormen und die von Lehrenden, Lernenden, Musizierpartnern und anderen Menschen ins Spiel kommen ...

> „Musikmachen *ist* eine anspruchsvolle und komplexe Leistung – auch dann, wenn die Ansprüche an die Qualität bescheiden bleiben. Auch dann stellt Musik vielerlei Leistungsanforderungen: Musik auffassen, eine Hörvorstellung bilden, Hören und Ausführen koordinieren, die dazu nötige Körperkontrolle und -flexibilität entwickeln, klanglich Produziertes rückkoppeln zu Vorgestelltem, es mit ihm vergleichen, aus dem Vergleich Verbesserungen entwickeln – das sind nur einige wenige der zum Musizieren unabdingbaren Leistungen."[303]

---

298 Lessing, W. (2016a:150).
299 Dartsch (2014:180).
300 Röbke (2015a:21).
301 Röbke (2015a:22).
302 Röbke (2015a:22).
303 Mahlert (2016a:7).

Pädagogik komme ohne Leistung nicht aus. Gewiss habe Unterricht eine Bildungsfunktion, die sich Leistungsnormen fixierbarer Qualität entziehe. „Unterricht zielt aber auch auf die Vermittlung von Wissen und Können. Darin liegt die Ausrichtung auf einen Zuwachs an Leistungsfähigkeit und -qualität beschlossen."[304] Schülerorientiert zu unterrichten, hieße nicht, im Musizierunterricht ausschließlich das aufzugreifen, was Schüler momentan gerade wollten.

> „Selbst dann, wenn sie [Lehrende] weitestgehend den musikalischen Interessen ihrer Schüler folgen, werden auf dem Weg zu deren Realisierung doch immer wieder auch vom Lehrer formulierte Anforderungen entstehen. Intrinsische Lernwünsche benötigen zur Umsetzung oft extrinsischer Vorgaben oder Hilfen. Intrinsische Motivation ist ohne Zweifel ein starker Motor der Leistungsbereitschaft; extrinsische Motivation muss darum keineswegs verpönt werden."[305]

Mahlert bemüht sich um eine differenzierte Antwort auf die Frage, wieviel *Prüfung* Leistung in der Musikschulpädagogik verträgt:

> „Leistungsüberprüfung' ist in der Musikschulpädagogik ein Reizwort. In allgemeinbildenden Schulen müssen Kinder und Jugendliche von früh an mit rigiden Leistungsnachweisen zurechtkommen. Wäre es da nicht menschenfreundlich, wenn Musikschulen auf Leistungsüberprüfungen verzichteten, zumal Leistungen im Bereich des Musizierens sowieso kaum normierbar sind?
> Mir scheint eine solche Forderung zunächst verständlich, gleichwohl aus mehreren Gründen irrig. Verständlich ist die Forderung in Hinblick auf das Unangenehme des Worts ‚Leistungsüberprüfung', das im Wortbestandteil ‚-überprüfung' steckt. Er veranlasst leicht zur Vorstellung einer aufpasserischen, kontrollsüchtigen, bürokratisch agierender Pädagogik, die die ‚Besseren' belohnt und die ‚Schlechteren' bestraft oder gar aussondert. Eine solche Pädagogik hat natürlich gerade im Musizierunterricht nichts zu suchen. Hört man das Wort ‚Überprüfung' jedoch in einem anderen Sinne, nämlich als sorgfältiges Hinhören, als Vergleichen von ‚Ist' und ‚Soll' einer musikalischen Aufgabe und als Rückmeldung von Wahrgenommenen, dann verliert das Wort seinen unangenehmen Beigeschmack und gewinnt eine konstruktive Bedeutung.
> Musizierunterricht kann und darf nicht darauf verzichten, in diesem Sinne Leistungen zu ‚prüfen' und ‚Geprüftes' zurückzumelden. Recht verstanden ist jede Unterrichtsstunde auch eine Leistungsüberprüfung. Ohne eine differenzierte Wahrnehmung des vom Schüler oder der Schülerin musizierend Geleisteten und ohne eine Rückmeldung der Lehrkraft über die Qualität dieser Leistung ist ein aufbauender, Fähigkeiten entwickelnder Unterricht nicht möglich."[306]

Röbkes und Mahlerts Positionen setzen unterschiedliche Akzente. Sie müssen indes nicht im unüberbrückbaren Gegensatz gelesen werden, wie noch weiter unten am konkreten Beispiel der Stuttgarter Musikschule gezeigt werden soll.

---

304   Mahlert (2016a:9).
305   Mahlert (2016a:9).
306   Mahlert (2016a:10).

An Musikschulen, die sich inklusiv verstehen, fällt der Interaktion musikalischer Lern- und Lebenswelten besondere Aufmerksamkeit zu. Peter Röbke kann sich nichts Sinnloseres vorstellen, „als dass junge Menschen Jahr um Jahr brav zum Instrumental-unterricht gehen, um dann irgendwann das Instrument für alle Zeiten aus der Hand zu legen, ohne dass es jemals zum wirklichen Musizieren und nicht nur zum Üben ge-kommen wäre".[307] Natalia Ardila-Mantilla vermeint die häufige Klage von Musikschul-lehrerInnen zu vernehmen, „dass SchülerInnen viel zu wenig üben, viel zu selten mit ihren Eltern musizieren und kaum Musik hören!" Weniger ausgeprägt sei aber das Be-wusstsein darüber, wie sich die Lernwelt des Ensembles und die Lernwelt der Auftritte an der Schnittstelle zwischen Musikschule und lokalem Musikleben entfalteten.

> „Das für die Lernwelt des Ensembles typische gemeinsame Musizieren kann im Rahmen der Ensemblefächer der Musikschule stattfinden, aber nicht nur dort: Örtliche Netzwerke des Laienmusizierens wie z. B. die Rockszene oder die Kirchenmusik können hier eine maß-gebliche Rolle spielen, wie auch Projekte der Regelschule oder von den SchülerInnen selbst initiierte Ensembles und Bands.
> Genauso verhält es sich bei der Lernwelt der Auftritte. MusikschülerInnen können Bühnen-erfahrung bei Klassenvorspielen in der Musikschule sammeln, aber auch bei der musikali-schen Umrahmung einer Gemeindeveranstaltung, beim Mitspielen mit der Lehrerband in einem semiprofessionellen Konzert, in Wettbewerben und auch bei Prüfungen, die einen mehr oder weniger ausgeprägten, öffentlichen Charakter aufweisen können.
> Eine Musikschullehrkraft kann also ihren SchülerInnen lehrreiche – und vor allem: adä-quate – Auftrittserfahrungen nur ermöglichen, wenn sie es versteht, aus dieser Vielfalt der potenziellen schulischen und außerschulischen Auftrittsmöglichkeiten zu schöpfen und sie gezielt ins Spiel zu bringen."[308]

Mit der Öffnung gegenüber der (musikalischen) Lebenswelt der Schüler gehen für Ro-bert Wagner spezifische Anforderungen an die Lehrenden einher:

> „Für Lehrkräfte ist damit verbunden, das eigene Rollenverständnis zu überdenken und sich gemeinsam mit ihren Schülerinnen und Schülern als Lerngemeinschaft zu begreifen, ohne freilich dabei ihre Verantwortung als Lehrende und Erziehende abgeben zu können. Und ohne, dass die Zuständigkeit für neue Zielgruppen bedeuten darf, dass Begriffe wie Quali-tät, Leistung und Können an Bedeutung für Unterrichtsprozesse und Unterrichtsergebnisse verlieren.
> Für Lehrkräfte bringt die Auseinandersetzung mit einer Pädagogik der Vielfalt aber auch mit sich, die eigene Lern- und Lehrgeschichte zu hinterfragen. Denn oft geht es nicht nur um eine schmerzlose Erweiterung des eigenen Methodenrepertoires, sondern um den Per-spektivenwechsel ‚vom Schüler aus zu denken', diesen also als den eigentlichen Experten für seinen Lernprozess anzuerkennen."[309]

---

307 Röbke (2015a:17).
308 Ardila-Mantilla (2015a:57).
309 Wagner, R. (2016a:8).

Lernende dürfen nach Natalia Ardila-Mantilla entsprechend von ihrer Musikschule erwarten,

- „dass sie eine solide Basis für die selbständige und langfristige Auseinandersetzung mit Musik aufbauen können,
- dass sie Gelegenheit bekommen, mit anderen qualitätvoll zu musizieren,
- dass sie Kontakte knüpfen und Menschen begegnen, die sich auch für Musik interessieren,
- dass sie durch diese Kontakte und Begegnungen eine aktive Rolle im Musikleben ihrer Gemeinde einnehmen können,
- dass die Musikschule das Musikleben ihrer Gemeinde in ihren unterschiedlichen Formen bereichert und belebt,
- dass ihr individuelles Potenzial erkannt und gefördert wird,
- und vor allem: dass die Erfüllung dieser Ansprüche nicht nach einem vorgegebenen Schema erfolgt, sondern auf eine Art, die ihren individuellen Musikinteressen und Lernwünschen entgegenkommt."[310]

Zu fordern wäre die prinzipielle Offenheit der Musikschule sowohl gegenüber den unterschiedlichen Formen musikalischer Praxis, die das Musikleben einer Kommune ausmachen, als auch gegenüber dem individuellen Umgang mit solchen Formen …

> „und das heißt: erstens, dass die Musikschule die Vielfalt musikalischer Ausdrucksformen und die Vielfalt musikalischer Lernwege grundsätzlich bejaht, und zweitens, dass […] die Musikschule [den Schülern] das Recht zur Selbstbestimmung innerhalb dieser Vielfalt einräumt."[311]

Erst wenn diese Voraussetzungen erfüllt sind, besteht die Chance, dass der instrumentale und vokale Hauptfachunterricht tatsächlich eine „lebenslange Perspektive" (s.o.) eröffnet. Peter Röbke fügt hinzu, dass es grundsätzlich jedenfalls bemerkenswert sei, „dass die große Studie, die belegen könnte, in welchem Ausmaß der Musikschulbesuch tatsächlich zur lebenslangen aktiven Beziehung zur Musik (‚Hören Sie noch oder spielen Sie schon?') beiträgt, noch aussteht".[312]

Wie haben sich nun die oben beschriebenen musikalischen Lernwelten der Musikschularbeit historisch entwickelt, im Besonderen auch an der Stuttgarter Musikschule?

Im 19. Jahrhundert wird man im Bereich der institutionalisierten Musikerziehung kaum von einer Verschränkung musikalischer Lern- und Lebenswelten nach heutigen Maßstäben sprechen können. Hierarchische Gesellschaftsstrukturen und eine nach sozialen Kriterien eingeschränkte Zugänglichkeit von Bildung standen dem entgegen.[313] Die von Ardila-Mantilla kategorisierten Lernwelten der Musikschularbeit unterlagen gravierenden Beschränkungen. In der „Lernwelt des Unterrichts" wurde im Wesentlichen vorgegeben und fremdbestimmt, was zu lernen war – oder um es in den Worten von Jür-

---

310 Ardila-Mantilla (2015b:13).
311 Ardila-Mantilla (2015b:13).
312 Röbke (2015a:17).
313 Vgl. Kapitel 1.

gen Vogt zu sagen: „[...] musikalische Bildung bleibt Bildung durch Musik, die substanziell auf Erziehung (und Unterricht) angewiesen ist."[314] Obwohl Adolph Bernhard Marx, Lina Ramann und andere frühzeitig die Notwendigkeit einer individualisierten Lehre erkannt hatten, entsprachen die Lehrwerke und Literaturlisten, auf die sich die Musikschularbeit auch in Stuttgart bezog, eher schematisierten Zugängen zu musikalischer Bildung (siehe unten). Die „Lernwelt des Ensembles" blieb noch in der zweiten Hälfte des Jahrhunderts weit hinter den in sie gesetzten Erwartungen zurück. Da an der Stuttgarter Musikschule bzw. dem Konservatorium Stuttgart wie auch andernorts vor allem Nachfrage nach Klavierunterricht bestand, sollte es mehr als fünfzig Jahre nach Gründung dauern, bis erstmals ein Schülerorchester eingerichtet werden konnte. Ebenso blieb die „Lernwelt der Auftritte" zumindest hinsichtlich ihrer öffentlichen Wirkung eng umgrenzt. Philine Lautenschläger stellt in ihrer Untersuchung zum Veranstaltungswesen des Konservatoriums Stuttgart fest, dass die Konzerte des Konservatoriums in den Jahren 1860 bis 1890 keine bestimmende Rolle im Konzertleben der Stadt spielten.

> „Von etwa fünfzig Konzerten, die in der Saison 1887/88 stattfanden, bestritt es [das Konservatorium] fünf, nämlich vier Prüfungskonzerte und ein Konzert zum Geburtstag des Königs. Auch in Bezug auf das aufgeführte Repertoire war es nicht wegweisend, die Mischprogramme sind im Vergleich zu Aufführungen anderer Veranstalter konservativ. Fortschrittlich sind dagegen die Konzerte des Tonkünstlervereines, der sich vor allem der Förderung zeitgenössischer Komponisten verschrieben hat, und die Konzerte der Hofkapelle mit einem Schwerpunkt auf den klassischen Meisterwerken von Mozart, Beethoven bis zu Brahms und Wagner. In der Presse werden die Konservatoriumskonzerte als Schüleraufführungen wahrgenommen, Mängel werden beschrieben und damit der Abstand zu professionellen Künstlern hervorgehoben."[315]

Einzig in der „Lernwelt des Privaten" wurden Entstehung und Entwicklung einer institutionalisierten Musikerziehung getragen von den verschiedenen Spielarten eines bürgerlichen Musiklebens, vom häuslichen Musizieren über das Chorsingen in den unterschiedlichsten Vereinigungen bis hin zur Entstehung eines öffentlichen Konzertwesens.[316] Insofern genossen das instrumentale Üben, das autodidaktische Musiklernen; das häusliche Musizieren im Familienkreis sowie rezeptive musikalische Tätigkeiten wie Musikhören, Konzertbesuche u. ä. m. einen hohen gesellschaftlichen Stellenwert. Dies änderte freilich nichts daran, dass die Praktizierung der bürgerlichen Musikkultur einer gesellschaftlichen Minorität vorbehalten blieb.

Die Heterogenität von Lernenden wurde im 19. Jahrhundert nicht primär als Chance für wechselseitiges Lernen begriffen. Im Gegenteil: Das Lernverhalten der Schüler sollte sich letztendlich an den Normierungen eines bürgerlichen Werteverständnisses orientieren und insofern homogenisiert werden. Dies betraf die Musikauswahl im Unterricht genauso wie die Charaktereigenschaften des Schülers: Disziplin,

---

314   Vogt (2012:6).
315   Lautenschläger (2007:353).
316   Vgl. Kapitel 1.

Fleiß und Pflichttreue wurden mehr vorausgesetzt als kritisch hinterfragt.[317] Folgerichtig beurteilte das Konservatorium Stuttgart Fleiß, Betragen und Fortschritte seiner Eleven in Zeugnisform.[318]

Erstaunen mag die Tatsache, dass die heutigen Diskussionen um geeignete Unterrichtsformen bereits vor zweihundert Jahren geführt worden sind – mit denselben Argumenten. „Wenn das preußische Unterrichtsministerium in Logiers Akademien die Möglichkeit sah, die künstlerisch-praktische Ausbildung zukünftiger Schullehrer zu rationalisieren, wenn gleichzeitig bereits Kritik an der Vernachlässigung der individuellen Fähigkeiten und Bedürfnisse sowie der künstlerischen Feinheit laut wurde [...], dann sind damit Argumente ins Spiel gebracht, die bis auf den heutigen Tag die Debatte bestimmen."[319] Adolph Bernhard Marx plädierte für den persönlichkeitsbildenden Einzelunterricht, Lina Ramann für einen Gemeinschaftsunterricht nach allgemeinen Erziehungsgrundsätzen.[320] Es ist zu vermuten, dass die Diskrepanz zwischen den theoretischen Ansprüchen eines Gruppenunterrichts und seiner praktischen Handhabung mitunter beträchtlich war. Franz Stöpel und Gustav Schilling gelang es mit ihrer musikalischen Lehranstalt in Stuttgart nicht, Logiers Methoden entscheidend weiterzuentwickeln, um somit den Verdacht zu entkräften, die Erteilung von Gruppen- und Klassenunterricht diene hier bevorzugt dem Geschäftsinteresse. Gerade Schilling handhabe Unterrichtsformen sowie die Bemessung von Unterrichtsentgelten an seiner Lehranstalt je nach Schüler mitunter willkürlich und nach außen hin wenig transparent.[321] In der öffentlichen Wahrnehmung scheint Gruppenunterricht durchaus umstritten gewesen zu sein. Darauf lässt jedenfalls folgende Passage aus dem Gründungsprospekt der Stuttgarter Musikschule, 1857, schließen:

> „Die Anstalt wird dafür Sorge tragen, dass der Unterricht im Einzelnen wie im Gesamten durchaus vollständig ist, und das kein anderweitiger Privatunterricht mehr nötig seyn wird, sowie dass in der Instrumentalmusik nie mehr als drei auf gleicher Stufe stehende Schüler gemeinschaftlichen Unterricht haben [...]."[322]

Mit der Wende zum 19. Jahrhundert hatte ein Zeitalter begonnen, das die Methodik eines musikalischen Unterrichts für sich entdeckte.

> „Zur Zeit der Aufklärung und im 19. Jahrhundert nahm auch innerhalb des Instrumentalunterrichts eine Methodisierung zu. Für den Dirigenten Nikolaus Harnoncourt stellt die Französische Revolution eine Bruchstelle dar, an der das Verhältnis Meister-Lehrling durch ein System, eine Institution ersetzt wurde. Gemeint ist das französische Conservatoire, in dem etwa Luigi Cherubini das politische Ideal der Gleichheit auf die Musik übertrug. Von nun an wurde die Instrumentalausbildung durch Schulwerke und Etüdensammlungen – so etwa die Violinetüden von Rodolphe Kreutzer – systematisch strukturiert und vereinheit-

---

317 Vgl. Kapitel 3.2.3.
318 Vgl. Kapitel 2.2.5.
319 Dartsch (2014:216).
320 Vgl. Kapitel 3.2.4, 3.2.5.
321 Vgl. Kapitel 2.2.4.
322 Eisenmann (1907:6); vgl. Kapitel 2.2.5.

licht [...]. Auch heute ist die Instrumentalausbildung vielfach von jenen Entwicklungen geprägt, werden doch die einschlägigen Etüden häufig immer noch wie ein unumstößlicher Kanon behandelt."[323]

Während jedoch im Verlauf des 19. Jahrhunderts in den Schriften Marx' und Ramanns die Tendenz zu beobachten ist, dass sich das Interesse von den Lehr- zu den Lernbedingungen verlagert, spiegelt sich diese Entwicklung in der Unterrichtsliteratur der Zeit nur unzureichend wider. Die Gesangsbildungslehren gaben den Lehrenden zwar einen methodischen Aufbau an die Hand, der andererseits auf Motivationen und Bedürfnisse der Lernenden kaum Rücksicht nahm.[324] Ähnlich beklagt Lina Ramann 1868 in „Die Musik als Gegenstand des Unterrichts und der Erziehung", dass Klavierschulen nicht hinreichend zwischen der Lehr- und Lernperspektive zu differenzieren wüssten, sondern in der „Schablonenzucht" verharrten.

> „So wenig wie die Elementarclavierschulen, so wenig haben die größeren Schulen noch einen lebensfähigen Boden für die Jetztzeit. So anerkennenswerth, so methodisch tüchtig und fleißig vom Standpunkt der technischen Spielentwicklung aus so manche Clavierschule der neueren Zeit gearbeitet ist, so läßt sich darin doch nur von dem der Geschichte und des Fortschrittes eine Vermehrung dessen sehen, was überwunden werden muß. In ein Lehrbuch für den Lehrer gehören weder mechanische Übungen, noch Etuden, noch Compositionen von rein künstlerischem Werth, und umgekehrt können die Lehrmethode und theoretische Auseinandersetzungen keinen Platz unter dem Spielmaterial für Schüler beanspruchen. Eine Clavierschule, die mit ihrem Material von der Elementarstufe bis zur Künstlerschaft ausbilden will, vertritt überdies noch die Schablonenzucht, weil sie für alle Individualitäten und Bildungsstufen denselben Stoff in Anwendung bringt."[325]

So gesehen ist für das 19. Jahrhundert eindeutig von dem Überhang eines instruktivistischen Methodenverständnisses im Instrumental- und Vokalunterricht auszugehen.

Die Tendenz zu schematisierten Verfahren lässt sich auch hinsichtlich des Umgangs mit Leistungsüberprüfungen beobachten. Die Vergabe von Zeugnissen am Konservatorium Stuttgart sowie das Abarbeiten von Literaturlisten lassen vermuten, dass der Erwerb von Fähigkeiten und Fertigkeiten im instrumentalen und vokalen Hauptfachunterricht eher selbstreferentiell gesehen wurde, weniger in seinen lebensweltlichen Bezügen.

Die Interaktion verschiedener Lernwelten wird man in der institutionalisierten Musikerziehung des 19. Jahrhunderts differenziert betrachten müssen. Auffällig ist eine relativ strikte Trennung zwischen der „Lernwelt des Unterrichts" und der „Lernwelt des Privaten". Noch an der Unterabteilung Tonkunst der Hohen Carlsschule in Stuttgart wurden Zöglinge ebenso wie am Waisenhausinstitut regelrecht kaserniert, was *de facto* auf eine Entmündigung der Schüler hinauslief. Der Begriff Inklusion erfuhr hier eine nahezu wortwörtliche Bedeutung. Bezeichnend erscheint in dieser Hinsicht z.B., dass am Konservatorium Stuttgart der renommierte Klavierprofessor Gottfried Lindner nach

---

323 Dartsch (2014:168).
324 Vgl. Kapitel 2.1.2.
325 Ramann (1868:68).

der Überlieferung Alexander Eisenmanns seine Schüler in der dritten Person anzureden pflegte.[326] Deutlicher konnte das Abgrenzungsbedürfnis des Lehrenden gegenüber der Privatsphäre der Lernenden kaum zum Ausdruck kommen. Immerhin: Immanuel Faisst, der das Konservatorium über drei Jahrzehnte hinweg leiten sollte, erwarb sich große Verdienste im Bereich des Stuttgarter Laienmusizierens. Seine Tätigkeit verband ihn mit mehreren Institutionen vor Ort, dem Stuttgarter Liederkranz, dem Orchesterverein, dem Verein für klassische Kirchenmusik, dem Katharinenstift u.a.m.[327] Auch Franz Stöpel bzw. Gustav Schilling unternahmen an ihrer musikalischen Lehranstalt den für die damalige Zeit bemerkenswerten Versuch, eine Kombination aus „Lernwelt des Unterrichts" und „Lernwelt des Ensembles" nach Logiers Vorbild für ihre pädagogischen Zielsetzungen fruchtbar zu machen – temporär mit Erfolg. Längerfristig erschöpften sich die immer gleichen Schemata, nach denen der Unterricht ablief. Die schwierige Balance zwischen einer individualisierten Zuwendung in der „Lernwelt des Unterrichts" und der Nutzung gruppendynamischer Effekte in der „Lernwelt des Ensembles" missglückte.[328] Am Ende des Jahrhunderts hatte der ursprünglich positiv gemeinte Begriff des musikalischen Dilettanten längst eine negative Bedeutungszuweisung erfahren müssen. Das Konservatorium Stuttgart kündigte schließlich seine „Allianz mit den bürgerlichen Dilettanten"[329] durch die Ausgliederung des Laienmusizierens auch in formaler Hinsicht auf.[330]

An der Stuttgarter Musikschule finden sich heute in den vier von Ardila-Mantilla beschriebenen musikalischen Lernwelten lebensweltliche Bezüge umfassend berücksichtigt. Das Leitbild der Musikschule verweist in der „Lernwelt des Unterrichts" auf die Bedeutung eines partizipativen Unterrichtsstils, der auf individuelle Lernbedürfnisse und Lernvoraussetzungen eingehen soll. Tendenziell kann den Unterrichtsbemühungen eher ein konstruktivistisches als ein instruktivistisches Methodenverständnis unterstellt werden, festzumachen an den Elementen einer modifizierten Meisterlehre, die in Kapitel 5.2.2 am Beispiel der Unterrichtspraxis der Stuttgarter Musikschule modellhaft aufgezeigt werden konnten: Dialogfähigkeit, Kollegialität, entdeckendes und erprobendes Lehren und Lernen.[331] Zugleich wird deutlich, dass partizipatives Unterrichten an der Stuttgarter Musikschule mit Bezug auf die Meisterlehre nicht in Abgrenzung, sondern als Weiterentwicklung eines Unterrichtsmodells zu denken ist, das sich in der Praxis eines institutionalisierten Musikunterrichts wesentlich auf das 19. Jahrhundert zurückführen lässt. Erwachsen ist daraus ein Ausdifferenzierungsprozess, der bis in die Gegenwart andauert. Einerseits wird auf Leitungsebene der Stuttgarter Musikschule die Gleichwertigkeit verschiedener Unterrichtsformen propagiert, auch vorgelebt, andererseits mögen in Teilen des Kollegiums Vorbehalte gegenüber der pädagogischen Eignung von Gruppen- oder Klassenunterricht nicht endgültig ausgeräumt

---

326 Vgl. Kapitel 3.3.3.
327 Vgl. Kapitel 3.3.3.
328 Vgl. Kapitel 3.3.2.
329 Schmidt (2007:371).
330 Vgl. Kapitel 3.3.3.
331 Vgl. Richter, Ch. (2012).

sein.[332] Noch immer ist der Anteil von Einzelunterricht im instrumentalen und vokalen Hauptfachunterricht dominant, was in Zusammenhang damit zu sehen ist, dass die Musikschule ein besonderes Profil in der Begabten- und Spitzenförderung aufweist. Quasi als Gegengewicht dazu muss man in der „Lernwelt des Ensembles" von einem außerordentlich umfangreichen Angebot an Ensemble- und Ergänzungsfächern sprechen, welches auf die unterschiedlichsten musikalischen Interessen und Bedürfnisse Rücksicht nimmt. Gegenüber dem 19. Jahrhundert ist die fortgeschrittene Musikschulentwicklung in diesem Punkt unübersehbar. 1510 Teilnehmer zählen die Ensemble- und Ergänzungsfächer aktuell an der Stuttgarter Musikschule.[333] In der „Lernwelt der Auftritte" wird die Öffnung zum lokalen Musikleben besonders deutlich. Zahlreiche Klassenvorspiele, Instrumentenberatungen und „Schaufenster"-Konzerte verzeichnet der Jahresbericht der Stuttgarter Musikschule für das Schuljahr 2015/16.[334] „Desweiteren wurde die Musikschule von vielen Firmen und weiteren Institutionen um Umrahmungen gebeten. Insgesamt spielte die Stuttgarter Musikschule 55 Umrahmungen."[335] Auch bei zahlreichen Schulveranstaltungen (Schulgottesdiensten, Schulfeiern u. ä.) ist die Musikschule präsent. Laut Jahresbericht 2014 fanden in dem Berichtsjahr allein ca. 20 Vorspiele in Altenheimen und Krankenhäusern in und um Stuttgart statt.[336] Die Musikschule führt eigene Konzertreihen durch, z.B. *Klassik im Méridien, Konzertive – Wirtschaft trifft Musik – Musik macht Karriere, Musik im Café Rudolfs, Klassik im Augustinum*; sie präsentiert sich auf öffentlichen Plätzen, z.B. beim Stuttgarter Weihnachtsmarkt oder anlässlich des Deutschen Musikschultages, und belebt die Stadtteilkultur, beispielsweise im Rahmen der Beteiligung an der Feuerbacher Kulturnacht, *Swinging Christmas* (Feuerbach, Festhalle), *con fuoco* – Feuerbacher Feierabendkonzerte im Bezirksrathaus.[337] Die „Lernwelt der Auftritte" soll zudem gemäß dem Leitbild der Stuttgarter Musikschule Schülerinnen und Schüler zur „Bestätigung eigenen Leistungsvermögens" sowie zur „Erreichung der allgemeinen Unterrichtsziele" hinführen. Dabei geht die Stuttgarter Musikschule heute erheblich subtiler vor als im 19. Jahrhundert. Prüfungsvorspiele sind als freiwilliges Angebot, sieht man einmal von der STUVO ab, in eine verpflichtende Beratungsstruktur eingebunden. Dieses Verfahren ermöglicht es gleichermaßen, auf Schüler individuell einzugehen und das Erreichen eines Leistungs- bzw. Literaturniveaus gemäß der Lehrpläne des VdM zu bestätigen. Erfolgreiche Wettbewerbsteilnahmen werden regelmäßig namentlich in der Musikschulzeitung „Intonation" dokumentiert.

In der Tat kommt es in der heutigen Musikschulpraxis zu einer weitaus stärkeren Interaktion verschiedener Lernfelder, die Grenzen zwischen der „Lernwelt des Unterrichts" und der „Lernwelt des Privaten" sind durchlässiger geworden. Mehr Menschen als früher erhalten und nutzen heute die Möglichkeit, ihre Freizeit auf vielfältigste

---

332 Vgl. Kapitel 5.3.1; Jäger (2012).
333 Stuttgarter Musikschule (2016:16).
334 Stuttgarter Musikschule (2016:7–9).
335 Stuttgarter Musikschule (2016:15).
336 Stuttgarter Musikschule (2015:12f.).
337 Vgl. Stuttgarter Musikschule (2016).

Art und Weise musikalisch aktiv zu gestalten, so dass Gerd Eicker bereits 2004 kommentierte:

> „Heute können wir sagen, dass in der deutschen Kulturgeschichte noch nie so viele Menschen fähig waren, instrumental oder vokal die Sprache der Musik zu sprechen. Wir verfügen über einen zumindest in Teilen noch nicht erfassten oder auch nicht begriffenen kulturellen Kompetenzzuwachs in der Bevölkerung."[338]

Stefan Sommer berichtet am 10. April 2013 in der „Stuttgarter Zeitung":

> „Stuttgart ist die Hauptstadt des musizierfreudigsten Bundeslandes. Baden-Württemberg belegt im anlässlich der Frankfurter Musikmesse erschienenen ‚Musizieratlas' […] den ersten Rang in der Länderrangliste. […] Der Musizieratlas wird von der Interessensvertretung der Musikindustrie- und Musikgerätebranche ‚Somm' […] herausgegeben. Die grafische Aufarbeitung beruht auf der 2012 erhobenen Umfrage ‚Instrumentales Musizieren und Musikinstrumente in Deutschland'. Dargestellt wird, in welchem Bundesland am häufigsten musiziert wird, in welchem Alter die Musizierenden sind und welche Instrumente gespielt und gerne erlernt werden.
>
> 25,3 Prozent aller befragten Baden-Württemberger gaben an, dass sie selbst oder ein im Haushalt lebendes Familienmitglied ein Musikinstrument spielen könnten. Was die Mitgliedschaft in Kapellen und Musikvereinen angeht, führt ebenfalls Baden-Württemberg die Liste mit 19 Prozent an. Beliebtestes Instrument der Deutschen ist und bleibt das Klavier, das bundesländerübergreifend deutlich vor der Gitarre und der Blockflöte rangiert. Abgeschlagen sind einstige Klassiker wie Violine.
>
> Für die von der in Nürnberg ansässigen unabhängigen Gesellschaft für Konsumforschung (GfK) durchgeführte Studie wurden mehr als 11.000 Personen befragt. Die GfK stellte fest, dass bundesweit 17,7 Prozent der Befragten angaben, ein Musikinstrument zu beherrschen […]."[339]

Nach Sommer bestätigt sich allerdings auch, dass musikalische Bildung und Erziehung immer noch eine Frage von sozialer Milieuzugehörigkeit und Einkommensverteilung ist. Insbesondere in den südlichen Bundesländern Bayern und Baden-Württemberg werde gemäß der GfK-Studie vergleichsweise häufig musiziert, währenddessen sich strukturschwächere Bundesländer wie z. B. Brandenburg, Mecklenburg-Vorpommern und Sachsen-Anhalt am unteren Ende der Skala wiederfänden.[340] Sommer folgert hieraus:

> „Eine frappierende Ähnlichkeit besteht zwischen dem Musizieratlas und der unlängst von der Bundesregierung vorgelegten Grafik zur regionalen Armutsentwicklung 2012. Dort finden sich sehr ähnliche geografische Strukturen wieder. Der Somm-Musizieratlas weist darauf hin, dass weiterhin knapp 60 Prozent der Musiker [aus der Gruppe der Befragten] ihr Handwerk mittels privatem Unterricht erlernt haben. An den Zahlen beider Studien lässt

---

338 Eicker (2004:16).
339 Sommer (2013).
340 http://www.kruger-media.de/wp-content/uploads/2013/04/SOMM_POS_Musizieratlas_DE_DINA11.pdf [15.3.2017].

sich ablesen, dass musikalische Bildung und Erziehung auch eine Frage von sozialem Milieu und Einkommensverteilung ist."[341]

Auffällig ist, dass Instrumente mehrheitlich in der Privatsphäre außerhalb einer schulischen Vermittlung, damit aber auch abseits übergeordneter fachlicher Qualitätsstandards erlernt werden. Die Vermutung liegt nahe, dass sich die Grenzen zu einem mehr oder weniger autodidaktischen Erlernen, z.B. innerhalb der Familie oder des Freundeskreises, letztendlich fließend gestalten dürften.[342] Offensichtlich ist jedenfalls der überwiegende Wunsch von Eltern, ihren Kindern Instrumentalunterricht zu ermöglichen, wobei wiederum der sozioökonomische Status der Eltern eine Rolle spielt. Die „Stuttgarter Zeitung" meldete am 23.4.2015:

> „Eltern schicken ihre Kinder gerne in den Instrumentalunterricht. Laut einer Umfrage des Meinungsforschungsinstituts Allensbach ist es 58 Prozent aller Eltern wichtig, dass ihre Kinder ein Musikinstrument erlernen. Ein knappes Drittel der knapp 1400 Befragten hält die musikalische Bildung für weniger wichtig. Dabei beobachten die Demoskopen deutliche Unterschiede der Zustimmung, abhängig vom sozioökonomischen Status der Eltern: Während 78 Prozent aus hohen sozialen Schichten für den Unterricht von Klavier, Geige, Gitarre oder Flöte plädieren, sind es in unteren Schichten nur 36 Prozent."[343]

Auch an Musikschulen in Baden-Württemberg weisen die Schülerzahlen einen positiven Trend aus. Mittlerweile werden an den 217 öffentlichen und gemeinnützigen Musikschulen in Baden-Württemberg 284.961 Schüler unterrichtet. Kooperiert wird mit 2.176 Kitas, 1.299 Schulen, 764 Musikvereinen, 89 sonstigen Einrichtungen wie z.B. VHS, 55 Kirchen, 29 Senioreneinrichtungen und 27 Chören.[344] Erst auf den zweiten Blick werden Problemstellungen offenbar. Der Elternbeitrag an der Musikschulfinanzierung liegt inzwischen in Baden-Württemberg bei 52 Prozent. Nur 19 Prozent der Schüler an baden-württembergischen Musikschulen sind überhaupt älter als 14 Jahre. Dies erstaunt insofern, weil in dem ersten Arbeitsfeld der Musikschularbeit die Rede von generationenübergreifenden Lern- und Lebenswelten in lebenslanger Perspektive ist. Es erscheint im Geiste der Potsdamer Erklärung also tatsächlich geboten, Kinder und hier speziell auch Jugendliche auf ihre „Ansprechbarkeit und Erreichbarkeit [...] durch das Musikschulangebot in den Blick zu nehmen".[345] Auf einen zentralen Aspekt dieses Problems wurde bereits hingewiesen: die Ganztagsschule und G8, welche das Zeitkontingent von Kindern und Jugendlichen drastisch beschränken. Ein weiteres kommt jedoch hinzu. Die verstärkte Mediennutzung von Kindern und Jugend-

---

341   Sommer (2013).
342   Jäger (2012:118f.) berichtet in seiner Evaluation des Unterrichtsmodells „Stark durch Musik" davon, dass jedes vierte Schulkind angegeben habe, bereits ein Instrument zu lernen. Er führt diesen für ihn selbst überraschenden Befund auf unterschiedliche Vorstellungen von Schulkindern und Instrumentalpädagogen davon zurück, was „ein Instrument lernen" für den Einzelnen bedeutet. „Gitarren, Blockflöten, Klaviere, Keyboards und Trommeln finden sich in vielen Haushalten und werden von den Kindern auch ohne regelmäßigen Unterricht gespielt" (Jäger, 2012:119).
343   Stuttgarter Zeitung, Ausgabe vom 23.4.2015, S. 30.
344   Landesverband der Musikschulen Baden-Württembergs (2016:16f.).
345   VdM (2014).

lichen verändert auch den Zugang zu musikalischer Bildung. „Um Neuigkeiten im Bereich Musik zu erfahren, tauschen sich vier Fünftel der Jugendlichen mit ihrem Freundeskreis aus; als weitere Informationsquellen werden Internet, Radio und Fernsehen genannt […]. Obwohl bei Jugendlichen Musik*hören* sehr beliebt ist, beschäftigen sich nur 21 % der 12- bis 19-Jährigen mit aktivem Musizieren […].“[346] Aus der „Lernwelt des Privaten“ erwachsen somit neue Herausforderungen an die Musikschularbeit. Stichwort *Digitalisierung*: Der Musikpädagoge und Medienwissenschaftlicher Heiner Krug merkt zu der Bedeutung des Instrumentalunterrichts im digitalen Zeitalter an: „Lehrer und Schüler leben in unterschiedlichen Welten. Musikerinnen und Musiker, deren Leben noch von der Drucktechnologie geprägt ist, und Jugendliche, die in der virtuellen Realität des Internets leben, sprechen, wenn es um Musik geht, zweierlei Sprachen – sie tragen unterschiedliche *Brillen*“[347] – mit Auswirkungen auf das Lehrer-Schüler-Verhältnis. „Die Selbstbestimmung von Schülerinnen und Schülern bei der Auswahl von Unterrichtsinhalten wächst.“[348] Dies fängt beim Anklicken von „YouTube-Videos“ an, reicht aber in die Unterrichtsgestaltung hinein. Bisweilen gewinnt der Terminus „Musik machen“ dann eine ganz neue Bedeutung und kann das „softwarebasierte Schaffen von eigener Musik“[349] in Form des Zusammensetzens von Musik mit modernen Hilfsmitteln einschließen:

> „Häufig haben auch klassische Werke Pate gestanden bei den Lieblingsstücken der SchülerInnen. Besonders glatt ist der Übergang von HipHop zur Klassik, wenn dort Samples und Strukturen älterer Musik, etwa des Pachelbel-Kanons, verwendet werden. Die populären HipHop-Versionen dieser Kadenz von jungen Interpreten wie Die Firma (*Die Eine* in D-Dur) oder Coolio (*C U when U get there*, in Es-Dur) liefern ganz aus der Praxis des Spielens heraus auch überzeugende Argumente für die Notwendigkeit, transponieren zu lernen.“[350]

In der Musikpädagogik wird heute hinsichtlich der Mediennutzung vieles diskutiert (und vereinzelt auch schon praktiziert), was vor Jahren noch kaum vorstellbar erschien. Kommunikationsformen und -wege wandeln sich. Eine räumliche Distanz kann in Unterrichtssituationen via Internet quasi aufgehoben werden. Man denke an diverse Lernprogramme im Internet, aber auch an den Einsatz von *Skype* im Instrumentalunterricht.[351] Auch wenn die lebendige Schüler-Lehrer-Beziehung unersetzlich bleibt, werden solche Entwicklungen nicht spurlos an Musikschulen vorübergehen.[352] An der

---

346 Spiekermann (2016:167) bezieht sich hier auf die *Jugend, Information, (Multi-)Media-Studie des Medienpädagogischen Forschungsverbunds Südwest.*
347 Krug (2013:7).
348 Krug (2013:7).
349 Krug (2013:9).
350 Krug (2013:8).
351 Vgl. Palm (2013).
352 Eine wegweisende Innovation aus jüngster Zeit könnte etwa die „Henle-Library-App“ sein, vgl. henle-library.com [16.12.2016]. Der Henle-Verlag will in den nächsten Jahren sein Noten-Programm zum Gebrauch auf Tabletcomputern komplett digitalisieren. Der besondere pädagogische Nutzen des Projekts besteht in den zusätzlichen Features, die die App über den Notentext hinaus anbietet. Man hat die Wahl zwischen unterschiedlichen Fingersätzen, die auch änderbar sind, und kann unterschiedliche Versionen von Eintragungen im Notentext vornehmen, abspeichern und als E-Mail-Anhang versenden. Es lässt sich ein Metronom zuschalten. Partituren können

Stuttgarter Musikschule hat sich inzwischen eine Arbeitsgruppe „Digital" zusammengeschlossen.

„Die AG trägt Ideen, Projekte, aber auch Visionen zusammen, die die Medien wie auch das Unterrichtsgeschehen und die eigenen Schüler liefern. Die AG möchte zum Beispiel die Verwirklichung eines musikschuleigenen WLAN-Netzes im Treffpunkt Rotebühlplatz [= Hauptsitz der Musikschule] vorantreiben. Und sie hat eine Software im Praxistest erprobt, die Instrumentallehrer/innen die Arbeit abnimmt, am Anfang des Schuljahres einen Stundenplan zusammenzustellen. [...]

Die AG verfolgt auch Projekte, die auf eine langfristige Verwirklichung angelegt sind. Dazu zählt insbesondere der YouTube-Kanal der Musikschule. Dort sind bereits die ersten Videos zu finden, in denen grundlegende Übungen für Schlagzeug und Tasteninstrumente vorgeführt werden. Auf diese Videos können die Schüler auch zu Hause zugreifen, sodass sie nicht auf die oftmals zweifelhaften und unprofessionellen Tutorials angewiesen sind, wie sie massiv im Internet zu finden sind. Die Idee der AG ‚Digital' ist, nach und nach mehr Übungen für verschiedene Instrumente anzubieten und somit eine ‚Bibliothek' aufzubauen, auf die die Lehrer verweisen können: ‚Schau dir das mal zuhause nochmal in Ruhe an!'.“[353]

Doch wie verhält es sich nun überhaupt mit der *Lebenswelt* von Kindern und Jugendlichen. Welche Rolle spielt hier Musik? Bei Kindern dürften sich noch die Einflüsse des Elternhauses prägend auswirken, während Jugendliche musikalische Präferenzen selbstbestimmt entwickeln.

Richtungsweisend für die Erforschung der Lebenswelt Jugendlicher ist der Forschungsansatz des Heidelberger SINUS-Instituts.[354] Der Soziologe Klaus Hurrelmann kommentiert: „Das SINUS-Institut hat sich national und international seit Jahrzehnten durch seine ‚Milieuforschung' einen Namen gemacht" und diesen Ansatz auf die Jugendforschung übertragen.[355] Die aktuelle Studie „Wie ticken Jugendliche 2016? Lebenswelten von Jugendlichen im Alter von 14 bis 17 Jahren in Deutschland" stehe „neben der Shell Jugendstudie, der McDonald's Ausbildungsstudie und den Kinder- und Jugendberichten für eine systematische und substanzielle Erforschung der Lebenslagen junger Leute in Deutschland".[356] Im Unterschied zu vielen anderen Jugendstudien stützt sich die SINUS-Studie nicht allein auf repräsentative Erhebungen, sondern verbindet quantitative und qualitative Sozialforschung. Zentrales Anliegen der Studie ist es, zu hinterfragen, „welche jugendlichen Lebenswelten es gibt und wie Jugendliche in diesen Welten ihren Alltag (er)leben".[357] Für die aktualisierte Studie 2016 wurden deutschlandweit 72 narrative Interviews mit Jugendlichen im Alter von 14 bis 17 Jahren in

---

insgesamt oder in einzelnen Stimmen eingeblendet werden, ebenso Kommentare. Man kann sich selbst oder andere aufnehmen, die fertige Aufnahme langsamer oder schneller und wahlweise in Dauerschleife abspielen. Somit ergeben sich zahlreiche Möglichkeiten, das Üben zu unterstützen. Unter pädagogischen Gesichtspunkten ließe eine solche App sich noch weiter ausbauen, beispielsweise durch die Integration von Analyse-Tools, Akkordbezeichnungen u. ä.

353   Intonation, Ausgabe 39 (2017/2:11).

354   Zur Nutzbarkeit der SINUS-Milieus für die Projektarbeit an Musikschulen vgl. Holz (2007).

355   Calmbach / Borgstedt / Borchard / Thomas / Flaig (2016:8).

356   Calmbach / Borgstedt / Borchard / Thomas / Flaig (2016:8).

357   Calmbach / Borgstedt / Borchard / Thomas / Flaig (2016:18).

deren häuslichem Umfeld durchgeführt.[358] Die Stichprobenauswahl erfolgte aufgrund des nächsten angestrebten Schulabschlusses – wobei die Quotierung hier auch einen möglichen Migrationshintergrund berücksichtigte – sowie entsprechend einer gleichmäßigen Verteilung nach Geschlecht, Wohnort, Besuch einer Ganztags-/Halbtagsschule.[359]

Zu berücksichtigen ist an dieser Stelle: dadurch dass die SINUS-Studie zu jeweils einem Drittel Schüler einbezieht, die den Hauptschulabschluss, die Mittlere Reife, das Abitur anstreben, weicht der erfasste Bildungshintergrund erheblich ab von Schülern, die gewöhnlich eine Musikschule besuchen. Erinnert sei in diesem Zusammenhang an die Aussage des stellvertretenden Leiters der Stuttgarter Musikschule, Andreas Jäger, wonach erfahrungsgemäß der größte Teil der Schüler der Stuttgarter Musikschule ab der 5. Klasse das Gymnasium besucht.[360]

> „Teil der Exploration waren jeweils …
>
> • ein schriftliches ‚Hausarbeitsheft‘, das die Jugendlichen im Vorfeld der Interviews bearbeitet haben;
> • ein leitfadengestütztes narratives Interview (Dauer ca. 90 min.)
> • eine fotografische Dokumentation der Wohnwelt (ca. 30 min.)“[361]

Zur Systematik der Modellierung des SINUS-Lebensweltmodells heißt es:

> „Bei der Profilierung der Lebenswelten wurden neben der formalen Bildung insbesondere die Wertorientierungen, Lebensstile und ästhetischen Präferenzen in den Blick genommen, weil diese Merkmale in einer hochindividualisierten Gesellschaft soziale Zugehörigkeit maßgeblich prägen. Letztlich könnte man hier auch von ‚sozialen Milieus‘ sprechen. Da aber die Entwicklung und Ausformung der soziokulturellen Kernidentität bei 14- bis 17-Jährigen noch nicht abgeschlossen ist, weil viele der im Leben zentralen Übergangsstadien (Berufswahl und Erwerbseinstieg, feste Partnerschaft, eigenverantwortliches Wohnen etc.) noch bevorstehen, ist der Lebenswelten-Begriff der treffendere. Dabei handelt es sich um real existierende Gruppierungen mit gemeinsamen Sinn- und Kommunikationszusammenhängen in ihrer Alltagswelt, mit vergleichbaren handlungsleitenden Konzepten des im Leben Wertvollen und Wichtigen sowie ähnlichen Vorstellungen von Lebensqualität und Lebensweise.“[362]

Eine quantitative Lebensweltanalyse für die Altersgruppe der 14- bis 17-Jährigen durch das SINUS-Institut ist bislang noch nicht erfolgt.[363] Wohl aber hat man im Jahr 2013 das Alterssegment der 14- bis 29-Jährigen repräsentativ auf Basis von 2.000 Online-

---

358   Zur detaillierten Begründung und Darstellung der methodischen Vorgehensweise vgl. Calmbach / Borgstedt / Borchard / Thomas / Flaig (2016:22ff.).
359   Calmbach / Borgstedt / Borchard / Thomas / Flaig (2016:23).
360   Jäger (2012:14); vgl. Kapitel 5.3.1.
361   Calmbach / Borgstedt / Borchard / Thomas / Flaig (2016:24).
362   Calmbach / Borgstedt / Borchard / Thomas / Flaig (2016:30).
363   Zur Systematik der Quantifizierung des SINUS-Lebensweltmodells vgl. Calmbach / Borgstedt / Borchard / Thomas / Flaig (2016:33ff.).

Interviews erfasst. Der Einfachheit halber werden in dem untenstehenden Überblick die quantitativen Angaben zu den Lebenswelten der 14- bis 19-Jährigen prozentual ebenso für die Altersgruppe der 14- bis 17-Jährigen angenommen.[364] „Diese Daten erlauben ein näherungsweises Bild über die Größenverhältnisse der verschiedenen Lebenswelten der Teenager."[365] Die Lebenswelten von Jugendlichen lassen sich gemäß dem SINUS-Forschungsansatz nach formalem Bildungsgrad und normativen Grundorientierungen der Jugendlichen segmentieren. Dadurch entstehen Schwerpunktbildungen, die trotz Überschneidungen und Unschärfen Tendenzen der gesellschaftlichen Sozialisierung sichtbar machen. Nachfolgend eine Kurzbeschreibung der SINUS-Lebenswelten u18:

Konservativ Bürgerliche:
15 % – Schwerpunkt auf mittlerem Bildungsniveau bei traditioneller Werteorientierung
Die familien- und heimatorientierten Bodenständigen mit Traditionsbewusstsein und Verantwortungsethik.

Sozialökolgische:
8 % – Schwerpunkt auf hohem Bildungsniveau bei moderner Werteorientierung
Die nachhaltigkeits- und gemeinwohlorientierten Jugendlichen mit sozialkritischer Grundhaltung und Offenheit für alternative Lebensentwürfe.

Expeditive:
21 % – Schwerpunkt auf hohem Bildungsniveau bei postmoderner Werteorientierung
Die erfolgs- und lifestyle-orientierten Networker auf der Suche nach neuen Grenzen und unkonventionellen Erfahrungen.

Adaptiv-Pragmatische:
24 % – Schwerpunkt auf mittlerem Bildungsniveau bei moderner Werteorientierung
Der leistungs- und familienorientierte Mainstream mit hoher Anpassungsbereitschaft.

Experimentalistische Hedonisten:
12 % – Schwerpunkt auf mittlerem Bildungsniveau bei postmoderner Werteorientierung
Die spaß- und szeneorientierten Nonkonformisten mit Fokus auf dem Leben im Hier und Jetzt.

Materialistische Hedonisten:
15 % – Tendenziell niedrigeres Bildungsniveau bei moderner Werteorientierung
Die freizeit- und familienorientierte Unterschicht mit ausgeprägten markenbewussten Konsumwünschen.

Prekäre:
5 % – Schwerpunkt auf niedrigem Bildungsniveau bei traditioneller bis moderner Werteorientierung
Die um Orientierung bemühten Jugendlichen mit schwierigen Startvoraussetzungen und Durchbeißermentalität.[366]

---

364 Vgl. Calmbach / Borgstedt / Borchard / Thomas / Flaig (2016:34).
365 Calmbach / Borgstedt / Borchard / Thomas / Flaig (2016:35).
366 Vgl. Calmbach / Borgstedt / Borchard / Thomas / Flaig (2016:34,38).

Einschränkend sei nochmals festgestellt: das Lebenswelten-Modell des SINUS-Instituts fasst *pauschal* Tendenzen in der gesellschaftlichen Entwicklung zusammen. Aus pädagogischer Sicht darf dies keinesfalls jedwede Einzelfallbetrachtung erübrigen. Es verbietet sich von selbst, Menschen mit niedrigerem sozio-ökonomischen Status oder formalem Bildungsniveau von vornherein ein geringeres musikalisches Interesse zu unterstellen.[367] Dennoch werden bildungsaffine gesellschaftliche Gruppierungen von sich aus leichter den Weg in die Musikschule finden. Dies betrifft gemäß dem SINUS-Modell zunächst einmal die *Sozialökologischen* und die *Expeditiven* Jugendlichen. Gerade die *Sozialökologischen* stellen für das Musikschulangebot eine dankbare Zielgruppe dar. „Im Vergleich aller Lebenswelten ist das Interesse an klassischen Hochkulturen bei den Sozialökologischen am stärksten ausgeprägt. Sie sind […] klassischer Musik und Jazz nicht so abgeneigt wie viele ihrer Altersgenossen. Einige spielen selbst klassische Instrumente."[368] Von einem Bildungsinteresse darf man ausgehen: „[…] neue Erfahrungen bedeuten für diese Jugendlichen immer auch einen Erkenntnisgewinn im Hinblick auf ihr Weltbild. Dieser Aspekt ist vorrangig gegenüber dem Spaßfaktor."[369] Die Bereitschaft zum gesellschaftlichen Engagement ist vorhanden: „Sozialökologische Jugendliche sind sehr altruistisch motiviert und am Gemeinwohl orientiert."[370] Auch die *Expeditiven* streben nach „vielfältigen kulturellen Erfahrungsräumen". Sie sind von allen Lebenswelten „am stärksten flexibel-multikulturell" ausgerichtet.[371] „So reicht ihr Musikgeschmack von den klassischen Stücken Mozarts über elektronisch-minimalistische Klänge bis hin zu satirischen Skandalrappern – Hauptsache etwas Besonderes […]."[372] Ebenso wie die Sozialökologischen Jugendlichen sind die Expeditiven sehr bildungsinteressiert und gehen kreativen und musischen Hobbys nach. „Bildung findet in dieser Lebenswelt sehr bewusst in der Freizeit als auch en passant statt."[373] Anders als die Sozialökologischen sind die Expeditiven aber eher geneigt, ihre kulturellen Interessen als „Statusmarker" zu begreifen, „um Distinktionsgewinne gegenüber dem Mainstream zu erzielen".[374] Expeditive Jugendliche werden insofern im Musikschulalltag nicht einfach zu „instruieren" sein. Die SINUS-Studie bezeichnet sie in der Wahrnehmung durch Andere schlicht als „too cool for school".[375] „Zu Fügsamkeits- und Unterordnungswerten haben Expeditive eine große Distanz wie zu asketischen Werten und konservativ-religiösen Moralvorstellungen."[376] Eine weitere den Musikschulen zugeneigte Lebenswelt besteht in den *Adaptiv-Pragmatischen*. Weniger bildungsaffin, weniger individualistisch, üben Adaptiv-pragmatische Jugendliche zahlreiche Hobbys in ihrer Freizeit aus, nehmen z.B. auch Klavierunterricht, spielen Schlagzeug, singen, tanzen, reiten.

---

367   Dartsch (2014:26ff.) gibt einen kompakten Überblick über die Bedeutung musikalischer Sozialisation als Einflussgröße auf musikalisches Lernen und Musikunterricht.
368   Calmbach / Borgstedt / Borchard / Thomas / Flaig (2016:143).
369   Calmbach / Borgstedt / Borchard / Thomas / Flaig (2016:136).
370   Calmbach / Borgstedt / Borchard / Thomas / Flaig (2016:132).
371   Calmbach / Borgstedt / Borchard / Thomas / Flaig (2016:162).
372   Calmbach / Borgstedt / Borchard / Thomas / Flaig (2016:163).
373   Calmbach / Borgstedt / Borchard / Thomas / Flaig (2016:163).
374   Calmbach / Borgstedt / Borchard / Thomas / Flaig (2016:163).
375   Calmbach / Borgstedt / Borchard / Thomas / Flaig (2016:169).
376   Calmbach / Borgstedt / Borchard / Thomas / Flaig (2016:151f.).

Hervorzuheben ist, dass diese Aktivitäten in der Regel „in einem organisierten (Musik-schule, Tanzstunde, Chor) oder privaten (eigener Musiklehrer), aber immer angelei-teten Umfeld statt[finden]".[377]

> „Adaptiv-pragmatische Jugendliche orientieren sich kulturell am populären Mainstream:
> Sie hören die Musik, [...] die scheinbar ‚alle gut finden'. Sie verbinden mit Kultur in erster
> Linie Unterhaltungs-, Erlebnis- und Entspannungsansprüche. Die Teilhabe am popkul-
> turellen Geschehen und der modernen Freizeitkultur ist ihnen wichtig. Eine konzentrierte,
> intellektuelle Auseinandersetzung mit Kultur ist jedoch die Ausnahme. Weil sie sich nicht
> vertieft für kulturelle Entwicklungen und Strömungen interessieren, sind sie für starre Di-
> chotomien wie ‚Underground versus Mainstream' oder ‚Hochkultur versus Popkultur' eher
> bedeutungslos."[378]

Bezeichnend für ein eher vordergründiges kulturelles Interesse der Adaptiv-Pragma-tischen erscheint ansonsten, dass kreative Hobbys immer nur an zweiter Stelle stehen und im Zweifelsfall zugunsten des schulischen Erfolges aufgegeben werden.[379] „Insge-samt haben Adaptiv-pragmatische Jugendliche durch Schule, Familie und Hobbies viele feste Termine im Wochenablauf und einen entsprechend verplanten und vollen Alltag, in dem die Zeit manchmal knapp wird. [...] Wichtig ist, dass etwas Interessantes und Lustiges in der Freizeit passiert."[380] Schwerer zu erreichen sind für Musikschulen die Le-benswelten der *Konservativ-Bürgerlichen* und der *Experimentalistischen Hedonisten* – aus unterschiedlichen Gründen. Das Hochkulturinteresse ist bei konservativ-bürgerlichen Jugendlichen in der Regel nur schwach ausgeprägt. „Eine deutliche Distanz besteht gegenüber kulturellen Produktionen, die tradierte Formen künstlerischen Ausdrucks aufbrechen."[381] Vergemeinschaftung findet bevorzugt in „geschützten, berechenbaren Räumen" statt, beispielsweise in (Musik-)Vereinen und Kirchengemeinden.[382] Demge-genüber bewegen sich experimental-hedonistische Jugendliche in subkulturellen Nischen. Musikalisches Interesse ist durchaus vorhanden. Hochangesehen ist das Spielen in einer Band oder auch, sich selbst ein Musikinstrument beizubringen.[383] „Von der klas-sischen Hochkultur und deren Einrichtungen (klassische Oper, Theater, Museen) dis-tanzieren sich Experimentalistische Hedonisten deutlich (‚Mozart und so')."[384] Ihre musikalischen Präferenzen erscheinen kaum verhandelbar. „Experimentalistische Hedo-nisten haben oft typische ‚Hangouts' – Orte, wo sie mit hoher Wahrscheinlichkeit auf Gleichgesinnte treffen (Jugendhäuser, Festivals, Szenecafés etc.)."[385] Als Zielgruppen für Musikschulen nach einem herkömmlichen Raster fallen die bildungsfernen Grup-pierungen der *Materialistischen Hedonisten* und *Prekären* weitgehend aus. Die wenigen

---

377 Calmbach / Borgstedt / Borchard / Thomas / Flaig (2016:70).
378 Calmbach / Borgstedt / Borchard / Thomas / Flaig (2016:69).
379 Calmbach / Borgstedt / Borchard / Thomas / Flaig (2016:70).
380 Calmbach / Borgstedt / Borchard / Thomas / Flaig (2016:71f.).
381 Calmbach / Borgstedt / Borchard / Thomas / Flaig (2016:51).
382 Calmbach / Borgstedt / Borchard / Thomas / Flaig (2016:57).
383 Calmbach / Borgstedt / Borchard / Thomas / Flaig (2016:122).
384 Calmbach / Borgstedt / Borchard / Thomas / Flaig (2016:125).
385 Calmbach / Borgstedt / Borchard / Thomas / Flaig (2016:128).

materialistisch-hedonistischen Jugendlichen, „die mit ‚hoher Kunst' in Berührung kommen, verstehen nicht, ‚wie man sowas gut finden kann' – zu langweilig (klassische Musik) […]".[386] Prekäre interessieren sich vor allem für Popmusik und Hip Hop.

> „Hat es Berührungspunkte mit Theater, Oper oder klassischer Musik gegeben, sind diese in schlechter Erinnerung geblieben. Die klassische Hochkultur wirkt befremdlich, langweilig und überfordert sprachlich bzw. intellektuell. Die Jugendlichen dieser Lebenswelt sind es kaum gewohnt, einer Darbietung über einen längeren Zeitraum ihre ungeteilte Aufmerksamkeit zu schenken."[387]

Prekäre Jugendliche erfahren oft das Gefühl, ausgegrenzt zu sein, „sei es in der Schule, in der Öffentlichkeit oder auch innerfamiliär".[388] Es fehlt an dem Bewusstsein, dass Bildungsanstrengungen sich lohnen.[389]

Die Zuordnung der Lebenswelten von Jugendlichen nach Bildungsgrad und Werteorientierung wird unter quantitativen und qualitativen Gesichtspunkten von Ort zu Ort verschieden ausfallen müssen. Zu vermuten ist beispielsweise, dass den bildungsaffinen Lebenswelten im städtischen Raum mehr *Expeditive*, im ländlichen Raum hingegen mehr *Adaptiv-Pragmatische* oder auch *Konservativ-Bürgerliche* angehören dürften, wobei im Falle von Stuttgart angesichts des ausgesprochen vielfältigen städtischen Musiklebens sogar nicht nur von *bildungs*affinen, sondern speziell auch von *musik*affinen Lebenswelten und Szenen auszugehen wäre. Gewisse Tendenzen lassen sich gleichwohl erkennen. Bildungsferne Schichten sind im ersten Arbeitsfeld der Musikschularbeit überhaupt nur mittelbar über vorhergehende Bildungskooperationen, vgl. Arbeitsfeld Nr. 2, zu erreichen. Ein explizit hochkulturelles Interesse ist lediglich in Lebenswelten mit hoher Formalbildung vorauszusetzen. Aber selbst dort muss man von sehr vielseitigen und hoch individualisierten musikalischen Präferenzen ausgehen, die von Jugendlichen wiederum nicht unbedingt als unvereinbar wahrgenommen werden und Aspekte formaler Bildung in den Vordergrund treten lassen. Von hier aus gesehen erscheint der Weg nicht mehr weit, musikalische Bildung zu instrumentalisieren, sei es als gesellschaftliches Distinktionsmerkmal *(Expeditive)* oder im Sinne des bloßen Konsums *(Adaptiv-Pragmatische)*. Für Instrumentallehrkräfte mag ein solch lebensweltlicher Umgang mit Musik schwer zu ertragen sein, möchte man doch in erster Linie den ästhetischen Eigenwert der Musik an andere vermitteln. Stellvertretend für viele seiner Berufskollegen hat Peter Röbke bereits im Jahr 2000 festgehalten: „Es lässt mich nicht unberührt, wenn die Tendenz der Individualisierung von Geschmack und Bildung so weit ginge, dass eine Gemeinschaft nicht mehr in der Lage wäre – und ich wiederhole hier die Worte Herwig Blankertz –, ‚Leitbilder ihres geistigen Lebens zu verehren, zu bewahren und zu tradieren' bzw. sich darüber zu verständigen, ‚in welchen Inhalten sich das ideale Selbstverständnis einer Kultur widerspiegelt'."[390] Gewiss fällt Musikpädagogik hier die Aufgabe

---

386 Calmbach / Borgstedt / Borchard / Thomas / Flaig (2016:103).
387 Calmbach / Borgstedt / Borchard / Thomas / Flaig (2016:84).
388 Calmbach / Borgstedt / Borchard / Thomas / Flaig (2016:88).
389 Calmbach / Borgstedt / Borchard / Thomas / Flaig (2016:87).
390 Röbke (2000:77).

zu, kompensatorisch zu wirken. Zu Recht macht Ulrich Mahlert darauf aufmerksam, dass formale Bildung nur in der konkreten materialen Auseinandersetzung stattfinden *kann*. Und dann gilt eben auch: „Selbstverständlich ist es im Blick auf Bildungsprozesse nicht gleichgültig, welche Musik gespielt oder gehört wird."[391] Dennoch bleibt zu berücksichtigen, dass die Jugendzeit eine Phase der Identitätssuche und -findung ist.[392] Nach Einschätzung von Nicolai Petrat sollte Instrumentalunterricht Jugendlichen genügend Raum lassen, sich auszuprobieren, sich auch mit Musik unterschiedlicher Genres und von verschiedener Stilistik zu beschäftigen.

> „Denn das Bewegen in mehreren Musikkulturen bedeutet meiner Ansicht nach auch einen Gewinn, nämlich eine differenziertere Ausdrucksfähigkeit, weil sie den Erwerb neuer Möglichkeiten der Identifikation und Symbolisierung bedeutet, was auch ästhetisch genutzt werden kann."[393]

Durch das Gewahrwerden einer differenzierteren Ausdrucksfähigkeit wird der Einzelne indirekt aufgefordert, seinen Bildungsgang eigenständig zu verantworten und reflektiert zu entscheiden, „welche ‚Sachen' es sich anzueignen lohnt".[394] Anselm Ernst meint im Instrumentalunterricht folgende Beobachtung gemacht zu haben: „Je höher das Niveau des Musizierens, um so anspruchsvoller wird infolgedessen auch die Musik, mit der sich die Schüler/innen beschäftigen. Ein fortschreitendes instrumentales Können verlangt nach niveauvoller Musik."[395] Sollten die Ansprüche des Schülers an das eigene Können dann weiter steigen, ist ein intensives Instrumentalstudium natürlich nicht mehr nur „mit ‚fun' und ‚entertainment' und prompter Bedürfnisbefriedigung […] zu haben".[396] Bildung schließt in diesem Fall die intensive, langwierige und dezidiert gewählte Auseinandersetzung mit „Bildungsgütern" ein.[397] Übergeordnete allgemeine Bildungsziele können so an Relevanz gewinnen: „*Bewußtheit* der Lebensführung, *Autonomie* der Entscheidungen und lebendige *Anteilnahme* an politischen, kulturellen und gesellschaftlichen Vorgängen […]".[398] Jugendliche, die das Musizieren für ein Hobby unter vielen erachten, werden solche Bildungsziele auf musikalischen Wegen kaum erreichen können. Doch sie werden zumindest eine Vorstellung davon erhalten, was musikalische Bildung sein kann.

> „Ein musikalisch Gebildeter wäre demnach ein Mensch: der über Basiswissen und Basiskönnen im Bereich der Musik verfügt; der historische und kulturelle Zusammenhänge der Musik erfasst; der ästhetische Urteils- und Erlebnisfähigkeit ausbildet; der Musik als

---

391 Mahlert (2011:16).
392 Vgl. Spiekermann (2016:166ff.).
393 Petrat (2001).
394 Röbke (2000:79).
395 Ernst (2006:155).
396 Röbke (1999:11).
397 Vgl. Ernst (2006:150).
398 Ernst (2006:150).

lebenswichtigen und sinnstiftenden Bestandteil seines Lebens erfährt; der bewußt und autonom an Musikkultur teilnimmt."[399]

Musikschullehrkräfte sollten niemals die Herkunft ihrer eigenen musikalischen Bildung, die eigenen musikalischen Präferenzen gegenüber Schülern verleugnen, zugleich aber doch die eigene musikalische Sozialisation und Lernbiographie kritisch hinterfragen und Schülern zugestehen, eigenständig ästhetische Wertmaßstäbe zu entwickeln. Es gilt, vom Schüler aus zu denken, wenngleich „die Musikschule aus historischen wie pragmatischen Gründen nach wie vor eine Stätte zur Pflege der abendländischen Kunstmusik"[400] ist. Musikpädagogen können und sollen an die Musik heranführen, die sie persönlich für künstlerisch wertvoll erachten. Aber es obliegt ihnen nicht zu entscheiden, welche Musik sich zukünftig als Kunstform tradieren wird. Volker Hagedorn hat Anfang 2015 in der Wochenzeitung „Die Zeit" dazu aufgefordert, doch endlich das Jammern zu unterlassen: „Das schaurige Lied vom Tod der Klassik, die zwischen Sparmaßnahmen und Volksverblödung, zwischen Starkult und Musealität dahinsiecht, ist zum Basso ostinato geworden, zum stets wiederholten Grundmotiv, das vielen Leuten die Ohren verstopft."[401] Neu ist das Phänomen nicht. Schon Adolph Bernhard Marx und Lina Ramann hatten im 19. Jahrhundert die Kluft zwischen Kunstentwicklung und Volksbildung beklagt.[402] Zu fragen ist: Was wäre heute so verhängnisvoll daran, sollte klassische Musik insofern ihre einstige Vormachtstellung eingebüßt haben, als dass sie für die Allgemeinheit „kein Mittel mehr der Repräsentation von Macht und Einfluss" darstellte, sondern „alle Musikformen von Rock bis hin zur Klassik ‚gesellschaftsfähig'"[403] geworden wären? Aus künstlerischer Sicht mag dies ohne Zweifel eine Frage der Perspektive bleiben. Die ästhetischen Präferenzen sind unterschiedlich. Gewiss trifft es zu, dass musikalische Bildung, so wie Hermann J. Kaiser sie versteht, aus der Sicht des sich bildenden Individuums einen elitären Anspruch in sich trägt.[404] Allerdings heißt das nicht, dass musikalische Bildung einen *ausschließenden* Charakter im Sinne eines „nicht gelten lassen können" haben muss. Marx' Ansicht, dass die musikalische Kunst „auf ihrer Höhe exklusiv"[405] bleiben *müsse*, taugt heute vielleicht noch zum Credo des Einzelnen, nicht aber mehr zum gesellschaftlichen Paradigma.[406] Die Verbreitung und Verfügbarkeit von Musik, egal ob E- oder U-, ist größer als jemals zuvor. Und mag man auch diese Vielfalt mitunter als Beliebigkeit wahrnehmen, so erscheint Beliebigkeit, positiv gewertet, doch als angemessener Preis für den fortgeschrittenen Demokratisierungsprozess in der Gesellschaft insgesamt. „[…] im pluralistischen und globalen Musikleben unserer Zeit müssen alle, die im Klassikbereich arbeiten, immer von Neuem, individuell und eigenständig den Weg zu einem lebendigen Dialog zwi-

---

399   Ernst (2006:151).
400   Röbke (1999:7).
401   Hagedorn (2015).
402   Vgl. Kapitel 3.3.2.
403   Messmer (2015).
404   Vgl. Kapitel 6.2.2.
405   Marx (1855:531f.).
406   Vgl. Kapitel 3.2.4.

schen klassischer Musik und Gegenwart suchen."[407] Die zahlreichen Aktivitäten der Stuttgarter Musikschule im Bereich der Musikvermittlung[408] stehen insofern für neue Anforderungen an die Musikschularbeit, aber eben auch für neue Chancen auf die Ermöglichung musikalisch-kultureller Teilhabe. In der jüngeren Generation sind derweil Suchbewegungen nach dem Zugang zum musikalischen Erbe zu beobachten. Michael Pilz kommentiert in der Tageszeitung „Die Welt" vom 30. Juli 2016 unter dem Titel „Klassik ist gar nicht voll doof":

> „Eine Studie der Media School in Hamburg hat nun das Musikkonsumverhalten junger Menschen untersucht. Es geht darin nicht um das Übliche, um Castingshows, verzogene Stars und Streaming-Apps, also nicht um Musik für junge Leute, wie so etwas schon vor 50 Jahren in der ‚Bravo' und im ‚Beat-Club' hieß, sondern um klassische Musik. Das Magazin ‚Concerti' hat die Media School zur Studie beauftragt. Das zunächst erfreuliche Ergebnis für die Redakteure, Kritiker und Leser von ‚Concerti': Immerhin 15 Prozent aller 20- bis 29-Jährigen mögen und hören Klassik. Mehr als jeder Sechste.
>
> Wer den Untergang des Abendlandes und die Abgesänge auf die Hochkultur des Westens aufmerksam verfolgt, weiß auch die Dimension dieser bescheidenen Zahl zu würdigen. Nein, die als Maßstab geltende, vollendete und zeitlos mustergültige Musik wird nicht mit ihren weißhäuptigen Sinfoniekonzertbesuchern, Audio-CD-Käufern und Opernabonnenten aussterben. Die Klassik lebt. Wer hätte das gedacht.
>
> Gedacht hätte das jeder, der vielleicht kein Monatsmagazin für klassische Musik und keine Studien über Kühe und Kartoffeln, die bei Strauss besser gedeihen als bei Slayer, liest, aber Kontakt zu jüngeren Menschen hält. An den gut ausgelasteten Musikschulen wird immer noch und vornehmlich akustisch musiziert, die Kinder spielen ernst vom Blatt, selbst Waldhorn, Bratsche und Fagott. Bei ‚Jugend musiziert', dem bundesweiten Wettbewerb, treten nicht nur gedrillte Töchter asiatischer Migranten an und ehrgeizige Spätaussiedlersöhne aus dem Osten, sondern auch einfach begabte, faule deutsche Wohlstandssprösslinge in Kraftklub-T-Shirts. Musikalien- und Instrumentenhändler können Lieder davon singen, dass die Hausmusikpflege sich nicht nur auf das neobiedermeierliche Bildungsbürgertum beschränkt, wo das Klavier wieder als Statusmöbel gilt, und dass die Beatles sich mit Brahms in sämtlichen Milieus gut zu vertragen scheinen.
>
> In Konzertsälen und Plattenläden sieht man davon selbstverständlich wenig. Twens, wie man die jungen Leute dort noch nennt, machen sich wenig daraus, zwischen hüstelnden Senioren festlich im Gestühl zu sitzen. Sie lassen sich auch nicht mehr so gern von Kritikern erklären, wie sie was zu finden haben. Die Bayreuther Festspiele würden sie nicht mal – was die Wagnerianer gerade mehr beschäftigt als der ‚Ring' – als Stream im Multiplexkino verfolgen wollen, wo die Alten sich darüber streiten, ob man zur ‚Walküre' Popcorn essen darf. Ist sowieso immer zu teuer, wo die Alten sind. Vor allem aber ist, wer sich und alles, was er mag, für klassisch hält, auch irgendwie voll doof."[409]

---

407 Messmer (2015).
408 Vgl. Kapitel 5.2.2.
409 Pilz (2016).

6.3.2 Arbeitsfeld 2: „Erfahrung elementaren Musizierens und Vermittlung musikalischer sowie instrumentaler und vokaler Basiskompetenzen für alle Kinder"

In diesem Arbeitsfeld geht es nach Peter Röbke um die Anbahnung von Zugängen zur Musik und zum Musizieren:

> „Jedem Menschen sollte nicht nur die Möglichkeit offen stehen, sich musikalisch in aller Freiheit auszudrücken und musikalisch mit anderen Menschen zu kommunizieren, sondern ihm steht auch zu, die dafür notwendigen Fähigkeiten und Fertigkeiten zu erwerben und zwar in Prozessen selbstverständlicher Enkulturation und Sozialisation ebenso wie in formellen Lernprozessen: Singen und Musizieren sollte ein Mensch so selbstverständlich wie Lesen und Schreiben."[410]

Die Aufgabe stellt sich in doppelter Hinsicht. Einerseits kooperiert die Musikschule im zweiten Arbeitsfeld mit Kindertagesstätten und Grundschulen. Beiden arbeitet sie zu. Andererseits schafft sie hier auch ein Fundament für ihr erstes, sozusagen ureigenes Arbeitsfeld, dem instrumentalen und vokalen Hauptfachunterricht an der Musikschule. Kindertagesstätten und Grundschulen haben potentiell ein eigenes Interesse an Bildungskooperationen mit Musikschulen:

> „Es ist nicht ungerecht, viele der neuen Modelle zunächst als Reaktionen auf pragmatische Zwänge und Engpässe zu betrachten: auf die Notwendigkeit, viele Kinder ganztags zu betreuen, und auf eine Art musikalischen Bildungsnotstand bei etlichen, häufig fachfremd eingesetzten GrundschullehrerInnen."[411]

Musikschulen bietet sich über Bildungskooperationen wiederum die Chance, Kinder zu erreichen, die nicht von sich aus den Weg in die Musikschule finden. In beiden Fällen sollen gegebenenfalls Bildungsbenachteiligungen in den Elternhäusern schon frühzeitig kompensiert werden. Angestrebtes Ziel ist musikalisch-kulturelle Teilhabegerechtigkeit.

Für Peter Röbke strebt der Musikunterricht an Regelschulen und Musikschulen gleichermaßen die Balance zwischen drei Zielbereichen an. Dabei geht es „um ein Wechselspiel zwischen dem Erwerb gezielten reflektierten musikalischen Wissens und musikalischer Kenntnisse, dem systematischen Aufbau spezifischer musikalischer Kompetenzen und der Erfahrung, dass schon im Unterricht die Musik Wirklichkeit wird und die Klänge wirklich erscheinen".[412] Gemeint ist …

---

410 Röbke (2015a:26).
411 Gutzeit (2014:1).
412 Röbke (2015a:27). Röbke schränkt an selber Stelle ein, „dass in Eltern-Kind-Gruppen oder in der Musikalischen Früherziehung reflektiertes Musikverstehen und systematische Kompetenzvermittlung hinter den Aufbau einer Beziehung zur Musik und die Entfaltung von Lust und Freude am Singen und Musizieren zurückzutreten haben".

„erstens,

- die grundlegenden Phänomene der Musik kennenzulernen und zu begreifen,
- die verschiedenen musikalischen Praxen zu reflektieren,
- musikalischen Objekten – oder sagen wir auch: musikalischen Werken – zu begegnen und diese zu verstehen,
- in den Stücken oder Werken den Spiegel von Kultur zu sehen bzw. über die Werke Kultur zu erschließen,

zweitens,

- Fähigkeiten des melodischen und harmonischen Hörens und Vorstellens ebenso zu entwickeln wie
- rhythmisch, metrische Fähigkeiten,
- vokale, instrumentale und bewegungsmäßige Fähigkeiten (schon an dieser Stelle sei gesagt, dass nicht alle SchülerInnen diese Fähigkeiten im gleichen Ausmaß erwerben müssen),
- gestalterisches Vermögen und Fähigkeiten des Zusammenspiels ebenso wie
- musikalische Lesefähigkeiten,

und drittens jene Momente zu erfahren,

- in denen einen die Musik im Hören berührt und ergreift,
- in denen erfahren wird, was intensives Singen und Musizieren bedeutet,
- in denen man so in die musikalische Aktivität eintaucht, dass man buchstäblich die Zeit vergisst und der normale (Musikschul)Raum von einer anderen Atmosphäre erfüllt wird,
- in denen man erlebt, was musikalische Körper sind, Körper, die von der Musik erfüllt und bewegt werden."[413]

Natalia Ardila-Mantilla erläutert, warum im Instrumentalunterricht die „Vorstellungen von musikalischem Wissen und von den Möglichkeiten der Vermittlung dieses Wissens [...] keineswegs homogen" sind.[414] Sie spricht von zwei möglichen Zugängen der Vermittlung musikalischen Wissens. Der eine Zugang fordere den Erwerb von Spieltechnik „als Leiter mit aufeinander aufbauenden Lernschritten".[415] Technik solle gezielt durch das Spiel von Übungen und Etüden erworben werden. Spieltechnik wird zur Voraussetzung eines Musizierens nach Noten, das Lesekompetenz fördern, aber auch dem regelbasierten Verständnis von Musik zuarbeiten will. Der andere Zugang betrachte Spieltechnik als ein Kaleidoskop verschiedener Lernbereiche, über welche Technik implizit durch das Spielen von Stücken erworben wird. Spieltechnik *ist* somit inhärenter Bestandteil des Musizierens. Mit dem Ziel einer verbesserten Audiationsfähigkeit erhalte das Musizieren nach Gehör zentralen Stellenwert. Musik soll erlebt werden, „um ein musikalisches Gespür zu entwickeln".[416] Einmal steht also explizites Wissen im Vordergrund: Deklaratives Wissen wird – ausgehend von Daten, Fakten und Anleitungen – aufgrund von Reflexionsprozessen erworben und soll zugleich symbolische Repräsentation ermög-

---

413 Röbke (2015a:27f.).
414 Ardila-Mantilla (2016:106).
415 Vgl. Ardila-Mantilla (2016:107).
416 Ardila-Mantilla (2016:107).

lichen. Ein anderes Mal geschieht Wissen implizit, handlungsbasiert, prozedural. Als „Grundlage sensomotorischer Fähigkeiten (Bewegung, Hören, Spüren …)" manifestiert es „sich nur im Handeln".[417] Traditionell scheint sich der Unterricht von Instrumental-pädagogen stärker an der Ausbildung der Spielfertigkeit, an der expliziten Wissensver-mittlung zu orientieren. Ardila-Mantilla wäre es indes „wichtig, dass beide Sphären – das Lernen im Musizieren und das systematische, reflexive Lernen – als Ressource wahr-genommen werden", über die Lehrkräfte nach Bedarf verfügen können.[418] Nur auf die-sem Weg ist nach Wolfgang Lessing die grundlegende Antinomie zwischen Unterrich-ten und Musizieren in der Instrumentalpädagogik zu relativieren.[419]

Die Notwendigkeit einer Synthese der beschriebenen Lehr- und Lernwege lässt sich historisch am Beispiel des Übergangs von der musikalischen Elementarausbildung zum instrumentalen und vokalen Hauptfachunterricht verdeutlichen. In der elemen-taren Musikpädagogik des 19. Jahrhunderts konnten sich die Bereiche Entwicklung von musikalischem *Verständnis*, Ausbildung spezifisch musikalischer *Kompetenzen* sowie mu-sikalisch-ästhetische *Erfahrung* nur bedingt wechselseitig befruchten. Schüler wurden zu-nächst in die Musiklehre eingeführt, bevor man zum Singen überging, welches aller-dings jeden gestalterischen Impuls zugunsten der abstrakten Schulung am bloßen Ton-material bzw. am Rhythmus unterdrückte. Erst dann sah man den Boden zur Musik-ausübung bereitet, schien der Weg zur ästhetischen Erfahrung geebnet. Diese streng sukzessive Vorgehensweise erfolgte nach dem Grundsatz *per aspera ad astra* (lat. „durch Mühsal zu den Sternen bzw. zum Erfolg") und fand seine Fortsetzung beim Erlernen eines Instrumentes; daher rührt der Überhang an Übungen und Etüden in Instrumen-talschulen wie z.B. der von Lebert und Stark, die sich im Untertitel nicht umsonst eine *theoretisch-praktische* Klavierschule nennt. Bezeichnend ist, dass der Einstieg in die mu-sikalische Ausbildung relativ spät erfolgte. Gustav Schilling empfahl das Alter von sie-ben bis acht Jahren für den Beginn einer musikalischen Ausbildung, da Kinder dann lesen, schreiben und rechnen könnten. Die heutige Elementare Musikpädagogik nähert sich dem Phänomen Musik hingegen, unabhängig vom Lebensalter, von vornherein un-ter dem Aspekt seiner ästhetischen Erfahrbarkeit als Ausgangspunkt jeden weiteren Ler-nens.

> „Musik und Bewegung bilden eine Einheit. Musikhören löst immer Reaktionen auf kör-perlicher Ebene aus; Musik kann nur über Bewegung hörbar, spürbar und sichtbar ge-macht werden. Außerdem gilt in der EMP musikstilistische Offenheit, sodass auf ver-meintlich universal gültige Wertmaßstäbe für Musik verzichtet wird. In der EMP wird ein sogenanntes dynamisches Verständnis bevorzugt; der Schüler setzt sich mit Musik ausei-nander und kann selbst herausfinden, was ihm persönlich im jeweils konkreten Fall Musik bedeutet […]. Hieraus ergibt sich, dass in der EMP – je nach Interpretation der Mitspielen-

---

417 Ardila-Mantilla (2016:110).
418 Ardila-Mantilla (2016:112).
419 Lessing, W. (2016b:82).

den – prinzipiell alle Klangereignisse unter den Begriff der Musik fallen können. Dies sind Tatsachen, die für jeden Musikunterricht von größter Bedeutung sind."[420]

Die Kompetenz des Musizierenden zum musikalischen Gestalten ergibt sich für Barbara Busch und Barbara Metzger ...

„aus dem jeden Menschen innewohnenden Grundmuster musikalischer Erfahrungen und seinen grundsätzlich vorhandenen musikalischen Fähigkeiten; er kann und soll folglich das Unterrichtsgeschehen aktiv mitbestimmen. Daher werden in der elementar-musikpädagogischen Praxis bevorzugt musikalische und außermusikalische Impulse gegeben, die an die vermutete Erfahrungswelt des Schülers anknüpfen und offene Lernsituationen ermöglichen. Dieser ist eingeladen, mit Stimme und / oder Körper auf diese Impulse erkundend, erprobend, gestaltend zu reagieren, um Grundphänomene der Musik körperlich zu erspüren und in der Folge auch kognitiv durchdringen zu können."[421]

Instrumentaltechnische Spielfertigkeiten stellen nicht zwingend eine Voraussetzung für Elementares Musizieren dar, „umgekehrt ist es auf jedem spieltechnischen Niveau möglich".[422] Solmisation, Rhythmussprache, Bodypercussion und elementare Musizierpraxis basieren auf der Simultanität von *handeln, erfahren, verstehen* und eignen sich auch zum Einsatz im Instrumentalunterricht. Nach Einschätzung von Peter Röbke ist die systematische Arbeit am inneren Hören und Vorstellen von Musik noch immer nicht selbstverständlich für Instrumentallehrkräfte an Musikschulen, „wenn auch jeder weiß, dass Spieltechnik wenig nützt, wenn Grundton-, Puls- oder harmonisches Empfinden unentwickelt sind".[423] Michael Dartsch erläutert:

„Geht es also um die Phrasierung, um eine Sensibilisierung für die Intonation oder auch darum, eine innere Vorstellung von Stücken zu gewinnen – was im Anfangsunterricht fast immer der Fall sein wird –, so empfiehlt sich auch im Instrumentalunterricht das Singen. Rhythmische Aspekte lassen sich mittels Körperperkussion, mit Instrumenten des kleinen Schlagwerks, die etwa den Puls markieren können, zuallererst aber über das rhythmische Sprechen bearbeiten [...]. Der Bewegungsgestus von Musikstücken wird besonders gut erfahrbar, wenn man sich tatsächlich zu ihnen bewegt. Nuancen der Tonhöhe, der Klangfarbe und des Körperempfindens können über die Konzentration auf die Sinneswahrnehmung, über das Lauschen und Spüren erfahren werden. Mit allen Sinnen wird das faszinierende Vorbild der musizierenden Lehrperson erlebt. In bestimmten Situationen des Unterrichts verlangen formale Aspekte ein Bewusstmachen im Gespräch [...]."[424]

Röbke illustriert, was das Unterrichtsprinzip der elementaren Musikpädagogik im Streicherklassenunterricht nach der Methode Paul Rolland bedeuten kann. Kinder lernen durch bildliche Veranschaulichung, „streicherische Spielbewegungen auf Alltagsbewe-

---

420 Busch / Metzger (2016:228).
421 Busch / Metzger (2016:227f.).
422 Busch / Metzger (2016:227).
423 Röbke (2015a:29).
424 Dartsch (2014:98f.).

gungen zurückzuführen", die bereits in ihrem Erfahrungsschatz verankert sind.[425] „Mit dem Erwerb ‚instrumentaler Grundkompetenzen' ist primär nicht das Erlernen bestimmter Griffarten, Lagen oder Stricharten gemeint, sondern die Grundlegung der Schwungbewegungen des rechten und linken Arms (im einfachen Bogenstrich wie im Saitenwechsel oder im Lagenwechsel bzw. Glissando auf dem Griffbrett)."

> „Ich lerne bald, was eine bestimmte Bewegung an diesem besonderen Spiel- und Werkzeug auslöst und was die charakteristischen klanglichen Resultate sind, Resultate, die sich einer Spiel- und Ausdrucksbewegung verdanken und somit Klang und Ausdruck zugleich sind."[426]

Werden Grundgedanken der Elementaren Musikpädagogik in die instrumentalpädagogische Arbeit integriert, dann werden nach Barbara Busch und Barbara Metzger vier Tätigkeiten zu zentralen Handlungsweisen:[427] (1) musikalisch kommunizieren, (2) Musik sinnlich erfassen („sich bewegen"), (3) musikalische Phänomene erkunden und (4) gestalterisch tätig sein. Benannte Handlungsweisen stimmen überein mit den grundlegenden Dimensionen einer ästhetischen Erziehung und Bildung, wie sie in Kapitel 4.2.4 in Anlehnung an Cornelie Dietrich / Dominik Krinninger / Volker Schubert beschrieben wurden.[428] Der Mensch entwickelt im Kontext des Unterrichts ein Verhältnis zur Musik, indem er Musik spürt, meistert, kennenlernt und erschafft.[429] Die nun folgenden Ausführungen beziehen sich generell auf den Instrumentalunterricht, unabhängig vom Alter und Können der Lernenden; zugleich eignen sie sich als Abgrenzungskriterium gegenüber mitunter bedenklichen Tendenzen in der Instrumentalpädagogik des 19. Jahrhunderts.

(1) Musikalisches Kommunizieren soll Vorrang haben vor einer möglichst schnellen Ausbildung von Spielfertigkeit. „Es gilt, das ausdrucksstarke, an Emotionen reiche Spiel zu erproben, um sich mitteilen zu können."[430] Schon der einzelne Ton kann aus Sicht des Spielenden Bedeutungsaufladungen erfahren, indem er z. B. mit einem wütenden, traurigen, fröhlichen oder nachdenklichen Ausdruck versehen wird. „Die Konzentration auf einzelne Klänge oder Körperempfindungen korrespondiert mit dem Inhaltsbereich des Wahrnehmens und Erlebens und kann die Voraussetzungen für ein nuanciertes Instrumentalspiel schaffen."[431] Die Arbeit an der Darstellung von Musik durch nonverbale mit Bewegungen, Gestik und Mimik vollzogene Einflussnahme des Lehrenden sowie dessen spielpraktische Demonstration erweitern nach Ulrich Mahlert die Rolle der Musik als Medium der Kommunikation.[432] Musikalische Kommunikation lässt sich dessen ungeachtet besonders gut unter Beteiligung mehrerer Mitwirkender realisieren,

---

425 Röbke (2015a:30).
426 Röbke (2015a:30).
427 Vgl. Busch / Metzger (2016:231f.).
428 Vgl. Dietrich / Krinninger / Schubert (2012:28ff.).
429 Vgl. Dartsch (2014:76ff.).
430 Busch / Metzger (2016:231).
431 Dartsch (2014:99).
432 Mahlert (2016b:215).

sei es in der einfachen Lehrer-Schüler-Konstellation oder im Partner-, Gruppen- oder Klassenunterricht.

> „Dafür bieten sich etliche Möglichkeiten:
> - gemeinsam singen,
> - vorsingen – nachsingen
> - vorsingen – nachspielen
> - vorspielen – nachspielen
> - zusammen improvisieren,
> - gemeinsames Spiel von Grundübungen (Tonbildung, Intonation usw.),
> - musikalische Zusammenhänge alternierend spielen (Phrasen, Taktgruppen, Takte, Einzeltöne),
> - gemeinsames Blattspiel,
> - gemeinsames Interpretieren von Ensemblestücken,"[433]

Michael Dartsch nennt als Beispiele „musikalischer Kommunikationsregeln" das Frage-Antwort-Schema, die Tutti-Solo-Abfolge oder auch die Kettenform.[434]

(2) Musikalische Sachverhalte sind im Instrumentalunterricht bevorzugt als akustisches Phänomen zu vermitteln. Wichtiger als das kognitive Erfassen des Notentextes erscheint zunächst *aktives Hören*, die Entwicklung einer inneren Klangvorstellung. Bereits Lina Ramann hatte erkannt, dass aktives Zuhören Kinder zu musikalischem Verständnis führt. Ästhetisches Hören richtet sich demnach auf die „geistige Reproduktion durch Empfinden und Vorstellen".[435] Melodieverläufe können durch Bewegungen visualisiert werden und werden somit körperlich spürbar.[436] Kinder können Rhythmen nachspielen, noch bevor sie dieselben vom Verstand her begreifen. Dartsch weist in diesem Zusammenhang auf den amerikanischen Musikpsychologen und -pädagogen Edwin E. Gordon hin. „Gordon sieht [...] analog zum Spracherwerb eine Zeit des handelnden Umgangs mit Musik als Voraussetzung für eine spätere analytische Herangehensweise an ihre Strukturen und Regeln an [...]. Nichtsdestoweniger kann das begriffliche Durchdringen, also das Erlernen von Notenwerten, Intervallnamen und Tonleiterformen, das musikalische Verstehen befruchten, da es Kategorien an die Hand gibt, auf die planmäßig zurückgegriffen werden kann."[437]

(3) Neben sinnvoll *wiederholendem* Lernen beim instrumentalen Üben und Spielen ist sinnvoll *entdeckendes* Lernen anzustreben. „Die kleinschrittige Anleitung durch den Lehrenden wird durch das selbsttätige Erproben und Aneignen von Sachverhalten durch die Lernenden ergänzt."[438]

---

433   Mahlert (2016b:215).
434   Dartsch (2014:109).
435   Ramann (1873:30); vgl. Kapitel 3.2.5.
436   Busch / Metzger (2016:231).
437   Dartsch (2014:115f.).
438   Busch / Metzger (2016:232).

> „Ein erkundender Zugang wird von Neugier gespeist und verspricht das Erfolgserlebnis, selbst etwas Entscheidendes herausgefunden zu haben. Man darf hoffen, dass die entsprechenden Eindrücke besonders gut verankert und erinnert werden. Außerdem kann die persönlich bequemste Variante einer Bewegung oder Haltung von der Lehrkraft kaum mit der gleichen Präzision gefunden werden, die der lernende Mensch selbst auf der Suche nach Wohlgefühl und persönlicher Stimmigkeit erreichen sollte."[439]

Schon im Vorgang des Übens tritt die Notwendigkeit des Erkundens offen zutage. „Üben vollzieht sich in einer Spiralbewegung von innerer bzw. mentaler Repräsentation und äußerer Realisierung, sich präzisierender Vorstellung und aufmerksamer Ausführung auf dem Wege zur Vervollkommnung einer praktischen Tätigkeit."[440] Ähnlich verhält es sich für Wolfgang Rüdiger mit der *Spiel*technik im klassischen Sinne des Wortes:

> „Begreift Friedrich Schiller *Spiel* als Verbindungsglied von Stoff = Leben und Form = Gestalt [...], so kann musikalische *Spiel*technik als Kunst der Herstellung lebendiger musikalischer Gestalten am Instrument erfahren und geübt werden: ausgehend von den Lebenswelten, ‚lebendigen Wirklichkeiten' [...] und Ausdrucksimpulsen der Schüler, die jeden Ton zu einem Körper, jede Tonverbindung zu einer Geste, Motive zu Geschichten, Phrasen zu Erzählungen etc. formen. Klänge verkörpern, zeigen, darstellen – sprechen, singen, Musik fühlen und denken – musikalische Bewegungen vor dem und beim Spielen vorstellen – beim Üben Musik machen und mitkomponieren – solche und weitere Aspekte körperlich erfühlten und erfüllten Technikübens stehen mit einer Vielzahl von Lernfeldern in Verbindung."[441]

Einst hatte Adolph Bernhard Marx für Kinder die Freiheit erbeten, „bisweilen auf dem Klavier nach ihrer Art herumzuspielen, zu suchen, selbst herumzutosen [...]".[442] Keineswegs soll(e) der einsetzende Instrumentalunterricht den natürlichen Spieltrieb des Kindes zu früh unterdrücken.

(4) Lehrende müssen „den reproduktiven Umgang mit Musik durch produktive Verfahren ergänzen".[443] Zur Interpretation tritt die Improvisation.

> „Die Improvisation erlaubt den unmittelbaren Ausdruck mit dem gewählten Instrument und erschließt Zusammenhänge von Ausdrucksgehalten und musikalischer Faktur."[444]

Michael Dartsch empfiehlt daher neben der freien Improvisation auch das Improvisieren mit musikalischen Materialvorgaben. So kann ein bestimmter Tonvorrat vorgegeben werden: ein gängiges harmonisches Modell wie z. B. das zwölftaktige Bluesschema; bestimmte Skalen, etwa beim pentatonischen Spiel auf den schwarzen Tasten

---

439 Dartsch (2014:99).
440 Rüdiger (2016:255).
441 Rüdiger (2016:259).
442 Marx (1857:379).
443 Busch / Metzger (2016:232).
444 Dartsch (2014:99).

des Klaviers; ein rhythmisches Modell. Melodisch-rhythmische Motive dürfen verziert und variiert werden. Improvisationen über Akkordfolgen sind ebenso möglich wie das Suchen nach Begleitformen.[445] Schließlich folgt auch das Interpretieren dem Modus eines „als ob" ...

> „Natürlich sind feste Musikformen im Unterricht präsent; steht dabei immer wieder auch der musikantisch-expressive Aspekt im Vordergrund, so üben die Schülerinnen und Schüler nicht nur für eine ferne Zukunft, sondern können Musik bereits in der Gegenwart in ihr Leben integrieren und sich damit Bedürfnisse erfüllen."[446]

Am offensichtlichsten wird die Verknüpfung von elementarer Musikpädagogik und Instrumentalpädagogik heute im Klassenmusizieren in der Kooperation zwischen Musikschule und allgemeinbildender Schule. Martin D. Loritz merkt an: „Klassenmusizieren wird von seinen *Befürwortern* als neuer ‚Königsweg' in der Musikpädagogik gesehen."[447] Im Idealfall verspricht gemeinsames Musizieren im Klassenverbund eine einzigartige Symbiose von musikalischer Lern- und Lebenswelt, da es zur geteilten Alltagserfahrung aller Kinder bzw. Jugendlichen wird. Doch wie nachhaltig führt Klassenmusizieren zu tiefen Erfahrungen? Vermag es das generelle Interesse der Schüler an Musik zu wecken und regt es zu musikalischer Betätigung an?[448] Gelingt es hier tatsächlich, das Fundament für jenes erste Arbeitsfeld der Musikschule zu legen, der „Gestaltung musikalischer Lern- und Lebenswelten – generationenübergreifend und in einer lebenslangen Perspektive"?

Von besonderem Interesse sind in diesem Zusammenhang die Ergebnisse zu den Forschungen *Jedem Kind ein Instrument* (JeKi) in Nordrhein-Westfalen und Hamburg, die in den Jahren 2009–2016 projektbegleitend mit Unterstützung des Bundesministeriums für Bildung und Forschung (BMBF) durchgeführt wurden. „Über 30 Wissenschaftlerinnen und Wissenschaftler aus den Erziehungswissenschaften, der Musikpädagogik, der Musikpsychologie und den Neurowissenschaften arbeiteten in interdisziplinären und universitätsübergreifenden Verbänden" mit dem Ziel zusammen, fachdisziplinäre Perspektiven im Sinne von Wirkungsanalysen und Prozessanalysen zu vernetzen.[449]

> „Ursprünglich für Grundschulen im Ruhrgebiet konzipiert, wurde das Projekt rasch auf Schulen in Hessen und Hamburg ausgeweitet: ähnliche Initiativen gibt es mittlerweile in zahlreichen weiteren Bundesländern.
> Seit 2007 investierten verschiedene Stiftungen sowie das Land Nordrhein-Westfalen jährlich jeweils gut 10 Millionen Euro in JeKi. Finanziert wird damit ein mehrstufiges Ausbildungskonzept, das sich über die gesamte Grundschulzeit erstreckt.
> Im ersten Schuljahr nehmen alle Kinder der beteiligten Grundschulen kostenlos am Programm teil, erfahren eine ‚musikalische Grundausbildung' und lernen eine Vielzahl an Mu-

---

445 Vgl. Dartsch (2014:110f.).
446 Dartsch (2014:99).
447 Loritz (2015:65).
448 Vgl. Loritz (2015:71).
449 Kranefeld (2015:6).

sikinstrumenten kennen, aus denen sie schließlich eines für den folgenden Instrumentalunterricht auswählen. Verfügbar sind Streich- und Blasinstrumente, Tasteninstrumente,
Schlag- und Zupfinstrumente – je nach örtlichen Gegebenheiten und Kompetenzen der
beteiligten Lehrkräfte allerdings in recht unterschiedlicher Anzahl und Zusammenstel-
lung.

Ab dem zweiten Schuljahr erhalten die Kinder einmal wöchentlich Instrumentalunterricht
in Gruppen zu durchschnittlich fünf Kindern, die Teilnahme kostet monatlich 20 Euro.
Jedes Kind bekommt ‚sein' Musikinstrument als kostenlose Leihgabe auch zum Üben mit
nach Hause.

In den Jahrgangsstufen drei und vier wird der Instrumentalunterricht durch das Spiel in
einem jahrgangsübergreifenden Schulensemble ergänzt, die Teilnahmekosten steigen auf
35 Euro pro Jahr. Am Ende jedes Schuljahres findet ein Abschlusskonzert statt."[450]

Die Ergebnisse der JeKi-Forschung fallen zwiespältig aus. Zunächst gewährt „die
verpflichtende und kostenfreie Teilnahme aller Kinder der teilnehmenden Grundschulen in der ersten Klasse eine grundlegende Chancengleichheit in Bezug auf den Zugang zu vorbereitenden Maßnahmen für einen instrumentalen Gruppenunterricht".[451]
In den Folgejahren sind dann weniger Geschlecht oder Migrationshintergrund für eine Fortsetzung der Teilnahme entscheidend als das musikalische Selbstkonzept der Kinder und die Elternwahrnehmung. Allerdings kommen nach Beendigung des zweiten
Schuljahres sozioökonomische Einflussfaktoren und Einflüsse des Kulturellen Kapitals
wieder stärker zum Tragen. „Kinder aus Elternhäusern mit ausgeprägter kultureller
Praxis und höherem Haushaltseinkommen bleiben hier mit höherer Wahrscheinlichkeit
im Programm als andere Kinder."[452] Dieser Effekt setzt sich nach dem Übergang von der
Grundschule zur weiterführenden Schule fort, wobei trotz allem ein mittelfristiger Effekt von JeKi zu beobachten ist: „Kinder die bis zum Ende am Programm teilgenommen hatten, erhielten mit etwas größerer Wahrscheinlichkeit auch in den ersten Jahren
der weiterführenden Schule Instrumentalunterricht."[453] Eine Stichprobe in 6. und 7.
Schuljahren ergab, dass 24,6% der Kinder, die das JeKi-Programm durchlaufen hatten,
weiterhin ihr ursprüngliches JeKi-Instrument erlernten, 30,2% ein anderes Instrument
und 45,2% hatten den Instrumentalunterricht komplett aufgegeben.[454]

Ansonsten gibt die JeKi-Forschung Hinweise darauf, dass positive Transferwirkungen des Musizierens vor allem mit dem Überverhalten der Kinder, ihrem individuell veranlagten Potenzial und dessen gezielter Förderung zusammenhängen. Die Ergebnisse von
psychoakustischen und psychologischen Verlaufsmessungen, bei denen „die Kernspin-
tomographie (MRT) zur Erfassung der anatomischen Struktur des Gehirns und zweitens die Magnetencephalographie (MEG) zur Messung der Gehirnströme beim Hören
von Klängen"[455] zum Einsatz kamen, zeigen, „dass intensives [!] Musizieren mit einer

---

450 Puffer (2016).
451 Kranefeld (2015:16).
452 Kranefeld (2015:17).
453 Koal / Busch / Kranefeld (2016:52).
454 Krupp-Schleußner / Lehmann-Wermser (2016:60f.).
455 Schneider / Seither-Preisler (2015:29).

Reihe von Vorteilen auf perzeptiver und kognitiver Ebene einhergeht, insbesondere einer besseren Hörfähigkeit, erhöhter Aufmerksamkeit, verringerter Impulsivität und erheblich besseren Leistungen beim Lesen und Rechtschreiben".[456] Die genannten Effekte waren indes nicht bei Kindern nachweisbar, die ausschließlich im Rahmen von JeKi musizierten, sondern nur für Kinder einer intensiv musizierenden Vergleichsgruppe, die zusätzlich außerschulisch Instrumentalunterricht erhielten und nachweislich regelmäßig übten.[457] Daraus folgt, dass es „einen erheblich höheren Übeaufwand im Rahmen von *JeKi* bräuchte, um ähnliche Effekte zu erzielen, wie sie für außerschulischen Instrumentalunterricht typisch sind".[458] Ein Problem, für das es zurzeit keine einfache Lösung gibt. Wirkungen auf die soziale und emotionale Entwicklung von Kindern fielen nach Aussage des Forschungsteams MEKKA (= Musikerziehung, kindliche Kognition und Affekt) nicht in dem Maße positiv aus, dass man umstandslos von positiven Haupteffekten der Musikerziehung hätte sprechen können. Die Effekte blieben komplex und „meist nur unter spezifischen Bedingungen beobachtbar [...]".[459] Das Forschungsteam Amsel II (= Audio- und Neuroplastizität des musikalischen Lernens bei musizierenden unauffälligen und entwicklungs- bzw. lernauffälligen Kindern) schließt daraus:

> „Als Konsequenz sollte es nicht so sehr darauf ankommen, alle Kinder bzw. Jugendlichen in gleicher Weise möglichst früh zu fördern und intensiv zu trainieren, sondern eher darauf, das individuelle Begabungsprofil (musikalisch, bildnerisch, sprachlich etc.) zu erkennen und gezielt zu fördern. Dies stützt die bisherige Arbeitshypothese, dass es aus pädagogischer Sicht ratsam ist, im Unterricht dort anzusetzen, wo individuell die stärksten Begabungen erkennbar sind und davon auszugehen, dass defizitäre Bereiche (z. B. ADHS, ADS oder LRS) von dieser Förderung mit profitieren [...]."[460]

Somit wären positive Transfereffekte des JeKi-Unterrichts vor allem dort zu erwarten, wo es gelänge, „dass die Lernenden den intrinsischen Wert musikalischer Bildung für sich entdecken und damit einhergehend eine allgemeine Wertschätzung für Musik entwickeln".[461] Zugleich zeigt sich in Hinblick auf die musikalisch-kulturelle Teilhabe von Kindern und Jugendlichen weiterer Forschungsbedarf. „Vielmehr bedarf es einer ergänzenden Untersuchung der individuellen Wahrnehmungen und Möglichkeiten sowie der erwachsenden Wünsche und Perspektiven für eine gelingende Teilhabe, die selbstbestimmt und als intrinsisch wertvoll erachtet wird."[462]

Wer sich von der JeKi-Forschung eine einfache Antwort auf die Frage erhoffte, ob JeKi ein musikpädagogisch sinnvolles Projekt sei oder nicht, dürfte nun vermutlich enttäuscht sein. Das empirische Datenmaterial lässt befürwortende und skeptische Einschätzungen gleichermaßen zu. Jörg Sommerfeld zeigt sich in seiner Rezension des er-

---

456   Schneider / Seither-Preisler (2015:30).

457   Vgl. Schneider / Seither-Preisler (2015:30ff.).

458   Schneider / Seither-Preisler (2015:31).

459   Bongard / Frankenberg / Friedrich / Roden / Kreutz (2015:180f.).

460   Schneider / Engelmann / Seither-Preisler (2016:80).

461   Krupp-Schleußner / Lehmann-Wermser (2016:67).

462   Krupp-Schleußner / Lehmann-Wermser (2016:67).

sten, 2015 erschienenen Forschungsberichtes[463] ernüchtert und vermisst nähere Angaben zu den Parametern der Lernleistung. An keiner Stelle habe die JeKi-Forschung in den Blick genommen, was genau und wie viel die Kinder auf ihren jeweiligen Instrumenten erlernt hätten.[464] Gabriele Puffer empfiehlt in der *Neuen Musikzeitung* (= nmz), dass vor dem Hintergrund der Ergebnisse von JeKi „einerseits die inhaltliche Ausgestaltung solcher und ähnlicher musikalischer Förderprogramme überarbeitet werden" sollte, „etwa durch das Hinzunehmen betreuter Übezeiten im Rahmen von Ganztagsunterricht". Andererseits würden die empirischen Forschungsergebnisse zu JeKi begründeten Anlass geben, bei Argumentationslinien für kulturelle Bildungsprogramme künftig deutlicher von einer einseitigen Orientierung an ‚außermusikalischen' Heilsversprechen abzusehen. „Die oft pauschalisierend geführte Diskussion um Effekte musikalischer Bildungsangebote ließe sich deutlich differenzierter führen."[465]

Einschätzungen von JeKi *müssen* nicht negativ ausfallen, wenn man zugesteht, dass das Projekt die Möglichkeiten eines Musikunterrichts an Schulen handlungsorientiert erweitert und JeKi zugleich eine vorbereitende Funktion auf das erste Arbeitsfeld der Musikschule hat, nicht mehr und nicht weniger. In NRW wird JeKi mit dem Schuljahr 2017/18 auslaufen und durch das Nachfolgeprojekt „Jedem Kind Instrumente, Tanzen, Singen" (JeKits) ersetzt. Bis 2018 soll JeKits an einem Drittel der nordrhein-westfälischen Grundschulen implementiert sein. „Das Land Nordrhein-Westfalen stellt hierfür 10,74 Millionen Euro pro Jahr zur Verfügung – ein Drittel des nordrhein-westfälischen Musiketats."[466] Inhaltlich und konzeptionell weist JeKits Neuerungen auf. Projektleiterin Birgit Walter erläutert:

> „Während sich JeKi ausschließlich auf das Instrumentalspiel bezieht, stehen bei JeKits mit Instrumentalspiel, Tanzen und Singen drei Schwerpunkte zur Auswahl. […] JeKits ist kürzer, aber auch kompakter als JeKi […] JeKits ist ein zweijähriges Programm. Die Kinder starten bereits im zweiten Jahr mit dem gemeinsamen Musizieren bzw. Tanzen im JeKits-Orchester, JeKits-Chor oder JeKits-Tanzensemble, das heißt, sie erhalten bereits im zweiten Jahr zwei Unterrichtsstunden pro Woche."[467]

Bei JeKits „beruht der Unterricht im zweiten Jahr auf freiwilliger Basis. […] hundertprozentige Sozialbefreiungen sowie fünfzigprozentige Geschwisterermäßigungen" werden gewährt.[468] Gedacht ist JeKits als konzeptionelle Weiterentwicklung von JeKi. Der Anspruch ist hoch. JeKits will das Verhältnis zwischen Instrumentalunterricht und gemeinsamem Musizieren umdrehen. Aus einem konsekutiven „zuerst Instrumentalunterricht, dann gemeinsames Musizieren" soll ein „gemeinsames Musizieren, darin integriert Instrumentalunterricht" werden. Ziel ist es nicht, „ein bestimmtes Curriculum zu durchlaufen oder einen bestimmten Katalog an Kompetenzen zu erwerben", sondern „in den

---

463 Vgl. Kranefeld (2015).
464 Sommerfeld (20016:43).
465 Puffer (2016).
466 Walter (2016:139).
467 Walter (2016:139).
468 Walter (2016:140).

Kindern den Funken der Spiel- und Ausdrucksfreude zu entfachen".[469] Positiv fällt auf, dass JeKits Teilnahmebarrieren weiter abbaut. Auch sind die Wahlmöglichkeiten zwischen Instrumentalspiel, Singen und Tanzen grundsätzlich zu begrüßen. Offen bleibt die Frage, inwiefern JeKits bei halber Dauer im Vergleich zu JeKi tatsächlich nachhaltigere Wirkungen zu erzielen vermag. Dies erschiene vor allem dann möglich, wenn es Musikschulen gelänge, über geeignete Anschlussangebote den Impuls eines gemeinsamen Musizierens von Anfang an aufzugreifen und zielgerichtet fortzuführen.

In Baden-Württemberg existiert landesweit kein JeKits vergleichbares Bildungsprogramm. Die Kooperationsvereinbarung zwischen dem Landesverband der Musikschulen Baden-Württembergs und dem Ministerium für Kultus, Jugend und Sport (Baden-Württemberg) empfiehlt *lediglich* Bildungspartnerschaften zwischen Ganztagsschulen und Musikschulen. Vorgesehen ist dementsprechend eine musikalische Grundausbildung in den ersten beiden Grundschuljahren, ergänzt um einen anschließenden instrumentalen oder vokalen Gruppenunterricht ab der 3. Klasse.[470] Eine auf Anfrage des Kultusministeriums vom baden-württembergischen Landesverband durchgeführte Umfrage zu „Musikschulen in der Ganztagsschule" führte 2016 zu dem Ergebnis, dass aus Sicht der Musikschulen teilweise noch erheblicher Verbesserungsbedarf bei der praktischen Umsetzung von Bildungskooperationen besteht.

> „Deutlich wurde [...], dass die meisten Kooperationen zeitlich im Ganztagsbetrieb stattfinden, dass sie aber überwiegend freiwillig und im Nachmittagsprogramm angesiedelt sind [...] Bei den freiwilligen Angeboten sind Teilnehmerentgelte die wichtigste Finanzierungsquelle; und die Musikschulen wenden ebenfalls erhebliche Eigenmittel auf. Klar wurde im Rahmen der Befragung auch, dass die (mangelnde) Finanzierung der einzige relevante Grund für die Beendigung von Kooperationen ist. [...] Dort, wo es (noch) keine Kooperationen gibt, sind die häufigsten Gründe Probleme bei der Finanzierung oder auch mangelndes Interesse der Grundschule."[471]

Die Stuttgarter Musikschule bietet allgemeinbildenden Schulen ganz unterschiedliche Kooperationsmodelle zur Wahl an. Somit können Schulen selbst mitbestimmen, ob für sie eher ein Kooperationsmodell im Bereich der EMP in Frage kommt, siehe „Stark durch Musik", oder eines, welches das instrumentale oder vokale Musizieren in den Vordergrund stellt. Der mit dem Schuljahr 2009/10 gegründete Querschnittsfachbereich Bildungskooperationen ist schon frühzeitig mit einer eigenen Broschüre „Bildungskooperationen" an die Öffentlichkeit getreten:

> „In einer tabellarischen Übersicht wird dargestellt, welche Angebote für welche Schulen geeignet sind. Zu jedem Angebot wird rasterartig erläutert, welche Unterrichtsziele und -inhalte es beinhaltet, wie sich der organisatorische Rahmen gestaltet, für welche Klassenstufe sich das Konzept eignet, welche Gruppengröße möglich ist, wie viel Unterricht pro Woche

---

469   Walter (2016:140f.).
470   Vgl. Kapitel 5.3.1.
471   „Chancen und Risiken der Ganztagsgrundschule", in: nmz (= Neue Musikzeitung), Ausgabe 2016/12–2017/1, S. 29.

stattfindet, auf wie viel Schuljahre das Projekt angelegt ist, welche Sachmittel benötigt werden und welche Kosten für die Schule oder den Schüler entstehen.

Die Zielgruppe dieser Broschüre sind die Rektoren und Lehrer der allgemeinbildenden Schulen aber auch die interessierte Öffentlichkeit (Eltern, Verbände, etc.) sowie Vertreter aus Politik (z. B. Gemeinderat) und Verwaltung (Schulverwaltungsamt, Sozialamt, Jugendamt, etc.). Die Broschüre dient auch der Information des eigenen Musikschulkollegiums und kommuniziert nach innen und außen, dass die Musikschule diesem Bereich Bestand und Zukunftspotential zubilligt. Die Resonanz auf die Broschüre innerhalb und außerhalb der Musikschule ist äußerst positiv."[472]

Derweil möchte die Stuttgarter Musikschule ihr musikalisches Angebot an Ganztagsschulen weiter ausbauen. Am 24. November 2016 meldete die „Stuttgarter Zeitung": „Geplant ist nicht nur eine Ausweitung der elementaren musikalischen Grundbildung, etwa Singen und Rhythmik. Es soll auch für 100.000 Euro ein zentraler Instrumentenpool eingerichtet werden [...]."[473] Dabei wird die Stuttgarter Musikschule durch Schulbürgermeisterin Isabel Fezer unterstützt: „Wir brauchen Musikpädagogen in den Schulen – und in den Kitas."[474]

Ohne Zweifel sind die Anforderungen an ein sich wandelndes Berufsbild von Musikschullehrern im zweiten Arbeitsfeld der Musikschule am größten. Dies betrifft insbesondere, aber nicht ausschließlich die Arbeit mit heterogenen Gruppen, z. B. in Schulkooperationen. Peter Röbke scheint überaus positiv zu denken, wenn er feststellt:

„Und hier treten die kooperierenden Musikschullehrkräfte auf den Plan: Wenn wir wollen, dass ein Absingen von Liedern in ein Vom-Gesang-Erfüllt-Sein umschlägt, wenn wir wollen, dass die Bodypercussion plötzlich wirklich zu grooven beginnt, wenn wir wollen, dass das experimentelle Musizieren mit Stöcken und Steinen unversehens zu einem faszinierenden Klanggeflecht wird, wenn wir wollen, dass das Spiel von einfachen Stücken in der Bläserklasse auf einmal in ein orchestrales Erlebnis kippt, dann brauchen wir im Schulkontext auch Menschen, die diese Erfahrungen des Umschlags des reinen Musik-Machens in ein erfülltes Musizieren am eigenen Leibe immer wieder erlebt haben, und zwar deshalb, weil ihr Leben der Musik gewidmet ist. Und mit diesen Menschen meine ich die Lehrerinnen und Lehrer der Musikschule, die ich zunächst einmal als Musikerinnen und Musiker ansehe!"[475]

Doch die Musikschullehrkräfte selbst? Wie kooperierend sind sie tatsächlich? Wollen sie sich mit Begeisterung dem experimentellen Musizieren mit „Stöcken und Steinen" widmen, notfalls auch auf der Grundlage prekärer Beschäftigungsverhältnisse? Peter Röbke hat sich an anderer Stelle dezidierter zu dem Rollenkonflikt der Musikschullehrkraft aufgrund eines vielschichtigen Berufsbildes geäußert:

„Der moderne Instrumentallehrer, der den Spagat zwischen Projekten wie JeKi und dem Wirken an einer Musikschule versucht, könnte aber von Rollenkonflikten regelrecht ge-

---

472 Jäger (2012:55).
473 Stuttgarter Zeitung, 24. November 2016, S. 21.
474 Stuttgarter Zeitung, 23. September 2016, S. 20.
475 Röbke (2015a:32).

schüttelt werden: künstlerisches Vorbild sein und das Ethos eines Musizierens mit ästhetischem Anspruch vorleben, einen systematisch-aufbauenden Techniklehrgang konzipieren und umsetzen, Unterricht in didaktischer und methodischer Hinsicht fein strukturieren, jeden pädagogischen Einzelfall wahrnehmen, analysieren und dessen Bedürfnissen antworten, der *spiritus rector* für musikalische Praxisgemeinschaften sein und kreative Ensemblepraxis anregen. Wie soll ein einzelner Mensch diese Rollenmöglichkeiten zu einer professionellen Identität verschmelzen? Dabei wurde noch nicht in Betracht bezogen, dass von einem Instrumentallehrer zudem erwartet wird, Schülern aller Altersstufen gerecht zu werden, d.h. für den vorschulischen Instrumentalanfänger muss er ebenso eine Ansprache finden wie für den pubertierenden 14-Jährigen, den jungen Erwachsenen, den gestandenen 50-Jährigen und den instrumentalen Novizen im Rentenalter [...].

Zu ergänzen wäre, dass wohl nicht nur ein Widerspruch zwischen der hochschuldidaktischen Realität und dem, was Hochschulen als Leitbild der Musikschullehrerausbildung fordern, besteht, sondern dass dieser Widerspruch in Studierenden der Instrumentalpädagogik selbst angelegt ist. [...] denn sie [die Studierenden] zählten zu jenem einen Prozent aller Musikschüler, das früh begonnen und sich systematisch und regelmäßig evaluiert jenem Oberstufenniveau genähert hat, das das Bestehen der Aufnahmeprüfung an der Musikhochschule möglich machte. Nicht nur die Stringenz dieses Weges unterscheidet die Biografie der angehenden Lehrer von der großen Mehrheit ihrer zukünftigen Schüler. Differenzen ergeben sich auch hinsichtlich musikalischer Werthierarchien: Dass sich der angehende ‚klassische Pianist' allen wesentlichen Epochen der abendländischen Kunstmusik stellen muss, darauf wurde schon hingewiesen, der Laie aber kann seine musikalischen Vorlieben selbst definieren.“[476]

Röbke hält es für verständlich und angemessen, wenn sich Lehrkräfte an Musikschulen gerade in Hinblick auf ihre Unterrichtstätigkeit etwa folgende Fragen stellen:

„1) Wie vermeiden wir, dass [...] Musizieren nur ein selbst-genügsames oder vielleicht sogar banales musikalisches Werkeln ist? [...]

2) Wie werden wir weiterhin dem Anspruch gerecht, dass jemand an der Musikschule wirklich ein Instrument lernen soll? Und wenn dann auch ein ‚Lernen im Musizieren' versprochen wird: Geht es da nur um Wahrnehmungslernen oder ästhetische Sensibilisierung, um die Erweiterung sozialer und emotionaler Kompetenzen oder auch – ja! – um das spezifisch musikalische und das instrumentale und vokale Lernen? Also: Werden auch Ansatz und Strichart entwickelt, werden rhythmische und intonatorische Probleme gelöst? [...]

3) Wie halten wir auch in Zeiten der Inklusion daran fest, dass im Mittelpunkt die Musik und deren Vermittlung stehen? Wie definieren wir die Grenzen zwischen einer Musikpädagogik mit inklusivem Anspruch und in sozialer Verantwortung und einer Sozialpädagogik mit musikalischen Mitteln?“[477]

---

476   Röbke (2016:423f.).
477   Röbke (2015b).

Um zukünftigen Herausforderungen gerecht zu werden, ist es nach Röbke notwendig, „unseren Musikbegriff, unsere Begriffe von Lehren und Lernen und unser Professionsverständnis" zu erweitern.[478]

> „Ich schlage vor, im Sinne von Gleichberechtigung und Vielfalt von einem weiten Begriff von Musik auszugehen – und selbstverständlich spielt darin auch unser klassisches europäisches Erbe eine wichtige Rolle!
>
> Ich schlage vor, eine ästhetisch anspruchsvolle und musikpädagogisch fordernde Sicht auf jedwedes Musizieren zu entwickeln – und selbstverständlich fällt dabei der Blick nach wie vor auch auf das Spielen von Beethoven-Sonaten!
>
> Ich schlage vor, das Lehren und Lernen in ihrer [seiner] ganzen Fülle, in ihren [seinen] vielfältigen Motivationen, Formen und Sozialbezügen ins Auge zu fassen – und selbstverständlich ist in diesem weiten wie präzisen Zugriff auch das Lehren und Lernen im Einzelunterricht inkludiert!
>
> Ich schlage vor, dass wir uns der sozialen Verantwortung stellen – aber wir sollten das immer als Musikpädagogen tun, aus unserem Beruf heraus und diesen im professionellen Unterrichten niemals verleugnend!"[479]

Peter Röbke hält es für „realistisch und entlastend, dass Musikschullehrkräften zugestanden wird, sich vorzugsweise auf einem Arbeitsfeld zu bewegen und dass sie sich zugleich ein individuelles Profil erarbeiten […]".[480] Dies erscheint an einer großen Musikschule wie der Stuttgarter, mit ihren knapp 200 fest angestellten Lehrkräften, relativ problemlos machbar, ja, sogar wünschenswert. Doch an einer kleinen Musikschule ist eine solche Empfehlung weit schwieriger umzusetzen. Mut machen sollte, dass an der Stuttgarter Musikschule, die auf bundesweit singuläre Erfolge in der Begabtenförderung verweisen kann, mittlerweile jede zweite Lehrkraft in Kooperationen beschäftigt ist. Deutlich wird, dass es selbst dort, wo Musikschullehrkräften eine Spezialisierung zugestanden wird, möglich ist, in einem Kollegium gemeinsame Grundwerte zu teilen.

Der Landesverband der Musikschulen Baden-Württembergs hat unlängst in seinen politischen Positionen angemahnt, dass die Musikhochschulen des Landes angesichts eines erweiterten Aufgabenfelds von Musikschulen musikpädagogische Studiengänge dringend stärken und ausbauen sollten. Insbesondere im Fachbereich Elementare Musikpädagogik / Rhythmik zeichne sich ein Mangel an hochqualifizierten Lehrkräften ab.[481] Den Studierenden müsse vermittelt werden, dass es neben den künstlerischen auch die pädagogischen Herausforderungen des Lehrberufes gebe. Die Inklusion an den Musikschulen und die Öffnung für neue Themenfelder bräuchten den Willen und die Ideen engagierter Lehrkräfte.[482] Ein erster Hoffnungsschimmer ist der von der Hochschule für Musik Freiburg und der Pädagogischen Hochschule Freiburg zum Wintersemester 2016/17 neu gestartete Bachelor/Master-Studiengang „Musikpädagogik für den Ele-

---

478 Röbke (2015b).
479 Röbke (2015b).
480 Röbke (2015a:43).
481 Vgl. Hinderberger (2014).
482 Landesverband der Musikschulen Baden-Württembergs (2016:20f.).

mentar- und Primarbereich". Die zukünftigen Absolventinnen und Absolventen sollen zu hochqualifizierten Lehrkräften ausgebildet werden, die unter anderem an Grundschulen unterrichten und dort eine große Lücke schließen könnten.[483]

6.3.3 Arbeitsfeld 3: „Förderung des professionellen Nachwuchses in musikalischen Berufen"

Damit steht die Frage im Raum: Besteht nicht ein Interessenskonflikt zwischen Musikhochschulen, die nach dem Prinzip der Leistungsauslese ausbilden, und Musikschulen, die sich ganz im Gegenteil inkludierend verstehen? – Prinzipiell sicherlich nein. Musikschulen *wollen* Studienvorbereitung betreiben und der gesellschaftliche Auftrag von Musikhochschulen beinhaltet, „dass am Ende eine Qualifikation steht, die es ermöglicht, den Lebensunterhalt selbst zu erarbeiten".[484] Dennoch bewegen sich auch beide Institutionen aufgrund voneinander abweichender Ambitionen in einem Spannungsfeld. Dies zeigt sich etwa, wenn Musikschullehrkräfte ihren Schülern hinter vorgehaltener Hand längst nicht immer mehr zu einem Musikstudium raten. Stefan Lindemann schreibt in der nmz (= Neue Musikzeitung) unter dem Titel „Wozu noch Musik studieren?":

> „An der Stelle sollte man grundsätzlich fragen, wie viele Musikpädagogen und konzertierende Künstler eine Gesellschaft eigentlich braucht beziehungsweise zu brauchen meint. [...] Das Musikstudium ist für den Steuerzahler eine sehr finanzintensive Veranstaltung. Und mit diesem finanziellen Engagement werden Musiker ausgebildet, die sich im Endeffekt in Harz-IV-Nähe wiederfinden, um letztendlich wieder vom Steuerzahler subventioniert zu werden."[485]

Mitunter wird den Musikhochschulen dann auch gleich direkt unterstellt, ihnen ginge es mit einem hohen Ausländeranteil in den künstlerischen Fächern bevorzugt um ihr eigenes Renommee. Der einheimische Nachwuchs bleibe außen vor.[486]

Die Musikhochschulen halten dem entgegen, dass sie keine Berufsfachschulen seien, sondern einen universitären Rang hätten, „allein durch ihre künstlerische Exzellenz bereits geadelt".[487] Die Gesellschaft bedürfe der Künste in einem wirklich existentiellen Sinne. Demnach dürfe auch ein künstlerisches Studium nicht ausschließlich unter dem Aspekt der Zweckbindung gesehen werden. Musik studiere man aus Leidenschaft, aus persönlichem Interesse und in besonderer Weise – auf eigenes Risiko.[488] Offensichtlich ist für Martin Ullrich, Sprecher der Rektorenkonferenz der Deutschen Musikhochschulen, vielmehr eine Krise der musikalischen Breitenbildung in Deutschland.

---

483   Vgl. nmz (= Neue Musikzeitung) 2016/12–2017/1, S. 18.
484   Höll (2014).
485   Lindemann (2012).
486   Vgl. Leisgang / Radermacher (2014).
487   Höll (2014).
488   Höll (2014).

> „Die beginnt in den Kindertagesstätten, die beginnt in den Familien, die setzt sich fort über die gesamte Schullaufbahn, und wenn man dann mit 18 oder auch mit 16 oder 20 Jahren eine Eignungsprüfung bestehen will, dann ist es in der Regel schon zu spät um sich auf das Niveau aufzuschwingen, das inzwischen international verlangt wird."[489]

Ein Befund, der die Ausbildungssituation an Musikschulen nicht ausdrücklich ausnimmt. Nachdenklich stimmt in diesem Zusammenhang auch folgende Beobachtung, die Ulrich Mahlert, über viele Jahre hinweg Leiter des Studiengangs Künstlerisch-pädagogische Ausbildung an der Fakultät Musik der Universität der Künste Berlin, gemacht haben will.

Vielen Musikstudenten erscheine das Berufsziel „Musikschullehrer" nicht gerade ausgesprochen attraktiv. Die Erinnerungen an die eigene Musikschulzeit fielen individuell verschieden aus.

> „Feste Stellen an Musikschulen sind bekanntlich rar (besonders am Studienort Berlin, wo derzeit weniger als zehn Prozent der gesamten Unterrichtsleistungen von festangestellten Lehrkräften erbracht wird). Kaum jemand nennt als einziges Berufsziel Lehrkraft an Musikschulen.
>
> Ein beträchtlicher Teil der Studenten hat in früheren Jahren Unterricht an Musikschulen erhalten. Rückblicke auf diese Zeit fallen unterschiedlich aus: Manche schwärmen von guten Lehrern und guten Lernbedingungen, anregender Ensemblearbeit, interessanten Projekten; andere berichten von routiniertem Unterricht, gestressten und überlasteten Lehrkräften, mangelndem Teamgeist im Kollegium, deprimierenden Unterrichtsräumen.
>
> Eine hauptsächliche Tätigkeit als Musikschullehrer[in] erscheint vielen Studierenden nicht nur unrealistisch, sondern nicht einmal wünschenswert."[490]

Das Verhältnis von Musikhochschulen und Musikschulen hat Eingang in die Zukunftskonferenz der Musikhochschulen Baden-Württembergs (2014) gefunden, bei der es in den Worten der Landesministerin für Wissenschaft, Forschung und Kunst, Theresia Bauer, um eine qualitative Weiterentwicklung der Musikhochschulen vor dem Hintergrund gesellschaftlicher Veränderung gehen sollte. Unter dem Aspekt der studienvorbereitenden Ausbildung an Musikschulen hat Friedrich-Koh Dolge aus Sicht des VdM folgende Erwartungen an Musikhochschulen formuliert:

> „Gerade für die Findung und Förderung sowie Betreuung von musikalisch hochbegabten und musikalisch hochleistenden Kindern, brauchen wir pädagogisch ausgebildete Musiklehrer, die mit hoher künstlerischer Kompetenz ausgestattet sind. Oftmals regt die geringe Bewerberzahl von inländischem Nachwuchs an Musikhochschulen zu intensiven Diskussionen an. Sieht man sich einmal die Anzahl und vor allem die künstlerische Qualität der ersten Bundespreisträger beim Wettbewerb Jugend musiziert an, so ist der ‚inländische Mangel' nicht in der Anzahl der theoretisch möglichen Studienanwärter begründet. Offensichtlich sind auch die mangelnden beruflichen Zukunftsperspektiven Gründe, weshalb

---

489   Zit. nach Gerking (2013).
490   Mahlert (2017:26f.).

sich viele junge Menschen mit einem deutschen Pass nicht für einen Musikerberuf entscheiden. Der Entschluss fällt meist auch zu <u>un</u>gunsten eines Musikstudiums, weil sich junge Erwachsene, vor allem musikalisch hochleistende, die sich über Jahrzehnte mit dem Medium Musik entscheidende Schlüsselkompetenzen angeeignet haben, sich auch für andere Berufsperspektiven berufen fühlen.“[491]

Als Ausweg schlägt Dolge eine engere Kooperation zwischen Musikschulen und Musikhochschulen vor:

> „Eine mögliche Abhilfe könnte in einer noch engeren Verzahnung zwischen Musikhochschulen und Musikschulen, in einer besseren Berufsvermittlung geschaffen werden. Gerade die Einrichtung von Studienvorbereitungen in Kooperationen, auch im Sinne der früheren Konservatorien als Bindeglied zwischen Musikschule und Musikhochschule, könnte die künstlerischen und pädagogischen Perspektiven des Musikerberufes an einer öffentlichen Musikschule aufzeigen. Viele Standorte machen es uns bereits vor: Die ‚Young Academy Rostock‘ oder die ‚Jugendakademie Münster‘. Weitere Synergien könnten damit auch in der Vermittlung von Schlüsselkompetenzen an die musikalisch Hochbegabten entwickelt werden. Und das vor allem bei denjenigen, deren allgemeine und menschliche Entwicklung hinter ihrer musikalisch-technischen Entwicklung zurückzubleiben droht.“[492]

Auch Ulrich Rademacher appelliert an Musikhochschulen, die Verantwortung für den hochbegabten Nachwuchs mit den Musikschulen in der Region zu teilen:

> „Es bedarf regionaler Netzwerke von Musikschulen und Musikhochschulen, in denen begabte Kinder und Jugendliche gemeinsam auf ein Hochschulstudium vorbereitet werden. Es bedarf gemeinsamer pädagogischer Labore von Musikschulen und Musikhochschulen, in denen klassische Meister – Schüler, Lehr- und Lernkonstellationen ergänzt – vielleicht manchmal auch ersetzt – werden durch partizipative Elemente, durch voneinander Lernen, betreutes Üben, durch eine neue inklusive Sicht auf die Arbeit mit heterogenen Gruppen, eine Sicht, die Heterogenität nicht in erster Linie als Stressfaktor sondern als Qualität annimmt.“[493]

All dies klingt zunächst recht abstrakt. Dass aber durchaus eine Notwendigkeit besteht, in der Hochbegabtenförderung Brücken zwischen Musikhochschulen und Musikschulen zu bauen, mag ein Gegenbeispiel verdeutlichen. Der renommierte Violinprofessor Kolja Lessing, er lehrt an der Musikhochschule Stuttgart, hat im Jahr 2016 einen Beitrag zu dem Kompendium „Grundlagen der Instrumentalpädagogik“, herausgegeben von Barbara Busch,[494] unter dem Titel „Ausbildung angehender Berufsmusiker“ geschrieben. Getragen von der Einsicht in „die persönlich besonders exponierte Lehrer-Student-Beziehung, die auf beiden Seiten großen Mut zu Offenheit und Vertrauen, individuellem Verständnis und gegenseitigem Respekt, vor allem zu kontinuierlicher, sich selbst

---

491   Dolge (2014).
492   Dolge (2014).
493   Rademacher (2014b).
494   Busch (2016).

unter verschiedensten Aspekten stets neu belebender Arbeit verlangt"[495], geht Lessing alsbald dazu über, einzelne Parameter einer erfolgversprechenden Ausbildung angehender Berufsmusiker zu benennen. Aufgeführt und diskutiert werden der kritische Umgang mit verschiedenen Noteneditionen, die Fingersatzproblematik, die Pflege des Repertoires, Fragen der Stilistik, Unterricht in Form von Klassenstunden, Unterrichtshospitationen, Kursteilnahmen, Konzertbesuche, Ton-Bild-Aufnahmen-Vergleiche. Was Lessing vorträgt, ist durchdacht, gut strukturiert und wohl zutreffend dargestellt. Es dürfte im Übrigen den vorwiegend künstlerisch orientierten Denkkategorien zahlreicher Hauptfachprofessoren entsprechen. Dennoch stellt sich, je länger man Lessings Ausführungen folgt, beim Lesen eine gewisse Irritation ein, denn auf die Frage, was eigentlich vor, neben und nach dem Studium passiert, geht der Autor überhaupt nicht ein – und dies, daran sei nochmals erinnert, in einem Buch, das ausdrücklich die *Grundlagen* der Instrumentalpädagogik thematisiert. Man wird Kolja Lessing keinen Vorwurf daraus machen wollen. Doch wirft Michael Dartsch nicht ganz zufällig die Frage auf, ob der vorzeitige Wechsel eines hochbegabten Kindes an die Musikhochschule in jedem Fall die beste Lösung sei.

> „Einerseits können die neuen Anregungen zu einem Leistungsschub beitragen, andererseits wird aber unter ähnlich Begabten der bisher erlebte Sonderstatus verloren gehen; Probleme mit der Konkurrenz und mit der Selbsteinschätzung können die Folgen sein […], diese sollten im Rahmen einer Förderung thematisiert werden.
> Eine kontinuierliche, individuelle Förderung an der Musikschule kann durchaus die bessere Wahl sein, solange sich die Lehrkraft der Verantwortung gewachsen fühlt. Kontinuität und Wechsel sind gleichermaßen bedeutend für eine gute Instrumentalausbildung und daher miteinander auszubalancieren."[496]

Nach Dartsch gestaltet sich der Unterricht mit Hochbegabten nicht immer einfach, „muss die Hochbegabung doch keineswegs mit Geduld, mit systematischem Üben, mit zuvorkommendem oder einfühlsamem Verhalten anderen gegenüber einhergehen. […] Die Balance zwischen der nötigen Selbstkritik und dem ebenso wichtigem Selbstvertrauen erweist sich häufig als heikel und labil; es drohen Selbstüberschätzung auf der einen und Selbstzweifel auf der anderen Seite."[497] Andreas C. Lehmann unterscheidet vier Phasen in der Entwicklung von hochbegabten MusikerInnen:

„Schnupperphase
- Möglichkeit zur Teilhabe
- Ermutigung in der Familie
- Fürsorgliche LehrerInnen
- Betonung von Freude in der Kompetenzentwicklung

Spezialisierungsphase
- technische und musikalische Betreuung

---

495   Lessing, K. (2016:186).
496   Dartsch (2014:214).
497   Dartsch (2014:213).

- Ermutigung in der Familie
- Anerkennung von Leistung
- Erfahrungszuwachs
- Kontakt mit Gleichgesinnten
- Identitätsbildung

Investitionsphase
- moralische Unterstützung durch die Familie
- wertige Erfahrungen im Unterricht und Wettbewerb
- gemeinsame Entscheidungen mit der Lehrkraft

Erhaltungsphase
- Höchstleistung erhalten
- Bewältigungsstrategie für erhöhte Anforderungen in Konzerten, PR etc. entwickeln"[498]

Musikschulen können aufgrund der Spezifik ihrer Unterrichtsorganisation in den ersten beiden Phasen besondere Vorzüge geltend machen. Ihre vorbereitende Funktion für das Hochschulstudium, welches in die Investitionsphase fällt, erscheint ebenso unerlässlich wie ihre orientierende Funktion in Hinblick auf spätere Berufserfahrungen während der Erhaltungsphase. In der Schnupperphase wirkt sich positiv aus, dass Musikschulen Kindern mannigfaltige Erfahrungsräume bieten können. Das betrifft selbstverständlich die verschiedenen Spielarten bzw. Angebotsformate der Elementaren Musikpädagogik und geht mit der Möglichkeit des Ausprobierens unterschiedlicher Instrumente einher, einschließlich der fundierten Beratung. Markus Hengstschläger, Leiter des Instituts für Medizinische Genetik an der Medizinischen Universität Wien, erläutert im Gespräch mit Peter Röbke, warum musikalisch-ästhetische Erfahrungsräume seiner Meinung nach essentiell wichtig für die Begabtenfindung sind.

> „Was Ihnen nicht gelingen wird, und zwar in keiner Talentfindungsdiskussion, weder in der Naturwissenschaft [...] noch im Sport oder der Musik: Es wird Ihnen nicht gelingen, ein Repertoire von Talenten zu definieren, sodass Sie sagen können: Wenn das gegeben ist, kann ich irgendwelche Erfolgsgarantien abgeben, und wenn es nicht erfüllt ist, sage ich den Misserfolg voraus. Ein solches Repertoire existiert nicht und ist insofern auch nicht zu testen.
>
> Es geht eigentlich nicht darum, was eventuell da ist, sondern es geht darum, was draus gemacht wird. Und da ist dann bei jedem Kind der Weg dahin, wo es hinkommen sollte oder könnte, ganz unterschiedlich."[499]

Das heißt im Klartext: ein musikalischer Bildungsverlauf ist nicht in der Weise prognostizierbar, dass er sich ausschließlich auf genetische Faktoren oder bestimmte physiologische Dispositionen zurückführen ließe. Die Schnupperphase dient dazu, das Potential individueller Bildungsverläufe erst zu erfassen. In der Spezialisierungsphase, d.h. wenn im Sinne einer studienvorbereitenden Ausbildung an Musikschulen Begabungen

---

498   Lehmann (2013:10).
499   Hengstschläger / Röbke (2013:14).

gezielt gefördert werden sollen, sind Lehrziele und -inhalte einerseits „vom Ende her definiert".[500] Peter Röbke schreibt dazu:

> „Zulassungsprüfungsordnungen fordern ebenso wie Wettbewerbsbedingungen eine exemplarische Beschäftigung mit den zentralen Stilbereichen, Oeuvres und Gattungen der europäischen Kunstmusik ab 17. Jahrhundert. Das schlägt auf die vorbereitenden Studien zurück, und da wir in diesem Feld nach wie vor vom Vorhandensein eines Wert- und Werkkanons ausgehen können, ist dagegen auch wenig einzuwenden: Wer sich als ‚KlassikerIn' nicht eingehend mit Bach befasst hat, dem fehlen zentrale Erfahrungen im musikalischen Denken und Handeln der Werkmusik."[501]

„Bei aller Kritik am oft absurden Übepensum, am Druck, der von Wettbewerben ausgeht, an überzogenen Erwartungen der Hochschulen, am artistisch-zirzensischen Charakter des modernen Konzertwesens, am krankmachenden Betrieb: Die Studienvorbereitende Abteilung muss dennoch ihre SchülerInnen auf diese Realitäten vorbereiten und ihnen Kompetenzen vermitteln und ihnen Werkzeuge an die Hand geben, die es ihnen möglich machen, dem Druck auch geistig zu trotzen und gesund zu bleiben."[502]

Andererseits empfiehlt es sich aber zugleich, die individuellen Antriebe zur Musik sowie die entsprechenden Ausdrucksbedürfnisse junger MusikerInnen in den Mittelpunkt der Ausbildung zu stellen.

> „Das heißt: MusikschülerInnen in der Studienvorbereitung müssen bei aller Vorgabe ihre persönlichen Schwerpunkte setzen dürfen, zu individueller Interpretation ermutigt und zur Erweiterung des musikalischen Horizonts über das kanonische Repertoire hinaus inspiriert werden. Und der Ensemblezug, die Einbettung in eine musikalische Community (auch im Kontakt mit Laien!) ist um nichts weniger wichtig, auch wenn das Instrument und seine Beherrschung alle Aufmerksamkeit fordert. Nur eine zweite Stunde im Hauptfach oder eine Stunde im Pflichtfach Klavier sowie Unterricht in Gehörbildung und Musikkunde reichen dafür nicht. Es geht vielmehr um ein ‚Künstlerisches Basisstudium', in dem Präsenztraining, Körperarbeit, Kammermusik, freie Improvisation oder die Inspiration durch andere künstlerische Ausdrucksweisen wie etwa das Schauspiel eine Rolle spielen und um professionelles Performen in Konzerten und Tourneen, um die Realitäten des professionellen Musikbetriebs früh kennenzulernen."[503]

Gerade dort, wo es darum geht, Begabungen nicht zu früh und zu stark zu isolieren, können Musikschulen wertvolle Dienste leisten. Für Peter Röbke trägt die Kooperation von Musikschulen mit Musikhochschulen so gesehen nicht nur pragmatische, sondern auch kritische Züge. Die Musikschularbeit dient gewissermaßen als Korrektiv gegenüber quasi selbstverständlichen Domänen der Hochschulausbildung wie Meisterklasse, Einzelunterricht, Prüfung und Wettbewerb.[504]

---

500 Röbke (2015a:36).
501 Röbke (2015a:36).
502 Röbke (2015a:38).
503 Röbke (2015a:37f.).
504 Vgl. Röbke (2015a:39).

An der Stuttgarter Musikschule wirkt sich die Kooperation mit der Musikhochschule vor Ort wechselseitig inspirierend aus.

Zunächst einmal existiert an der Stuttgarter Musikschule nach Einschätzung von Andreas Jäger schon für sich genommen „ein ausgeklügeltes System individueller Förderung in Verbindung mit besonderen Ensembleangeboten und begleitendem Theorie- und Gehörbildungsunterricht".[505] Monika Giurgiuman, Fachbereichsleiterin der Studienvorbereitenden Ausbildung (STUVO), führt aus:

> „Wir fördern regelmäßig hochmotivierte und hochbegabte Schülerinnen und Schüler. Nach einer Aufnahmeprüfung können diese jungen Musiker die Begabtenklasse und die studienvorbereitende Ausbildung besuchen. Sie erhalten ein gestaffeltes Stipendium für zusätzliche Unterrichtseinheiten im Hauptfach, Unterricht in Kammermusik und in orchestralem Zusammenspiel sowie Musiktheorie und verpflichten sich dazu, regelmäßig Konzerte zu geben und jährlich an Bewertungsvorspielen teilzunehmen."[506]

Für die Studienvorbereitende Ausbildung bestehen „50 gestaffelte Stipendien: Die Plätze 1–30 erhalten zusätzlich 45 Minuten Unterricht, Platz 31–40 erhalten zusätzlich 30 Minuten Unterricht und Platz 41–50 zusätzlich 15 Minuten Unterricht im Hauptfach."[507] Damit erscheint die Begabtenförderung in der STUVO im Vergleich zu anderen Musikschulen großzügig bemessen. Hinzu treten weitere mögliche Förderstipendien an der Stuttgarter Musikschule, z.B. durch die „Helga Schmidt Stiftung" oder die „Dr. Klaus Lang Stiftung".[508] Das Leistungsspektrum der Begabtenförderung zeichnet sich im Selbstverständnis der Stuttgarter Musikschule insgesamt durch folgende Vorzüge aus:

- „hohe pädagogische und künstlerische Qualität
- flexible Unterrichtsleistung
- Auftritt- und Wettbewerbsbetreuung
- nationale und internationale Austauschprojekte
- Konzertreisen
- kammermusikalische Begegnungen
- eine Vielfalt von Auftrittsmöglichkeiten von Solo-Rezitalen bis Konzerten mit Orchester
- Unterstützung für Wettbewerbe und Meisterkurse (durch Förderverein und Musikschule)
- Korrepetition
- Prüfungstraining
- CD-Produktionen
- Musiktheoriekurse
- verschiedene Orchesterangebote
- Probenbesuche mit Künstlergesprächen
- Meisterkurse"[509]

---

505   Intonation, Ausgabe 38 (2017/1:4).
506   Intonation, Ausgabe 38 (2017/1:5).
507   Intonation, Ausgabe 38 (2017/1:5).
508   Intonation, Ausgabe 38 (2017/1:7).
509   Flyer „Die Begabtenförderung und studienvorbereitende Ausbildung (STUVO) der Stuttgarter Musikschule".

Die Hochschulvorbereitungskurse der Stuttgarter Musikschule ziehen Teilnehmer aus dem gesamten Einzugsbereich von Stuttgart an.

> „Kern des Hochschulvorbereitungskurses ist der Unterricht in Theorie und Gehörbildung. Philipp Vandré und ich [Holger Spegg] vermitteln in zwei Stunden pro Woche nicht nur, was man wissen und können muss, sondern geben auch Anleitung zum eigenständigen Üben, da die Teilnehmerinnen und Teilnehmer – ähnlich wie beim Instrument – alles Erlernte zuhause intensiv weiter üben müssen. Dazu bekommen sie konkrete Hilfestellungen im Unterricht, Arbeitsmaterialien in Papierform und online sowieso Zugang zu einer interaktiven Übungssoftware.
>
> Das ist aber noch nicht alles. Den Kursteilnehmer/-innen stehen noch weitere Angebote der Musikschule offen. Hinter dem Begriff Hochschulvorbereitungskurs verbirgt sich nämlich ein ganzes Paket von Modulen, die – je nach individuellen Schwerpunkten und Art der angestrebten Aufnahmeprüfung – belegt werden können: Wer ein Schulmusik-Studium anstrebt, kann das Fach Schulpraktisches Klavierspiel bei Michael Lieb und den Gesangsunterricht bei Martin Nagy belegen. Wer Jazz als Schwerpunkt hat, dem steht die Möglichkeit offen, sich von Branko Arnsek in Jazzharmonielehre fit machen zu lassen. Körperbewusstsein, welches für Musizieren und Auftritte so wichtig ist, schult Ingeborg Dahlke durch Feldenkraisübungen. Und diejenigen, die sich in Gehörbildung steigern wollen, besuchen Philipp Vandrés prüfungsorientiertes Hörtraining."[510]

Vorberufliche Begabtenfindung und -förderung wird außerdem zum Thema in der Kooperation mit allgemeinbildenden Schulen unter Beteiligung der Musikhochschule. Dies betrifft momentan weniger die angedachten musikbetonten Ganztagsgrundschulen in Stuttgart als das bereits seit 2013 bestehende Musikgymnasium mit Hochbegabtenzug.[511] Matthias Herrmann (Musikhochschule Stuttgart), Friedrich-Koh Dolge (Stuttgarter Musikschule) sowie Werner Gann (Eberhard-Ludwigs-Gymnasium) ziehen eine erste positive Bilanz:

> „Fragt man die Schüler und ihre Eltern, welche Gründe es gab und gibt, das Musikgymnasium zu besuchen, so erhält man ganz unterschiedliche Antworten. Zum einen sind das die kleineren Klassen mit 10 bis 13 Schülern, die das Lernen in der Unterstufe des Gymnasiums prägen; dies ermöglicht eine weitgehend individuelle Betreuung und Unterstützung durch die Lehrkräfte.
>
> Dann finden sich in den Musikgymnasiumsklassen musikalisch Gleichgesinnte zusammen, so dass sich immer wieder kammermusikalische Ensembles bilden, die gemeinsam auftreten und u. a. auch an Wettbewerben teilnehmen. In musikalisch begründeten Fällen gibt es die Möglichkeit, Unterrichtsbefreiungen zu gewähren. Nach der Rückkehr können dann durch den sogenannten Nachführungsunterricht die versäumten Unterrichtsinhalte in den Kernfächern mit Unterstützung von Lehrkräften nachgearbeitet werden."[512]

---

510   Intonation, Ausgabe 38 (2017/1:6).
511   Vgl. Kapitel 5.3.1.
512   Intonation, Ausgabe 36 (2016/1:5).

Hervorgehoben werden die Synergieeffekte, die sich aus der Kooperation und dem damit einhergehenden fachlichen Austausch der beteiligten Lehrkräfte ergeben.

> „So werden die Schüler neben der Unterstützung in rein schulischen Bereichen auch in allen musikalischen Belangen begleitet. Ein Großteil der Musikgymnasiumsschüler wird von Instrumentallehrern der Musikschule und der Musikhochschule unterrichtet, und die hier involvierten Lehrkräfte stehen in engem Austausch miteinander, so ist gewährleistet, dass jedem Schüler durch intensive Beratung die bestmögliche Förderung zukommt! Darüber hinaus ist die Musikhochschule auch im Klassen-Musikunterricht präsent, wodurch die Bereiche Stimmbildung / Gesang (Frau Kramp) sowie Gehörbildung / Musiktheorie (Herr Gollnau) ihren festen Platz im Stundenplan der Schüler haben. In Kleingruppen werden sie durch diese Lehrer von verschiedenen Seiten an die hierbei relevanten Unterrichtsinhalte herangeführt. Ein weiteres, seit diesem Schuljahr ganz neues Angebot der Musikhochschule wird sehr stark frequentiert: Bei Bedarf können die Schüler kostenlose Korrepetition erhalten! Die neu eingestellte Pianistin Frau Jakovleva bietet für Instrumentalisten an den Nachmittagen im Ebelu Klavierbegleitung zur Vorbereitung von Auftritten und Wettbewerben an.“[513]

Konstruktiv verläuft die regelmäßige Gremienarbeit, zu der sich die Leiter der drei beteiligten Kooperationspartner in regelmäßigen Abständen zusammenfinden. „Auch die große Steuerungsgruppe, in welcher die Ministeriumsvertreter sowie Vertreter des Regierungspräsidiums und der Stadt Stuttgart als Träger zusammenkommen, tagt weiterhin mindestens zwei Mal pro Jahr.“[514]

Die enge Kooperation zwischen Stuttgarter Musikschule und Musikhochschule Stuttgart wird ansonsten maßgeblich durch den Austausch von Lehrkräften geprägt, die an beiden Instituten parallel unterrichten. Dies ermöglicht gemeinsame Projekte, fördert aber auch das wechselseitige *know how* in der Begabtenförderung beider Institutionen. Unterrichtspraktika und Hospitationen erweisen sich *per se* als berufsvorbereitend, ebenso Patenschaften mit professionellen Orchestern.[515] Und gewiss sorgen die zahlreichen Initiativen der Stuttgarter Musikschule im Bereich der Musikvermittlung sowie Ensemble- und Ergänzungsfächer, Zusatzangebote u.ä. darüber hinaus für ein explizit förderliches Lernumfeld für Schülerinnen und Schüler, die erwägen, die Musik zum Beruf zu wählen.

Dennoch bleibt ein grundlegendes Dilemma in dem beschriebenen dritten Arbeitsfeld der Musikschule bestehen. Die Bedingungen für Musiker auf dem Arbeitsmarkt lassen nicht auf einen gewachsenen Stellenwert von musikalischer Bildung in der Gesellschaft schließen. Lässt sich vielleicht sogar angesichts der an Musikschulen um sich greifenden prekären Beschäftigungsverhältnisse „eine strukturelle Geringschätzung unserer konzertierend-pädagogischen Tätigkeit ablesen“, wie Stefan Lindemann mutmaßt?[516] Darf dann überhaupt noch das Motto „Begabung setzt sich durch“ den Unterrichts-

---

513   Intonation, Ausgabe 36 (2016/1:5).
514   Intonation, Ausgabe 36 (2016/1:5).
515   Vgl. Kapitel 5.3.1.
516   Lindemann (2012).

bemühungen an Musikschulen und Musikhochschulen unterlegt werden? Friedrich-Koh Dolge hat in einem Impulsreferat, gehalten auf der Zukunftskonferenz der Musikhochschulen Baden-Württemberg, dazu aufgefordert, Studienpläne nicht zu überfrachten. Es müsse auch Zeit zum „Träumen" bleiben, zur Neuorientierung. Träumen dürfen die Leistungsträger unter den Schülern der Stuttgarter Musikschule gewiss, wenn ihnen Wettbewerbserfolge, Stipendien, solistische Auftritte in exklusiven Konzertreihen mit und ohne Orchester oder auch weltweite Tourneen als Mitglied eines Musikschulensembles schon in der Schulzeit winken. Doch inwieweit *wollen* sie dann vielleicht einmal später dem entsprechen, was Peter Röbke für das berufliche Selbstverständnis von Musikschullehrkräften einfordert: „Der Lehrer, der mit seinen Schülern Bodygrooves praktiziert oder eine Band coacht, ist in seinem künstlerischen-pädagogischen Wirken genauso ernst zu nehmen wie jener, der eine Beethoven-Sonate unterrichtet."[517] Zwischenzeitlich tragen die Studierenden die Hauptverantwortung und wohl auch Hauptlast, wenn es darum geht, die einstigen künstlerischen Ambitionen zu relativieren und den Realitäten des Berufsalltags anzupassen.

6.4 Ausblick: Bildungspolitische Perspektiven

6.4.1 Erwartungen an die Politik

Der öffentliche Bildungsauftrag von Musikschulen bestimmt sich längst nicht nur auf fachlicher Ebene. „Kulturelle Bildung ist [...] eine Querschnittsaufgabe verschiedener Politikfelder."[518] Auf politischer Ebene werden grundlegende Voraussetzungen geschaffen, unter denen Musikschulen ihren Bildungsauftrag perspektivisch erfüllen sollen. Ein Beispiel hierfür sind die gesetzlichen Bestimmungen zum Musikschulwesen in den einzelnen Ländern – soweit vorhanden. Verschiedene politische Handlungsfelder wirken zugleich als Korrektiv, damit Musikschulen einen Bildungsauftrag tatsächlich in gesamtgesellschaftlicher Perspektive wahrnehmen. Das Grundsatzprogramm „Musikalische Bildung in Deutschland. Ermöglichen – Gewährleisten – Sichern!" des VdM, welches unter der Federführung von Friedrich-Koh Dolge in einem partizipativen Prozess innerhalb des VdM entwickelt und 2016 verabschiedet worden ist, „enthält sowohl Werthaltungen als auch Forderungen".[519] Dolge weist darauf hin, dass das Grundsatzprogramm seinem Wesen nach zunächst einmal eine politische Schrift sei, „die auf mittel- und langfristige Zeithorizonte hin ausgerichtet ist".[520] Nach innen soll das Programm „die örtlich unterschiedlich gegebenen Bedingungen und Bestrebungen" integrieren, unter denen Musikschulen arbeiten. Nach außen soll es das Profil der öffentlichen Musikschulen im VdM „in der musikalisch-kulturellen Bildung für Kinder, Jugendliche und Erwachsene gegenüber [...] Partnern und gegenüber anderen Anbietern" verdeut-

---

517   Röbke (2015a:35).
518   Deutscher Bundestag (2008:596).
519   Dolge (2016).
520   Dolge (2016).

lichen.[521] Einerseits richtet es sich an die Träger von Musikschulen, an Musikschulleitungen, aber auch an weitere Personengruppen, die vor Ort für Musikschulen tätig sind. Andererseits „ist natürlich insbesondere die Politik, vor allem die jeweilige Landespolitik angesprochen".[522] Auf die Frage, was ihm an dem Grundsatzprogramm besonders wichtig sei, antwortet Dolge:

> „Auf der einen Seite die Forderung, die musikalische Bildungszukunft angesichts der Veränderungen in der Bildungslandschaft zu sichern. Wesentlich ist, dass wir angesichts dieses Bildungswandels Zeiten und Räume finden, um die musikalische Bildung auch in Zukunft zu gewährleisten. Da müssen wir alle gemeinsam an einem Strang ziehen.
>
> Auf der anderen Seite war es für mich ein zentrales Anliegen, trotz der großen Vielfalt, die wir in den Musikschulen vorfinden und fördern, ein gemeinsames Handeln und eine gemeinsame Haltung zu entwickeln und diese auch mit Selbstbewusstsein in der Öffentlichkeit zu vertreten."[523]

Der zweite Teil des Grundsatzprogrammes bezieht sich explizit auf „Überzeugungen und grundsätzliche Forderungen", die unter folgenden Überschriften zusammengefasst werden:

1. „Musikalische Teilhabe ermöglichen!
2. Musikalische Bildung gewährleisten!
3. Musikalische Bildungszukunft sichern!"[524]

(1) Das Bekenntnis zur Inklusion geht im VdM mit einer zentralen Forderung einher: „Der Zugang zur musikalischen Bildung muss in Zukunft für alle Menschen geöffnet werden."[525] Über diese Forderung definiert sich im Verständnis des VdM der gleichlautende gesellschaftliche Auftrag öffentlicher Musikschulen, der als ausschlaggebend dafür erachtet wird, „dass Musikschularbeit durch gewählte Räte der Kommunen und der Parlamente der Länder öffentlich legitimiert und kontrolliert wird".[526] Eine entsprechende Argumentation unterstützt das Grundsatzprogramm, indem es auf die UNESCO-Übereinkommen „… über den Schutz und die Förderung der Vielfalt kultureller Ausdrucksformen" und „… über die Rechte des Kindes (Art. 28, Das Recht des Kindes auf Bildung), ebenso wie auf die UN-Resolution „… über die Rechte von Menschen mit Behinderungen" verweist. Musikalische Bildung wird als „Bestandteil einer altersunabhängigen und ganzheitlichen Allgemeinbildung" bezeichnet. Kunst und Kultur werden „als elementare Bestandteile des Menschseins" verstanden, die maßgeblich prägend sind für das gesellschaftliche Zusammenleben.[527] Wenn ein qualitativ hochwertiges, strukturiertes und vollständiges Musikschulangebot gewährleistet und „die individuelle Förderung eines jeden Menschen hinsichtlich seines Leistungsvermögens,

---

521 VdM (2016b).
522 Dolge (2016).
523 Dolge (2016).
524 VdM (2016b).
525 VdM (2016b).
526 VdM (2016b).
527 VdM (2016b).

seiner Bedürfnisse und seiner Ziele" vorrangig sein soll sowie „Diskriminierungs- und Barrierefreiheit, Vielfalt und Heterogenität, Selbstbestimmung und Partizipation […] Leitgedanken musikalischer Bildung in den öffentlichen Musikschulen" sind, dann müsse die Infrastruktur öffentlicher Musikschulen flächendeckend gesichert sein über eine „ausreichende finanzielle Ausstattung öffentlicher Musikschulen durch Kommunen und Länder" und durch „bezahlbare Unterrichtsgebühren". Dann müsse auch eine „räumliche Zugangsoffenheit" des Musikschulangebots „in den Kindertagesstätten, in den allgemein bildenden Schulen und weiterer Bildungseinrichtungen in der kommunalen Bildungslandschaft" hergestellt werden. Deshalb fordert der VdM: „Die strukturierte Zusammenarbeit mit allen diesen Bildungseinrichtungen muss durch Kommunen und Länder ideell, konzeptionell und finanziell gefördert und in den Landesregelungen zur Schulbesuchspflicht flexibilisiert werden."[528]

Der Landesverband der Musikschulen Baden-Württembergs z. B. hat in seinen politischen Positionen „Musik bildet Gesellschaft" dargelegt, inwiefern er einen entsprechenden Verbesserungsbedarf in Hinblick auf die spezifische Situation der baden-württembergischen Musikschulen für begründet hält.[529] Für die Situation der öffentlichen Musikschulen in Baden-Württemberg stellt er fest:

> „Die Musikschulen und ihre kommunalen Träger kommen zunehmend an das Ende ihrer finanziellen Leistungsfähigkeit, obwohl die Elternbeiträge in den letzten Jahren im Durchschnitt bereits überproportional angehoben wurden. Die Überlastung droht! Zudem muss der Druck auf die Musikschulen, aus Kostengründen von angestellten Lehrkräften auf Honorarkräfte umstellen zu müssen, gestoppt werden."[530]

Dies gelte umso mehr, da der Inklusionsprozess an Musikschulen mit einer wachsenden Aufgabenvielfalt verbunden sei. In Hinblick auf die Kooperationen zwischen Ganztagsschulen und Musikschulen konstatiert der Landesverband:

> „Die […] Kooperationsvereinbarung des Landesverbandes der Musikschulen mit dem Land Baden-Württemberg fordert, dass Bildungsangebote öffentlicher Musikschulen ‚Bestandteil des außerunterrichtlichen Angebotes möglichst jeder Ganztagsschule sein' sollte. Zum pädagogischen Konzept jeder Grundschule mit Ganztagsbetrieb im außerunterrichtlichen Bereich sollte eine musikalische Grundbildung in den Eingangsklassen durch eine Musikschule gehören."[531]

Bedauert wird …

> „Für eine verlässliche musikalische Bildungsarbeit durch unsere hoch qualifizierten Lehrkräfte ist die finanzielle Ausstattung der Kooperationen jedoch nicht ausreichend."[532]

---

528   VdM (2016b).
529   Vgl. Kapitel 5.3.1.
530   Landesverband der Musikschulen Baden-Württembergs (2015:10).
531   Landesverband der Musikschulen Baden-Württembergs (2015:13).
532   Landesverband der Musikschulen Baden-Württembergs (2015:14).

Zu der individuellen Wahrnehmbarkeit des außerschulischen Musikschulangebotes für
Kinder und Jugendliche heißt es:

> „Mit dem flächendeckenden Ausbau der Ganztagsschulen im Land verändert sich die Frei-
> zeit der Kinder und Jugendlichen drastisch. Da die außerunterrichtlichen Angebote der Ganz-
> tagsschule innerhalb der Klassen- bzw. Schulgemeinschaft stattfinden, ist nun die Regel, dass
> die Schülerinnen sieben bis acht Stunden des Tages in der Schule verbringen. Dies hat mas-
> sive Auswirkungen auf den individuellen Instrumental- und Vokalunterricht der Musikschu-
> len. Dieser findet notwendigerweise im Einzelunterricht oder in kleinen Gruppen statt, ist
> individuell auf die jeweiligen Musikschüler abgestimmt und kann nur in seltenen Fällen
> innerhalb des Gebäudes einer allgemeinbildenden Schule stattfinden, weil der eigene Raum-
> bedarf der allgemeinbildenden Schulen durch die Ganztagsschule gewachsen ist."[533]

Außerdem wird reklamiert, dass es an baden-württembergischen Musikschulen keine
Förderung von Bildungsangeboten für Erwachsene gebe.[534] In der frühkindlichen
Bildung dagegen sieht der Landesverband die Potentiale des Bildungsprogramms
„Singen – Bewegen – Sprechen" durch die Zuordnung zur Sprachförderung als nicht
optimal genutzt an, zumal SBS ursprünglich auf ein vom Landesverband initiiertes
Modellprojekt zurückgeht.[535] Überhaupt hält es der Landesverband der Musikschulen
Baden-Württembergs für angebracht, „musikpädagogische und gesellschaftliche Alleinstellungsmerkmale der Musikschulen im Südwesten", von der Inklusion bis zur Studienvorbereitung, anzuerkennen bzw. besser zu schützen.[536] Der Begriff „Alleinstellungsmerkmale" bedarf hier sicherlich einer Klärung. Öffentliche Musikschulen nehmen
aufgrund ihrer öffentlichen Trägerschaft / Verantwortung einen politisch gewollten Auftrag wahr, musikpädagogische und gesellschaftliche Zielsetzungen im Interesse des Ge-
meinwohls zu verfolgen. Dies rechtfertigt ihre öffentliche Förderung. Musikschulen
in freier Trägerschaft folgen einer anderen Aufgabenlogik, zumal, wenn sie gewinnorien-
tiert arbeiten. Die Prioritätensetzung unterscheidet sich dann grundlegend. Allerdings
müssen Alleinstellungsmerkmale keine Ausschließlichkeitsmerkmale sein. Auch von öffentlichen Musikschulen wird erwartet, dass sie nach wirtschaftlichen Kriterien arbeiten.
Ebenso entsprechen freie Musikschulen mit ihrem musikpädagogischen Angebot einer
konkreten Nachfrage in der Gesellschaft. Sie ergänzen das Angebot öffentlich verant-
worteter Musikschulen, ersetzen es aber nicht.

(2) Die Positionen des Landesverbandes der Musikschulen Baden-Württembergs stehen prototypisch für die Situation der öffentlichen Musikschulen in diesem Bundesland. Sie verweisen aber zugleich auf Problemstellungen, die bundesweit existieren. Das
aktuelle Grundsatzprogramm des VdM betont zu Recht, dass Maßgaben „eines strukturierten, vollständigen und in sich abgestimmten musikalischen Bildungsangebots
der öffentlichen Musikschulen" bereits vorhanden seien: nachzulesen in den Leitlinien

---

533   Landesverband der Musikschulen Baden-Württembergs (2015:15).
534   Landesverband der Musikschulen Baden-Württembergs (2015:16).
535   Landesverband der Musikschulen Baden-Württembergs (2015:17).
536   Landesverband der Musikschulen Baden-Württembergs (2015:19).

und Hinweisen der kommunalen Spitzenverbände,[537] im Gutachten „Die Musikschule" der KGSt,[538] im Strukturplan sowie in den Rahmenlehrplänen des VdM.[539]
Doch um musikalische Bildung an öffentlichen Musikschulen tatsächlich zu gewährleisten, ist aus Sicht des VdM „eine [bessere] gesetzliche, förderrechtliche und ordnungs-
politische Verankerung von Musikschularbeit in Landesregelungen anzustreben".[540] Diese sollte gemäß den Erwartungen des VdM berücksichtigen, dass öffentliche Musikschulen auch weiterhin „Kontinuität und Differenzierung in musikalischen Bildungsangeboten gewährleisten" können und gemeinschaftliche „Bildungserlebnisse […] durch
das umfassende Angebot vielgestaltiger Ensemble-, Orchester-, Chor- und Bandarbeit"
möglich bleibt. Erforderlich wäre insbesondere, das „Berufsbild ‚Musikschulpädagoge
und -pädagogin' […] zum Erhalt künstlerischer und pädagogischer Professionalität
[…] durch angemessen ausgestaltete feste Arbeitsverhältnisse an den öffentlichen Musikschulen" abzusichern. Zur Begründung heißt es:

> „Die unverzichtbare weisungsgebundene Einbindung des Fachpersonals in das komplexe
> Aufgabenfeld einer auf Kontinuität angelegten Bildungseinrichtung erfordert die arbeits-
> rechtliche Sicherheit zwischen Träger und Mitarbeitern."[541]

Das Kriterium „arbeitsrechtlicher Sicherheit" wird zudem relevant, wo Musikschullehrer
in Kooperationen tätig werden, z.B. mit allgemeinbildenden Schulen. „Die Arbeit in
diesem Rahmen muss ein Teil des Deputats an der Musikschule sein, denn nur dann
handelt es sich wirklich um eine institutionelle Kooperation und nicht um eine perso-
nenabhängige."[542] Schließlich wird „eine verantwortungsvolle, aufgabenbegründete und
bedarfsgerechte Finanzierung durch Kommunen und Länder" gefordert, mit dem Ziel,
„dauerhaft die Zukunftsfähigkeit gemeinnütziger öffentlicher Musikschulen" zu erhalten. „Hierzu benötigen öffentliche Musikschulen geeignete, stabile Rechtsträgerschaf-
ten, die die kommunale Verantwortung angemessen abbilden!"[543]

In Baden-Württemberg fordert der Landesverband der Musikschulen Baden-Württembergs „ein stärkeres finanzielles Engagement des Landes, d.h. eine Erhöhung des
gesetzlich geregelten Fördersatzes […]".[544] Man erinnert an Zeiten, zu denen der Lan-
desanteil an der Musikschulfinanzierung – prozentual gerechnet – doppelt so hoch lag
wie gegenwärtig:

> „Die Musikschulen in Baden-Württemberg sind förderfähig nach Landesjugendbildungs-
> gesetz und erhalten derzeit 10% ihrer Kosten für das pädagogische Personal vom Land.
> Seit den 80er Jahren ist der Landesanteil an der Finanzierung der Musikschulen jedoch

---

537 Deutscher Städtetag / Deutscher Landkreistag / Deutscher Städte- und Gemeindebund (2010).
538 KGSt (2012).
539 VdM (2010).
540 Vgl. im Folgenden VdM (2016b).
541 VdM (2016b).
542 Eicker (2004:17).
543 VdM (2016b).
544 Landesverband der Musikschulen Baden-Württembergs (2015:10).

von knapp 20% auf das heutige Niveau gesunken. Die Finanzierung der Musikschulen wird inzwischen mit deutlich über 50% durch Elternbeiträge gewährleistet."[545]

Für den Ausbau inklusiver Unterrichtsangebote, z.B. auch im Bereich der Musikgeragogik, erhofft der Landesverband finanzielle „Unterstützung, um den Personalbedarf sicherzustellen, Rahmenbedingungen zu verbessern und Räume anzupassen".[546] Gewünscht wird „ein Landesprogramm zur musikalischen Grundbildung in den Eingangsklassen" aller Ganztagsschulen.[547] Außerdem sollen Ganztagsschulen „ausreichend Mittel zur Finanzierung qualifizierter außerunterrichtlicher Bildungsangebote zur Verfügung haben".[548] Nachgedacht wird über bessere „Möglichkeiten, Musikschüler vom außerunterrichtlichen Angebot an Ganztagsschulen zu befreien".[549] Der Besuch von Instrumental- und Gesangsunterricht an Musikschulen müsse auch in den außerunterrichtlichen Zeiten innerhalb des Ganztagsbetriebes als Regelfall möglich sein.[550] Weitere Forderungen betreffen die Erwachsenenbildung …

> „Als qualifizierter Anbieter von Weiterbildung in der Sparte Musik sollten in Zukunft auch die Musikschulen in Baden-Württemberg von einer Förderung im Rahmen des Weiterbildungsförderungsgesetzes oder einer analogen Förderstruktur profitieren können."[551]

… und die Revitalisierung von SBS als eigenständigem Förderprogramm.[552] Der Landesverband der Musikschulen Baden-Württembergs möchte zudem Qualitätsstandards der öffentlichen Musikschularbeit in einer Musikschulverordnung festschreiben.

> „Nach dem Vorbild der bayerischen Sing- und Musikschulverordnung sollten ein Mindestumfang an angebotenen Instrumentalfächern und die Bereiche Elementarbildung, musikalische Breitenförderung und Begabtenförderung, regelmäßiges Ensemblespiel sowie die fachliche und pädagogische Eignung des Lehrpersonals festgeschrieben werden. Die Musikschulverordnung soll die Bezeichnung ‚Musikschule' für diejenigen Bildungseinrichtungen schützen, deren Bildungsangebote die genannten Qualitätskriterien dauerhaft erfüllen und keinem kommerziellen Zweck sondern der Gemeinnützigkeit unterliegen."[553]

Erstrebenswert erscheint dem Landesverband schließlich „Stärkung" und „Ausbau" der musikpädagogischen Studiengänge an den Musikhochschulen.[554]

> „Neue Kompetenzen in den Bereichen Inklusion, Klassenmusizieren, lebenslanges Lernen, Musik und Geragogik, Kooperationswesen, neue Medien, interkulturelle und multikulturelle Bildung sowie Konzertvermittlung müssen dringend aufgebaut werden. Den Studieren-

---

545 Landesverband der Musikschulen Baden-Württembergs (2015:10).
546 Landesverband der Musikschulen Baden-Württembergs (2015:8).
547 Landesverband der Musikschulen Baden-Württembergs (2015:8).
548 Landesverband der Musikschulen Baden-Württembergs (2015:14).
549 Landesverband der Musikschulen Baden-Württembergs (2015:15).
550 Landesverband der Musikschulen Baden-Württembergs (2015:15).
551 Landesverband der Musikschulen Baden-Württembergs (2015:16).
552 Landesverband der Musikschulen Baden-Württembergs (2015:17).
553 Landesverband der Musikschulen Baden-Württembergs (2015:19).
554 Landesverband der Musikschulen Baden-Württembergs (2015:21).

den muss vermittelt werden, dass es neben den künstlerischen auch die pädagogischen Herausforderungen des Lehrberufes gibt. Die Inklusion an den Musikschulen brauchen den Willen und die Ideen engagierter Lehrkräfte."[555]

Noch ist die Differenz zwischen Wunsch und Wirklichkeit beträchtlich. Ein Beispiel mag dies verdeutlichen. Der Landesverband der Musikschulen Baden-Württembergs verbucht es als politischen Erfolg, dass die Landesregierung im Rahmen des Landeshaushalts 2017 die sogenannte „Bugwelle" abbaut. Gemeint ist, dass das Land Baden-Württemberg damit überhaupt erst einmal seinen gesetzlichen Verpflichtungen zur finanziellen Förderung der Musikschulen des Landes nachkommt:

> „Einen schnellen politischen Erfolg in der noch jungen Legislaturperiode des neuen Landtags konnte der Landesverband verbuchen, als Kultusministerin Dr. Susanne Eisenmann am 21. Oktober öffentlich verkündete, dass die Landesregierung zum kommenden Landeshaushalt 2017 die sogenannte Bugwelle bei der Landesförderung der Musikschulen abbauen wird. Mit einmalig 3,3 Mio. Euro und einer strukturellen Erhöhung der Haushaltsansätze um 1,6 Mio. Euro (auf insgesamt 23,3 Mio. Euro in 2017) wird das Land dann bereits im Laufe eines Haushaltsjahres seinen gesetzlichen Verpflichtungen (mind. 10% der Kosten für das pädagogische Personal) nachkommen können.
> Der Landesverband hatte sich über einen langen Zeitraum hinweg sehr intensiv für den Abbau der Bugwelle auf allen politischen Ebenen eingesetzt. Diese hatte sich aufgebaut, nachdem über Jahre hinweg die Summe der Fördermittel, die das Land jährlich für die Musikschulförderung bereit stellt, deutlich unter dem Förderbetrag lag, auf den die Musikschulen einen gesetzlichen Anspruch haben."[556]

So erfreulich, weil existentiell wichtig, dieser Schritt aus Sicht der baden-württembergischen Musikschulen auch sein mag: Der Weg zu einer Erhöhung des Anteils der Landesförderung an der Musikschulfinanzierung auf 20 Prozent dürfte unter dem Vorzeichen, dass das Land Baden-Württemberg in den letzten Jahren gegenüber den Musikschulen noch nicht einmal seinen gesetzlichen Verpflichtungen nachgekommen ist, mühsam sein. Auch in anderen Punkten ist das Engagement des Landesverbandes hervorzuheben, doch bleibt man letztlich auf Fürsprache und Unterstützung anderer angewiesen, siehe die weitere Entwicklung der Ganztagsschulen.

(3) Wenn man sich mit Andreas Doerne auf die Frage nach der Zukunft von Musikschulen in der „Bildungsrepublik" Deutschland besinnt,[557] muss zunächst die Frage erlaubt sein, wie es eigentlich um die Bildungsrepublik selbst bestellt ist. Werner Heinrichs und Armin Klein haben bereits 2001 in einem lexikalischen Beitrag hinsichtlich der Musikschulförderung in Deutschland konstatiert:

> „Mit der Fortentwicklung der Musikschule und ihrer allgemeinen öffentlichen Anerkennung hat jedoch bislang ihre rechtliche Anerkennung nicht Schritt gehalten. Problematisch

---

555   Landesverband der Musikschulen Baden-Württembergs (2015:20).
556   VdM (2017a:178).
557   Doerne (2011).

ist insgesamt die fehlende Garantie von Staat und Kommunen zur Förderung der einzelnen Musikschulen sowie des Musikschulwesens insgesamt. Nicht ganz geklärt ist auch die Position, die die Musikschule im Bildungssystem einnimmt: Ist sie als schulische Ausbildung dem Schulbereich und damit der Förderung durch das jeweilige Bundesland zuzuordnen oder aber der Kulturförderung durch die Kommunen?"[558]

Die Diskrepanz zwischen der Fortentwicklung der Musikschule und ihrer rechtlichen Anerkennung ist bis zum Jahr 2017 noch augenfälliger geworden. Sie lässt sich anhand von konkreten Zahlen belegen. Der Anteil öffentlicher Mittel an der Musikschulfinanzierung ist laut VdM-Statistik bundesweit von 53,53% im Jahr 2004[559] auf 48,82% im Jahr 2016[560] zurückgegangen. Den größten Anteil an der öffentlichen Musikschulfinanzierung tragen nach wie vor die Kommunen. Die Länder beteiligten sich 2016 zu 13,58% an den öffentlichen Fördermitteln und zu 7,18% an der gesamten Musikschulfinanzierung.[561] Noch gravierender wiegt in diesem Zusammenhang, dass der VdM mittlerweile die Qualität der Musikschularbeit in der Substanz gefährdet sieht, weil an Musikschulen immer mehr Lehrkräfte in freien Mitarbeiterverhältnissen zum Einsatz kommen.[562] Ulrich Rademacher mahnt: „Wenn wir weiter so handeln, wird es in zehn Jahren keine Musikschulen mehr geben, die ihren Namen verdienen."[563]

„Wenn wir also eine Musikschule haben wollen, die mehr ist als eine kommunal geförderte Vermittlungsagentur für Lehrkräfte, eine Musikschule, die dem entspricht, was die kommunalen Spitzenverbände gemeinsam von ihnen einfordern, brauchen wir weisungsgebundene Lehrkräfte, die sich in Schulstrukturen einbinden lassen, die sich regelmäßig fortbilden und ihren Beitrag zum oben beschriebenen Leistungspaket Musikschule leisten."[564]

Gesellschaftliche Wertschätzung für Musikpädagogen beweise sich eben nicht in Sonntagsreden, sondern in öffentlich verantworteten und garantierten attraktiven Arbeitsbedingungen. „Es ist die Zeit die Augen zu öffnen: ‚Geht doch' geht nicht."[565] Rademacher glaubt die Ursache zu kennen, warum sich die Tagespolitik mit entsprechenden Lösungsansätzen schwertut:

„Leider wird in der Politik immer mehr auf kurzfristige Erfolge geschielt. Je mehr von Nachhaltigkeit geredet wird, desto weniger wird danach gehandelt. Wenn Geld ein Wert ist, ist Bildung ein Mehr-Wert! Eine Investition in Bildung ist immer nachhaltig. Eine verpasste oder gar verweigerte Bildungschance ist endgültig verspielt. In unserer bildungspoli-

---

558   Heinrichs / Klein (2001:292).
559   VdM (2005:34).
560   VdM (2017a:230).
561   VdM (2017a:231).
562   VdM (2017b). Der Anteil von freien Mitarbeitern schwankt zwischen den einzelnen Bundesländern erheblich. Besonders beklagenswert sind die Zustände in der Bundeshauptstadt Berlin. Dort soll der Anteil von fest angestellten Musikschullehrkräften bis 2021 auf gerade einmal 20% als Untergrenze gesteigert werden. Vgl. VdM (2017a:183).
563   Rademacher (2017).
564   Rademacher (2017).
565   Rademacher (2017).

tischen Verantwortung dürfen wir den Entscheidern in Kommunen und Ländern nicht länger erlauben, die Augen zu verschließen."[566]

In der Tat ist von politischer Seite oft genug betont worden, wie eminent wichtig musikalische Bildung und öffentliche Musikschulen in gesellschaftlicher Perspektive seien. So berichtete einst die nmz (= Neue Musikzeitung) in ihrer Ausgabe vom Juni 2001 über einen Gastauftritt des damaligen Bundesinnenministers Otto Schily beim VdM-Bundeskongress in Leipzig:

> „Otto Schilys vielzitierten Satz ‚Wer Musikschulen schließt, gefährdet die innere Sicherheit‘ hatte der VdM zum Anlass genommen, den Bundesinnenminister zum Musikschulkongress einzuladen, und unter diesem Motto stand auch sein Vortrag mit anschließender Diskussion, dem die 1.100 Teilnehmer und zahlreiche Pressevertreter im Kongresszentrum Leipzig gespannt folgten. In seiner Rede betonte Schily nicht nur die Bedeutung der Musikschulen und anderer Einrichtungen, sondern vertiefte seine These mit dem Verweis auf die Bedeutung ästhetischer und kultureller Bildung: ‚Wir brauchen eine ästhetische Erziehung und dazu gehört sehr wesentlich auch die musikalische Bildung. Wer musiziert, fördert den Sinn für Rhythmus und Melodie und das Gespür auch für den anderen. Wer musiziert, lernt, gegenseitig Rücksicht zu nehmen. Und wir müssen den Kindern auf diese Weise die Möglichkeit verschaffen, selbst Gehör und Resonanz zu finden. […] Musikerziehung hat einen wesentlichen Anteil an der Ausbildung eines ausgeglichenen, kreativen, intelligenten und zu Sozialverhalten fähigen Menschen. […] Intelligenter Musikunterricht kann helfen, dem Anpassungsdruck an gewaltbereite Gruppierungen zu entgehen, da musizierende Kinder die eigenen Talente entdecken und ihren individuellen Wert im gemeinsamen schöpferischen Prozess wahrnehmen.‘"[567]

Für den Deutschen Musikrat stehen die öffentlichen Musikschulen „aufgrund ihrer öffentlichen geförderten Finanzierung, ihrer Leistungsstruktur und ihrer Verfahren der Qualitätssicherung in einer herausragenden Verantwortung."

> „Sie sichern eine klar strukturierte musikpädagogische Arbeit, die die Kontinuität musikalischer Ausbildung gewährleistet und erreichen damit alle Generationen. Von der Frühförderung bis zum 4. Lebensjahr entwickeln sie die Grundlage und setzen mit ihrem Schwerpunkt des gemeinsamen Musizierens Impulse für das Laienmusizieren. Denn wo Musik vermittelt wird, können gleichzeitig neue soziale, künstlerische Verbünde entstehen, deren gesellschaftliche Bedeutung – in Ergänzung des schulischen und außerschulischen Musikunterrichtes – als überaus wichtig eingeschätzt werden darf. Sie bereiten darüber hinaus auf ein Musikstudium vor. Die öffentlichen Musikschulen spiegeln mit ihrem Angebot die Vielfalt der Kulturen wider. Die Partnerschaft mit den allgemein bildenden Schulen führt zu konzeptionsgebundenen Kooperationen."[568]

---

566 Rademacher (2017).
567 https://www.nmz.de/artikel/musik-nicht-saettigungsbeilage-sondern-hauptgericht [29.4.2017].
568 Deutscher Musikrat (2012:9).

Der Deutsche Musikrat plädiert daher für einen Ausbau der öffentlich mitfinanzierten Musikschulunterrichtsplätze.[569] Bereits 2008 empfahl die Enquete-Kommission „Kultur in Deutschland" des Deutschen Bundestages Bund, Ländern und Kommunen, in die kulturelle Bildung zu investieren und selbige als eine Querschnittsaufgabe anzusehen.

> „Kulturelle Bildung ist unverzichtbarer, integraler Bestandteil von Bildung wie von Kultur und eine Querschnittsaufgabe verschiedener Politikfelder."[570]

In Hinblick auf die außerschulische kulturelle Bildung gibt der Bericht der Enquete-Kommission u. a. folgende Handlungsempfehlungen:

> „6. Die Enquete-Kommission empfiehlt den Ländern, durch gesetzliche Regelungen die kulturelle Infrastruktur im Bereich der außerschulischen kulturellen Bildung in ihrem Bestand auch qualitativ zu garantieren. Das gilt insbesondere für das Musik- und Jugendkunstschulwesen. Angebote der kulturellen Bildung aus dem rechtlichen Status der ‚freiwilligen Leistung' herauszuführen, soll auch mit Blick auf die Gestaltungsfreiheit der Kommunen entscheidendes Element gesetzlicher Regelungen sein. Denn gerade bei knappen Kassen sollen die Kommunen ihrer Verantwortung für die kulturelle Bildung als pflichtige Selbstverwaltungsaufgabe nachkommen können. [...]
> 8. Die Enquete-Kommission empfiehlt den Ländern, sich angemessen an der Finanzierung der außerschulischen kulturellen Bildung als öffentliche Gemeinschaftsaufgabe zu beteiligen. Dazu gehört ein Konzept, das auch ein ausgewogenes Verhältnis zwischen haupt- und nebenberuflichem Personal sowie ehrenamtlich Tätigen vorsieht.
> 9. Die Enquete-Kommission empfiehlt den Ländern, unter Mitwirkung der Beteiligten, Regelungen zu erarbeiten, die außerschulischen kulturellen Einrichtungen ein Zusammenwirken auf Augenhöhe mit den allgemein bildenden Schulen ermöglichen."[571]

Allerdings wird der Vorsatz, die Musikschulförderung als Querschnittsaufgabe verschiedener Politikfelder zu begreifen, aus Sicht des VdM bis heute nicht hinreichend eingelöst. „Die vom VdM seinerzeit vorgeschlagene und in die Bildungsplanung der Bund-Länder-Kommission als Zielsetzung eingegangene ‚Drittelfinanzierung' der Musikschulen aus Gebühren, kommunalen und Landesmitteln wird in keinem Landesverband erreicht."[572] Dabei geht es nicht nur um Fragen der Finanzierbarkeit, sondern auch um Fragen der Zuständigkeit. In Kapitel 5.1.2 wurde bereits die Problematik angesprochen, dass bundesweit kein einheitliches Musikschulrecht existiert. Die Einordnung der Musikschule in das Bildungssystem ist auf Ebene der einzelnen Bundesländer formal unterschiedlich geregelt. Während der Staat die Schulaufsicht wahrnimmt und sie an die Länder delegiert,[573] fällt das öffentliche Musikschulwesen nach Maßgabe der kulturellen Daseinsvorsorge in den Aufgabenbereich der Kommunen.[574] Doch stichhaltig erscheinen solche Abgrenzungen längst nicht mehr, denn sofern eine Ver-

---

569   Deutscher Musikrat (2012:9).
570   Deutscher Bundestag (2008:596).
571   Deutscher Bundestag (2008:599).
572   VdM (2015d:38).
573   Vgl. Artikel 7 in Verbindung mit Artikel 30 des Grundgesetzes.
574   Vgl. Artikel 28 des Grundgesetzes.

netzung der öffentlichen Musikschulen in die kommunale Bildungslandschaft politisch gewollt ist, kann dies nichts anderes bedeuten, als dass auch Kommunen zunehmend ein deutliches Interesse an Bildung artikulieren und in der Bildungspolitik „zunehmend […] eine wichtige kommunale Gestaltungsaufgabe" erkennen,[575] während aus umgekehrtem Blickwinkel die Länder in öffentlichen Musikschulen keineswegs nur kommunale Kultureinrichtungen sehen, sondern selbige *auch* als Bildungseinrichtungen verstehen und fördern.[576] Friedrich-Koh Dolge betont einmal mehr:

> „Wir brauchen gesetzliche und förderrechtliche Regelungen und eine ordnungspolitische Verankerung von Musikschularbeit in Landesregelungen, damit der Träger, die Kommune, nicht allein gelassen wird – und wir brauchen natürlich auch den Bund, der eine Initiativfunktion übernimmt."[577]

Anlässlich einer Klausurtagung der Musikschulverbände aus Lichtenstein, Österreich, der Schweiz und Deutschland im Januar 2017 in Erding berichtet Dolge von weitergehenden Gedankenspielen:

> „Wir haben aber auch politische Ideen gehabt, haben visionär gearbeitet und zum Beispiel über Landes- und ein Bundesmusikschulgesetz diskutiert."[578]

Fakt ist, dass Deutschland im Vergleich zu seinen Nachbarländern in der Musikschulförderung das Nachsehen hat. Michaela Hahn, Geschäftsführerin der Musikschulmanagement Niederösterreich GmbH, schildert das System der Musikschulförderung in Österreich:

> „Musikschulen werden in Österreich traditionell der Kultur zugeordnet und liegen daher in der Kompetenz der Bundesländer, im Gegensatz zur Bildung, die in der Kompetenz des Bundes liegt. Die neun Bundesländer haben ihre Musikschulwesen entweder zentral auf Landesebene oder dezentral (kommunal) organisiert.
> Die drei Aufgaben und Ziele der Musikschulen sind in den meisten Bundesländern in Landesgesetzen verankert: Eine breite musikalische Ausbildung für möglichst viele Menschen beziehungsweise insbesondere Kinder und Jugendliche, die Förderung von (Hoch-)Begabten mit dem möglichen Ziel des Musikstudiums und die Mitwirkung und Bereicherung des regionalen kulturellen Lebens. Die Gesamtentwicklung der österreichischen Musikschulen wird durch die Steuerungsmaßnahmen der einzelnen Bundesländer und einer bundesübergreifenden Zusammenarbeit durch die Konferenz der österreichischen Musikschulwerke (KOMU), eine Länderexpertenkonferenz, geprägt.
> Die Musikschulen sind in Österreich in eine reichhaltige und vielfältige Kulturlandschaft eingebettet, die ein wesentlicher Faktor für ihre Relevanz und Bedeutung insbesondere in den ländlichen Regionen ist. In vielen Bundesländern gibt es mehr Blaskapellen oder auch Chöre als Gemeinden. Rund 190.000 Musikschülerinnen und -schüler werden an den rund 370 österreichischen Musikschulen unterrichtet, damit werden durchschnittlich etwa 8 Pro-

---

575   Mack, W. (2012:733).
576   Vgl. KGSt (2012:14).
577   Dolge (2016).
578   https://www.nmz.de/artikel/grenzueberschreitende-kooperation [22.6.2017].

zent der Bevölkerung bis 25 Jahre erreicht. In einzelnen Bundesländern besucht jedes dritte Volksschulkind die Musikschule.

Die Finanzierung der Musikschulen wird in Österreich zu 80 Prozent [!] aus öffentlichen
Mitteln (Bundesländer und Gemeinden) und zu 20 Prozent aus Schulgeldbeiträgen getragen, wobei die Anteile in den einzelnen Bundesländern differieren. Neben den mehrheitlich
von öffentlichen Mitteln finanzierten Musikschulsystemen der Bundesländer gibt es auch private sowie kommerzielle Anbieter, die jedoch in allen Bundesländern ausgenommen Wien
nur marginal vertreten sind."[579]

Letizia Walser, Vorstandsmitglied im Verband Musikschulen Schweiz, merkt zur Musikschulförderung in der Schweiz an:

> „Der Verfassungsartikel ‚Musikalische Bildung' (Art. 67a), dem das Schweizer Volk im
> September 2012 mit rund 72 Prozent zustimmte, soll Bund und Kantone verpflichten,
> unter anderem für den Zugang der Jugend zum Musizieren und für einen hochwertigen
> Musikunterricht gemeinsam zu sorgen. Das nationale Gesetz ist die nötige und optimale
> Voraussetzung für die Anerkennung des Bildungsauftrags der Musikschulen im ganzen
> Land. Die Umsetzung dieses Gesetzes – im Sinne einer verbindlichen Rahmenbedingung
> für die ganze musikalische Bildung im schulischen und außerschulischen Bereich – ist
> eine der Herausforderungen, vor der die Schweizerische Bildungspolitik heute steht."[580]

Nun mag man sich tatsächlich verwundert die Augen reiben, wenn man liest, dass in
Österreich die Musikschulen zu 80 Prozent aus öffentlichen Mitteln finanziert werden
und in der Schweiz ein Verfassungsartikel „Musikalische Bildung" existiert, während
man sich in Deutschland bislang nicht auf ein Staatsziel Kultur zu einigen vermochte
(siehe unten) und der Anteil öffentlicher Mittel an der Musikschulfinanzierung bestenfalls bei rund 50 Prozent liegt,[581] einmal ganz davon abgesehen, dass sowohl in Österreich als auch in der Schweiz Musikschullehrkräften offenbar ihre Arbeit besser vergütet wird bzw. Lehrkräfte auch nicht in vergleichbarem Maße auf Basis von freien
Mitarbeiterverträgen prekär beschäftigt werden wie in Deutschland. Von daher erscheint
es nachvollziehbar, wenn Reinhold Degenhart aus Mindelheim in einem Leserbrief an
die nmz (= Neue Musikzeitung) schreibt:

> „Der oftmals vorgebrachte Vorwand, dass so etwas in Deutschland nicht finanzierbar sei
> [gemeint ist die Musikschulförderung in Österreich], ist aus meiner Sicht argumentativ
> nicht haltbar, denn die Tatsache, dass mindestens ein anderer Staat in Europa, dessen Wirt-
> schafts- und Finanzkraft nicht wesentlich höher sein dürfte als diejenige der BRD, es seit
> vielen Jahrzehnten ‚schafft', eine flächendeckende Musikschulversorgung mit einigermaßen
> sozialverträglichen Gebühren und tariflich beschäftigten Lehrkräften zu gewährleisten, deu-

---

579   Hahn (2017).
580   Walser (2017).
581   Vgl. VdM (2017a:230).

tet darauf hin, dass es sich hierbei nicht in erster Linie um eine pekuniäre Frage handelt, sondern vielmehr um die Frage, ob der politische Wille dazu besteht.“[582]

Der VdM will dem Notstand mit der Forderung nach mindestens 80 Prozent Festanstellungen an Musikschulen begegnen …

„In diesem Sinne hat der Bundesvorstand des VdM in seiner letzten Sitzung entschieden, den Landesverbänden und der Mitgliederversammlung zu empfehlen, gemeinsam mit der Forderung nach mindestens 80 Prozent Festanstellungen an die Öffentlichkeit zu gehen. Über den Grad und das Tempo der Zielerreichung wird angesichts unterschiedlicher Rahmenbedingungen in den Ländern und Kommunen sicher noch zu diskutieren sein, nicht aber über das Signal und die Orientierung, die hiermit gegeben werden soll.“[583]

… und hat solche Forderung in dem „Stuttgarter Appell“, verabschiedet in der Bundesversammlung des VdM am 18. Mai 2017 in Stuttgart, nochmals mit Argumenten unterlegt:

„Nur angestellte Lehrkräfte, die auf das Leistungs-Paket der ‚Zusammenhangstätigkeiten‘ verpflichtet sind, können das vollständige, aufeinander abgestimmte, vielfältige und qualitativ hochwertige Angebot der öffentlichen Musikschulen garantieren. Dadurch gewährleisten sie nachhaltige, auf Vertrauen, Verlässlichkeit und längere Zeiträume angelegte Bildungsprozesse. Nur sie ermöglichen ein für alle Lehrkräfte verpflichtendes Fortbildungsprogramm, eine intensive beratende Zusammenarbeit mit den Eltern, nur sie garantieren eine Begabtenförderung, die sich an den Bedürfnissen und Chancen der Schülerinnen und Schüler orientiert, nur sie erlauben notwendige zusätzliche Aktivitäten für gelingende Inklusion, nur sie eröffnen einen flexiblen Einsatz für kurzfristige notwendige Vertretungen, für Aktionen und Projekte der Musikschule an Wochenenden und in den Ferien, nur sie gewährleisten die regelmäßige Teilnahme an Konferenzen der Fachbereiche, der Stadtteilzentren oder im Rahmen von Projektplanung und -begleitung, nur sie stellen damit eine fachlich-inhaltliche Weiterentwicklung der Musikschularbeit sicher.
Gerade die Zusammenarbeit mit den allgemeinbildenden Schulen verlangt – heute mehr denn je – nach einer vertieften Abstimmung, die einen deutlich über den ‚Netto‘-Unterricht hinausgehenden Zeitaufwand erfordert und die Einbindung in schulische Abläufe nach sich zieht. Auch die künstlerisch-pädagogische Abstimmung zwischen Elementarer Musikpädagogik, Instrumental-/Vokalunterricht und Ensemblearbeit braucht Zeit und Flexibilität. All dies müsste bei einem fairen und Rechtssicherheit bietenden Einsatz von Honorarkräften noch zusätzlich vereinbart und honoriert werden.“[584]

Doch die Erhöhung des Anteils festangestellter Lehrkräfte an Musikschulen versteht sich letztlich nur als Mosaikstein dessen, was der VdM in dem Grundsatzprogramm „Musikalische Bildung in Deutschland. Ermöglichen – Gewährleisten – Sichern!“ perspektivisch einfordert:

---

582   Degenhart (2017).
583   Rademacher (2017).
584   VdM (2017b).

„Die Impulsgebung und Anregungsfunktion des Bundes in der musikalischen Bildung muss stärker als bisher wahrgenommen werden. Unabhängig davon erscheint die Aufhebung des Kooperationsverbotes im Bildungsbereich geboten. Es ist weiterhin anzustreben, dass die Förderung von Kultur und Bildung als Staatsziel in das Grundgesetz aufgenommen wird (vgl. Schlussbericht ‚Kultur in Deutschland‘, Enquete-Kommission des Deutschen Bundestages 2007).“[585]

Der Ruf nach einer tragenden Rolle des Bundes und einem Staatsziel Kultur – als Grundlage für ein bundesweites Musikschulgesetz? – ist nicht nur vor dem Hintergrund einer nachhaltigeren Musikschulförderung in Österreich oder der Schweiz zu sehen. Er basiert – das VdM-Grundsatzprogramm deutet es an – auf den Empfehlungen der Enquete-Kommission des Deutschen Bundestags „Kultur in Deutschland“. In deren Schlussbericht heißt es:

„Die Enquete-Kommission ‚Kultur in Deutschland‘ hat in der 15. Wahlperiode in einem Zwischenbericht ‚Kultur als Staatsziel‘ auf der Grundlage eines einstimmigen Beschlusses dem Deutschen Bundestag empfohlen, Kultur als Staatsziel im Grundgesetz (GG) zu verankern und einen Artikel 20b GG mit folgender Formulierung einzufügen: ‚Der Staat schützt und fördert die Kultur‘.“[586]

Damit wollte es freilich die Enquete-Kommission nicht bewenden lassen. Parallel dazu wurde dem Deutschen Bundestag und der Bundesregierung die Einrichtung einer Bundeszentrale für kulturelle Bildung empfohlen, „für die Entwicklung innovativer Konzepte, zur Vernetzung der Akteure und zur Fortbildung von Multiplikatoren“.[587] Ein Vorschlag, der in der politischen Debatte prompt Widerspruch provozierte:

„105 Sondervotum Dorothee Bär, MdB und SV Staatsminister a. D. Dr. h. c. mult. Hans Zehetmaier ‚Die Handlungsempfehlung Nr. 2 wird aus verfassungsrechtlichen Gründen nicht mitgetragen. Die Zuständigkeit im Bereich der kulturellen Bildung liegt bei den Ländern. Für die Bereiche Bildung und Kultur normiert das GG weder eine ausschließliche noch konkurrierende Gesetzgebungskompetenz des Bundes. Dem Bund fehlt es für die Einrichtung einer ‚Bundeszentrale für kulturelle Bildung‘ an einer verfassungsrechtlichen Kompetenzgrundlage‘.“[588]

In der Zwischenzeit ist weder ein Staatsziel Kultur im Grundgesetz noch eine Bundeszentrale für kulturelle Bildung verwirklicht worden. Indes steht der VdM mit einer kritischen Haltung gegenüber einem Kooperationsverbot im Bildungsbereich nicht alleine dar. Roland Preuß kommentiert am 19.12.2014 in der „Süddeutschen Zeitung“ unter dem Titel „Ein irrsinniges Verbot“ die Lockerung des Kooperationsverbotes in Teilbereichen:

---

585   VdM (2016b).

586   Deutscher Bundestag (2008:89).

587   Deutscher Bundestag (2008:596).

588   https://www.nmz.de/artikel/enquete-kommission-%E2%80%9Ekultur-in-deutschland%E2%80%9C
[30.4.2017].

„Allein der Begriff kennzeichnet den Irrsinn: Kooperationsverbot. So lautet die Regel, die Union und SPD bei der Föderalismusreform 2006 ins Grundgesetz geschrieben haben. Bund und Länder dürfen in der Bildung nicht dauerhaft zusammenarbeiten. Als ob man ein besseres Ergebnis erzielt, wenn man nicht zusammenarbeitet. Die Länder wollten die Bildung als ihr Revier abstecken, der Bund sollte sich raushalten, so die Logik. […] Dennoch fehlt es der Reform [gemeint ist die 2014 beschlossene Lockerung des Kooperationsverbotes für den wissenschaftlichen Bereich] an Breite, denn Bund und Länder haben ein zentrale Zone der Bildung ausgespart: die Schulen. Ausgerechnet hier bleibt der Bund ausgesperrt. Obwohl die Aufgaben besonders dringlich sind. Hunderttausende Kinder müssen in Deutsch gefördert, Schüler mit Behinderung in regulären Klassen aufgenommen und das Angebot an Ganztagsschulen ausgebaut werden. Hinzu kommt die Integration Zehntausender Flüchtlingskinder in den Schulen. An allen Stellen fehlen Geld, durchdachte Konzepte und bundesweite Standards. Und an all diesen Stellen könnte der Bund dank seiner größeren Finanzkraft helfen – doch er darf es auch künftig nicht. […] Das wäre gut, denn der Bund könnte endlich das einfordern, was viele Bürger längst fordern: mehr Einheitlichkeit.“[589]

Was Preuß hier bezogen auf die allgemeinbildenden Schulen anmerkt, kann im übertragenden Sinne auch in Hinblick auf die wachsenden Aufgaben der öffentlichen Musikschulen in Zeiten der Inklusion gelesen werden, wenngleich unterschiedliche Rahmenbedingungen der Musikschulförderung in den Bundesländern auch mit besonderen Chancen verbunden sein können, wie Ulrich Rademacher meint: „Das nützt uns, weil in manchen Bundesländern Bedingungen vorherrschen, die es erlauben, besonders schnell nach vorne zu gehen und Dinge auszuprobieren, weil es politisch gerade gut passt, wie z. B. in der Zeit der Kulturhauptstadt mit JeKi in NRW. Allerdings besteht dann die Herausforderung, die anderen mitzunehmen, wenn Dinge gut laufen, und die große Einheit nicht aus dem Blick zu verlieren.“[590] Die „große Einheit nicht aus dem Blick zu verlieren“ fällt tatsächlich nicht ganz leicht, angesichts unterschiedlicher Kooperationsmodelle in den Ländern, die unter so illustren Namen wie JeKits, JeKiss, MoMo oder MäBi eine Koexistenz führen.[591] Friedrich-Koh Dolge gibt zu bedenken, dass es für den Bund mit Sicherheit schwierig sein dürfte, „sich finanziell in die Musikschularbeit einzubringen, so lange das Kooperationsverbot existiert“.[592] Als positives Beispiel dafür, wie sich der Bund als Impulsgeber und Anreger in die musikalische Bildung einbringen könne, nennt Dolge die Initiative „Kultur macht stark“,[593] nicht zu verwechseln mit dem Kooperationsmodell der Stuttgarter Musikschule „Stark durch Musik“.

„Das Bundesministerium für Bildung und Forschung (BMBF) setzt sich seit 2013 mit dem Förderprogramm ‚Kultur macht stark. Bündnisse für Bildung‘ und einer Gesamt-

---

589   Preuß (2014).
590   Rademacher / Dolge (2017).
591   Vgl. Dartsch (2014:233f.).
592   Dolge (2016).
593   Dolge (2016).

summe von 230 Mio Euro dafür ein, allen Kindern, unabhängig von ihrer sozialen Herkunft, den Zugang zu Kunst und Kultur zu ermöglichen. Mit dem bis Ende 2017 laufenden Programm werden junge Menschen erreicht, die in finanziellen und sozialen Risikolagen sind und einen erschwerten Zugang zu Bildung haben. […]

Der VdM ist seit Programmbeginn als Programmpartner beteiligt und fördert Bildungsmaßnahmen, die von öffentlichen Musikschulen vor Ort durchgeführt werden. Bis zu 20 Mio Euro stehen dem VdM dafür zur Verfügung. […] 800 Maßnahmen konnten bereits erfolgreich abgeschlossen werden, und im Jahr 2016 wurden über 420 weitere Fördermaßnahmen durchgeführt bzw. sind noch in der Förderung. Die 200 teilnehmenden Musikschulen haben damit nahezu 39.000 Kinder und Jugendliche erreicht."[594]

Ulrich Rademacher ist sich bewusst, dass es weiterhin umfassender politischer Überzeugungsarbeit bedürfen wird, um die Interessen des VdM auf verschiedenen Politikfeldern geltend zu machen:

„[…] wir müssen die verschiedenen Aufgabenstellungen der kommunalen, der Landes- und der Bundesebene richtig nutzen. Wir gehen zu oft mit unserem Gesamtpaket auf den Bund zu und müssen uns dann anhören: Dafür sind wir doch gar nicht zuständig. Oder wir werden vom Land an die kommunale Verantwortung erinnert. Wir müssen das Große und Ganze beim Bund einfordern bis hin zu der noch nicht abgeschlossenen Frage, ob Kultur als Staatsziel nicht doch eine Aufgabe ist. Wir müssen mit den Ländern sprechen, die für die allgemeinbildenden Schulen, aber auch für die Berufsausbildung zuständig sind, und mit den Kommunen, die kommunale Daseinsvorsorge betreiben und die Musikschulen vor Ort verwurzeln. Wir müssen auf jeder Ebene mit den spezifischen Fragestellungen zugehen."[595]

Und Friedrich-Koh Dolge fügt hinzu:

„Vielleicht müssen wir uns auch noch mehr aus dem Fenster lehnen und unbequeme Wahrheiten einfach mal aussprechen. Vielleicht ist das nicht auf den ersten Blick im Sinne unserer Partner, aber ein reinigender Diskurs kann auch manchmal helfen."[596]

Offensichtlich ist das Dilemma öffentlicher Musikschulen. Ihre Bildungsarbeit wird im Sinne einer pflichtigen Aufgabe nicht hinreichend anerkannt. Die Versuchung für Bund, Länder und Kommunen ist allzu groß, sich gegenseitig die Verantwortung für das öffentliche Musikschulwesen zuzuweisen.

6.4.2 Erwartungen an Musikschulen

Der Deutsche Musikrat spricht in seinem Grundsatzpapier „Musikalische Bildung in Deutschland" aus dem Jahr 2012 von „abnehmenden Musikanregungen in vielen Fa-

---

594 VdM (2017a:17f.).
595 Rademacher / Dolge (2017).
596 Rademacher / Dolge (2017).

milien" und einem „bedauernswerten Rückgang des Alltagsmusizierens".[597] Er hält die Erfolge der bisherigen Praxis musikalischer Bildung für nicht ausreichend. Der Musikunterricht an Schulen erodiere. „Die Zahl der von den Stundentafeln vorgesehenen Musikunterrichtsstunden in den Schulen verringert sich fortlaufend. […] In den Schulen fehlen professionelle Musikpädagogen."[598] Nur ca. 10 Prozent der Kinder einer Alterskohorte würden Instrumentalunterricht erhalten.[599] Hermann Wilske fasst die „unmissverständlichen Befunde" des Grundsatzpapieres zusammen:

> „Nach wie vor fallen bis zu 80 Prozent des Musikunterrichts an Grundschulen aus, und ganz grundsätzlich, heißt es an einer Stelle, müsse sich ‚musikalische Bildung erst wieder neu entwickeln' [!]. Das ist ein wahrlich niederschmetterndes Ergebnis, denn im Umkehrschluss bedeutet dies nichts anderes, als dass es musikalische Bildung letztlich kaum mehr gibt."[600]

Auch der „Rat für Kulturelle Bildung", „ein unabhängiges, auf Bundesebene agierendes Beratungsgremium, das sich umfassend mit der Lage und Qualität Kultureller Bildung in Deutschland befasst",[601] scheint diese Kritik zu teilen:

> „Im Sommer 2015 führte das renommierte Allensbach-Institut im Auftrag des Rates für Kulturelle Bildung die Studie ‚Jugend/Kunst/Erfahrung – Horizont 2015' durch. Ein Ergebnis: 17 Prozent der Schülerinnen und Schüler in 9. und 10. Klassen an allgemeinbildenden Schulen haben bundesweit keinen Kunstunterricht, 22 Prozent keinen Musikunterricht. Hinzu kommen 33 Prozent, bei denen Kunst und 27 Prozent, bei denen Musik mehr als selten ausfallen. Dieses Defizit können noch so gute außerschulische Programme nicht kompensieren.
> Die Allensbach-Studie macht zudem deutlich, dass ein Drittel der 9.- und 10.-Klässler sich auch bei vorhandenem Angebot weder für klassische Musik noch für Theater, Tanz oder weitere künstlerische Formen der Kulturellen Bildung interessiert – gleichgültig, ob sie im formalen oder non-formalen Bereich angeboten werden."[602]

Das Problem wird mittlerweile seitens der betroffenen Fachverbände als so gravierend eingestuft, dass der BMU (= Bundesverband Musikunterricht) in seiner bildungspolitischen Agenda 2030 „Für musikalische Bildung an Schulen" dazu aufruft, ein umfassendes Gesamtkonzept Musikalischer Bildung zu entwerfen, „welches ein pluralistisches Musikverständnis ebenso umfasst wie den Verbund von schulischer und außerschulischer Arbeit sowie den Einbezug aller Lebensphasen".[603] Schon zuvor hatte der Deutsche Musikrat gefordert, dass sich verschiedene Anbieter von musikalischer Bildung in der Bildungslandschaft „mit dem Ziel einer quantitativen und qualitativen Steigerung der Musikalischen Bildung stärker zu einer kooperativen bzw. integrierten bildungskulturellen

---

597 Deutscher Musikrat (2012:9).
598 Deutscher Musikrat (2012:9).
599 Deutscher Musikrat (2012:9).
600 Wilske (2017).
601 https://www.nmz.de/artikel/kultur-fuer-alle-aber-in-guter-qualitaet [3.5.2017].
602 https://www.nmz.de/artikel/kultur-fuer-alle-aber-in-guter-qualitaet [3.5.2017].
603 BMU (2016:7).

Infrastruktur für alle gesellschaftlichen Gruppen, Generationen und generationsübergreifend" verbinden sollten.[604] Grundlegend seien „basisstärkende Maßnahmen für das Musizieren im Alltag, in den Familien (mehr Singen!), und – von Bundesland zu Bundesland unterschiedlich – zur Belebung der Laienmusik notwendig."[605]

> „Die schulische Sicherung der Musikalischen Bildung ist auch ein Zusammenwirken mit weiteren Bildungsträgern angewiesen. Kinder und Jugendliche sollen auch im außerschulischen Bereich Musikalische Bildung erwerben und an den musikalischen Bildungsangeboten von Musikschulen, Musikvereinen, Musiktheatern, Orchestern, Musikgruppen, freiberuflichen Musikpädagogen etc. teilnehmen. Gerade die öffentlichen Musikschulen unterstützen die Aufgabe einer musikalischen Allgemeinbildung der Schule in ihrer ganzen Breite. Neben dieser kooperativen Arbeit sichern sie die außerschulische Vertiefung und Spezialisierung der Kinder und Jugendlichen im musikpraktischen Bereich des Instrumental- und Gesangsunterrichtes, und sie sind Partner im Bereich des Ensemblemusizierens sowie der Talent- und Begabtenförderung und der Studienvorbereitung."[606]

Bildungseinrichtungen sollten entsprechend „die Orte der musikalischen Erstbegegnung mehr unterstützen, sollten nicht nur familienergänzend, sondern notwendigerweise auch familienersetzend arbeiten".[607] Die kommunalen Spitzenverbände sehen in ihren Leitlinien und Hinweisen öffentliche Musikschulen in der Pflicht, zukunftsfähige kommunale Bildungslandschaften mitzugestalten: erstens, indem sie „eine eigenständige pädagogische und kulturelle Aufgabe" wahrnehmen, zweitens als „wesentliche Kooperationspartner von Kindertagesstätten und Schulen" sowie weiterer Akteuren der kommunalen Bildungslandschaft.[608] Der VdM leitet hiervon ausgehend für die öffentliche Musikschule den Anspruch ab, „das Kompetenzzentrum für musikalische Bildung und Erziehung der Kommunalen Bildungslandschaft" zu sein.[609] Doch die Stellung als Kompetenzzentrum fällt einer Musikschule nicht *per definitionem* zu, sondern will erarbeitet sein. Ulrich Rademacher antwortet auf die Frage, wie sich die Vernetzung der Musikschulen in den Kommunen entwickelt:

> „Die kommunalen Musikschulen sollten durchaus für sich in Anspruch nehmen, das Kompetenzzentrum für musikalische Bildung in einer Kommune zu sein. Ich meine nicht, dass man bei allen Aktivitäten in der Bildungslandschaft den Hut aufhat und sagt: Wir sind die wichtigsten und die besten, und wir dürfen die meisten Ressourcen verbrauchen. Es geht mir nicht um einen Hoheitsanspruch, sondern eher um einen Service.
> Ich habe schon früher einmal gesagt, dass der kommunale Musikschulleiter ein Generalmusikpädagogikdirektor ist, weil er alle im Blick hat, die auf dem Feld der musikalischen Bildung unterwegs sind. Es geht eben nicht nur darum, Unterricht anzubieten, sondern

---

604 Deutscher Musikrat (2012:7).
605 Deutscher Musikrat (2012:7).
606 Deutscher Musikrat (2012:7).
607 Deutscher Musikrat (2012:9).
608 Deutscher Städtetag / Deutscher Landkreistag / Deutscher Städte- und Gemeindebund (2010:6); vgl. Kapitel 5.1.2.
609 VdM (2010:3).

auch zu sehen: Wie kann ich den Geigenschülern der vielen privaten Geigenlehrer Orchesterspiel ermöglichen? Wie kombiniere ich das Ensembleangebot der allgemeinbildenden Schulen mit dem einer Musikschule oder die musikalischen Aktivitäten einer Kirchengemeinde mit denen der Musikschule und auch der freien Musikpädagogen? Da könnte es Aufgabe des kommunalen Musikschulleiters sein, allen die besten Startchancen im Sinne eines möglichst breiten Zugangs zu musikalischer Bildung zu vermitteln."[610]

Zum „Generalmusikpädagogikdirektor" einer Gemeinde wird ein Musikschulleiter gemeinhin nicht, weil er sich selbst dazu ernennt, sondern weil ihm diese Funktion zugetraut und zuerkannt wird. Musikschulen müssen sich an der nachhaltigen Wirkung ihrer musikpädagogischen Arbeit messen lassen. Die Stuttgarter Musikschule handelt dementsprechend. Evaluationen werden hier bedarfsgerecht eingesetzt, vgl. „Stark durch Musik" oder die Prüfungs- und Beratungsstruktur der Musikschule. Organisationsentwicklung wird systematisch betrieben, siehe QsM. Doch nicht alle öffentlichen Musikschulen folgen einem solchen Beispiel. Und wenn Hermann Wilske für den Schulmusikunterricht feststellt, musikalische Bildung habe mit Herausforderungen, Niveausteigerung, Anstrengung und Können, Intuition und Wissen zu tun, so sollte dies für den Musikschulunterricht nicht minder gelten.[611] Aus dem Blickwinkel eines öffentlichen Bildungsauftrages betrachtet, erscheint es nicht hinreichend, wenn Musikschulen sich damit begnügten, einen wie auch immer gearteten *status quo* zu verwalten, „Kundenwünsche" zu bedienen oder in den Kooperationen mit Kindertagesstätten und Schulen bloß eine rein betreuende Funktion auszuüben. Auf Vorstandsebene des VdM besteht Konsens über die Notwendigkeit, Musikschulen zukünftig noch stärker miteinander zu vernetzen, um gewisse Standards in der Umsetzung inklusiver Leitziele zu erreichen. Ulrich Rademacher gesteht ein, dass man gut daran täte, Strukturen auf den Ebenen der Regional- und Landesverbände und des Bundesverbandes noch stärker zu „bedienen". Unter Berücksichtigung der föderalen Struktur in der kulturellen Bildung in Deutschland gehörten alle Mitgliedschulen im VdM einer Qualitäts-, Aufgaben- und Verantwortungsfamilie an. Auf die Frage, ob den Landesverbänden zukünftig noch mehr Bedeutung zukomme, erwidert Rademacher:

> „In Sachen Beratung und Pflege der gemeinsamen Corporate Identity auf jeden Fall. Beratung kann – auch, wenn es kein schönes Wort ist – auch Controlling einschließen: Sind die Musikschulen alle gute Repräsentanten unseres Leitbildes? Wo muss man auch mal freundschaftlich nachhaken?"[612]

Nun tragen die Landesverbände in der Tat viel dazu bei, Musikschulen in ihrer Leistungsfähigkeit zu unterstützen. So zählt beispielsweise der baden-württembergische Landesverband der Musikschulen die Unterstützung seiner Mitgliedschulen in Hinblick auf Information, Fortbildung, Evaluierung, Krisenberatung und begleitende Maß-

---

610 Rademacher / Dolge (2017).
611 Wilske (2017).
612 Rademacher / Dolge (2017).

nahmen zu seinen Beratungsangeboten.[613] Allerdings verstehen sich Musikschulen in erster Linie als kommunale Einrichtungen. Soll hier wirklich nachhaltig Einfluss genommen werden, könnte dies etwa geschehen, indem man die Förderungsfähigkeit einer Musikschule noch stärker von ihrer Aufgabenerfüllung abhängig machte, wie dies im nachfolgenden Kapitel 6.4.3 am Beispiel der Musikschulförderung in Sachsen-Anhalt gezeigt werden soll. Ulrich Rademacher ist der Meinung, dass ferner „die regionalen Zusammenschlüsse und Kommunikationsstrukturen von Musikschulen" unterschiedlich gut genützt werden.[614] Friedrich-Koh Dolge betont, dass Musikschulen voneinander lernen können, selbst wenn nicht jede Musikschule jeden Impuls aufgreifen müsse.

> „Es ist wichtig für Musikschulen, neue Ideen und Projekte der anderen Musikschulen kennenzulernen, um überhaupt entscheiden zu können: Was ist vor Ort in der Kommune Voraussetzung, um ein neues Projekt oder ein neues Unterrichtskonzept umzusetzen und einzuführen? Ein einfaches Beispiel: Wenn ich im ländlichen Bereich tätig bin und relativ wenig türkische Bevölkerungsanteile habe, gebe ich dem Angebot ‚Baglama-Unterricht' nicht die Priorität. Aber man muss als Musikschule in dieser großen VdM-Familie wissen, welche Möglichkeiten es gibt. Unser Kongress [gemeint ist der Bundeskongress des VdM unter dem Motto ‚Mensch. Netz. Musik. Musikschule mittendrin!' im Mai 2017 in Stuttgart] ist eine wunderbare Gelegenheit, Innovationen der anderen Musikschulen kennenzulernen und von den anderen zu lernen. Wir haben in unserem Grundsatzprogramm ausdrücklich darauf hingewiesen, dass es immer wieder gilt, die Verhältnisse vor Ort zu berücksichtigen – wobei wir nicht an unserem Strukturplan, unseren Lehrplänen oder unserem Leitbild rütteln wollen."[615]

Sicherlich gewinnt die Innovationsfähigkeit einer Musikschule in Zeiten permanenten Wandels existenzielle Bedeutung. Ausgehend vom Verständnis der Musikschule als Bildungsorganismus muss es darum gehen, dem eigentlichen inhaltlichen Kern des Bildungsauftrages weiterhin gerecht zu werden und das musikpädagogische Angebot zugleich wechselnden Rahmenbedingungen anzupassen. Ein Ausbau der regionalen Vernetzung von Musikschulen könnte aber noch unter einem weiteren Aspekt geboten erscheinen. Es stellt sich nämlich immer dringlicher die Frage, inwieweit Musikschulen unterschiedlicher Trägerschaft, Größe, mit unterschiedlichen Beschäftigungsverhältnissen und in einem unterschiedlichen Umfeld überhaupt in ihrer Leistungsfähigkeit vergleichbaren Standards entsprechen *können*. Die Stuttgarter Musikschule wird mit ihren 191 fest angestellten Lehrkräften dem Anspruch, Kompetenzzentrum für musikalische Bildung und Erziehung in der kommunalen Bildungslandschaft zu sein, aus eigener Kraft gerecht werden können, eine kleine e.V.-Musikschule im ländlichen Raum, deren Lehrkörper vielleicht nur zu 20 Prozent abhängig beschäftigt sind, dürfte Mühe haben, dem zu entsprechen, was Grundsatzprogramm und Leitbild der Musikschulen im VdM einfordern. Die Unterschiede zu freiberuflichen Musikpädagogen, freien Musikschulen

---

613 http://musikschulen-bw.de/index.php?id=20 [6.5.2017].
614 Rademacher / Dolge (2017).
615 Rademacher / Dolge (2017).

und Musikvereinen erweisen sich dann schnell als marginal, denn auch freiberufliche Musikpädagogen schicken ihre Schüler zu „Jugend musiziert" oder bereiten sie auf ein Musikstudium vor; ebenso leisten Musikvereine Ensemblearbeit und kooperieren Musikschulen in freier Trägerschaft mit Kindertagesstätten und Schulen. Öffentliche Musikschulen könnten indes das eigene Profil als öffentliche Bildungseinrichtung weiter schärfen, indem sie sich stärker darauf besinnen würden, sich untereinander zu unterstützen und *miteinander* zu kooperieren, durch musikschulübergreifende Aktivitäten und Projekte, die regional organisiert und auch regional angeboten würden, z. B. im Bereich der Ergänzungs- und Ensemblearbeit, der Kooperationsformen mit Kindertagesstätten und Schulen, der Begabten- und Sonderförderung. Für die Kommunen und potentiellen Nutzer des Musikschulangebotes könnten so echte Mehrwerte generiert werden.

6.4.3 Musikschulförderung in Sachsen-Anhalt

Was gesetzliche Regelungen betrifft, die das Musikschulwesen in den Ländern auch qualitativ garantieren sollen,[616] beansprucht das Land Sachsen-Anhalt inzwischen bundesweit „eine modellhafte Vorreiterrolle".[617] In Sachsen-Anhalt gibt es 21 staatlich anerkannte Musikschulen „mit zahlreichen Bezirks- und Außenstellen sowie Stützpunkten und Unterrichtsstätten".[618] Davon werden 15 Einrichtungen von Landkreisen getragen, fünf befinden sich in städtischer Trägerschaft, eine ist als e. V.-Schule organisiert.[619]

Mit dem 17. Februar 2006 ist in Sachsen-Anhalt das „Gesetz zur Förderung und Anerkennung von Musikschulen im Land Sachsen-Anhalt (MSG)" in Kraft getreten.[620] Nach § 1 dieses Gesetzes sind Musikschulen Bildungseinrichtungen, deren „wesentliche Aufgaben die Vermittlung einer musikalischen Grundbildung, die Herausbildung des Nachwuchses für das Laien- und Liebhabermusizieren, die Begabtenfindung und Begabtenförderung sowie die mögliche Vorbereitung auf ein Berufsstudium sind". Förderungs- und anerkennungsfähig können gemäß § 2 öffentlich wie privat getragene Musikschulen sein, wobei gegenwärtig nur Musikschulen im VdM den Qualitätsanforderungen im Sinne des Gesetzes genügen. Das Musikschulgesetz weist Besonderheiten auf. Unter § 4 formuliert es ein explizites Landesinteresse an der Musikschulförderung in Abgrenzung zu einem quasi vorausgesetzten Trägerinteresse. Musikschulen sollen „mindestens die Hälfte ihrer Tätigkeit […] im Trägerinteresse als musikalische Grundversorgung in ihrer Region" leisten. Das heißt im Umkehrschluss: aufgrund von Artikel 5.1 der „Richtlinie über die Gewährung von Zuwendungen von Musikschulen im Land Sachsen-Anhalt" kann das Land bis zu 50 Prozent des gesamten Unterrichtsvolumens einer Musikschule, in Jahreswochenstunden gerechnet, fördern.[621] „Das Landesinteresse besteht neben der musikalischen Grundausbildung in der Region

---

616   Deutscher Bundestag (2008:599).
617   http://www.musikschulen-in-sachsen-anhalt.de/site/index.php?id=357 [7.5.2017].
618   http://www.musikschulen-in-sachsen-anhalt.de/site/index.php?id=2 [7.5.2017].
619   http://www.musikschulen-in-sachsen-anhalt.de/site/index.php?id=352 [7.5.2017].
620   http://www.musikschulen-in-sachsen-anhalt.de/site/index.php?id=235 [10.5.2017].
621   http://www.musikschulen-in-sachsen-anhalt.de/site/index.php?id=275 [10.5.2017].

vor allem in der Unterstützung und Förderung besonderer musikalischer Begabungen (Landesförderschüler) bei Kindern und Jugendlichen" (§ 4, Abs. 1, Musikschulgesetz). Der Passus „neben der musikalischen Grundausbildung in der Region" ist so zu verstehen, dass das Land Sachsen-Anhalt Musikschulen nur dann fördert, wenn sie bestimmte Voraussetzungen für eine musikalische Breitenarbeit erfüllen. Unter anderem müssen nach der „Verordnung zur Förderung der Musikschulen" an einer Musikschule mindestens 120 Jahreswochenstunden erteilt werden (§ 2, Abs. 1).[622] Lehrkräfte „verfügen über eine musikpädagogische oder künstlerische Fachausbildung, die durch eine erfolgreich abgeschlossene Ausbildung an einer staatlich anerkannten Bildungseinrichtung nachgewiesen ist" (§ 2, Abs. 3). „Der Träger soll dafür Sorge tragen, dass der überwiegende Anteil der Wochenstunden durch festangestellte Lehrkräfte geleistet wird" (§ 2, Abs. 4). Das Musikschulgesetz nennt als Fördervoraussetzungen ein breitgefächertes Unterrichtsangebot, welches sich an Rahmenlehrplänen orientiert (§ 5, Abs. 1). Die „Verordnung" verweist unter § 2, Abs. 1 explizit darauf hin, dass sich die Rahmenlehrpläne an den Vorgaben des VdM orientieren müssen. Der Begriff „musikalische Grundausbildung" bezieht sich im Musikschulgesetz nicht etwa auf ein Angebot der Elementaren Musikpädagogik, sondern auf das Musikschulangebot in seiner Breite. Dies verdeutlicht wiederum ein Blick in § 1, Abs. 1 der „Verordnung zur Förderung der Musikschulen":

> „Die musikalische Grundausbildung der Musikschulen dient der allgemeinen Bereitstellung eines musikalischen Bildungsangebotes. Sie erfolgt im Rahmen von Einzel-, Gruppen- und Klassenunterricht. Dazu gehören
>
> 1. die elementare Musikerziehung
> 2. der Instrumental- und Vokalunterricht
> 3. der Ergänzungsunterricht durch theoretische Ergänzungsfächer
> 4. der Ensembleunterricht.
>
> Die nähere Ausgestaltung erfolgt durch Erlass."[623]

Gegenstand der Landesförderung sind gemäß Artikel 2 der „Richtlinie über die Gewährung von Zuwendungen zur Förderung von Musikschulen im Land Sachsen-Anhalt":

> „[…] Angebote der Musikschulen, die von besonderem Landesinteresse sind und zusätzliche finanzielle Aufwendungen des Musikschulträgers erfordern. Dazu gehören Angebote, die der erweiterten Begabtenförderung, der fächer-übergreifenden Ausbildung, dem Ergänzungsunterricht, dem Ensemblemusizieren und der Einbeziehung besonderer Zielgruppen dienen sowie musikschulübergreifende Projekte."[624]

---

622 http://www.musikschulen-in-sachsen-anhalt.de/site/index.php?id=274 [10.5.2017].
623 http://www.musikschulen-in-sachsen-anhalt.de/site/index.php?id=274 [10.5.2017].
624 http://www.musikschulen-in-sachsen-anhalt.de/site/index.php?id=275 [10.5.2017].

Das heißt im Umkehrschluss: die Ausbildung in musikalischen Elementarfächern sowie der Instrumental- und Vokalunterricht ohne Leistungsorientierung fällt dem Trägerinteresse zu[625] und ist ohne Zuwendungen des Landes zu finanzieren.

Konkret zum Umfang und zur Bemessungsgrundlage der Landeszuwendung äußert sich Artikel 5.4 der „Richtlinie":

„5.4.1 Das Land kann den Trägern auf Antrag Zuwendungen für Angebote, die der erweiterten Begabtenförderung dienen, gewähren. Dazu gehören:

a) Einzelunterricht im Rahmen der Studienvorbereitenden Ausbildung.
Die Studienvorbereitung beinhaltet vier Unterrichtsstunden pro Woche. Davon umfasst die Förderung durch das Land zwei Stunden Einzelunterricht je 45 Minuten pro Woche je Schüler mit insgesamt bis zu 80 Euro. Die Studienvorbereitende Ausbildung ist ein Intensivunterricht für besonders begabte Schüler.
Näheres wird durch gesonderten Erlass geregelt.
b) Leistungsorientierter Einzelunterricht
Die Förderung beträgt beim leistungsorientierten Einzelunterricht eine Stunde je Schüler und pro Woche bis zu 15 Euro. Der Umfang und die Voraussetzungen zur Erteilung des geförderten Einzelunterrichts werden in einem gesonderten Erlass geregelt.

5.4.2 Das Land kann auf Antrag jährlich Landesförderstipendien in Höhe von je 1000 Euro vergeben. Näheres wird durch gesonderten Erlass geregelt."[626]

Außerdem kann das Land nach Artikel 5.4.3 bis einschließlich 5.4.5 den Trägern der Musikschulen auf Antrag Zuwendungen zur Förderung der kontinuierlichen Erteilung des Unterrichts in musiktheoretischen Ergänzungsfächern (Art. 5.4.3), des kontinuierlichen Ensemblemusizierens (Art. 5.4.4) und von Angeboten für besondere Zielgruppen im kontinuierlichen Unterricht (Art. 5.4.5) gewähren. Die jeweilige Förderhöhe beträgt bis zu 10 Euro pro Jahreswochenstunde. Damit ergeben sich folgende Zuwendungsbeträge auf ein Jahr hochgerechnet: Die Studienvorbereitung kann für zwei Jahreswochenstunden bei 38 Unterrichtswochen mit bis zu 3.040 Euro jährlich gefördert werden; der Leistungsorientierte Einzelunterricht kann für eine Jahreswochenstunde bei 38 Unterrichtswochen mit bis zu 570 Euro jährlich gefördert werden; hinzu treten Landesförderstipendien in Höhe von je 1.000 Euro sowie kontinuierlicher Theorieunterricht, Ensembleunterricht und Unterricht für besondere Zielgruppen mit jeweils 380 Euro für eine Jahreswochenstunde bei 38 Unterrichtswochen pro Jahr. Merkmale des leistungsorientierten Einzelunterrichts und der Studienvorbereitung sind jährliche, bewertete Vorspiele bzw. Prüfungen, verbindlicher musiktheoretischer Ergänzungsunterricht sowie Ensembleunterricht.[627] Zusätzlich richtet der Landesverband Sachsen-Anhalt jährlich landesweite Oberstufenabschlussprüfungen aus, bei denen einheitlich Pflichtstücke verlangt werden.[628] Angebote für besondere Zielgruppen im

---

625   http://www.musikschulen-in-sachsen-anhalt.de/site/index.php?id=297 [10.5.2017].
626   http://www.musikschulen-in-sachsen-anhalt.de/site/index.php?id=275 [10.5.2017].
627   http://www.musikschulen-in-sachsen-anhalt.de/site/index.php?id=351 [10.5.2017].
628   http://www.musikschulen-in-sachsen-anhalt.de/site/index.php?id=450 [10.5.2017].

kontinuierlichen Unterricht beziehen sich auf die Arbeit mit Behinderten.[629] Ein von der Landesregierung Sachsen-Anhalt eingesetzter Kulturkonvent, dessen Empfehlungen als Grundlage für die Erstellung eines Landeskulturkonzepts für den Zeitraum bis 2025 dienen sollen,[630] konstatiert zur Landesförderung in Sachsen-Anhalt:

> „Anstatt die Musikschulförderung, wie bis 2004 geschehen, in allgemeiner Form an der Bevölkerungsdichte des jeweiligen Einzugsgebiets auszurichten, werden die Studienvorbereitende Ausbildung (SVA), der leistungsorientierte Einzelunterricht (LOU), Ensemblespiel, musiktheoretische Ergänzungsfächer und Angebote für Menschen mit Behinderung als besondere Zielgruppen in direkter Weise gefördert.
> Diese Art der Landesförderung unterstützt nicht nur pädagogisch wertvolle Bereiche, sondern entlastet gleichzeitig auch den Musikschulträger in für ihn besonders kostenintensiven Unterrichtsangeboten."[631]

Das Land Sachsen-Anhalt hat nach § 4 (3) des Musikschulgesetzes ferner „im Rahmen der musikalischen Bildung ein besonderes Interesse an der Kooperation von Musikschulen mit allgemein bildenden Schulen sowie zur Förderung der musikalischen Früherziehung mit Kindertageseinrichtungen".[632] Seit 2001 finanziert der Landesverband der Musikschulen Sachsen-Anhalt als Projektträger das Kooperationsprogramm *Musik-ästhetische Bildung* (= MäBi), bei dem Fachlehrkräfte der Musikschule „ergänzenden musikpraktischen Basisunterricht" an allgemeinbildenden Schulen erteilen.[633]

> „MäBi basiert somit auf den drei grundlegenden Rahmenkriterien Freiwilligkeit, Kostenfreiheit und LVdM-Koordination – organisatorische Säulen, die in Sachsen-Anhalt zu einem stabilen Fundament schichten-unabhängiger Breitenmusikalisierung geworden sind. Ergänzend zum obligatorischen Schulmusikunterricht erreicht das Kooperationsprogramm ca. 3.550 Schüler und Schülerinnen in 191 Angebotsstunden in Grundschulen, 22 in sonderpädagogischen Einrichtungen, 6 an Sekundarschulen, 11 an Gymnasien und ein Angebot in einer Integrierten Gesamtschule."[634]

Die Projektangebote legen den Schwerpunkt auf Perkussion, Bewegung und Gesang. Diese drei fachlichen Ausrichtungen nehmen mit ca. 65 % den höchsten Anteil aller gehaltenen MäBi-Stunden ein. Zukünftig soll sich der MäBi-Unterricht gänzlich auf Grundschulen konzentrieren. „MäBi soll primär eine fakultative Erweiterung der obligatorischen Grundschulausbildung sein, die quasi als Schnittstelle das im Unterrichtsfach Musik Kennengelernte vertieft, und mit diesen Inhalten gleichzeitig eine sich möglicherweise weiterführende Musikschulausbildung positiv beeinflusst."[635]

Das Musikschulgesetz in Sachsen-Anhalt kennt die staatliche Anerkennung von Musikschulen. Unter § 3, Abs. 1 heißt es:

---

629 http://www.musikschulen-in-sachsen-anhalt.de/site/index.php?id=351 [10.5.2017].
630 https://kulturkonvent.sachsen-anhalt.de/ueberblick/ [10.5.2017].
631 Kulturkonvent Sachsen-Anhalt (2013:75).
632 http://www.musikschulen-in-sachsen-anhalt.de/site/index.php?id=235 [10.5.2017].
633 http://www.musikschulen-in-sachsen-anhalt.de/site/index.php?id=375 [11.5.2017].
634 http://www.musikschulen-in-sachsen-anhalt.de/site/index.php?id=375 [11.5.2017].
635 http://www.musikschulen-in-sachsen-anhalt.de/site/index.php?id=375 [11.5.2017].

„(1) Auf Antrag des Trägers ist der Musikschule die Genehmigung zur Führung der Bezeichnung ‚Staatlich anerkannte Musikschule' durch das für Kultur zuständige Ministerium zu erteilen, wenn die Voraussetzungen des § 5 erfüllt sind und an der Einrichtung ein durch das Kultur zuständige Ministerium bestätigtes Qualitätsmanagement durchgeführt wird."[636]

Die staatlich anerkannten Musikschulen in Sachsen-Anhalt müssen QsM anwenden und alle vier Jahre erneut an einem Rezertifizierungsverfahren teilnehmen, um die staatliche Anerkennung dauerhaft ausgesprochen zu bekommen.

„Die im Musikschulgesetz definierten Landesförderungskriterien und eine über das QsM erreichte staatliche Anerkennung verzahnen sich darum in Sachsen-Anhalt so, dass Standards für kommunale Bildungseinrichtungen (wie sie etwa als Handlungsempfehlungen des Schlussberichts der Enquete-Kommission ‚Kultur in Deutschland' für kommunale Bildungseinrichtungen gefordert werden) optimal verwirklicht worden sind. So gibt es in Sachsen-Anhalt ab dem 26. November 2010 in kommunaler Trägerschaft nur noch staatlich anerkannte Musikschulen. Diese verdeutlicht auf beeindruckende Weise, wie viel den Kommunen ebenso wie dem Land Sachsen-Anhalt daran liegt, maximale Qualitätssicherung der Musikschulen als Kerneinrichtung kultureller Bildung auch langfristig garantieren zu können."[637]

Der Kulturkonvent Sachsen-Anhalt verweist 2013 in seinem Bericht darauf, dass die Qualitätsanstrengungen der Musikschulen im Land signifikante Wirkungen zeigten:

„Das ständige Ringen um höchste Qualitätsstandards hat dazu geführt, dass in Sachsen-Anhalt entgegen sämtlichen Prognosen der demografische Wandel an staatlich anerkannten Musikschulen bisher nicht eintrat. So ist seit 1992 die Anzahl der Schülerinnen und Schüler von Musikschulen trotz massiven Schülerrückgangs an allgemein bildenden Schulen bei gegenwärtig knapp 20.500 konstant geblieben. Auf diese Weise hat sich der Anteil schulpflichtiger Schülerinnen und Schüler, die Musikschulunterricht wahrnehmen, von knapp 4% im Jahr 1993 auf 8% im Jahr 2011 verdoppelt. Darüber hinaus existiert landesweit eine Liste von etwa 2.000 Schülerinnen und Schüler, die aus Kapazitätsgründen vergeblich auf einen Unterrichtsplatz an einer staatlich anerkannten Musikschule warten müssen."[638]

In der Gesamtsicht erweist sich die Systematik der Landesförderung von Musikschulen in Sachsen-Anhalt als gut durchdacht – trotz einiger Vorbehalte. Einschränkend wäre etwa festzuhalten, dass ausgehend von dem Musikschulgesetz in Sachsen-Anhalt den Musikschulen eine finanzielle Förderung durch das Land weder prozentual noch in absoluten Beträgen garantiert wird. Dies stellt einen gravierenden Nachteil gegenüber der Landesförderung in Baden-Württemberg dar, in deren Rahmen Musikschulen mit Bezugnahme auf das Jugendbildungsgesetz einen Förderanspruch in quantitativer Hinsicht geltend machen können. In der Praxis hat sich bislang die mangelnde Garantie

---

636   http://www.musikschulen-in-sachsen-anhalt.de/site/index.php?id=235 [11.5.2017].
637   http://www.musikschulen-in-sachsen-anhalt.de/site/index.php?id=357 [11.5.2017].
638   Kulturkonvent Sachsen-Anhalt (2013:76).

des Landes Sachsen-Anhalt für seine Musikschulen nicht nachteilig ausgewirkt. Im Gegenteil: „Da sich die Träger landesdurchschnittlich mit zirka 60 % an den Kosten der Musikschule beteiligen und die Landesmittelzuweisung durchschnittlich bei etwa 15 % liegt, bewegen sich die Unterrichtsentgelte bzw. -gebühren der Nutzer ungefähr bei 30 % der Gesamteinnahmen."[639] Die Folge sind sozialverträgliche Unterrichtsentgelte und -gebühren, so dass „ein Großteil der Bevölkerung ohne unüberwindbare finanzielle Hürden an einem qualitativ hochwertigen Musikschulunterricht partizipieren" kann.[640]

> „Musikalisch begabte Kinder- und Jugendliche haben darüber hinaus die Möglichkeit, weitgehend unabhängig von den ökonomischen Verhältnissen ihrer jeweiligen Elternhäuser, SVA oder LOU als geförderten leistungsorientierten Einzel-, Theorie- und Ensembleunterricht zu erhalten, wenn sie imstande sind, jährlich den Erfolg ihres musikalischen Engagements durch entsprechende Leistungsbelege nachzuweisen."[641]

Die *Voraussetzungen* einer Landesförderung von Musikschulen in Sachsen-Anhalt sind differenziert zu beurteilen. Die dahinter stehende Idee, qualitative Mindeststandards der Musikschularbeit zu etablieren, ist sicherlich trefflich und geht über vergleichbare Regelungen in anderen Bundesländern hinaus. Andererseits gehen die Bestimmungen nicht immer weit genug. Wenn es etwa heißt, dass der überwiegende Anteil der Jahreswochenstunden an Musikschulen von festangestellten Lehrkräften geleistet werden soll (s. o.), so erweist sich eben die Formulierung „überwiegend" im juristischen Sinne als nicht stichhaltig genug. Das Prinzip einer staatlichen Anerkennung von Musikschulen, unter der Voraussetzung einer regelmäßigen Anwendung von QsM, ist hingegen vorbildlich zu nennen. Diese Verfahrensweise verspricht dauerhaft hohe Standards in der Organisationsentwicklung von Musikschulen (s. o.). Zugleich belegen Musikschulen so die effektive Verwendung der ihnen zur Verfügung gestellten Mittel. Der Kulturkonvent Sachsen-Anhalt hat die Empfehlung ausgesprochen, „QsM nicht nur als Fördervoraussetzung staatlicher Anerkennung, sondern auch als Voraussetzung für Musikschulförderung zu definieren".[642] Positiv fällt zudem das Engagement des Landes Sachsen-Anhalt in der Kooperation zwischen Musikschulen und allgemeinbildenden Schulen auf. MäBi will sich von vornherein darauf beschränken, eine *basale* musikpraktische Bildung zu ermöglichen, d. h. elementare musisch-ästhetische Fähigkeiten zu vermitteln.[643] Die Konzentration auf das Musizieren mit Percussion-Instrumenten und das Singen im Klassenverband ist insofern glaubhaft, da wirtschaftliche Belange von Beginn an einkalkuliert und als solche auch kommuniziert werden:

> „Gerade in Hinblick knapper öffentlicher Haushaltskassen muss es bei einem Kooperationsprojekt wie MäBi prinzipiell darum gehen, die eingesetzten Fördermittel des Landes so umzusetzen, dass auf kostenfreier Beteiligungsbasis eine maximale Anzahl musikalisch interes-

---

639   Kulturkonvent Sachsen-Anhalt (2013:75f.).
640   Kulturkonvent Sachsen-Anhalt (2013:76).
641   Kulturkonvent Sachsen-Anhalt (2013:76).
642   Kulturkonvent Sachsen-Anhalt (2013:76).
643   Vgl. Kulturkonvent Sachsen-Anhalt (2013:76).

sierter Kinder erreicht werden kann. Hierfür ist Großgruppenunterricht notwendig, dessen Teilnehmerzahl nicht aufgrund musikdidaktischer Erwägungen beschränkt sein darf. In dem zuvor Dargestellten wird deshalb unterstrichen, dass diese nur durch inhaltliche Schwerpunktsetzung auf Perkussion-Instrumente geschehen kann, die im alternativen Chorgesang ihre melodische Ergänzung findet. Eine derartige Profilierung bewirkt, dass MäBi in vertiefender Weise die allgemeine Schulbildung erweitert und gleichzeitig in fächerübergreifender Art Grundlagenbildung für eine mögliche Musikschulausbildung mit individuellen Kleingruppen- beziehungsweise Einzelunterricht darstellt."[644]

Zu berücksichtigen ist, dass es sich bei MäBi in seiner quantitativen Breitenwirkung und somit auch in Hinblick auf das notwendige Fördervolumen um ein begrenztes Projekt handelt. 21 staatlich anerkannte Musikschulen versorgen rund 3.550 Schulkinder in Sachsen-Anhalt (s. o.).

Im Ergebnis überzeugt die Musikschulförderung in Sachsen-Anhalt durch „ein sich gegeneinander bereicherndes Doppelengagement von Land und Kommunen",[645] welches auf einer klaren Aufgabenteilung beruht. Musikschulen werden in dem Vorsatz unterstützt, ihren Bildungsauftrag unter Berücksichtigung der Bedürfnisse verschiedener Zielgruppen und unterschiedlicher Aufgabenstellungen möglichst differenziert wahrzunehmen. Die relativ strengen Anforderungen an eine Förderfähigkeit von Musikschulen helfen, das Musikschulwesen quantitativ und qualitativ zu sichern. Falls es in Zukunft, wie vom VdM gefordert, zu einer stärkeren Beteiligung der Länder an der Musikschulfinanzierung, ja, vielleicht sogar zu einer stärkeren Homogenisierung der Fördersystematik in den einzelnen Bundesländern kommen sollte, ist zu vermuten, dass sich das derzeitige Modell der Musikschulförderung in Sachsen-Anhalt als richtungsweisend herausstellen könnte. Zu berücksichtigen wären dabei allerdings die von Bundesland zu Bundesland voneinander abweichenden Musikschultraditionen. Möglicherweise nicht überall würde eine Priorisierung der Begabtenförderung durch das Land auf Gegenliebe stoßen. Auch existieren unterschiedliche Rahmenbedingungen, die sich unter anderem aus der Größe und Bevölkerungsstruktur jeweiliger Bundesländer ergeben. Baden-Württemberg, Bayern oder Nordrhein-Westfalen verfügen beispielsweise, jedes Land für sich genommen, nicht nur über ein Vielfaches an Musikschulen gegenüber Sachsen-Anhalt. Die Anforderungen an eine landesweite Finanzierung von Kooperationsvorhaben mit Kindertagesstätten und allgemeinbildenden Schulen oder auch an eine Implementierung von Qualitätsmanagementmodellen dürften ungleich höher und politisch schwieriger durchzusetzen sein als in Sachsen-Anhalt.

---

644 http://www.musikschulen-in-sachsen-anhalt.de/site/index.php?id=375 [24.6.2017].
645 Kulturkonvent Sachsen-Anhalt (2013:75).

Zusammenfassung

Die Untersuchung hat hinsichtlich der eingangs gestellten Forschungsfragen zu folgenden Ergebnissen geführt.

(1) Die Frage, was den Bildungsauftrag öffentlicher Musikschulen mit humanistischen Bildungstheorien verbindet, ist in Abhängigkeit des zugrunde liegenden Betrachtungszeitraums zu beantworten. Im 19. Jahrhundert war es der Gedanke der Veredlung des Menschen durch die bildende Kraft des musikalischen Kunstwerks, in der Gegenwart ist es die Ermöglichung von Chancengerechtigkeit in Hinblick auf eine selbstbestimmte Teilhabe an musikalisch-kultureller Bildung. Beide Antworten sind innerhalb eines Kontinuums zu denken, bei der eine Verlagerung von materialer zu formaler Bildung stattgefunden hat. Nichtsdestoweniger bleiben materiale und formale Bildung aufeinander bezogen. Schon im 19. Jahrhundert wurden musikalische Bildungschancen thematisiert, gingen von dem Aufkommen eines bürgerlichen Musiklebens wesentliche Impulse zur Entwicklung einer institutionalisierten Musikerziehung aus. Noch heute kommt der Frage, an welcher Musik man sich bildet, aus der individuellen Sicht von Lernenden und Lehrenden eine zentrale Bedeutung zu.

Im 19. Jahrhundert forderte Wilhelm von Humboldts Konzept einer individuellen Selbstbildung, dass die freie Bildung einer auf bürgerliche Verhältnisse gerichteten Bildung voranzugehen habe. Der von Friedrich Schiller formulierte Anspruch auf Autonomie der Kunst, mittels derer sich das Individuum menschlich veredlen könne, sollte gemäß den Vorstellungen des Dichters sein Äquivalent im Anrecht des Menschen auf freie Entfaltung im ästhetischen Spiel finden. Tatsächlich verschränkten sich aber Bildung und Besitz in der sozial privilegierten Schicht des Bildungsbürgertums. Die politische und gesellschaftliche Teilhabe breiter Bevölkerungsschichten blieb eingeschränkt. Während im 19. Jahrhundert als gebildet galt, wer sich bestimmte Bildungsgüter erst erworben hatte, ist heute Bildung darüber hinaus „als Reflexion vielfältiger Differenzen und widerstreitender Erfahrungen" zu verstehen;[1] als komplexes kognitives wie emotionales, ethisches und auch leibliches „Orientierungsmuster";[2] als Zustand, „in dem der Mensch selbstverantwortlich fähig ist, sein Leben erfolgreich zu gestalten" – in personaler wie gesellschaftlicher Perspektive.[3] Bildung reduziert sich somit nicht auf „Formal-Wissen" oder den Erwerb besonderer Fähigkeiten, „sondern meint die gesamte Entfaltung und Entwicklung der geistig-seelischen, sozialen, kognitiven und emotionalen Werte und Anlagen des Menschen".[4] Auch das Verständnis von Kultur als Medium von Bildung hat sich gegenüber dem 19. Jahrhundert signifikant erweitert und berücksichtigt nicht mehr nur Kunst und Wissenschaft, sondern „Lebensformen, die

---

1   Gudjons (2012:212).
2   Rittelmeyer (2012:8).
3   Ermert (2009).
4   KGSt (2012:27).

Grundrechte des Menschen, Wertsysteme, Traditionen und Glaubensrichtungen […]".[5]
So schwer der Kunstbegriff auch einzugrenzen ist, bezieht sich Kunst im weitesten
Sinne noch immer auf „Können und Fertigkeit" und gilt in seiner ästhetischen Dimen-
sion als Katalysator für Innovation, neue Weltsichten und kritisches Denken.[6] Dies
schließt die Pflege des kulturellen Erbes ebenso ein wie die Bewahrung kultureller
Vielfalt sowie eine veränderungsproduktive Teilnahme an Kultur.

Den bedeutenden humanistischen Bildungstheorien stand in der ersten Hälfte
des 19. Jahrhunderts kein gleichberechtigt autonomer musikalischer Bildungsbegriff
gegenüber. Anknüpfungspunkte an die klassischen Bildungstheorien Humboldts und
Schillers ergeben sich Mitte des Jahrhunderts bei Adolph Bernhard Marx aus dem Zu-
sammendenken von Kunstentwicklung, Volksbildung, Persönlichkeitsentfaltung und
musikalischer Lehre. Während Marx mit Schiller das Denken in Antagonismen teilt
– Stoff- und Formtrieb bzw. Sinnlichkeit und Geistigkeit sollen sich in der Kunst versöhnen –, verbindet ihn mit Humboldt das Ideal der Selbstbildung bzw. Selbsttätigkeit. Marx versteht musikalische Bildung als Teil allgemeiner Bildung. Indem er den
Anspruch musikalischer Bildung fast ausschließlich an der bildenden Kraft des Kunstwerks zu orientieren versucht, besteht er zugleich auf der Eigenständigkeit einer musikalischen Lehre. Dabei vermag er sich in seinen musikästhetischen Positionen nicht
gänzlich von bildungsbürgerlichen Wertvorstellungen seiner Zeit freizumachen. Dies
betrifft sowohl den Glauben an die Vorrangigkeit deutscher Musikkultur als auch die
Überzeugung, ausgehend von der „idealen Bestimmung" einer Kunstmusik zwischen
guter und *schlechter* Musik unterscheiden zu können. Marx bescheidet sich damit, dass
die Kunstmusik „mit ihren tiefsten Werken nicht volksthümlich werden [kann], weil
sie eine Sprache redet die nicht die gewöhnliche, und die weit über die sogenannte angeborne Musik und natürliche Verständniss hinausreicht".[7] Andererseits erscheint er
in seinem musikpädagogischen Denken ausgesprochen progressiv. Die Zweiseitigkeit
des Lehr- und Lernverfahrens erfasst er ebenso klar wie die Mehrdimensionalität
musikalischer Bildung. Die Zielsetzungen musikalischer Bildung wiederum differenziert
er nach den Bedürfnissen unterschiedlicher Zielgruppen. Marx befürwortete die strikte Trennung einer akademisch-fachgemäßen Ausbildung an speziellen Musikinstituten
von einem bloßen Singunterricht an allgemeinbildenden Schulen. Die in der zweiten
Hälfte des 19. Jahrhunderts entstehenden Konservatorien mit ihrer Tendenz zur beruflichen Bildung kamen Marx' Vorstellung einer institutionalisierten musikalischen Bildung am nächsten. Demgegenüber trat die Musikpädagogin und Musikschulbegründerin Lina Ramann mit Nachdruck für einen gemeinschaftlichen, nach allgemein-
pädagogischen Grundsätzen zu erteilenden Unterricht an Musikschulen ein. Sie sah
Musikschulen als Einrichtungen der Laienbildung in Ergänzung zum allgemeinbilden-
denden Schulwesen. Eine strikte Hinwendung zu allgemeinen Erziehungsgrundsätzen,
wie bei Ramann, birgt in der Musikschularbeit die Gefahr einer gewissen „Kunstferne".
Auf der anderen Seite droht die Fixierung auf künstlerische Inhalte, wie bei Marx, den

---

5   Unesco (1982).
6   Vgl. Bilstein (2012:51).
7   Marx (1855:531f.).

pädagogischen Wirkungskreis eines Musikschulunterrichts von vornherein zu begrenzen. Die Herausforderung für Musikschulen, einen „goldenen Mittelweg" zu finden, besteht bis heute.

Humboldts und Schillers Konzepte von Bildung bzw. ästhetischer Erziehung behalten für eine Vermittlung von musikalischer Bildung an Musikschulen eine orientierende Funktion – zumindest in transformierter Form. Humboldts Bildungsbegriff widersetzt sich bloßen Nützlichkeitserwägungen der Gesellschaft und damit der Instrumentalisierung von musikalischer Bildung. An Schillers Anspruch, Ästhetik und Ethik miteinander zu verknüpfen, ist festzuhalten, solange dies im kritischen Bewusstsein einer klaren Grenzziehung geschieht: Das „religiöse Erbe des Bildungsbegriffes und seine humane Säkularisierung als humane Vervollkommnung" sind „Vorstellungen individueller Transformation" gewichen.[8] Normative Besetzungen des Kunstbegriffes – z.B. der Gedanke der Veredlung – wirken fort, sind aber angesichts der Vielfalt an kulturellen Erscheinungsformen zu relativieren. Musikalische Bildung wird zur allgemeinmenschlichen Bildung in dem Ansatz eines wahrnehmungsorientierten Musizierens, das der Musik in ihrer Sprachlichkeit eine welterschließende und kommunikative Funktion zuweist. Da in Anlehnung an Humboldt Fremdheitserfahrungen eine wesentliche Stimulanz des Bildungsprozesses darstellen, ist an einer anspruchsvollen Sicht auf das musikalische Lehren und Lernen festzuhalten – unter Maßgabe der individuellen Motivationen und Voraussetzungen der Lernenden. Das Ziel bleibt musikalische Mündigkeit, d.h. der Schüler soll befähigt werden, einen in sich konsistenten musikalischen Bildungsgang zu wählen. Schiller hat dem Ästhetischen zwei Bedeutungsebenen zugewiesen. In dem 15. Brief „Über die ästhetische Erziehung …" spricht er davon, dass die Erkenntnis des Menschen im Spiel „das ganze Gebäude der ästhetischen Kunst und der noch schwürigern Lebenskunst tragen" solle.[9] Ausgehend von Jeremy Rifkins Deutung des Schillerschen Spielbegriffs ist *musikalisches* Spiel, „das man schlicht der Freude willen aus intrinsischer Motivation betreibt",[10] Ausdruck personaler Identität und kann im übertragenden Sinne als Grundlage einer Lebenskunst verstanden werden, die auf Wertvorstellungen wie Verantwortungsbewusstsein, Gemeinsinn, Empathie, Offenheit, Toleranz, Demokratiebewusstsein u.ä.m. beruht. Musikschulen bieten Gelegenheit zum *Mit*-Spielen und versuchen, musikalische Bildungsprozesse als Teil einer ästhetischen Bildung zu initiieren, bei der es darum geht, im Musizieren „die Grundkräfte dieser ästhetischen Weltzuwendung, *Fühlen* und *Denken*, auf die bestmöglichste Art auszubilden und in einem harmonischen Wechselspiel zu entwickeln".[11] Inklusion wird im Verständnis des VdM zur modernen Lesart humanistischen Denkens. Entsprechend ihrem Leitbild stellen sich die öffentlichen Musikschulen im VdM dem Anspruch, „allen Menschen, unabhängig von Religion, ethnischer Zugehörigkeit, Nationalität, Geschlecht, sozialer Herkunft und Alter mu-

---

8   Vogt (2012:17).
9   Schiller (1795:63).
10   Dartsch (2007:9).
11   Rittelmeyer (2005:117f.).

sikalische Bildung" zu ermöglichen.[12] Sie wollen gemeinschaftsstiftend, generationen- und kulturübergreifend wirken. Der Bildungsauftrag von Musikschulen modifiziert sich hierdurch in dreierlei Hinsicht. Erstens setzt Inklusion ein mehrdimensionales Verständnis von musikalischer Bildung voraus, das über die Erreichung fachlicher Ziele hinaus Schlüsselkompetenzen des Menschen stärken will. Zweitens erweitert sich der Bildungsauftrag von Musikschulen durch die angestrebte Vernetzung in der kommunalen Bildungslandschaft, vor allem durch Kooperationen mit Kindertagesstätten und Schulen. Drittens erfordert dies einen Ausdifferenzierungsprozess, denn die offensichtliche Aufgabenvielfalt zwingt Musikschulen, „ihre divergenten Arbeitsfelder klarer zu fassen, und deren *unterschiedliche Ziellogiken, Arbeitsweisen und Strukturen* herauszuarbeiten".[13]

Der Inklusionsprozess an Musikschulen bleibt mit offenen Fragen verbunden. Musikalische Teilhabe wird gerne stillschweigend mit musikalischer Bildung gleichgesetzt. Musikalische Bildung geht aber über musikalische Teilhabe hinaus, weil sie auf intrinsischer Motivation und freier Willensbildung aufbaut. Es sind in der Musikschulpraxis, aber auch in der politischen Diskussion, gleichermaßen Kriterien für das Gelingen von musikalischer Teilhabe und von musikalischen Bildungsprozessen zu entwickeln, wobei Bildung jedenfalls Teilhabe voraussetzt. Musik wirkt auch nicht, wie mitunter unterstellt wird, *per se* inkludierend. Forschungsbedarf besteht in der Frage, „wie sich musikpädagogische Akteure anhand von Musikgeschmack, instrumentalen Präferenzen, Spielweisen, Übeverhalten oder musikinstitutionellen Praktiken wechselseitig positionieren, abgrenzen, auf- und abwerten".[14] Hier ist wiederum nach möglichen Konsequenzen für die Musikschularbeit zu fragen. Dies betrifft z. B. die Konzeption von Angebotsformaten, welche bedarfsgerecht musikkulturelle Vielfalt sowie die Arbeit mit heterogenen (Ziel-)Gruppen fokussieren.

(2) In der institutionalisierten Musikerziehung des 19. Jahrhunderts bestand eine auffällige Differenz zwischen dem, was als theoretischer Anspruch von musikalischer Bildung formuliert, und dem, was im musikalischen Unterricht tatsächlich praktiziert wurde. Eine solche Differenz lässt sich auch am Beispiel der Stuttgarter Musikinstitute belegen. Kritikpunkte ergaben sich vor allem

* aufgrund mangelnder struktureller Voraussetzungen, die hätten helfen können, eine einheitliche Zielerreichung der Musikschularbeit zu gewährleisten
* im Bereich der Unterrichtsdidaktik

Anerkennen muss man, dass die musikalische Ausbildung mit einer nach heutigen Maßstäben ungewöhnlichen Intensität betrieben wurde. Der mehrmalige wöchentliche Unterrichtsbesuch bildete eher die Regel als die Ausnahme. Man darf den Lernenden eine hohe Leistungsmotivation unterstellen, wenn man von den empfohlenen Übezeiten in der Fachliteratur und der Ausführlichkeit der Schulwerke ausgeht. Bedenkens-

---

12   VdM (2016b).
13   Röbke (2015a:13).
14   Honnens (2016:102).

wert ist auch, dass das Bewusstsein für die Bedeutung des Singens hinsichtlich der musikalischen Elementarbildung verloren gegangen zu sein scheint. Erst seit einigen Jahren scheint hier ein Umdenken eingesetzt zu haben.

Ina Loehners Befund aus dem Jahr 1886, dass die leitenden Ideen der musikalischen Bildungsanstalten Deutschlands Ende des 19. Jahrhunderts unter sich in keinem Zusammenhang stünden,[15] liegt in einer fehlenden demokratisch legitimierten Struktur begründet, welche es erlaubt hätte, die Entwicklung des Musikschulwesens im öffentlichen Interesse auf übergeordneter Ebene politisch wie fachlich zu steuern. In Stuttgart hatten die Musikinstitute an der Hohen Carlsschule und am Waisenhaus vornehmlich den Interessen des Hofes gedient. Der am Waisenhausinstitut nach dem Vorbild der altitalienischen Konservatorien unternommene Versuch, karitative und künstlerisch-pädagogische Zielsetzung miteinander zu verbinden, scheiterte an dafür ungeeigneten Trägerstrukturen. Die „Musikschulunternehmungen" Franz Stöpels und Gustav Schillings mochten sich nicht zwischen pädagogischer Ambition und wirtschaftlichem Profitstreben entscheiden. An dem Konservatorium Stuttgart erwiesen sich musikalische Laienbildung und Berufsausbildung auf Dauer als nicht vereinbar innerhalb eines Instituts. Das Konservatorium entfernte sich bis in die Organisationsform mehr und mehr von seinen bürgerlichen Ursprüngen. Die Geschichte der institutionalisierten Musikerziehung im 19. Jahrhundert ist auch eine Geschichte der allmählichen Professionalisierung des Berufes eines Instrumentallehrers. Entsprechende Forderungen gab es bereits in der ersten Hälfte des 19. Jahrhunderts. Aber erst 1907 führte das Konservatorium Stuttgart mit einem einjährigen Klavierlehrerseminar, welches mit Diplom abgeschlossen werden konnte, eine „vollwertige instrumentalpädagogische Fachausbildung" ein.[16]

Die musikpädagogischen Schriften von Adolph Bernhard Marx und Lina Ramann aus der zweiten Hälfte des 19. Jahrhunderts faszinieren bis heute durch den Versuch, „die human-erziehliche Bedeutung von Musik zum Ausgangspunkt eines musikalischen Unterrichtssystems zu machen".[17] Nach Michael Roske offenbart die Art, wie in ihnen „künstlerisch-ästhetisches Ethos mit systematischer Analyse musikpädagogischer Gegenwartsprobleme unter Berücksichtigung musik-sozialer und psychologischer Faktoren und Einbeziehung handfester Unterrichtsmethodik" verbunden sind, „originäre Züge einer wissenschaftlichen Begründung musikalischer Pädagogik".[18] Viele der geäußerten Gedanken, z.B. zu Bildungskooperationen und Unterrichtsformen, lassen die Themen heutiger Musikschuldiskussionen als Rückgriff auf Ideengut des 19. Jahrhunderts erscheinen. Demgegenüber steht der Befund, dass dem Ziel einer „veredelten Musikpflege"[19] an den Musikinstituten des 19. Jahrhunderts die freiheitliche, individuelle Selbstbestimmung der Lernenden allzu oft untergeordnet wurde. Schon an der Hohen Carlsschule in Stuttgart vertrug sich der aufklärerische Anspruch der musikalischen Ausbildung schwerlich mit dem militärischen Geist, der dort vorherrschte.

---

15   Loehner (1886:31).

16   Bäuerle-Uhlig (2007:282).

17   Roske (1986:73).

18   Roske (1986:78).

19   Vgl. Schulordnung des Königlichen Konservatoriums Stuttgart aus dem Jahr 1910.

Am Waisenhausinstitut orientierte man sich zwar an den progressivsten Lehrmethoden der Zeit. Doch die Vorgabe, primär Waisenhauskinder musikalisch auszubilden, erscheint gleich aus mehreren Gründen fragwürdig. Die Hoffnung, dass Waisenkinder besonders „formbar" wären, erwies sich in Hinblick auf die Entfaltung eines musikalischen Begabungspotenzials als trügerisch. Der Versuch, dem Hoforchester auf diesem Weg möglichst kostengünstig Nachwuchs zuzuführen, ist indes allzu durchsichtig und weniger karitativ oder edel als vielmehr berechnend zu nennen. Der Musikschulbegründer Franz Stöpel proklamierte wiederum 1825 in seinem Schulwerk, dass die Musik eine himmlische Kunst sei, die jeder gute Mensch lieben müsse.[20] Dem stand entgegen, dass Stöpel *selbst* im Urteil der Nachwelt als wenig integre Persönlichkeit galt. Überboten wurde er dabei noch von seinem Nachfolger Gustav Schilling, der zu der Zeit, in welcher er in Stuttgart eine musikalische Lehranstalt leitete, eine bemerkenswerte kriminelle Energie an den Tag legte. Obgleich Schillings Verwicklung in Plagiatsaffären und Finanzbetrug seine pädagogische und wissenschaftliche Tätigkeit nachhaltig diskreditiert haben, stellt seine „Musikalische Didaktik oder die Kunst des Unterrichts in der Musik" (1851) nach wie vor ein Grundlagenwerk des 19. Jahrhunderts dar, welches als solches eine sachbezogene Auseinandersetzung verdient. Sigrid Abel-Struth meinte, in Schillings Denken einen zeittypischen Widerspruch zu erkennen. Zwar betone Schilling in seiner Didaktik stets, „daß dem Musikunterricht sittliche Kraft innewohne".[21] Dennoch beschränke Schilling sich weitgehend auf einen praxisnahen fachdidaktischen Ansatz, „der – der Zeit gemäß – bis in das methodische Reglement" reiche.[22] Bezeichnend für Schilling erscheint zudem, dass er in Unterrichtssituationen eine genaue Beobachtungsgabe entwickelte sowie die Qualitäten verschiedener Unterrichtsformen überaus bewusst zu reflektieren wusste. Hingegen hatte er in der Unterrichts*praxis* keine Hemmungen, die Frage der geeigneten Unterrichtsform pragmatisch nach eigenem Gutdünken zu lösen, wobei fachliche und finanzielle Aspekte sich vermengten. So sind auch die Passagen aus dem Gründungsprospekt der Stuttgarter Musikschule, nach denen die Anstalt fortan Sorge dafür tragen wolle, dass der Unterricht vollständig sei, auf keinen einseitigen und ausschließlichen Prinzipien fuße sowie die Gruppenstärke im Instrumentalunterricht begrenze und keinen weiteren Privatunterricht mehr erforderlich mache, als Seitenhieb auf den vorhergegangenen Unterrichtsbetrieb an Schillings Musikschule zu verstehen.[23] Die Stuttgarter Musikschule bzw. das spätere Konservatorium beansprucht in diesem Prospekt, nicht nur Künstler auszubilden, sondern es sollte „auch zur allgemeinen Gründung eines gediegenen Geschmackes und Verständnisses, zur Hebung der Tonkunst in all ihren Gebieten" beigetragen werden. Der Vorsatz, Laien „zum Nutzen und Frommen der Kunst" musikalisch auszubilden, zog im Ergebnis aber nicht minder einseitige Unterrichtsprinzipien nach sich. Der Unterricht basierte auf einem instruktivistischen Methodenverständnis, welches vom Lernenden vor allem Folgsamkeit einforderte. Die Unterrichtswerke, z. B.

---

20 Stöpel (1825:14).
21 Abel-Struth (1970:15).
22 Abel-Struth (1970:51).
23 Eisenmann (1907:5f.).

Leberts Klavierschule und Faissts Elementar- und Chorgesang-Schule, erscheinen aus heutiger Sicht ebenso ambitioniert wie kleingliedrig und pedantisch im Aufbau. Ohnehin blieb das Unterrichtsangebot klavierlastig. Der Schwerpunkt wurde auf das Reproduzieren eines eng umgrenzten klassisch-romantischen Repertoires gelegt, welches in Literaturlisten eigens festgehalten wurde. Zu einseitig richtete sich die Ausbildung auf spieltechnische Fertigkeiten, bis hin zum „Technik-Drill". Die Allianz des Konservatoriums mit seinen bürgerlichen Dilettanten scheiterte nicht ohne Grund. Im Musikschulunterricht des 19. Jahrhunderts wurde die Lernperspektive zugunsten der Lehrperspektive vernachlässigt. Noch „fehlten fachimmanente wissenschaftstheoretische Grundlagen in der Musikpädagogik, und es fehlten vor allem Erkenntnisse über spezifische Lernbedingungen".[24]

Heute sind die Fortschritte in der Musikschulentwicklung gegenüber dem 19. Jahrhundert offensichtlich. Öffentlich getragene bzw. verantwortete gemeinnützige Musikschulen im VdM folgen einem einheitlichen inhaltlichen Konzept und Aufbau. Sie profilieren sich durch Angebotsvielfalt, Qualitätsstandards und niedrigschwellige Zugänge zu musikalischer Bildung. In der Potsdamer Erklärung des VdM „Musikschule im Wandel. Inklusion als Chance" steht zu lesen: „Individuelle Lehr- und Entwicklungspläne und Methoden werden zunehmend die Pädagogik der Musikschulen bestimmen."[25] Hat sich also somit im Musikschulwesen alles zum Besseren gewendet? Vieles gewiss, aber Konstellationen der Vergangenheit wirken in die Zukunft hinüber. Noch immer bewegen sich Musikschulen im Spannungsfeld künstlerisch-pädagogischer Idealvorstellungen, gesellschaftspolitischer Erwartungen und schwieriger wirtschaftlicher Rahmenbedingungen. Wenn sich einerseits die Bildungsaufgaben von Musikschulen mit dem Ziel der Inklusion erweitern und andererseits das Überhandnehmen von freien Mitarbeiterverhältnissen gewachsene Musikschulstrukturen in Frage stellt, deutet dies wiederum auf einen Konflikt zwischen Anspruch und Realität der Musikschularbeit hin. In der Musikschulpädagogik fällt das Bemühen auf, sich gegenüber einseitigen Unterrichtsprinzipien des 19. Jahrhunderts abzugrenzen. Umso erstaunlicher ist, dass Diskussionen über die Vor- und Nachteile bestimmter Unterrichtsformen nach wie vor teils mit denselben Argumenten geführt werden wie schon im 19. Jahrhundert. Peter Röbke vertritt daher die Auffassung, dass eine wirkliche Synthese der historischen Grundströmungen des Musikschulwesens erst noch anstehe.[26] Die Aufgabe, Theorie und Praxis des Musikschulunterrichts abzugleichen, besteht weiterhin. Die Umsetzung inklusiver Leitziele muss sich im Musikschulalltag bewähren. Während das 19. Jahrhundert dahin tendierte, den Wert von Bildung gegenüber Aspekten der gesellschaftlichen Teilhabe zu verabsolutieren, steht in der Gegenwart Bildung unter dem Anspruch, gesellschaftliche Teilhabe zu ermöglichen. Wenn jedoch zwischen Teilhabe und Bildung nicht ausreichend differenziert wird, droht die Qualität von musikalischer Bildung Schaden zu nehmen. Musikschulen bieten die Chance, über ein diversifiziertes Angebot auf unterschiedliche Lernvoraussetzungen und Lern-

---

24   Sowa (1974:119).
25   VdM (2014).
26   Röbke (2015a:49).

bedürfnisse einzugehen. In einer vernetzten kommunalen Bildungslandschaft arbeiten Musikschulen Bildungspartnern wie Kindertagesstätten und Schulen zu und sind zugleich gefordert, ihr Profil als eigenständige musikalische Bildungseinrichtungen zu wahren. Die Herausforderung wiegt umso schwerer, da sich trotz der Allgegenwart von Musik die Frage stellt, wie ausgeprägt in der öffentlichen Wahrnehmung noch das Bewusstsein verankert ist, dass musikalische Bildung „per se umfassende menschliche Bildung" ist – und als solche unverzichtbar.[27] Klagen über einen Rückgang des Alltagsmusizierens sind nicht neu. Nicht zu übersehen ist, dass das Singen in Kindertagesstätten lange Zeit vernachlässigt worden ist. Das Unterrichtsfach Musik hat an Schulen gegenüber den MINT-Fächern (= Mathematik, Informatik, Natur und Technik) einen schweren Stand. Kinder und Jugendliche finden durch Schulzeitverkürzung und Ganztagsschule weniger Zeit für eine aktive Beschäftigung mit Musik. Attribute einer bürgerlichen Kulturbeflissenheit treten hinter Lebensstilorientierung und Konsumorientierung zurück.

(3) Die Stuttgarter Musikschule zeichnet heutzutage aus, dass sie gleichermaßen in der Breiten-, Begabten- und Sonderförderung besonders erfolgreich ist. Es gelingt ihr somit vorbildlich, einen historisch gewachsenen, öffentlichen Bildungsauftrag differenziert wahrzunehmen. Auf andere Musikschulen übertragen lassen sich solche Erfolge nur bedingt, insofern sie von lokalen Gegebenheiten abhängig bleiben. Gleichwohl verweist das Beispiel der Stuttgarter Musikschule auf Entwicklungsperspektiven der Musikschularbeit insgesamt. Die Aufgabe, für Zugänge zum aktiven Musizieren zu sorgen, wird sich Musikschulen auch zukünftig mit einer gewissen Dringlichkeit stellen. Im instrumentalen und vokalen Hauptfachunterricht stellt sich die Herausforderung, sich gegenüber den Lern- und Lebenswelten von Schülern zu öffnen, ohne dass dies zu einer Nivellierung von Qualitätsstandards führt. Beides gelingt der Stuttgarter Musikschule außerordentlich gut.

Seit der Jahrtausendwende sind an der Stuttgarter Musikschule Angebote im Bereich der Elementaren Musikpädagogik, der Kooperationen mit Kindertagesstätten und Schulen sowie Angebote mit spezifisch inklusivem Hintergrund massiv ausgeweitet worden. Die Musikschule definiert sich als „Integrationsfaktor" und will „ihren Teil zur sozialen Balance" in der Gesellschaft beitragen.[28] Bemerkenswert ist der hohe Innovationsgrad eigens entwickelter Angebotsformate und Kooperationsmodelle. Hervorzuheben sind auch die zahlreichen Initiativen zur Musikvermittlung, von Kinderkonzerten bis hin zur Kooperation mit lokalen Konzertveranstaltern. In beiden Punkten erweist sich die Stuttgarter Musikschule als richtungsweisend. Zugleich haben Wettbewerbsteilnahmen und Wettbewerbserfolge inzwischen ein rekordverdächtiges Niveau erreicht! Möglich wird dies erst durch die individuelle Qualität der Lehrkräfte sowie die Qualität der kollegialen Zusammenarbeit. Überhaupt weist aber die Stuttgarter Musikschule eine extrem hohe Vernetzungsqualität ihres Angebots auf: nach außen, beispielsweise auch in der Begabtenförderung durch die Kooperation mit Musikhochschule,

---

27   Dartsch (2014:71).
28   Stuttgarter Musikschule (2012).

Musikgymnasium und Orchestern; nach innen über das Ineinandergreifen von Angebotsstrukturen. Der instrumentale Hauptfachunterricht wird begleitet von einem sorgsam aufeinander abgestimmten Angebot an Ensemble- und Ergänzungsfächern, Auftrittsmöglichkeiten, Veranstaltungen, Projekten, Freizeiten und Zusatzangeboten, so dass der im Leitbild formulierte Anspruch, nach dem „individuelle musikalische Entwicklung und das Schaffen von Freiräumen für Erleben und Entdecken von Musik im Lehren eine Einheit bilden" erfüllt wird.[29] Als mustergültig darf darüber hinaus der Aufbau einer pädagogischen Beratungsstruktur mit jährlichen Beratungsgesprächen und freiwilligen Prüfungen gelten. Hierdurch soll die Leistungsmotivation von Schülerinnen und Schülern unterstützt werden. Natürlich könnte man fragen, ob die Differenzierung verschiedener Arbeitsfelder an der Stuttgarter Musikschule nicht allzu scharf ausfällt. Denn während in den Kooperationen mit Kindertagesstätten und Schulen Angebote der EMP überwiegen, scheint die Musikschule im Bereich der instrumentalen und vokalen Fachausbildung durchaus elitären Ansprüchen zu genügen. Gewiss ist davon auszugehen, dass es an der Stuttgarter Musikschule – wie an anderen Musikschulen – Lehrkräfte gibt, die den Erfolg ihres Unterrichtens an der Zahl der Wettbewerbspreisträger festmachen, genauso wie es ebendort Lehrkräfte gibt, die genau dies ausdrücklich ablehnen. Doch innerhalb des Kollegiums vollzieht sich so etwas wie ein Generationenwandel. Mehr und mehr Lehrkräfte sind nicht nur in der Studienvorbereitung tätig, sondern erteilen parallel dazu auch Klassenunterricht. Wenn es ein eigentliches Problem der Stuttgarter Musikschule gibt, dann sind es ihre langen Wartelisten. Offenbar verfügt die Einrichtung über ein beträchtliches Wachstumspotenzial, das lediglich durch finanzielle Restriktionen begrenzt wird. Die Stuttgarter Musikschule zeichnet ferner das hohe Niveau ihrer organisatorischen Entwicklung aus. Die Lehrkräfte engagieren sich nicht nur in den jeweiligen Unterrichtsfächern, sondern sind über Konferenzen, Fachbereichssitzungen, Fortbildungen, Arbeitsgruppen, aber auch über die Struktur der Querschnittsfachbereiche sehr eng in die Musikschulorganisation eingebunden. Möglich wird dies durch die ausschließliche Anwendung des TVöD in den Beschäftigungsverhältnissen. Im Rahmen von Maßnahmen der Qualitätsentwicklung und -sicherung werden die Leistungserbringung, die Zufriedenheit von Adressaten und Mitarbeitern sowie die Auswirkungen auf die Gesellschaft systematisch überprüft und dienen als Grundlage für die weitere strategische Ausrichtung der Einrichtung.

Wenn hier die Stuttgarter Musikschule als positives Beispiel für eine gelungene Musikschulentwicklung angeführt wird, geschieht dies in dem Bewusstsein, dass die Voraussetzungen der Musikschularbeit andernorts mitunter sehr viel weniger vorteilhaft sind. Der Bericht der Enquete-Kommission des Deutschen Bundestags „Kultur in Deutschland" hat bereits 2008 eine bessere Musikschulförderung angemahnt. Es fehlt in bundesweiter Perspektive an gesetzlichen Regelungen, die helfen würden, den Bestand öffentlicher Musikschulen auch qualitativ zu garantieren. Eine angemessene Mitfinanzierung durch die Länder sowie gesicherte Beschäftigungsverhältnisse an Musikschulen sollten eigentlich zum Mindeststandard einer jeden Musikschulförderung gehören.

---

29   Stuttgarter Musikschule (2012).

Mit Blick auf die kommunalen Verhältnisse müssen insbesondere Regelungen geschaffen werden, welche die Zusammenarbeit von Musikschulen mit allgemeinbildenden Schulen und Kindertagesstätten stärker unterstützen. Positivbeispiele einer gelungenen Musikschulförderung gibt es durchaus, z. B. auf Bundesebene die Initiative „Kultur macht stark. Bündnisse für Bildung"; auf Landesebene das Modell der Musikschulförderung in Sachsen-Anhalt, welches vor allem unter dem Aspekt einer klaren Aufgabenteilung zwischen Land und Kommunen interessant erscheint; auf kommunaler Ebene das Beispiel der Bildungskooperationen in Stuttgart, die auf einer gemeinsamen Vision von Stadtverwaltung und Musikschulleitung aufbauen. Trotz solcher Ansätze bleibt festzuhalten, dass etwa in Österreich oder der Schweiz das Musikschulwesen insgesamt auf einem höheren Niveau gefördert wird.

Unübersehbar sind die bisherigen Bemühungen der öffentlichen Musikschulen im Bereich der Qualitätssicherung und -entwicklung. QsM und EDuR seien nur als *ein* Beispiel erwähnt. Solange die Musikschulförderung in Deutschland klare Defizite erkennen lässt bzw. zulässt, werden Musikschulen zur Selbsthilfe greifen müssen, indem sie sich auf unterschiedlichen Ebenen noch besser miteinander vernetzen, mit dem Ziel, Ungleichheiten in der Musikschulentwicklung zumindest ansatzweise zu kompensieren.

Literaturverzeichnis

ABEL-STRUTH, Sigrid (1970): Materialien zur Entwicklung der Musikpädagogik als Wissenschaft. Zum Stand der deutschen Musikpädagogik und seiner Vorgeschichte (= Musikpädagogik – Forschung und Lehre, Bd. 1), Mainz.

ABEL-STRUTH, Sigrid (1986): Gustav Schillings erzieherische Aufträge für den Musikunterricht. In: Eckard Nolte (Hrsg.): Historische Ursprünge der These vom erzieherischen Auftrag des Musikunterrichts (= Sitzungsbericht 1984 der Wissenschaftlichen Sozietät Musikpädagogik), S. 8–23, Mainz.

ABEL-STRUTH, Sigrid (2005): Grundriss der Musikpädagogik, 2. ergänzte Auflage (Erstauflage 1985), Mainz.

ADORNO, Theodor W. (1959): Theorie der Halbbildung. In: Soziologische Schriften I (Gesammelte Schriften, Bd. 8, herausgegeben von Rolf Tiedemann 1972), S. 93–121, Frankfurt am Main.

ADORNO, Theodor W. (1960): Kritik des Musikanten. In: Dissonanzen (Gesammelte Schriften, Bd. 14, herausgegeben von Rolf Tiedemann 1973), S. 67–107, Frankfurt am Main.

ALTENMÜLLER, Eckart (2015): Musikalisches Lernen aus hirnphysiologischer Sicht. In: Martin D. Loritz / Claudia Schott (Hrsg.): Musik. Didaktik für die Grundschule, S. 9–21, Berlin.

ARDILA-MANTILLA, Natalia (2015a): Vielfältige Arbeitsweisen, verschiedene Zielvorstellungen, koexistierende Communities. Die Pluralität der Musikschularbeit aus der Perspektive der Lehrerinnen und Lehrer. In: Natalia Ardila-Mantilla / Peter Röbke / Hans Stekel (Hrsg): Musikschule gibt es nur im Plural. Drei Zugänge, S. 51–77, Helbing, Innsbruck / Esslingen / Bern-Belp.

ARDILA-MANTILLA, Natalia (2015b): Vielfalt bejahen – aber wie? Wie die Musikschule unterschiedlichen musikalischen Interessen und Lernwegen entgegenkommen kann. In: Üben & Musizieren 2/2015, S. 12–15, Mainz.

ARDILA-MANTILLA, Natalia (2016): „Einzelunterricht ist sehr zielführend. Gruppenunterricht … hm". Vorstellungen von der musikalischen Wissensvermittlung und ihre didaktischen Konsequenzen im instrumentalen Gruppenunterricht. In: Natalia Ardila-Mantilla / Peter Röbke / Christine Stöger / Bianka Wüstenhube (Hrsg.): Herzstück Musizieren. Instrumentaler Gruppenunterricht zwischen Planung und Wagnis, S. 101–115, Mainz.

BAER, Ulrich (2012): Spiel und Bildung. In: Hildegard Bockhorst / Vanessa-Isabelle Reinwand / Wolfgang Zacharias (Hrsg.): Handbuch Kulturelle Bildung, S. 680–686, München.

BALESTRINI, Daniel (2005): Schilling, Gustav. In: Die Musik in Geschichte und Gegenwart (Zweite neubearbeitete Ausgabe), Personenteil Bd. 14, S. 1359ff., Stuttgart.

BAUMGART, Franzjörg (Hrsg.) (2007): Erziehungs- und Bildungstheorien. Erläuterungen – Texte – Arbeitsaufgaben, 3. durchgesehene Auflage, Bad Heilbrunn.

BÄHR, Herbert (1993): Die schwäbische Sängerbewegung von ihren Anfängen bis zur Reichsgründung. In: 175 Jahre Stuttgarter Liederkranz. Ein Festbuch, S. 145–150, Stuttgart.

BÄUERLE-UHLIG, Dietlind (2007): Warum Lehren lernen? Zwölf Stuttgarter Momentaufnahmen zur Professionalisierung in der Instrumentalpädagogik. In: Joachim Kremer / Dörte Schmidt (Hrsg.): Zwischen bürgerlicher Kultur und Akademie. Zur Professionalisierung der Musikausbildung in Stuttgart seit 1857 (= Forum Musikwissenschaft, Bd. 2), S. 278–298, Schliengen.

BENNER, Dietrich (1995): Wilhelm von Humboldts Bildungstheorie. Eine problemgeschichtliche Studie zum Begründungszusammenhang neuzeitlicher Bildungsreform (2., korrigierte Auflage), Weinheim und München.

BENNER, Dietrich / BRÜGGEN, Friedhelm (2004): Bildsamkeit / Bildung. In: Dietrich Benner / Jürgen Oelkers (Hrsg.): Historisches Wörterbuch der Pädagogik, S. 174–215, Weinheim / Basel.

BENNER, Dietrich / OELKERS, Jürgen (Hrsg.) (2004): Historisches Wörterbuch der Pädagogik, Weinheim / Basel.

BERG, Christa (1991): Familie, Kindheit, Jugend. In: Christa Berg (Hrsg.): Handbuch der deutschen Bildungsgeschichte Bd. IV (1870–1918): Von der Reichsgründung bis zum Ende des Ersten Weltkrieges), S. 91–145, München.

BERG, Christa / HERRMANN, Ulrich (1991): Industriegesellschaft und Kulturkrise. Ambivalenzen der Epoche des Zweiten Deutschen Kaiserreichs 1870–1918. In: Christa Berg (Hrsg.): Handbuch der deutschen Bildungsgeschichte Bd. IV (1870–1918: Von der Reichsgründung bis zum Ende des Ersten Weltkrieges), S. 3–56, München.

BICKHOFF, Nicole / KOCH, Elke (2007): Abgebrannt und umgezogen. Zur Überlieferung der Staatlichen Hochschule für Musik und Darstellende Kunst Stuttgart. In: Joachim Kremer / Dörte Schmidt (Hrsg.): Zwischen bürgerlicher Kultur und Akademie. Zur Professionalisierung der Musikausbildung in Stuttgart seit 1857 (= Forum Musikwissenschaft, Bd. 2), S. 61–82, Schliengen.

BIE, Oscar (1898): Das Klavier und seine Meister, München.

BILSTEIN, Johannes (2012): Anthropologie der Künste. In: Hildegard Bockhorst / Vanessa-Isabelle Reinwand / Wolfgang Zacharias (Hrsg.): Handbuch Kulturelle Bildung, S. 47–51, München.

BLANKERTZ, Herwig (2011): Die Geschichte der Pädagogik. Von der Aufklärung bis zur Gegenwart, 10. Auflage (Erstauflage 1982), Wetzlar.

BLUM, Klaus (1975): Musikfreunde und Musici. Musikleben in Bremen seit der Aufklärung, Tutzing.

BMU (= Bundesverband Musikunterricht) (2016): Für musikalische Bildung an Schulen. Agenda 2030. *Online:*
http://www.bmu-musik.de/fileadmin/Medien/BV/BMU_Positionen_9–16_Agenda_DRUCK.pdf [24.6.2017].

BOCKHORST, Hildegard / REINWAND, Vanessa-Isabelle / ZACHARIAS, Wolfgang (Hrsg.) (2012): Handbuch Kulturelle Bildung, München.

BOELCKE, Willi (1989): Sozialgeschichte Baden-Württembergs 1800–1989. Politik, Gesellschaft, Wirtschaft (= Schriften zur politischen Landeskunde Baden-Württembergs, Bd. 16), Stuttgart.

BOLLENBECK, Georg (1994): Bildung und Kultur. Glanz und Elend eines deutschen Deutungsmusters, Frankfurt am Main / Leipzig.

BOLLENBECK, Georg (2007): Eine Geschichte der Kulturkritik. Von Rousseau bis Günther Anders, München.

BONGARD, Stephan / FRANKENBERG, Emily / FRIEDRICH, E. Kamala / RODEN, Ingo / KREUTZ, Gunter (2015): MEKKA – Musikerziehung, kindliche Kognition und Affekt. In: Ulrike Kranefeld (Hrsg.): Instrumentalunterricht in der Grundschule. Prozess- und Wirkungsanalysen zum Programm Jeden Kind ein Instrument (gefördert vom Bundesministerium für Bildung und Forschung), unveränderter Nachdruck vom Februar 2016, S. 167–194, Bonn.

BORST, Otto (1973): Stuttgart. Die Geschichte der Stadt, Stuttgart.

BOSSEN, Anja (2014): Bildungsauftrag ade? Hat der Bildungsauftrag öffentlicher Musikschulen überhaupt noch Gültigkeit? In: Üben & Musizieren 4/2014, S. 42–43, Mainz.

BÖHM, Winfried (2010): Geschichte der Pädagogik. Von Platon bis zur Gegenwart, 3. verbesserte Auflage (Erstauflage 2004), München.

BRADLER, Katharina (Hrsg.) (2016): Vielfalt im Musizierunterricht. Theoretische Zugänge und praktische Anregungen, Mainz.

BUNDESMINISTERIUM FÜR BILDUNG UND FORSCHUNG / KULTUSMINISTER-KONFERNZ (2004): OECD-Veröffentlichung „Bildung auf einen Blick". Wesentliche Aussagen in der Ausgabe 2004. *Online:* http://www.kmk.org/fileadmin/Dateien/pdf/PresseUndAktuelles/2004/Langfassung_KMK_BMBF_10.pdf [29.2.2016].

BUSCH, Barbara (Hrsg.) (2016): Grundwissen Instrumentalpädagogik. Ein Wegweiser für Studium und Beruf, Wiesbaden.

BUSCH, Barbara / METZGER, Barbara (2016): Sozialformen. In: Barbara Busch (Hrsg.): Grundwissen Instrumentalpädagogik. Ein Wegweiser für Studium und Beruf, S. 218–232, Wiesbaden.

CALMBACH, Marc / BORGSTEDT, Silke / BORCHARD, Inge / THOMAS, Peter Martin / FLAIG, Berthold Bodo (2016): Wie ticken Jugendliche 2016? Lebenswelten von Jugendlichen im Alter von 14 bis 17 Jahren in Deutschland (SINUS-Jugendstudie). *Online:* http://www.springer.com/de/book/9783658125325 [9.1.2016].

CLEß, GEORG (1815): Versuch einer medizinischen Topographie der Königlichen Haupt- und Residenzstadt Stuttgart, Stuttgart.

DAHLHAUS, Carl (Hrsg.) (1967): Studien zur Trivialmusik des 19. Jahrhunderts, Regensburg.

DAHLHAUS, Carl (1980): Die Musik des 19. Jahrhunderts (= Neues Handbuch der Musikwissenschaft, Bd. 6), Wiesbaden.

DARTSCH, Michael (Hrsg.) (2007): Musikalische Bildung von Anfang an. Perspektiven aus der Entwicklungspsychologie und Pädagogik, Bonn.

DARTSCH, Michael (2014): Musik lernen – Musik unterrichten. Eine Einführung in die Musikpädagogik, Wiesbaden.

DEGENHART, Reinhold (2017): Prekäre Verhältnisse. Leserbrief zu Ulrich Rademachers Artikel „Geht doch!" gibt's nicht!, nmz 3/17, S. 29. In: nmz (= Neue Musikzeitung) 4/2017, S. 6, Regensburg.

DEUTSCHER BUNDESTAG (Hrsg.) (2008): Kultur in Deutschland. Schlussbericht der Enquete-Kommission des Deutschen Bundestages, Regensburg.

DEUTSCHER MUSIKRAT (2012): Musikalische Bildung in Deutschland. Ein Thema in 16 Variationen. *Online:*
http://www.miz.org/dokumente/2012_DMR_Grundsatzpapier_Musikalische_Bildung.pdf [30.4.2017].

DEUTSCHER STÄDTETAG / DEUTSCHER LANDKREISTAG / DEUTSCHER STÄDTE- UND GEMEINDEBUND (Hrsg.) (2010): Die Musikschule. Leitlinien und Hinweise, Frankfurt am Main.

DIETRICH, Cornelie / KRINNINGER, Dominik / SCHUBERT, Volker (2012): Einführung in die Ästhetische Bildung, Weinheim / Basel.

DIETRICH, Norbert (2009): Musikästhetische Modellprojekte in Kindergärten und Tageseinrichtungen für Kinder. Nr. 6: Singen-Bewegen-Sprechen unter fachlicher Anleitung im Kindergarten, Abschlussbericht des Projektleiters. *Online:*
http://musikschulen-bw.de/fileadmin/Bilder_Redakteure/PDF-Dateien/ Abschlussbericht_Modellversuch_SBS.pdf [14.3.2016].

DOERNE, Andreas (2010): Umfassend musizieren. Grundlagen einer integralen Instrumentalpädagogik, Wiesbaden.

DOERNE, Andreas (2011): Wir brauchen eine Revolution! Zur Zukunft von Musikschulen in einer „Bildungsrepublik Deutschland". In: Üben & Musizieren 4/2011, S. 12–18, Mainz.

DOERNE, Andreas (2015): Wohin mit dem musikalischen Erbe? Über die Unmöglichkeit der Verwaltung des Unverwaltbaren lebendiger Kunst. In: Üben & Musizieren 2/2015, S. 6–11, Mainz.

DOERNE, Andreas (2016): Wie kann die Musikschule der Zukunft aussehen? Die Website musikschullabor.de möchte Grenzen des Denkbaren ausloten und begibt sich auf unbekanntes musizierpädagogisches Terrain. In: Üben & Musizieren 6/2016, S. 34–35, Mainz.

DOLGE, Friedrich-Koh (2012): „Musik hat viel mit Gefühlen zu tun". Friedrich-Koh Dolge spricht über die Bedeutung von Musik und Jugend Musiziert. In: Stuttgarter Zeitung Nr. 35, 11.2. 2012, Stuttgart.

DOLGE, Friedrich-Koh (2014): Instrumental- und Gesangspädagogik: Musik in die Gesellschaft tragen (Vortrag anlässlich der Zukunftskonferenz der Musikhochschulen Baden-Württemberg). *Online:*
https://mwk.baden-wuerttemberg.de/fileadmin/redaktion/m-mwk/intern/dateien/pdf/ Hochschulen/Zukunftskonferenz_Musikhochschulen/Zukunftskonferenz_1_Forum_II _Rede_Dolge.pdf [24.6.2017].

DOLGE, Friedrich-Koh (2016): Gemeinsame Positionierung im gesellschaftlichen Wandel. Das Grundsatzprogramm des VdM (Gespräch mit Friedrich-Koh Dolge). In: nmz (= Neue Musikzeitung) 7–8/2016, S. 31, Regensburg.

DORSCHEL, Andreas (2010): Die Idee des Konservatoriums. In: Laurenz Lütteken (Hrsg.): Mendelssohns Welten. Züricher Festspiel-Symposon 2009, S. 89–100, Kassel.

DÖRPINGHAUS, Andreas / UPHOFF, Ina (2012): Grundbegriffe der Pädagogik, 2. durchgesehene Auflage, Darmstadt.

DÜSING, Wolfgang (Hrsg.) (1981): Friedrich Schiller. „Über die ästhetische Erziehung des Menschen." Text, Materialien, Kommentar, München.

EBERHARD, Daniel Mark (2012): La Prière d'une Vierge. Facetten des ambivalenten Umgangs mit populärer Klavierliteratur im 19. und 21. Jahrhundert. In: Zeitschrift ästhetische Bildung, Jahrgang 4 /2012 / Nr.2, S. 1–22. *Online:* zaeb.net/zaeb/article/view/56/52 [4.7.2018].

EDLER, Arnfried (1965): Zur Musikanschauung von Adolf Bernhard Marx. In: Walter Salmen (Hrsg.): Beiträge zur Geschichte der Musikanschauung im 19. Jahrhundert, S. 103–112, Regensburg.

EHRENFORTH, Karl Heinrich (1963): Schilling, Gustav. In: Die Musik in Geschichte und Gegenwart (Taschenbuchausgabe 1989), Bd. 11, S. 1720f., Kassel / Basel / London / Paris / New York.

EHRENFORTH, Karl Heinrich (2010): Geschichte der musikalischen Bildung. Eine Kultur-, Sozial- und Ideengeschichte in 40 Stationen – Von den antiken Hochkulturen bis zur Gegenwart, (Erstauflage 2005), Mainz.

EHRENFORTH, Karl Heinrich (2016): Sich öffnen, damit die Musik Raum gewinnen kann. Auf der Suche nach einer musikalischen Bildungsidee. In: nmz (= Neue Musikzeitung) 3/2016, Regensburg. *Online:* http://www.nmz.de/artikel/sich-oeffnen-damit-die-musik-raum-gewinnen-kann [19.8.2016].

EICKE, Kurt-Erich (1966): Der Streit zwischen Adolph Bernhard Marx und Gottfried Wilhelm Fink um die Kompositionslehre (= Kölner Beiträge zur Musikforschung Bd. XLII), Regensburg.

EICKER, Gerd (2004): Quo vadis, Musikschule? Ganztagsschule – und wo bleibt die Musikschule? In: Üben & Musizieren 11/2004–1/2005, S. 14–18, Mainz.

EICKER, Gerd (2014): Risiken und Nebenwirkungen. Gedanken eines Musikschulleiters im Ruhestand zur Situation kommunaler Musikschulen. In: Üben & Musizieren 3/2014, S. 44–46, Mainz.

EISENMANN, Alexander (1907): Kgl. Konservatorium für Musik in Stuttgart 1857–1907. Festschrift zur Feier des 50jährigen Bestehens, Stuttgart.

EITNER, Robert (1890): „Schilling, Gustav". In: Allgemeine Deutsche Biographie 31, S. 256–259. *Online:* http://www.deutsche-biographie.de/pnd117269956.html?anchor=adb [5.12.2012].

EITNER, Robert (1893): „Stoepel, Franz David Christoph". In: Allgemeine Deutsche Biographie 36 (1893), S. 433–435. *Online:* http://www.deutsche-biographie.de/pnd117265608.html?anchor=adb [5.12.2012].

ERMERT, Karl (2009): Was ist kulturelle Bildung? *Online:* http://www.bpb.de/gesellschaft/kultur/kulturelle-bildung/59910/was-ist-kulturelle-bildung [2.5.2015].

ERNST, Anselm (2006): Die zukunftsfähige Musikschule. Eine Einführung in die Musikpädagogik für Musikschullehrkräfte, Aarau.

ERNST, Anselm (2007): Was ist guter Instrumentalunterricht? Beispiele und Anregungen, Aarau.

FAISST, Immanuel (1867): Rede zur zehnjährigen Stiftungsfeier des Conservatoriums für Musik in Stuttgart gehalten den 11. April 1867, Stuttgart.

FAISST, Immanuel (1881): Zur Hebung des Gesangunterrichts in den evangelischen Volkschulen Württembergs. Zugleich ein Beitrag zur Würdigung der Musik in ästhetischer und kirchlicher Beziehung, Stuttgart.

FAISST, Immanuel (1884): Worte der Erinnerung an Prof. Dr. Lebert, Stuttgart.

FAISST, Immanuel / STARK, Ludwig (1880): Elementar- und Chorgesang-Schule für höhere Lehranstalten sowie für Gesang- und Musik-Institute (Lehrbuch). Erster Cursus: Vorübungen. Einstimmiger Gesang in C, G, und F dur, Stuttgart.

FIEBICH, Regina (2000): Gottfried Linder (1842–1918) – Klavierprofessor und Komponist. In: Georg Günther / Reiner Nägele (Hrsg.): Musik in Baden-Württemberg (Jahrbuch 2000 / Bd. 7, im Auftrag der Gesellschaft für Musikgeschichte in Baden-Württemberg), S. 155–178.

FISCHER, Hermann (1904): „Faißt, Immanuel". In: Allgemeine Deutsche Biographie 48, S. 485–487. *Online:*
www.deutsche-biographie.de/pnd116410051.html?anchor=adb [28.8.2014].

FOGT, Martin (2010): Gesang in der Lehrerbildung im Bayern des 19. Jahrhunderts. *Online:* https://opus.bibliothek.uni-augsburg.de/opus4/frontdoor/deliver/index/docId/1416/file/Diss_Martin_Fogt_Teil1.pdf. https://opus.bibliothek.uni-augsburg.de/opus4/frontdoor/deliver/index/docId/1416/file/Diss_Martin_Fogt_Teil2.pdf [8.7.2018].

FUCHS, Max (2012a): Kulturbegriffe, Kultur der Moderne, kultureller Wandel. In: Hildegard Bockhorst / Vanessa-Isabelle Reinwand / Wolfgang Zacharias (Hrsg.): Handbuch Kulturelle Bildung, S. 63–67, München.

FUCHS, Max (2012b): Kulturelle Bildung als Menschenrecht? In: Hildegard Bockhorst / Vanessa-Isabelle Reinwand / Wolfgang Zacharias (Hrsg.): Handbuch Kulturelle Bildung, S. 91–94, München.

FUCHS, Max (2015): Zur Notwendigkeit der Selbstverständigung des Menschen. Kunst, Ästhetik, Philosophie. *Online:* http://www.maxfuchs.eu/aufsatze-und-vortrage/ [15.7.2015].

GELLRICH, Martin (2003): Spielte man im 19. Jahrhundert besser als heute? Anmerkungen zur historischen Entwicklung der Übezeit. In: nmz (= Neue Musikzeitung) 6/2003, Regensburg. *Online:*
http://www.nmz.de/artikel/spielte-man-im-19-jahrhundert-besser-als-heute [19.8.2014].

GEMBRIS, Heiner (2001): Musik, Intelligenz und Persönlichkeitsentwicklung. In: Heiner Gembris / Rudolf-Dieter Kraemer / Georg Maas (Hrsg.): Macht Musik wirklich klüger? Musikalisches Lernen und Transfereffekte (= Musikpädagogische Forschungsberichte Bd. 8, Forum Musikpädagogik Bd. 44), S. 173–188, Augsburg.

GERKING, Wibke (2013): Reizthema Asiatenklassen. Wibke Gerking über den Rechnungshofbericht zu den Musikhochschulen in BW. *Online:*
https://www.swr.de/swr2/kultur-info/rechnungshofbericht-zu-musikhochschulen/-/id=9597116/did=11750896/nid=9597116/1n86tzl/index.html [24.6.2017].

GERLAND, Juliane (2016a): Inklusive Regel statt exklusiver Ausnahme?! Inklusive Entwicklung von Musikschulen und Professionalisierung der Lehrkräfte. In: Üben & Musizieren 1/2016, S. 13–15, Mainz.

GERLAND, Juliane (2016b): Inklusiver werden. Entwicklungsaufgabe für Musikschulen. In: Katharina Bradler (Hrsg.): Vielfalt im Musizierunterricht. Theoretische Zugänge und praktische Anregungen, S. 151–163, Mainz.

GOTTHARDT, Christoph (2006): Damit Geschichte nicht Geschichte bleibt. Kultur-, Sozial- und Ideengeschichte der musikalischen Bildung. In: nmz (= Neue Musikzeitung) 9/2006, Regensburg. *Online:* http://www.nmz.de/artikel/damit-geschichte-nicht-geschichte-bleibt [19.8.2016].

GRITSCHKE, Caroline (2007): „… weil ihnen das Musizieren lebensnotwendig geworden ist". Zur Geschichte der Stuttgarter Musikschule (1857–2007) (= Jubiläumsbroschüre Stuttgarter Musikschule anlässlich des 150-jährigen Bestehens), Stuttgart.

GROTJAHN, Rebecca (2007): Das Konservatorium und die weibliche Bildung. In: Joachim Kremer / Dörte Schmidt (Hrsg.): Zwischen bürgerlicher Kultur und Akademie. Zur Professionalisierung der Musikausbildung in Stuttgart seit 1857 (= Forum Musikwissenschaft, Bd. 2), S. 147–165, Schliengen.

GRUHN, Wilfried (Hrsg.) (1987): Musikalische Bildung und Kultur. Sieben Vorträge zu Bildungsidee, Schule und Informationsgesellschaft, Regensburg.

GRUHN, Wilfried (2003): Geschichte der Musikerziehung. Eine Kultur- und Sozialgeschichte vom Gesangunterricht der Aufklärungspädagogik zu ästhetisch-kultureller Bildung, 2. überarbeitete und erweiterte Auflage (Erstauflage 1993), Hofheim.

GUDJONS, Herbert (2012): Pädagogisches Grundwissen. Überblick – Kompendium – Studienbuch, 11. grundlegend überarbeitete Auflage, Bad Heilbrunn.

GUTZEIT, Reinhart von (2000): Zwischen Bildungsauftrag und Markt. Musikschulen auf der Suche nach dem gesellschaftlichen Standort. In: nmz (= Neue Musikzeitung) 11/2000, Regensburg. *Online:* https://www.nmz.de/artikel/zwischen-bildungsauftrag-und-markt [3.9.2017].

GUTZEIT, Reinhart von (2003): Kunst, Pädagogik und Management *(Editorial)*. In: Üben & Musizieren 2/2003, S. 1, Mainz.

GUTZEIT, Reinhart von (2011): Musikschule – Bildung mit großer Zukunft. Vom elementaren Musizieren zum Weltverständnis: der weite Horizont der Musikschularbeit. In: Üben & Musizieren 4/2011, S. 6–10, Mainz.

GUTZEIT, Reinhart von (2013): Begabung? *(Editorial)*. In: Üben & Musizieren 2/2013, S. 1, Mainz.

GUTZEIT, Reinhart von (2014): EMP und Grundschule *(Editorial)*. In: Üben & Musizieren 4/2014, S. 1, Mainz.

GUTZEIT, Reinhart von (2015): Musik gehört zum menschlichen Leben. Reinhard von Gutzeits Vortrag zum Thema „Öffentliche Musikschulen – die Innensicht". In: nmz (= Neue Musikzeitung) 5/2015, S. 32, Regensburg.

GUTZEIT, Reinhart von / HÖPPNER, Christian / RADEMACHER, Ulrich (2015): Spielräume der Zukunft … Erbe, Vielfalt und Zukunft der deutschen Musikschulen. In: Üben & Musizieren 2/2015, S. 16–21, Mainz.

GÜNTHER, Markus (2016): Bildung. Touchscreens schon im Kindergarten? Programmieren ab der ersten Klasse? Höchste Zeit, darüber zu streiten, was Schule leisten soll. In: Frankfurter Allgemeine Sonntagszeitung vom 19. Juni 2016, S. 8, Frankfurt / Main.

HAGEDORN, Volker (2015): Klassik. Hört doch endlich auf zu jammern. In: Die Zeit, 12.1.2015, Hamburg. *Online:* http://www.zeit.de/kultur/musik/2015–01/klassik-branche-publikum-zukunft?print [18.12.2016].

HAHN, Michaela (2017): Positive Entwicklung der Kooperationen. Blick über die Grenzen: Musikschulkooperationen mit (Ganztags-)schulen in Österreich. In: nmz (= Neue Musikzeitung) 2/2017, S. 28, Regensburg.

HANSLICK, Eduard (1854): Vom Musikalisch-Schönen. Ein Beitrag zur Revision der Ästhetik der Tonkunst, Leipzig. Unveränderter und reprografischer Nachdruck der 1. Auflage: 1965, Darmstadt.

HARNONCOURT, Nikolaus (1985): Musik als Klangrede. Wege zu einem neuen Musikverständnis (Taschenbuchausgabe), München / Kassel / Basel / London.

HASTEDT, Heiner (Hrsg.) (2012): Was ist Bildung? Eine Textanthologie, Stuttgart.

HAUSKELLER, Michael (2013): Was ist Kunst? Positionen der Ästhetik von Platon bis Danto, 10. Auflage (Erstauflage 1998), München.

HEINZLMAIER, Bernhard (2013a): Performer – Styler – Egoisten. Über eine Jugend, der die Alten die Ideale abgewöhnt haben, 2. Auflage Juni 2013, Berlin.

HEINZLMAIER, Bernhard (2013b): Wir fördern gut ausgebildete Ungebildete. In: Süddeutsche Zeitung, 9.7.2013. *Online:* http://www.sueddeutsche.de/bildung/bildungskritiker-bernhard-heinzlmaier-wir-foerdern-gut-ausgebildete-ungebildete-1.1716852 [27.10.2015].

HEINRICHS, Werner / KLEIN, Armin (2001): Kulturmanagement von A–Z. 600 Begriffe für Studium und Beruf (2. Auflage), München.

HEISE, Walter (1986): Musikunterricht im 19. Jahrhundert – Ideen und Realitäten. In: Christoph Richter (Hrsg.): Handbuch der Musikpädagogik, Bd. 2, S. 31–84, Kassel.

HEMMING, Dorothea (Hrsg.) (1977): Dokumente zur Geschichte der Musikschule (1902–1976) (= Materialien und Dokumente aus der Musikpädagogik, Bd. 3), Regensburg.

HENGSTSCHLÄGER, Markus / RÖBKE, Peter (2013): Wir brauchen die Verschiedenheit. Wie können wir verhindern, dass sich Begabungen in der „Durchschnittsfalle" verfangen? In: Üben & Musizieren 2/2013, S. 12–16, Mainz.

HENTIG, Hartmut von (2009): Bildung. Ein Essay, 8. Auflage (Erstauflage 1996), Weinheim und Basel.

HERRMANN, Ulrich (1987): Familie, Kindheit Jugend. In: Karl-Ernst Jeismann / Peter Lundgreen (Hrsg.): Handbuch der deutschen Bildungsgeschichte Bd. III (1800–1870: Von der Neuordnung Deutschlands bis zur Gründung des Deutschen Reiches), S. 53–69, München.

HINDERBERGER, Matthias (2014): Musik, Bewegung, Sprache (Impulsreferat anlässlich der Zukunftskonferenz der Musikhochschulen Baden-Württemberg). *Online:* https://mwk.baden-wuerttemberg.de/fileadmin/redaktion/m-mwk/intern/dateien/pdf/ Hochschulen/Zukunftskonferenz_Musikhochschulen/Zukunftskonferenz_2_Forum_I_ PPP_M._Hinderberger.pdf [23.7.2017].

HIPP, Veronica (2001): Zur Geschichte der Abonnementkonzerte am Stuttgarter Hoftheater im 19. Jahrhundert (Wissenschaftliche Arbeit im Fach Musik Staatliche Hochschule für Musik und Darstellende Kunst Stuttgart), Stuttgart.

HODEK, Johannes (1977): Musikalisch-pädagogische Bewegung zwischen Demokratie und Faschismus, Weinheim / Basel.

HOFMANN, Bernhard (1995): Zur Geschichte der bayerischen Schulmusik in der ersten Hälfte des 20. Jahrhunderts (= Beiträge zur Geschichte der Musikpädagogik, Bd. 2), Frankfurt am Main.

HOLZ, Friedbert (2007): Die Einrichtung von Projektbereichen als Marketingaufgabe für Musikschulen. In: Thomas Knubben / Petra Schneidewind (Hrsg.): Zukunft für Musikschulen. Herausforderungen und Perspektiven der Zukunftssicherung öffentlicher Musikschulen, S. 145–175, Bielefeld.

HONNENS, Johann (2016): Verbindet Musik? Anerkennungstheoretische Überlegungen zum Leitbild der Musikschulen. In: Katharina Bradler (Hrsg.): Vielfalt im Musizierunterricht. Theoretische Zugänge und praktische Anregungen, S. 93–105, Mainz.

HÖLL, Hartmut (2014): Das Musikstudium im Kontext der beruflichen Perspektiven (Vortrag anlässlich der Zukunftskonferenz der Musikhochschulen Baden-Württemberg). *Online:* https://mwk.baden-wuerttemberg.de/fileadmin/redaktion/m-mwk/intern/dateien/pdf/ Hochschulen/Zukunftskonferenz_Musikhochschulen/Zukunftskonferenz_1_Rede_ Hartmut_Hoell.pdf [24.6.2017].

HÖPPNER, Christian (2012): Musik und Kulturelle Bildung. In: Hildegard Bockhorst / Vanessa-Isabelle Reinwand / Wolfgang Zacharias (Hrsg.): Handbuch Kulturelle Bildung, S. 546–552, München.

HUIZINGA, Johan (1956): Homo Ludens. Vom Ursprung der Kultur im Spiel, 23. Auflage (2013), Reinbek. *Originalausgabe (1938):* Homo Ludens.

HUMBOLDT, Wilhelm von (1792): Ideen zu einem Versuch, die Gränzen der Wirksamkeit des Staates zu bestimmen. In: Werke in 5 Bänden (Bd. 1: Schriften zur Anthropologie und Geschichte), herausgegeben von Andreas Flitner und Klaus Giel 1960, S. 56–233, Darmstadt.

HUMBOLDT, Wilhelm von (1793?): Theorie der Bildung des Menschen (Fragment). In: Werke in 5 Bänden (Bd. 1: Schriften zur Anthropologie und Geschichte), herausgegeben von Andreas Flitner und Klaus Giel 1960, S. 234–240, Darmstadt.

HUMBOLDT, Wilhelm von (1809): Über geistliche Musik. In: Werke in 5 Bänden (Bd. 4: Schriften zur Politik und zum Bildungswesen), herausgegeben von Andreas Flitner und Klaus Giel 1964, S. 38–41, Darmstadt.

HUMBOLDT, Wilhelm von (1820): Ueber den Einfluss des verschiedenen Charakters der Sprachen auf Literatur und Geistesbildung. In: Werke in 5 Bänden (Bd. 3: Schriften zur Sprachphilosophie), herausgegeben von Andreas Flitner und Klaus Giel 1963, S. 26–30, Darmstadt.

HUMBOLDT, Wilhelm von (1830): Über Schiller und den Gang seiner Geistesentwicklung. In: Werke in 5 Bänden (Bd. 2: Schriften zur Altertumskunde und Ästhetik), herausgegeben von Andreas Flitner und Klaus Giel 1961, S. 357–394, Darmstadt.

HUPPERTZ, Norbert (2010): Handbuch Singen / Bewegen / Sprechen. Das Bildungsmodell für Kinder in Baden-Württemberg, Oberried.

JÄGER, Andreas (2012): Musikschulen in Kooperation mit allgemeinbildenden Schulen. Wandel des Berufsbildes Musikschullehrer am Beispiel des Unterrichtsmodells „Stark durch Musik" (= Forum Musikpädagogik, Bd. 114), Augsburg.

JÄGER, Georg / TENORTH, Heinz-Elmar (1987): Pädagogisches Denken. In: Karl-Ernst Jeismann / Peter Lundgreen (Hrsg.): Handbuch der deutschen Bildungsgeschichte Bd. III (1800–1870): Von der Neuordnung Deutschlands bis zur Gründung des Deutschen Reiches), S. 71–103, München.

JOKISCH, Barbara Hoos de (2014): Singen im Aufwind. Über die Wiederentdeckung des Singens im 21. Jahrhundert. In: Üben & Musizieren 2/2014, S. 6–10, Mainz.

JUNGMANN, Irmgard (2008): Sozialgeschichte der klassischen Musik. Bildungsbürgerliche Musikanschauung im 19. und 20. Jahrhundert, Stuttgart / Weimar.

JÜTTE, Daniel / PASDZIERNY, Matthias (2007): Jüdische Musiker in Stuttgart, Zwei Fallstudien. In: Joachim Kremer / Dörte Schmidt (Hrsg.): Zwischen bürgerlicher Kultur und Akademie. Zur Professionalisierung der Musikausbildung in Stuttgart seit 1857 (= Forum Musikwissenschaft, Bd. 2), S. 114–146, Schliengen.

KAISER, Hermann J. (1987): Der Erziehungsbegriff in der Jugendmusikbewegung – Ortsbestimmungen. In: Karl-Heinz Reinfandt (Hrsg.): Die Jugendmusikbewegung. Impulse und Wirkungen, Wolfenbüttel.

KAISER, Hermann J. (1998): Zur Bedeutung von Musik und musikalischer Bildung. In: Hermann J. Kaiser (Hrsg.): Ästhetische Theorie und musikpädagogische Theoriebildung (Sitzungsbericht 1994/1995 der Wissenschaftlichen Sozietät Musikpädagogik) (= Musikpädagogik. Forschung und Lehre, Beiheft 8), S. 98–114, Mainz.

KEDALNY-MOHR, Irmgard (1977): „Unterhaltungsmusik" als soziokulturelles Phänomen des 19. Jahrhunderts. Untersuchung über den Einfluß der musikalischen Öffentlichkeit auf die Herausbildung eines neuen Musiktypes (= Studien zur Musikgeschichte des 19. Jahrhunderts, Bd. 47), Regensburg.

KELLER, Hermann (1957): Die Geschichte der Staatlichen Hochschule für Musik in Stuttgart 1857–1957. In: Zur Hundertjahrfeier der Staatlichen Hochschule für Musik Stuttgart 1857–1957, S. 9–57, Stuttgart.

KGSt (= Kommunale Gemeinschaftsstelle für Verwaltungsmanagement) (Hrsg.) (2012): Gutachten Musikschule, Köln.

KLEIN, Armin (2001): Kulturmarketing. Das Marketingkonzept für Kulturbetriebe, München.

KLEIN, Armin (2007): Der exzellente Kulturbetrieb, Wiesbaden.

KNUBBEN, Thomas (2007): Zukunft für Musikschulen – ein Problemaufriss. In: Thomas Knubben / Petra Schneidewind (Hrsg.): Zukunft für Musikschulen. Herausforderungen und Perspektiven der Zukunftssicherung öffentlicher Musikschulen, S. 11–28, Bielefeld.

KOAL, Svenja / BUSCH, Thomas / KRANEFELD, Ulrike (2016): Teilhabe am Instrumentallernen und Selbstregulation des Übens (TIAMu). In: Ulrike Kranefeld (Hrsg.): Musikalische Bildungsverläufe nach der Grundschulzeit. Ausgewählte Ergebnisse des BMBF-Forschungsschwerpunkts zu den Aspekten Adaptivität, Teilhabe und Wirkung (gefördert vom Bundesministerium für Bildung und Forschung), S. 40–54. *Online:* http://www.jeki-forschungsprogramm.de/wp-content/uploads/2016/07/ Abschlussdokumentation.pdf [27.11.2016].

KOBOLD, Michael (2011): Wie gut ist Ihre Musikschule? Zum Qualitätsmanagement an Musikschulen (Kennzahlensysteme). In: nmz (= Neue Musikzeitung) 5/2011, Regensburg. *Online:* https://www.nmz.de/artikel/wie-gut-ist-ihre-musikschule [5.9.2017].

KOLLAND, Dorothea (1979): Die Jugendmusikbewegung. „Gemeinschaftsmusik" – Theorie und Praxis, Stuttgart.

KOLLER, Hans-Christoph (1999): Bildung und Widerstreit. Zur Struktur biographischer Bildungsprozesse in der (Post-) Moderne, München.

KOLLER, Hans-Christoph (2008): Grundbegriffe, Theorien und Methoden der Erziehungswissenschaft. Eine Einführung, 3. Auflage (Erstauflage 2004), Stuttgart.

KOLLER, Hans-Christoph (2012): Bildung anders denken. Eine Einführung in die Theorie transformatorischer Bildungsprozesse, Stuttgart.

KONSERVATORIUM STUTTGART (Hrsg.) (1882): Festschrift für das fünfundzwanzigjährige Jubiläum des Konservatoriums für Musik in Stuttgart, Stuttgart.

KOSCHWITZ, Nils (2011): Eine Musikschule als Heilsbringer für die deutsche Musik und Nation? Eine Einführung in Richard Wagners Bericht an Seine Majestät den König Ludwig II. von Bayern über eine in München zu errichtende Musikschule und die Konservatoriumsdiskussion um 1865 (= Beiträge zur Europäischen Musikgeschichte, Bd. 16), Frankfurt am Main.

KRAEMER, Rudolf-Dieter (2007): Musikpädagogik – eine Einführung in das Studium (= Forum Musikpädagogik, Bd. 55), 2. verbesserte Auflage, Augsburg.

KRANEFELD, Ulrike (Hrsg.) (2015): Instrumentalunterricht in der Grundschule. Prozess- und Wirkungsanalysen zum Programm Jeden Kind ein Instrument (gefördert vom Bundesministerium für Bildung und Forschung), unveränderter Nachdruck vom Februar 2016, Bonn.

KRANEFELD, Ulrike (Hrsg.) (2016): Musikalische Bildungsverläufe nach der Grundschulzeit. Ausgewählte Ergebnisse des BMBF-Forschungsschwerpunkts zu den Aspekten Adaptivität, Teilhabe und Wirkung (gefördert vom Bundesministerium für Bildung und Forschung). *Online:* http://www.jeki-forschungsprogramm.de/wp-content/uploads/2016/07/ Abschlussdokumentation.pdf [27.11.2016].

KRAUß, Rudolf (1908): Das Stuttgarter Hoftheater von den ältesten Zeiten bis zur Gegenwart, Stuttgart.

KREMER, Joachim (2007): Das Stuttgarter Konservatorium unter Immanuel Faisst im institutionsgeschichtlichen Kontext. Lehrerseminare, kirchenmusikalische Institutionen und die Professionalisierung im 19. Jahrhundert. In: Joachim Kremer / Dörte Schmidt (Hrsg.): Zwischen bürgerlicher Kultur und Akademie. Zur Professionalisierung der Musikausbildung in Stuttgart seit 1857 (= Forum Musikwissenschaft, Bd. 2), S. 182–215, Schliengen.

KREMER, Joachim / SCHMIDT, Dörte (Hrsg.) (2007): Zwischen bürgerlicher Kultur und Akademie. Zur Professionalisierung der Musikausbildung in Stuttgart seit 1857 (= Forum Musikwissenschaft, Bd. 2), Schliengen.

KRETZSCHMAR, Hermann (1903): Musikalische Zeitfragen. Zehn Vorträge, Leipzig.

KRON, Friedrich W. (1996): Grundwissen Pädagogik, 5. verbesserte Auflage, München / Basel.

KRUG, Heiner (2013): Das Medium ist die Botschaft. Das Internet als die Chance, Musik wieder auditiv zu vermitteln. In: Üben & Musizieren 4/2013, S. 6–9, Mainz.

KRUPP-SCHLEUSSNER, Valerie / LEHMAN-WERMSER, Andreas (2016): Kulturelle Teilhabe aus einer Befähigerperspektive (WilmA_Kulturelle Teilhabe). In: Ulrike Kranefeld (Hrsg.): Musikalische Bildungsverläufe nach der Grundschulzeit. Ausgewählte Ergebnisse des BMBF-Forschungsschwerpunkts zu den Aspekten Adaptivität, Teilhabe und Wirkung (gefördert vom Bundesministerium für Bildung und Forschung), S. 55–69. *Online:* http://www.jeki-forschungsprogramm.de/wp-content/uploads/2016/07/Abschlussdokumentation.pdf [27.11.2016].

KRUSE, Matthias (2005): Jugendmusikbewegung. In: Siegmund Helms / Reinhard Schneider / Rudolf Weber (Hrsg.): Lexikon der Musikpädagogik, S. 123–124, Kassel.

KRÜGER, Christiane / WANNER, Claudia (2010): Das „Qualitätssystem Musikschule – QsM" des Verbandes deutscher Musikschulen. In: BKJ (= Bundesvereinigung Kulturelle Kinder- und Jugendbildung e.V.): Studie zur Qualitätssicherung in der Kulturellen Bildung, Remscheid. *Online:* http://qualitaetsentwicklung.bkj.de/fileadmin/nutzer/3_3_DOWNLOAD_wanner_krueger.pdf [8.5.2016].

KRÜGER, Martin Maria / HÖPPNER, Christian (2007): Die Zukunft hat schon begonnen. In: Thomas Knubben / Petra Schneidewind (Hrsg.): Zukunft für Musikschulen. Herausforderungen und Perspektiven der Zukunftssicherung öffentlicher Musikschulen, S. 29–40, Bielefeld.

KULTURKONVENT SACHSEN-ANHALT (213): Empfehlungen des Kulturkonvents Sachsen-Anhalt. *Online:* http://kulturrat.de/wp-content/uploads/altdocs/dokumente/studien/kulturkonvent.pdf [24.6.2017].

LACHENMANN, Helmut (2011): Bergwanderung versus Badewannenglück. Helmut Lachenmann antwortet auf drei Fragen zur Neuen Musik. In: nmz (= Neue Musikzeitung) 6/2011, S. 3, Regensburg.

LANDESARCHIV BADEN-WÜRTTEMBERG (Hrsg.) (2007): Im Takt der Zeit – 150 Jahre Musikhochschule Stuttgart (Katalog zur Ausstellung des Landesarchivs Baden-Württemberg, Hauptstaatsarchiv Stuttgart in Kooperation mit der Staatlichen Hochschule für Musik und Darstellende Kunst Stuttgart – Bearbeitet von Nicole Bickhoff), Stuttgart.

LANDESVERBAND DER MUSIKSCHULEN BADEN-WÜRTTEMBERGS (2012): „Singen-Bewegen-Sprechen" (SBS) in der Grundschule. Wege zur Weiterführung des Bildungsprogramms, Stuttgart.

LANDESVERBAND DER MUSIKSCHULEN BADEN-WÜRTTEMBERGS (2013): Musikschule und Ganztagsschule. Perspektiven und Chancen für die Bildungsarbeit öffentlicher Musikschulen, Stuttgart.

LANDESVERBAND DER MUSIKSCHULEN BADEN-WÜRTTEMBERGS (2015): Musik bildet Gesellschaft. Politische Positionen des Landesverbandes der Musikschulen Baden-Württembergs e.V., Stuttgart.

LANDESVERBAND DER MUSIKSCHULEN BADEN-WÜRTTEMBERGS (2016): Musikland. Magazin der Musikschulen in Baden-Württemberg, Ausgabe 2016/17, Stuttgart.

LANDFESTER, Manfred (1988): Humanismus und Gesellschaft im 19. Jahrhundert. Untersuchung zur politischen und gesellschaftlichen Bedeutung der humanistischen Bildung in Deutschland, Darmstadt.

LAUTENSCHLÄGER, Philine (2007): Die Hochschule als Veranstalter im Konzertleben der Stadt. In: Joachim Kremer / Dörte Schmidt (Hrsg.): Zwischen bürgerlicher Kultur und Akademie. Zur Professionalisierung der Musikausbildung in Stuttgart seit 1857 (= Forum Musikwissenschaft, Bd. 2), S. 344–360, Schliengen.

LEBERT, Sigmund / STARK, Ludwig (1858): Grosse theoretisch-praktische Klavierschule für den Unterricht nach allen Richtungen des Klavierspiels vom ersten Anfang bis zur höchsten Ausbildung, Stuttgart.

LEHMANN, Andreas C. (2013): Musikalische Wunderkinder. Stand der Forschung zu einer seltenen Spezies. In: Üben & Musizieren 2/2013, S. 6–11, Mainz.

LEIPART, Theodor (Hrsg.) (1900): Beitrag zur Beurtheilung der Lage der Arbeiter in Stuttgart (Nach statistischen Erhebungen im Auftrage der Vereinigten Gewerkschaften), Stuttgart.

LEISGANG, Theresa / RADERMACHER, Lucas (2014): Saitensprung. An deutschen Musikhochschulen kommt fast jeder zweite Student aus dem Ausland. Sie sind gute Musiker, sprechen aber kaum Deutsch. Das sorgt für Missverständnisse und Misstöne. In: Die Zeit, Ausgabe 04/2014, Hamburg. *Online:* http://www.zeit.de/2014/04/musik-hochschule-studenten-ausland/komplettansicht?/print [5.4.2017].

LESSING, Kolja (2016): Ausbildung angehender Berufsmusiker. In: Barbara Busch (Hrsg.): Grundwissen Instrumentalpädagogik. Ein Wegweiser für Studium und Beruf, S. 186–191, Wiesbaden.

LESSING, Wolfgang (2016a): Psychologische Hintergründe. In: Barbara Busch (Hrsg.): Grundwissen Instrumentalpädagogik. Ein Wegweiser für Studium und Beruf, S. 83–150, Wiesbaden.

LESSING, Wolfgang (2016b): Paradoxie als Regel. (Musik-)Pädagogische Antimonien im instrumentalen Gruppenunterricht. In: Natalia Ardila-Mantilla / Peter Röbke / Christine Stöger / Bianka Wüstehube (Hrsg.): Herzstück Musizieren. Instrumentaler Gruppenunterricht zwischen Planung und Wagnis, S. 77–88, Mainz.

LIEBAU, Eckart (2012): Anthropologische Grundlagen. In: Hildegard Bockhorst / Vanessa-Isabelle Reinwand / Wolfgang Zacharias (Hrsg.): Handbuch Kulturelle Bildung, S. 29–35, München.

LINDEMANN, Stefan (2003): Einige Anmerkungen zum Begriff „Qualitätsmanagement". In: Üben & Musizieren 2/2003, S. 37–41, Mainz.

LINDEMANN, Stefan (2012): Wozu noch Musik studieren? In: nmz (= Neue Musikzeitung) 11/2012, Regensburg. *Online:* https://www.nmz.de/artikel/wozu-noch-musik-studieren [1.4.2017].

LISZT, Franz (1882): Marx und sein Buch: Die Musik des neunzehnten Jahrhunderts und ihre Pflege (1855). In: Gesammelte Schriften, Bd. V, herausgegeben von Lina Ramann, Leipzig.

LOCKWOOD, Lewis (2009): Beethoven. Seine Musik. Sein Leben, Kassel.

LOEHNER, Ina (1886): Die Musik als human-erziehliches Bildungsmittel. Ein Beitrag zu den Reformbestrebungen unserer Zeit, Leipzig.

LOGIER, Johann Bernhard (1827): System der Musik-Wissenschaft und der praktischen Composition mit Inbegriff dessen, was gewöhnlich unter dem Ausdrucke General-Bass verstanden wird, Berlin.

LOGIER, Johann Bernhard (1829): Anweisung zum Clavierspiel und der musikalischen Composition. Ein Handbuch für Lehrer und Ältern, Berlin.

LORITZ, Martin D. (1998): Berufsbild und Berufsbewußtsein der hauptamtlichen Musikschullehrer in Bayern. Studie zur Professionalisierung und zur aktuellen Situation des Berufs des Musikschullehrers (= Forum Musikpädagogik, Bd. 28), Augsburg.

LORITZ, Martin D. (2011): Wie verändert Musizieren unser Gehirn? Strukturelle und funktionelle Besonderheiten bei Gehirnen von Musikern. In: Martin D. Loritz / Andreas Becker / Daniel Mark Eberhard / Martin Fogt / Clemens M. Schlegel (Hrsg.): Musik – Pädagogisch – Gedacht. Reflexionen, Forschungs- und Praxisfelder. Festschrift für Rudolf-Dieter Kraemer (= Forum Musikpädagogik, Bd. 100), S. 309–322, Augsburg.

LORITZ, Martin D. (2015): Klassenmusizieren. In: Martin D. Loritz / Claudia Schott (Hrsg.): Musik. Didaktik für die Grundschule, S. 59–72, Berlin.

LÜTH, Christoph (1997): Revolution durch ästhetische Erziehung? Schillers Briefe „Über die ästhetische Erziehung des Menschen". In: Christoph Lüth / Christoph Wulf (Hrsg.): Vervollkommnung durch Arbeit und Bildung? Anthropologische und historische Perspektiven zum Verhältnis von Individuum, Gesellschaft und Staat, S. 115–142, Weinheim.

MAASER, Michael / WALTHER, Geritt (Hrsg.) (2011): Bildung. Ziele und Formen, Traditionen und Systeme, Medien und Akteure, Stuttgart / Weimar.

MACK, Christa (1997): Franz Schubert im Stuttgarter Musikleben 1828–1878 (= Katalog zur Ausstellung im Tagblatt-Turm vom 11. September bis 10. Dezember 1997, herausgegeben vom Stadtarchiv Stuttgart), Stuttgart.

MACK, Wolfgang (2012): Kulturelle Bildung in lokalen Bildungslandschaften. In: Bockhorst, Hildegard / Reinwand, Vanessa-Isabelle / Zacharias, Wolfgang (Hrsg.): Handbuch Kulturelle Bildung, München.

MAHLERT, Ulrich (1995): Musikalität als Aufgabe des Instrumentalunterrichts. Kritik an außermusikalischen Legitimierungsversuchen des Musikunterrichts. In: Üben & Musizieren 1/1995, S. 6–12, Mainz.

MAHLERT, Ulrich (2003): Musizieren – was ist das? In: Üben & Musizieren 6/2003, S. 8–16, Mainz.

MAHLERT, Ulrich (2004): Über ästhetische Bildung und ihre Funktionen (= Schriftenreihe des Deutschen Tonkünstlerverbandes Berlin Bd. 2), Regensburg.

MAHLERT, Ulrich (Hrsg.) (2006): Handbuch Üben. Grundlagen – Konzepte – Methoden, Wiesbaden.

MAHLERT, Ulrich (2011): Wege zum Musizieren. Methoden im Instrumental- und Vokalunterricht, Mainz.

MAHLERT, Ulrich (2014): Popmusik *(Editorial)*. In: Üben & Musizieren 1/2014, S. 1, Mainz.

MAHLERT, Ulrich (2016a): Was ist Leistung? Zehn Überlegungen zum Musizierunterricht. In: Üben & Musizieren 2/2016, S. 7–11, Mainz.

MAHLERT, Ulrich (2016b): Kommunikation im Unterricht. In: Barbara Busch (Hrsg.): Grundwissen Instrumentalpädagogik. Ein Wegweiser für Studium und Beruf, S. 193–217, Wiesbaden.

MAHLERT, Ulrich (2017a): Rühren in verschiedenen Töpfen. Berufswünsche von Studienanfängern im Bereich künstlerisch-pädagogische Ausbildung *(Editorial)*. In: Üben & Musizieren 2/2017, S. 26–31, Mainz.

MAHLERT, Ulrich (2017b): Musik und Sprache *(Editorial)*. In: Üben & Musizieren 3/2017, S. 1, Mainz.

MANN, Bernhard (2006): Kleine Geschichte des Königreichs Württemberg 1806–1918, Leinfelden-Echterdingen.

MARTIN, Kai (2008): Ästhetische Erfahrung und die Bestimmung des Menschen. Über Kants, Schillers und Humboldts Theorien ästhetischer Bildung und ihre Relevanz für die Musikpädagogik (= ifmpf Forschungsbericht Nr. 20), Hannover.

MARX, Adolph Bernhard (1848): Die Organisation des Musikwesens im Preußischen Staate. Eine Denkschrift, Berlin und Breslau.

MARX, Adolph Bernhard (1855): Die Musik des Neunzehnten Jahrhunderts und ihre Pflege. Methode der Musik, Leipzig.

MARX, Adolph Bernhard (1857): Allgemeine Musiklehre. Ein Hülfsbuch für Lehrer und Lernende in jedem Zweige musikalischer Unterweisung, 6. verbesserte Auflage (Erstauflage 1839), Leipzig.

MARX, Adolph Bernhard (1865): Erinnerungen. Aus meinem Leben (2 Bände), Berlin.

MATUL, Christian / SCHARITZER, Dieter (2002): Qualität der Leistungen in NPOs. In: Christoph Badelt (Hrsg.): Handbuch der Nonprofit Organisation (3., überarbeitete und erweiterte Auflage), S. 605–632, Stuttgart.

MERKT, Irmgard (2016): Inklusion üben – und musizieren. Breitenbildung, Talentförderung und Professionalisierung von Menschen mit Behinderung an Musikschulen. In: Üben & Musizieren 1/2016, S. 16–20, Mainz.

MESSMER, Franzpeter (2015): Klassik – (k)ein Auslaufmodell? Klassische Musik auf der Suche nach ihrer Rolle im 21. Jahrhundert. In: nmz (= Neue Musikzeitung), 7/2015, S. 45–46, Regensburg.

MOGGE, Winfried (1998): Jugendbewegung. In: Diethart Kerbs / Jürgen Reulecke (Hrsg.): Handbuch der deutschen Reformbewegungen 1880–1933, S. 181–196, Wuppertal.

MONTAG STIFTUNG JUGEND UND GESELLSCHAFT (Hrsg.) (2012): Kommunaler Index für Inklusion (Arbeitshandbuch), Bonn. *Online:* https://www.kmk-pad.org/fileadmin/Dateien/download/VERANSTALTUNGSDOKU/Inklusion2012/KommunenundInklusion_Arbeitsbuch_web.pdf [24.3.2017].

MUHLACK, Ulrich (2011): Humanismus. In: Maaser, Michael / Walther, Geritt (Hrsg.): Bildung. Ziele und Formen, Traditionen und Systeme, Medien und Akteure, S. 195–199, Stuttgart / Weimar.

MÜLLER, Detlef / ZYMEK, Bernd (1987): Sozialgeschichte und Statistik des Schulsystems in den Staaten des Deutschen Reiches, 1800–1945 (Datenhandbuch zur deutschen Bildungsgeschichte), Bd. II: Höhere und mittlere Schulen, Göttingen.

NÄGELE, Rainer (1993): Peter Joseph Lindpaintner. Sein Leben. Sein Werk. Ein Beitrag zur Typologie des Kapellmeisters im 19. Jahrhundert, Tutzing.

NÄGELE, Rainer (Hrsg.) (2000): Musik und Musiker am Stuttgarter Hoftheater (1750–1918). Quellen und Studien, Stuttgart.

NÄGELI, Hans Georg (1826): Vorlesungen über Musik mit Berücksichtigung der Dilettanten, Stuttgart / Tübingen. Reprint 1983, Darmstadt.

NIPPERDEY, Thomas (1998a): Deutsche Geschichte 1800–1866. Bürgerwelt und starker Staat, Sonderausgabe (52. bis 71. Tausend), München.

NIPPERDEY, Thomas (1998b): Deutsche Geschichte 1866–1918. Bd. I: Arbeitswelt und Bürgerwelt, Sonderausgabe (52. bis 71. Tausend), München.

NOLTE, Eckhard (1982): Die Musik im Verständnis der Musikpädagogik des 19. Jahrhunderts. Ein Beitrag zur Geschichte der Theorie musikalischen Lernens und Lehrens in der Schule (= Beiträge zur Musikpädagogik 2), Paderborn.

NOLTE, Eckhard (1986): Erziehungsziele des schulischen Gesangunterrichts im 19. Jahrhundert. In: Eckhard Nolte (Hrsg.): Historische Ursprünge der These vom erzieherischen Auftrag des Musikunterrichts (= Sitzungsbericht 1984 der Wissenschaftlichen Sozietät Musikpädagogik), S. 80–93, Mainz.

NÜNNING, Ansgar (2009): Vielfalt der Kulturbegriffe. *Online:* http://www.bpb.de/gesellschaft/kultur/kulturelle-bildung/59917/kulturbegriffe?p=0 [7.3.2013].

OECD (= Organisation für wirtschaftliche Entwicklung und Zusammenarbeit) (2004): Bildung auf einen Blick. Wesentliche Aussagen in der Ausgabe 2004. *Online:* http://www.kmk.org/fileadmin/Dateien/pdf/PresseUndAktuelles/2004/Langfassung_KMK_BMBF_10.pdf [26.2.2016].

OECD (2015a): Chancengleichheit und angemessene Finanzierung weiterhin große Herausforderung für die Bildungssysteme der OECD-Länder (Presseerklärung zum OECD-Bericht „Bildung auf einen Blick 2015"). *Online:* http://www.oecd.org/berlin/presse/chancengleichheit-und-angemessene-finanzierung-weiterhin-grosse-herausforderung-fuer-die-bildungssysteme-der-oecd-laender.htm [26.2.2016].

OECD (2015b): Bildung auf einen Blick 2015. Ländernotiz Deutschland. *Online:* http://www.oecd.org/germany/Education-at-a-glance-2015-Germany-in-German.pdf [26.2.2016].

ORCHESTER-VEREIN STUTTGART (Hrsg.) (1888–90): Verzeichnis seiner Mitglieder, Stuttgart.

ORCHESTERVEREIN STUTTGART (Hrsg.) (1907): Festschrift zum 50 jährigen Bestehen des Stuttgarter Orchestervereins, Stuttgart.

ORCHESTERVEREIN STUTTGART (Hrsg.) (1957): 100 Jahre Orchesterverein Stuttgart 1857–1957, Stuttgart.

ORCHESTERVEREIN STUTTGART (Hrsg.) (2007): 150 Jahre Orchesterverein Stuttgart 1857–2007, Stuttgart.

OSCHMANN, Dirk (2009): Friedrich Schiller, Köln / Weimar / Wien.

PALM, Laura (2013): Skype & Co. Instrumentalunterricht per Video – ein Leitfaden für die Praxis. In: Üben & Musizieren 4/2013, S. 26–28, Mainz.

PANNES, Matthias (2012): Musizieren ist Sprache der Persönlichkeit – Ein Weg zur Musik durch die Musikschule. In: Hildegard Bockhorst / Vanessa-Isabelle Reinwand / Wolfgang Zacharias (Hrsg.): Handbuch Kulturelle Bildung, S. 565–571, München.

PARMENTIER, Michael (2004): Ästhetische Bildung. In: Dietrich Benner / Jürgen Oelkers (Hrsg.): Historisches Wörterbuch der Pädagogik, S. 11–32, Weinheim / Basel.

PAUER, Max (1942): Unser seltsames Ich. Lebensschau eines Künstlers, Stuttgart.

PAULSEN, Friedrich (1966): Das deutsche Bildungswesen in seiner geschichtlichen Entwicklung, Neudruck der 3. Auflage (Erstauflage 1906), Stuttgart.

PETRAT, Nicolai (2001): Den Schüler musikalisch „schweben" lassen. Musikalischer Flow beim Instrumentalspiel: eine Perspektive für ästhetische Erfahrungsprozesse. In: nmz (= Neue Musikzeitung) 6/2001, Regensburg. *Online:* https://www.nmz.de/artikel/den-schueler-musikalisch-schweben-lassen [8.1.2017].

PFAFF, Karl (1846): Geschichte der Stadt Stuttgart, Bd. 2, Stuttgart.

PICHT, Georg (1986): Kunst und Mythos, Stuttgart.

PILZ, Michael (2016): Klassik ist gar nicht voll doof. In: Die Welt, Ausgabe 30.7. 2016, S. 26, Berlin.

PLESSNER, Helmuth (1975): Die Stufen des Organischen und der Mensch, 3. unveränderte Auflage (Erstauflage 1928), Berlin.

PRESSLER, Menahem / NOLTZE, Holger (2016): Dieses Verlangen nach Schönheit. Gespräche über Musik, Hamburg.

PREUß, Roland (2014): Ein irrsinniges Verbot. Aufhebung des Kooperationsverbotes. In: Süddeutsche Zeitung, Ausgabe 19.12. 2014. *Online:* http://www.sueddeutsche.de/bildung/aufhebung-des-kooperationsverbots-ein-irrsinniges-verbot-1.2272921 [30.4.2017].

PREUSSNER, Eberhard (1950): Die bürgerliche Musikkultur. Ein Beitrag zur deutschen Musikgeschichte des 18. Jahrhunderts, 2. Auflage (Erstauflage 1935), Kassel / Basel.

PREUSSNER, Eberhard (1974): Allgemeine Musikerziehung (= Musikpädagogische Bibliothek, Bd. 1), 3. Auflage, Reprint der 2. völlig umgearbeiteten Auflage (Heidelberg 1959) (Erstauflage unter dem Titel „Allgemeine Pädagogik und Musikpädagogik": Leipzig 1929), Wilhelmshaven.

PRÜWER, Tobias (2009): Humboldt reloaded. Kritische Bildungstheorie heute (= Wissenschaftliche Beiträge aus dem Tectum Verlag – Reihe: Philosophie, Bd. 12), Marburg.

PUFFER, Gabriele (2016): Wie „wirkt" Klassenmusizieren? Ergebnisse empirischer Bildungsforschung zu „Jedem Kind ein Instrument". In: nmz (= Neue Musikzeitung) 11/2016, S. 30, Regensburg.

RADEMACHER, Ulrich (2012): Schule beginnt schon vor dem Unterricht. In: nmz (= Neue musikzeitung), 4/2012, Regensburg. *Online:* https://www.nmz.de/artikel/schule-beginnt-schon-vor-dem-unterricht [5.9.2017]

RADEMACHER, Ulrich (2014a): Neues Gewicht. Inklusion verrät den „alten" Bildungsauftrag nicht. In: Üben & Musizieren 4/2014, S. 44–45, Mainz.

RADEMACHER, Ulrich (2014b): Erbe – Vielfalt – Zukunft: Eine UNESCO-Konvention als Leitlinie für politische Bildung? (Vortrag anlässlich der Zukunftskonferenz der Musikhochschulen Baden-Württemberg). *Online:* https://mwk.baden-wuerttemberg.de/fileadmin/redaktion/m-mwk/intern/dateien/pdf/ Hochschulen/Zukunftskonferenz_Musikhochschulen/Zukunftskonferenz_2_Vortrag_ Prof_Ulrich_Rademacher.pdf [30.4.2017].

RADEMACHER, Ulrich (2017): „Geht doch!" gibt's nicht! VdM fordert mindestens 80 Prozent Festanstellungen an öffentlichen Musikschulen. In: In: nmz (= Neue Musikzeitung) 3/2017, S. 29, Regensburg.

RADEMACHER, Ulrich / DOLGE, Friedrich-Koh (2017): Die Menschen sollen neugierig nach Hause gehen (Ein Gespräch mit Ulrich Rademacher und Friedrich-Koh Dolge zum Bundeskongress 2017). In: nmz (= Neue Musikzeitung), 4/2017, S. 27, Regensburg.

RADEMACHER, Ulrich / PANNES, Matthias (2011): Klingende Lebensräume. Öffentliche Musikschulen im VdM als Schlüsselorte für Bildung mit Zukunft! In: Üben & Musizieren 4/2011, S. 22–26, Mainz.

RAMANN, Lina (1868): Die Musik als Gegenstand des Unterrichtes und der Erziehung. Vorträge zur Begründung einer allgemein-musikalischen Pädagogik. Für Künstler, Pädagogen und Musikfreunde, Leipzig. Reprint 1986, Frankfurt/Main.

RAMANN, Lina (1873): Allgemeine musikalische Erzieh- und Unterrichtslehre der Jugend. Nebst einer speciellen Lehrmethode der Elementarstufen des Klavierspiels für Musikschulen und Musiklehrer überhaupt, 2. Ausgabe (Erstauflage 1869), Leipzig. Reprint 1986, Frankfurt/Main.

RAMANN, Lina (1885): Grundzüge eines neuen Studienwerks (Auszüge). In: Der Klavierlehrer 8 (1885), S. 171–173. Abdruck in: Michael Roske (1985a): Sozialgeschichte des privaten Musiklehrers vom 17. Zum 19. Jahrhundert (= Musikpädagogik: Forschung und Lehre, Bd. 22), S. 410f., Mainz.

RAPP, Regula (1992): Stuttgart. Historische Stationen des Musiklebens mit Informationen für den Besucher heute (= Musikstädte der Welt), Laaber.

RAUHUT, Franz (1965): Die Herkunft der Worte und Begriffe „Kultur", „civilisation" und „Bildung". In: Franz Rauhut / Ilse Schaarschmidt (Hrsg.): Zur Geschichte des Bildungsbegriffs (= Kleine pädagogische Texte, Bd. 33), S. 11–22, Weinheim.

REBENICH, Stefan (2011): Klassische Bildung. In: Michael Maaser / Geritt Walther (Hrsg.): Bildung. Ziele und Formen, Traditionen und Systeme, Medien und Akteure, S. 51–55, Stuttgart / Weimar.

REBLE, Albert (1987): Geschichte der Pädagogik, 14. überarbeitete Auflage (Erstauflage 1951), Stuttgart.

REINWAND, Vanessa-Isabelle (2012): Mensch und Bildung *(Kapiteleinführung)*. In: Hildegard Bockhorst / Vanessa-Isabelle Reinwand / Wolfgang Zacharias (Hrsg.): Handbuch Kulturelle Bildung, S. 96–97, München.

REYSCHER, August Ludwig (Hrsg.) (1839): Vollständige, historisch und kritisch bearbeitete Sammlung der württembergischen Gesetze, Bd. 11, Abt. 1. Enthaltend die Sammlung der Gesetze für die Volksschulen, Tübingen.

RICHTER, Christoph (1993): Anregungen zum Nachdenken über das eigene Tun. Anthropologische Grundlagen der Instrumental- und Vokalpädagogik. In: Christoph Richter (Hrsg.): Handbuch der Musikpädagogik, Bd. 2 (Instrumental- und Vokalmusik. Grundlagen), S. 65–116, Kassel.

RICHTER, Christoph (2011): Musik – ein Lebensmittel. In: Martin D. Loritz / Andreas Becker / Daniel Mark Eberhard / Martin Fogt / Clemens M. Schlegel (Hrsg.): Musik – Pädagogisch – Gedacht. Reflexionen, Forschungs- und Praxisfelder. Festschrift für Rudolf-Dieter Kraemer (= Forum Musikpädagogik, Bd. 100), S. 38–46, Augsburg.

RICHTER, Christoph (2012): Meister-Unterricht. Prinzipien der Meisterlehre früher und heute. In: Üben & Musizieren 3/2012, S. 6–11, Mainz.

RICHTER, Winfried (2011): Musikschullehrer sind keine Lückenbüßer. Christoph Schulte im Walde im Gespräch mit Winfried Richter, Bundesvorsitzender des Verbands deutscher Musikschulen. In: Üben & Musizieren, Ausgabe 4/2011, S. 44–47, Mainz.

RIEMANN, Hugo (1895): Unsere Konservatorien. In: Präludien und Studien I–III. Gesammelte Aufsätze zur Ästhetik, Theorie und Geschichte der Musik. Reprint der Ausgabe Leipzig 1895, 1967, Hildesheim.

RIFKIN, Jeremy (2002): Access. Das Verschwinden des Eigentums. Warum wir weniger besitzen und mehr ausgeben werden, Frankfurt am Main. *Originalausgabe (2000):* The Age of Access, New York.

RITTELMEYER, Christian (2005): „Über die ästhetische Erziehung des Menschen". Eine Einführung in Friedrich Schillers pädagogische Anthropologie, Weinheim / München.

RITTELMEYER, Christian (2012a): Bildung. Ein pädagogischer Grundbegriff, Stuttgart.

RITTELMEYER, Christian (2012b): Warum und wozu ästhetische Bildung? Über Transferwirkungen künstlerischer Tätigkeiten. Ein Forschungsüberblick, Oberhausen.

ROLLE, Christian (2011): Wann ist Musik bildungsrelevant? In: Hans-Ulrich Schäfer-Lembeck (Hrsg.): Musikalische Bildung – Ansprüche und Wirklichkeiten. Reflexionen aus Musikwissenschaft und Musikpädagogik (= Beiträge der Münchner Tagung 2011), S. 41–55, München.

ROSKE, Michael (1985a): Sozialgeschichte des privaten Musiklehrers vom 17. zum 19. Jahrhundert (= Musikpädagogik: Forschung und Lehre, Bd. 22), Mainz.

ROSKE, Michael (1985b): Zur Bedeutung Adolf Bernhard Marx' in der Geschichte der Musikpädagogik. In: Hans Günther Bastian (Hrsg.): Umgang mit Musik (Musikpädagogische Forschung, Bd. 6), S. 209–217, Laaber.

ROSKE, Michael (1986): Der Aspekt des Human-Erziehlichen im musikpädagogischen Denken von Adolf Bernhard Marx und Lina Ramann. Ein Vergleich. In: Eckard Nolte (Hrsg.): Historische Ursprünge der These vom erzieherischen Auftrag des Musikunterrichts (= Sitzungsbericht 1984 der Wissenschaftlichen Sozietät Musikpädagogik), S. 72–79, Mainz.

ROSKE, Michael (1993): Umrisse einer Sozialgeschichte der Instrumentalpädagogik. In: Christoph Richter (Hrsg.): Handbuch der Musikpädagogik, Bd. 2, S. 158–196, Kassel.

RÖBKE, Peter (1999): Jugendkultur und Musikschule. In: Üben & Musizieren 6/1999, S. 6–12, Mainz.

RÖBKE, Peter (2000): Vom Handwerk zur Kunst. Didaktische Grundlagen des Instrumentalunterrichts, Mainz.

RÖBKE, Peter (2004): Musikschule – Wozu? Warum eine Musikschule _ dem Land _ der Gemeinde _ dem Bürgermeister _ dem Lehrer _ dem Schüler _ den Eltern _ dem Leiter lieb und teuer sein sollte, Atzenbrugg.

RÖBKE, Peter (2015a): Drei Musikschulen unter einem Dach? Zu den drei grundlegenden Arbeitsfeldern der Musikschule. In: Natalia Ardila-Mantilla / Peter Röbke / Hans Stekel (Hrsg): Musikschule gibt es nur im Plural. Drei Zugänge, S. 9–50, Helbing, Innsbruck / Esslingen / Bern-Belp.

RÖBKE, Peter (2015b): Herzstück musizieren (Vortrag). *Online:* https://www.musikschulen.de/medien/doks/mk15/dokumentation/doku_plenum2_herzstueck-musizieren.pdf [27.11.2016].

RÖBKE, Peter (2016): Eine kurze Geschichte der Musikschule und ihrer Lehrenden. In: Barbara Busch (Hrsg.): Grundwissen Instrumentalpädagogik. Ein Wegweiser für Studium und Beruf, S. 415–425, Wiesbaden.

RUHLOFF, Jörg (2004): Humanismus, humanistische Bildung. In: Dietrich Benner / Jürgen Oelkers (Hrsg.): Historisches Wörterbuch der Pädagogik, S. 443–454, Weinheim / Basel.

RÜDIGER, Wolfgang (2016): Das Üben lernen. In: Busch, Barbara (Hrsg.): Grundwissen Instrumentalpädagogik. Ein Wegweiser für Studium und Beruf, S. 254–272, Wiesbaden.

SAUER, Paul (1988): Das Werden einer Großstadt. Stuttgart zwischen Reichsgründung und Erstem Weltkrieg – 1871 bis 1914, Stuttgart.

SAUER, Paul (1991): Kleine Geschichte Stuttgarts. Von der Reichsgründung bis heute, Stuttgart / Berlin / Köln.

SAUER, Paul (1993): Eine Stadt, in der „die Künste blühen". Stuttgart und die Anfänge des Stuttgarter Liederkranzes. In: 175 Jahre Stuttgarter Liederkranz. Ein Festbuch, S. 153–160, Stuttgart.

SAUER, Paul (1995): Geschichte der Stadt Stuttgart. Bd. 3: Vom Beginn des 18. Jahrhunderts bis zum Abschluss des Verfassungsvertrags für das Königreich Württemberg 1819, Stuttgart.

SCHARENBERG, Sointu (2007): Auf dem Weg zu schulischem „Musikunterricht". Impressionen aus Südwestdeutschland im 19. Jahrhundert. In: Joachim Kremer / Dörte Schmidt (Hrsg.): Zwischen bürgerlicher Kultur und Akademie. Zur Professionalisierung der Musikausbildung in Stuttgart seit 1857 (= Forum Musikwissenschaft, Bd. 2), S. 216–244, Schliengen.

SCHÄFER, Michael (2009): Geschichte des Bürgertums. Eine Einführung, Köln / Weimar / Wien.

SCHEIBE, Wolfgang (1999): Die Reformpädagogische Bewegung 1900–1932. Eine einführende Darstellung, Unveränderter Nachdruck der 10., erweiterten Auflage (1994), Weinheim / Basel.

SCHERING, Arnold (1918): Das öffentliche Musikbildungswesen in Deutschland bis zur Gründung des Leipziger Konservatoriums. In: Festschrift zum 75-jährigen Bestehen des Königl. Konservatoriums der Musik Leipzig am 2. April 1918, S. 61–81, Leipzig.

SCHEYTT, Oliver (1989): Die Musikschule. Ein Beitrag zum kommunalen Kulturverfassungsrecht, Köln.

SCHEYTT, Oliver (2005): Kommunales Kulturrecht. Kultureinrichtungen, Kulturförderungen und Kulturveranstaltungen, München.

SCHEYTT, Oliver / ZIMMERMANN, Michael (2012): Qualitätsmanagement in Kultureinrichtungen. In: Friedrich Loock / Oliver Scheytt (Hrsg.): Kulturmanagement & Kulturpolitik (D 3.1), Stuttgart.

SCHILLER, Friedrich (1792): Ueber den Grund des Vergnügens an tragischen Gegenständen. In: Schiller Nationalausgabe Bd. 20: Philosophische Schriften, S. 133–147, Weimar.

SCHILLER, Friedrich (1795): Ueber die ästhetische Erziehung des Menschen in einer Reihe von Briefen (= Reclams Universal-Bibliothek Nr. 18062, herausgegeben von Klaus Berghahn 2000), Stuttgart.

SCHILLER, Friedrich (1796): Über naive und sentimentalische Dichtung. In: Schiller Nationalausgabe Bd. 20: Philosophische Schriften, S. 413–503, Weimar.

SCHILLING, Gustav (Hrsg.) (1838): Stöpel, Franz David Christoph. In: Encyclopädie der gesammelten musikalischen Wissenschaften: oder Universal-Lexikon der Tonkunst, Bd. 6, S. 512f., Stuttgart.

SCHILLING, Gustav (Hrsg.) (1841): Logier, Johann Bernhard. In: Encyclopädie der gesammelten musikalischen Wissenschaften: oder Universal-Lexikon der Tonkunst, Bd. 4, S. 433–437, Stuttgart.

SCHILLING, Gustav (Hrsg.) (1842): Schilling, Gustav. In: Encyclopädie der gesammelten musikalischen Wissenschaften: oder Universal-Lexikon der Tonkunst, Supplement-Band, S. 377–382, Stuttgart.

SCHILLING, Gustav (1851): Musikalische Didaktik oder die Kunst des Unterrichts in der Musik. Ein nothwendiges Hand- und Hülfsbuch für alle Lehrer und Lernende der Musik, Erzieher, Schulvorsteher, Organisten, Volksschullehrer, Eisleben.

SCHILLING, Gustav (1852): Allgemeine Volksmusiklehre – oder didaktische Darstellung alles dessen, was der Musikunterricht in sämtlichen Schulen, von den Gymnasien und höheren Töchterschulen an bis herab zur geringsten Dorfschule, sowie in den verschiedenen dilettantischen Vereinen, als Liedertafeln, Liederkränzen, Harmonien etc. etc. zur Erreichung seines eigentlichen Bildungszwecks nothwendig zu lehren hat, Augsburg.

SCHIPPERGES, Thomas (2007): Musikausbildung und ihre Träger. Von der privaten Musikschule über das Königliche Konservatorium zur Staatlichen Hochschule für Musik. In: Joachim Kremer / Dörte Schmidt (Hrsg.): Zwischen bürgerlicher Kultur und Akademie. Zur Professionalisierung der Musikausbildung in Stuttgart seit 1857 (= Forum Musikwissenschaft, Bd. 2), S. 83–113, Schliengen.

SCHLÄBITZ, Norbert (2011): Abschied nehmen vom schönen Klang … Die Bildungsmetapher. Plädoyer für eine kopernikanische Wende in der (Musik-)Pädagogik. In: Martin D. Loritz / Andreas Becker / Daniel Mark Eberhard / Martin Fogt / Clemens M. Schlegel (Hrsg.): Musik – Pädagogisch – Gedacht. Reflexionen, Forschungs- und Praxisfelder. Festschrift für Rudolf-Dieter Kraemer (= Forum Musikpädagogik, Bd. 100), S. 68–93, Augsburg.

SCHLÄBITZ, Norbert (2016): Als Musik und Kunst dem Bildungstraum(a) erlagen, Göttingen.

SCHMIDT, Dörthe (2007): Zwischen allgemeiner Volksbildung, Kunstlehre und autonomer Wissenschaft. Die Fächer Musikgeschichte und Musiktheorie als Indikatoren für den Selbstentwurf der Musikhochschule als akademische Institution. In: Joachim Kremer / Dörte Schmidt (Hrsg.): Zwischen bürgerlicher Kultur und Akademie. Zur Professionalisierung der Musikausbildung in Stuttgart seit 1857 (= Forum Musikwissenschaft, Bd. 2), S. 361–408, Schliengen.

SCHNABEL, Hermann Michael (2012): Vom Unterricht zum QM. Was wir von den Kernkompetenzen der Lehrkräfte für das Qualitätsmanagement an Musikschulen lernen können. In: Üben & Musizieren 4/2012, S. 22–26, Mainz.

SCHNEIDER, Norbert (2010): Geschichte der Ästhetik von der Aufklärung bis zur Postmoderne. Eine paradigmatische Einführung, 5. bibliographisch ergänzte Auflage (Erstauflage 1996), Stuttgart.

SCHNEIDER, Peter / ENGELMANN, Dorte / SEITHER-PREISLER, Annemarie (2016): Audio- und Neuroplastizität des musikalischen Lernens bei musizierenden unauffälligen und entwicklungs- bzw. lernauffälligen Kindern (AMseL II). In: Ulrike Kranefeld (Hrsg.): Musikalische Bildungsverläufe nach der Grundschulzeit. Ausgewählte Ergebnisse des BMBF-Forschungsschwerpunkts zu den Aspekten Adaptivität, Teilhabe und Wirkung (gefördert vom Bundesministerium für Bildung und Forschung), S. 71–82. *Online:* http://www.jeki-forschungsprogramm.de/wp-content/uploads/2016/07/ Abschlussdokumentation.pdf [27.11.2016].

SCHNEIDER, Peter / SEITHER-PREISLER, Annemarie (2015): AMseL – Neurokognitive Korrelate von *JeKi*-bezogenem und außerschulischem Musizieren. In: Ulrike Kranefeld (Hrsg.): Instrumentalunterricht in der Grundschule. Prozess- und Wirkungsanalysen zum Programm Jeden Kind ein Instrument (gefördert vom Bundesministerium für Bildung und Forschung), unveränderter Nachdruck vom Februar 2016, S. 19–48, Bonn.

SCHULZ, Andreas (1996): Der Künstler im Bürger. Dilettanten im 19. Jahrhundert. In: Dieter Hein / Andreas Schulz (Hrsg.): Bürgerkultur im 19. Jahrhundert. Bildung, Kunst und Lebenswelt. Festschrift Lothar Gall zum 60. Geburtstag, S. 34–52, München.

SCHULZ, Andreas (2005): Lebenswelt und Kultur des Bürgertums im 19. und 20. Jahrhundert (= Enzyklopädie Deutscher Geschichte, Bd. 75), München.

SCHULZE, Hagen (2009): Kleine deutsche Geschichte, 10. Auflage, München.

SOMMER, Stefan (2015): Ranking der Bundesländer. Eine Deutschlandkarte der Selbermacher. In: Stuttgarter Zeitung, Ausgabe 10.4.2013. *Online:* http://www.stuttgarter-zeitung.de/inhalt.ranking-der-bundeslaender-eine-deutschlandkarte-der-selbermacher.fb75118d-ec94–446a-96a0-a1df32e95bb5.html [15.3.2017].

SOMMERFELD, Jörg (2016): Ernüchternde Ergebnisse. Empirische Bildungsforschung in der Instrumentalpädagogik: der aktuelle JeKi-Forschungsbericht. In: Üben & Musizieren 3/2016, S. 41–43, Mainz.

SORETZ, Friedrich (2003): Wenn Schulen lernen sollen. In: Üben & Musizieren 2/2003, S. 22–23, Mainz.

SORETZ, Friedrich (2011): Durch QsM zur Organisationsentwicklung. In: nmz (= Neue Musikzeitung) 6/2011, S. 25, Regensburg.

SOWA, Georg (1973): Anfänge institutioneller Musikerziehung in Deutschland (1800–1843). Pläne, Realisierung und zeitgenössische Kritik. Mit Darstellung der Bedingungen und Beurteilung der Auswirkungen, Regensburg.

SOWA, Georg (1974): Traum und Wirklichkeit der neuhumanistischen musikalischen Bildungskonzeption. In: Forschung in der Musikerziehung 1974 (= Publikationsorgan des Verbandes Deutscher Schulmusikerzieher), S. 106–120, Mainz.

SPIEKERMANN, Reinhild (2016): Jugendliche im Instrumentalunterricht. In: Barbara Busch (Hrsg.): Grundwissen Instrumentalpädagogik. Ein Wegweiser für Studium und Beruf, S. 165–171, Wiesbaden.

STADT STUTTGART Kulturamt (2001): Musik in und um Stuttgart, Stuttgart.

STANGL, Anja (2007): Stuttgart als Zentrum der Klavierindustrie. In: Staatliche Hochschule für Musik und Darstellende Kunst Stuttgart (Hrsg.): 150 Jahre Hochschule für Musik und Darstellende Kunst Stuttgart. 1857–2007, S. 20–22, Stuttgart.

STOCKMANN, Reinhard (2012): Evaluation als Instrument der kulturpolitischen Steuerung. Grundsätze und Zusammenhänge. In: Friedrich Loock / Oliver Scheytt (Hrsg.): Kulturmanagement & Kulturpolitik (D 3.2), Stuttgart.

STOPEL, Franz (1825): Neues System der Harmonie-Lehre und des Unterrichtes im Pianoforte-Spiel von Franz Stöpel. In 3 Abtheilungen (Der dritten Abtheilung 2tes Heft 1827), in Comission der Andreäi'schen Buchhandlung, Frankfurt am Mayn.

STUTTGARTER MUSIKSCHULE (2011): Schulordnung der Stuttgarter Musikschule, Stuttgart.

STUTTGARTER MUSIKSCHULE (2012): Das Leitbild der Stuttgarter Musikschule, Stuttgart.

STUTTGARTER MUSIKSCHULE (2015): Jahresbericht 2014, Stuttgart.

STUTTGARTER MUSIKSCHULE (2016): Jahresbericht 2015, Stuttgart.

SUPPAN, Wolfgang (1984): Der musizierende Mensch. Eine Anthropologie der Musik, Mainz.

TONKÜNSTLERVERBAND BADEN-WÜRTTEMBERG e.V. (Hrsg.) (1999): Musikland Baden-Württemberg. Festschrift zum 50-jährigen Bestehen des Tonkünstlerverbandes Baden-Württemberg e.V., Stuttgart.

UNESCO (1982): Erklärung von Mexiko-City über Kulturpolitik. *Online:* http://www.unesco.de/infothek/dokumente/konferenzbeschluesse/erklaerung-von-mexiko.html [11.12.2015].

UNESCO (2005): Übereinkommen über den Schutz und die Förderung der Vielfalt kultureller Ausdrucksformen. *Online:* http://www.unesco.de/infothek/dokumente/uebereinkommen/konvention-kulturelle-vielfalt.html [11.12.2015].

VdM (2005): Statistisches Jahrbuch der Musikschulen in Deutschland 2004, Bonn.

VdM (2006): Leitbild des Verbandes deutscher Musikschulen e.V., Bonn.

VdM (2010): Strukturplan des VdM. Der Weg zur Musik durch die Musikschule, Bonn.

VdM (2011): Richtlinien für die Mitgliedschaft im Verband deutscher Musikschulen e.V. (VdM), Bonn. *Online:* http://www.musikschulen.de/medien/doks/vdm/richtlinien-des-vdm-2001_logo.pdf [22.5.2016].

VdM (2012): VdM Jahresbericht 2011. Themenschwerpunkte und statistische Daten, Bonn.

VdM (2014): Musikschule im Wandel. Inklusion als Chance *(Potsdamer Erklärung)*. Gesamt-fassung der Potsdamer Erklärung mit Ausführungen und Handreichungen. *Online:* https://www.musikschulen.de/medien/doks/vdm/potsdamer_erklaerung_ inklusionspapier.pdf [26.7.2015].

VdM (2015a): VdM Jahresbericht 2014. Themenschwerpunkte und statistische Daten, Bonn.

VdM (2015b): Kleine Chronik des Verbandes deutscher Musikschulen. Kleine Chronik des VdM. *Online:* www.musikschulen.de/vdm/chronik/index.html [26.7.2015].

VdM (2015c): Leitbild der öffentlichen Musikschulen im Verband deutscher Musikschulen (VdM), Bonn.

VdM (2015d): Statistisches Jahrbuch der Musikschulen in Deutschland 2014, Bonn.

VdM (2016a): Bildungspartner Musikschule (Broschüre), Bonn.

VdM (2016b): Musikalische Bildung in Deutschland. Ermöglichen – Gewährleisten – Sichern! (Grundsatzprogramm, verabschiedet am 22. April 2016 in Oldenburg). *Online:* http://www.musikschulen.de/medien/doks/vdm/grundsatzprogramm.pdf [22.5.2016].

VdM (2017a): VdM Jahresbericht 2016. Themenschwerpunkte und statistische Daten, Bonn.

VdM (2017b): Stuttgarter Appell (Verabschiedet in der Bundesversammlung des Verbandes deutscher Musikschulen am 18. Mai 2017). *Online:* https://www.musikschulen.de/medien/doks/Positionen_Erklaerungen/stuttgarter-appell-vdm-bundesversammlung.pdf [22.6.2017].

VdM / BERTELSMANNSTIFTUNG (2001): Zwischenbericht zu den Leistungsvergleichen von Musikschulen EDuR, Bonn.

VDS / AFS / VDM (= Verband Deutscher Schulmusiker / Arbeitskreis für Schulmusik und allgemeine Musikpädagogik / Verband deutscher Musikschulen): Gemeinsam für Bildung. Lübecker Erklärung, 2012. *Online:* http://www.musikschulen.de/medien/doks/vdm/Luebecker%20_Erklaerung.pdf [13.10.2015].

VIERHAUS, Rudolf (1972): Bildung. In: Otto Brunner / Werner Conze / Reinhart Koselleck (Hrsg.): Geschichtliche Grundbegriffe. Historisches Lexikon zur politisch-sozialen Sprache in Deutschland (Bd. 1), S. 508–551, Stuttgart.

VOGT, Jürgen (2012): Musikalische Bildung – ein lexikalischer Versuch. In: Jürgen Vogt (Hrsg.): Zeitschrift für Kritische Musikpädagogik, Elektronischer Artikel. *Online:* http://www.zfkm.org/12-vogt.pdf [5.12.2012].

VOSSSCHULTE, Christa (2016): „Baden-Württemberg soll auch zukünftig das Musikland Nr. 1 bleiben". In: Gemeindetag Baden-Württemberg (Hrsg.): Die Gemeinde. Zeitschrift für die Städte und Gemeinden. Organ des Gemeindetags Baden-Württemberg BWGZ 04/2016, S. 136–138, Stuttgart.

WAGNER, Josef (2006): Das württembergische Hoforchester im 19. Jahrhundert. Untersu-chungen zur Anstellungspraxis, Hamburg.

WAGNER, Robert (2016a): Anders-Sein ist normal. Eine persönliche Bestandsaufnahme und ein verhalten zuversichtlicher Blick in die Zukunft. In: Üben & Musizieren 1/2016, S. 6–12, Mainz.

WAGNER, Robert (2016b): Auf den Spuren einer Musikpädagogik der Vielfalt. Einblicke in die Funktionslogik einer inklusiven Praxis an öffentlichen Musikschulen am Beispiel der Musikschule Fürth. In: Katharina Bradler (Hrsg.): Vielfalt im Musizierunterricht. Theoretische Zugänge und praktische Anregungen, S. 231–245, Mainz.

WALSER, Letizia (2017): Vielfältige Modelle in einem föderalen System. Blick über die Grenzen: Musikschulkooperationen mit (Ganztags-)schulen in der Schweiz. In: nmz (= Neue Musikzeitung) 2/2017, S. 28, Regensburg.

WALTER, Birgit (2016): JeKits – Jedem Kind Instrumente, Tanzen, Singen. Überlegungen zur Konzeption des „JeKi"-Nachfolgeprogramms. In: Natalia Ardila-Mantilla / Peter Röbke / Christine Stöger / Bianka Wüstenhube (Hrsg.): Herzstück Musizieren. Instrumentaler Gruppenunterricht zwischen Planung und Wagnis, S. 139–142, Mainz.

WEBER, Reinhold / WEHLING, Hans Georg (2007): Geschichte Baden-Württembergs, München.

WENZLIK, Alexander (2012): Schlüsselkompetenzen in der Kulturellen Bildung. In: Hildegard Bockhorst / Vanessa-Isabelle Reinwand / Wolfgang Zacharias (Hrsg.): Handbuch Kulturelle Bildung, S. 146–150, München.

WIDMAIER, Tobias (1998): Der deutsche Musikalienhandel: Funktion, Bedeutung und Topographie einer Form gewerblicher Musikaliendistribution vom späten 18. bis zum frühen 20. Jahrhundert, Saarbrücken.

WIEGANDT, Matthias (2007): Virtuosenschule? Bildungsanstalt? Das Fächerspektrum des Stuttgarter Konservatoriums bis zum Ersten Weltkrieg. In: Joachim Kremer / Dörte Schmidt (Hrsg.): Zwischen bürgerlicher Kultur und Akademie. Zur Professionalisierung der Musikausbildung in Stuttgart seit 1857 (= Forum Musikwissenschaft, Bd. 2), S. 166–181, Schliengen.

WILAMOWITZ-MOELLENDORF, Ulrich (2011): Griechenland. In: Michael Maaser / Geritt Walther (Hrsg.): Bildung. Ziele und Formen, Traditionen und Systeme, Medien und Akteure, S. 181–195, Stuttgart / Weimar.

WILSKE, Hermann (2017): Musikalische Erfahrung versus musikalische Bildung? Zur Situation der Schulmusik und ihrer Verbände in der Bundesrepublik Deutschland. In: nmz (= Neue Musikzeitung) 5/2017, S. 23, Regensburg.

WINNER, Ellen / GOLDSTEIN, Thalia R. / VINCENT-LANCRIN, Stéphan (2013): Kunst um der Kunst willen? Ein Überblick (OECD Publishing). *Online:* http://www.oecd.org/edu/ceri/ART%20FOR%20ART%E2%80%99S%20SAKE%20OVERVIEW_DE_R4.pdf [4.3.2016].

WÜSTER, Ulrich (2003): Episodisches Handeln oder Best Practice? Ein Modell zur systematischen Verbesserung der Musikschularbeit. In: Üben & Musizieren 2/2003, S. 13–22, Mainz.

Weitere Quellen

Internetquellen

https://www.gesetze-im-internet.de/gg/art_7.html [21.9.2015].

https://www.gesetze-im-internet.de/gg/art_28.html [21.9.2015].

http://www.henle-library.com [16.12.2016].

http://www.kruger-media.de/wp-content/uploads/2013/04/SOMM_POS_Musizieratlas_DE_DINA11.pdf [15.3.2017].

https://kulturkonvent.sachsen-anhalt.de/ueberblick/ [10.5.2017].

http://www.landesrecht-bw.de/jportal/?quelle=jlink&docid=jlr-GemOBWpP10&psml=bsbawueprod.psml&max=true [9.7.2017].

http://www.landesrechtbw.de/jportal/?quelle=jlink&query=JBiG+BW&psml=bsbawueprod.psml&max=true [9.7.2017].

https://www.musikschulen.de/musikschulen/ [13.7.2017].

http://www.musikschulen.de/projekte/qualitaetssicherung/index.html [30.3.2016].

http://www.musikschulen.de/projekte/qualitaetssicherung/qsm [11.1.2016].

http://musikschulen-bw.de/fileadmin/Bilder_Redakteure/PDF-Dateien/Kooperationsvereinbarung_KM-Musikschulen.pdf [13.3.2016].

http://musikschulen-bw.de/index.php?id=20 [6.5.2017].

http://musikschulen-bw.de/index.php?id=84 [13.3.2016].

http://musikschulen-bw.de/index.php?id=85 [16.3.2016].

http://www.musikschulen-in-sachsen-anhalt.de/site/index.php?id=2 [7.5.2017].

http://www.musikschulen-in-sachsen-anhalt.de/site/index.php?id=235 [10.5.2017].

http://www.musikschulen-in-sachsen-anhalt.de/site/index.php?id=274 [10.5.2017].

http://www.musikschulen-in-sachsen-anhalt.de/site/index.php?id=275 [10.5.2017].

http://www.musikschulen-in-sachsen-anhalt.de/site/index.php?id=297 [10.5.2017].

http://www.musikschulen-in-sachsen-anhalt.de/site/index.php?id=351 [10.5.2017].

http://www.musikschulen-in-sachsen-anhalt.de/site/index.php?id=352 [7.5.2017].

http://www.musikschulen-in-sachsen-anhalt.de/site/index.php?id=357 [7.5.2017].

http://www.musikschulen-in-sachsen-anhalt.de/site/index.php?id=375 [11.5.2017].

http://www.musikschulen-in-sachsen-anhalt.de/site/index.php?id=450 [10.5.2017].

https://www.musikschullabor.de/ [21.10.2017].

https://www.nmz.de/artikel/enquete-kommission-%E2%80%9Ekultur-in-deutschland%E2%80%9C [30.4.2017].

https://www.nmz.de/artikel/grenzueberschreitende-kooperation [22.6.2017].

https://www.nmz.de/artikel/kultur-fuer-alle-aber-in-guter-qualitaet [3.5.2017].

https://www.nmz.de/artikel/musik-nicht-saettigungsbeilage-sondern-hauptgericht [29.4.2017].

http://www.rathaus-stuttgart.de/item/show/558327/1 [13.3.2016].

http://www.staedtetag.de/ [10.7.2017].

http://www.staedtetag.de/wirueberuns/aufgaben/ [10.7.2017].

http://statistik1.stuttgart.de/statistiken/tabellen/7392/jb7392.php [21.2.2016].

http://www.stuttgart.de/bonuscard [13.7.2017].

http://www.stuttgart.de/familiencard [13.7.2017].

http://www.stuttgart.de/item/show/154079/1 [16.5.2015].

http://www.stuttgart.de/item/show/154141/1 [15.7.2017].

http://www.stuttgart.de/img/mdb/item/154167/116626.pdf [12.7.2017].

http://www.stuttgart.de/item/show/157754/1 [16.5.2015].

http://www.stuttgart.de/item/show/273346/1 [15.3.2015].

http://www.stuttgart.de/item/show/32096/1/publ/16686 [12.7.2017].

http://www.stuttgart.de/item/show/32158/1 [13.7.2017].

http://www.stuttgart.de/item/show/32196/1 [13.7.2017].

https://www.stuttgart.de/item/show/340284/1 [13.7.2017].

http://www.stuttgart.de/item/show/46581/1 [13.7.2017].

http://www.stuttgart.de/musikschule-workshops [16.5.2015].

http://www.vhs-stuttgart.de/musikalische-erwachsenenbildung/ [13.7.2017].

http://www.v-r.de/de/als_musik_und_kunst_dem_bildungstraum_a_erlagen/t-1/1086539/ [27.6.2016].

http://wiki-de.genealogy.net/Geld_und_Kaufkraft_ab_1803 [6.8.2012].

http://wirtschaftslexikon.gabler.de/Definition/total-quality-management-tqm.html [21.7.2017].

Zeitungen, Zeitschriften, Broschüren, Flyer u. a. m.

Allgemeine musikalische Zeitung, 50 Jahrgänge (1798–1848), Leipzig

- AMZ 1799, Bd. 1, S. 166ff.,
  Horstig: Vorschläge zu besserer Einrichtung der Singschulen Deutschland.
- AMZ 1806, Bd. 8, S. 347,
  Anonymus: Kapellen, wie sie eben jetzt bestehen: Stuttgart.
- AMZ 1810, Bd. 12, S. 1021ff.,
  D. K.: Ueber die Einrichtungen musikalischer Conservatorien in Deutschland.
- AMZ 1811, Bd. 13, S. 3ff.,
  Lindner: Was ist bis jetzt für die Gesangsbildung geschehen?
- AMZ 1812, Bd.14, S. 334ff.,
  Nachrichten: Stuttgart im April.
- AMZ 1820, Bd. 22, S. 521ff.,
  Spohr: Musikal. Notizen aus London.
- AMZ 1826, Bd. 28, S. 144ff.,
  Nachrichten: Stuttgart im Januar.

- AMZ 1827, Bd. 29, S. 182ff.,
  Nachrichten: Stuttgart, August 1826 bis Mitte Januar 1827.
- AMZ 1827, Bd. 29, S. 468ff.,
  Nachrichten: Stuttgart.
- AMZ 1828, Bd. 30, S. 641ff.,
  Recension: Neues System der Harmonie-Lehre und des Unterrichtes im Pianoforte-Spiel von Franz Stöpel.
- AMZ 1828, Bd. 30, S. 847ff.,
  Recension: 1. „System der Musik-Wissenschaft …" von J. B. Logier „Freymüthige Worte" von Franz Stöpel.
- AMZ 1830, Bd. 32, S. 535ff.,
  Nachrichten: Stuttgart.
- AMZ 1837, Bd. 39, S. 635ff., Nachrichten: Stuttgart.

Neue Zeitschrift für Musik, Leipzig

- NZfM 1842, Bd. 17, S. 185ff.,
  Anonymus: Schwäbische Musikzustände.
- NZfM 1853, Bd. 39, S. 13ff,
  Louis Köhler: Propaganda für musikalisch-pädagogische Ansichten betreffend insbesondere die Volksmusik als Grundlage allen Musikunterrichts.
- NZfM 1857, Bd. 46, S. 218,
  Vermischtes.

Königlich-Württembergisches Staats- und Regierungsblatt, Stuttgart

- Königlich-Württembergisches Staats- und Regierungsblatt 1812, Nr. 2, S. 11.

Stuttgarter Zeitung, Stuttgart

- Stuttgarter Zeitung, 4.10.2011, S. 21: „Ausländerpolitik bringt Stuttgart Lorbeeren".
- Stuttgarter Zeitung, 9.3.2015: „16 Pinguine lernen Klavier spielen".
- Stuttgarter Zeitung, Ausgabe vom 23.4.2015, S. 30: „Musizieren beliebt".
- Stuttgarter Zeitung, 23.9.2015: „Erfolgreiche Stuttgarter Schüler bei ‚Jugend musiziert'".
- Stuttgarter Zeitung, 23. September 2016, S. 20: „Mit attraktiver Ganztagsschule überzeugen".
- Stuttgarter Zeitung, 24.11.2016, S. 21: „Mehr Musikangebote an Ganztagsschulen".
- Stuttgarter Zeitung, 5.7.2017, S. 23: „Fezer will das Fach Musik stärken".

Neue Musikzeitung, Regensburg

- NMZ 2016/12–2017/1, S. 18: „Hervorragende Berufschancen. Der Freiburger Studiengang ‚Musikpädagogik für den Elementar- und Primarbereich'".
- NMZ 2016/12–2017/1, S. 29: „Chancen und Risiken der Ganztagsgrundschule".

Konservatorium Stuttgart

* Jahresberichte des Königl. Konservatorium für Musik in Stuttgart, 29. bis 57./58. Jahresbericht (1885–86 bis 1913–15), Stuttgart.
* Programm und Statuten des Konservatoriums für Musik in Stuttgart 1875 / 1882 / 1887 / 1895 / 1898 / 1902, Stuttgart.
* Schulordnung des Königl. Konservatoriums für Musik in Stuttgart 1910, Stuttgart.
* Verfassung des Konservatoriums für Musik in Stuttgart 1896, Stuttgart.

Stuttgarter Musikschule

* Intonation, Halbjahreszeitschrift der Stuttgarter Musikschule, Jahrgänge 1998–2017, Stuttgart.
* Flyer „Die Begabtenförderung und studienvorbereitende Ausbildung (STUVO) der Stuttgarter Musikschule".
* Flyer „Feldenkrais an der Stuttgarter Musikschule".
* Flyer „Hörgang. Die Konzertbesuche der Stuttgarter Musikschule" *(Saison 2015/2016).*
* Flyer „Jedem hochbegabten Kind ein Instrument", Stiftung Stuttgarter Musikschule.
* Flyer „Musik entdecken – Musik erleben. Die Instrumentenberatung an der Stuttgarter Musikschule".
* Flyer „Musikgymnasium Baden-Württemberg. Eberhard-Ludwigs-Gymnasium Stuttgart. Informationen zum Schuljahr 2015/2016".
* Flyer „Musik inklusive – ein individueller Weg zur eigenen Musikalität. Willkommen an der Stuttgarter Musikschule!".
* Flyer „Ohren auf! Das ergänzende Angebot zum Instrumental- und Gesangsunterricht".
* Flyer „Stiften Sie Musik! Für Kinder und Jugendliche in Stuttgart" Stiftung Stuttgarter Musikschule.
* Handzettel „IKARUS. Kinder erleben Musikinstrumente mal von einer anderen Seite".
* Broschüre „Bildungskooperationen" der Stuttgarter Musikschule vom Oktober 2009.
* Broschüre „8. Stuttgarter Musikfest für Kinder und Jugendliche (22. November bis 7. Dezember 2014). Musik Fürs Leben! Rund 60 Veranstaltungen".

Musikschulinterne Dokumente

* Anschreiben des Direktors der Stuttgarter Musikschule, Friedrich-Koh Dolge, an die Eltern und Erziehungsberechtigten im März/April 2015.
* Beratungsgespräch oder freiwillige Prüfung, Briefvorlage.
* Einladung zum Beratungsgespräch, Briefvorlage.
* Gesprächsleitfaden und Themensammlung für das Beratungsgespräch.

- Organisationstipps für das Beratungsgespräch und die freiwillige Prüfung, Merkblatt für das Kollegium.
- Powerpoint-Präsentation zur Gesamtlehrerkonferenz der Stuttgarter Musikschule im Juli 2015.
- Powerpoint-Präsentation zur Gesamtlehrerkonferenz der Stuttgarter Musikschule im Juni/Juli 2016.

Archivmaterialien

- Hauptstaatsarchiv Stuttgart. Kabinettsakten III, E 5, Bü 7
  (Plan Karl Kastners zur Errichtung einer allgemeinen Kunstanstalt in Stuttgart).

- Hauptstaatsarchiv Stuttgart
  - E 14 Bü 1568 (Dokumente zur Geschichte der Stuttgarter Musikschule / des Konservatoriums Stuttgart aus den Jahren 1858–1888),
  - E 14 Bü 1569 (Dokumente zur Geschichte der Stuttgarter Musikschule / des Konservatoriums Stuttgart aus den Jahren 1889–1899),
  - E 14 Bü 1666 (Dokumente zur Geschichte der Stuttgart Musikschule / des Konservatoriums Stuttgart aus den Jahren 1900–1918).

- Staatsarchiv Ludwigsburg
  - EL 218 I Bü 15 und 16 (Protokolle des Conservatoriums für Musik in Stuttgart),
  - EL 218 I Bü 12 (u.a. Schulordnungen des Conservatoriums),
  - EL 218 I Bü 6 (Schülerpersonalien des Conservatoriums für die Jahre 1899–1928),
  - EL 218 I Bü 7–8; Bü 169–172 (Zeugnisunterlagen des Conservatoriums).

- Stadtarchiv Stuttgart
  - Nachlass Alexander Eisenmann, 2015 / 22
  - Autograph A 3010. Gustav Schilling: Ankündigung einer Bildungsanstalt für künftige Musiklehrer (Entwurf zu einer Zeitungsanzeige).

- Stadtarchiv Stuttgart / Adressbücher
  - Wegweiser für die königliche erste Haupt- und Residenzstadt Stuttgart und ihrer nächsten ausgezeichnetsten Umgebungen 1829,
  - Adreß und Geschäfts-Handbuch der königlichen Haupt- und Residenzstadt Stuttgart
    für das Jahr 1871 | für das Jahr 1885 | für das Jahr 1900.